ŒUVRES COMPLÈTES
DE VOLTAIRE

TOME TRENTE-SIXIÈME

PARIS
LIBRAIRIE HACHETTE ET Cie
79, BOULEVARD SAINT-GERMAIN, 79

ŒUVRES COMPLÈTES

DE VOLTAIRE

COULOMMIERS
Imprimerie PAUL BRODARD.

ŒUVRES COMPLÈTES

DE VOLTAIRE

TOME TRENTE-SIXIÈME

PARIS
LIBRAIRIE HACHETTE ET Cie
79, BOULEVARD SAINT-GERMAIN, 79

1891

CORRESPONDANCE.

(SUITE.)

MDCCCXCIV. — Réponse d'un académicien de Berlin a un académicien de Paris.

A Berlin, le 18 septembre 1752.

Voici l'exacte vérité qu'on demande. M. Moreau de Maupertuis, dans une brochure intitulée *Essai de Cosmologie*, prétendit que la seule preuve de l'existence de Dieu est $AR + nRB$, qui doit être un *minimum* (voyez page 52 de son recueil in-4°). Il affirme que, dans tous les cas possibles, l'action est toujours un *minimum*, ce qui est démontré faux; et il dit avoir découvert cette loi du *minimum*, ce qui n'est pas moins faux.

M. Kœnig, ainsi que d'autres mathématiciens, a écrit contre cette assertion étrange; et il a cité, entre autres choses, un fragment d'une lettre de Leibnitz, où ce grand homme disait avoir remarqué « que dans les modifications du mouvement, l'action devient ordinairement un maximum ou un minimum. »

M. Moreau Maupertuis crut qu'en produisant ce fragment, on voulait lui enlever la gloire de sa prétendue découverte, quoique Leibnitz eût dit précisément le contraire de ce qu'il avance. Il força quelques membres pensionnaires de l'académie de Berlin, qui dépendent de lui, de sommer M. Kœnig de produire l'original de la lettre de Leibnitz; et, l'original ne se trouvant plus, il fit rendre, par les mêmes membres, un jugement qui déclare M. Kœnig coupable d'avoir attenté à la gloire du sieur Moreau Maupertuis, en supposant une fausse lettre.

Depuis ce jugement, aussi incompétent qu'injuste, et qui déshonorait M. Kœnig, professeur en Hollande et bibliothécaire de S. A. S. Mme la princesse d'Orange, le sieur Moreau Maupertuis écrivit et fit écrire à cette princesse, pour l'engager à faire supprimer, par son autorité, les réponses que M. Kœnig pourrait faire. S. A. S. a été indignée d'une persécution si insolente; et M. Kœnig s'est justifié pleinement, non-seulement en faisant voir que ce qui appartient à M. de Maupertuis dans sa théorie est faux, et qu'il n'y a que ce qui appartient à Leibnitz et à d'autres qui soit vrai; mais il a donné la lettre tout entière de Leibnitz, avec deux autres de ce philosophe. Toutes ces lettres sont du même style, il n'est pas possible de s'y méprendre; et il n'y a personne qui ne convienne qu'elles sont de Leibnitz. Ainsi le sieur Moreau Maupertuis a été convaincu, à la face de l'Europe savante, non-seulement de plagiat et d'erreur, mais d'avoir abusé de sa place pour ôter la liberté aux gens de lettres, et pour persécuter un honnête homme, qui n'avait d'autres crimes que de n'être pas de son avis. Plusieurs membres de l'académie de Berlin ont protesté contre une conduite si criante, et quitteraient l'académie que le sieur Maupertuis tyrannise et déshonore, s'ils ne craignaient de déplaire au roi qui en est le protecteur.

MDCCCXCV. — A MME LA MARQUISE DU DEFFAND.

Potsdam, le 23 septembre.

M. l'envoyé de Suède m'a dit, madame, que vous vous souvenez toujours de moi avec une bonté qui ne s'est pas démentie. Nous avons fait, au petit couvert du roi de la terre qui a le plus d'esprit, un souper où il ne manquait que vous. Il veut se charger des regrets que j'ai d'avoir perdu une société telle que la vôtre, et de vous envoyer ma lettre.

Vous avez diminué mon envie de faire un tour à Paris, lorsque vous l'avez abandonné [1]; mais j'espère toujours vous y retrouver quelque jour. La retraite a ses charmes, mais Paris a aussi les siens.

Il vous paraît étonnant peut-être que je me vante d'être dans la retraite, quand je suis à la cour d'un grand roi; mais, madame, il ne faut pas s'imaginer que j'arrive le matin à une toilette, avec une perruque poudrée à blanc, que j'aille à la messe en cérémonie, que de là j'assiste à un dîner, que je fasse mettre dans les gazettes que j'ai les grandes entrées, et qu'après dîner je compose des cantiques et des romances.

Ma vie n'a pas ce brillant; je n'ai pas la moindre cour à faire, pas même au maître de la maison, et ce n'est pas à des cantiques que je travaille. Je suis logé commodément dans un beau palais; j'ai auprès de moi deux ou trois impies avec lesquels je dîne régulièrement et plus sobrement qu'un dévot. Quand je me porte bien, je soupe avec le roi, et la conversation ne roule ni sur les tracasseries particulières, ni sur les inutilités générales, mais sur le bon goût, sur tous les arts, sur la vraie philosophie, sur le moyen d'être heureux, sur celui de discerner le vrai d'avec le faux, sur la liberté de penser, sur les vérités que Locke enseigne et que la Sorbonne ignore, sur le secret de mettre la paix hors d'un royaume par des *billets de confession*. Enfin, depuis plus de deux ans que je suis dans ce qu'on croit une cour, et qui n'est en effet qu'une retraite de philosophes, il n'y a point eu de jour où je n'aie trouvé à m'instruire.

Jamais on n'a mené une vie plus convenable à un malade; car, n'ayant aucunes visites à faire, aucuns devoirs à rendre, j'ai tout mon temps à moi, et on ne peut pas souffrir plus à son aise. Je jouis de la tranquillité et de la liberté que vous goûtez où vous êtes. Cela vaut bien les orages ridicules que j'ai essuyés à Paris.

1. Mme du Deffand était alors en Bourgogne, dans un château où elle fit connaissance avec Mlle de L'Espinasse, qui l'accompagna à Paris, en 1754, lorsqu'elles s'établirent ensemble dans la communauté de Saint-Joseph. (ÉD.)

M. le président Hénault m'écrit quelquefois; mais M. le comte d'Argenson, comme de raison, m'a totalement oublié. S'il s'était un peu souvenu de moi, lorsqu'il eut le ministère de Paris, peut-être n'aurais-je pas l'espèce de bonheur qu'on m'a enfin procuré. Cependant on aime toujours sa patrie, malgré qu'on en ait; on parle toujours de l'infidèle avec plaisir.

Je vous rends un compte exact de mon âme, et vous pouvez me donner un *billet de confession* quand vous voudrez; mais il faudra aussi vous confesser à moi, me dire comment vous vous portez, ce que vous faites pour votre santé et pour votre bonheur, quand vous comptez retourner à Paris, et comment vous prenez les choses de la vie.

Je compte vous envoyer incessamment une nouvelle édition du *Siècle de Louis XIV*, où vous trouverez un tiers de plus tout plein de vérités singulières.

Je me suis un peu donné carrière sur les articles des *écrivains*. J'ai usé de toute la liberté que prenait Bayle; j'ai tâché seulement de resserrer ce qu'il étendait trop. Vous verrez deux morceaux singuliers de la main de Louis XIV. C'était, avec ses défauts, un grand roi, et son siècle est un très-grand siècle. Mais n'avons-nous pas aujourd'hui la Duchapt[1]?

Portez-vous bien, madame, et souvenez-vous du plus attaché et du plus sensible de vos serviteurs.

MDCCCXCVI. — A M. FORMEY.

Ce 26.

Les impertinences des libraires me fournissent au moins la consolation, monsieur, de vous écrire et de vous renouveler les sentiments d'amitié que je vous ai voués.

Je vous prie de vouloir bien faire insérer ce petit avertissement dans vos capitulaires.

J'ai obtenu une place dans l'Académie de Lyon pour M. Mallet. S'il veut être encore de quelque autre académie, il n'a qu'à parler; je vous prie de m'en instruire : vous savez sans doute où il est. Pour moi, dans ma douce retraite de Potsdam, j'ignore tout ce qui se passe dans le monde; mais mon ignorance ne m'ôte pas le souvenir de mes amis. Je vous embrasse.

MDCCCXCVII. — A M. LE CARDINAL QUERINI.

Potsdam, 29 di settembre.

Che dirà l'Eminenza Vostra, quando ella riceverà questa pistola dopo aver letto quella del Salomone del Settentrione? Dirà che si degna aggradire il tributo d'un pastore, quando ella ha ricevuto l'oro, l'incenso e la mirra d'un che vale i tre re dell' Epifania?

Ella si diletta nell' edificar delle chiese, ma si erige un tempio nella memoria degli uomini. Bramo di aggiungere i miei gridi a quelli applausi che le bresciane stampe fanno risuonare, ma la mia voce è rauca

---

1. Marchande de modes, célèbre alors à Paris. (ÉD.)

e debole; il corpo langue, così fa l'anima. Oh! quando vedrò io qualche valente librajo raccogliere tutte le opere di Vostra Eminenza, già troppo sparse! *Foliis tantum ne carmina manda* [1]. Ma siano tutti i suoi scritti radunati *ad æternam memoriam*.

Auguro che la Sua Eminenza darà ancora *ad multos annos* benedizioni ai fedeli, ed esempi al mondo. Io intanto, picciola lucciola, m'inchino profondamente alla stella di prima grandezza, e sono per sempre, con ogni maggiore ossequio e venerazione, etc.

MDCCCXCVIII. — A FRÉDÉRIC II, ROI DE PRUSSE.

Sire, je mets à vos pieds *Abraham* et un *catalogue*. Le père des croyants n'est qu'ébauché, parce que je suis sans livres. Mais, si Votre Majesté jette les yeux sur cet article, dans Bayle, elle verra que cette ébauche est plus pleine, plus curieuse, et plus courte. Ce livre, honoré de quelques articles de votre main, ferait du bien au monde. Chérissac [2] coulerait à fond les saints Pères.

Il y a une grande apparence que j'ai fait une grosse sottise en envoyant à Votre Majesté un mémoire détaillé. Mais, Sire, j'ai parlé en philosophe qui ne craint point de faire des fautes devant un roi philosophe, auquel il est assurément attaché avec tendresse. Je peux très bien me corriger de mes sottises, mais non en rougir.

J'aurai encore la hardiesse de dire que je ne conçois pas comment on peut habiller tous les ans cent cinquante mille hommes, nourrir tous les officiers de ses gardes, bâtir des forteresses, des villes, des villages, établir des manufactures, avoir trois spectacles, donner tant de pensions, etc., etc.

Il m'a paru qu'il y aurait une prodigieuse indiscrétion à moi de proposer de nouvelles dépenses à Votre Majesté pour mes fantaisies, quand elle me donne cinq mille écus par an pour ne rien faire.

De plus, je ne connais que le style des personnes que j'ai voulu attirer ici pour travailler, et point leur caractère. Il se pourrait qu'étant employées par Votre Majesté pour un ouvrage qui ne laisse pas d'être délicat et qui demande le secret, elles fissent les difficiles, s'en allassent, et vous compromissent. En me chargeant de tout sous vos ordres, Votre Majesté n'était compromise en rien.

Voilà mes raisons; si elles ne vous plaisent pas, si Votre Majesté ne se soucie pas de l'ouvrage proposé, me voilà résigné avec la même soumission que je travaillais avec ardeur.

Si Votre Majesté a des ordres à donner, ils seront exécutés.

Pourvu que je me console de mes maux par l'étude et par vos bontés, je vivrai et mourrai content.

1. *Æn.*, VI, 74. (ÉD.)
2. Un des pseudonymes de Voltaire. (ÉD.)

ANNÉE 1752.

MDCCCXCIX. — A Mme Denis.

A Potsdam, ce 1er octobre.

Je vous envoie hardiment l'*Appel au public*, de Kœnig. Vous lirez avec plaisir l'histoire du procédé. Cet ouvrage est parfaitement bien fait; l'innocence et la raison y sont victorieuses. Paris pensera comme l'Allemagne et la Hollande. Maupertuis est regardé ici comme un tyran absurde; mais j'ai peur que son abominable conduite n'ait des suites bien funestes.

Il avait agi, dans toute cette affaire, en homme plus consommé dans l'intrigue que dans la géométrie; il avait secrètement irrité le roi de Prusse contre Kœnig, et s'était adroitement servi de son autorité pour faire chercher des originaux des lettres de Leibnitz dans un endroit où il savait bien qu'ils n'étaient pas; il avait, par cette indigne manœuvre, mis le roi de moitié avec lui. Croiriez-vous que le roi au lieu d'être indigné, comme il le devait être, d'avoir été compromis et trompé, prend avec chaleur le parti de ce tyran philosophe? Il ne veut pas seulement lire la réponse de Kœnig. Personne ne peut lui ouvrir les yeux, qu'il veut fermer. Quand une fois la calomnie est entrée dans l'esprit d'un roi, elle est comme la goutte chez un prélat; elle n'en déloge point.

Au milieu de ces querelles, Maupertuis est devenu tout à fait fou. Vous n'ignorez pas qu'il avait été enchaîné à Montpellier, dans un de ses accès, il y a une vingtaine d'années. Son mal lui a repris violemment. Il vient d'imprimer un livre où il prétend qu'on ne peut prouver l'existence de Dieu que par une formule d'algèbre; que chacun peut prédire l'avenir en exaltant son âme; qu'il faut aller aux terres australes pour y disséquer des géants hauts de dix pieds, si on veut connaître la nature de l'entendement humain. Tout le livre est dans ce goût. Il l'a lu à des Berlinoises qui le trouvent admirable.

Voilà pourtant l'homme qui s'était fait je ne sais quelle réputation, pour avoir été à Tornéo enlever deux Suédoises. Ce malheureux avait été mon ami. Il était venu à Cirey passer quelques mois avec ce même Kœnig; et il nous persécute aujourd'hui l'un et l'autre avec fureur. C'est bien aujourd'hui qu'il le faudrait enchaîner. J'avais eu le malheur de l'aimer, et même de le louer; car j'ai toujours été dupe.

Un des motifs de sa haine contre moi vient de ce qu'à ma réception à l'Académie française je ne le comparai pas à Platon, et le roi de Prusse à Denys de Syracuse. Il a eu la démence de s'en plaindre à Berlin. Quel Platon! quelle académie! quel siècle! et où suis-je? Ah! que M. le duc de Wurtemberg finisse bientôt notre marché, et que je revienne auprès de vous oublier les fous et les géomètres.

MCM. — A M. Formey.

Le triste état de ma santé, monsieur, ne m'a pas permis de lire encore le livre[1] que vous m'avez envoyé, et dont je vous remercie.

1. De Maupertuis. (Éd.)

Je souhaite que le principe mathématique dont il est question serve beaucoup à prouver l'existence d'un Dieu; mais j'ai peur que ce procès ne ressemble à celui du Lapin et de la Belette, qui plaidèrent pour un trou fort obscur.

Mes compliments, s'il vous plaît, à M. de Jarrigé. *Tuus sum.* V.

MCMI. — A M. LE COMTE D'ARGENTAL.

Potsdam, le 3 octobre.

Mon cher ange, le *Siècle* (c'est-à-dire la nouvelle édition, la seule qui soit passable) était déjà presque tout imprimé; il m'est par conséquent impossible de parler, cette fois-ci, de la petite épée que cacha monsieur votre oncle sous son cafetan. J'ai rayé bien exactement cette épithète de *petit* attribuée au concile d'Embrun, j'ai recommandé à ma nièce d'y avoir l'œil, et je vous prie de l'en faire souvenir. Je voudrais de tout mon cœur qu'il fût regardé comme le concile de Trente, et que toutes les disputes fussent assoupies en France; mais il paraît que vous en êtes bien loin. Le siècle de la philosophie est aussi le siècle du fanatisme.

Il me paraît que le roi a plus de peine à accorder les fous de son royaume qu'il n'en a eu à pacifier l'Europe. Il y a en France un grand arbre, qui n'est pas l'arbre de vie, qui étend ses branches de tous côtés, et qui produit d'étranges fruits. Je voudrais que le *Siècle de Louis XIV* pût produire quelque bien. Ceux qui liront attentivement tout ce que j'y dis des disputes de l'Église pourront, malgré tous les ménagements que j'ai gardés, se faire une idée juste de ces querelles; ils les réduiront à leur juste valeur, et rougiront que, dans ce siècle-ci, il y ait encore des troubles pour de telles chimères. Un petit tour à Potsdam ne serait pas inutile à vos politiques; ils y apprendraient à être philosophes.

Mon cher ange, les beaux-arts sont assurément plus agréables que ces matières; une tragédie bien jouée est plus faite pour un honnête homme. Mais me demander que je songe à présent au *Duc de Foix* et à *Rome sauvée*, c'est demander à un figuier qu'il porte des figues en janvier; *cor ce n'était pas le temps des figues*[1]. Je me suis affublé d'occupations si différentes, toute idée de poésie est tellement sortie de ma tête, que je ne pourrais pas actuellement faire un pauvre vers alexandrin. Il faut laisser reposer la terre; l'imagination gourmandée ne fait rien qui vaille; les ouvrages de génie sont aux compilations ce que l'amour est au mariage:

L'Hymen vient quand on l'appelle;
L'Amour vient quand il lui plaît. »
Quinault, *Atys*, acte IV, scène v.

Je compile à présent, et le dieu du génie est allé au diable.

En vous remerciant de la note sur l'abbé de Saint-Pierre; j'avais

1. Marc, XI, 13; voyez aussi Matthieu, XXI, 19. (ÉD.)

deviné juste qu'il était mort en 43. Je lui ai fait un petit article assez plaisant. Il y en a un pour Valincour, qui ne sera pas inutile aux gens de lettres, et qui plaira à la famille. Je n'ai point de réponse de M. Secousse; il est avec les vieilles et inutiles *Ordonnances*[1] de nos vieux rois; mais il a, pour rassembler ces monuments d'inconstance et de barbarie, six mille livres de pension. Il n'y a qu'heur et malheur dans ce monde.

Mes anges, ce monde est un naufrage; *sauve qui peut* est la devise de chaque individu. Je me suis sauvé à Potsdam, mais je voudrais bien que ma petite barque pût faire un petit trajet jusque chez vous. Je remets toujours de deux mois en deux mois à faire ce joli voyage. Il ne faut pas que je meure avant d'avoir eu cette consolation. Je ne sais pas trop ce que je deviendrai; j'ai cent ans; tous mes sens s'affaiblissent, il y en a d'enterrés. Depuis huit mois je ne suis sorti de mon appartement que pour aller dans celui du roi ou dans le jardin. J'ai perdu mes dents, je meurs en détail. Je vous embrasse tendrement; je vous souhaite une santé constante et une vieillesse heureuse. Je me regarderai comme très-malheureux si je ne passe pas mes derniers jours, ô anges! auprès de vous et à l'ombre de vos ailes.

MCMII. — A M. LE COMTE D'ARGENSON

A Potsdam, le 3 octobre.

M. Le Bailli, mon camarade chez le roi, et non chez le roi de Prusse, vous remettra, monseigneur, le tribut que je vous dois.

L'*Histoire* de la dernière guerre vous appartient. La plus grande partie a été faite dans vos bureaux et par vos ordres. C'est votre bien que je vous rends; j'y ai ai ajouté des lettres du roi de Prusse au cardinal de Fleuri qui peut-être vous sont inconnues, et qui pourront vous faire plaisir. Vous vous doutez bien que j'ai été d'ailleurs à portée d'apprendre des singularités. J'en ai fait usage avec la sobriété convenable, et la fidélité d'un historien qui n'est plus historiographe.

Si vous avez des moments de loisir, vous pourrez vous faire lire quelques morceaux de cet ouvrage. J'ai mis en marge les titres des événements principaux, afin que vous puissiez choisir. Vous honorerez ce manuscrit d'une place dans votre bibliothèque, et je me flatte que vous le regarderez comme un monument de votre gloire et de celle de la nation, en attendant que le temps, qui doit laisser mûrir toutes les vérités, permette de publier un jour celle que je vous présente aujourd'hui.

Qui eût dit, dans le temps que nous étions ensemble *dans l'allée noire*, qu'un jour je serais votre historien, et que je le serais de si loin? Je sais bien que, dans le poste où vous êtes, votre ancienne amitié ne pourrait guère se montrer dans la foule de vos occupations

---

1. Secousse travaillait, depuis la mort de Laurière, au recueil des *Ordonnances des rois de France*. (ED.)

et de vos dépendants; que vous auriez bien peu de moments à me donner; mais je regrette ces moments, et je vous jure que vous m'avez causé plus de remords que personne.

Ce n'est peut-être pas un hommage à dédaigner que ces remords d'un homme qui vit en philosophe auprès d'un très-grand roi, qui est comblé de biens et d'honneurs auxquels il n'aurait osé prétendre; et dont l'âme jouit d'une liberté sans bornes. Mais on aime, malgré qu'on en ait, une patrie telle que la nôtre et un homme tel que vous. Je me flatte que vous avez soin de votre santé. *Porro unum est necessarium*.[1]; vous avez besoin de régime; vous devez aimer la vie. Soyez bien assuré qu'il y a dans le château de Potsdam un malade heureux qui fait des vœux continuels pour votre conservation. Ce n'est pas qu'on prie Dieu ici pour vous; mais le plus ancien de tous vos serviteurs s'intéresse à vous, à votre gloire, à votre bonheur; à votre santé, avec la plus respectueuse et la plus vive tendresse. VOLTAIRE.

MCMIII. — A FRÉDÉRIC II, ROI DE PRUSSE.

Sire, Votre Majesté m'a favorisé de quatre volumes du plus parfait galimatias qui soit jamais sorti d'une tête théologique. L'auteur doit descendre en droite ligne de saint Paul, et être proche parent du P. Castel.

En qualité de théologien de Belzébuth, oserais-je interrompre vos travaux par un mot d'édification sur l'*athéisme*, que je mets à vos pieds? J'ai choisi ce petit morceau parmi les autres, comme un des plus orthodoxes.

Je ne fais que dire ce que Votre Majesté pense, et ce qu'elle dirait cent fois mieux. Si elle daignait me corriger, je croirais alors l'ouvrage digne d'elle. Je souhaite pouvoir le finir, en amuser Votre Majesté quelquefois, et mourir de la mort des justes avec votre bénédiction.

MCMIV. — A M. LE MARQUIS DE THIBOUVILLE.

A Potsdam, ce 7 octobre.

Mon cher marquis, je souffre beaucoup aujourd'hui, et ma main me refuse encore le service. La tête ne laisse pas de travailler toujours, et mon cœur est plein pour vous de l'amitié la plus tendre. Vous savez que je n'ai point donné le *Siècle de Louis XIV*. L'édition de Berlin, sur laquelle malheureusement on en a fait tant d'autres, était trop incomplète et trop fautive. J'ai envoyé seulement à Mme Denis quelques exemplaires corrigés à la main, pour être examinés par les fureteurs d'anecdotes, et pour servir à une nouvelle édition. Si j'étais à Paris, vous sentez bien que vous seriez le premier à qui je porterais mon tribut. Il sera bien difficile que je jouisse avant le commencement du printemps prochain du bonheur de revoir Mme Denis et mes amis. Je suis actuellement si malingre, que si j'arrivais à Paris

1. Luc, x, 42, (ÉD.)

dans cet état, on me demanderait mon billet de confession aux barrières; et, comme les sous-fermiers ont traité de cette affaire, je courrais risque de me brouiller à la fois avec le clergé et la finance.

Je serai un peu consolé si je ne suis pas brouillé avec le parterre, si Grandval veut devenir Catilina à Fontainebleau et Paris, et si on peut faire de Lekain un César. Je demande surtout qu'on ne change rien à la pièce que j'ai envoyée à Mme Denis. Qu'on la joue telle que je l'ai envoyée, et qu'on la joue bien. Il est fort triste de n'en être pas le témoin; mais c'est un malheur qui disparaît devant celui d'être si loin des personnes auxquelles on est attaché. Je n'ai pu faire autrement. Vous autres Parisiens, vous êtes les Athéniens, avec qui un peu d'ostracisme volontaire est quelquefois convenable; et d'ailleurs qu'importe qu'un moribond végète dans un lieu ou dans un autre? Cela est très-indifférent au public et à ceux qui le gouvernent. Il n'y a que mon amitié qui en souffre. Mes amis, qui connaissent mon cœur, doivent me plaindre, et non pas me gronder. Je vous embrasse de tout mon cœur.

MCMV. — A. M. DEVAUX, A NANCI.

A Potsdam, le 7 octobre.

Ce n'est point ma paresse, monsieur, mais ma mauvaise santé qui a retardé ma réponse, et qui m'empêche même de vous écrire de ma main. Je crois que j'aurais grand besoin d'aller faire un tour aux eaux de Plombières, dans votre voisinage. Le désir de faire encore ma cour au roi de Pologne, et de vous revoir, fera mon principal motif. Je voudrais bien, en attendant, pouvoir faire ce que vous me demandez pour votre ami; mais les places sont ici bien rares. Il est vrai qu'il y a un petit nombre d'élus; mais il n'y a aussi qu'un petit nombre d'appelés. Ma mauvaise santé ne me permet guère d'être à portée de chercher ailleurs. Il y a huit mois entiers que je ne suis sorti de ma chambre que pour aller dans celle du roi. Je suis son malade, comme Scarron était celui de la reine.

Je vous remercie, avec bien de la sensibilité, des offres obligeantes que vous me faites, au sujet du manuscrit que j'ai perdu. La copie qui est entre les mains du valet de chambre de Mgr le prince Charles de Lorraine n'est point ce que je cherche. Il n'a et ne peut avoir que la partie du manuscrit qui est entre les mains de plus de trente personnes. L'*Histoire universelle*, depuis Charlemagne jusqu'à Charles-Quint, a été copiée plusieurs fois; mais ce qui m'a été volé, ce sont des matériaux pour l'histoire des temps suivants, jusqu'au siècle de Louis XIV. Je regrette surtout ce que j'avais rassemblé sur les progrès des sciences et des arts dans différents pays, et les traductions en vers que j'avais faites de plusieurs poëtes italiens, espagnols, et orientaux. Le manuscrit m'a été à volé à Paris; c'est une perte que je ne puis réparer, et dont il faut que je me console. Il arrive de plus grands malheurs dans la vie.

Adieu, mon cher et ancien ami, je vous embrasse du meilleur de mon âme.

MCMVI. — A. M. DE LA CONDAMINE, A PARIS.

Potsdam, le 12 octobre.

Je vous remercie, mon cher philosophe errant, devenu sédentaire, des attentions que vous avez pour *Louis XIV*. On a fait malheureusement une douzaine d'éditions sans me consulter; et ce n'est pas ma faute si les quatre esclaves, qui s'étaient mis sous la statue de la place Vendôme, dans la première édition, et qu'on a fait déloger bien vite, ont subsisté dans quelques exemplaires. Ce n'est pas non plus ma faute si on a imprimé l'*air maître* pour l'*air de maître*. Je me flatte que ces sottises ne se trouveront pas dans l'édition qu'on fait actuellement à Leipsick, et que je crois à présent finie. J'ai eu, pour cette nouvelle fournée, des secours que je n'attendais pas de si loin. On m'a envoyé de Paris ce qu'on envoie bien rarement, des vérités, et des vérités bien curieuses. Quand l'édition que je finis n'aurait d'autre avantage que celui de deux mémoires écrits de la main de Louis XIV, cela suffirait pour faire tomber toutes les autres. L'ouvrage deviendra nécessaire à la nation, ou du moins à ceux de la nation qui voudront connaître les plus beaux temps de la monarchie.

Je conviens que la Foire aura toujours la préférence; mais il ne laissera pas de se trouver d'honnêtes gens qui liront quelque chose du *Siècle du Louis XIV*, les jours où il n'y aura point d'opéra-comique. On ne laisse pas d'avoir du temps pour tout. Je vous plains beaucoup de passer le vôtre dans des discussions désagréables, dont il y a très-peu de juges; et parmi ces juges-là, la plupart sont prévenus. Pour faire le grand œuvre de *rem prorsus substantialem*, il faut avoir aisance, santé, et repos. Il ne tenait qu'à Maupertuis d'avoir tout cela, supposé qu'un homme soit libre; mais il y a quelque apparence qu'il ne l'est pas. Il a dérangé sa santé par l'usage des liqueurs fortes; il a perdu quelques amis par un amour-propre plus fort encore, et qui ne souffre pas que les autres en aient leur dose; il a perdu son repos par la manière trop vive dont il a poursuivi Kœnig, qui, au bout du compte, s'est trouvé avoir raison, et qui a eu le public pour lui. Je puis vous assurer que je ne me suis mêlé ni de son affaire ni de son livre, quoique je n'approuve ni l'un ni l'autre.

Maupertuis a des ennemis à Paris, à Berlin, en Hollande; et sa conduite dure et hautaine n'a pas ramené ces ennemis. J'ai d'autant plus sujet de me plaindre de lui, que j'ai fait tout ce que j'ai pu pour adoucir la férocité de son caractère. Je n'en suis pas venu à bout. Je l'abandonne à lui-même; mais, encore une fois, je n'entre pour rien dans les querelles qu'il se fait, et dans les critiques qu'il essuie. Je suis plus malade que lui, et je reste tranquillement à Potsdam, tandis qu'il va chercher ailleurs la santé et le repos.

Je voudrais de tout mon cœur être dans votre voisinage; ce n'est pas sans regret que je goûte le bonheur de vivre auprès d'un roi philosophe. Je suis né si sensible à l'amitié, que je serais encore ami, quand même je serais courtisan.

« Vraiment je serais très-obligé à M. Deslandes[1], s'il voulait bien me favoriser de quelques particularités qui servissent à caractériser les beaux temps du gouvernement de Louis XIV. M. Deslandes est citoyen et philosophe ; il faut absolument être philosophe pour avoir de quoi se consoler, dès là qu'on est citoyen. Je vous embrasse, et vous prie de ne point cesser de m'aimer, malgré Maupertuis[2].

MCMVII. — A M. ROQUES.

Si ceux qui font des critiques avaient votre politesse, votre érudition, et votre candeur, il n'y aurait jamais de guerres dans la république des lettres; la vérité y gagnerait, et le public respecterait plus les sciences. Je vous remercie très-sincèrement, monsieur, des remarques que vous avez bien voulu m'envoyer sur le *Siècle de Louis XIV*. Je pourrais bien m'être trompé sur le premier article touchant Phalk Constance, dont vous me faites l'honneur de me parler. Je n'ai ici aucun livre que je puisse consulter sur cette matière; je n'ai que mes propres mémoires, que j'avais apportés de France, et qui m'ont servi de matériaux. Les autorités n'y sont point citées en marge. Je n'avais pas cru en avoir besoin pour un ouvrage qui n'est point une histoire détaillée, et que je ne regardais que comme un tableau général des mœurs des hommes, et de la révolution de l'esprit humain sous Louis XIV.

Je me souviens bien que je n'ai pas toujours suivi l'abbé Choisi, dans sa *Relation de Siam*[3]; c'est un de mes parents, nommé Beauregard, qui avait défendu la citadelle de Bankok, sous M. de Fargue[4], autant qu'il m'en souvient, de qui je tiens l'aventure de la veuve de Constance.

Quant au roi Jacques et à la reine sa femme, ils arrivèrent à Saint-Germain à trois ou quatre jours l'un de l'autre. Ce ne sont point de pareilles dates dont je me suis embarrassé. Je n'ai songé qu'à exposer les malheurs du roi Jacques, la manière dont il se les était attirés, et la magnificence de Louis XIV. Mon objet était de peindre en grand les principaux personnages de ce siècle, et de laisser tout le reste aux annalistes. Quand je suis entré dans les détails, comme aux chapitres des *anecdotes* et du *gouvernement intérieur*, je l'ai fait sur mes propres lumières et sur le témoignages des plus anciens courtisans.

Feu M. le cardinal de Fleuri me montra l'endroit où Louis XIV avait épousé Mme de Maintenon ; il m'assura positivement que l'abbé de Choisi s'était trompé; que ce n'était pas le chevalier de Forbin, mais Bontems et Monchevreuil, qui avaient assisté comme témoins.

---

1. Auteur du livre intitulé *Réflexions sur les grands hommes qui sont morts en plaisantant*. Il était membre de l'Académie de Berlin, et il mourut en 1757. (ÉD.)
2. La Condamine n'en fit rien, et prit le parti de Maupertuis qui s'était beaucoup moqué de lui. (*Éd. de Kehl.*)
3. *Journal du voyage de Siam fait en* 1685 *et* 1686. (ÉD.)
4. Ou Desfarges. (ÉD.)

En effet, il était naturel que Louis XIV employât dans cette occasion ses domestiques les plus affidés; et le chevalier de Forbin, chef d'escadre, n'était point domestique de ce monarque.

Pour l'article de Descartes, permettez-moi, je vous prie, ce que j'en ai dit. Je n'ai pensé qu'à faire rentrer en eux-mêmes ceux dont le zèle imprudent traite trop souvent d'*athées* des philosophes qui ne sont pas de leur avis.

Si l'article de feu M. de Beausobre vous intéresse, vous le trouverez, monsieur, dans une nouvelle édition qui va paraître, ces jours-ci, à Leipsick et à Dresde, et que je ne manquerai pas d'avoir l'honneur de vous envoyer. Vous y trouverez deux fragments bien curieux, copiés sur l'original de la main de Louis XIV même.

On s'est trop pressé, en France et ailleurs, d'inonder le public d'éditions de cet ouvrage. Celle qu'on fait actuellement à Dresde est plus ample d'un tiers. Vous y verrez des articles bien singuliers, et surtout le mariage de l'évêque de Meaux.

Les offres obligeantes que vous me faites, monsieur, m'autorisent à vous prier de vouloir bien interposer vos bons offices pour arrêter l'édition furtive[1] qui se fait à Francfort-sur-le-Mein. Elle ferait beaucoup de tort à mon libraire Conrad Walther, qui a le privilége de l'empereur; c'est un très-honnête homme. Je ne manquerai pas de l'avertir de l'obligation qu'il vous aura.

Je suis fâché que M. de La Beaumelle, qui m'a paru avoir beaucoup d'esprit et de talent, ne veuille s'en servir, à Francfort, que pour faire de la peine à mon libraire et à moi, qui ne l'avons jamais offensé. Je l'avais connu par des lettres qu'il m'avait écrites de Danemark, et je n'avais cherché qu'à l'obliger. Il m'avait mandé que le roi de Danemark s'intéressait à un ouvrage qu'il projetait; mais, étant obligé de quitter le Danemark, il vint à Berlin, et il montra quelques exemplaires d'un ouvrage où quelques chambellans de Sa Majesté n'étaient pas trop bien traités. Je me plaignis à lui sans amertume, et j'aurais voulu lui rendre service. Il alla à Leipsick, de là à Gotha; il est à présent à Francfort. Il n'y fera pas une grande fortune, en se bornant à écrire contre moi; il devait tourner ses talents d'un côté plus utile et plus honorable. Il avait commencé par prêcher à Copenhague. Il a de l'éloquence, et je ne doute pas que les conseils d'un homme comme vous ne le ramènent dans le bon chemin. Je suis, avec tous les sentiments que je vous dois, etc.

MCMVIII. — A MADAME DENIS.

A Potsdam, ce 15 octobre.

Voici qui n'a point d'exemple, et qui ne sera pas imité; voici qui est unique. Le roi de Prusse, sans avoir lu un mot de la réponse de Kœnig, sans écouter, sans consulter personne, vient d'écrire, vient de faire imprimer une brochure contre Kœnig, contre moi, contre tous

---

1. L'édition de La Beaumelle. (ÉD.)

ceux qui ont voulu justifier l'innocence de ce professeur si cruellement condamné. Il traite tous ses partisans d'envieux, de sots, de malhonnêtes gens. La voici, cette brochure[1] singulière, et c'est un roi qui l'a faite!

Les journalistes d'Allemagne, qui ne se doutaient pas qu'un monarque qui a gagné des batailles fût l'auteur d'un tel ouvrage, en ont parlé librement comme de l'essai d'un écolier qui ne sait pas un mot de la question. Cependant on a réimprimé la brochure à Berlin, avec l'aigle de Prusse, une couronne, un sceptre, au-devant du titre. L'aigle, le sceptre et la couronne sont bien étonnés de se trouver là. Tout le monde hausse les épaules, baisse les yeux, et n'ose parler. Si la vérité est écartée du trône, c'est surtout lorsqu'un roi se fait auteur. Les coquettes, les rois, les poëtes, sont accoutumés à être flattés. Frédéric réunit ces trois couronnes-là. Il n'y a pas moyen que la vérité perce ce triple mur de l'amour-propre. Maupertuis n'a pu parvenir à être Platon, mais il veut que son maître soit Denys de Syracuse.

Ce qu'il y a de plus rare dans cette cruelle et ridicule affaire, c'est que le roi n'aime point du tout Maupertuis, en faveur duquel il emploie son sceptre et sa plume. Platon a pensé mourir de douleur de n'avoir point été de certains petits soupers où j'étais admis; et le roi nous a avoué cent fois que la vanité féroce de ce Platon le rendait insociable.

Il a fait pour lui de la prose, cette fois-ci, comme il avait fait des vers pour d'Arnaud, pour le plaisir d'en faire; mais il y entre un plaisir bien moins philosophe, celui de me mortifier : c'est être bien auteur!

Mais ce n'est encore que la moindre partie de ce qui s'est passé. Je me trouve malheureusement auteur aussi, et dans un parti contraire. Je n'ai point de sceptre, mais j'ai une plume; et j'avais, je ne sais comment, taillé cette plume de façon qu'elle a tourné un peu Platon en ridicule[2] sur ses géants, sur ses prédictions, sur ses dissections, sur son impertinente querelle avec Kœnig. La raillerie est innocente; mais je ne savais pas alors que je tirais sur les plaisirs du roi. L'aventure est malheureuse. J'ai affaire à l'amour-propre et au pouvoir despotique, deux êtres bien dangereux. J'ai d'ailleurs tout lieu de présumer que mon marché avec M. le duc de Wurtemberg a déplu. On l'a su, et on m'a fait sentir qu'on le savait. Il me semble pourtant que Titus et Marc-Aurèle n'auraient point été fâchés contre Pline, si Pline avait placé une partie de son bien sur la tête de Plinia, dans le Montbéliard.

Je suis actuellement très-affligé et très-malade, et, pour comble, je soupe avec le roi. C'est le festin de Damoclès. J'ai besoin d'être aussi philosophe que le vrai Platon l'était chez le vrai Denis.

1. Elle était intitulée *Lettre au public*. (*Éd. de Kehl.*)
2. Dans la *Diatribe du docteur Akakia*, etc. (ÉD.)

MCMIX. — De Frédéric II, roi de Prusse.

Octobre 1752.

Si je n'avais pas eu hier une terrible colique, accompagnée de violents maux de tête, je vous aurais remercié d'abord de la nouvelle édition de vos Œuvres[1] que j'ai reçue. J'ai parcouru légerement les nouvelles pièces que vous y avez mises, mais je n'ai pas été content de l'ordre des pièces, ni de la forme de l'édition. On dirait que ce sont les cantiques de Luther; et quant aux matières, tout est pêle-mêle. Je crois, pour la commodité du public, qu'il vaudrait mieux augmenter le nombre des volumes, grossir les caractères, et mettre ensemble ce qui convient ensemble, et séparer ce qui n'a pas de connexion. Voilà mes remarques, que je vous communique; car je suis très-persuadé que nous n'en sommes pas à la dernière édition de vos Œuvres. Vous tuerez et vos éditeurs et vos lecteurs avec vos coliques et vos évanouissements, et vous ferez, après notre mort, le panégyrique ou la satire de tous ceux avec lesquels vous vivez. Voilà ce que vous prophétise non pas Nostradamus, mais quelqu'un qui se connaît assez en maladies, et dont la profession est de se connaître en hommes. Je travaille, dans mon trou, à des choses moins brillantes et moins bien faites que celles qui vous occupent, mais qui m'amusent, et cela me suffit. J'espère d'apprendre dans peu que vous êtes guéri et de bonne humeur. Adieu.

MCMX. — A M. Formey.

Potsdam, le....

J'ai, depuis quelque temps, tous les journaux, et j'ai déjà lu celui que vous avez la bonté de m'envoyer. Je vous en remercie, monsieur; si vous en avez besoin, je vous le renvoie. Vous aurez incessamment l'édition de Dresde; il y a autant de fautes que de mots. On va en entreprendre une en Angleterre qui sera fort supérieure, et où il n'y aura plus de détails inutiles sur Rousseau. Je vous dirai, en passant, que, quelquefois, ceux qu'on avait pris pour des aigles ne sont que des coqs d'Inde; qu'un orgueil despotique, avec un peu de science et beaucoup de ridicule, est bientôt reconnu et détesté de l'Europe savante, etc. Je suis très-aise que vous me marquiez de l'amitié, et, si vous êtes plus philosophe que prêtre, je serai votre ami toute ma vie. Je suis d'un caractère que rien ne peut faire plier, inébranlable dans l'amitié et dans mes sentiments, et ne craignant rien ni dans ce monde-ci ni dans l'autre. Si vous voulez de moi à ces conditions, je suis à vous hardiment, et peut-être plus efficacement que vous ne pensez.

MCMXI. — Au Maréchal de Belle-Isle.

A Fontainebleau[1], le 27 octobre 1752.

Permettez, monseigneur, qu'un homme chargé d'écrire l'histoire de

---

1. Dresde, 1752, sept volumes in-12. (Éd.)
2. C'est par erreur du copiste que cette lettre est datée de Fontainebleau et de 1752. Elle est ou d'un autre lieu, ou d'une autre date. (Éd.)

son temps vous remercie des sujets heureux que vous lui fournissez. Toutes les fois que la fortune seconde votre habileté et votre valeur, c'est une faveur qu'elle me fait. Ce n'est pas que j'aie besoin des succès pour être le plus constant de vos admirateurs ; mais il en faut pour vous et pour le public, qui juge par les événements. Il y a longtemps que je vous regarde comme un très-grand homme, et que je mets ma gloire à rendre ce que je dois à la vôtre. Recevez avec bonté les témoignages d'un zèle bien pur. Je vous demande de ne pas perdre un temps si précieux à m'honorer d'un mot. Vos victoires sont votre réponse. Je serai toute ma vie, avec la plus respectueuse estime, monseigneur, votre, etc.

MCMXII. — A M. LE COMTE D'ARGENTAL.

Potsdam, 28 octobre.

Mon cher ange, vous êtes le dieu des jansénistes, vous me donnez des commandements impossibles. Il y a des temps où la grâce manque tout net aux justes. Je me sens actuellement privé de la grâce des vers, *Spiritus flat ubi vult*[1]. Je ne ferais rien qui vaille, si je voulais me forcer.

Tu nihil invita dices faciesve Minerva.
Hor., *de Arte poet.*, v. 385.

L'esprit prend, malgré qu'il en ait, la teinture des choses auxquelles il s'applique. J'ai des besognes si différentes de la poésie, qu'il n'y a pas moyen de remonter ma vieille lyre toute désaccordée : *Valete, musæ, et valete, curæ*, voilà ma devise pour le moment présent, et plût à Dieu que ce fût pour toute ma vie !

D'ailleurs, comment voudriez-vous qu'on renvoyât à Paris une *Rome sauvée* toute changée, et qu'on donnât aux acteurs de nouveaux rôles, pour la quatrième fois ? Ce serait un moyen sûr d'empêcher la reprise de la pièce, de la faire croire tombée et de me faire grand tort ; j'entends ce tort qu'on fait aux pauvres auteurs comme moi, le tort de les berner tant qu'on peut : c'est un plaisir que le public se donne très-volontiers. Mon cher ange, laissons là Catilina, César et Cicéron pour ce qu'ils valent. Si la pièce, telle qu'elle est, peut encore souffrir trois ou quatre représentations, à la bonne heure ; si les amateurs de l'antiquité la lisent sans dégoût, tant mieux ; c'est là mon premier but ; non, ce n'est que le second : mon premier désir est de venir vous embrasser. Je peux très-bien renoncer à tout ce train de théâtre, d'acteurs, d'actrices, de battements de mains, de sifflets et d'épigrammes ; mais je ne puis renoncer à vous. Je regarde les théâtres et les cours comme des illusions ; l'amitié seule est réelle. Pardonnez-moi de n'être point encore venu vous voir. Il faut que je prenne encore patience cet hiver. Mon petit voyage, si je suis en vie, sera pour le printemps.

Vous savez que, quand vous m'écrivîtes la première fois sur l'au-

---

1. Évangile de saint Jean, ch. III, v. 8. (ÉD.)

dience et sur l'épée de feu M. de Ferriol, le *Siècle* était déjà presque tout imprimé; il doit être à présent achevé. Il n'y a pas moyen d'y revenir; tout ce que je peux faire, c'est de veiller au *petit* concile. J'en parle dans toutes mes lettres à Mme Denis. Joignez-vous à moi; faites-l'en souvenir. Ce sera votre faute si ce *petit* subsiste dans la nouvelle édition de Paris; il est malheureusement dans une douzaine d'autres dont la France est inondée, et surtout dans celle que l'abbé Pernetti a fait imprimer à Lyon, sous les yeux du Père du concile[1].

Adieu, mon cher ange; vous êtes mon concile, et je voudrais bien être à vos genoux; mais laissons passer l'hiver. Je finis; le poste va partir, et je n'aurais pas le temps d'écrire à Mme Denis.

MCMXIII. — DE MME LA MARGRAVE DE BAREUTH.

Erlang, le 1er novembre.

Il faudrait avoir plus d'esprit et de délicatesse que je n'en ai pour louer dignement l'ouvrage que j'ai reçu de votre part. On doit s'attendre à tout de frère Voltaire. Ce qu'il fait de beau ne surprend plus; l'admiration, depuis longtemps, a succédé à la surprise. Votre poëme sûr *la Loi naturelle* m'a enchantée. Tout s'y trouve: la nouveauté du sujet, l'élévation des pensées et la beauté de la versification. Oserai-je le dire? Il n'y manque qu'une chose pour le rendre parfait: le sujet exige plus d'étendue que vous ne lui en avez donné; la première proposition demande surtout une plus ample démonstration. Permettez que je m'instruise, et que je vous fasse part de mes doutes.

Dieu, dites-vous, a donné à tous les hommes la justice et la conscience pour les avertir, comme il leur a donné ce qui leur est nécessaire.

Dieu ayant donné à l'homme la justice et la conscience, ces deux vertus sont innées dans l'homme et deviennent un attribut de son être. Il s'ensuit, de toute nécessité, que l'homme doit agir en conséquence, et qu'il ne saurait être ni injuste ni sans remords, ne pouvant combattre un instinct attaché à son essence. L'expérience prouve le contraire. Si la justice était un attribut de notre être, la chicane serait bannie, les avocats mourraient de faim, vos conseillers au parlement ne s'occuperaient pas, comme ils font, à troubler la France pour un morceau de pain donné ou refusé; les jésuites et les jansénistes confesseraient leur ignorance en fait de doctrine.

Les vertus ne sont qu'accidentelles et relatives à la société. L'amour-propre a donné le jour à la justice. Dans les premiers temps, les hommes s'entre-déchiraient pour des bagatelles (comme ils font encore de nos jours): il n'y avait ni sûreté pour le domicile ni sûreté pour la vie; le tien et le mien, malheureuses distinctions (qu'on ne fait que trop de notre temps), bannissaient toute union. L'homme, éclairé par la raison, et poussé par l'amour-propre, s'aperçut enfin que la société ne

1. Le cardinal de Tencin, oncle de d'Argental et archevêque de Lyon, était archevêque d'Embrun lorsqu'il présida le concile tenu en cette dernière ville. (ÉD.)

pouvait subsister sans ordre. Deux sentiments attachés à son être, et innés en lui, le portèrent à devenir juste. La conscience ne fut qu'une suite de la justice. Les deux sentiments dont je veux parler sont l'aversion des peines et l'amour du plaisir.

Le trouble ne peut qu'enfanter la peine; la tranquillité est mère du plaisir. Je me suis fait une étude particulière d'approfondir le cœur humain. Je juge, par ce que je vois, de ce qui a été. Mais je m'enfonce trop dans cette matière, et pourrais bien, comme Icare, me voir précipiter du haut des cieux. J'attends vos décisions avec impatience; je les regarderai comme des oracles. Conduisez-moi dans le chemin de la vérité, et soyez persuadé qu'il n'y en a point de plus évidente que le désir que j'ai de vous prouver que je suis votre sincère amie.

WILHELMINE.

MCMXIV. — A LEURS EXCELLENCES MM. LES AVOYERS DE BERNE.

Au château de Potsdam, près Berlin, le 5 novembre.

Quoique j'appartienne à deux rois, auxquels je suis attaché par le devoir, et par la reconnaissance que je dois à leurs bienfaits, j'ai cru pouvoir rendre un hommage solennel à votre gouvernement, que j'ai toujours admiré, et dont je n'ai cessé de faire l'éloge.

Je demande à Vos Excellences la permission de leur dédier une tragédie qui a été représentée avec succès sur le théâtre de Paris. J'ai cru que je ne pouvais choisir de plus dignes protecteurs d'un ouvrage où j'ai peint le sénat de Rome que Vos Excellences. Ce n'est pas la grandeur des empires qui fait le mérite des hommes. Il y a eu, dans l'aréopage d'Athènes, des hommes aussi respectables que les sénateurs romains, et il y a dans le conseil de Berne des magistrats aussi vertueux que dans celui d'Athènes.

J'attends vos ordres, messieurs, pour avoir l'honneur de vous présenter un tribut que j'ai cru ne devoir qu'à vous. Un ouvrage où l'amour de la liberté triomphe ne doit être dédié qu'aux plus vertueux protecteurs de cette liberté précieuse.

Je suis, avec respect, messieurs, de Vos Excellences le très-humble et très-obéissant serviteur, VOLTAIRE, *gentilhomme ordinaire de la chambre du roi de France, et chambellan du roi de Prusse.*

MCMXV. — DE M. LERBER[1], AU NOM DES AVOYERS DE BERNE.

Voltaire, il est flatteur sans doute
De voir son nom par vous cité;
Et vos écrits sont la grand'route
Qui mène à l'immortalité.
Sans flatterie et sans rancune,
Ami de la simple équité,
Vous osez, avec liberté,
Juger l'homme et non la fortune.

1. Sigismond-Louis Lerber est mort le 20 avril 1783. (ÉD.)

Chez vous on voit également
Le roi, l'actrice et le marchand
Ne faire ensemble qu'un volume;
Et, pour prétendre au même rang,
Il leur suffit de votre plume.
Nous le savons; mais, franchement,
Ce même hommage qui nous flatte
Nous paraît être, en ce moment,
Matière un peu trop délicate.
Bon Dieu ! que dirait à Paris
Le corps nombreux des beaux esprits,
Dont le bon goût est le partage,
Si, dans le siècle où nous vivons,
On voyait mis en étalage
Le nom d'un des *Treize-Cantons*
A la tête de votre ouvrage ?
Ces gens-là ne croiraient jamais,
Même en dépit de votre pièce,
Que nous ressemblons, traits pour traits,
Aux héros de Rome et de Grèce,
Dont vous nous faites les portraits.
D'ailleurs, en cette paix profonde
Dont nous jouissons, grâce à Dieu,
L'honneur de briller dans le monde.
Nous l'avouons, nous touche peu.
Malgré les oraisons funèbres
Où l'on nous dit qu'il est honteux
De vivre ainsi dans les ténèbres,
Nous croyons, comme nos aïeux,
Qu'au bout du compte il vaut bien mieux
Être tranquilles que célèbres.
Soit sagesse, soit vanité,
Voltaire, voilà nos scrupules;
Notre public s'est entêté
A croire que les ridicules
Sont pires que l'obscurité.

Et, quand au temple de Mémoire,
Comme vous paraissez le croire,
On voudrait bien nous recevoir,
Nous n'aurions pas trop bonne mine,
Si nous venions là nous asseoir,
Avec nos habits de drap noir,
Près de vos rois fourrés d'hermine.

C'est pour Frédéric et Louis
Qu'Apollon vous prêta sa lyre;
Mais, pour les gens de mon pays,
Stumpf, croyez-moi, peut leur suffire.

ANNÉE 1752.

Cependant, et n'en doutez pas,
Nous n'en lirons pas moins *Alzire,
Charles Douze, Micromégas,
La Ligue, Memnon* et *Zaïre.*
Moi-même, aux yeux de l'univers
Je voudrais bien pouvoir vous dire
Que c'est à force de vous lire
Que j'appris à faire des vers.

MCMXVI. — A M. ROQUES.

A Potsdam, le 17.

Je suis pénétré de reconnaissance de toutes les bontés que vous m'avez témoignées d'une manière si prévenante, sans me connaître; il ne me reste qu'à les mériter. Je voudrais que la nouvelle édition du recueil de mes anciennes rêveries en prose et en vers, et celle du *Siècle de Louis XIV*, que mon libraire doit vous envoyer de ma part, pussent au moins être regardées de vous comme un gage de ma sensibilité pour tous vos soins obligeants. Quant à M. de La Beaumelle, je suis sûr que vous aurez la générosité de lui représenter le tort qu'il fait à ce pauvre Conrad Walther; c'est assurément le plus honnête homme de tous les libraires que j'aie rencontrés. Il s'est mis en frais pour la nouvelle édition du *Siècle de Louis XIV*; il n'y a épargné aucun soin; et voilà que, pour fruit de ses peines, M. de La Beaumelle fait imprimer sous main une édition subreptice à Francfort, ville impériale, malgré le privilége de l'empereur dont Walther est en possession. Il est libraire du roi de Pologne; il est protégé; il est résolu à attaquer M. de La Beaumelle par les formes juridiques. Cela va faire un évènement qui, certainement, causerait beaucoup de chagrin à M. de La Beaumelle, et qui serait fort triste pour la littérature.

Il doit avoir gagné, par l'édition des *Lettres de Mme de Maintenon*, de quoi pouvoir se passer du profit léger qu'il pourrait tirer d'une édition furtive. D'ailleurs, il doit considérer que toute la librairie se réunira contre lui. Les gens de lettres se plaignent d'ordinaire que les libraires contrefont leurs ouvrages; et ici, c'est un homme de lettres qui contrefait l'édition d'un libraire: c'est un étranger qui, dans l'empire, attaque un privilége de l'empereur. Que M. de La Beaumelle en pèse toutes les conséquences. Les remarques critiques qu'il joint à son édition ne sont pas une excuse envers mon libraire, et sont, envers moi, un procédé dont j'aurais sujet de me plaindre; Je ne connais M. de La Beaumelle que par les services que j'ai tâché de lui rendre.

Il m'écrivit, il y a un an, du palais de Copenhague, pour m'intéresser à des éditions des auteurs classiques français qu'on devait faire, disait-il, en Danemark, et dont le roi de Danemark le chargeait, à l'imitation des éditions qu'on a nommées en France *les Dauphins*. Je crus M. de La Beaumelle, et mon zèle pour l'honneur de ma patrie me fit travailler en conséquence.

Quelque temps après je fus étonné de le voir arriver à Potsdam. Il était renvoyé de Copenhague, où il avait d'abord prêché en qualité de proposant, et où il était, je crois, de l'Académie. Il voulait s'attacher au roi de Prusse, et il me présenta, pour cet effet, un livre dans lequel il me traitait assez mal, moi et plusieurs des chambellans. Il y avait beaucoup de choses dont le roi de Danemark et plusieurs autres puissances devaient s'offenser. Ce livre, imprimé à Copenhague, intitulé *Mes Pensées*, n'était pas encore trop public ; il promit de le corriger, et je crois, en effet, qu'il en a fait une édition corrigée à Berlin. Il sait que, quoique j'eusse beaucoup à me plaindre d'une pareille conduite, je l'avertis cependant de plusieurs petites inadvertances dans lesquelles il était tombé sur ce qui regarde l'historique ; par exemple sur la constitution d'Angleterre, sur M. Pâris Duvernei, et sur d'autres erreurs qui peuvent échapper à tout écrivain.

Lorsqu'il fut mis en prison à Berlin, tout le monde sait que je m'intéressai pour lui, et que je parlai même vivement à milord Tyrconnell, qui avait, disait-on, contribué à son emprisonnement, et à le faire renvoyer de la ville. Milord Tyrconnell, à qui il écrivit pour se plaindre à lui de lui-même, lui répondit : « Il est vrai que je vous ai fait conseiller de partir, me doutant bien que vous vous feriez bientôt renvoyer. » Je priai milord Tyrconnell de ne pas montrer cette lettre, qui ferait trop de tort à un jeune homme qui avait besoin de protection ; et il n'y a rien que je n'aie fait pour lui dans cette occasion. De retour de Spandau à Berlin, il me dit qu'il était appelé à Copenhague avec une grosse pension ; mais il partit quelques jours après pour Leipsick. On prétend qu'il y fit imprimer une brochure intitulée, je crois, *les Amours de Berlin*, et *les Dégoûts des plaisirs* ; les lettres initiales de son nom, *par M. de La B....*, sont à la tête de ce libelle. Je suis très-éloigné de l'en croire l'auteur, et j'ai soutenu publiquement que ce n'était pas lui. De Leipsick il s'arrêta à Gotha. On a écrit de ce pays-là des choses sur son compte qui lui feraient plus de tort, si elles étaient vraies, que le libelle même qu'on lui a imputé. On m'a écrit de Leipsick, de Copenhague, de Gotha, des particularités qui ne lui feraient pas moins de préjudice, si je les rendais publiques.

Comment peut-il donc, monsieur, dans de pareilles circonstances, non-seulement contrefaire l'édition de mon libraire, mais charger cette édition de notes contre moi, qui ne l'ai jamais offensé, qui même lui ai rendu service ? S'il est plus instruit que moi du règne de Louis XIV, ne devait-il pas me communiquer ses lumières, comme je lui communiquai, sur son livre intitulé *Mes Pensées*, des observations dont il a fait usage ? Pourquoi d'ailleurs faire réimprimer la première édition du *Siècle de Louis XIV*, quand il sait que mon libraire Walther en donne une nouvelle, beaucoup plus exacte et d'un tiers plus ample ? Quoique j'aie passé trente années à m'instruire des faits principaux qui regardent ce règne ; quoiqu'on m'ait envoyé en dernier lieu les mémoires les plus instructifs, cependant je peux avoir fait, comme dit Bayle[1], bien des péchés de commission et d'omission. Tout homme de lettres

---

1. Préface de la première édition de son *Dictionnaire*, alinéa 13. (**Éd.**)

qui s'intéresse à la vérité et à l'honneur de ce beau siècle doit m'honorer de ses lumières; mais quand on écrira contre moi, en faisant imprimer mon propre ouvrage pour ruiner mon libraire, un tel procédé aura-t-il des approbateurs? une ancienne édition contrefaite aura-t-elle du crédit parmi les honnêtes gens? et l'auteur ne se ferme-t-il pas, par ce procédé, toutes les portes qui peuvent le mener à son avancement?

J'ose vous prier, monsieur, de lui montrer cette lettre, et de rappeler dans son cœur les sentiments de probité que doit avoir un jeune homme qui a fait la fonction de prédicateur. Je me persuade qu'il fera celle d'honnête homme. S'il a fait quelques frais pour cette édition, il peut m'en envoyer le compte; je le communiquerai à mon libraire, et le mieux serait assurément de terminer cette affaire d'une manière qui ne causât du chagrin ni à ce jeune homme ni à moi.

J'ai l'honneur d'être, monsieur, avec l'attachement sincère que vos procédés obligeants m'inspirent, etc.

MCMXVII. — A M. KŒNIG.

A Potsdam, le 17 novembre 1752.

Monsieur, le libraire qui a imprimé une nouvelle édition du *Siècle de Louis XIV*, plus exacte, plus ample, et plus curieuse que les autres, doit vous en faire tenir de ma part deux exemplaires; un pour vous, l'autre pour la bibliothèque de Son Altesse royale, à qui je vous prie de faire agréer cet hommage et mon profond respect.

Il est bien difficile que dans un tel ouvrage, où il y a tant de traits qui caractérisent l'héroïsme de la maison d'Orange, il ne s'en trouve pas quelques uns qui puissent déplaire; mais une princesse de son sang, et née en Angleterre, connaît trop les devoirs d'un historien et le prix de la vérité, pour ne pas aimer cette vérité, quand elle est exprimée avec le respect que l'on doit aux puissances.

J'aurais sans doute bien des querelles à soutenir sur cet ouvrage; je puis m'être trompé sur beaucoup de choses que le temps seul peut éclaircir. Il ne s'agit pas ici de moi, mais du public; il n'est pas question de me défendre, mais de l'éclairer; et il faut sans difficulté que je corrige toutes les erreurs où je serai tombé, et que je remercie ceux qui m'en avertiront, quelque aigreur qu'ils puissent mettre dans leur zèle. Cette vérité à laquelle j'ai sacrifié toute ma vie, je l'aime dans les autres autant que dans moi.

J'ai lu, monsieur, votre *Appel au public*, que vous avez eu la bonté de m'envoyer, et je suis revenu sur-le-champ du préjugé que j'avais contre vous. Je n'avais point été du nombre de ceux qu'on avait constitués vos juges, ayant passé tout l'été à Potsdam; mais je vous avoue que, sur l'exposé de M. de Maupertuis, et sur le jugement prononcé en conséquence, j'étais entièrement contre votre procédé.

Il s'agissait, disait-on, d'une découverte importante dont on vous accusait d'avoir voulu ravir la gloire à son auteur par envie et par malignité. On vous imputait d'avoir forgé une lettre de Leibnitz, dans laquelle vous aviez vous-même inséré cette découverte. On prétendait que, pressé par l'Académie de représenter l'original de cette lettre, vous aviez eu recours à l'artifice grossier de supposer, après coup, que vous en teniez la copie de la main d'un homme qui est mort il y a quelques années.

Jugez vous-même, monsieur, si je ne devais pas avoir les préjugés les plus violents, et si vous ne devez pas pardonner à tous ceux qui vous ont condamné, quand ils n'ont été instruits que par les allégations de votre adversaire, confirmées par votre silence.

Votre *Appel* m'a ouvert les yeux, ainsi qu'à tout le public. Quiconque a lu votre mémoire a été convaincu de votre innocence. Vos pièces justificatives établissent tout le contraire de ce que votre ennemi vous imputait. On voit évidemment que vous commençâtes par montrer à Maupertuis l'ouvrage dans lequel vous combattiez ses sentiments; que cet ouvrage est écrit avec la plus grande politesse et les égards les plus circonspects; qu'en le réfutant, vous lui avez prodigué des éloges; que vous lui avez d'abord avoué, avec la bonne foi et la franchise de votre patrie, tout ce qui concernait la lettre de Leibnitz. Vous lui dîtes que vous la teniez, avec plusieurs autres, des mains de feu Henzi; que l'original ne pourrait probablement se trouver; enfin vous imprimâtes et votre réfutation et une partie de la lettre de Leibnitz avec le consentement de votre adversaire, consentement qu'il signa lui-même. Les *Actes de Leipsick* furent les dépositaires de votre ouvrage, et de cette même lettre sur laquelle on vous a fait le plus étrange procès criminel dont on ait jamais entendu parler dans la littérature.

Il est clair comme le jour que cette lettre de Leibnitz, que vous rapportez aujourd'hui tout entière avec deux autres, ont été écrites par ce grand homme, et n'ont pu être écrites que par lui. Il n'y a personne qui n'y reconnaisse sa manière de penser, son style profond, mais un peu diffus et embarrassé; sa coutume de jeter des idées, ou plutôt des semences d'idées qui excitent à les développer. Mais ce qu'il y a de plus étrange dans cette affaire, et ce qui me cause une surprise dont je ne reviens point, c'est que cette même lettre de Leibnitz dont on faisait tant de bruit, cette lettre pour laquelle on a intéressé tant de puissances, cette lettre qu'on vous accusait d'avoir indignement supposée et d'avoir fabriquée vous-même pour donner à Leibnitz la gloire d'un théorème revendiqué par votre adversaire, cette lettre dit précisément tout le contraire de ce qu'on croyait; elle combat le sentiment de votre adversaire, au lieu de le prévenir.

C'est donc ici uniquement une méprise de l'amour-propre. Votre ennemi n'avait pas assez examiné cette lettre, que vous lui aviez remise entre les mains. Il croyait qu'elle contenait sa pensée, et elle contient sa réfutation. Fallait-il donc qu'il employât tant d'artifice et de violence, qu'il fatiguât tant de puissances, et qu'il poursuivît enfin ceux qui condamnent aujourd'hui sa méprise et son procédé, pour quatre lignes de Leibnitz mal entendues, pour une dispute qui n'est nullement éclaircie, et dont le fond me paraît la chose la plus frivole?

Pardonnez-moi cette liberté; vous savez, monsieur, que je suis un peu enthousiaste sur ce qui me paraît vrai. Vous avez été témoin que je ne sacrifie mon sentiment à personne. Vous vous souvenez des deux années que nous avons passées ensemble dans une retraite philosophique avec une dame[1] d'un génie étonnant et digne d'être instruite par vous dans les mathématiques. Quelque amitié qui m'attachât à elle et à vous, je me déclarai toujours contre votre sentiment et le sien sur la dispute des *forces vives*. Je soutins effrontément le parti de M. de Mairan contre vous deux; et ce qu'il y eut de plaisant, c'est que lorsque cette dame écrivit ensuite contre M. de Mairan sur ce point de mathématique, je corrigeai son ouvrage, et j'écrivis contre elle. J'en usai de même sur *les monades* et sur *l'harmonie préétablie*, auxquelles je vous avoue que je ne crois point du tout. Enfin je soutins toutes mes hérésies sans altérer le moins du monde la charité. Je ne pus sacrifier ce qui me paraissait la vérité à une personne à qui j'aurais sacrifié ma vie. Vous ne serez donc pas surpris que je vous dise, avec cette franchise intrépide qui vous est connue, que toutes ces disputes où un mélange de métaphysique vient égarer la géométrie me paraissent des jeux d'esprit qui l'exercent et qui ne l'éclairent point. La querelle des *forces vives* était absolument dans ce cas. On écrirait cent volumes pour et contre, sans rien changer jamais dans la mécanique. Il est clair qu'il faudra toujours le même nombre de chevaux pour tirer les mêmes fardeaux, et la même charge de poudre pour un boulet de canon, soit qu'on multiplie la masse par la vitesse, soit qu'on la multiplie par le carré de la vitesse. Souffrez que je vous dise que la dispute sur la *moindre action* est beaucoup plus frivole encore. Il me paraît de vrai dans tout cela que l'ancien axiome, que la nature agit toujours par les voies les plus simples; encore cette maxime demande-t-elle beaucoup d'explications.

Si M. de Maupertuis a inventé depuis peu ce principe, à la bonne heure; mais il me semble qu'il n'eût pas fallu déguiser sous des termes ambigus une chose si claire; et que ce serait la travestir en erreurs que de prétendre, avec le P. Malebranche, que Dieu emploie toujours *la moindre quantité d'action*. Nos bras, par exemple, sont des leviers de la troisième espèce, qui exercent une force de plus de cinquante livres pour en lever une; le cœur, par sa systole et par sa diastole, exerce une force prodigieuse pour exprimer une goutte de sang qui ne pèse pas une dragme. Toute la nature est pleine de pareils exemples; elle montre dans mille occasions plus de profusion que d'économie. Heureusement, monsieur, toutes nos disputes pointilleuses sur des principes sujets à tant d'exceptions, sur des assertions vraies en plusieurs cas et fausses dans d'autres, n'empêcheront pas la nature de suivre ses lois invisibles et éternelles. Malheur au genre humain, si le monde était comme la plupart des philosophes veulent le faire! Nous ressemblons assez à Matthieu Garo, qui affirmait que les citrouilles devaient croître au haut des plus grands arbres, afin que les choses fussent en proportion. Vous savez comment Matthieu Garo fut détrompé, quand

---

1. Mme la marquise du Châtelet. (ÉD.)

un gland de chêne lui tomba sur le nez, dans le temps qu'il raisonnait en profond métaphysicien.

Voyez donc, monsieur, ce que c'est que de ne vouloir trouver la preuve de l'existence de Dieu que dans une formule d'algèbre, sur le point le plus obscur de la dynamique, et assurément sur le point le plus inutile dans l'usage. « Vous allez vous fâcher contre moi, mais je ne m'en soucie guère, » disait feu M. l'abbé Conti au grand Newton; et je pense, avec l'abbé Conti, qu'à l'exception d'une quarantaine de théorèmes principaux qui sont utiles, les recherches profondes de la géométrie ne sont que l'aliment d'une curiosité ingénieuse; et j'ajoute que, toutes les fois que la métaphysique s'y joint, cette curiosité est bien trompée. La métaphysique est le nuage qui dérobe aux héros d'Homère l'ennemi qu'ils croyaient saisir.

Mais que, pour une dispute si frivole, pour une bagatelle difficile, pour une erreur de nulle conséquence, confondue avec une vérité triviale, on intente un procès criminel dans les formes; qu'on fasse déclarer faussaire un honnête homme, un compagnon d'étude, un ancien ami, c'est ce qui est en vérité bien douloureux.

Vous nous avez appris, dans votre *Appel*, une violence bien plus singulière : on m'a écrit des lettres de Paris pour savoir si la chose était vraie. Vous dites, et il n'est que trop véritable, que Maupertuis, après avoir réussi, comme il lui était si aisé, à vous faire condamner, a écrit et fait écrire plusieurs fois à Mme la princesse d'Orange, de qui vous dépendez, pour vous imposer silence et pour vous faire consentir vous-même à votre déshonneur. Vous croyez bien que toute l'Europe littéraire trouve son procédé un peu dur et fort inouï. Maupertuis aura la gloire d'avoir fait ce qu'aucun souverain n'a jamais osé. Aveuglé par une méprise où il était tombé, il a soutenu cette méprise par une persécution; il a fait condamner et flétrir un honnête homme sans l'entendre, et lui a ordonné ensuite de ne point se défendre et de se taire.

Quel homme de lettres n'est saisi d'une juste indignation contre une cruauté ménagée d'abord avec tant d'artifice et soutenue enfin avec tant de dureté? Où en seraient les lettres et les études en tout genre, si on ne peut être d'un sentiment opposé à celui d'un homme qui a su se procurer du crédit? Quoi! monsieur, si je disais que tous les angles d'un triangle sont égaux à deux droits, et que le président de l'Académie de Pétersbourg eût dit le contraire, il serait donc en droit de me faire condamner et de m'ordonner le silence?

Vos plaintes ont été accompagnées des plaintes de tous les gens de lettres de l'Europe. Leurs voix se sont jointes à la vôtre; et, pour unique réponse, Maupertuis imprime qu'on ne doit pas savoir ce qu'il a écrit à Mme la princesse d'Orange, que ce sont des secrets entre lui et elle qu'il faut respecter. Cette réponse est le dernier coup de pinceau du tableau, et j'avoue qu'on devait s'y attendre.

J'étais plein de ma surprise et de mon indignation, ainsi que tous ceux qui ont lu votre *Appel*; mais l'une et l'autre cessent dans ce moment-ci. On m'apporte un volume de lettres que Maupertuis a fait imprimer il y a un mois : je ne peux plus que le plaindre; il n'y a plus à se fâcher. C'est un homme qui prétend que, pour mieux connaître la nature de l'âme, il faut aller aux terres australes disséquer des cerveaux de géants hauts de douze pieds, et des hommes velus portant une queue de singe.

Il veut qu'on enivre les gens avec de l'opium, pour épier dans leurs rêves les ressorts de l'entendement humain.

Il propose de faire un grand trou qui pénètre jusqu'au noyau de la terre.

Il veut qu'on enduise les malades de poix-résine, et qu'on leur perce la chair avec de longues aiguilles; bien entendu qu'on ne payera point le médecin si le malade ne guérit pas.

Il prétend que les hommes pourraient vivre encore huit ou neuf cents ans, si on les conservait par la même méthode qu'on empêche les œufs d'éclore. La maturité de l'homme, dit-il, n'est pas l'âge viril, c'est la mort; il n'y a qu'à reculer ce point de maturité.

Enfin il assure qu'il est aussi aisé de voir l'avenir que le passé; que les prédictions sont de même nature que la mémoire; que tout le monde peut prophétiser; que cela ne dépend que d'un degré de plus d'activité dans l'esprit, et qu'il n'y a qu'à exalter son âme. Tout son livre est plein d'un bout à l'autre d'idées de cette force. Ne vous étonnez donc plus de rien. Il travaillait à ce livre lorsqu'il vous persécutait; et je puis dire, monsieur, lorsqu'il me tourmentait aussi d'une autre manière. Le même esprit a inspiré son ouvrage et sa conduite.

Tout cela n'est point connu de ceux qui, chargés de grandes affaires, occupés du gouvernêment des Etats et du devoir de rendre heureux les hommes, ne peuvent baisser leurs regards sur des querelles et sur de pareils ouvrages. Mais moi qui ne suis qu'un homme de lettres, moi qui ai toujours préféré ce titre à tout, moi dont le métier est, depuis plus de quarante ans, d'aimer la vérité et de la dire hardiment, je ne cacherai point ce que je pense. On dit que votre adversaire est actuellement très-malade, je ne le suis pas moins; et, s'il porte dans son tombeau son injustice et son livre, je porterai dans le mien la justice que je vous rends. Je suis, avec autant de vérité que j'en ai mis dans ma lettre, monsieur, votre, etc.

MCMXVIII. — A M. G. C. WALTHER.

Potsdam, 18 novembre 1752.

J'ai oublié de vous prier d'envoyer sur-le-champ un exemplaire de l'édition en sept volumes avec un exemplaire de la nouvelle édition du *Siècle de Louis XIV* à M. Roques, conseiller ecclésiastique du landgrave de Hesse-Homberg, par Francfort-sur-le-Mein. Il connaît le libraire qui contrefait votre édition du *Siècle*, à la faveur de quelques notes que La Beaumelle y ajoute, et il peut vous servir. Il travaille au *Journal de Francfort*. Il connaît tous les tours de ce La Beaumelle, qui a été obligé de quitter successivement Copenhague, Berlin, Leipsick et Gotha, et qui ne vit à présent à Francfort que du produit de sa plume

MCMXIX. — AU CARDINAL QUERINI.

Potsdam, 21 di novembre.

L'Eminenza Vostra adorna la dottrina col fregio dell' ingegno, rinforza l'ingegno col zelo, e compisce il zelo colla munificenza. Ella edifica di una mano una chiesa in Berlino, e coll' altra slega dal giogo eretico un valente monaco, rimanda all' ovile la smarrita peccorella. In somma la sua liberal mano diffonde altrettanto di denaro quanto d' inchiostro, ed ammaestra i dotti e solleva i poveri.

Bramo di veder i suoi scritti ed i suoi atti generosi tutti raccolti nelle bresciane stampe; ma tengo un più vivo desiderio d'inchinarla personalmente, etc.

MCMXX. — A M. LE COMTE D'ARGENTAL.

Potsdam, le 22 novembre.

Mon cher ange, quoique les vers ne soient pas actuellement de quartier dans notre cour, vous m'avez fait relire *Zulime*. Je me suis repris de goût pour cette aventurière; et j'ose croire que, si vous la lisiez telle qu'elle est, vous l'aimeriez bien davantage. Ou je vous l'enverrai, mon cher et respectable ami, ou je vous l'apporterai en temps et lieu; mais à présent ne me demandez pas une rime, je n'en peux plus, j'en ai par-dessus la tête. Je n'ai point demandé de préface en forme au *Duc de Foix*. J'ai recommandé seulement un mot d'avis au libraire; j'ai exigé qu'on dît qu'on a pris le parti d'imprimer la pièce sur mon manuscrit, pour prévenir les éditions furtives et informes, telles que celle de *Rome sauvée*. Voilà, en vérité, tout ce qu'il convient de mettre à la tête d'une faible intrigue amoureuse, qui n'est relevée que par le caractère de Lisois. Ce *Duc de Foix* a été très-bien imprimé à Dresde; chez mon libraire ordinaire; je lui avais envoyé la pièce sur la parole que Mme Denis m'avait donnée qu'on l'imprimait à Paris. Je ne sais aucune nouvelle ni du *Duc de Foix*, ni de *Rome sauvée*, ni du *Siècle de Louis XIV*.

J'ai vu les *Lettres de Mme de Maintenon*; c'est l'histoire de sa vie, depuis l'âge de quinze ans jusqu'à sa mort. C'est un monument bien précieux pour les gens qui aiment les petites choses dans les grands personnages. Heureusement ces lettres confirment tout ce que j'ai dit d'elle, Si elles m'avaient démenti, mon *Siècle* était perdu. Comment se peut-il faire qu'un nommé La Beaumelle, prédicateur à Copenhague, depuis académicien, bouffon, joueur, fripon, et d'ailleurs ayant malheureusement de l'esprit, ait été le possesseur de ce trésor? Il vient aussi d'écrire la vie de Mme de Maintenon. On disait, il y a quelques années, qu'on avait volé à M. de Caylus ces lettres et ces mémoires sur sa tante. 'en sauriez-vous pas des nouvelles?

Je vous ai mandé qu'il paraissait aussi des mémoires de milord Bolingbrocke[1]. Ils sont traduits en français. On dit que, dans cette

[1. C'étaient les *Lettres sur l'histoire, suivies de Réflexions sur l'exil*, etc., traduites par Barbeu du Bourg. 1752, 2 vol. in-8°. Les *Mémoires secrets de Bolingbrocke*, traduits par Favier, ne parurent qu'en 1754. (ÉD.)]

traduction, on me reproche de m'être trompé sur Mme de Bolingbroke, que j'ai mise, dans le *Siècle*, au rang des nièces de Mme de Maintenon; me serais-je trompé? ne l'était-elle pas par son mari? ai-je rêvé ce que je lui ai entendu dire vingt fois? Je suis toujours prêt à croire que j'ai tort; mais ici il me semble que j'ai raison; rassurez-moi, je vous en prie. Mon cher ange, croyez-moi, je me mourais d'envie de venir vous embrasser cet hiver; mais, en vérité, il n'y a pas moyen de se mettre en chemin au milieu des glaces, quand on est malade. Je ne suis pas deux heures de la journée sans souffrir. Je serais mort si je ne menais pas la vie la plus douce et la plus retirée, n'ayant que vingt marches à monter tous les soirs pour aller entendre à souper le Salomon du Nord, quand il veut bien m'admettre à son festin des sept sages. Cette vie de château est bien dans mon goût; mais tout est empoisonné par les remords que j'ai de vous avoir quitté. Mille tendres respects à toute la hiérarchie. Répondez, je vous en prie, à mes questions comme à ma tendre amitié.

J'ai oublié de mander à ma nièce qu'elle m'écrive désormais à Berlin, où nous allons dans quelques jours. Je vous supplie de l'en avertir.

MCMXXI. — A M. ROQUES.

Pour répondre, monsieur, à vos bontés conciliantes, dont je suis très-reconnaissant, et à la lettre de M. de La Beaumelle, dont je suis très-surpris, j'aurai d'abord l'honneur de vous dire :

1° Qu'il est peu intéressant qu'il ait reçu trois ducats, comme vous l'avez marqué, ou davantage, pour l'ouvrage qu'il a écrit contre moi à Francfort;

2° Que quand il m'écrivit de Copenhague, sans que j'eusse l'honneur de le connaître, il data sa lettre du château et me fit entendre que le gouvernement l'avait chargé de l'édition des auteurs classiques français; et que M. de Bernstorf, secrétaire d'État, m'a écrit le contraire;

3° Que, quelques jours après, étant renvoyé de Copenhague, il m'envoya de Berlin à Potsdam, à ma réquisition, son livre intitulé *Qu'en dira-t-on?* dans lequel il dit que le roi de Prusse a des gens de lettres auprès de lui, par le même principe que les princes d'Allemagne ont des bouffons et des nains;

4° Qu'il me promit de supprimer ce compliment, et qu'il ne l'a pas fait;

5° Qu'il me reproche dans ce livre d'avoir sept mille écus de pension, et qu'il doit savoir à présent que j'y ai renoncé, aussi bien qu'à des honneurs que je crois inutiles à un homme de lettres; et que, dans l'état où je suis, il y a peu de générosité à persécuter un homme dont il n'a jamais eu le moindre sujet de se plaindre;

6° Qu'il est vrai que je lui donnai des conseils sur quelques méprises où il était tombé, et sur son étonnante hardiesse; qu'à la vérité il a suivi mes avis sur des faits historiques, mais qu'il les a bien négligés dans quelques exemplaires imprimés à Francfort, où il dit qu'il a vu, à la cour de Dresde, un roi.... et tout le reste qui a fait frémir d'horreur. Il ose parler contre le gouvernement et l'armée du roi de Prusse; il s'élève presque contre toutes les puissances. L'Arétin gagnait autrefois des chaînes d'or à ce métier, mais aujourd'hui elles sont d'un autre métal. Je souhaite seulement qu'on pardonne à sa jeunesse, ou qu'il ait une armée de cent mille hommes.

7° Il est bien le maître d'écrire contre moi, ainsi que contre tous les princes; il n'y gagnera pas davantage.

8° Il vous mande qu'il me poursuivra jusqu'aux enfers; il peut me poursuivre tant qu'il lui plaira jusqu'à la mort; il n'attendra pas longtemps; il poursuivra un homme qui ne l'a jamais offensé. Milord Tyrconnell est mort; mais ceux qui étaient auprès de lui sont témoins que je rendis service à M. de La Beaumelle, et que, seul, j'empêchai milord Tyrconnell d'envoyer directement au roi de Prusse une lettre dont la minute doit exister encore, et dans laquelle il demandait vengeance. Je ne m'oppose point à la reconnaissance dont il me menace.

9° Il peut se dispenser d'imprimer le procès du juif Hirschell, qui me contestait la restitution de douze mille écus qu'il avait à moi en dépôt. Ce procès est déjà imprimé. Le juif a été condamné à double amende. M. de La Beaumelle peut cependant faire une seconde édition avec des remarques, et me poursuivre jusqu'aux enfers, sans expliquer s'il entend que j'irai en enfer ou s'il compte y aller.

Voilà toute la réponse qu'il aura jamais de moi, dans ce monde-ci et dans l'autre. J'ai l'honneur d'être véritablement, etc.

MCMXXII. — A. M. LE COMTE D'ARGENSON.

A Potsdam, le 24 novembre.

Quand je revis ce que j'ai tant aimé,
Peu s'en fallut que mon feu rallumé
Ne fît l'amour en mon âme renaître,
Et que mon cœur, autrefois son captif,
Ne ressemblât l'esclave fugitif
A qui le sort fait rencontrer son maître[1], etc. »

C'est ce que disait autrefois le saint évêque Saint-Gelais, en rencontrant son ancienne maîtresse; et j'en ai dit davantage, en retrouvant vos anciennes bontés. Croyez, monseigneur, que vous n'êtes jamais sorti de mon cœur; mais je craignais que vous ne vous souciassiez guère d'y régner, et que vous ne fussiez comme les grands souverains qui ne connaissent pas toutes leurs terres. Votre très-aimable lettre m'a donné bien des désirs, mais elle n'a pu encore me donner des forces. Je vous rate tout net en vous aimant, parce que l'esprit est prompt et la chair infirme chez moi[2]. Je suis si malingre que, voulant partir sur-le-champ, je suis obligé de remettre mon voyage au printemps. Je ne suis pas comme le président Hénault, qui disait

---

1. Ces six vers composent la première stance d'une pièce de poésie de J. Bertaut, évêque de Séez, intitulée *Renaissance d'amour*. (Éd.)
2. Matthieu, XXVI, 41; Marc, XIV, 38. (Éd.)

qu'il était quelquefois fort aise de manquer son rendez-vous. Soyez sûr que j'ai une vraie passion de venir être témoin de votre gloire et du bien que vous faites.

J'ai bien peur que l'intérêt qui devrait animer ce que j'ai eu l'honneur de vous envoyer ne soit étouffé sous trop de détails. Cela me fait penser qu'il ne faut pas ennuyer, par une longue lettre inutile, un homme qui en reçoit tous les jours une centaine de nécessaires, qui quelquefois aussi sont ennuyeuses.

Conservez, je vous en prie, votre bienveillance au plus ancien, au plus respectueux, au plus tendre de vos serviteurs. V.

En voulant fermer cette lettre, j'ai coupé le papier; vous me le pardonnerez.

MCMXXIII. — A M. LE MARÉCHAL DUC DE RICHELIEU.

A Potsdam, le 25 novembre.

Je fais partir, monseigneur, par la voie d'un correspondant de Strasbourg, le gros paquet qui peut servir quelques heures à votre amusement. Plût à Dieu qu'il pût un jour servir à votre gloire! mais elle n'en a pas besoin. J'ai bien plus besoin, moi, de la consolation de vous faire encore ma cour, de vous voir et de vous entendre, que vous n'en avez d'être fourré dans mes gazettes. L'ouvrage est assez maussadement copié; l'écriture pourtant est lisible. J'ai auprès de moi des gens de lettres qui ne sont pas des maîtres à écrire. Enfin, je mets à vos pieds le seul exemplaire qui me reste. Si je suis assez heureux pour être en état de venir passer quelque temps auprès de vous, je vous demanderai seulement permission d'en tirer une copie. Vous y trouverez la vérité, mais non pas toutes les vérités; vous vous y verrez des détails qui seront encore chers quelques années à ceux qui s'y sont intéressés, et qui disparaîtront ensuite dans le fracas des événements qui, de dix ans en dix ans, varient la scène du monde, et qui arment puissamment les princes de l'Europe pour de petits intérêts. Il ne reste que les grandes choses dans la mémoire des hommes; et j'oserai même vous dire que le règne de Louis XIV attirerait peu les regards de la postérité, sans la révolution qui s'est faite, de son temps, dans l'esprit humain. Il a résulté de son amour pour la gloire, de ses entreprises, de ses grandeurs, et de ses faiblesses, et de ses malheurs, mais surtout de cette foule d'hommes éclatants en tout genre que la nature fit naître pour lui, un tout qui étonne l'imagination, et qui forme une époque mémorable. Si on pensait aussi hautement que vous; si bien des gens avaient la grandeur de votre caractère, on ajouterait encore une aile au bâtiment que la gloire a élevé dans le siècle de Louis XIV.

Quel plaisir je me ferais de raisonner de tout cela avec vous dans vos moments de loisir! Si vous saviez que de choses j'ai à vous dire! Mais quand pourrai-je avoir ce bonheur? je n'ai à présent qu'un érysipèle escorté d'une humeur scorbutique qui me dévore, et de rétrécissements dans les nerfs. Cet hiver-ci sera terrible à passer pour moi à Berlin;

il faudrait que je fusse à Naples. Nous autres Français nous périssons tous. Vos colonies languedociennes n'ont pas prospéré dans les pays froids; au lieu d'augmenter, en 1686, elles ont diminué de moitié; c'est le contraire de ce qui est arrivé aux peuples du Nord transportés en Italie. Il n'y a que d'Argens qui est gros et gras. Maupertuis, à force de boire de l'eau-de-vie, s'est mis à la mort; mais il en réchappe, parce qu'il est né avec un tempérament de Tartare. Il n'est que fou. Il vient de faire un livre où il propose de faire des trous qui aillent jusqu'au centre de la terre, d'aller droit sous le pôle, de connaître le siége de l'âme en disséquant des têtes de géants, ou en examinant les rêves de ceux qui ont pris de l'opium. Il assure qu'il est aussi facile de voir l'avenir que de se représenter le passé, et nous nous attendons que, dans quelques jours, il débitera des prophéties. J'ai eu bien raison de dire, en parlant de Descartes, que la géométrie laisse l'esprit comme elle le trouve. Il propose sérieusement de faire vivre les hommes huit à neuf cents ans, en les conservant comme des œufs qu'on empêche d'éclore. Tout est dans ce goût dans son livre. La Métrie, en comparaison, a écrit en sage.

L'abbé de Prades est ici avec une pension. Je l'ai fait venir le plus adroitement du monde. C'est, je crois, la seule fois de ma vie que j'aie été adroit et heureux. Il m'a confié que vous lui aviez offert une retraite à Richelieu, avec des secours. Je reconnais bien là votre belle âme. Vous avez eu autant de générosité que la fille aînée des rois et de votre grand-oncle a eu de lâcheté et d'ignorance. Elle s'est déshonorée sans retour. Quel siècle que celui où un théatin imbécile force la Sorbonne à une démarche si humiliante, et où il imagine des *billets de confession* qui auraient opéré autant de mal que de ridicule, sans la prudence du roi! Que serait aujourd'hui la France, aux yeux des étrangers, sans vous et sans M. le maréchal de Belle-Isle? Nommez-m'en un troisième qui ait de la réputation, je vous en défie. Vivez, monseigneur le maréchal; ayez l'éclat de tous les âges, soyez heureux autant qu'honoré. Je ne puis vous dire encore quand je pourrai faire un voyage pour vous, mais mon cœur est à vous pour jamais

MCMXXIV. — A FRÉDÉRIC II, ROI DE PRUSSE.

Sire, vous avez perdu plus que vous ne pensez; mais Votre Majesté ne pouvait deviner que dans un gros livre, plein d'un fatras théologique, et où l'abbé de Prades est toujours misérablement obligé de soutenir ce qu'il ne croit pas, il se trouvât un morceau d'éloquence digne de Pascal, de Cicéron, et de vous.

Lisez, je vous en supplie, Sire, seulement depuis 103 jusqu'à 105, l'endroit marqué, et jugez si on a dit jamais rien de plus fort, et si le temps n'est pas venu de porter les derniers coups à la superstition. Ce morceau m'a paru d'abord être de Dalembert, ou de Diderot, mais il est de l'abbé Yvon. Jugez si j'avais tort de vouloir travailler avec lui à l'encyclopédie de la raison.

Comparez ces deux pages avec la misérable phrase d'écolier de rhétorique par où commence *le Tombeau de la Sorbonne* : « Un vaisseau de la Sorbonne, sans voiles et sans timon, donnant contre des écueils, et fracassé sans ressources. » Cela ressemble au fameux plaidoyer fait contre les p...... de Paris : « Elles allèrent dans la rue Brise-Miche chercher un abri contre les tempêtes élevées sur leurs têtes dans la rue Chapon. » Vous sentez combien il est ridicule d'appliquer à la Sorbonne ce que Cicéron disait des secousses de la république romaine.

Il y a des choses que je fais, il y a des choses sur lesquelles je donne conseil, d'autres où j'insère quelques pages, d'autres que je ne fais point. Mais ce qui m'appartient uniquement c'est mon érysipèle, mon amour pour la vérité, mon admiration pour votre génie, et mon attachement à la personne de Votre Majesté.

MCMXXV. — A M. FORMEY.

Je suis venu hier, monsieur, pour vous remercier des soins que vous avez la bonté de prendre. Je vous prie de différer encore de quelques jours l'*avertissement* que vous vouliez bien mettre dans les papiers publics, et de me garder une cellule dans votre ruche.

N'en parlez point, je vous prie, avant que j'aie eu le bonheur de vous voir.

Je vous embrasse de tout mon cœur.   V.

MCMXXVI. — A M. ROQUES.

Monsieur, j'ai lu enfin l'édition du *Siècle de Louis XIV*, que votre ami La Beaumelle a faite en trois volumes, avec des remarques et des lettres. Je vous dirai, monsieur, que cette édition n'a pas laissé d'avoir quelque cours à Berlin. J'y suis outragé; cinq ou six officiers de la maison de Sa Majesté prussienne y sont maltraités; c'est une raison pour qu'on veuille au moins parcourir l'ouvrage. Personne ne lui pardonnera d'avoir outragé dans ses remarques les vivants et les morts, ainsi que la vérité. Mais moi, monsieur, je lui pardonnerais les injures scandaleuses qu'il me dit dans mon propre ouvrage, s'il était vrai qu'il eût à se plaindre de moi, et si je l'avais accusé auprès du roi de Prusse, dans son passage à Berlin, comme il le prétend.

Je peux vous protester hautement, monsieur, non-seulement à vous, mais à tout le monde, et attester le roi de Prusse lui-même, que jamais je n'ai dit à Sa Majesté ce qu'on m'impute. Ce fut le marquis d'Argens qui l'avertit, à souper, de la manière dont La Beaumelle avait parlé de sa cour, ainsi que de plusieurs autres cours, dans son livre intitulé *Qu'en dira-t-on?* Le marquis d'Argens sait que, loin de vouloir porter ces misères aux oreilles du roi, je lui mis presque la main sur la bouche; que je lui dis en propres paroles : *Taisez-vous donc, vous révélez le secret de l'Église*. J'aurais pu user du droit que tout le monde a de parler d'un livre nouveau, à table, mais je n'usai point de ce droit; et, loin de rendre aucun mauvais office à M. de La Beaumelle, je fis ce que je pus pour le servir dans l'aventure pour laquelle il fut mis au corps de garde à Berlin, et envoyé à Spandau. Pour peu qu'il raisonne, il doit voir clairement que Maupertuis ne m'a calomnié ainsi auprès de lui que pour l'exciter à écrire contre moi ; c'est un fait assez public dans Berlin. Il est bien étrange qu'un homme que le roi de Prusse a daigné mettre à la tête de son Académie ait pu faire de pareilles manœuvres. Songez ce que c'est que d'aller révéler à un étranger, à un passant, le secret des soupers de son maître, et de joindre l'infidélité à la calomnie. Exciter ainsi contre moi un jeune auteur, lancer ses traits, et puis retirer sa main ; accuser M. Kœnig, mon ami, d'être un faussaire, le faire condamner de sa seule autorité, en pleine Académie, et se donner le mérite de demander sa grâce ; faire écrire contre lui, et avoir l'air de ne point écrire ; déchaîner La Beaumelle contre moi, et le désavouer ; opprimer Kœnig et moi avec les mêmes artifices ; c'est ce que Maupertuis a fait, et c'est sur quoi l'Europe littéraire peut juger.

Je me suis vu contraint à soutenir à la fois deux querelles fort tristes. Il faut combattre, et contre Maupertuis, qui a voulu me perdre, et contre La Beaumelle, qu'il a employé pour m'insulter. La vie des gens de lettres est une guerre perpétuelle, tantôt sourde et tantôt éclatante, comme entre les princes ; mais nous avons un avantage que les rois n'ont pas ; la force décide entre eux, et la raison décide entre nous. Le public est un juge incorruptible qui, avec le temps, prononce des arrêts irrévocables. Le public prononcera donc si j'ai eu tort de prendre le parti de M. Kœnig, cruellement opprimé, et de confondre les mensonges dont La Beaumelle, excité par l'oppresseur de Kœnig, et le mien, a rempli le *Siècle de Louis XIV*.

La Beaumelle vous a mandé, monsieur, qu'il me *poursuivra jusqu'aux enfers*. Il est bien le maître d'y aller ; et, pour mieux mériter son gîte, il vous dit qu'il fera imprimer, à la suite du *Siècle de Louis XIV*, un procès que j'eus, il y a près de trois ans, contre un banquier juif, et que je gagnai. Je suis prêt à lui en fournir toutes les pièces, et il pourra faire relier le tout ensemble, avec la *Paix de Nimègue*, celle de *Riswick*, et la *Guerre de la succession* ; rien ne contribuera plus au progrès des sciences.

Tout cela, monsieur, est le comble de l'avilissement ; mais je vous défie de me nommer un seul auteur célèbre, depuis le Tasse jusqu'à Pope, qui n'ait eu affaire à de pareils ennemis.

Le moindre de mes chagrins est assurément le sacrifice des biens et des honneurs auxquels j'ai renoncé sans le plus léger regret ; mais la perte absolue de ma santé est un mal véritable. S'il y a quelque chose de nouveau à Francfort, concernant toutes ces misères, vous me ferez plaisir de m'en instruire.

MCMXXVII. — A FRÉDÉRIC II, ROI DE PRUSSE.

Sire, j'avais écrit ce matin une lettre à l'abbé de Prades pour être montrée à Votre Majesté ; depuis ce temps il a eu un exemplaire de l'édition de La Beaumelle, dont vous l'aviez chargé de vous rendre compte. Je lui ai redemandé aussitôt ma lettre, comptant alors prendre la liberté d'écrire moi-même à Votre Majesté. Mais me trouvant très-mal, et ne pouvant écrire une lettre de détails dans ce moment, je supplie Votre Majesté de permettre que je lui envoie la lettre ou plutôt le mémoire de ce matin. Je la conjure de laisser périr un mauvais ouvrage qui tombera de lui-même, et d'avoir pitié de l'état affreux où elle m'a réduit.

MCMXXVIII. — A M. LE MARQUIS DE XIMENÈS.

A Potsdam, le 1ᵉʳ décembre 1752.

Les personnes qui ont l'honneur de vous connaître, monsieur, vous rendront la justice d'avouer que vous êtes plus fait pour traduire les amours fortunés d'Ovide[1] que les amours malheureux. Si d'ailleurs quelque beauté avait à se plaindre de vous, elle serait discrète; et vous pourriez vous vanter de vos exploits sans lui déplaire. Il y a de très-galants hommes qui ont perdu partie, revanche, et le tout, sans en rien dire. Vous n'êtes pas de ces gens-là, et je vous crois très-heureux au jeu.

Pour moi, qui ne joue point, je vous souhaite d'aussi bonnes parties que vous avez fait de bons vers. Goûtez les plaisirs, et chantez-les. J'ai l'honneur d'être, etc.

MCMXXIX. — A M. DARGET.

A Potsdam, le 4 décembre 1752.

Vous m'allez prendre pour un paresseux, mon cher Darget; mais je ne suis ni paresseux, ni indifférent. Un malade qui a eu sur les bras deux éditions à corriger, est un homme à qui il faut pardonner. Les détails me pilent, disait Montaigne. Il est plus agréable d'être à Fontainebleau, à Plaisance[2], à Brunoy, à Versailles. Je me flatte que vous y êtes avec une vessie bien réparée, et que vous êtes en état de faire encore le coquet sans crainte de mauvaise aventure; Daran et le plaisir ont dû vous guérir. Vous avez bien couru depuis un an, et moi j'ai resté constamment dans ma chambre, dont je ne suis sorti que pour aller chez le roi quand il a plu à Sa Majesté de me mettre du banquet des sept sages. Ce n'est pas que je sois sage; au moins n'allez pas imaginer cette folie-là. Je n'en ai guère vu encore, et je n'ai pas l'honneur

---

1. Ximenès avait envoyé à Voltaire une traduction en vers de la septième élégie du troisième livre des *Amours* d'Ovide : *At non formosa est*, etc. La pièce de Ximenès commençait ainsi :

Que lui manquait-il donc ? la grâce, la beauté,
Ou ce je ne sais quoi d'où naît la volupté ?
Non, etc.

Il y déplorait son accident avec Mlle Clairon. Voltaire raconte dans sa lettre du 29 février 1764 que Ximenès, en trois rendez-vous avec Mlle Clairon, perdit partie, revanche et le tout. (*Note de M. Beuchot.*)
2. Château de Paris Montmartel. (ÉD.)

de l'être. Les uns vont faire leurs folies en grande cohue, et moi j'en fais en vers et en prose dans ma retraite.

Scit genius, natale comes qui temperat astrum[1].

Je vous assomme toujours de citations d'Horace. On ne le cite guère à Fontainebleau et à Brunoy; c'est pourtant le meilleur prédicateur que je connaisse; il est prédicateur de cour, de b....., et de bon goût, et surtout du repos de l'âme. Il sait

Quid te tibi reddat amicum[2].

Il savait vivre avec Auguste et Mécène; et sans eux, il avait son Sabine, comme M. de Valori a son Estampes. Vous n'êtes pas encore

Ruris amator[3]

vous, monsieur le courtisan :

Miraris
Fumum et opes strepitumque Romæ[4].

Vous ne reviendrez donc qu'au printemps, et moi je pourrai bien faire un petit tour dans ce temps-là, si je ne suis pas mort. Nous serons comme Castor et Pollux, nous n'aurons point paru sur le même hémisphère pendant deux ans; mais je vous aimerais aux antipodes. Je me flatte que madame votre sœur a trouvé, par vos soins, l'établissement que vous désiriez tant pour elle. Peut-être à présent ne le désirez-vous plus. Et toujours Horace :

Quod petiit spernit, repetit quod nuper omisit[5]

Vous m'allez envoyer promener, me traiter de pédant : cependant vous m'avez paru assez content de mon dernier sermon dont ce philosophe voluptueux et libre m'avait fourni le texte; vous en profiterez si vous voulez ou si vous pouvez. Conservez-moi votre amitié; je vous ai été fidèle depuis le moment où je vous ai connu; je le serai toujours. Ce ne sont pas les moines qui aiment leurs chambres dont les autres moines aient rien à craindre. *Pax Christi*. Adieu; je rendis à Mlle Le Comte votre lettre, et je suis à vos ordres en tout et partout.

MCMXXX. — A M. G. C. WALTHER.

6 décembre 1752.

J'apprends, à l'instant du départ de la poste, que le nommé d'Arnaud est à Dresde. Sa Majesté le roi de Prusse a été obligé de le chasser de ses États, et il méritait une punition plus sévère. On apprend qu'il a forgé des lettres de Sa Majesté, en prose et en vers, qu'il débite im-

---

1. Horace, livre II, épître II, vers 187. (ÉD.)
2. *Id.*, livre I, épître XVIII, vers 101. (ÉD.)
3. *Id.*, livre I, épître X, vers 2. (ÉD.) — 4. *Id.*, livre III, ode XXIX, vers 12. (ÉD.)
5. *Id.*, livre I, épître I, vers 98. (ÉD.)

prudemment. Si vous pouviez, mon cher Walther, vous faire donner ces papiers, et les renvoyer à notre cour, vous rendriez un très-grand service. Au reste, il est bon que vous connaissiez ce scélérat, et que vous le fassiez connaître. Je vous réitère toutes les prières que je vous ai faites, et vous embrasse de tout mon cœur. VOLTAIRE.

MCMXXXI. — A M. LE MARÉCHAL DUC DE RICHELIEU.

A Berlin, le 16 décembre.

Vous avez dû recevoir, monseigneur, par M. de La Reynière, une très-grande lettre et un très-énorme paquet. Je ne vous demande point pardon de mes lettres, parce que le cœur les dicte; mais je vous demande bien sérieusement pardon du paquet. Tout est trop long et trop détaillé; c'est comme si on recueillait tous les bulletins d'une maladie qu'on a eue il y a dix ans. La postérité dédaigne tous les petits faits, et veut voir les grands ressorts. Je suis honteux d'avoir barbouillé plus de papier sur huit ans d'une guerre inutile, que sur le siècle de Louis XIV. J'ai noyé la gloire du roi, celle de la nation, et la vôtre, dans des détails que je hais. Avec moins de minuties, il y aurait bien plus de grandeur. Malheur aux gros livres! je m'occupe à rendre celui-ci plus petit et meilleur.

Après cette petite préface que vous fait votre historiographe, voici une requête de votre historien. On a repris le *Duc de Foix*; il ne s'agit plus que de jouer *Rome sauvée*, suivant l'exemplaire envoyé de Berlin.

« Je supplie monseigneur le maréchal duc de Richelieu, premier gentilhomme de la chambre du roi, de vouloir bien interposer son autorité pour qu'on reprenne au théâtre la tragédie de *Rome sauvée*; qu'on la représente suivant l'exemplaire que j'ai envoyé, et que les acteurs se chargent des rôles suivant la distribution que j'en ai faite, approuvée par monseigneur le maréchal de Richelieu. A Berlin, ce 15 décembre 1752. VOLTAIRE. »

MCMXXXII. — A M. ROQUES.

Ce 16 décembre 1752.

On ne peut être plus sensible que je le suis, monsieur, à tous vos soins obligeants. Je conviens que vous êtes dans une position délicate, et que vous vous acquittez de vos fonctions de médiateur, on ne peut pas mieux. Vous savez tout ce que j'ai fait pour entrer dans vos vues pacifiques. Il est bien étrange que M. de La Beaumelle ait voulu, pour quelques ducats, s'attirer une affaire si désagréable et si peu digne d'un honnête homme. J'ai déjà eu l'honneur de vous dire que les libraires sont en possession de contrefaire les ouvrages des gens de lettres, et de leur ravir le fruit de leurs travaux : mais qu'un homme de lettre contrefasse un livre dont un libraire a le privilège, et ait encore l'imprudence absurde de contrefaire une mauvaise édition furtive, dans le temps que mon libraire en donne une bonne; que sur cette mauvaise édition furtive, il se hâte de faire des remarques pour quelques ducats, sans savoir si les objets de ces remarques se trouveront dans la seule édition que j'approuve, et dont j'ai fait présent à mon libraire Conrad Walther, c'est un procédé, monsieur, dont je vous laisse le juge. Je vous prie, monsieur, de vouloir bien me faire tenir, par le chariot de poste de Francfort à Berlin, le livre de La Beaumelle, intitulé *Mes Pensées*, que le magistrat de Francfort a fait à la vérité saisir, mais dont il reste, dites-vous, quelques exemplaires. Il n'y a qu'à marquer le prix du livre sur le paquet en toile cirée, je le payerai avec le port, selon l'usage, et le maître du chariot de poste vous en tiendra compte. Si vous avez quelques ordres à me donner pour Berlin, je les exécuterai avec le même zèle et la même fidélité que je suis, monsieur, etc.

P. S. J'oubliais de vous dire que les *Lettres de Mme de Maintenon* ont été volées à M. de Margency, écuyer de M. le maréchal de Noailles, neveu de Mme de Maintenon : cela fait beaucoup de bruit à Paris.

MCMXXXIII. — A M. LE PRÉSIDENT HÉNAULT.

A Berlin, le 18 décembre.

Voici, mon cher et illustre confrère, une lettre de bonne année. Je ne suis pas accoutumé à faire de ces compliments-là ; mais j'aime à vous dire :

Qu'il vive autant que son ouvrage,
Qu'il vive autant que tous les rois
Dont il parle sans verbiage.

J'ai à vous avouer que j'ai été, moi, beaucoup trop verbiageur sur l'histoire de la dernière guerre, dont j'ai envoyé le manuscrit à M. d'Argenson. Je devais faire de cette histoire un ouvrage aussi intéressant que le *Siècle de Louis XIV*. Je ne l'ai point fait ; j'ai trop étouffé l'intérêt sous des détails ; cela est ennuyeux pour les acteurs mêmes. C'est donc quelque chose de bien vilain que la guerre, puisque les particularités les plus honorables des grandes actions font bâiller ceux qui les ont conduites.

Je regarde ce que j'ai envoyé à M. d'Argenson comme des matériaux qu'il m'avait confiés, et qui lui appartiennent. J'en fais à présent un édifice plus régulier et plus agréable. Dites-lui, je vous en supplie, monsieur, que je lui demande très-sérieusement pardon de l'énormité de mon volume. J'ai sa gloire à cœur ; il n'y en a point dans de trop gros livres. Je lui réponds d'être court et vrai. Je veux que les belles années de Louis XV se fassent lire comme le *Siècle de Louis XIV*; j'ai presque dit comme votre Chronologie ; et je souhaite qu'après ma mort mon nom puisse ne pas faire déshonneur à celui de M. d'Argenson, après l'avoir un peu ennuyé pendant ma vie. J'ai besoin à présent de votre indulgence et de la sienne ; je vous la demande instamment ; faites-lui parvenir mes remords.

MCMXXXIV. — A M. FORMEY.

J'ai eu du monde jusqu'à présent, monsieur, et je n'ai pas eu le temps de vous répondre.

Je tâcherai de venir chez vous après-demain, si mes forces me le permettent, et nous raisonnerons amplement sur ce que vous me mandez.

Je vous viendrai voir en bonne fortune, et ni l'un ni l'autre ne s'en vantera.

MCMXXXV. — A M. LE COMTE D'ARGENTAL.

A Berlin, le 18 décembre.

Mon cher et respectable ami, je ne peux pas plus à présent changer de climat que changer mes vers. Un érysipèle rentré m'enterrerait sur les bords de l'Elbe ou du Weser, et il serait fort ridicule d'aller mourir dans un mauvais cabaret de la Westphalie. Votre charmante lettre du 7 décembre, votre tendre amitié, me feront vivre jusqu'au printemps. Vous me faites plus de bien que les médecins ne pourraient me faire de mal. Vos lettres me ressuscitent, mais on dit que Mlle Gaussin tue *le Duc de Foix*. Cette Gaussin est actuellement un médecin d'eau douce.

Ce que vous dites de La Motte me fait trembler. Quoi! on l'a cru heureux étant aveugle et impotent; et, parce qu'on a été assez sot pour le croire heureux, on est assez cruel pour persécuter sa mémoire! Comment serais-je donc traité, moi qui ai les apparences du bonheur, qui ai l'air d'appartenir à deux rois à la fois, moi qui suis plus riche que La Motte, et qui ai été plus amoureux du roi de Prusse que La Motte ne croyait l'être de Mme la duchesse du Maine? Je m'en vais prier M. Berryer[1] de permettre qu'on affiche à Paris : « Voltaire avertit tous les gens de lettres qu'il n'est point heureux. »

Si vous avez lu cet article de *La Motte*, lisez donc celui de *Rousseau*, et vous y verrez la réflexion que vous faites que les heureux sont haïs. Mon cher ange, je n'ai dit sur La Motte, et sur Rousseau, et sur Fontenelle, que ce que je crois la pure vérité. Je les ai traités comme Louis XIV. J'aurais ajouté quelques couleurs rembrunies au portrait de Mme de Maintenon, si j'avais vu plus tôt ses *Lettres*. Elle est tout ce que vous dites, et toutes les dévotes de cour sont comme elle. De l'ignorance, de la faiblesse, de la fausseté, de l'ambition, du manége, des messes, des sermons, des galanteries, des cabales, voilà ce qui compose une Esther; mais l'Esther-Maintenon écrit bien, et j'aime à la voir s'ennuyer d'être reine. Je lui préfère Ninon, sans doute; mais Mme de Maintenon vaut son prix. Je m'étais toujours douté que ce La Beaumelle avait volé ces lettres. Il est donc avéré qu'il a fait ce vol chez Racine. Ce La Beaumelle est le plus hardi coquin que j'aie encore vu. Il m'écrivit de Copenhague, de la part du roi de Danemark, pour une prétendue édition, *ad usum delphini Danemarki*, des auteurs classiques français. Il datait sa lettre du palais du roi. Je le pris pour un grave personnage, d'autant plus qu'il avait prêché; mais, quinze jours après, mon prédicateur arriva avec un plumet à Potsdam. Il me dit qu'il venait voir Frédéric et moi. Cette cordialité pour le roi me parut forte. Il me donna un petit livre inti-

1. Lieutenant général de police. (ÉD.)

tulé : *Mes pensées* ou *Qu'en dira-t-on ?* dans lequel il me traitait comme un heureux, c'est-à-dire fort mal; et il voulait que je le présentasse au roi, lui et son livre. De là mon prédicateur alla au b....., fut mis en prison, et se retira enfin dans Francfort, où il fit réimprimer ses *Pensées*. Il faut qu'il croie tous les rois fort heureux; car, dans ce petit livret, il les nomme tous avec des épithètes qui ne méritent rien moins que la corde. On le décréta à Francfort de prise de corps, lui et ses *Pensées*; il se sauva avec quelques exemplaires qu'il a portés à Paris. Il est vrai qu'il a pris la précaution d'appeler dans son livre M. de Machault *Pollion*, et M. Berryer *Messala*. Je ne sais si *Pollion et Messala* feront sa fortune; mais le vol des lettres de Mme de Maintenon pourrait bien le faire mettre au carcan. C'est un rare homme; il parle comme un sot, mais il écrit quelquefois ferme et serré; et ce qu'il pille il l'appelle ses *Pensées*. Dieu merci! ce vaurien est de Genève, et calviniste; je serais bien fâché qu'il fût Français et catholique; c'est bien assez que Fréron soit l'un et l'autre.

Je vous dirai hardiment, mon cher ange, que je ne suis pas étonné du succès du *Siècle de Louis XIV*. Les hommes sont nés curieux. Ce livre intéresse leur curiosité à chaque page, il n'y a pas grand mérite à faire un tel ouvrage, mais il y a du bonheur à choisir un tel sujet. C'était mon devoir, en qualité d'historiographe, et vous savez que je n'ai jamais plus fait ma charge que depuis que je ne l'ai plus. Il est plaisant qu'on m'ait ôté cette place, comme si une clef d'or du roi de Prusse empêchait ma plume d'être consacrée au roi mon maître. Je suis toujours gentilhomme ordinaire; pourquoi m'ôter la place d'historiographe? c'est une contradiction. Tout historien de son pays doit écrire hors de son pays; ce qu'il dit en a plus de vérité et plus de poids. Adieu, mes chers anges; comptez que je pleure quelquefois d'être loin de vous.

MCMXXXVI. — A Mme Denis.

A Berlin, le 18 decembre.

Je vous envoie, ma chère enfant, les deux contrats du duc de Wurtemberg; c'est une petite fortune assurée pour votre vie. J'y joins mon testament. Ce n'est pas que je croie à votre ancienne prédiction que le roi de Prusse me *ferait mourir de chagrin*. Je ne me sens pas d'humeur à mourir d'une si sotte mort; mais la nature me fait beaucoup plus de mal que lui, et il faut toujours avoir son paquet prêt et le pied à l'étrier, pour voyager dans cet autre monde où, quelque chose qui arrive, les rois n'auront pas grand crédit.

Comme je n'ai pas dans ce monde-ci cent cinquante mille moustaches à mon service, je ne prétends point du tout faire la guerre. Je ne songe qu'à déserter honnêtement, à prendre soin de ma santé, à vous revoir, à oublier ce rêve de trois années.

Je vois bien qu'on *a pressé l'orange*; il faut penser à sauver l'écorce. Je vais me faire, pour mon instruction, un petit dictionnaire à l'usage des rois.

Mon ami signifie *mon esclave*.

Mon cher ami veut dire vous m'êtes plus qu'indifférent.
Entendez par : *je vous rendrai heureux*, je vous souffrirai tant que j'aurai besoin de vous.
Soupez avec moi ce soir signifie *je me moquerai de vous ce soir*.
Le dictionnaire peut être long; c'est un article à mettre dans l'*Encyclopédie*.

Sérieusement, cela serre le cœur. Tout ce que j'ai vu est-il possible? Se plaire à mettre mal ensemble ceux qui vivent ensemble avec lui! Dire à un homme les choses les plus tendres, et écrire contre lui des brochures! et quelles brochures! Arracher un homme à sa patrie par les promesses les plus sacrées, et le maltraiter avec la malice la plus noire! que de contrastes! Et c'est là l'homme qui m'écrivait tant de choses philosophiques, et que j'ai cru philosophe! et je l'ai appelé le *Salomon du Nord!*

Vous vous souvenez de cette belle lettre¹ qui ne vous a jamais rassurée. *Vous êtes philosophe*, disait-il; *je le suis de même*. Ma foi, Sire, nous ne le sommes ni l'un ni l'autre.

Ma chère enfant, je ne me croirai tel que quand je serai avec mes pénates et avec vous. L'embarras est de sortir d'ici. Vous savez ce que je vous ai mandé dans ma lettre du 1ᵉʳ novembre. Je ne peux demander de congé qu'en considération de ma santé. Il n'y a pas moyen de dire : « Je vais à Plombières au mois de décembre. »

Il y a ici une espèce de ministre du saint Évangile, nommé Pérard, né comme moi en France; il demandait permission d'aller à Paris pour ses affaires; le roi lui fit répondre qu'il connaissait mieux ses affaires que lui-même, et qu'il n'avait nul besoin d'aller à Paris.

Ma chère enfant, quand je considère un peu en détail tout ce qui se passe ici, je finis par conclure que cela n'est pas vrai, que cela est impossible, qu'on se trompe, que la chose est arrivée à Syracuse, il y a quelque trois mille ans. Ce qui est bien vrai, c'est que je vous aime de tout mon cœur, et que vous faites ma consolation.

MCMXXXVII. — A M. LE MARQUIS DE THIBOUVILLE.

A Berlin, le 18 décembre.

Mon cher duc de Foix, il faut donc que Sceaux ait toujours de Baron; mais le théâtre n'a pas toujours des Lecouvreur. C'est pour elle que le rôle d'Amélie avait été fait; elle ne sera pas remplacée. La vieille enfant qui joue dans *l'Oracle* et dans *Zaïre*² ne peut que faire tomber mon *Duc*.

> Tranquille dans le crime, et fausse avec douceur,
>
> *Zaïre* acte IV, scène VII

elle ne sera pas fâchée de faire des niches à l'oncle et à la nièce. Je suis très-fâché que Mme Denis se soit compromise avec ce tripot; il eût

---

1. Du 23 août 1750. (ÉD.)
2. Mlle Gaussin. — *L'Oracle* est une petite comédie de Saint-Foix. (ÉD.)

été mieux d'attendre le retour de M. de Richelieu; mais à présent il ne faut plus qu'elle s'avilisse à postuler des désagréments. Cela n'est bon que pour moi, vieux pilier de théâtre, vieux Pellegrin qui ai toute honte bue. Je lui envoie lettres pour M. de Richelieu, requête en forme, et mes sentiments au tripot; cela fait, je remets cette juste cause entre les mains de Dieu.

J'ai fait à *Zulime* tout ce que m'ont permis Louis XIV et Louis XV, auxquels j'ai donné presque tout mon temps, en bon et loyal sujet. Mettez-moi toujours aux pieds de Mme la duchesse du Maine. C'est une âme prédestinée; elle aimera la comédie jusqu'au dernier moment; et, quand elle sera malade, je vous conseille de lui administrer quelque belle pièce, au lieu d'*extrême-onction*. On meurt comme on a vécu; je meurs, moi qui vous parle, et je griffonne plus de vers que La Motte-Houdart, et plus de prose que La Mothe-le-Vayer. Si je faisais des vers comme vous les récitez, je travaillerais pour vous du soir au matin. Aimez-moi, si vous pouvez, autant que vous êtes aimable.

MCMXXXVIII. — A M. FORMEY.

En vérité, monsieur, je ne vous croyais pas Suisse. Un illustre théologien[1] de Bâle écrit que milord Bolingbroke a eu la ch........., et de là il tire la conséquence évidente que Moïse est l'auteur du *Pentateuque*. On prétend que de bonnes lois et de bonnes troupes ne valent rien, si l'on n'a pas une foi vive pour les dogmes de Zwingle et de Calvin. Or, comme Titus, Marc-Aurèle, Trajan, Nerva, Julien, etc., etc., avaient le malheur de ne croire pas plus à Zwingle qu'au pape, et que cependant tout allait assez bien de leur temps, on a cru à Potsdam ne devoir pas être tout à fait de l'avis du révérend docteur suisse. Le *chapelain*[2] de milord Chesterfield a pris en bon chrétien la cause de milord Bolingbroke, il l'a défendue dans une lettre pieuse et modeste. La traduction est parvenue ici avec la permission des supérieurs. Le roi a beaucoup ri : faites-en de même. Il paye bien les docteurs, et se moque des disputes théologiques, métaphysiques, phoronomiques, et dynamiques. Soyez très-tranquille, vivez gaiement de l'Évangile et de la philosophie, et laissez les profanes douter de la chronologie de Moïse et des monades. Tâchez de conserver la vôtre; faites-vous couvrir de poix-résine; essayez de vous mettre de grandes épingles dans le cul, suivant l'avis de l'auteur des *Nouvelles Lettres*[3]. Tâtez des forces centrifuges, ou plutôt faites-vous embaumer tout vivant, afin de n'attraper que dans sept ou huit cents ans ce point de maturité qui est la mort. Pour moi, si je peux jamais rattraper ma jeunesse, je compte aller faire un tour aux terres australes avec Dalichamp, et disséquer des cervelles de géants hauts de douze pieds, et des hommes velus comme des ours avec des queues de singe. Alors nous saurons des

1. Zimmermann. (ÉD.)
2. Voltaire lui-même. (ÉD.)
3. Les *Lettres* dont Voltaire se moque dans la *Diatribe du docteur Akakia*. (ÉD.)

nouvelles positives de la nature de l'âme; j'exalterai la mienne pour vous prédire l'avenir; car vous savez qu'un peu d'exaltation fait voir le futur comme le passé. Je vous prédis donc que ceux qui tourneront les sottises de ce monde en raillerie seront toujours les plus heureux; et, pour revenir du futur au passé, je vous jure que Démocrite avait raison, et qu'Héraclite avait tort. Croyez-moi, ne mettez aux choses que leur prix, et ne prenez point de grosses balances pour peser des toiles d'araignée. Il y a mille occasions où un vaudeville vaut mieux qu'une lamentation de Jérémie.

A propos de chanson, par quelle rage diabolique révoquez-vous en doute la chanson de l'archevêque de Cambrai? Savez-vous bien que vous êtes un impie d'armer l'incrédulité, qui triomphe tant dans ce siècle pervers, contre une chanson d'un successeur des apôtres? Je vous dis devant Dieu que le marquis de Fénelon me récita cette chanson à la Haye, en présence de sa femme et de l'abbé de La Ville. Eh! morbleu! faites comme l'archevêque de Cambrai; détrompez-vous de tout.

Adieu; je ne me porte pas mieux que vous; le moins malade ira voir l'autre.

MCMXXXIX. — A M. BAGIEU.

A Berlin, le 19 décembre.

Votre lettre, monsieur, vos offres touchantes, vos conseils, font sur moi la plus vive impression, et me pénètrent de reconnaissance. Je voudrais pouvoir partir tout à l'heure, et venir me mettre entre vos mains et dans les bras de ma famille. J'ai apporté à Berlin environ une vingtaine de dents, il m'en reste à peu près six: j'ai apporté deux yeux, j'en ai presque perdu un; je n'avais point apporté d'érysipèle, et j'en ai gagné un que je ménage beaucoup. Je n'ai pas l'air d'un jeune homme à marier, mais je considère que j'ai vécu près de soixante ans, que cela est fort honnête, que Pascal, Alexandre et Jésus-Christ, n'ont vécu qu'environ la moitié, et que tout le monde n'est pas né pour aller dîner à l'autre bout de Paris, à quatre-vingt-dix-huit ans, comme Fontenelle. La nature a donné à ce qu'on appelle mon âme un étui des plus minces et des plus misérables: Cependant j'ai enterré presque tous mes médecins, et jusqu'à La Métrie. Il ne me manque plus que d'enterrer Codénius, médecin du roi de Prusse; mais celui-là a la mine de vivre plus longtemps que moi; du moins je ne mourrai pas de sa façon. Il me donne quelquefois de longues ordonnances en allemand; je les jette au feu, et je n'en suis pas plus mal. C'est un fort bon homme, il en sait tout autant que les autres; et, quand il voit que mes dents tombent, et que je suis attaqué du scorbut, il dit que j'ai une affection scorbutique. Il y a ici de grands philosophes qui prétendent qu'on peut vivre aussi longtemps que Mathusalem, en se bouchant tous les pores, et en vivant comme un ver à soie dans sa coque; car nous avons à Berlin des vers à soie et des beaux esprits transplantés. Je ne sais pas si ces manufactures-là réussiront; tout ce que je sais, c'est que je ne suis point du tout en état de voyager cet hiver. Je me suis fait un printemps avec des poêles ; et quand le vrai printemps sera revenu, je compte bien, si je suis en vie, vous apporter mon squelette. Vous le disséquerez si vous voulez. Vous y trouverez un cœur qui palpitera encore des sentiments de reconnaissance et d'attachement que vous lui inspirez. Soyez persuadé, monsieur, que, tant que je vivrai, je vous regarderai comme un homme qui fait honneur au plus utile de tous les arts, et comme le plus obligeant et le plus aimable du monde.

MCMXL. — DE FRÉDÉRIC II, ROI DE PRUSSE.

Votre effronterie m'étonne, après ce que vous venez de faire, et qui est clair comme le jour. Vous persistez au lieu de vous avouer coupable ; ne vous imaginez pas que vous ferez croire que le noir est blanc, quand on ne veut pas tout voir, mais si vous poussez l'affaire à bout, je ferai tout imprimer et l'on verra que si vos ouvrages méritent qu'on vous érige des statues votre conduite vous mériterait des chaînes.

L'éditeur est interrogé, il a tout déclaré.

MCMXLI. — A FRÉDÉRIC II, ROI DE PRUSSE.

Ah mon Dieu sire dans l'état où je suis ! Je vous jure encor sur ma vie à laquelle je renonce sans peine que c'est une calomnie affreuse. Je vous conjure de faire confronter tous mes gens. Quoi ! vous me jugeriez sans entendre ! Je demande justice et la mort.

MCMXLII. — A M. FORMEY.

Le 23 décembre.

On dit, monsieur, que vous avez fait fourrer quatre mauvais vers contre moi dans l'Almanach de Bourdeaux [1], imprimé avec permission de votre Académie. Vous pensez bien que je m'en soucie guère, et que je combats gaiement contre tout le monde ; mais je vous avertis que vous ne gagnerez rien à cette guerre, que les choses ne sont pas comme vous le pensez, et qu'il vaudrait mieux, comme je vous l'ai mandé, que le moins malade de nous deux allât voir l'autre. Savez-vous ce que je vous conseille ? de venir dîner tête à tête avec moi, aujourd'hui ou demain ; vous vous en trouverez mieux que de venir m'attaquer en vers ou en prose. Croyez-moi, la vie est courte ; il vaut mieux boire ensemble que de se houspiller.

MCMXLIII. — AU MÊME.

Le 23 décembre.

Puisque ainsi est, *Iddio sia lodato*, je vous avouerai tout net que votre sortie sur certaines personnes, et un petit mot de la discipline militaire, et un petit coup de dent à ceux qui ont écrit après Newton,

1. Libraire de Berlin. (ÉD.)

et une petite attaque portée à certaines gens qui ont fait certains livres, et un mépris trop marqué pour certains sentiments de certaines gens, qui n'en changeront pas, etc., etc.; je vous avouerai, dis-je, que tout cela a été fort mal reçu. Vous devriez, ma foi, me remercier de l'apologie de Bolingbroke[1]; car tout ce qui fait rire apaise. Je pourrais vous servir, et cela me serait bien plus agréable que d'écrire sur le Pentateuque. Quand on m'attaque, je me défends comme un diable, je ne cède à personne; mais je suis un bon diable, et je finis par rire. Je suis très-malade, et vous sortez, vous avez été chez le grave président[2]. Venir de chez vous chez moi, bien emmitouflé, n'est pas un voyage aux terres australes. Point de rancune, puisque je n'en ai point. Venez dîner amicalement demain ou après-demain. Je vous enverrai un carrosse ou une chaise; vous n'aurez point de froid dans la rue, et vous serez chez moi très-chaudement. Il faut que nous causions, et vous trouverez *mixtum utile dulci*[3].

MCMXLIV. — A M. LE MARQUIS DE COURTIVRON.

Le 2 janvier 1753.

Je vous remercie, monsieur, des éclaircissements que vous avez bien voulu me donner sur votre *Traité de la lumière*. Je les reçois avec reconnaissance, et j'avoue qu'ils m'étaient nécessaires pour le bien entendre, car, quoique je me sois autrefois occupé de mathématiques, j'en ai actuellement perdu l'habitude.

Quand je reçus votre livre, je crus que c'était l'ouvrage d'un savant ordinaire; mais notre cher Clairaut m'apprend que vous êtes cet officier général de l'état-major auquel le comte de Saxe écrivit avec cette *brevitatem imperatoriam* des anciens, en accourant à Ellenbogen en Bohême, où vous conteniez avec moins de six cents hommes, par le poste que vous aviez pris devant le château de cette place, les quatre mille Croates qu'il y fit capituler le lendemain : *A homme de cœur, courtes paroles; qu'on se batte, j'arrive*. MAURICE DE SAXE.

Billet auquel vous répondîtes si énergiquement. Les sciences et les arts gagnent à être cultivés par les mains qui ont cueilli des lauriers. Frédéric fait de bons vers, le maréchal de Saxe des machines, et vous êtes mathématicien.

Recevez, comme bien démontrées, les assurances des sentiments respectueux avec lesquels j'ai l'honneur d'être, etc.

MCMXLV. — A M. FORMEY.

Le 7 janvier.

Venir chez vous m'est d'une impossibilité physique et métaphysique. M'entretenir avec vous me ferait un plaisir extrême, qui ne vous serait pas infructueux. J'ai plus de choses à vous dire que vous ne pensez.

---

1. La *Défense de milord Bolingbroke*. (ÉD.) — 2. Maupertuis. (ÉD.)
3. Horace, *Art poét.*, vers 343. (ÉD.)

Je crois qu'il serait beaucoup plus à propos de mettre dans votre feuille périodique les fragments de la main de Louis XIV, que l'*Histoire des couplets de Rousseau*, dont Berlin ne se soucie guère. Vous trouverez ces fragments de Louis XIV dans le chapitre des *anecdotes*. Si après cela vous voulez mettre dans vos feuilles l'histoire des couplets, vous êtes assurément bien le maître; mais vous devriez venir dîner quelque jour avec un homme vrai, franc et intrépide, quelquefois trop plaisant, toujours malade.

MCMXLVI. — A Frédéric II, roi de Prusse.

Sire, ce n'est sans doute que dans la crainte de ne pouvoir plus me montrer devant Votre Majesté que j'ai remis à vos pieds des bienfaits qui n'étaient pas les liens dont j'étais attaché à votre personne. Vous devez juger de ma situation affreuse, de celle de toute ma famille. Il ne me reste qu'à m'aller cacher pour jamais, et déplorer mon malheur en silence. M. Fédersdoff, qui vient me consoler dans ma disgrâce, m'a fait espérer que Votre Majesté daignerait écouter envers moi la bonté de son caractère, et qu'elle pourrait réparer par sa bienveillance, s'il est possible, l'opprobre dont elle m'a comblé. Il est bien sûr que le malheur de vous avoir déplu n'est pas le moindre que j'éprouve. Mais comment paraître? comment vivre? Je n'en sais rien. Je devrais être mort de douleur. Dans cet état horrible, c'est à votre humanité à avoir pitié de moi. Que voulez-vous que je devienne et que je fasse? Je n'en sais rien. Je sais seulement que vous m'avez attaché à vous depuis seize années. Ordonnez d'une vie que je vous ai consacrée, et dont vous avez rendu la fin si amère. Vous êtes bon, vous êtes indulgent, je suis le plus malheureux homme qui soit dans vos États; ordonnez de mon sort.

MCMXLVII. — A Mme Denis.

A Berlin, le 13 janvier.

J'ai renvoyé au *Salomon du Nord*, pour ses étrennes, les grelots et la marotte qu'il m'avait donnés, et que vous m'avez tant reprochés. Je lui ai écrit une lettre très-respectueuse, car je lui ai demandé mon congé. Savez-vous ce qu'il a fait? Il m'a envoyé son grand factotum de Fédersdoff, qui m'a rapporté mes brimborions. Il m'a écrit qu'il aimait mieux vivre avec moi qu'avec Maupertuis. Ce qui est bien certain, c'est que je ne veux vivre ni avec l'un ni avec l'autre.

Je sais qu'il est difficile de sortir d'ici; mais il y a encore des hippogriffes pour s'échapper de chez Mme *Alcine*. Je veux partir absolument; c'est tout ce que je peux vous dire, ma chère enfant. Il y a trois ans bientôt que je le dis, et que je devrais l'avoir fait. J'ai déclaré à Fédersdoff que ma santé ne me permettait pas plus longtemps un climat si dangereux.

Adieu; faites du paquet ci-joint l'usage que votre amitié et votre prudence vous dicteront.

Le pauvre Dubordier doit être à présent chez moi, à Paris. Sa destinée est bien cruelle. Il y a des gens devant qui on n'ose pas se dire malheureux. Cet homme est demandé à Berlin; il y arrive en poste. Il embarque sur un vaisseau sa femme, son fils unique, et sa fortune. Le vaisseau périt à la rade de Hambourg. Dubordier se trouve à Berlin sans ressource. On se sert de ses dessins; on ne l'emploie point, et on le renvoie sans même lui donner l'aumône. Logez-le, nourrissez-le. Qu'il raccommode mon cabinet de physique. Vous verrez dans le paquet qu'il vous apporte des choses qui font frémir. Faites comme moi, armez-vous de constance.

MCMXLVIII. — A M. FORMEY.

Le 17 janvier.

Est-ce vous qui avez fait l'*Extrait des Lettres de Mme de Maintenon*?

Vous dites qu'il faudrait savoir par quelles mains ce dépôt a passé. M. le maréchal de Noailles, son neveu, avait ce dépôt; son secrétaire le prêta à un écuyer du roi, et celui-ci au petit Racine[1]. La Beaumelle le vola sur la cheminée de Racine, et s'enfuit à Copenhague; c'est un fait public à Paris. La Beaumelle, de retour à Paris, devait être mis à la Bastille. Il a obtenu la protection de Mme la duchesse de Lauraguais, dame d'atour de Mme la Dauphine. Cette princesse a sauvé le cachot à La Beaumelle, ne sachant pas que ce galant homme, dans l'édition de ses belles *Pensées*, faite à Francfort, a dit du roi de Pologne et de sa cour : « J'ai vu à Dresde un roi imbécile, un ministre fripon, un héritier qui a des enfants, et qui ne saurait en faire, etc. »

Apparemment qu'il aura aussi la protection de la Prusse, car il dit que l'armée est composée de mercenaires qu'on mène à coups de bâton, qui seront battus à la première occasion, et qui étrangleraient le roi si on les faisait caserner. Il n'a tiré que peu d'exemplaires dans ce goût, et j'en ai un. Il a substitué d'autres feuilles dans d'autres exemplaires. Cet homme-là ira loin. Ne manquez pas de le louer dans votre journal, car voilà des gens qu'il faut ménager. N'est-il pas de l'Académie? Maupertuis est fort lié avec lui; il l'alla voir à Berlin et l'engagea à écrire au roi; il corrigea même sa lettre.

Pourquoi dites-vous que Mme de Maintenon eut beaucoup de part à la révocation de l'édit de Nantes? Elle toléra cette persécution, comme elle toléra celle du cardinal de Noailles, celle de Racine; mais certainement elle n'y eut aucune part; c'est un fait certain. Elle n'osait jamais contredire Louis XIV. Mme de Pompadour n'oserait parler contre l'ancien évêque de Mirepoix, qu'elle déteste autant que je le méprise.

Pourquoi dites-vous que Louis XIV était mille fois plus occupé de misères domestiques que du soin de son royaume? On ne peut avancer rien de plus faux et de plus révoltant, et il n'est pas permis de parler ainsi. Sachez que Louis XIV n'a jamais manqué d'assister au conseil, et qu'il a toujours travaillé au moins quatre heures par jour. Songez-

---

[1] Louis Racine, fils du *grand* Racine. (ÉD.)

vous bien que vous jugez dans Bernstrass[1] un homme tel que Louis XIV? vous!

Pourquoi dites-vous que Mme de Montespan était la femme la plus bizarre et la plus folle qui fût jamais? Qui vous l'a dit? Avez-vous vécu avec elle? Tout Paris sait que c'était une femme très-aimable; elle fut indignée du goût du roi pour Mme de Maintenon, qu'elle regardait comme une domestique ingrate. En quoi a-t-elle été la femme la plus bizarre et la plus folle qui fût jamais? Je vous parle net, comme vous voyez, parce que je veux être votre ami.

MCMXLIX. — AU MÊME.

17 janvier.

Justifiées par les passages des lettres de Mme de Maintenon. Non, mordieu! c'est tout le contraire. Lisez la lettre où elle rapporte que Louis XIV lui a dit en riant : « Il est plus difficile d'accorder deux femmes que les puissances de l'Europe, etc. »

Qui vous prie de tomber sur le corps de La Beaumelle? Voilà un plaisant corps! et qu'importe à la France ce qu'on dit dans un journal *germanique*?

Voulez-vous une autre anecdote? On a vendu à Paris six mille *Akakia* en un jour, et le plus orgueilleux de tous les hommes[2] est le plus bafoué. Il n'a que ce que son insolence et ses manœuvres méritent; et il n'y a personne, sans exception, auprès de qui il ne soit démasqué. Il aurait dû ne pas me pousser à bout. Je ne suis pas esclave; soyez homme.

MCML. — AU MÊME.

Le 17 janvier.

Billets sont conversation. Où diable prenez-vous cette jérémiade? Je vous dis que vous avez parlé de Louis XIV d'une manière peu convenable, et que vous avez tort; comme j'ai dit au roi qu'il avait eu tort de faire une brochure, et moi tort d'en avoir fait une autre; et je vous dis cela entre nous; et je vous dis que je me ...., révérence parler, de tout cela, et de la lettre sur Bolingbroke, et de toutes les sottises de ce monde, et qu'il faut que vous en fassiez de même. Qui songe à vous faire de la peine? Ce n'est pas moi. Vous avez écrit contre les déistes, qui ne vous ont jamais fait de mal; et le roi et moi, qui sommes déistes, nous avons pris le parti de notre religion. Je vous dis encore une fois qu'il n'y a qu'à rire de tout cela. Vous ne voyez les choses que par le trou d'une bouteille. Ne vous affligez pas et ne pleurez point, parce que Mme de Montespan était aimable. Encore une fois, soyez tranquille.

MCMLI. — A M. LE MARQUIS D'ARGENS.

Mon cher *Isaac*; il est vrai que j'ai enfoncé des *épingles dans le cul*[3], mais je ne mettrai point ma tête dans la gueule

1. Rue de Berlin. (ÉD.) — 2. Maupertuis. (ÉD.)
3 Allusion aux rêveries de Maupertuis. (ÉD.)

Je vous prie de lire attentivement l'article ci-joint du Dictionnaire de *Scriberius audens*, et de me le rendre, et de m'en dire votre avis. Je suis fâché que vous ne vous appliquiez plus à ces bagatelles rabbiniques, théologiques et diaboliques; j'aurais de quoi vous amuser; mais vous aimez mieux à présent la basse de viole. Tout est égal dans ce monde, pourvu qu'on se porte bien et qu'on s'amuse.

Si bene vales, ego quidem non valeo.... te amo, tua tueor [1]. Avez-vous reçu votre contrat? Songez, je vous en prie, au livre de l'abbé de Prades, et à la *religion naturelle*; c'est la bonne; il faut l'avoir dans le cœur.

MCMLII. — A M. LE MARQUIS DE THIBOUVILLE.

Ce 28.

J'ai reçu la lettre du 12 janvier de mon cher marquis. J'avais prévenu, il y a longtemps, ce qu'il a la bonté de me mander, ayant renvoyé au roi de Prusse, par deux fois, mon cordon, ma clef de chambellan, et lui ayant remis tout ce qu'il me doit de mes pensions. Il m'a toujours tout renvoyé; il m'a invité à aller avec lui, le 30 du mois, à Potsdam. Je ne sais si ma santé me permettra de le suivre. Il pourrait dire avec moi :

Nec possum tecum vivere, nec sine te ;
MARTIAL, liv. XII, épigr. XLVII.

et je ne dois dire que la première partie de ce vers. J'embrasse mon cher marquis; je le remercie, et je suis un peu piqué de ce qu'il n'a pas deviné la seule conduite que je pusse tenir. Tout ce qu'il me conseille était fait il y a près d'un mois; mais pouvoir revenir est une autre affaire.

MCMLIII. — A M. DE LA VIROTTE.

Berlin, le 28 janvier.

Je fais trop de cas de votre jugement, monsieur, pour ne m'en pas rapporter à vous sur cet étrange procès criminel fait par l'amour-propre de Maupertuis à la sincérité de Kœnig, procès dans lequel j'ai été impliqué malgré moi, parce que Kœnig ayant vécu deux ans de suite avec moi à Cirey, il est mon ami; parce que j'ai cru avec l'Europe littéraire qu'il avait raison; parce que je hais la tyrannie. Quand le roi de Prusse me demanda au roi par son envoyé, quand j'acceptai sa croix, sa clef de chambellan et ses pensions, je crus pouvoir recevoir les bienfaits d'un grand prince qui me promit de me traiter toujours comme son ami et comme son maître dans les arts qu'il cultive; ce sont ses propres paroles. Il ajouta que je n'aurais jamais aucune inconstance à craindre d'un cœur reconnaissant; et il voulut que ma nièce fût la dépositaire de cette lettre, qui devait lui servir de reproche éternel, s'il démentait ses sentiments et ses promesses

1. Pline, épître XI. (ÉD.)

Je n'ai jamais démenti mon attachement pour lui; j'avais eu un enthousiasme de seize années; mais il m'a guéri de cette longue maladie. Je n'examine point si, dans une familiarité de deux ans et plus, un roi se dégoûte d'un courtisan; si l'amour-propre d'un disciple qui a du génie s'irrite en secret contre son *maître*; si la jalousie et les faux rapports, qui empoisonnent les sociétés des particuliers, portent encore plus aisément leur venin dans les maisons des rois; tout ce que je sais, c'est qu'en me donnant au roi de Prusse, je ne me suis pas donné comme un courtisan, mais comme un homme de lettres, et qu'en fait de disputes littéraires, je ne connais point de rois. Je n'aimais que trop ce prince, et j'ai été fâché pour sa gloire qu'il ait pris parti contre Kœnig, sans être instruit du fond de la dispute; qu'il ait écrit une brochure violente contre tous ceux qui ont défendu ce philosophe, c'est-à-dire contre tous les gens éclairés de l'Europe, et cela sans avoir lu son *Appel*. Il a été trompé par Maupertuis. Il n'est pas étonnant, il n'est pas honteux pour un roi d'être trompé; mais ce qui serait bien glorieux, ce serait d'avouer son erreur.

Je lui ai renvoyé son cordon, sa clef d'or, ornements très-peu convenables à un philosophe et que je porte presque jamais. Je lui ai remis tout ce qu'il me doit de mes pensions. Il a eu la bonté de me rendre tout et de m'inviter à le suivre à Potsdam, où il me donne dans sa maison le même appartement que j'ai toujours occupé. J'ignore si ma santé, qui est plus déplorable que mon aventure, me permettra de suivre Sa Majesté.

MCMLIV. — A M. DU VOYER.

Je ne sais, monsieur, ce que vous entendez par le *fruit de mes veilles*, dans le billet que vous m'avez fait l'honneur de m'écrire. Je ne suis plus en âge de veiller, et encore moins de sacrifier mon sommeil à des bagatelles. Je ne suis point l'auteur de la petite lettre sur milord Bolingbroke; je l'ai cherchée pour obéir à vos ordres et j'ai eu beaucoup de peine à la trouver : la voici. Je suis très-aise d'avoir eu cette occasion de vous marquer à quel point j'aime à vous obéir. Je vous supplie, monsieur, de vouloir bien présenter mes respects à M. le comte d'Argenson et à M. le marquis de Paulmy, et de recevoir les miens avec la bienveillance que vous m'avez toujours témoignée.

VOLTAIRE.

MCMLV. — A M. G. C. WALTHER.

Berlin, 1er février 1753.

L'ouvrage que je vous envoie[1], mon cher Walther, vaudrait beaucoup mieux, si je ne vous avais pas renvoyé plus tôt tous les livres que vous m'avez redemandés ; mais le sujet est assez intéressant pour que vous tiriez de ce *Supplément* autant d'exemplaires au moins que du *Siècle*. Je vous prie de me mander si je pourrais trouver à Dresde ou à Leipsick un appartement commode pour moi, un secrétaire et deux

---

1. *Supplément au siècle de Louis XIV.* (ÉD.)

domestiques. Je l'aimerais encore mieux à Leipsick qu'à Dresde, parce que j'y travaillerais plus à mon aise. Mais il faudrait que cela fût très-secret. Vous n'auriez qu'à me mander : *Il faudra s'adresser à Leipsick chez....* Je m'y rendrais dans quinze jours ou trois semaines, et alors je vous serais plus utile. Au reste, dans la maison où je serai, il faudra absolument que je fasse ma cuisine. Ma mauvaise santé ne me permet pas de vivre à l'auberge.

Voici un avertissement que je vous prie très-instamment de faire mettre dans toutes les gazettes.

Je vous embrasse.   VOLTAIRE.

AVERTISSEMENT.

On apprend par plusieurs lettres de Berlin que M. de Voltaire, gentilhomme ordinaire de la chambre du roi de France, ayant remis à Sa Majesté prussienne son cordon, sa clef de chambellan et tout ce qui lui est dû de ses pensions, non-seulement Sa Majesté prussienne lui a tout rendu, mais a voulu qu'il eût l'honneur de le suivre à Potsdam et d'y occuper son appartement ordinaire dans le palais.

MCMLVI. — A Mme DE FONTAINE.

Berlin, le 7 février.

Ma très-chère nièce, je suis bien malade, et il se peut faire que tout ceci achève de dissoudre ma frêle machine. Je vous avoue que quand je reçus, dans des circonstances aussi funestes, la plaisanterie que vous m'envoyâtes, je ne crus pas qu'elle fût d'un Suisse, et je m'imaginais que des mains qui devaient m'être chères, s'amusaient à déchirer mes blessures, sans savoir à quel point j'étais blessé. Je suis plus touché des marques d'amitié que vous me donnez que je n'ai été fâché de la plaisanterie ou de l'indifférence. Mon aventure est une suite de la jalousie et de la profonde noirceur dont les hommes sont capables. Votre amitié est pour moi une consolation dont j'avais besoin. Je me flatte que le roi de Prusse aura assez d'humanité pour me permettre de venir chercher à guérir ou à mourir dans le sein de ma famille, que j'avais abandonnée uniquement pour lui. Je ne lui ai jamais manqué, et il est à croire qu'il aura pitié de mon état : cet état est si violent que je n'ai pas la force de vous faire une plus longue lettre.

MCMLVII. — A M. LE MARQUIS D'ARGENS.

Cher frère, je vous renvoie Locke. Maupertuis, dans ses belles *Lettres*, a beau dire du mal de ce grand homme, son nom sera aussi cher à tous les philosophes que celui de Maupertuis excitera de haine. Kœnig vient de lui donner le dernier coup[1], en lui démontrant qu'il est un plagiaire. On a imprimé à Leipsick une histoire

---

1. Par la publication de l'*Appel au public du jugement de l'Académie de Berlin*, qui fut suivi d'une *Défense de l'Appel au public*. (ÉD.)

complète de toute cette étrange aventure, qui ne fait pas d'honneur à ce pays-ci. Soyez très-sûr que toute l'Europe littéraire est déchaînée contre lui; et qu'excepté Euler et Mérian, qui sont malheureusement parties dans ce procès, tout le reste des académiciens lève les épaules.

Je suis dans mon lit, malade, malgré le quinquina du roi. Vous devriez bien venir dîner demain comme frère Paul chez Antoine. Ce sera peut-être la dernière fois de ma vie que je vous verrai. Donnez-moi cette consolation.

MCMLVIII. — A M. LE COMTE D'ARGENTAL.

Le 10 février.

J'ai été bien malade, mon cher et respectable ami; je le suis encore. Le roi de Prusse m'a envoyé de l'extrait de quinquina.

......Tanquam hæc sint nostri medicina doloris,
Aut deus ille malis hominum mitescere discat!
Virg., ecl. x, v. 60.

Il devrait bien plutôt m'envoyer une permission de partir pour aller me guérir ou mourir ailleurs. Il n'a plus nul besoin de moi. Il sait à présent mieux que moi la langue française; il écrit français par un *a*; il fait de bonne prose et de bons vers. Il a écrit, sans me consulter, une philippique sur la querelle de Maupertuis: il l'a pris pour Auguste, et moi pour Marc-Antoine. Maupertuis la fait imprimer en allemand et en italien, avec les aigles prussiennes à la tête. Battu à Actium et à la tribune aux harangues, il ne me reste qu'à aller mourir dans cette terre¹ que vous me proposez, et de vous embrasser avant ma mort. Voici une espèce de *testament* littéraire que je vous envoie. Mille tendres respects à tous les anges.

Je vous prie de donner copie de mon testament.

MCMLIX. — A M. LE MARQUIS D'ARGENS, A POTSDAM.

Berlin, le 16 février.

Je me meurs, mon cher marquis, et j'ai la force de vous avouer ma faiblesse. Je ne vous nierai pas certainement que ma douleur est inexprimable. J'ai voulu me vaincre et venir à Potsdam; mais je suis retombé, la veille de mon départ, dans un état dont il n'y a pas d'apparence que je relève. Mon érysipèle est rentré, la dyssenterie est survenue, j'ai souvent la fièvre; il y a quatorze jours que je suis dans mon lit. Je suis seul, sans aucune consolation, à quatre cents lieues d'une famille en larmes à qui je sers de père. Voilà mon état. Je compte sur votre amitié, qui fait presque ma seule consolation, et je vous embrasse tendrement.

1. Le château de M. de Sainte-Palaie. (ÉD.)

MCMLX. — AU MÊME.

Cher frère, vous êtes assurément le premier capitaine d'infanterie qui ait ainsi parlé de philosophie. Votre extrait de Gassendi est digne de Bayle. Je ne savais pas que Gassendi eût été le précurseur de Locke dans le doute modeste et éclairé si la matière peut penser. Il y a dans de vieux magasins, où personne ne fouille, des épées rouillées, mais excellentes, dont un bon guerrier peut se servir pour percer les sots.

Belzébuth vous ait en sa sainte garde! mon cher marquis, je vous aime de tout mon cœur. Tâchez de venir aujourd'hui chez votre frère le damné, qui souffre plus que jamais.

MCMLXI. — A Mme ***.

Berlin.

Je me sers, madame, des correspondants des négociants de Berlin, pour vous remercier de la lettre que vous m'avez fait l'honneur de m'écrire. Il y a longtemps que je compte votre nom, et celui d'un de vos amis, parmi ceux qui font le plus d'honneur à notre siècle. La liberté de penser est la vie de l'âme, et il paraît qu'il n'y a pas beaucoup d'âmes plus vivantes que la vôtre. C'est un grand malheur qu'il y ait si peu de gens en France qui imitent l'exemple des Anglais, nos voisins. On a été obligé d'adopter leur physique, d'imiter leur système de finance, de construire les vaisseaux selon leur méthode; quand les imitera-t-on dans la noble liberté de donner à l'esprit tout l'essor dont il est capable? Quand est-ce que les sots cesseront de poursuivre les sages? On marche continuellement à Paris entre les insectes littéraires qui bourdonnent contre quiconque s'élève, et des chats-huants qui voudraient dévorer quiconque les éclaire. Heureux qui peut cultiver en paix les lettres, loin des bourdons et chats-huants! Je suis sous la protection d'un aigle; mais une mauvaise santé, pire que tous les chagrins attachés en France à la littérature, m'ôte tout mon bonheur. Ainsi tout est compensé. Je serais trop heureux si la nature ne s'avisait pas de me persécuter autant que la fortune me favorise. Si l'état de ma santé, madame, me permet jamais de revoir la France, un de mes beaux jours serait celui où je pourrais vous assurer de mon respect, et dire à votre ami tout ce que la plus profonde estime m'inspirerait pour vous et pour lui. Permettez qu'en philosophe je finisse sans compliments ordinaires et sans signer. Vous me reconnaîtrez assez par ceux qui vous feront tenir ma lettre.

MCMLXII. — A M. LE MARQUIS D'ARGENS.

Frère Paul, je vous attendais; je comptais souper avec vous aujourd'hui, et nous fîmes hier une fête de vous promettre au révérend père abbé. Frère, savez-vous bien que je viens de me coucher? mais, puisque mon frère est toujours visité de Dieu, et affligé en son corps terrestre, je vais me lever, et mon âme va tâcher de consoler la sienne. J'offre pour vous mes ferventes prières, et je vous donne le baiser de paix. Dans un quart d'heure je passerai de ma cellule dans votre ermitage. Frère VOLTAIRE.

MCMLXIII. — A M. LE COMTE D'ARGENTAL.

A Berlin, le 26 février.

Mon cher ange, j'ai été très-malade, et, en même temps, plus occupé qu'un homme en santé; étonné de travailler dans l'état où je suis, étonné d'exister encore, et en me soutenant par l'amitié, c'est-à-dire par vous et par Mme Denis. Je suis ici le meunier de La Fontaine. On m'écrit de tous côtés : Partez,

... Fuge crudeles terras, fuge littus iniquum.
Virg., *Énéid.*, liv. III, v. 44.

Mais partir quand on est depuis un mois dans son lit, et qu'on n'a point de congé, se faire transporter couché, à travers cent mille baïonnettes, cela n'est pas tout à fait aussi aisé qu'on le pense. Les autres me disent : « Allez-vous-en à Potsdam, le roi vous a fait chauffer votre appartement; allez souper avec lui. » Cela m'est encore plus difficile. S'il s'agissait d'aller faire une intrigue de cour, de parvenir à des honneurs et de la fortune, de repousser les traits de la calomnie, de faire ce qu'on fait tous les jours auprès des rois, j'irais jouer ce rôle-là tout comme un autre; mais c'est un rôle que je déteste, et je n'ai rien à demander à aucun roi. Maupertuis, que vous avez si bien défini, est un homme que l'excès d'amour-propre a rendu très-fou dans ses écrits, et très-méchant dans sa conduite; mais je ne me soucie point du tout d'aller dénoncer sa méchanceté au roi de Prusse. J'ai plus à reprocher au roi qu'à Maupertuis; car j'étais venu pour Sa Majesté, et non pour ce président de Bedlam. J'avais tout quitté pour elle, et rien pour Maupertuis; elle m'avait fait des serments d'une amitié à toute épreuve, et Maupertuis ne m'avait rien promis; il a fait son métier de perfide, en intéressant sourdement l'amour-propre du roi contre moi. Maupertuis savait mieux qu'un autre à quel excès se porte l'orgueil littéraire. Il a su prendre le roi par son faible. La calomnie est entrée très-aisément dans un cœur né jaloux et soupçonneux. Il s'en faut beaucoup que le cardinal de Richelieu ait porté autant d'envie à Corneille que le roi de Prusse m'en portait. Tout ce que j'ai fait, pendant deux ans, pour mettre ses ouvrages de prose et de vers en état de paraître, a été un service dangereux qui déplaisait dans le temps même qu'il affectait de m'en remercier avec effusion de cœur. Enfin son orgueil d'auteur piqué l'a porté à écrire une malheureuse brochure contre moi, en faveur de Maupertuis, qu'il n'aime point du tout. Il a senti, avec le temps, que cette brochure le couvrait de honte et de ridicule dans toutes les cours de l'Europe, et cela l'aigrit encore. Pour achever le galimatias qui règne dans toute cette affaire, il veut avoir l'air d'avoir fait un acte de justice, et de le couronner par un acte de clémence. Il n'y a aucun de ses sujets, tout Prussiens qu'ils soient, qui ne le désapprouve; mais vous jugez bien que personne ne le lui dit. Il faut qu'il se dise tout à lui-même; et ce qu'il se dit en secret, c'est que j'ai la volonté et le droit de laisser à la postérité sa condamnation par écrit. Pour le droit, je crois l'avoir, mais je n'ai d'autre volonté que de m'en aller, et d'achever dans la retraite le reste de ma carrière, entre les bras de l'amitié, et loin des griffes des rois qui font des vers et de la prose. Je lui ai mandé tout ce que j'ai sur le cœur; je l'ai éclairci; je lui ai dit tout. Je n'ai plus qu'à lui demander une seconde fois mon congé. Nous verrons s'il refusera à un moribond la permission d'aller prendre les eaux.

Tout le monde me dit qu'il me la refusera; je le voudrais pour la rareté du fait. Il n'aura qu'à ajouter à l'*Anti-Machiavel* un chapitre sur le droit de retenir les étrangers par force, et le dédier à Busiris.

Quoi qu'on me dise, je ne le crois pas capable d'une si atroce injustice. Nous verrons. J'exige de vous et de Mme Denis que vous brûliez tous deux les lettres que je vous écris par cet ordinaire, ou plutôt par cet extraordinaire. Adieu, mes chers anges.

MCMLXIV. — A M. ROQUES.

A Berlin, 4 mars 1753.

Le sieur La Beaumelle n'est pas digne d'être votre ami, et il faut que vous ayez bien de l'indulgence pour lui pardonner ses écarts. Une âme aussi honnête que la vôtre est incapable même de comprendre les noirceurs de cet homme. Comment a-t-il donc osé vous dire que j'ai été l'agresseur? Malgré les explications qu'il a répandues du passage choquant de son *Qu'en dira-t-on*, a-t-il jamais pu se justifier? il est faux que MM. de Maupertuis et Algarotti aient été contents du tour qu'il a donné à cette insolence. N'a-t-il pas semé dans tout Berlin les anecdotes les plus calomnieuses contre moi? A-t-il cru qu'elles me resteraient cachées ou qu'elles m'intimideraient? Il ne vous a pas dit, sans doute, qu'il a fait colporter une douzaine de libelles manuscrits contre moi, et que des âmes de boue comme la sienne ont eu soin de la répandre partout. On m'écrit de Paris qu'on y a vu des copies de ces belles productions. Ah! monsieur, que la littérature est avilie par les La Beaumelle, et quelle humiliation que d'être obligé de répondre aux attaques d'un pareil adversaire! Votre philosophie gémit avec moi de ces misères, et voudrait la paix; mais je vous demande, monsieur, si la conciliation est possible. Puisse votre repos n'être jamais troublé par ces vils insectes, qui ne laissent pas que de faire du mal! J'ai l'honneur d'être avec une considération distinguée, etc.

MCMLXV. — A M. KŒNIG.

12 mars.

Vous avez donc reçu, monsieur, mon paquet du mois de janvier, le 2 mars, et moi j'ai reçu, le 11 mars, votre lettre du 2.

Je vous écris naturellement par la poste, n'écrivant rien que je ne pense, et ne pensant rien que je n'avoue à la face du public.

On se presse trop en Allemagne et en Angleterre de donner des recueils de vos campagnes contre Maupertuis. Votre victoire n'a pas besoin de tant de *Te Deum*; et, puisque vous voulez bien que je vous dise mon avis, je trouve fort mauvais que les goujats de votre armée s'avisent de joindre aux pièces du procès, dans les recueils de Londres[1], les *Éloges* de La Métrie et de Jordan. Les Anglais se soucient fort peu de ces deux hommes, qui n'ont rien de commun avec votre affaire. De plus, pourquoi se plaindre qu'on ait suivi, en faveur de ces académiciens, la coutume de faire une petite oraison funèbre? Quel mal y a-t-il à cela? J'avoue que La Métrie avait fait des imprudences et de méchants livres; mais, dans ses fumées, il y avait des traits de flamme. D'ailleurs c'était un très-bon médecin, en dépit de son imagination, et un très-bon diable en dépit de ses méchancetés. On n'a point loué ses défauts dans son *Éloge*. On a justifié sa liberté de penser, et en cela même on a rendu service à la philosophie; mais, encore une fois, tout cela est étranger à la querelle présente, et la matière n'est point une pièce du procès. Je vous conjure de vous tenir dans les bornes de vos États, où vous serez toujours victorieux. Toute l'Europe littéraire, qui s'est déclarée pour vous, approuve que vous donniez une histoire de l'injustice qu'on vous a faite, que vous rapportiez tous les témoignages des académies et des universités en votre faveur. Vos propres raisons ne sont pas les témoignages les moins convaincants. Vous sentez que cette histoire, qui doit passer à la postérité, et servir d'époque et de leçon à tous les gens de lettres, doit être écrite très-sérieusement, et avec autant de circonspection que de force. Il ne s'agit pas ici de plaisanterie; il s'agit d'instruire; il s'agit de confondre par la raison l'erreur et la violence. Il me semble que chaque genre doit être traité dans le goût qui lui est propre. Les plaisanteries conviennent quand on répond à un ouvrage ridicule qui ne mérite pas d'être sérieusement réfuté.

Enfin, monsieur, voici mon avis, que je soumets à vos lumières. Premièrement, la partie historique traitée avec sagesse et avec une éloquence touchante, sans compromettre personne et sans rien mêler d'étranger à l'affaire; secondement, vos démonstrations mathématiques et les témoignages des académies; et enfin, puisqu'on ne peut s'en empêcher, les pièces agréables et réjouissantes qui ont paru à cette occasion.

Surtout, monsieur, comme ce recueil subsistera tant qu'il y aura au monde des académies, je vous demande en grâce qu'il n'y ait rien de personnel dans les plaisanteries. Le libraire Luzac avait promis plusieurs fois de retrancher de la *Diatribe* une raillerie concernant une maladie qu'on a eue à Montpellier. Il faut absolument qu'il tienne sa parole dans l'édition du recueil. Un impertinent ouvrage est livré au ridicule; mais les personnes doivent être ménagées.

---

1. Le recueil intitulé *Maupertuisiana*, Hambourg, 1753, contient, outre des pièces relatives à la querelle de Kœnig avec Maupertuis, les *Éloges de trois philosophes* (Jordan, La Métrie, et Maupertuis); par Frédéric. (*Note de M. Beuchot.*)

Après ces précautions, vous aurez pour vous les contemporains et la postérité. Personne n'aura droit de se plaindre. C'est ce que je peux vous prédire sans *exalter mon âme*, qui est tout à vous. A l'égard de mon corps, il est moribond, et je vais chercher à Plombières la fin de mes maux, d'une manière ou d'une autre.

Je viens de lire le dernier mémoire d'Euler; il me paraît confus et absolument destitué de méthode. Je demeure jusqu'à présent dans l'idée que je vous ai exposée dans ma lettre du 17 novembre dernier, que, lorsque la métaphysique entre dans la géométrie, c'est Arimane qui entre dans le royaume d'Orosmade, et qui y apporte les ténèbres. On a trouvé le secret, depuis vingt ans, de rendre les mathématiques incertaines. Rien n'annonce plus la décadence de ce siècle, où tout s'est affaibli, parce qu'on a voulu tout outrer.

MCMLXVI. — A Frédéric II. roi de Prusse.

A Berlin, au Belvédère, le 12 mars.

Sire, j'ai reçu une lettre de Kœnig tout ouverte; mon cœur ne l'est pas moins. Je crois de mon devoir d'envoyer à Votre Majesté le duplicata de ma réponse. J'ai tant de confiance en ses bontés et en sa justice, que je ne lui cache aucune de mes démarches. Je vous soumettrai ma conduite toute ma vie, en quelque lieu que je l'achève. Je suis ami de Kœnig, il est vrai; mais assurément, je suis plus attaché à Votre Majesté qu'à lui; et, s'il était capable de manquer le moins du monde à ce qu'il vous doit, je romprais pour jamais avec lui.

Soyez convaincu, Sire, que je mets mon devoir et ma gloire à vous être attaché jusqu'au dernier moment. Ces sentiments sont aussi ineffaçables que mon affliction, qui chaque jour augmente.

Je me jette à vos pieds et j'attends les ordres de Votre Majesté.

MCMLXVII. — A Mme Denis.

A Berlin, le 15 mars.

Je commence à me rétablir, ma chère enfant. J'espère que votre ancienne prédiction ne sera pas tout à fait accomplie. Le roi de Prusse m'a envoyé du quinquina pendant ma maladie; ce n'est pas cela qu'il me faut; c'est mon congé. Il voulait que je retournasse à Potsdam. Je lui ai demandé la permission d'aller à Plombières; je vous donne en cent à deviner la réponse. Il m'a fait écrire par son factotum qu'il y avait des eaux excellentes à Glatz, vers la Moravie.

Voilà qui est horriblement vandale, et bien peu *Salomon*; c'est comme si on envoyait prendre les eaux en Sibérie. Que voulez-vous que je fasse? Il faut bien aller à Potsdam; alors il ne pourra me refuser mon congé. Il ne soutiendra pas le tête-à-tête d'un homme qui l'a enseigné deux ans, et dont la vue lui donnera des remords. Voilà ma dernière résolution.

Au bout du compte, quoique tout ceci ne soit pas de notre siècle, les taureaux de Phalaris et les lits de fer de Busiris ne sont plus en usage; et *Salomon minor* ne voudra être ni Busiris ni Phalaris. J'ai ce pays-ci en horreur; mon paquet est tout fait. J'ai envoyé tous mes effets hors du Brandebourg; il ne reste guère que ma personne.

Tout ceci est unique assurément. Voici les deux *Lettres au public*. Le roi a écrit et imprimé ces brochures; et tout Berlin dit que c'est pour faire voir qu'il peut très-bien écrire sans mon petit secours. Il le peut sans doute; il a beaucoup d'esprit. Je l'ai mis en état de se passer de moi, et le marquis d'Argens lui suffit. Mais un roi devrait chercher d'autres sujets pour exercer son génie.

Personne ne lui a dit à quel point cela le dégrade. O vérité! vous n'avez point de charge dans la maison des rois auteurs! Mais qu'il fasse des brochures tant qu'il voudra, et qu'il ne persécute point un homme qui lui a fait tant de sacrifices.

J'ai le cœur serré de tout ce que je vois et de tout ce que j'entends. Adieu; j'ai tant de choses à vous dire que je ne vous dis rien.

MCMLXVIII. — DE FRÉDÉRIC II, ROI DE PRUSSE.

Il n'était pas nécessaire que vous prissiez le prétexte du besoin que vous me dites avoir des eaux de Plombières, pour me demander votre congé. Vous pouvez quitter mon service quand vous voudrez; mais, avant de partir, faites-moi remettre le contrat de votre engagement, la clef, la croix, et le volume de poésies que je vous ai confié. Je souhaiterais que mes ouvrages eussent été seuls exposés à vos traits et à ceux de Kœnig. Je les sacrifie de bon cœur à ceux qui croient augmenter leur réputation en diminuant celle des autres. Je n'ai ni la folie ni la vanité de certains auteurs. Les cabales des gens de lettres me paraissent l'opprobre de la littérature. Je n'en estime cependant pas moins les honnêtes gens qui les cultivent. Les chefs de cabales sont seuls avilis à mes yeux.

Sur ce, je prie Dieu qu'il vous ait en sa sainte et digne garde.

MCMLXIX. — A M. LE MARÉCHAL DUC DE RICHELIEU.

Potsdam, le 20 mars.

Je m'imagine que je vous ferai un grand plaisir de vous faire lire les deux plus jolies plaisanteries qu'on ait faites depuis longtemps. Vous avez été ambassadeur, monseigneur le maréchal, et vous serez plus à portée que personne de goûter le sel de ces ouvrages; cela est d'ailleurs absolument dans votre goût. Il me semble que j'entends feu M. le maréchal de La Feuillade, ou l'abbé de Chaulieu, ou Périgni, ou vous; il me semble que je lis le docteur Swift ou milord Chesterfield quand je lis ces deux *Lettres*. Comment voulez-vous qu'on résiste aux charmes d'un homme qui fait, en se jouant, de si jolies bagatelles, et dont la conversation est entièrement dans le même goût? Je ne doute pas que vous et vos amis ne sentiez tout le prix de ce que je vous envoie. Enfin, songez que ces chefs-d'œuvre de grâce sont d'un homme qui serait dispensé, par sa place, de ces agréables amusements, et qui cependant daigne y descendre. J'étais encore à Berlin quand il faisait à Potsdam ce que je vous envoie ; je demandais obstinément mon congé; je remettais à ses pieds tout ce qu'il m'a donné ; mais les grâces de ma maîtresse ont enfin rappelé son amant. Je lui ai tout pardonné ; je lui ai promis de l'aimer toujours ; et, si je n'étais pas très malade, je ne la quitterais pas un seul jour ; mais l'état cruel de ma santé ne me permet pas de différer mon départ. Il faut que j'aille aux eaux de Plombières, qui m'ont déjà tant fait de bien quand j'ai eu le bonheur de les prendre avec vous. J'ai promis à ma maîtresse de revenir auprès d'elle dès que je serais guéri ; je lui ai dit : « Ma belle dame, vous m'avez fait une terrible infidélité ; vous m'avez donné de plus un gros soufflet ; mais je reviendrai baiser votre main charmante. » J'ai repris son portrait que je lui avais rendu, et je pars dans quelques jours. Vous sentez que je suis pénétré de douleur de quitter une personne qui m'enchante de toutes façons. Je me flatte que vous aurez la bonté de me mander à Plombières l'effet que ces deux charmantes brochures auront fait sur vous. J'ai promis à ma maîtresse de ne point aller à Paris. Qu'y ferais-je ? il n'y a que la vie douce et retirée de Potsdam qui me convienne. Y a-t-il d'ailleurs du goût à Paris ? En vérité l'esprit et les agréments ne sont qu'à Potsdam et dans votre appartement de Versailles. Cependant, si je retrouve à Plombières un peu de santé, je pourrai bien faire à mon tour une infidélité de quelques semaines pour venir vous faire ma cour. Pourvu que je sois à Potsdam au mois d'octobre, j'aurai rempli ma promesse. Ainsi, en cas que je sois en vie, j'aurai tout le temps de faire le voyage. Je vous supplie de me mettre aux pieds de Mme de Pompadour. Montrez-lui les deux *Lettres au public*. Je connais son goût, elle en sera enchantée comme vous. Il n'y a qu'une voix sur ces ouvrages. Il en paraît aujourd'hui une troisième, je vous l'enverrai par la première poste.[1]

Adieu, monseigneur ; vous connaissez mes tendres et respectueux sentiments. Adieu, généreux Alcibiade. Vous lisez dans mon cœur ; il est à vous.

MCMLXX. — A M. LE COMTE DE GOTTER.

Mme la duchesse de G.... m'a instruit de ses bontés et des vôtres : je ne puis que marquer ma surprise et ma reconnaissance. Que puis-je vous dire ? Il y avait autrefois une vieille p..... amoureuse comme une folle d'Alcibiade, le plus éloquent des Grecs, comme le plus grand capitaine. Un sophiste, plus dur qu'un Scythe, homme à idées creuses, brouilla cette pauvre diablesse avec ce beau Grec, qui la renvoya à coups de pied au cul en Arcadie. Elle passa chez une descendante d'Hercule, qui tâcha de la consoler, et qui lui recommanda un Grec, homme de beaucoup d'esprit. Cet homme fit tout ce qu'il put pour tourner Alcibiade ; mais il ne savait pas que la catin en faveur de laquelle il s'intéressait était un peu ridée. Alcibiade répondit au Grec : « Je

---

1. Cette lettre a été envoyée par la poste, et le roi de Prusse, tout philosophe qu'il était, avait conservé l'usage infâme d'ouvrir les lettres. (*Ed. de Kehl.*)

sais bien que cette pauvre femme m'aime de tout son cœur, mais elle n'est plus jolie; il ne s'agit pas de m'aimer; il s'agit de me plaire. — Mais pourquoi lui donner des coups de pied dans le derrière ? lui dit le Grec. — Oh, parbleu ! dit Alcibiade, la voilà bien malade : je lui ai fait cent fois plus de plaisir en ma vie que de mal. »

Sur ce, j'ai l'honneur, etc.

MCMLXXI. — A M. LE MARQUIS D'ARGENS.

Frère, je prends congé de vous; je m'en sépare avec regret. Votre frère vous conjure, en partant, de repousser les assauts du démon, qui voudrait faire pendant mon absence ce qu'il n'a pu faire quand nous avons vécu ensemble; il n'a pu semer la zizanie. J'espère qu'avec la grâce du Seigneur, frère *Gaillard*[1] ne la laissera pas approcher de son champ. Je me recommande à vos prières et aux siennes. Elevez vos cœurs à Dieu; mes chers frères, et fermez vos oreilles aux discours des hommes; vivez recueillis, et aimez toujours votre frère.

MCMLXXII. — A UN HOMME DE LETTRES DE LEIPSICK, QUI LUI AVAIT ENVOYÉ UN EXTRAIT TRADUIT EN FRANÇAIS DU POÈME ALLEMAND D'*Arminius*.

Leipsick.

Je vous renvoie, monsieur, le manuscrit que vous m'avez fait l'honneur de me confier. J'ai aperçu, à travers la traduction, la plus sublime poésie, et les sentiments les plus vertueux, comme on adorait autrefois les divinités, dont les statues étaient couvertes d'un voile. Si vous connaissez le jeune auteur, je vous prie de l'assurer de ma parfaite estime. C'est un sentiment que je vous ai voué, il y a longtemps, aussi bien qu'à votre illustre épouse. J'y joins aujourd'hui l'amitié et la reconnaissance que je dois à vos bontés prévenantes.

Permettez-moi de finir ce petit billet comme les anciens que vous imitez si bien. *Scribe et vale.*

MCMLXXIII. — A M. ROQUES.

Leipsick, avril.

Je suis tombé malade à Leipsick, monsieur, et je ne sais pas encore quand je pourrai en partir. J'y ai reçu votre lettre du 22 mars. Elle m'étonnerait, si à mon âge quelque chose pouvait m'étonner.

Comment a-t-on pu imaginer, monsieur, que j'ai pris des lettres de La Beaumelle pour des lettres de Maupertuis ? Non, monsieur, chacun a ses lettres. Maupertuis a celles où il veut qu'on aille disséquer des géants aux antipodes; et La Beaumelle a les siennes, qui sont l'antipode du bon sens. Dieu me garde d'attribuer jamais à un autre qu'à lui ces belles choses qui ne peuvent être que de lui, et qui lui font tant d'honneur et tant d'amis ! On vous aurait accusé juste si on vous avait

[1] L'abbé de Prades. (ÉD.)

dit que je m'étais plaint du procédé de Maupertuis, qui alla trouver La Beaumelle à Berlin, pour l'envenimer contre moi, et qui se servit de lui comme un homme profondément artificieux et méchant peut se servir d'un jeune homme imprudent.

Il me calomnia, vous le savez ; il lui dit que j'avais accusé l'auteur du *Qu'en dira-t-on* auprès du roi, dans un souper. Je vous ai déclaré que ce n'était pas moi qui avais rendu compte à Sa Majesté du *Qu'en dira-t-on*; que ce fut M. le marquis d'Argens. J'en atteste encore le témoignage de d'Argens et du roi lui-même. C'est cette calomnie, d'après Maupertuis, qui a fait composer les trois volumes d'injures de La Beaumelle. Il devrait sentir à quel point on a méchamment abusé de sa crédulité; il devrait sentir qu'il est le Raton dont Bertrand s'est servi pour tirer les marrons du feu; il devrait s'apercevoir que Maupertuis, le persécuteur de Kœnig et le mien, s'est moqué de lui; il devrait savoir que Maupertuis, pour récompense, le traite avec le dernier mépris; il devrait ne point menacer un homme à qui il a fait tant d'outrages avec tant d'injustice.

Non, monsieur, il ne s'est jamais agi des quatre lettres de La Beaumelle, que jamais je n'ai entendu attribuer à Maupertuis; il s'agit de la lettre que La Beaumelle vous écrivit il y a six mois, lettre dont vous m'avez envoyé le contenu dans une des vôtres, lettre par laquelle La Beaumelle avoua que Maupertuis l'avait excité contre moi par une calomnie. J'ai fait connaître cette calomnie au roi de Prusse, et cela me suffit. Ma destinée n'a rien de commun avec toutes ces tracasseries ni avec cette infâme édition du *Siècle de Louis XIV*; je sais supporter les malheurs et les injures. Je pourrai faire un *Supplément au Siècle de Louis XIV*, dans lequel j'éclaircirai des faits dont La Beaumelle a parlé sans en avoir la moindre connaissance. Je pourrai, comme M. Kœnig, en appeler *au public*. J'en appelle déjà à vous-même. S'il vous reste quelque amitié pour La Beaumelle, cette amitié même doit lui faire sentir tous ses torts. Il doit être honteux d'avoir été l'instrument de la méchanceté de Maupertuis, instrument dont on se sert un moment, et qu'on jette ensuite avec dédain.

Voilà, monsieur, tout ce que le triste état où je suis de toutes façons me permet à présent de vous répondre. Je vous embrasse sans cérémonie.

MCMLXXIV. — A M. LE BARON DE SCHONAICH [1].

Leipsick, 18 avril 1753.

Pardonnez, monsieur, à un pauvre malade qui ne peut guère écrire, si je ne vous dis qu'en deux mots à quel point vous avez gagné mon estime; pardonnez à un Français et à un homme de lettres, si j'en use avec si peu de cérémonie; mais je ne me pardonnerai jamais d'ignorer une langue que les Gottscheds et vous rendez nécessaire à tous les amateurs de la littérature.

Ich bihn umstand sins gehorsamer diener. VOLTAIRE.

1. Auteur du poëme d'*Arminius*. (ÉD.)

MCMLXXV. — A Frédéric II, roi de Prusse.

Sire, ce que j'ai vu dans les gazettes est-il croyable? On abuse du nom de Votre Majesté pour empoisonner les derniers jours d'une vie que je vous ai consacrée. Quoi! on m'accuse d'avoir avancé que Kœnig écrivait contre vos ouvrages! Ah! Sire, il en est aussi incapable que moi. Votre Majesté sait ce que je lui en ai écrit. Je vous ai toujours dit la vérité, et je vous la dirai jusqu'au dernier moment de ma vie. Je suis au désespoir de n'être point allé à Bareuth; une partie de ma famille, qui va m'attendre aux eaux, me force d'aller chercher une guérison que vos bontés seules pourraient me donner. Je vous serai toujours tendrement dévoué, quelque chose que vous fassiez. Je ne vous ai jamais manqué, je ne vous manquerai jamais. Je reviendrai à vos pieds au mois d'octobre, et si la malheureuse aventure de La Beaumelle n'est pas vraie, si Maupertuis, en effet, n'a pas trahi le secret de vos soupers et ne m'a point calomnié pour exciter La Beaumelle contre moi; s'il n'a pas été, par sa haine, l'auteur de mes malheurs, j'avouerai que j'ai été trompé, et je lui demanderai pardon devant Votre Majesté et devant le public; je m'en ferai une vraie gloire; mais si la lettre de La Beaumelle est vraie, si les faits sont constatés, si je n'ai pris d'ailleurs le parti de Kœnig qu'avec toute l'Europe littéraire, voyez, Sire, ce que les philosophes Marc-Aurèle et Julien auraient fait en pareil cas. Nous sommes tous vos serviteurs, et vous auriez pu d'un mot tout concilier. Vous êtes fait pour être notre juge, et non notre adversaire. Votre plume respectable eût été dignement employée à nous ordonner de tout oublier; mon cœur vous répond que j'aurais obéi. Sire, ce cœur est encore à vous; vous savez que l'enthousiasme m'avait amené à vos pieds, il m'y ramènera. Quand j'ai conjuré Votre Majesté de ne plus m'attacher à elle par des pensions, elle sait bien que c'était uniquement préférer votre personne à vos bienfaits. Vous m'avez ordonné de les recevoir, ces bienfaits, mais jamais je ne vous serai attaché que pour vous-même; et je vous jure encore, entre les mains de Son Altesse royale Mme la margrave de Bareuth, par qui je prends la liberté de faire passer ma lettre, que je garderai jusqu'au tombeau les sentiments qui m'amenèrent à vos pieds lorsque je quittai pour vous tout ce que j'avais de plus cher et que vous daignâtes me jurer une amitié éternelle.

MCMLXXVI. — A M. Roques.

Chez M. le duc de Gotha, 30 avril.

Monsieur, je comptais, en passant à Francfort, vous présenter moi-même le *Supplément au Siècle de Louis XIV*, que je vous ai dédié. C'est un procès bien violent; vous en êtes le juge par votre esprit et par votre probité, et vous êtes devenu un témoin nécessaire. Vous ne pouvez être informé pleinement du malheur que le passage de La Beaumelle à Berlin a causé. Vous en jugerez en partie par ma dernière lettre au roi de Prusse, dont je vous envoie copie pour vous seul.

Vous savez que je vous ai toujours mandé que j'étais trop instruit des cruels procédés de M. de Maupertuis envers moi. Je savais que Mme la comtesse de Bentinck avait obligé deux fois La Beaumelle de jeter dans le feu cet indigne ouvrage, où tant de souverains et Sa Majesté prussienne sont encore plus outragés que moi. Je savais que La Beaumelle, au sortir de chez Maupertuis, avait deux fois recommencé; mais je ne puis citer le témoignage de Mme la comtesse de Bentinck, ni celui des autres personnes qui ont été témoins de la cruauté artificieuse avec laquelle Maupertuis m'a poursuivi près de deux années entières. Je ne peux citer que des témoignages par écrit, et je n'ai que la lettre de La Beaumelle.

Vous n'ignorez pas avec quel nouvel artifice Maupertuis a voulu, en dernier lieu, déguiser et obscurcir l'affaire, en exigeant de La Beaumelle un désaveu; mais ce désaveu ne porte que sur des choses étrangères à son procédé.

Je n'ai jamais accusé Maupertuis d'avoir fait les quatre lettres scandaleuses dont La Beaumelle a chargé la coupable édition du *Siècle de Louis XIV*. Je me suis plaint seulement de ce qu'il m'a voulu perdre et de ce qu'il a réussi. Je ne me suis défendu qu'en disant la vérité; c'est une arme qui triomphe de tout à la longue. C'est au nom de cette vérité, toujours respectable et souvent persécutée, que je vous écris. Je suis très-malade, et j'espérerai, jusqu'au dernier moment, que le roi de Prusse ouvrira enfin les yeux. Je mourrai avec cette consolation, qui sera probablement la seule que j'aurai. Je suis, etc.

MCMLXXVII. — AU MÊME.

A Gotha, 18 mai.

Je suis fâché à présent, monsieur, d'avoir répondu à La Beaumelle avec la sévérité qu'il méritait. On dit qu'il est à la Bastille; le voilà malheureux, et ce n'est pas contre les malheureux qu'il faut écrire. Je ne pouvais deviner qu'il serait enfermé dans le temps même que ma réponse paraissait. Il est vrai qu'après tout ce qu'il a écrit avec une si furieuse démence contre tant de citoyens et de princes, il n'y avait guère de pays dans le monde où il ne dût être puni tôt ou tard, et je sais, de science certaine, qu'il y a deux cours où on lui aurait infligé un châtiment plus capital que celui qu'il éprouve. Vous me parlez de votre amitié pour lui, vous avez apparemment voulu dire pitié.

Il était de mon devoir de donner un préservatif contre sa scandaleuse édition du *Siècle de Louis XIV*, qui n'est que trop publique en Allemagne et en Hollande. J'ai dû faire voir par quel cruel artifice on a jeté ce malheureux auteur dans cet abîme. Je vous répète encore, monsieur, ce que j'ai mandé au roi de Prusse : c'est que, si les choses dont vous m'avez bien voulu avertir, et que j'ai sues par tant d'autres, ne sont pas vraies; si Maupertuis n'a pas trompé La Beaumelle, tandis qu'il était à Berlin, pour l'exciter contre moi; si Maupertuis peut se laver des manœuvres criminelles dont la lettre de La Beaumelle le charge, je suis prêt à demander pardon publiquement à Maupertuis. Mais aussi, monsieur, si vous ne m'avez pas trompé, si tous les autres témoins sont unanimes, s'il est vrai que Maupertuis, parmi les instruments qu'il a employés pour me perdre, n'ait pas dédaigné de me calomnier même auprès de La Beaumelle, et de l'exciter contre moi, il est évident que le roi de Prusse me doit rendre justice.

Je ne demande rien, sinon que ce prince connaisse qu'après lui avoir été passionnément attaché pendant quinze ans, ayant enfin tout quitté pour lui dans ma vieillesse, ayant tout sacrifié, je n'ai pu certainement finir par trahir envers lui des devoirs que mon cœur m'imposait. Je n'ai d'autres ressources que dans les remords de son âme royale, que j'ai crue toujours philosophe et juste. Ma situation est très-funeste, et, quand la maladie se joint à l'infortune, c'est le comble de la misère humaine. Je me console par le travail et par les belles-lettres, et surtout par l'idée qu'il y a beaucoup d'hommes qui valaient cent fois mieux que moi et qui ont été cent fois plus infortunés. Dans quelque situation cruelle que nous nous trouvions, que sommes-nous pour oser murmurer?

Au reste, je ne vous ai rien écrit que je ne veuille bien que tout le monde sache, et je peux vous assurer que, dans toute cette affaire, je n'ai pas eu un sentiment que j'eusse voulu cacher. Je suis, monsieur, etc.

MCMLXXVIII. — A M. LE MARQUIS D'ARGENS.

Le 26 mai.

Mon cher révérend diable et bon diable, j'ai reçu avec une syndérèse cordiale votre correction fraternelle. J'ai un peu lieu d'être *lapsus*, et les damnés rigoristes pourraient bien me refuser place dans nos enfers ; mais je compte sur votre indulgence. Vous comprendrez que c'en serait un peu trop d'être brûlé dans ce monde-ci et dans l'autre. Je me flatte que votre clémence diminuera un peu les peines que vous m'imposez.

J'ai frémi au titre des livres que vous dites brûlés ; mais sachez qu'il y a encore dans la province une édition des *Lettres d'Isaac-Onitz*[1], et que ce sera mon refuge. Je bois d'ailleurs des eaux du Léthé, et je vais incessamment boire celles de Plombières. Mon médecin m'avait conseillé de me faire enduire de poix-résine, selon la nouvelle méthode[2] ; mais il a fait réflexion que le feu y prendrait trop aisément, et que nous devons, vous et moi, nous défier des matières combustibles. Je crois, mon cher frère, que vous avez été bien fourré cet hiver ; il a été diabolique, comme disent les gens du monde. Pour moi, j'ai fait un feu d'enfer, et je me suis toujours tenu auprès, sans sortir de mon caveau.

Encore une fois, pardonnez-moi mon péché ; songez que je suis un juste à qui la grâce de notre révérend père prieur a manqué. Je me vois immolé aux géants de la terre australe, à une ville latine, au grand secret de connaître la nature de l'âme avec une dose d'opium. Que sa sainte volonté soit faite sur la terre comme en enfer ! Je vous

---

1. Allusion aux *Lettres juives*. (ÉD.) — 2. Celle de Maupertuis. (ÉD.)

souhaita, mon cher frère, toutes les prospérités de ce monde-ci et de l'autre. Surtout n'oubliez pas de vous affubler d'un bonnet à oreilles, au mois de juin, d'une triple camisole, et d'un manteau. Jouez de la basse de viole, et, si vous avez quelques ordres à donner à votre frère, envoyez-les à la même adresse.

A propos, je me meurs positivement. Bonsoir; je vous embrasse de tout mon cœur.

MCMLXXIX. — A MME DE BUCHWALD.

A Vabern près de Cassel, 28 mai 1753.

Grande maîtresse de Gotha,
Et des cœurs plus grande maîtresse,
Quand mon étoile me porta
Dans votre cour enchanteresse,
Un trop grand bonheur me flatta;
Le destin jaloux me l'ôta,
J'ai tout perdu; mais ma tendresse
Avec les désirs me resta :
C'est bien assez dans ma vieillesse.

Non, madame, ce n'est point assez, et il faudra absolument que je revienne dans ce pays enchanté qui n'est pas le palais d'Alcine. Quels jours j'ai passés auprès de vous, madame! et que je vous ai envié cette certitude où vous êtes de vivre toujours auprès de Mme la duchesse! Dunois, Chandos, La Trémouille et le P. Grisbourdon auraient tout quitté pour une cour telle que Gotha; et moi je vais par les chemins chercher les aventures. J'en ai déjà trouvé une. J'ai su à Cassel que Maupertuis y avait été quatre jours incognito sous le nom de Bonnel, à l'hôtel de Stockholm, et que là il avait fait imprimer ce mémoire de La Beaumelle, qu'il a envoyé à Mgr le duc, lorsqu'il a passé par la Lorraine. Quel président d'académie! quelles indignes manœuvres! Est-il possible qu'il ait trompé si longtemps le roi de Prusse, et que je sois la victime d'un tel homme! Mais, madame, vos bontés sont au-dessus de mes malheurs. J'oublie tout, hors Gotha. Je n'ai, je pense, malgré la reconnaissance que je vous dois, qu'un petit reproche à vous faire. J'ai emporté les ouvrages de mademoiselle votre fille, et je n'ai pas quatre lignes de vous; je n'en ai pas deux de Son Altesse Sérénissime. Je viendrai les chercher, madame; oui, j'y viendrai si je suis en vie. Permettez-moi, madame, de présenter mes respects à M. le grand maître, à toute votre famille, à tout ce qui vous est attaché, à Mlle de Waldner, à M. de Rotberg, à M. Klupfel. Mon indiscrétion s'arrête. Je la pousserais trop loin, si je mettais ici la liste de tous ceux à qui vos bontés en ont inspiré pour moi. Mais que deviendront nos empereurs, et nos papes, et tout l'illustre corps germanique¹? C'est un ouvrage qu'il faut finir, puisque la Minerve de l'Allemagne me l'a ordonné. Mais il faut y donner la dernière main à Gotha. C'est son air

1. Les *Annales de l'Empire*. (ED.)

natal. Heureux, si je peux jamais respirer cet air et revoir une cour où mon cœur me rappellera sans cesse! Adieu, madame; je vais peut-être aux eaux, mais sûrement je vais porter partout où je serai le plus tendre souvenir de vos bontés, et l'attachement le plus respectueux. Jeanne, Agnès, et moi, se recommandent avec respect à vos bontés.

VOLTAIRE.

MCMLXXX. — A M. LE COMTE D'ARGENTAL.

Mon cher ange, j'ai espéré de jour en jour de venir vous embrasser. Je ne vous ai point écrit, mais toutes mes lettres à Mme Denis ont été pour vous, et mon cœur vous écrivait toutes les postes. Il eût fallu faire des volumes pour vous instruire de tout, et ces volumes vous auraient paru les *Mille et une Nuits*. Mon cher ange, j'ai eu tant de choses à vous dire que je ne vous ai rien dit; mais, dans tout ce tumulte, je vous ai envoyé *Zulime*. Jugez si je vous aime; non que je croie que *Zulime* vaille mieux que *Catilina*, mais vous aimez cette femme; je ne crois pas que vous ayez d'autre plaisir que celui de la lire. Il faut, pour jouer Zulime, une personne jeune et belle, qui ne s'enivre pas[1].

J'espère vous embrasser bientôt. A mon départ de Syracuse, j'ai passé par d'autres cours de la Grèce, et je finirai par philosopher avec vous à Athènes.

Depuis trois mois je n'ai pas un moment à moi. Mon cœur sera à jamais à vous.

MCMLXXXI. — AU MÊME.

A Francfort-sur-le-Mein, au *Lion d'or*, le 4 juin.

Quand vous saurez, mon cher ange, toutes les persécutions cruelles que Maupertuis m'a attirées, vous ne serez pas surpris que j'aie été si longtemps sans vous écrire. Quand vous saurez que j'ai toujours été en route ou malade, et que j'ai compté venir bientôt vous embrasser, vous me pardonnerez encore davantage; et, quand vous saurez le reste, vous plaindrez bien votre vieil ami. Je vous adresse ma lettre à Paris, sachant bien qu'un conseiller d'honneur n'entre point dans la querelle des conseillers ordinaires, et est trop sage pour voyager. J'ai voyagé, mon cher et respectable ami, et le pigeon a eu l'aile cassée, avant de revenir au colombier. Je suis d'ailleurs forcé de rester encore quelque temps à Francfort, où je suis tombé malade. J'ai appris, en passant par Cassel, que Maupertuis y avait séjourné quatre jours, sous le nom de Morel, et qu'il y avait fait imprimer un libelle de La Beaumelle, sous le titre de Francfort, revu et corrigé par lui. Vous remarquerez qu'il imprimait cet ouvrage au mois de mai, sous le nom de La Beaumelle, dans le temps que ce La Beaumelle était à la Bastille dès le mois d'avril. C'est bien mal calculer pour un géomètre. Il l'a envoyé à M. le duc de Saxe-Gotha, lorsque j'étais chez ce prince.

1. Allusion à la Dumesnil, qui aimait le vin. (ÉD.)

C'est encore un mauvais calcul ; cela n'a fait que redoubler les bontés que M. le duc de Saxe-Gotha et toute sa maison avaient pour moi.

Voilà une étrange conduite pour un président d'académie. Il est nécessaire, pour ma justification, qu'on en soit instruit. Ce sont là de ses artifices, et c'est ainsi, à peu près, qu'il en usait avec d'autres personnes lorsqu'il mettait le trouble dans l'Académie des sciences. Cette vie-ci, mon cher ange, me paraît orageuse ; nous verrons si l'autre sera plus tranquille. On dit qu'autrefois il y eut une grande bataille dans ce pays-là, et vous savez que la Discorde habitait dans l'Olympe. On ne sait où se fourrer. Il fallait rester avec vous. Ne me grondez pas, je suis très-bien puni, et je le suis surtout par mon cœur. Je m'imagine que vous, et Mme d'Argental, et vos amis, vous me plaignez autant que vous me condamnez. Mme Denis est à Strasbourg, et moi à Francfort, et je ne puis l'aller trouver. Je suis arrivé avec les jambes et les mains enflées. Cette petite addition à mes maux n'accommode point en voyage. Je resterai à Francfort, dans mon lit, tant qu'il plaira à Dieu.

Adieu, mon cher ange ; je baise, à tous tant que vous êtes, le bout de vos ailes avec tendresse et componction. Il est très-cruellement probable que je pourrai rester ici assez de temps pour y recevoir la consolation d'une de vos lettres, au lieu d'avoir celle de vous embrasser.

MCMLXXXII. — A M. KŒNIG.

Francfort, juin.

Votre martyr est arrivé à Francfort, dans un état qui lui fait envisager de fort près le pays où l'on saura le principe des choses, et ce que c'est que cette force motrice sur laquelle on raisonne tant ici-bas, mais dont je suis presque privé. J'ai été, comme je vous l'ai mandé, désabusé des idées fausses que vos adversaires avaient données sur la *vitesse vraie* et sur la *vitesse propre*. Il est plus difficile de se détromper des illusions de ce monde, et des sentiments qui nous y attachent jusqu'au dernier moment. J'en éprouve d'assez douloureux pour avoir pris votre parti ; mais je ne m'en repens pas, et je mourrai dans ma créance. Il me paraît toujours absurde de faire dépendre l'existence de Dieu de a plus b divisé par z.

Où en serait le genre humain s'il fallait étudier la dynamique et l'astronomie pour connaître l'Être suprême ? Celui qui nous a créés tous doit être manifeste à tous, et les preuves les plus communes sont les meilleures, par la raison qu'elles sont communes ; il ne faut que des yeux et point d'algèbre pour voir le jour.

Dieu a mis à notre portée tout ce qui est nécessaire pour nos moindres besoins ; la certitude de son existence est notre besoin le plus grand. Il nous a donné assez de secours pour le remplir ; mais comme il n'est point du tout nécessaire que nous sachions ce que c'est que la force, et si elle est une propriété essentielle ou non à la matière, nous l'ignorons, et nous en parlons. Mille principes se dérobent à nos recherches, parce que tous les secrets du Créateur ne sont pas faits pour nous.

On a imaginé, il y a longtemps, que la nature agit toujours par le chemin le plus court, qu'elle emploie le moins de force et la plus grande économie possible ; mais que répondraient les partisans de cette opinion à ceux qui leur feraient voir que nos bras exercent une force de près de cinquante livres pour lever un poids d'une seule livre ; que le cœur en exerce une immense pour exprimer une goutte de sang ; qu'une carpe fait des milliers d'œufs pour produire une ou deux carpes ; qu'un chêne donne un nombre innombrable de glands qui souvent ne font pas naître un seul chêne ? Je crois toujours, comme je vous le mandais il y a longtemps, qu'il y a plus de profusion que d'économie dans la nature.

Quant à votre dispute particulière avec votre adversaire, il me semble de plus en plus que la raison et la justice sont de votre côté. Vous savez que je ne me déclarai pour vous que quand vous m'envoyâtes votre *Appel au public*. Je dis hautement alors ce que toutes les académies ont dit depuis, et je pris, de plus, la liberté de me moquer d'un livre très-ridicule que votre persécuteur écrivit dans le même temps.

Tout cela a causé des malheurs qui ne devaient pas naître d'une si légère cause. C'est là encore une des profusions de la nature. Elle prodigue les maux ; ils germent en foule de la plus petite semence.

Je peux vous assurer que votre persécuteur et le mien n'a pas, en cette occasion, obéi à sa loi de l'*épargne* ; il a ouvert le robinet du mauvais tonneau quand il s'est trouvé auprès de Jupiter. Quelle étrange misère d'avoir passé de Jupiter à La Beaumelle ! Peut-il se disculper de la cruauté qu'il eut de susciter contre moi un pareil homme ? Peut-il empêcher qu'on ne sache où il a fait imprimer depuis peu un mémoire de La Beaumelle revu et corrigé par lui ? Ne sait-on pas dans quelle ville il resta les quatre premiers jours du mois de mai dernier, sous le nom de Morel, pour faire imprimer ce libelle ? Ne connaît-on pas le libraire qui l'imprima sous le titre de Francfort ? Quel emploi pour un président d'académie ! Il en envoya, le 12 mai, un exemplaire à Son Altesse Sérénissime Mgr le duc de Saxe-Gotha, croyant par là m'arracher les bontés, la protection, et les soins dont on m'honorait à Gotha, pendant ma maladie. C'était mal calculer de toutes les façons, pour un géomètre. La Beaumelle était à la Bastille dès le 22 avril[1], pour avoir insulté des citoyens et des souverains dans deux mauvais livres ; il ne pouvait par conséquent alors envoyer à Gotha, et dans d'autres cours d'Allemagne, ce mémoire ridicule, imprimé sous son nom.

Voilà un de ces arguments, monsieur, dont on ne peut se tirer. Il est, dans le genre des *probabilités*, ce que les vôtres sont dans le genre des *démonstrations*.

Ce que je vous écrivais, il y a près d'un an, est bien vrai ; les arti-

---

1. L'ordre du roi était du 22 ; il fut exécuté le 24. Voltaire était alors à Gotha, affligé, malade, et fort innocent de l'arrestation de La Beaumelle, quoi qu'en disent encore les ennemis de l'auteur du *Siècle de Louis XIV*. (Ed.)

fices sont, pour les gens de lettres, la plus mauvaise des armes; l'on se croit un politique, et on n'est que méchant. Point de politique en littérature. Il faut avoir raison, dire la vérité, et s'immoler. Mais faire condamner son ami comme faussaire, et se parer de la modération de ne point assister au jugement; mais ne point répondre à des preuves évidentes, et payer de l'argent de l'Académie la plume d'un autre; mais s'unir avec le plus vil des écrivains, ne s'occuper que de cabales, et en accuser ceux mêmes qu'on opprime, c'est la honte éternelle de l'esprit humain.

Les belles-lettres sont d'ordinaire un champ de dispute; elles sont, dans cette occasion, un champ de bataille. Il ne s'agit plus d'une plaisanterie gaie et innocente sur les dissections des géants, et sur la manière d'exalter son âme pour lire dans l'avenir:

Ludus enim genuit trepidum certamen et iram;
Ira truces inimicitias et funebre bellum.
Hor., lib. I, ep. xix, v. 48.

Je ne dispute point quand il s'agit de poésie et d'éloquence, c'est une affaire de goût; chacun a le sien; je ne peux prouver à un homme que c'est lui qui a tort quand je l'ennuie.

Je réponds aux critiques quand il s'agit de philosophie ou d'histoire, parce qu'on peut, à toute force, dans ces matières, faire entendre raison à sept ou huit lecteurs qui prennent la peine de vous donner un quart d'heure d'attention. Je réponds quelquefois aux calomnies, parce qu'il y a plus de lecteurs des feuilles médisantes que des livres utiles.

Par exemple, monsieur, lorsqu'on imprime que j'ai donné avis à un auteur illustre[1] que vous vouliez écrire contre ses ouvrages, je réponds que vous êtes assez instruit par des preuves incontestables que non-seulement cela est très-faux, mais que j'ai fait précisément le contraire.

Lorsqu'on ose insérer dans des feuilles périodiques que j'ai vendu mes ouvrages à trois ou quatre libraires d'Allemagne et de Hollande, je suis encore forcé de répondre qu'on a menti, et qu'il n'y a pas, dans ces pays, un seul libraire qui puisse dire que je lui aie jamais vendu le moindre manuscrit.

Lorsqu'on imprime que je prends à tort le titre de gentilhomme ordinaire de la chambre du roi de France, ne suis-je pas encore forcé de dire que, sans me parer jamais d'aucun titre, j'ai pourtant l'honneur d'avoir cette place, que Sa Majesté le roi mon maître m'a conservée?

Lorsqu'on m'attaque sur ma naissance, ne dois-je pas à ma famille de répondre que je suis né égal à ceux qui ont la même place que moi; et que si j'ai parlé sur cet article avec la modestie convenable, c'est parce que cette même place a été occupée autrefois par les Montmorenci et par les Châtillon?

---

1. Frédéric II. (Éd.)

Lorsqu'on imprime qu'un souverain m'a dit : « Je vous conserve votre pension, et je vous défends de paraître devant moi, » je réponds que celui qui a avancé cette sottise en a menti impudemment.

Lorsqu'on voit dans les feuilles périodiques que c'est moi qui ai fait imprimer les *Variantes* de *la Henriade* sous le nom de M. Marmontel, n'est-il pas encore de mon devoir d'avertir que cela n'est pas vrai; que M. Marmontel a fait une *Préface* à la tête d'une des éditions de *la Henriade*, et que c'est M. l'abbé Lenglet Dufresnoi qui avait fait imprimer les *Variantes* auparavant, à Paris, chez Gandouin?

Lorsqu'on imprime que je suis l'auteur de je ne sais quel livre intitulé *Des beautés de la langue française*, je réponds que je ne l'ai jamais lu, et j'en dis autant sur toutes les impertinentes pièces que des écrivains inconnus font courir sous mon nom, qui est trop connu.

Lorsqu'on imprime une prétendue lettre de feu milord Tyrconnell, je suis obligé de donner un démenti formel au calomniateur; et, puisqu'il débite ces pauvretés pour gagner quelque argent, je déclare, moi, que je suis prêt de lui faire l'aumône pour le reste de sa vie, en cas qu'il puisse prouver un seul des faits qu'il avance.

Lorsqu'on imprime que l'on doit s'attendre que j'écrirai contre les ouvrages d'un auteur respectable à qui je serai attaché jusqu'au dernier moment de ma vie, je réponds que, jusqu'ici, on n'a calomnié que pour le passé, et jamais pour l'avenir; que c'est trop *exalter son âme*, et que je ferai repentir le premier impudent qui oserait écrire contre l'homme vénérable dont il est question.

Lorsqu'on imprime que je me suis vanté mal à propos d'avoir une édition de *la Henriade* honorée de la *Préface* d'un souverain, je réponds qu'il est faux que je m'en sois vanté; qu'il est faux que cette édition existe, et qu'il est faux que cette *Préface*, qui existe réellement, ait été citée mal à propos; elle a toujours été citée dans les éditions de *la Henriade*, depuis celle de M. Marmontel. Elle avait été composée pour être mise à la tête de ce poëme, que cet illustre souverain, dont il est parlé, voulait faire graver. C'était un double honneur qu'il faisait à cet ouvrage.

Lorsqu'on imprime que j'ai volé un madrigal à feu M. de La Motte, je réponds que je ne vole de vers à personne; que je n'en ai que trop fait, que j'en ai donné à beaucoup de jeunes gens, ainsi que de l'argent, sans que ni eux ni moi en aient jamais parlé.

Voilà, monsieur, comment je serai obligé de réfuter les calomnies dont m'accablent tous les jours quelques auteurs, dont les uns me sont inconnus, et dont les autres me sont redevables. Je pourrais leur demander pourquoi ils s'acharnent à entrer dans une querelle qui n'est pas la leur, et à me persécuter sur le bord de mon tombeau; mais je ne leur demande rien. Continuez à défendre votre cause comme je défends la mienne. Il y a des occasions où l'on doit dire avec Cicéron : *Seipsum deserere turpissimum est.*

Il faut, en mourant, laisser des marques d'amitié à ses amis, le repentir à ses ennemis, et sa réputation entre les mains du public. Adieu

MCMLXXXIII. — A M.***.

A Francfort-sur-le-Mein, au *Lion d'or*, le 5 juin.

(SECRÈTE.)

A qui puis-je mieux m'adresser qu'à Votre Excellence? Elle m'a comblé de ses bontés, elle m'a procuré des marques de la bienveillance de Leurs Majestés impériales, et je regarde aujourd'hui comme un de mes devoirs de n'implorer que sa protection. Je suis sûr du secret avec Votre Excellence : elle verra de quelle nature est l'affaire dont il s'agit par la lettre à cachet volant que je prends la liberté de mettre aux pieds de Sa Sacrée Majesté l'empereur. Elle verra que ce qui se passe à Francfort est d'un genre bien nouveau; elle sentira assez quel est mon danger de recourir à Sa Sacrée Majesté, dans des conjonctures où tout est à craindre, avant qu'un étranger, qui ne connaît personne dans Francfort, puisse se soustraire à la violence.

J'espère que ma lettre et les ordres de Sa Majesté impériale pourront arriver à temps. Mais si vous avez la bonté, monsieur, de me protéger dans cette circonstance étonnante, je vous supplie que tout cela soit dans le plus grand secret. Celui que mon persécuteur, le sieur Freitag, ministre du roi de Prusse, garde soigneusement, prouve assez son tort et ses mauvais desseins. Je ne puis me défendre qu'avec le secours d'un ordre aussi secret adressé à Francfort à quelque magistrat attaché à Sa Majesté impériale; c'est ce que j'attends de l'équité et de la compassion de Votre Excellence.

Mon hôte, chez qui je suis en prison par un attentat inouï, m'a dit aujourd'hui que le ministre du roi de Prusse, le sieur Freitag, est en horreur à toute la ville, mais qu'on n'ose lui résister.

Votre Excellence est bien persuadée que je ne demande pas que Sa Majesté impériale se compromette : je demande simplement qu'un magistrat à qui je serai recommandé empêche qu'il ne se fasse rien contre les lois.

Je supplie Votre Excellence de vouloir bien m'adresser sa réponse par quelque homme affidé; sinon je la prie de daigner m'écrire par la poste, d'une manière générale. Elle peut assurer l'empereur, ou Sa Sacrée Majesté l'impératrice, que, si je pouvais avoir l'honneur de leur parler, je leur dirais des choses qui les concernent; mais il serait fort difficile que j'allasse à Vienne *incognito*; et ce voyage ne pourrait se faire qu'en cas qu'il fût inconnu à tout le monde. J'appartiens au roi de France, je suis très-incapable de dire jamais un seul mot qui puisse déplaire au roi mon maître, ni de faire aucune démarche qu'il pût désapprouver. Mais, ayant la permission de voyager, je puis aller partout sans avoir de reproches à me faire; et peut-être mon voyage ne serait pas absolument inutile. Je pourrais donner des marques de ma respectueuse reconnaissance à Leurs Majestés impériales, sans blesser aucun de mes devoirs. Et si, dans quelque temps, quand ma santé sera raffermie, on voulait seulement m'indiquer une maison à

Vienne où je pusse être inconnu quelques jours, je ne balancerais pas. J'attends vos ordres, monsieur, et vos bontés.

Je suis avec la reconnaissance la plus respectueuse, etc.

VOLTAIRE, *gentilhomme ordinaire de la chambre du roi Très-Chrétien.*

MCMLXXXIV. — A FRANÇOIS Ier, EMPEREUR D'ALLEMAGNE.

A Francfort, le 5 juin.

SIRE, C'est moins à l'empereur qu'au plus honnête homme de l'Europe que j'ose recourir dans une circonstance qui l'étonnera peut-être et qui me fait espérer en secret sa protection.

Sa Sacrée Majesté me permettra d'abord de lui faire voir comment le roi de Prusse me fit quitter ma patrie, ma famille, mes emplois, dans un âge avancé. La copie ci-jointe[1], que je prends la liberté de confier à la bonté compatissante de Sa Sacrée Majesté, l'en instruira.

Après la lecture de cette lettre du roi de Prusse, on pourrait être étonné de ce qui vient de se passer secrètement dans Francfort.

J'arrive à peine dans cette ville, le 1er juin, que le sieur Freitag, résident de Brandebourg, vient dans ma chambre, escorté d'un officier prussien et d'un avocat, qui est du sénat, nommé Büker. Il me demande un livre imprimé, contenant les poésies du roi son maître, en vers français.

C'est un livre où j'avais quelques droits, et que le roi de Prusse m'avait donné, quand il fit les présents de ses ouvrages.

J'ai dit au résident de Brandebourg que je suis prêt de remettre au roi son maître les faveurs dont il m'a honoré, mais que ce volume est peut-être encore à Hambourg, dans une caisse de livres prête à être embarquée; que je vais aux bains de Plombières, presque mourant, et que je le prie de me laisser la vie en me laissant continuer ma route.

Il me répond qu'il va faire mettre une garde à ma porte; il me force à signer un écrit par lequel je promets de ne point sortir jusqu'à ce que les poésies du roi son maître soient revenues; et il me donne un billet de sa main conçu en ces termes :

« Aussitôt le grand ballot que vous dites d'être à Leipsick ou à Hambourg sera arrivé, et que vous aurez rendu l'*œuvre de poëshie* à moi, que le roi redemande, vous pourrez partir où bon vous semblera. »

J'écris sur-le-champ à Hambourg pour faire revenir l'*œuvre de poëshie* pour lequel je me trouve prisonnier dans une ville impériale, sans aucune formalité, sans le moindre ordre du magistrat, sans la moindre apparence de justice. Je n'importunerais pas Sa Sacrée Majesté s'il ne s'agissait que de rester prisonnier jusqu'à ce que l'*œuvre de poëshie*, que M. Freitag redemande, fût arrivé à Francfort; mais on me fait craindre que M. Freitag n'ait des desseins plus violents, en croyant

---

1. De la lettre du roi de Prusse, du 23 août 1750. (ÉD.)

faire sa cour à son maître, d'autant plus que toute cette aventure reste encore dans le plus profond secret.

Je suis très loin de soupçonner un grand roi de se porter, pour un pareil sujet, à des extrémités que son rang et sa dignité désavoueraient, aussi bien que sa justice, contre un vieillard moribond qui lui avait tout sacrifié, qui ne lui a jamais manqué, qui n'est point son sujet, qui n'est plus son chambellan, et qui est libre. Je me croirais criminel de le respecter assez peu pour craindre de lui une action odieuse....
Mais il n'est que trop vraisemblable que son résident se portera à des violences funestes, dans l'ignorance où il est des sentiments nobles et généreux de son maître.

C'est dans ce cruel état qu'un malade mourant se jette aux pieds de Votre Sacrée Majesté, pour la conjurer de daigner ordonner, avec la bonté et le secret qu'une telle situation me force d'implorer, qu'on ne fasse rien contre les lois, à mon égard, dans sa ville impériale de Francfort.

Elle peut ordonner à son ministre en cette ville de me prendre sous sa protection; elle peut me faire recommander à quelque magistrat attaché à son auguste personne.

Sa Sacrée Majesté a mille moyens de protéger les lois de l'empire et de Francfort; et je ne pense pas que nous vivions dans un temps si malheureux que M. Freitag puisse impunément se rendre maître de la personne et de la vie d'un étranger, dans la ville où Sa Sacrée Majesté a été couronnée.

Je voudrais, avant ma mort, pouvoir être assez heureux pour me mettre un moment à ses pieds. Son Altesse royale Mme la duchesse de Lorraine, sa mère[1], m'honorait de ses bontés. Peut-être d'ailleurs Sa Sacrée Majesté pousserait l'indulgence jusqu'à n'être pas mécontente, si j'avais l'honneur de me présenter devant elle, et de lui parler.

Je supplie Sa Majesté Impériale de me pardonner la liberté que je prends de lui écrire, et, surtout, de la fatiguer d'une si longue lettre; mais sa bonté et sa justice sont mon excuse.

Je la supplie aussi de faire grâce à mon ignorance, si j'ai manqué à quelque devoir dans cette lettre, qui n'est qu'une requête secrète et soumise. Elle m'a déjà daigné donner une marque de ses bontés, et j'en espère une de sa justice.

Je suis avec le plus profond respect, etc.

     VOLTAIRE, *gentilhomme ordinaire de Sa Majesté*
       Très-Chrétienne

MCMLXXXV. — A M.***.

A Francfort, au *Lion d'or*, 7 juin 1753.

Monsieur, ce matin, le résident de Mayence m'est venu avertir que la plus grande violence était à craindre, et qu'il n'y a qu'un seul

---

1. Sœur du régent. (ÉD.)

moyen de la prévenir; c'est de paraître appartenir à Sa Sacrée Majesté impériale. Ce moyen serait efficace, et ne compromettrait personne; il ne s'agirait que d'avoir la bonté de m'écrire une lettre par laquelle il fût dit que j'appartiens à Sa Majesté; et que le dessus de la lettre portât le titre qui serait ma sauvegarde. Par exemple, à M. de..., chambellan de Sa Sacrée Majesté; et on me manderait dans le corps de la lettre que je dois aller à Vienne sitôt que ma santé le permettra.

Votre Excellence peut être persuadée que si on avait la bonté de m'écrire une telle lettre, je n'en abuserais pas, et que je ne la montrerais qu'à la dernière extrémité.

Je n'ose prendre la liberté de demander cette grâce; mais si la compassion de Votre Excellence, si celle de Leurs Majestés impériales daignait condescendre à cet expédient, ce serait le seul moyen de prévenir un coup bien cruel. Ce serait me mettre en état de marquer ma sincère reconnaissance, et encore une fois, on ne serait pas mécontent de m'entendre.

Mais, monsieur, s'il y a le moindre inconvénient aux partis que je propose avec la plus profonde soumission, et avec toute la défiance que je dois avoir de mes idées, s'il n'y a pas moyen de prévenir la violence, je suis sûr au moins que Votre Excellence me gardera un secret dont dépend ma vie; je suis sûr que Leurs Sacrées Majestés ne me perdront pas si elles ne sont pas dans le cas de me protéger.

En un mot, monsieur, j'ai une confiance entière dans l'humanité et dans les vertus de Votre Excellence, et, quelque chose qui arrive, je serai toute ma vie, avec le plus profond respect, monsieur, de Votre Excellence, le très-humble et très-obéissant serviteur, VOLTAIRE.

MCMLXXXVI. — A M. LE COMTE D'ARGENTAL.

Juin.

Ma nièce me mande de Strasbourg que j'ai fait un beau quiproquo; pardonnez, mon cher ange. Vous avez dû être un peu étonné des nouvelles dont vous aurez deviné la moitié en lisant l'autre. Je ne doute pas que ma nièce ne vous ait mis au fait, et ne vous ait renvoyé la lettre qui était pour vous.

Vous verrez ci-joint un petit échantillon des calculs de Maupertuis. Est-ce là sa *moindre action?*

Il n'est pas moins surprenant que, pour se faire rendre un livre qu'on a donné, on arrête, à deux cents lieues, un homme mourant qui va aux eaux. Tout cela est singulier. Maupertuis est un plaisant philosophe.

Mon cher ange, il faut savoir souffrir; l'homme est né en partie pour cela. Je ne crois pas que toute cette belle aventure soit bien publique; il y a des gens qu'elle couvre de honte; elle n'en fera pas à ma mémoire.

Adieu, mon cher ange; adieu, tous les anges. La poste presse. Et le pauvre petit abbé [1], où diable fait-il pénitence de sa passion effrénée pour le bien public? Portez-vous bien.

[1] L'abbé Chauvelin, enfermé au Mont-Saint-Michel, en mai 1758. (ÉD.)

A Francfort-sur-le-Mein, sous l'enveloppe de M. James de Lacour; où, si vous voulez, à moi chétif, au *Lion d'or*.

MCMLXXXVII. — A M. LE COMTE D'ARGENSON [1].

Francfort-sur-le-Mein, 11 juin.

Voilà la cruelle situation où je me trouve. Je n'ai pas la force de vous écrire de ma main. Je vous conjure de lire la lettre du roi de Prusse, ci-jointe. Quelque connaissance que vous ayez du cœur humain, vous serez peut-être surpris. Mais vous le serez peut-être encore davantage des choses que j'aurai à vous dire à mon retour.

MCMLXXXVIII. — DE FRÉDÉRIC, PRINCE HÉRÉDITAIRE DE HESSE-CASSEL.

Cassel, le 16 juin.

Monsieur, je suis charmé que vous soyez content du peu de séjour que vous avez fait à notre cour. Vous ne devez qu'à vous-même les politesses qu'on vous y a faites. J'aurais été dans la joie si j'avais pu contribuer à vous rendre les jours que vous avez passés avec nous agréables, pour tâcher de vous témoigner par là mes sentiments, qui ne varieront jamais à votre égard. Votre indisposition m'inquiète d'autant plus que je vous crois très-mal logé au *Lion d'or*. J'espère d'apprendre bientôt que vous vous portez mieux, et que vous aurez continué votre route. Toutefois il ne paraît pas à la lettre que vous m'avez écrite que vous soyez malade; et il faut être sain pour écrire des lettres aussi énergiques et aussi dégagées d'un fatras d'expressions inutiles. Je suis charmé que vous soyez content de nos salines [2]: elles coûtent beaucoup; cependant les revenus en sont assez considérables. Le grand défaut qu'elles ont, selon moi, c'est que les bâtiments sont trop près les uns des autres, et, par conséquent, sujets à être mis en cendres au moindre feu; ce qui serait une perte irréparable.

J'ai lu, ces jours passés, dans M. l'abbé Nollet, que la mer n'était salée que parce qu'elle dissout des mines de sel qui se rencontrent dans son lit comme il s'en trouve dans les autres parties de la terre. Je vous prie de m'en dire votre sentiment. Je suis persuadé comme vous qu'on ne change jamais un métal en un autre. Je n'avais aussi jamais entendu parler de cet homme qui veut changer le plomb en étain. Nous mettrons cette découverte dans le même rang que ces mines d'acier qu'on croit avoir trouvées dans ce pays; l'acier n'étant autre chose qu'un fer rougi et trempé, par conséquent ne pouvant se trouver naturellement dans la terre. Cela saute, selon moi, aux yeux.

Vous avez raison de dire que je suis au-dessus des étiquettes et des

---

1. Ce billet est le dernier alinéa d'une lettre de Mme Denis au comte d'Argenson, lettre peut-être en partie dictée par Voltaire lui-même, et dans laquelle l'oncle et la nièce rendaient compte au ministre de la conduite des agents de Frédéric et de Maupertuis à Francfort. (ÉD.)
2. Celles de Friedberg. (ÉD.)

formules; je ne les ai jamais aimées, et les aimerai encore bien moins que jamais avec des personnes comme vous, dont je serai toujours charmé de cultiver l'amitié, et que je voudrais convaincre de plus en plus de l'estime la plus parfaite et de la considération la plus distinguée.
FRÉDÉRIC.

P. S. Mon père m'a chargé de vous faire ses compliments.

MCMLXXXIX. — DE MME DENIS, A FRÉDÉRIC II.

A Francfort, le 21 juin, au matin.

Sire, je ne devais pas m'attendre à implorer pour moi-même la justice et la gloire de Votre Majesté. Je suis enlevée de mon auberge au nom de Votre Majesté, conduite à pied par le commis du sieur Freitag, votre résident, au milieu de la populace, et enfermée, avec quatre soldats à la porte de ma chambre. On me refuse jusqu'à ma femme de chambre et à mes laquais, et le commis passe toute la nuit dans ma chambre [1].

Voici le prétexte, Sire, de cette violence inouïe, qui excitera sans doute la pitié et l'indignation de Votre Majesté, aussi bien que celle de toute l'Europe.

Le sieur Freitag ayant demandé à mon oncle, le 1er juin, le livre imprimé des poésies de Votre Majesté, dont votre Majesté avait daigné le gratifier, le constitua prisonnier jusqu'au jour où le livre serait revenu, et lui fit deux billets en votre nom, conçus en ces termes :

« Monsir, sitôt le gros baliot que vous dites d'être à Hambourg ou Leipsick sera ici, qui contient l'*œuvre de poësie* que le roi demande, vous pourrez partir où bon vous semblera. »

Mon oncle, sur cette assurance de votre ministre, fit revenir la caisse avec la plus grande diligence, à l'adresse même du sieur Freitag, et le livre en question lui fut rendu, le 17 juin au soir.

Mon oncle a cru avec raison être en droit de partir le 20, laissant à votre ministre la caisse et d'autres effets considérables, que je comptais reprendre de droit le 21 ; et c'est le 20 que nous sommes arrêtés de la manière la plus violente. On me traite, moi, qui ne suis ici que pour soulager mon oncle mourant, comme une femme coupable des plus grands crimes ; on met douze soldats à nos portes.

Aujourd'hui 21, le sieur Freitag vient nous signifier que notre emprisonnement doit nous coûter 128 écus et 42 creutzers par jour, et il apporte à mon oncle un écrit à signer, par lequel mon oncle doit *se taire sur tout ce qui est arrivé* (ce sont ses propres mots), *et avouer que les billets du sieur Freitag n'étaient que des billets de consolation et d'amitié qui ne tiraient point à conséquence.*

Il nous fait espérer qu'il nous ôtera notre garde. Voilà l'état où nous sommes, le 21 juin, à deux heures après midi [2].

1. *N. B.* Le commis, nommé Dorn, notaire de Sa Majesté impériale, a osé insulter cette dame respectable pendant la nuit. (*Cette note est de Voltaire.*)
2. Son Excellence doit être instruite de cette horreur arrivée à Francfort. Elle

Je n'ai pas la force d'en dire davantage; il me suffit d'avoir instruit Votre Majesté.

Je suis avec respect, de Votre Majesté, la très-humble et très-obéissante servante,

DENIS, *veuve du sieur Denis, gentilhomme, ci-devant capitaine au régiment de Champagne, commissaire des guerres, et maître des comptes de Sa Majesté le roi de France.*

MCMXC. — A M.***.

A Francfort, 26 juin.

La même personne qui a eu l'honneur d'écrire de Francfort à Son Excellence, et d'implorer la protection de Leurs Majestés impériales, supplie très-humblement Son Excellence de continuer à lui garder le secret. Si Leurs Majestés impériales ne sont pas dans le cas d'accorder leur protection dans cette affaire, elles seront du moins indignées de ce qui vient de se passer dans Francfort. Un notaire, nommé Dorn, commis du sieur Freitag, résident de Prusse, enlève une dame de condition, qui vient à Francfort auprès de son oncle malade. Il la conduit à travers la populace, à pied, dans une auberge, lui ôte ses domestiques, met des soldats à sa porte, passe la nuit seul dans la chambre de cette dame mourante d'effroi. On supprime ici, par respect pour Sa Majesté impériale la reine, les excès atroces où le nommé Dorn, commis de Freitag, et cependant notaire impérial, a poussé son insolence.

Son Excellence peut aisément s'instruire de ce que c'est que Freitag, aujourd'hui résident de Prusse. Il est connu à Vienne et à Dresde, ayant été châtié dans ces deux villes.

La personne qui a pris la liberté de s'adresser à Son Excellence, avait bien raison de prévoir les extrémités les plus violentes. Elle est bien loin de vouloir compromettre personne, elle ne demande que la continuation du secret.

On doit trouver étrange que tant d'horreurs arrivent dans Francfort, uniquement au sujet du livre de poésies françaises de Sa Majesté prussienne. Sa Majesté prussienne est trop juste, trop généreuse, pour avoir ordonné ces violences au sujet de ses poésies qu'on lui a rendues. Personne ne peut imputer de pareilles horreurs envers une dame à un si grand roi.

On se borne à remercier Son Excellence du secret, et à l'assurer du plus profond respect.

MCMXCI. — A Mme DENIS.

A Mayence, le 9 de juillet

Il y avait trois ou quatre ans que je n'avais pleuré, et je comptais bien que mes vieilles prunelles ne connaîtraient plus cette faiblesse,

est très-humblement remerciée de garder le secret à celui qui a déjà eu l'honneur de lui écrire deux lettres. Peut-être un jour cette personne pourra remercier Son Excellence de vive voix. (*Cette note est de Voltaire.*)

jusqu'à ce qu'elles se fermassent pour jamais. Hier, le secrétaire du comte de Stadion me trouva fondant en larmes; je pleurais votre départ et votre séjour; l'atrocité de ce que vous avez souffert perdait de son horreur quand vous étiez avec moi; votre patience et votre courage m'en donnaient; mais, après votre départ, je n'ai plus été soutenu.

Je crois que c'est un rêve; je crois que tout cela s'est passé du temps de Denys de Syracuse. Je me demande s'il est bien vrai qu'une dame de Paris, voyageant avec un passe-port du roi son maître, ait été traînée dans les rues de Francfort par des soldats, conduite en prison sans aucune forme de procès, sans femme de chambre, sans domestique, ayant à sa porte quatre soldats la baïonnette au bout du fusil, et contrainte de souffrir qu'un commis de Freitag, un scélérat de la plus vile espèce, passât seul la nuit dans sa chambre. Quand on arrêta la Brinvilliers, le bourreau ne fut jamais seul avec elle; il n'y a point d'exemple d'une indécence si barbare. Et quel était votre crime? d'avoir couru deux cents lieues pour conduire aux eaux de Plombières un oncle mourant, que vous regardiez comme votre père.

Il est bien triste, sans doute, pour le roi de Prusse, de n'avoir pas encore réparé cette indignité commise en son nom par un homme qui se dit son ministre. Passe encore pour moi; il m'avait fait arrêter pour ravoir son livre imprimé de poésies, dont il m'avait gratifié et auquel j'avais quelque droit; il me l'avait laissé comme le gage de ses bontés et comme la récompense de mes soins. Il a voulu reprendre ce bienfait; il n'avait qu'à dire un mot, ce n'était pas la peine de faire emprisonner un vieillard qui va prendre les eaux. Il aurait pu se souvenir que, depuis plus de quinze ans, il m'avait prévenu par ses bontés séduisantes; qu'il m'avait, dans ma vieillesse, tiré de ma patrie; que j'avais travaillé avec lui deux ans de suite à perfectionner ses talents; que je l'ai bien servi, et ne lui ai manqué en rien; qu'enfin il est bien au-dessous de son rang et de sa gloire de prendre parti dans une querelle académique, et de finir, pour toute récompense, en me faisant demander ses poésies par des soldats.

J'espère qu'il connaîtra, tôt ou tard, qu'il a été trop loin; que mon ennemi l'a trompé, et que ni l'auteur ni le roi ne devaient pas jeter tant d'amertume sur la fin de ma vie. Il a pris conseil de sa colère, il le prendra de sa raison et de sa bonté. Mais que fera-t-il pour réparer l'outrage abominable qu'on vous a fait en son nom? Milord Maréchal[1] sera sans doute chargé de vous faire oublier, s'il est possible, les horreurs où un Freitag vous a plongée.

On vient de m'envoyer ici des lettres pour vous; il y en a une de Mme de Fontaine qui n'est pas consolante. On prétend toujours que j'ai été *Prussien*. Si on entend par là que j'ai répondu par de l'attachement et de l'enthousiasme aux avances singulières que le roi de Prusse m'a faites pendant quinze années de suite, on a grande raison; mais si on entend que j'ai été son sujet, et que j'ai cessé un moment d'être Français, on se trompe. Le roi de Prusse ne l'a jamais prétendu,

---

1. Ministre plénipotentiaire de Frédéric, à Paris. (ÉD.)

et ne me l'a jamais proposé. Il ne m'a donné la clef de chambellan que comme une marque de bonté, que lui-même appelle frivole dans les vers qu'il fit pour moi, en me donnant cette clef et cette croix que j'ai remises à ses pieds. Cela n'exigeait ni serments, ni fonctions, ni naturalisation. On n'est point sujet d'un roi pour porter son ordre. M. de Couville, qui est en Normandie, a encore la clef de chambellan du roi de Prusse, qu'il porte comme la croix de Saint-Louis.

Il y aurait bien de l'injustice à ne pas me regarder comme Français, pendant que j'ai toujours conservé ma maison à Paris, et que j'y ai payé la capitation. Peut-on prétendre sérieusement que l'auteur du *Siècle de Louis XIV* n'est pas Français? Oserait-on dire cela devant les statues de Louis XIV et de Henri IV; j'ajouterai même de Louis XV, parce que je suis le seul académicien qui fis son *Panégyrique* quand il nous donna la paix? et lui-même a ce *Panégyrique* traduit en six langues.

Il se peut faire que Sa Majesté prussienne, trompée par mon ennemi et par un mouvement de colère, ait irrité le roi mon maître contre moi; mais tout cédera à sa justice et à sa grandeur d'âme. Il sera le premier à demander au roi mon maître qu'on me laisse finir mes jours dans ma patrie; il se souviendra qu'il a été mon disciple, et que je n'emporte rien d'auprès de lui que l'honneur de l'avoir mis en état d'écrire mieux que moi. Il se contentera de cette supériorité, et ne voudra pas se servir de celle que lui donne sa place, pour accabler un étranger qui l'a enseigné quelquefois, qui l'a chéri et respecté toujours. Je ne saurais lui imputer les lettres qui courent contre moi sous son nom; il est trop grand et trop élevé pour outrager un particulier dans ses lettres; il sait trop comme un roi doit écrire, et il connaît le prix des bienséances; il est né surtout pour faire connaître celui de la bonté et de la clémence. C'était le caractère de notre bon roi Henri IV; il était prompt et colère, mais il revenait. L'humeur n'avait chez lui que des moments, et l'humanité l'inspira toute sa vie.

Voilà, ma chère enfant, ce qu'un oncle, ou plutôt ce qu'un père malade dicte pour sa fille. Je serai un peu consolé si vous arrivez en bonne santé. Mes compliments à votre frère et à votre sœur. Adieu; puissé-je mourir dans vos bras, ignoré des hommes et des rois!

MCMXCII. — A M.***.

A Mayence, 14 juillet 1753.

Son Excellence permettra que, pour excuser auprès d'elle une démarche qui aura pu paraître indiscrète, on lui envoie le journal de ce qui s'est passé à Francfort et de ce qu'on avait prévu.

La personne intéressée a pris la liberté de s'adresser à Son Excellence sur la réputation de sa probité et de sa vertu compatissante. Elle est très en peine de savoir si ses lettres ont été reçues. Elle supplie Son Excellence de vouloir bien faire écrire si elle a reçu les paquets, et de faire adresser ce mot chez M. le comte de Bergen, à Mayence.

Voltaire présente ses profonds respects à Son Excellence.

JOURNAL DE CE QUI S'EST PASSÉ A FRANCFORT-SUR-MEIN.

François de Voltaire, Parisien, et Cosimo Colini, Florentin, arrivent à Francfort le dernier mai 1753, et logent à l'auberge du *Lion d'or*.

Le 1ᵉʳ juin au matin, le sieur Freitag se fait annoncer chez le sieur de Voltaire, *Son Excellence de Prusse* : il entre avec un officier prussien et l'avocat Prücker : il demande au sieur de Voltaire les lettres qu'il peut avoir de Sa Majesté et le livre imprimé des poésies françaises de Sa Majesté, dont elle lui avait fait présent.

Le sieur de Voltaire rend toutes les lettres qu'il a, avec toute la soumission possible : mais comme le livre des poésies de Sa Majesté prussienne est encore à Hambourg dans un ballot, il se constitue prisonnier sur son serment, jusqu'à ce que le ballot soit revenu. Il écrit pour faire adresser ce ballot au sieur Freitag lui-même.

Freitag lui signe, au nom du roi son maître, deux billets, l'un valant pour l'autre, conçus en ces termes :

« Monsieur, sitôt le grand ballot sera ici, où est l'œuvre de poésie du roi que Sa Majesté demande, et l'œuvre de poésie rendu à moi, vous pourrez partir où bon vous semblera. A Francfort, 1ᵉʳ juin. Freitag, résident. »

Le 9 juin, Mme Denis, nièce du sieur de Voltaire, fille d'un gentilhomme, et veuve d'un gentilhomme officier du roi de France, arrive à Francfort pour conduire aux eaux de Plombières son oncle qui est mourant.

Le 17 juin, le ballot où est l'œuvre de poésie de Sa Majesté prussienne arrive au sieur Freitag.

Le 20, le sieur de Voltaire, en vertu des conventions, veut aller aux bains de Visbad, n'ayant pas la force de se transporter si loin que Plombières. Il laisse tous ses effets à Francfort, et sa nièce doit les faire emballer et le suivre.

On arrête alors le sieur de Voltaire : on le mène chez le marchand Schmith. Ce marchand lui prend tout son argent dans ses poches, sans aucune formalité, s'empare d'une cassette pleine d'effets précieux, et de ses papiers de famille, et le fait conduire par douze soldats dans une gargote qui sert de prison. Il fait saisir le sieur Cosimo Colini, lui prend aussi son argent dans ses poches, et le fait emprisonner de même. Colini s'écrie qu'il est sujet de Sa Majesté impériale. Schmith répond qu'on ne connaît point l'empereur à Francfort, et Freitag présent dit au sieur de Voltaire et au sieur Cosimo que s'ils avaient osé mettre le pied sur les terres de Mayence pour se mettre en sûreté, il leur aurait fait tirer un coup de pistolet dans la tête sur les terres de Mayence.

Le même soir du 20 juin, un nommé Dorn, ci-devant notaire de Francfort, cassé par sentence de la ville, et qui n'a d'autre titre que celui de copiste de Freitag, va dans l'auberge du *Lion d'or* prendre la dame Denis avec des soldats, la conduit à pied, à travers toute la populace, la traîne évanouie dans un grenier de la prison où est enfermé son oncle, met quatre soldats à la porte de cette dame, lui ôte sa femme de chambre et ses laquais, se fait apporter à souper dans sa chambre et y passe seul la nuit, et a l'insolence de vouloir abuser d'elle; elle crie, et Dorn fut intimidé.

Le 21 juin, les prisonniers font présenter requête au magistrat de Francfort; le magistrat demande à Schmith le marchand de quel droit il traite ainsi des étrangers qui voyagent avec des passe-ports du roi de France.

Il répond que c'est au nom du roi de Prusse; qu'à la vérité ils n'ont point d'ordre, mais qu'ils en recevront incessamment. C'est sur cette seule attente de ces ordres que Schmith fonde de telles violences, et il s'en rend caution sur tous ses biens comme bourgeois de Francfort, par un acte qui doit être au greffe de la ville, et dont le sieur de Voltaire a demandé en vain copie.

Mme Denis écrit au roi de Prusse, le 22, un détail de ces violations atroces du droit des gens.

Cependant Schmith, Freitag et Dorn, viennent dans la prison, signifient aux prisonniers qu'ils doivent payer 128 écus d'Allemagne par jour pour leur détention, et leur présentent un écrit à signer, par lequel les prisonniers jureront de ne parler jamais de ce qui s'est passé.

Dorn leur donne aussi une requête allemande à présenter à Leurs Excellences Freitag et Schmith; moyennant quoi, dit-il, ils seront élargis. Il reçoit deux carolins ou environ pour cette requête; elle est déposée au greffe de la ville.

Les prisonniers présentent requête au magistrat. La dame est élargie le 25; le sieur de Voltaire reste prisonnier avec des soldats.

Le 5 juillet la dame Denis reçoit réponse au nom du roi de Prusse par l'abbé de Prades. La lettre contient : *que la dame Denis n'a jamais dû être arrêtée, et que le sieur Freitag a seulement eu ordre de redemander au sieur de Voltaire les poésies imprimées de Sa Majesté, et de le laisser partir.*

Le 6 juillet, Freitag et Schmith, sans rendre aucune raison, consentent que le sieur de Voltaire soit élargi; et le magistrat alors lui ôte ses soldats, avec la permission de Schmith.

Le 7 au matin, le nommé Dorn ose revenir chez la dame Denis et le sieur de Voltaire, feignant de rapporter une partie de l'argent que le sieur Schmith avait volé dans les poches du sieur de Voltaire et du sieur Colini; puis il va au conseil de la ville faire rapport, qu'il a vu passer le sieur de Voltaire avec un pistolet, et prendre ce prétexte, pour que Schmith et lui gardent l'argent. Deux notaires jurés, qui étaient présents, ont beau déposer sous serment que ce pistolet n'avait ni poudre, ni plomb, ni pierre, qu'on le portait pour le faire raccommoder, en vain trois témoins déposent la même chose.

Le sieur de Voltaire est forcé de sortir de Francfort avec sa nièce et le sieur Colini, tous trois volés et accablés de frais, obligés d'emprunter de l'argent pour continuer leur route. On a volé au sieur de Voltaire papiers, bagues, un sac de carolins, un sac de louis d'or, et jusqu'à une paire de ciseaux d'or et de boucles de souliers.

La ville de Francfort n'a point été surprise de ces horreurs. Elle sait que le nommé Freitag, soi-disant ministre du roi de Prusse, est un fugitif de Hanau, condamné à la brouette à Dresde, et qui a reçu publiquement des coups de bâton à Francfort par le comte de Wasco, colonel au service de Sa Majesté impériale, auquel il avait volé six cents ducats : il a eu vingt aventures publiques pareilles.

Le nommé Schmith a été condamné à une amende de quarante mille francs par une commission de Sa Majesté impériale, pour avoir rogné des ducats; et son commis, pendu à Bruxelles pour avoir payé en espèces rognées.

Le nommé Dorn est actuellement cassé par sentence de la ville de Francfort.

Voilà les faits dont il faut du moins qu'on soit instruit, avant qu'on puisse se mettre sous la protection des lois et agir en justice.

MCMXCIII. — A Guillaume VIII, landgrave de Hesse-Cassel.

A Schwetzingen, près de Manheim, le 4 août.

Monseigneur, Votre Altesse Sérénissime m'a recommandé de lui apprendre la suite de l'aventure odieuse de Francfort. Le roi de Prusse l'a fait désavouer par son envoyé en France. Cependant le brigandage exercé par Freitag, qui se dit ministre du roi de Prusse à Francfort, n'a pas encore été réparé; les effets volés n'ont point été restitués, et on n'a point rendu encore l'argent qu'on avait pris dans nos poches. Il ne faut point de formalités pour voler, et il en faut pour restituer. Il y a grande apparence que le conseil de la ville de Francfort ne voudra pas se couvrir d'opprobre, et on doit espérer que le roi de Prusse fera justice du malheureux qui, pour se faire valoir, d'un côté, auprès de son maître, et, de l'autre, pour dépouiller des étrangers, a commis des violences si atroces. Il aurait peut-être fallu être sur les lieux pour obtenir une justice plus prompte. Voilà en partie pourquoi j'avais eu dessein de passer quelques semaines à Hanau; mais ma santé et les bontés de ma cour m'ont rappelé en France, et je compte y retourner après avoir profité quelque temps des agréments de la cour de Manheim, dont je jouis sans oublier ceux de la vôtre. Je serai pénétré toute la vie, monseigneur, des bontés dont Votre Altesse Sérénissime m'a honoré depuis que j'ai eu l'honneur de lui faire ma cour à Paris. Si j'étais plus jeune, je me flatterais de pouvoir encore venir me mettre à ses pieds; mais, si je n'ai pas cette consolation, j'aurai du moins celle de penser que vous me conservez votre bienveillance, et je serai ttaché à Votre Altesse Sérénissime jusqu'au dernier moment de ma vie, avec le plus profond respect et le plus tendre dévouement.

MCMXCIV. — A M. le comte d'Argental.

Strasbourg [1], le 10 août

Mon cher ange, j'ignore si Mme Denis vous a donné un chiffon de lettre que je vous écrivis étant un peu attristé et très-malade. J'ai été

1. Voltaire, parti de Francfort avec Collini, le matin du 7 juillet, arriva à

en France depuis à petits pas, m'arrêtant partout où je trouvais bon gîte, et surtout chez l'électeur palatin. Vous me direz que je dois être rassasié d'*électeurs*¹; mais celui-là est très-consolant.

Sæpe premente deo, fert deus alter opem.
Ovid., *Trist.*, lib. I, eleg. II, v. 4

Enfin, je m'en allais tout doucement à Plombières prendre les eaux, non par ordre du roi, mais par les ordonnances de Gervasi, qui est meilleur médecin que les plus grands rois. Je reste quelque temps à Strasbourg; je vise à l'hydropisie; je n'en avais pas l'air, mais vous savez qu'il n'y a rien de plus sec qu'un hydropique. Gervasi a jugé que des eaux n'étaient pas trop bonnes contre des eaux, et il m'a condamné aux cloportes. J'ai été plus d'une fois en ma vie condamné aux bêtes.

J'ai trouvé ici la fille de *Monime*², à qui vos bontés ont sauvé autrefois quelque bien. C'est une créature aujourd'hui bien à plaindre. J'ai peur même que le préteur, son père, qui n'était pas un préteur romain, ne lui ait fait perdre une partie de ce que vous lui aviez sauvé. J'ai cherché dans ses traits quelque ressemblance à votre ancienne amie, et je n'en ai point trouvé. Je ne m'intéresse pas moins à son triste sort.

L'abbé d'Aidie, qui a passé ici avec M. le cardinal de Soubise, m'est venu apparaître un moment. Vous le verrez probablement bientôt, et ce ne sera pas à Pontoise. Je me flatte bien que vous faites à Paris de fréquents voyages, et que, si vous vous exilez³ par respect humain, vous revenez voir vos amis par goût. J'ignore parfaitement quand j'aurai la consolation de vous embrasser de mes mains potelées. Je crois que, si vous me voyez en vie, vous me mettrez à mal, cela veut dire que vous me feriez faire encore une tragédie. L'électeur palatin m'a fait la galanterie de faire jouer quatre de mes pièces. Cela a ranimé ma vieille verve, et je me suis mis, tout mourant que je suis, à dessiner le plan d'une pièce nouvelle⁴ toute pleine d'amour. J'en suis honteux; c'est la rêverie d'un vieux fou. Tant que j'aurai les doigts enflés à Strasbourg, je ne serai pas tenté d'y travailler; mais si je vous voyais, mon cher ange, je ne répondrais de rien.

Comment se porte Mme d'Argental? comment vont vos amis, vos plaisirs, votre Pontoise? Avez-vous vu ma pauvre nièce⁵, le martyr de l'amitié et la victime des Vandales? N'avez-vous pas été bien

---

Strasbourg le 16 août suivant, après avoir passé par Mayence, Worms, Manheim, Schwetzingen, Ratstad, et Kehl. (ÉD.)
1. Frédéric II, roi de Prusse, était *électeur* de Brandebourg. (ÉD.)
2 Le nom de *Monime* désigne Mlle Lecouvreur, qui avait débuté par ce rôle; elle avait eu de M. de Klinglin, père de Mme de Lutzelbourg et ancien préteur royal à Strasbourg, une fille, qui est connue sous le nom de Mlle Daudet. (*Note de M. Bruchot.*)
3. D'Argental était conseiller d'honneur de la grand'chambre, exilée à Pontoise, par Louis XV, depuis le 10 mai 1753. (ÉD.)
4. *L'Orphelin de la Chine.* (ÉD.)
5. Mme Denis n'avait quitté Francfort que le 8 ou le 9 juillet, et elle était retournée directement à Paris. (ÉD.)

ébaubi ? L'aventure est unique. Jamais Parisienne n'avait été encore mise en prison, chez les Bructères, pour l'*œuvre de poëshie* d'un roi des Borusses. Certes, le cas est rare.

Mon ange, tout ce que vous voyez vous rendra plus philosophe que jamais. Si je vous disais que je le suis, me croiriez-vous ? Je n'en crois rien, moi. Cependant, depuis Gotha jusqu'à Strasbourg, de princes en *Yangois*[1], et de palais en prison et cabarets, j'ai tranquillement travaillé cinq heures par jour au même ouvrage[2]. J'y travaille encore avec mes doigts enflés, qui vous écrivent que je vous aime tendrement.

MCMXCV. — A M<small>ME</small> LA COMTESSE DE LUTZELBOURG.

Auprès de Strasbourg, le 22 août.

La destinée, madame, qui joue avec les pauvres humains comme avec des balles de paume, m'a amené dans votre voisinage, à la porte de Strasbourg. Je suis dans une petite maisonnette[3], appartenant à Mme Léon, condamné par M. Gervasi aux racines et aux cloportes, et, pour comble de malheur, privé de la consolation de vous revoir. J'apprends que vous êtes chez Mme la comtesse de Rosen ; mon premier soin est de vous y adresser les vœux qu'un ancien ami fait du fond de son cœur pour la fin de toutes vos peines. J'ai plus d'un titre pour vous faire agréer les sincères témoignages de ma sensibilité pour tout ce qui vous touche ; je suis un de vos plus anciens serviteurs, et je ne suis pas mieux traité que vous par la méchanceté des hommes. Cette vie-ci n'est qu'un jour ; le soir devrait du moins être sans orages, et il faudrait pouvoir s'endormir paisiblement. Il est affreux de finir au milieu des tempêtes une si courte et si malheureuse carrière. Ce serait pour moi, madame, une satisfaction bien consolante, de pouvoir vous entretenir, de vous parler de nos anciens amis (s'il est des amis), et de vous renouveler tous les sentiments qui m'ont toujours attaché à vous, malgré une si longue séparation. Que de choses nous avons vues, madame, et que de choses nous aurions à nous dire ! Nous rappellerions tout ce que le temps a fait évanouir, et un peu de philosophie adoucirait les maux présents.

Je ne connais guère, de vos anciens amis, que M. des Alleurs qui ait eu un bon lot, parce qu'il est chez les Turcs, chez qui je ne crois pas qu'il y ait tant d'infidélité et tant de malice noire et raffinée que chez les chrétiens.

Adieu, madame ; recevez, avec vos premières bontés, les assurances du respectueux et tendre attachement de votre ancien courtisan, qui désire passionnément l'honneur et la consolation de vous voir, et qui vous écrit, comme autrefois, sans cérémonie

---

1. Allusion à une des malencontreuses excursions de don Quichotte. (É<small>D</small>.)
2. Les *Annales de l'Empire*. (É<small>D</small>.)
3. Voltaire, après être resté cinq jours à l'auberge de l'*Ours blanc*, à Strasbourg, alla s'installer, avec son fidèle secrétaire, le 21 août, dans la petite maison dont il parle ici, et ils y restèrent jusqu'au 2 octobre suivant. (É<small>D</small>.)

ANNÉE 1753.

MCMXCVI. — DE MME DENIS.

A Paris, le 26 août.

J'ai à peine la force de vous écrire, mon cher oncle; je fais un effort que je ne peux faire que pour vous. L'indignation universelle, l'horreur et la pitié que les atrocités de Francfort ont excitées ne me guérissent pas. Dieu veuille que mon ancienne prédiction que *le roi de Prusse vous ferait mourir* ne retombe que sur moi! J'ai été saignée quatre fois en huit jours. La plupart des ministres étrangers ont envoyé savoir de mes nouvelles; on dirait qu'ils veulent réparer la barbarie exercée à Francfort.

Il n'y a personne en France (je dis personne sans aucune exception) qui n'ait condamné cette violence mêlée de tant de ridicule et de cruauté. Elle donne des impressions plus grandes que vous ne croyez. Milord Maréchal s'est tué de désavouer, à Versailles et dans toutes les maisons, tout ce qui s'est passé à Francfort. Il a assuré, de la part de son maître, qu'il n'y avait point de part. Mais voici ce que le sieur Fédersdoff m'écrit de Potsdam le 12 de ce mois : « Je déclare que j'ai toujours honoré M. de Voltaire comme un père, toujours prêt à lui servir. Tout ce qui vous est arrivé à Francfort a été fait par ordre du roi. Finalement, je souhaite que vous jouissiez toujours d'une prospérité sans pareille, étant avec respect, etc. »

Ceux qui ont vu cette lettre ont été confondus. Tout le monde dit que vous n'avez de parti à prendre que celui que vous prenez d'opposer de la philosophie à des choses si peu philosophes. Le public juge les hommes sans considérer leur état, et vous gagnez votre cause à ce tribunal. Nous faisons très-bien tous deux de nous taire : le public parle assez.

Tout ce que j'ai souffert augmente encore ma tendresse pour vous, et je viendrais vous trouver à Strasbourg ou à Plombières, si je pouvais sortir de mon lit, etc., etc.

MCMXCVII. — A MME LA COMTESSE DE LUTZELBOURG.

Madame la comtesse de Lutzelbourg croit donc qu'on peut arriver de Kehl chez elle? Non, madame, il n'y a pas de chemin. Mais il y en aura un aujourd'hui pour me mener chez vous, pour y jouir du repos et du charme de votre conversation. Je compte, madame, venir vous présenter mes respects entre six et sept heures, et j'espère vous trouver en bonne santé. Je me meurs d'envie de vous faire ma cour.

MCMXCVIII. — A LA MÊME.

Le 2 septembre.

Je l'ai lu, madame, ce mémoire[1] touchant dont vous me faites l'honneur de me parler. C'est par où j'ai commencé en arrivant à Stras-

---

1. Il concernait Christophe de Klinglin, frère de Mme de Lutzelbourg, et premier président du conseil souverain de Colmar. (ÉD.)

bourg. Je ne vois pas ce que la rage de nuire pourrait opposer à des raisons si fortes. Je suis encore un peu enthousiaste, malgré mon âge. L'innocence opprimée m'attendrit; la persécution m'indigne et m'effarouche. Je prends le plus vif intérêt à cette affaire, même indépendamment des sentiments qui m'attachent à vous depuis si longtemps. J'ai entendu beaucoup parler, beaucoup raisonner dans mon ermitage, où il vient trop de monde et où je ne voulais voir personne. Je conclus, moi, à faire élever un monument à la gloire de votre frère, et à recevoir monsieur son fils en triomphe à Strasbourg. Tout ce que je sais, c'est que feu M. de Klinglin a rendu, pendant trente ans, Strasbourg respectable aux étrangers, et que la patrie ne lui doit que de la reconnaissance. On dit que l'affaire est jugée au moment que je vous écris, et j'attends avec impatience le moment de juger l'arrêt. Le tribunal des honnêtes gens et des esprits fermes est le dernier ressort pour les persécutés.

Mme de Gayot est venue dans ma solitude. Dieu veuille que vous ayez la santé! je n'en ai point du tout; mais je porte partout un peu de stoïcisme. Croiriez-vous, madame, que cette destinée qui nous ballotte m'a fait presque Alsacien ? Je me suis trouvé, sans le savoir, possesseur d'un bien sur des terres auprès de Colmar, et il se pourrait bien que j'y allasse. Je ne m'attendais pas à avoir une rente sur les vignes du duc de Wurtemberg; mais la chose est ainsi. Je ferais certainement le voyage, si je croyais pouvoir vous faire ma cour dans le voisinage où vous êtes; mais, si vous revenez dans votre solitude auprès de Strasbourg, je ne ferai pas le voyage de Colmar. Je me meurs d'envie de vous revoir, madame; il n'y aurait pas de plus grande consolation pour moi. Peut-être même le plaisir de vous entretenir de tout ce que nous avons vu, et de repasser sur nos premières années, pourrait adoucir les amertumes que votre sensibilité vous fait éprouver. Les matelots aiment, dans le port, à parler de leurs tempêtes. Mais y a-t-il un port dans ce monde? On fait partout naufrage dans un ruisseau.

Si vous êtes en commerce de lettres avec M. des Alleurs, je vous prie, madame, de le faire souvenir de moi. Je lui crois à présent une vraie face à turban. Pour moi, je suis plus maigre que jamais; je suis une ombre, mais une ombre très-sensible, très-touchée de tout ce qui vous regarde, et qui voudrait bien vous apparaître. Adieu, madame, je vous souhaite un soir serein, sur la fin de ce jour orageux qu'on appelle la vie. Comptez que je vous suis dévoué avec le plus tendre respect.

MCMXCIX. — A M. DUPONT, AVOCAT.

Strasbourg, le 4 septembre.

Je vous aurais remercié plus tôt, monsieur, sans ma mauvaise santé, qui m'interdit tous les devoirs et tous les plaisirs. Je ne peux, dans mes moments de relâche, vous remercier qu'en prose. Vous faites si joliment des vers que vous m'ôtez le courage d'en faire, en m'en inspirant le désir. Votre épître est charmante; je la mérite bien peu,

mais je n'en ai que plus de reconnaissance; elle me donne grande envie de voir l'auteur. J'aimerais beaucoup mieux les *Platon* que les *Denys*[1]. Soyez persuadé, monsieur, de la sensibilité et de l'estime sincère de votre, etc.
V.

MM. — A. M. LE MARÉCHAL DUC DE RICHELIEU.

A Strasbourg, ou tout auprès, le 7 septembre.

Mais vraiment, monseigneur, cela est assez extraordinaire. Quoi! pour l'*œuvre de poëshie*? Les vers sont donc une belle chose! Je les ai toujours aimés à la folie, quand ils sont bons; mais ma pauvre nièce? qu'allait-elle faire dans cette galère? Les gens qui disent que tout cela s'est passé de nos jours ont grand tort; l'aventure est du temps de Denys de Syracuse. Je suis au désespoir de ne vous point faire ma cour. Le temps se passe, et je ne me consolerais pas d'être mort sans avoir eu l'honneur de vous entretenir. Et le voyage d'Italie, et Saint-Pierre de Rome, et la ville souterraine, n'avez-vous pas quelque envie de les voir? et ne pourrait-on pas venir recevoir vos ordres dans le chemin, et n'iriez-vous pas faire un cours à Montpellier? Un beau soleil et vous, vous êtes mes dieux. Il serait doux de les voir de près. J'aime ceux qui échauffent et qui éclairent, et non pas ceux qui brûlent[2].

Je joins les sentiments de la plus tendre reconnaissance à un attachement d'environ quarante années; mais j'ai des passions malheureuses, et la jouissance de l'objet aimé m'est interdite par ordre du médecin. Si votre belle imagination trouve quelque tournure pour que je puisse *baciarvi la mano*, quand vous irez à Montpellier, ce serait pour moi l'heure du berger. « E perchè no? Un gran re m'a baciato la mano, a me, sì, la brutta mano, per incitarmi a rimanere nel suo palazzo d'Alcina. Ed io bacierò la vostra bella mano con un più grande e saporito piacere. Ah! signore amabile, signore cortese e bravo, la vita si perde, si consuma, et la speranza ancora si distrugge. »

Est-ce que vous seriez assez bon pour vouloir bien me mettre aux pieds de Mme de Pompadour, quand vous n'aurez rien à lui dire? Pardon, monseigneur, de *la liberté grande*. Il y a dans Paris force vieilles et illustres catins à qui vous avez fait passer de joyeux moments, mais il n'y en a point qui vous aime plus que moi. Je crois que la première conversation que j'aurais l'honneur d'avoir avec vous serait assez amusante. Non, ce serait la seconde; car, à force de plaisir, je ne saurais ce que dirais dans la première.

A propos, je suis bien malade; daignez vous en souvenir. Il n'y a que mes ennemis qui disent que je me porte bien. *Intanto con ogni ossequio*, etc.

---

1. Denys de Syracuse, auquel Voltaire comparait alors Frédéric. (ÉD.)
2. Allusion à la brûlure de la *Diatribe d'Akakia*. (ÉD.)

MMI. — A Mme la comtesse de Lutzelbourg.

Auprès de vous, le 14 septembre.

Je vous demande pardon, madame, de ne vous avoir pas parlé de votre digne et aimable fils; mais ce qui est dans le cœur n'est pas toujours au bout de la plume, surtout quand on écrit vite et qu'on est malade. J'ai eu l'honneur de lui faire ma cour quand il était à Lunéville, possesseur d'une femme qu'il doit avoir bien regrettée; mais il lui reste une mère dont il fait la consolation, et qui doit faire la sienne. Peut-être aurai-je le bonheur de vous voir tous deux avant que je quitte ce pays-ci. Avouez donc, madame, que je suis prophète de mon métier, et que je ne suis pas prophète de malheur. Non-seulement j'avais lu le mémoire de M. de Klinglin, mais encore un autre qui est très-secret, et vous voyez que je n'avais pas mal conclu. J'espère encore que M. de Klinglin viendra exercer ici sa préture, malgré les tribuns du peuple, qui s'y opposent vivement. Ce serait une chose trop absurde qu'un homme perdît sa place pour avoir été déclaré innocent. Je suis bien aise que vous admettiez une divinité; c'est ce que je tâchais de persuader à un roi qui n'y croit pas, et qui se conduit en conséquence. Il lui arrivera malheur, mais il mourra impénitent. Je ne sais pas quand j'irai dans le voisinage de ces vignes sur lesquelles j'ai une bonne hypothèque. Elles appartiennent au duc de Wurtemberg. Il y a des gens qui veulent me persuader que ce sera la vigne de Naboth[1], et que mon hypothèque est *le beau billet qu'a La Châtre*; mais je n'en crois rien. Le duc de Wurtemberg est un honnête homme; Dieu merci, il n'est pas roi, et je pense qu'il croit en Dieu, quoiqu'il n'ait jamais voulu baiser la mule du pape.

Vous me donnez par le nez, madame, de l'*historiographe*. Vraiment, le roi m'ôta cette charge quand le roi de Prusse me prit à force, et je suis demeuré entre deux rois le cul à terre. Deux rois sont de très-mauvaises selles. Il est vrai qu'on m'a laissé ma place de gentilhomme ordinaire de la chambre; mais j'entrerai fort peu, je crois, dans cette chambre; j'aimerais mieux la vôtre mille fois.

Ayez donc la bonté de m'instruire de vos marches. L'accident de votre neveu vous retient-il à Colmar? Il me souvient que M. de Richelieu eut la même maladie à vingt ans. C'eût été dommage que la région *de la vessie fût demeurée paralytique* chez lui. Sa maladie fit place à beaucoup de vigueur, et j'en espère autant pour monsieur votre neveu. Vous vous imaginez donc, madame, que je demeure toujours dans la rue des Charpentiers? point du tout; je suis à la campagne, vis-à-vis votre maison, où par malheur vous n'êtes point. Je dépeuple le pays de cloportes, auxquels on m'a condamné. Je vis tout seul, je ne m'en trouve pas mal. J'ai pourtant un appartement chez M. le maréchal de Coigni[2], dont je ne sais si je ferai usage. Tout ce que je sais bien sûrement, c'est que je meurs d'envie de vous voir, de causer avec vous, et de vous renouveler cent fois mes respectueux et tendres sentiments.

1. *Rois*, III, xxi. (Éd.)
2. Gouverneur de la haute et basse Alsace depuis 1730. (Éd.)

MMII. — A M. D'ALEMBERT

J'ai obéi comme j'ai pu à vos ordres ; je n'ai ni le temps, ni les connaissances, ni la santé qu'il faudrait pour travailler comme je voudrais. Je ne vous présente ces essais que comme des matériaux que vous arrangerez, à votre gré, dans l'édifice immortel que vous élevez. Ajoutez, retranchez ; je vous donne mes cailloux pour fourrer dans quelques coins de mur. J'ose croire que tous les sujets *in medio positi*, qui sont si connus, si rebattus, sur lesquels il y a si peu de doutes, sur lesquels on a fait tant de volumes, doivent être, par ces raisons-là mêmes, traités un peu sommairement. On pourrait faire un in-folio sur ce seul mot *Littérature*. Si vous voulez que je parle des littérateurs italiens et espagnols, il faut donc que je m'étende sur les français ; il faudrait encore que j'eusse des livres espagnols et italiens, et je n'en ai pas un.

Muratori, outre ses immenses collections historiques, a écrit *De la perfection de la poésie italienne*; il a fait des observations sur Pétrarque. *L'Histoire de la poésie italienne*, par Crescimbeni, m'a paru un ouvrage assez instructif. J'ai lu le comte Orsi, qui a justifié le Tasse contre le P. Bouhours. Son livre est plus rempli, à ce qu'il m'a paru, d'érudition que de bon goût. Gravina m'a paru écrire sur la tragédie comme Dacier, et il a fait en conséquence des tragédies comme Dacier, aidé de sa femme, les aurait faites. Cette espèce de littérature commença, je crois, du temps de Castelvetro ; ensuite vint Jules Scaliger, mais qui n'a écrit qu'en latin. Si vous croyez devoir faire entrer ces rocailles dans votre grand temple, il n'y a point à Paris d'aide à maçon qui n'en sache plus que moi, et qui ne vous serve mieux. D'ailleurs, ne suffit-il pas, dans un dictionnaire, de définir, d'expliquer, de donner quelques exemples? faut-il discuter les ouvrages de tous ceux qui ont écrit sur la matière dont on parle?

A l'égard des Espagnols, je ne connais que *Don Quichotte* et *Antonio de Solis*. Je ne sais pas assez l'espagnol pour avoir lu d'autres livres, pas même le *Château de l'âme*, de sainte Thérèse.

A propos d'âme, j'avais pris la liberté d'envoyer à une certaine personne un petit mot sur l'*âme*, non pas pour qu'on en fît usage, mais seulement pour montrer que je m'étais intéressé à l'*Encyclopédie*.

Il est bien douloureux que des philosophes soient obligés d'être théologiens. Ah! tâchez, quand vous en serez au mot PENSÉE, de dire au moins que les docteurs ne savent pas plus comment ils font des pensées, qu'ils ne savent comment ils font des enfants : ne manquez pas, au mot RÉSURRECTION, de vous souvenir que saint François-Xavier ressuscita onze personnes, de compte fait, mais, à CLAVECIN, vous n'oublierez pas sans doute le *clavecin oculaire*.

Adieu, monsieur ; je crains d'abuser de votre temps ; vous devez être accablé de travail. Mille compliments à votre compagnon. Adieu, Atlas et Hercule, qui portez le monde sur vos épaules.

MMIII. — A M. DUPONT, AVOCAT.

Strasbourg, le 1er octobre.

Je compte, monsieur, partir demain, mardi, pour arranger quelques affaires avec les administrateurs des domaines de monseigneur le duc de Wurtemberg. Il me sera sans doute beaucoup plus agréable de vous voir à Colmar, que les fermiers des vignes de Riquewihr, quelque bon que soit leur vin. Je vous écris d'avance pour vous faire mes remerciments, monsieur, de toute vos attentions obligeantes. Si je cause le plus léger embarras à Mme Goll, j'irai descendre au cabaret. Au reste, j'espère que ma mauvaise santé ne retardera pas ce petit voyage, qu'elle m'a fait différer jusqu'à présent. On ne peut être plus pénétré que je le suis de vos bons offices, et plus ennemi des cérémonies et des formules.

MMIV. — A M. LE COMTE D'ARGENTAL.

Auprès de Colmar, 3 octobre.

Mon cher ange, si Mme la maréchale de Duras, qui a l'air si résolue, avait fait comme Mme de Montaigu[1], et comme la feue reine d'Angleterre, si elle avait donné bravement la petite vérole à ses enfants, vous ne pleureriez pas aujourd'hui Mme la duchesse d'Aumont. Il y a trente ans[2] que j'ai crié qu'on pouvait sauver la dixième partie de la nation. Il y a quelques gens qui, frappés de la mort des personnes considérables enlevées à la fleur de leur âge par la petite vérole, disent : « Mais vraiment, il faudrait essayer l'inoculation. » Et puis, au bout de quinze jours, on ne pense plus ni à ceux qui sont morts, ni à ceux que ce fléau de la nature menace encore de la mort.

L'année passée l'évêque de Worcester prêcha dans Londres, devant le parlement, en faveur de l'inoculation, et prouva qu'elle sauvait la vie, tous les ans, à deux mille personnes dans cette capitale. Voilà des sermons qui valent bien mieux que les bavarderies de nos prédicateurs.

Il y a dans le monde un homme plus dangereux que la petite vérole ; il s'abaisse jusqu'à la calomnie. Un sourdaud[3], qui est la trompette de Maupertuis, répand ses horreurs. Où se sauver ? Vous me direz que c'est au château de M. de Sainte-Palaie ; mais le P. Goulu[4] persécutait Balzac jusque sur les bords de la Charente.

I nunc, et versus tecum meditare canoros.
HOR., lib. II, ep. II, v. 76.

Mais, mon cher ange, si vous me promettez, vous et Mme d'Ar-

---

1. Lady Montague. Son fils fut le premier Anglais sur lequel on essaya l'inoculation. (ÉD.)
2. Il n'y avait que vingt-six ans. (ÉD.)
3. La Condamine, qui prenait parti pour Maupertuis contre Voltaire. (ÉD.)
4. Le P. Goulu, général des feuillants, attaque Balzac dans ses *Lettres de Phyllarque à Ariste*. (Note de M. Beuchot.)

gental, d'aller dans ce château, je signe le marché aveuglément. J'ai un bien assez considérable en Alsace, et je voulais bâtir sur les ruines d'un vieux palais qui appartiennent à M. le duc de Wurtemberg. Toutes mes idées s'évanouissent dès qu'il s'agit de me rapprocher de vous.

Je n'ose vous prier de présenter mes respects et ma sensibilité à M. le duc d'Aumont. Qui aurait dit que Fontenelle enterrerait Mme d'Aumont? mais cent ans et trente sont la même chose pour la faux de la mort. Tout est un point, et tout est un songe. Le songe de ma vie a été un cauchemar assez perpétuel; il sera bien doux s'il peut finir en vous voyant; ce sera ouvrir les yeux à une lumière bien agréable.

On m'a envoyé *la Querelle;* il vaudrait mieux point de querelle. Adieu, mon très-aimable ange. Mille tendres respects à tous les vôtres. Je suis bien malade. Adieu les tragédies.

MMV. — A Mme LA COMTESSE DE LUTZELBOURG.

A Colmar, ce 5 octobre.

Je suis pénétré de regrets, madame; vous et Mme de Brumat vous me faites passer de mauvais quarts d'heure. J'écris peut-être fort mal le nom de votre amie, mais je ne me trompe pas sur son mérite, et sur le plaisir que j'avais de venir les soirs, de ma solitude dans la vôtre, jouir des charmes de votre société. Je suis arrivé si malade que je n'ai pu aller rendre moi-même votre lettre à M. le premier président. Que dites-vous de lui, madame? Il a eu la honte de venir chez ce pauvre affligé. Il m'a amené son fils aîné, qui paraît fort aimable, et qui n'a pas l'air d'être *paralytique* comme son cadet. Je passe une page, parce que mon papier boit, et qu'il n'y a pas moyen d'écrire sur ce vilain papier; cela vous épargne une longue lettre. On dit que le ministère n'est pas disposé à rendre à M. de Klinglin la justice que nous attendons. Je veux douter encore de cette triste nouvelle. On dit que monsieur votre fils revient; quand pourrai-je être assez heureux pour voir le fils et la mère? Il me semble que je voudrais passer le reste de mes jours avec vous dans la retraite. La destinée m'y avait conduit, et mon cœur ne veut pas la démentir. Adieu, madame; je suis pour toujours à vos ordres avec le plus tendre respect.

MMVI. — A M. LE COMTE D'ARGENTAL.

Au pied d'une montagne [1], le 10 octobre.

Mon cher ange, il me semble que je suis bien coupable; je ne vous écris point, et je ne fais point de tragédies. J'ai beau être dans un cas assez tragique, je ne peux parvenir à peindre les infortunes de ceux qu'on appelle les héros des siècles passés, à moins que je ne trouve

---

[1]. Au village de Luttenbach. Voltaire, selon Colini, s'enterra dans cette solitude pendant quinze jours. (ÉD.)

quelque princesse mise en prison pour avoir été secourir un oncle malade. Cette aventure me tient plus au cœur que toutes celles de Denys et d'Hiéron.

Il me semble qu'il faut avoir son âme bien à son aise pour faire une tragédie; qu'il faut avoir un sujet dont on soit vivement frappé, et devant les yeux un public, une cour, qui aiment véritablement les arts. Un petit article encore, c'est qu'il faut être jeune. Tout ce que je peux faire, c'est de soutenir tout doucement mon état et ma mauvaise santé. Je ne me pique point d'avoir du courage, il me semble qu'il n'y a à cela que de la vanité. Souffrir patiemment sans se plaindre à personne, sans demander grâce à personne, cacher ses douleurs à tout le monde, les répandre dans le sein d'un ami comme vous; voilà à quoi je me borne. Je n'ai pas surtout le courage de faire une tragédie pour le présent. Vous m'en aimerez moins; mais songez que votre amitié, qui a un empire si doux, n'est pas faite pour commander l'impossible. Je ne sais pas trop ce que je deviendrai et où je finirai mes jours. Que ne puis-je au moins, mon cher ange, vous revoir avant de sortir de cette vie!

J'ai la mine de passer l'hiver dans une solitude des montagnes des Vosges. Si vous aviez quelque chose à me mander, vous n'auriez qu'à écrire à M. Schœpflin le jeune, à Colmar, sans mettre mon nom, sans autre adresse; et la lettre me serait rendue avec la plus grande fidélité. Vous passerez probablement l'hiver à Paris, et il n'y aura plus de Pontoise; mais il y aura des Vosges pour moi. J'ai vu à Colmar M. de Voyer faisant son entrée en fils d'un secrétaire d'État. Vous vous doutez bien que je ne lui ai parlé de rien du tout; je ne sais même si je parlerais à son père. Ce n'est pas trop la peine d'importuner son prochain de ses afflictions, surtout quand ce prochain est ministre, ou fils de ministre.

J'ai vu quelquefois, dans ma solitude auprès de Strasbourg, la fille de *Monime*; sa naissance est un roman, sa vie est obscure et triste; l'aventure du préteur n'a abouti qu'à faire une douzaine de malheureux. Il en pleut des malheureux de tous côtés, mon cher ange, et des ennuyeux encore davantage; c'est ce qui fait que j'aime mes montagnes, ne pouvant pas être auprès de vous. Dieu veuille me donner quelque beau sujet bien tendre dans ma chartreuse! mais alors j'aurais peur que la montagne n'accouchât d'une souris. Mon pauvre petit génie ne peut plus faire d'enfants. Il me semble que ce que vous savez m'a manqué.

Ce qui ne me manquera jamais, c'est ma tendre amitié pour vous. Cette idée seule me console. Je me flatte que Mme d'Argental et vos amis ne m'oublient pas tout à fait. Adieu, mon cher ange; pardonnez-moi d'avoir été si longtemps sans vous écrire; il faut enfin que je vous avoue que j'avais fait quatre plans bien arrangés scène par scène; rien ne m'a paru assez tendre; j'ai jeté tout au feu.

Adieu, mon cher ange.

MMVII. — A Mme la comtesse de Lutzelbourg.

Dans les Vosges, le 14 octobre.

J'ai été, madame, chercher dans les Vosges la santé, qui n'est pas là plus qu'ailleurs. J'aimerais bien mieux être encore dans votre voisinage; cette petite maisonnette dont vous me parlez m'accommoderait bien. Je serais à portée de faire ma cour à vous et à votre amie, malgré tous les brouillards du Rhin. Je ne peux encore prendre de parti que je n'aie fini l'affaire[1] qui m'a amené à Colmar. Je reste tranquillement dans une solitude entre deux montagnes, en attendant que les papiers arrivent. Toutes les affaires sont longues; vous en faites l'épreuve dans celle de monsieur votre neveu. Tout mal arrive avec des ailes, et s'en retourne en boitant. Prendre patience est assez insipide. Vivre avec ses amis, et laisser aller le monde comme il va, serait chose fort douce; mais chacun est entraîné comme de la paille dans un tourbillon de vent. Je voudrais être à l'Ile Jard, et je suis entre deux montagnes. Le parlement voudrait être à Paris, et il est dispersé comme des perdreaux. La commission du conseil voudrait juger comme Perrin-Dandin, et ne trouve pas seulement un Petit-Jean qui braille devant elle. Tout est plein à la cour de petites factions qui ne savent ce qu'elles veulent. Les gens qui ne sont pas payés au trésor royal savent bien ce qu'ils veulent; mais ils trouvent les coffres fermés. Ce sont là de très-petits malheurs. J'en ai vu de toutes les espèces, et j'ai toujours conclu que la perte de la santé était la pire. Les gens qui essuient des contradictions dans ce monde auraient-ils bonne grâce de se plaindre devant votre neveu paralytique? Et ce neveu-là n'est-il pas dix mille fois plus malheureux que l'autre? Vous lui avez envoyé un médecin : si, par hasard, ce médecin le guérit, il aura plus de réputation qu'Esculape. Portez-vous bien, madame; supportez la vie; car, lorsqu'on a passé le temps des illusions, on ne jouit plus de cette vie, on la traîne. Traînons donc. J'en jouirais délicieusement, madame, si j'étais dans votre voisinage. Mille tendres respects à vous deux, et mille remerciments.

MMVIII. — A M. Dupont, avocat.

On peut très-bien mettre trois rimes de suite de même parure, surtout quand les vers sont aussi jolis que les vôtres.

Moi! un quatrain[2]! et à M. de Voyer! Qui peut faire des contes pareils? Je ne fais plus de vers, et M. de Voyer est au-dessus de ces bagatelles. Votre ville est comme toutes les autres, on y dit de mauvaises nouvelles; mais il y a tant de mérite dans Colmar que je lui pardonne.

---

1. L'impression des *Annales de l'Empire*. (Éd.)
2. Un quatrain fort plaisant avait été adressé, dit-on, à M. de Voyer, et on l'attribuait à Voltaire. (Éd.)

MMIX. — A MADAME LA COMTESSE DE LUTZELBOURG.

Dans mes montagnes, ce 24 octobre.

Comment ! madame, est-ce que vous n'auriez pas reçu la lettre datée de mes montagnes, et mes remercîments des belles nouvelles de la fermeté romaine du Grand-Châtelet de Paris ? Tout ceci est le combat des rats et des grenouilles. On songe à Paris à de misérables *billets de confession*, et on ne songe ni à la petite vérole ni à l'autre. Ces deux demoiselles font pourtant plus de ravage que le clergé et le parlement. On voit tranquillement nos voisins les Anglais se garantir au moins de la petite. Vous n'entendrez parler à Londres d'aucune dame morte de cette maladie ; l'insertion les sauve, et l'on n'a pas eu encore le courage de les imiter. M. de Beaufremont est le seul qui ait fait inoculer un de ses enfants, et on s'est moqué de lui ; voilà ce qu'on gagne en France. Tout ce qui est au-dessus des forces de la nation est ridicule. Si j'avais un fils, je lui donnerais la petite vérole avant de lui donner un catéchisme.

Je retournerai bientôt de ma solitude dans la grande ville de Colmar. J'ai été voir les ruines du château de Horbourg, sur lesquelles j'avais quelque dessein de bâtir une jolie maison. Il s'y trouve quelque difficulté ; le duc de Wurtemberg a un procès pour cette vénérable masure au conseil privé, et je n'irai pas bâtir un hospice qui aurait un procès pour fondement. Mais, madame, on m'a dit un mot du beau château de feu monsieur votre frère. N'est-ce pas Oberherkeim[1], ou quelque nom de cette douceur ? Il est, je crois, difficile de le vendre. N'appartient-il pas à des mineurs ? Mais personne ne l'habite ; et, si la maison et le fief ne sont pas compris dans le fief invendable, si on peut louer le château, avec les meubles qui y sont, en attendant que la famille s'arrange, ne serait-ce pas l'avantage de la famille ? Je le louerai si on veut ; je ferai un bail ; je payerai un an d'avance pour faire plaisir à la famille ; et, pour pot-de-vin, je vous ferai un petit quatrain pour votre tableau : mais à qui faut-il s'adresser, et comment faire ? ma proposition n'est-elle pas indiscrète ? Je ne vous dis toutes ces rêveries que parce qu'on m'a déjà pressenti sur un accommodement concernant ce château. N'y viendrez-vous pas, madame, avec votre charmante amie ? Vous sentez bien que la maison serait à vous, et que je n'y serais que votre intendant. Mandez-moi, je vous prie, ce que vous en pensez ; si on veut vendre à vie, si on veut louer, si on peut s'arranger. J'ai la meilleure partie de mon bien à la porte de Colmar. J'ai envie de me faire Alsacien pour vous ; la fin de ma vie en sera plus douce. Je n'ai vu qu'en passant l'abbé de Munster ; il est occupé à Colmar ; il m'a paru fort aimable. Il a tué du monde, il a fait l'amour, il est poli, il a de l'esprit, il est riche, il ne lui manque rien. Les processions de Rouen n'ont pas le sens commun ; ce n'est plus le temps des processions de la Ligue ; de petites cabales ont succédé

1. Oberhergheim. (ÉD.)

aux grands guerres civiles; il faut payer son vingtième, se chauffer, et se taire, *le reste viendra.* Mille tendres respects, etc.

P. S. Je reçois en ce moment votre lettre du 17. Votre magistrat n'avait donc pas de vin du Rhin?
Est-ce que Mme de Maintenon[1] donne une Sunamite à son David?

MMX. — A M. BORDES.

Auprès de Colmar, le 26 octobre.

J'ai trop différé, monsieur, à vous remercier des témoignages de sensibilité que vous avez bien voulu me donner dans vos vers; ils partent du cœur, et sont pleins de génie. Je ne peux vous répondre que dans une prose fort simple; c'est tout ce que me permet la maladie dont je suis accablé, et qui augmente tous les jours; elle m'a arrêté en Alsace, où j'ai un petit bien, et probablement l'état où je suis ne me permettra pas d'en partir sitôt. J'aurais bien voulu passer par Lyon; vous augmentez, monsieur, le désir que j'avais de faire ce voyage. Si vous voyez M. l'abbé Pernetti, qui est, je crois, votre confrère et le mien, vous me ferez un sensible plaisir de vouloir bien lui faire mes compliments. Pardonnez, je vous prie, à un pauvre malade qui ne peut vous écrire de sa main.

J'ai l'honneur d'être, etc.

MMXI. — A M. LE MARQUIS DE THIBOUVILLE.

Près de Colmar, le 9 novembre.

Il y a quatre à cinq mois, mon cher marquis, que je n'ai reçu de vos nouvelles, et enfin vous me faites des reproches de mon silence. Vous avez raison. Comment voulez-vous que je me souvienne de mes amis, quand je jouis de la santé la plus brillante, et que je nage dans les plaisirs? L'éclat éblouissant de mon état fascine toujours un peu les yeux. Il faut pardonner à l'ivresse de la prospérité; cependant je vous assure que, du sein de mon bonheur, qui est au delà de toute expression, je suis très-sensible à votre souvenir. Je vous suis plus attaché qu'à *Zulime;* je ne suis guère dans une situation à penser aux charmes de la poésie, et aux orages du parterre, et je vous avoue qu'il me serait bien difficile de recueillir assez mon esprit pour penser à ce qui m'amusait tant autrefois. Vous proposez le bal à un homme perclus de ses membres. Cependant, mon cher marquis, il n'y a rien que je ne fasse pour vous quand j'aurai un peu repris mes sens; mais à présent je suis absolument hors de combat; attendons des temps plus favorables, s'il y en a. Franchement ma situation jure un peu avec ce que vous me proposez; je suis plutôt un sujet de tragédie que je ne suis capable de travailler à des tragédies. Conservez-moi, mon cher marquis, une amitié qui m'est plus chère que les applaudissements du

---

1. Mme de Pompadour. (ÉD.)

parterre. Un jour nous pourrons parler de *Zulime*, car il ne faut pas se décourager; mais je suis en pleine mer, au milieu d'une tempête. Le port où je pourrais vous embrasser me ferait tout oublier.

MMXII. — A M. DE CIDEVILLE.

A Colmar, le 11 novembre.

Mon ancien ami, Mme Denis m'apprit, il y a quelque temps, vos idées charmantes, et les obstacles qu'elles trouvent. Vous sentez à quel point je dois être reconnaissant et affligé. Je comptais venir oublier Denys de Syracuse dans la retraite de Platon; la destinée s'est acharnée à en ordonner autrement. Vous auriez tous deux ranimé mon goût, qui se rouille, et mon peu de génie, qui s'éteint. Vous auriez fait de jolis vers, et j'en aurais fait de tristes, que vous auriez égayés. Votre vallée de Tempé eût bien mieux valu que l'Olympe sablonneux où le diable m'avait transporté.

Mais tout cela n'est qu'un agréable songe. Il faut se soumettre à son destin. Des maladies plus cruelles encore que les rois me persécutent. Il ne me manque que des médecins pour m'achever; mais, Dieu merci, je ne les vois que pour le plaisir de la conversation, quand ils ont de l'esprit; précisément comme je vois les théologiens, sans croire ni aux uns ni aux autres.

On dit, mon ancien ami, que votre campagne est charmante; mais vous en faites le plus grand agrément. Je ne me console pas de n'y pouvoir aller. Ne viendrez-vous point à Paris cet hiver? Probablement la querelle des *billets de confession* y sera assoupie. Ces maladies épidémiques ne durent guère qu'une année.

Je ne sais ce qu'est devenu Formont; tout se disperse dans le grand tourbillon de ce monde. Si les êtres pensants étaient libres, ils se rassembleraient : mais, ô liberté, vous êtes de toutes façons une belle chimère !

Adieu, mon cher et ancien ami.

Durum! sed levius fit patientia.
Hor., lib. I, od. xxiv, v. 19.

Je mets, au lieu de ce mot, *amicitia*. V.

MMXIII. — A MME LA COMTESSE DE LUTZELBOURG.

Le 21 novembre.

La goutte qui s'est jointe à tous mes maux m'a privé de la consolation d'écrire aux deux sœurs de l'île Jard. Je suis digne de figurer avec M. le chevalier de Klinglin[1]. Je profite vite d'un petit moment d'intervalle pour faire des coquetteries à l'île Jard, du fond d'une salle basse de Colmar. Que dit-on dans cette île de la nouvelle recrue que font les provinces, de vingt-cinq conseillers au Châtelet? Voilà environ

1. Celui qui était paralytique. (ED.)

deux cent quatre-vingt-dix personnes à qui le *Bien-Aimé*[1] procure des retraites agréables. Il me paraît que les affaires de la préture vont plus lentement. Je vous supplie, madame, de me dire s'il n'y a rien d'arrangé, et de vouloir bien ne me pas oublier auprès de monsieur votre fils, quand vous lui écrirez. J'ignore encore quand mon ombre pourra venir vous faire sa cour. Portez-vous bien. Quand on a tâté de tout, on voit qu'il n'y a que la santé de bonne dans ce monde. Permettez-moi d'y ajouter l'amitié.

MMXIV. — A Mme DE FONTAINE, A PARIS.

Le 23 novembre.

Mon aimable nièce, j'étais bien malade quand votre sœur avait l'honneur d'être entre les mains du premier médecin[2] du roi très-chrétien. Je crois que nous avions encore, Mme Denis et moi, un peu du poison de Francfort dans les veines; mais je crois notre chère Denis un peu gourmande, et l'on raccommode avec du régime ce que les soupers ont gâté. Mais, chez moi, on ne raccommode rien, parce qu'il a plu à la nature de me donner l'esprit prompt et la chair faible[3].

Vous vous portez donc bien, ma chère nièce, puisque vous avez la main ferme et libre, et que vous êtes devenue un petit Callot, un petit Tempesta. Je me flatte que vos dessins ne sont pas faits pour un oratoire, et qu'ils me réjouiront la vue. Dieu bénisse une famille qui cultive tous les arts! Je serai enchanté de vous embrasser; mais où, et quand?

Peignez-vous d'après le nu, madame, et avez-vous des modèles? Quand vous voudrez peindre un vieux malade emmitouflé, avec une plume dans une main et de la rhubarbe dans l'autre, entre un médecin et un secrétaire, avec des livres et une seringue, donnez-moi la préférence.

Connaissez-vous MM. Corringius, Vitriarius, Struvius, Spener, Goldast, et autres messieurs du bel air? ce sont ceux qui broient actuellement mes couleurs. Vous peignez des choses agréables, d'une main légère, et moi des sottises graves, d'une main appesantie.

Je baise vos belles mains, et je décrasserai les miennes quand je vous verrai. Vous ne me dites rien du conseiller; faites-lui bien mes compliments.

MMXV. — A M. LE COMTE D'ARGENTAL.

Colmar, le 24 novembre.

Mon cher ange, votre lettre vient bien à propos. Les consolations sont proportionnées aux souffrances. Mon état tourmentait mon corps, et la maladie de ma nièce déchirait mon âme; la goutte est le moindre de mes maux. Vous me parlez de tragédie! Les malheurs qu'on représente au théâtre (car que peut-on peindre que des malheurs?) sont au-

---

1. Surnom de Louis XV. (Éd.)
2. Senac. (Éd.) — 3. Matthieu, XXVI, 41. (Éd.)

dessous de tout ce que j'éprouve. Il faut un peu de stoïcisme ; mais le stoïcisme ne guérit de rien. Je tâche de rendre un petit service à la fille de *Monime*, quoique je sois à treize lieues d'elle. J'ignore quand j'aurai la force de me transplanter et d'aller jusqu'à Sainte-Palaie; mais où n'irai-je point dans l'espérance de vous voir? Cependant quelle triste commission pour Mme Denis d'être garde-malade à la campagne!

Ne vous attendez pas, mon cher ange, que l'histoire très-abrégée de l'Empire vous amuse comme le *Siècle de Louis XIV*; c'est un champ mille fois plus vaste, mais plein de bruyères et de ronces. Les âmes sensibles, et faites pour les choses de goût, frémissent au nom d'Albert l'*Ours* et de Wittelsbach; mais, dans l'oisiveté de mon séjour à Gotha, Mme la duchesse de Saxe avait exigé de moi ce travail, que j'entrepris avec ardeur. Je ne savais pas alors que d'autres personnes, plus en état que moi de remplir cet objet, faisaient une histoire d'Allemagne dans le goût de celle du président Hénault.

Mme la duchesse de Saxe-Gotha se plaignait avec tant de grâce de ne pouvoir lire aucune histoire de son pays, qu'elle me fit entrer malgré moi dans une carrière qui m'était étrangère. L'affaire est faite; c'est un temps de ma vie perdu; heureux encore qui ne perd que son temps! mais je suis privé de vous et de la santé. Ah! mon adorable ami, est-ce que je pourrais espérer de vous voir à la campagne, avec Mme d'Argental? Mille tendres respects à tous ceux qui soupent avec vous; les soupers me sont interdits pour jamais.

Je voudrais bien voir ce que M. de Mairan a écrit sur l'inoculation. A la fin, la nation y viendra peut-être comme à la gravitation; elle arrive tard à tout. Toutes les grandes inventions nous viennent d'ailleurs; nous les combattons d'ordinaire pendant cinquante ans, et puis nous disons que nous les perfectionnons. Faites ressouvenir de moi, je vous en prie, MM. de Mairan et de Sainte-Palaie. En voilà beaucoup pour un malade. Mon cher ange, je vous embrasse avec cette inaltérable amitié dont vous me faites éprouver les charmes.

MMXVI. — A Mme LA COMTESSE DE LUTZELBOURG.

Colmar, le 4 décembre.

J'ai vu M. le baron d'Hatisatt, madame. Tout ce qui vous appartient me paraît bien aimable, et redouble le tendre intérêt que j'a pris si longtemps à tant de malheurs. Mme la première présidente daigna venir voir le pauvre goutteux avant de partir pour Paris. Je vous dois les bontés dont votre respectable famille m'honore. Mais pourquoi faut-il que je sois loin de vous? Les maux me clouent à Colmar, et la goutte est encore un surcroît de mes souffrances, sans en avoir diminué aucune. Il n'y a que les sentiments qui m'attachent à vous qui puissent me donner la force d'écrire.

Remerciez bien, madame, la nature et votre sagesse, qui vous ont conservé la santé. Quand les maladies se joignent aux maux de l'âme, quelle ressource reste-t-il? La vie alors n'est qu'une longue mort. Et combien de gens sont dans cet état! On ne les voit point, parce que les malheureux se cachent. Ceux qui sont dans l'âge des illusions se montrent, et font la foule, en attendant que leur tour vienne de souffrir et de disparaître. Les moments heureux que j'ai passés dans votre solitude ne reviendront-ils point? Conservez-moi du moins votre souvenir. Je présente le même placet à votre amie. Je ne sais aucune nouvelle. J'ai renoncé à tout, hors à vous être bien tendrement attaché.

MMXVII. — A Mme DENIS.

A Colmar, le 20 décembre.

Je viens de mettre un peu en ordre, ma chère enfant, le fatras énorme de mes papiers que j'ai enfin reçus. Cette fatigue n'a pas peu coûté à un malade. Je vous assure que j'ai fait là une triste revue; ce ne sont pas des monuments de la bonté des hommes. On dit que les rois sont ingrats, mais il y a des gens de lettre qui le sont un peu davantage.

J'ai retrouvé la lettre originale de Desfontaines, par laquelle il me remercie de l'avoir tiré de Bicêtre! Il m'appelle son bienfaiteur, il me jure une éternelle reconnaissance, il avoue que sans moi il était perdu, que je suis le seul qui ait eu le courage de le servir; mais, dans la même liasse, j'ai trouvé les libelles qu'il fit contre moi, deux mois après, selon sa vocation. Dans le même paquet étaient les comptes de ce que j'ai dépensé pour d'Arnaud, homme que vous connaissez, que j'ai nourri et élevé pendant deux ans; mais aussi la lettre qu'il écrivit contre moi, dès qu'il eut fait à Potsdam une petite fortune, fait la clôture du compte.

Il faut avouer que Linant, La Mare, et Lefebvre, à qui j'avais prodigué les mêmes services, ne m'ont donné aucun sujet de me plaindre. La raison en est, à ce que je crois, qu'ils sont morts tous trois avant que leur amour-propre et leurs talents fussent assez développés pour qu'ils devinssent mes ennemis. Avez-vous affaire à l'amour-propre et à l'intérêt, vous avez beau avoir rendu les plus grands services, vous avez réchauffé dans votre sein des vipères. C'est là mon premier malheur; et le second a été d'être trop touché de l'injustice des hommes, trop fièrement philosophe pour respecter l'ingratitude sur le trône, et trop sensible à cette ingratitude; irrité de n'avoir recueilli de tous mes travaux que des amertumes et des persécutions; ne voyant, d'un côté, que des fanatiques détestables, et, de l'autre, des gens de lettres indignes de l'être, n'aspirant plus enfin qu'à une retraite, seul parti convenable à un homme détrompé de tout.

Je ne peux m'empêcher de continuer ma revue des mémoires de la bassesse et de la méchanceté des gens de lettres, et de vous en rendre compte.

Voici une lettre d'un bel esprit nommé Bonneval[1], dont vous n'avez

1. René de Bonneval, mort en janvier 1760. De 1724 à 1742 il publia plusieurs critiques où la personne de Voltaire n'était guère plus ménagée que ses écrits. (ÉD.)

jamais sans doute entendu parler (ce n'est pas le comte-bacha de Bonneval). Il me parle pathétiquement des qualités de l'esprit et du cœur, et finit par me demander dix louis d'or. Vous noterez que cet honnête homme m'en avait ci-devant escroqué dix autres, avec lesquels il avait fait imprimer un libelle abominable contre moi; et il disait, pour son excuse, que c'était Mme Pâris de Montmartel qui l'avait engagé à cette bonne œuvre. Il fut chassé de la maison. C'est, au demeurant, un homme d'honneur, loué par les journaux, et à qui Rousseau a, je crois adressé une é̟ ltre [1].

En voici d'un nommé Ravoisier, qui se disait garçon athée de Boindin; il m'appelle son protecteur, son père; mais, en avancement d'hoirie, il finit par me voler vingt-cinq louis dans mon tiroir.

Un Demoulin, qui me dissipa trente mille francs de mon bien clair et net, m'en demanda très-humblement pardon dans quatre ou cinq de ses lettres; mais celui-là n'a point écrit contre moi; il n'était pas bel esprit.

Le bel esprit qui m'écrivit ce billet connu, par lequel il m'offre de me céder, moyennant six cents livres, tous les exemplaires d'une belle satire où il me déchirait pour gagner du pain, s'appelle La Jonchère. C'est l'auteur d'un système de finances; et on l'a pris, en Hollande, pour La Jonchère, le trésorier des guerres.

Je ne peux m'empêcher de rire en relisant les lettres de Mannory. Voilà un plaisant avocat. C'est assurément l'avocat Patelin; il me demande un habit. « Je suis honnête en robe, dit-il, mais je manque d'habit; je n'ai mangé, hier et avant-hier, que du pain. » Il fallut donc le nourrir et le vêtir. C'est le même qui, depuis, fit contre moi un factum ridicule, quand je voulus rendre au public le service de faire condamner les libelles de Roi et d'un nommé Travenol, son associé.

Voici des lettres d'un pauvre libraire [2] qui me demande pardon; il me remercie de mes bienfaits; il m'avoue que l'abbé Desfontaines fit sous son nom un libelle contre moi. Celui-là est repentant, c'est du moins quelque chose; il n'avait pas lu, apparemment, le livre de La Métrie contre les remords.

Je trouve deux lettres d'un nommé Bellemare, qui s'est, depuis, réfugié en Hollande sous le nom de *Bénar*, et qui a fait contre la France un journal historique, dans la dernière guerre. Il me remercie de l'argent que je lui prête, c'est-à-dire que je lui donne; mais il ne m'a payé que par quelques petits coups de dents dans son journal. On dit que, depuis peu, on l'a fait arrêter; c'est dommage que le public soit privé de ses belles productions!

Cet inventaire est d'une grosseur énorme. La crnaille de la littérature est noblement composée! Mais il y a une espèce cent fois plus méchante : ce sont les dévots. Les premiers ne font que des libelles, les seconds font bien pis, et si les chiens aboient, les tigres dévorent. Un

1. C'est, dans les *Œuvres de J. B. Rousseau*, l'épître vi du livre II. (Éd.)
2. Jore. (*Éd. de Kehl*.)

véritable homme de lettres est toujours en danger d'être mordu par ces chiens et mangé par ces monstres. Demandez à Pope; il a passé par les mêmes épreuves, et, s'il n'a pas été mangé, c'est qu'il avait bec et ongles. J'en aurais autant si je voulais. Ce monde-ci est une guerre continuelle : il faut être armé ; mais la paix vaut mieux.

Malgré les funestes conditions auxquelles j'ai reçu la vie, je croirai pourtant, si je finis avec vous ma carrière, qu'il y a plus de bien encore que de mal sur la terre; sinon je serai de l'avis de ceux qui pensent qu'un génie malfaisant a fagoté ce bas-monde.

MMXVIII. — A M.***.

A Colmar, 21 décembre.

Monsieur, Mme la duchesse de Gotha a eu la bonté de m'envoyer le petit mot que vous m'adressez. Un mot suffit pour ranimer les passions; Son Altesse royale avait bien vu quelle était la mienne pour la personne respectable dont vous parlez. L'intérêt que vous voulez bien prendre à ma situation me fait un devoir de vous ouvrir mon cœur; il est sensiblement pénétré, et il doit l'être. Ma seule consolation est que le souverain qui remplit la fin de ma vie d'amertume ne peut pas oublier entièrement des bontés si anciennes et si constantes. Il est impossible que son humanité et sa philosophie ne parlent, tôt ou tard, à son cœur, quand il se représentera qu'il m'a daigné appeler son ami pendant seize années, et qu'il m'avait enfin fait tout quitter pour venir auprès de lui. Il ne peut ignorer avec quel charme je cultivais les belles-lettres auprès d'un grand homme qui me les rendait plus chères. C'est une chose si unique dans le monde, de voir un prince né à trois cents lieues de Paris écrire en français mieux que nos académiciens ; c'était une chose si flatteuse pour moi d'en être le témoin assidu, qu'assurément je n'ai pu chercher à m'en priver. Il sait bien que je n'ai d'autre ambition que de vivre auprès de sa personne. Je suis très-riche; j'ai la même dignité dans la maison du roi de France que j'avais dans la sienne, et je ne regrettais pas la place d'historiographe de France, que j'avais sacrifiée.

Quand il daignera se représenter tout ce que je vous dis là, monsieur, il verra sans doute que mon cœur seul me conduisait, et le sien sera peut-être touché. C'est tout ce que je peux espérer et tout ce que je peux vous dire, monsieur, surtout dans l'état où m'a jeté la goutte, qui s'est jointe à tous mes maux : ils n'ôtent rien à la sensibilité que votre bienveillance m'inspire.

Comptez que je suis, monsieur, avec la plus tendre reconnaissance, votre, etc.

MMXIX. — A M. LE COMTE D'ARGENTAL.

De la grande ville de Colmar, le 21 décembre.

Mon cher ange, vous vous mêlez donc aussi d'être malade? Nous étions inquiets de vous, la fille de *Monime* et moi, et nous nous écrivions des lettres tendres pour savoir si l'un de nous n'avait pas de vos nouvelles. Comment avez-vous fait pour ne plus sortir vers les quatre heures et demie? Je crois que vous avez été bien étonné de rester chez vous. Je n'ai ni de santé ni de chez moi, mon cher ange; mais je suis accoutumé à ces maux-là, et je ne le suis point aux vôtres. Vous avez été attaqué dans votre fort, et vous avez eu mal à la tête; c'est une de vos meilleures pièces; votre tête vaut bien mieux que la mienne : la vôtre vous a rendu heureux, la mienne m'a fait très-malheureux, et les têtes des autres me retiennent encore vers les bords du Rhin. Les mains de Jean Néaulme, libraire de la Haye, viennent de me faire de nouvelles plaies, et c'est encore un surcroît de misère que d'être obligé de plaider devant le public; c'est un fardeau et un avilissement. On ne peut se dérober à sa destinée. Qui aurait cru que mes dépouilles seraient prises à la bataille de Sohr[1] et seraient vendues dans Paris? On prit l'équipage du roi de Prusse dans cette bataille, au lieu de prendre sa personne; on porta sa cassette au prince Charles. Il y avait dans cette cassette grise rouge de l'avare force ducats, avec cette *Histoire universelle* et des fragments de *la Pucelle*. Un valet de chambre du prince Charles a vendu l'*Histoire* à Jean Néaulme, et les papillotes de *la Pucelle* sont à Vienne. Tout cela compose une drôle de destinée. Je souffre autant que Scarron, et barbouille autant de papier que saint Augustin. J'avais fait une *Histoire de l'Empire*, que Mme la duchesse de Saxe-Gotha m'avait commandée comme on commande des petits pâtés; j'avais cousu, dans cette *Histoire de l'Empire*, quelques petits lambeaux de l'*universelle*. J'étais en droit d'employer mes matériaux. Jean Néaulme me coupe la gorge; comment voulez-vous que je songe à Jean[2] Lekain? Je ne songe à présent qu'à la cuisse de ma nièce et à mon pied de Philoctète, mais surtout à vous, mon cher ange, à Mme d'Argental et à vos amis. Je vous embrasse bien tendrement. J'ai besoin d'une tête comme la vôtre pour supporter tous les chagrins dont je suis circonvenu, et, malheureusement, je n'ai que la mienne. Mon cœur, qui est plus sain, vous adore.

MMXX. — A M. JEAN NÉAULME, LIBRAIRE DE LA HAYE ET DE BERLIN.

A Colmar, 28 décembre 1753.

J'ai lu avec attention et avec douleur le livre intitulé : *Abrégé de l'Histoire universelle*, dont vous dites avoir acheté le manuscrit à Bruxelles. Un libraire de Paris, à qui vous l'avez envoyé, en a fait sur-le-champ une édition aussi fautive que la vôtre. Vous auriez bien dû au moins me consulter avant de donner au public un ouvrage si défectueux. En vérité, c'est la honte de la littérature. Comment votre éditeur a-t-il pu prendre le VIIIe siècle pour le IVe, le XIIIe pour le XIIe, le pape Boniface VIII pour Boniface VII? Presque chaque page est pleine de fautes absurdes Tout ce que je veux vous dire, c'est que

1. Le 30 septembre 1745. (ÉD.)
2. Lekain s'appelait Henri-Louis. (ÉD.)

tous les manuscrits qui sont à Paris, ceux qui sont actuellement entre les mains du roi de Prusse, de Mgr l'électeur palatin, de Mme la duchesse de Gotha, sont très-différents du vôtre. Une transposition, un mot oublié suffisent pour former un sens absurde ou odieux. Il y a malheureusement beaucoup de ces fautes dans votre ouvrage. Il semble que vous ayez voulu me rendre ridicule et me perdre en imprimant cette informe rapsodie, et en y mettant mon nom. Votre éditeur a trouvé le secret d'avilir un ouvrage qui aurait pu devenir très-utile. Vous avez gagné de l'argent, je vous en félicite; mais je vis dans un pays où l'honneur des lettres et les bienséances me font un devoir d'avertir que je n'ai nulle part à la publication de ce livre, rempli d'erreurs et d'indécences; que je le désavoue, que je le condamne, et que je vous sais très-mauvais gré de votre édition. VOLTAIRE.

MMXXI. — A Mme DE POMPADOUR.

A Colmar, 1753.

L'état horrible où je suis depuis un an m'a fait renfermer dans le fond de mon cœur la reconnaissance que je dois à vos bontés. Un nouvel événement, qui achève de me mettre au tombeau, me force à prouver du moins mon innocence au roi. Les pièces ci-jointes, répandues dans l'Europe, démontrent assez cette innocence. Quarante ans de travaux si pénibles ont une fin trop malheureuse!

Le roi de Prusse était bien né pour mon infortune. Je ne parle pas des tendresses inouïes qu'il avait mises en usage pour m'arracher à ma patrie. Il a fallu encore qu'un manuscrit informe, que je lui avais confié en 1739, ait été pris, à ce qu'il dit, dans son bagage, à la bataille de Sohr, par les housards autrichiens; qu'un valet de chambre l'ait vendu à un nommé Jean Néaulme, libraire de la Haye et de Berlin, qui imprime les ouvrages de Sa Majesté prussienne; et qu'enfin ce libraire l'ait imprimé et défiguré. Cependant, madame, le roi est très-humblement supplié de considérer que ma nièce est mourante à Paris d'une maladie cruelle causée depuis longtemps par les violences qu'elle a essuyées à Francfort, malgré le passe-port de Sa Majesté. Je suis dans le même état à Colmar, sans secours. Le roi est plein de clémence et de bonté; il daignera peut-être songer que j'ai employé plusieurs années de ma vie à écrire l'histoire de son prédécesseur, et celle de ses campagnes glorieuses; que seul des académiciens j'ai fait son panégyrique traduit en cinq langues.

S'il m'était seulement permis, madame, de venir à Paris pour arranger, pendant un court espace de temps, mes affaires bouleversées par quatre ans d'absence, et assurer du pain à ma famille, je mourrais consolé et pénétré pour vous, madame, de la plus respectueuse et la plus grande reconnaissance. C'est un sentiment qui est plus fort que celui de tous mes malheurs.

MMXXII. — A M. LE MARÉCHAL DUC DE RICHELIEU.

A Colmar, le 30 décembre.

Avec des malheurs qui accablent, avec une maladie qui mène au tombeau, avec des *Annales de l'Empire* qui surchargent l'esprit, on n'écrit guère; cependant, monseigneur, je vous écrirais à l'agonie. J'apprends que M. le duc de Fronsac est réchappé d'une maladie dangereuse. Je vous en félicite, et je lui souhaite une carrière aussi brillante que la vôtre. Il est triste que je voie finir la mienne loin de vous. Un événement imprévu recule encore mes espérances. Voici des pièces qui peuvent démontrer mon innocence, et qui peut-être la laisseront opprimée. Je vous demande en grâce que la copie de ma lettre à Mme de Pompadour ne soit pas vue de vos secrétaires. J'ai un petit malheur, c'est que je n'écris pas une ligne qui ne coure l'Europe. Il y a un lutin qui préside à ma destinée. Si ce farfadet pouvait s'entendre avec le génie qui préside à la vôtre, je bénirais ma dernière course.

Je pourrais m'étonner qu'on m'eût accusé d'avoir fait imprimer cette *Histoire* informe, dans le temps que j'en ai, depuis dix ans, des manuscrits cent fois plus corrects, plus curieux, et plus amples; je pourrais m'étonner qu'on eût eu cette injustice, dans le temps que je suis en France, dans le temps que j'ai supplié très-instamment M. de Malesherbes de supprimer cette édition; mais je ne m'étonne de rien, je ne me plains de rien, et je suis préparé à tout. Adieu, monseigneur, conservez-moi vos bontés.

P. S. On m'assure que le prince Charles rendit au roi de Prusse sa cassette prise à la bataille de Sohr, dans laquelle Sa Majesté prussienne prétend qu'il avait mis mon manuscrit. Je sais qu'on lui rendit jusqu'à son chien. Il me demanda depuis un nouvel exemplaire; je lui en donnai un plus correct et plus ample. Il a gardé celui-là; son libraire, Jean Néaulme, a imprimé l'autre.

Nous n'avons pas porté de santé, ma nièce ni moi, depuis un souper où nous nous trouvâmes tous deux un peu mal à Francfort. Voilà pourquoi ma santé, toujours languissante, ne m'a pas permis de vous écrire.

MMXXIII. — A M. G. C. WALTHER.

Colmar, 13 janvier 1754.

J'ai reçu ce matin votre lettre du 23 décembre, avec le paquet de la prétendue *Histoire universelle*, imprimée chez Jean Néaulme à la Haye. Il prétend avoir acheté ce manuscrit cinquante louis d'or d'un domestique de Mgr le prince Charles de Lorraine. C'est un ancien manuscrit très-imparfait que j'avais pris la liberté de donner au roi de Prusse sur la fin de 1739, dans le temps qu'il était prince royal. Cet ouvrage ne méritait pas de lui être offert; mais comme il s'occupait de toutes les sortes de littérature, et qu'il me prévenait par les plus grandes bontés, je ne balançai pas à lui envoyer cette première esquisse, tout informe qu'elle était. Il me manda depuis qu'il avait perdu ce manuscrit à la bataille de Sohr, dans son équipage, dont les housards autrichiens s'étaient emparés.

C'est ce manuscrit, très-défectueux par lui-même, qui vient de paraître en Hollande, et dont on a fait deux éditions à Paris. Jamais ouvrage n'a été imprimé d'une manière si fautive. Les omissions, les interpolations mal placées, les fautes de calcul, les noms défigurés, les fausses dates, rendent le livre ridicule. Il est de plus intitulé *Abrégé de l'Histoire jusqu'à Charles-Quint*, et il ne va que jusqu'au roi de France Louis XI. Tous les autres manuscrits, qui sont en grand nombre, sont beaucoup plus amples et très-différents. J'avais absolument abandonné ce grand ouvrage, parce que j'ai perdu depuis longtemps la partie qui était pour moi la plus intéressante : c'est celle des sciences et des arts. Il me faudrait une année entière pour finir cette grande entreprise, et il faudrait que j'eusse le secours d'une grande bibliothèque comme celle de Paris ou de M. le comte de Bruhl. Il me faudrait encore de la santé. Voilà bien des choses qui me manquent. Je ne sais s'il est de votre intérêt de vous charger d'une nouvelle édition de l'*Histoire* imparfaite de Jean Néaulme, dont le public est inondé, mais en cas que vous persistiez dans ce dessein, je vais travailler sur-le-champ à un ample *errata* : peut-être que les objets intéressants qui sont traités dans cet ouvrage, paraissant avec plus de corrections, vous procureront quelque débit.

MMXXIV. — A M. LE COMTE D'ARGENTAL.

Colmar, le 15 janvier 1754.

Mon cher ange, je dresserai un petit autel d'Esculape à M. Fournier, puisqu'il vous a guéris vous et ma nièce. Vous ne me parlez point de la santé de Mme d'Argental; je dois supposer qu'elle jouit enfin de ce bien inestimable qu'elle n'a jamais connu. Cet autre bien, que les Fournier ne donnent pas, m'est ravi trop longtemps; il est bien cruel de vivre loin de vous. Le séjour de Colmar m'est devenu nécessaire pour ces *Annales de l'Empire* que j'avais entreprises. J'aime à finir tout ce que j'ai commencé. J'ai trouvé à Colmar des secours que je n'aurais point eus ailleurs; et, dans la cruelle situation où je suis, accablé de maladies, et n'étant point sorti de ma chambre depuis trois mois, j'ai trouvé de la consolation dans la société de quelques personnes instruites. On en trouve toujours dans une ville où il y a un parlement, et vous m'avouerez que je n'aurais pu ni faire imprimer les *Annales de l'Empire* à Sainte-Palaie, ni trouver dans cette solitude beaucoup de secours dans l'état affreux où je suis. Si ma santé me permet d'aller à Sainte-Palaie, au printemps, je ne prendrai ce parti qu'en cas que les maîtres du château veuillent bien le louer pour le temps que j'y demeurerai. J'y pourrai faire venir par eau mes livres et quelques meubles; je ne peux vivre sans livres; une campagne sans eux serait pour moi une prison. Il est vrai que Sainte-Palaie est un peu loin de Paris, et qu'il vaudrait mieux choisir quelque séjour moins éloigné, puisque vous me flattez, mon cher ange, d'y venir.

quelquefois; mais si je ne trouve rien de plus voisin de Paris, il faudra s'en tenir à Sainte-Palaie.

Je compte vous envoyer le premier tome des *Annales de l'Empire*. Ce ne sont pas de vastes tableaux des sottises et des horreurs du genre humain, comme cette *Histoire universelle*; mais c'est un objet plus intéressant que l'*Histoire de France*, pour tout autre qu'un Français. Les gens instruits disent que ces *Annales* sont assez exactes, et ce n'est pas assez; je les aurais voulues moins sèches. Il faut plaire en France; dans le reste du monde il faut instruire. Ce livre sera bien moins couru à Paris que l'*Abrégé* tronqué *de l'Histoire universelle*; mais il vaudra beaucoup mieux. Pour qu'un livre réussisse à Paris, il faut qu'il soit hardi et ingénieux; pour qu'une tragédie ait du succès, il faut qu'elle soit tendre. Ce n'est pas le bon qui plaît, c'est ce qui flatte le goût dominant. Je ne me sens pas trop d'humeur à parler d'amour aux Parisiens sur le théâtre, et je hais un métier dont les désagréments m'avaient fait quitter Paris. Il ne me faut à présent qu'une retraite et un ami tel que vous. Adieu, mon cher ange; vos lettres me consolent et me font supporter une vie bien cruelle.

MMXXV. — A Mme la comtesse de Lutzelbourg.

A Colmar, 23 janvier.

On m'avait dit, madame, que vous étiez à Andlau, et on me dit à présent que vous êtes à l'île Jard. Je regrette toujours ce séjour, quoiqu'il soit en plein nord. Il y a bientôt trois mois que je ne suis sorti de ma chambre. J'en sortirais assurément, si j'étais dans votre voisinage. Je préférerais surtout cette petite maison de campagne qui est près de votre île, à l'hôtel du maréchal de Coigni. N'y aurait-il pas moyen de conclure cette affaire, et de louer cette maison meublée? Il serait bien doux de venir jouir le soir de votre charmant entretien, et de celui de votre amie, après avoir souffert et travaillé tout le jour; car, de la manière dont ma vie solitaire est arrangée, vivre à l'hôtel du maréchal de Coigni, ce serait être à cent lieues de vous.

Cet *Abrégé de l'Histoire universelle*, dont vous m'avez parlé, est un ouvrage ridiculement imprimé, où il y a autant de fautes que de lignes. Le roi de Prusse est bien destiné à me persécuter. Je lui avais donné, il y a plus de treize ans, ce manuscrit très-informe. Il prétendit l'avoir perdu à la bataille de Sohr, lorsque les housards autrichiens pillèrent son bagage. Cependant on lui rendit tout, jusqu'à son chien. Il se trouve aujourd'hui que c'est son libraire qui débite ce manuscrit, tronqué, altéré, méconnaissable. Il prétend, ce libraire, qu'il l'a acheté d'un valet de chambre du prince Charles. Tout ce que je sais, c'est qu'on en a été très-scandalisé à la cour, et que j'ai eu beaucoup de peine à apaiser les rumeurs qu'il a causées. Cette affaire particulière m'a beaucoup tourmenté dans le temps que la confusion des affaires générales me fait perdre mon bien. Je n'ai de consolation que dans le travail et dans la retraite; mais il me faudrait une retraite auprès de l'île Jard. Je ne peux jeûner et prier, comme le conseille M. de Beaufrémont. J'ai pourtant autant de droit au paradis qu'aucun Français. Mais vous, madame, qui aviez tant de droit aux félicités de ce monde, comment gouvernez-vous votre santé, comment vont les affaires de votre famille? J'ai bien peur que vous ne soyez environnée de choses tristes. Je ne vois que des injustices et des malheurs. Conservez votre santé et votre courage. Vous mande-t-on quelque chose de Paris? Y a-t-il quelque nouvelle sottise? Que le milieu du XVIII° siècle est sot et petit! Je souhaite cependant que vous en puissiez voir la fin. Adieu, madame; je voudrais être votre courtisan aussi assidu que respectueusement attaché.

MMXXVI. — A M. DE CIDEVILLE.

A Colmar, le 28 janvier.

Mon cher et ancien ami, s'il est triste que les Français n'aient point de musique, il est encore plus triste qu'ils n'aient point de lois, et que les affaires publiques soient dans une confusion dont tous les particuliers se ressentent. *Porro unum est necessarium*, dit le P. Berruyer après l'autre [1]. Mais ce *necessarium*, c'est la justice. Ce monde-ci est destiné à être bien malheureux, puisque, dans la plus profonde paix, on éprouve des désastres que la guerre même n'a jamais causés.

Si je voulais me plaindre des petites choses, je me plaindrais de l'édition barbare et tronquée qu'on a faite d'un ouvrage qui pouvait être utile; mais les coups d'épingle ne sont pas sentis par ceux qui ont la jambe emportée d'un coup de canon. Ce *ratio ultima regum* me déplaît beaucoup. Je regarde comme un des plus tristes effets de ma destinée de n'avoir pas pu passer avec vous le reste d'une vie que j'ai commencée avec vous; mais les pauvres humains sont des balles de paume avec lesquelles la fortune joue.

Je voudrais bien que ma balle fût poussée à Launai; mais elle fait tant de faux bonds que je ne peux savoir où elle tombera; ce ne sera pas probablement au théâtre des ostrogoths de Paris. Je n'irai plus me fourrer dans ce tripot de la décadence. Vous avez d'ailleurs tant de grands hommes à Paris, qu'on peut bien négliger cette partie de la littérature; vous avez de plus des navets, et moi je n'ai plus de fleurs. Mon cher Cideville, à notre âge, il faut se moquer de tout, et vivre pour soi. Ce monde-ci est un vaste naufrage; sauve qui peut; mais je suis bien loin du rivage.

Mes compliments au grand abbé [2]. Je vous embrasse, mon ancien ami, bien tendrement. V.

MMXXVII. — A M. JACOB VERNET, A GENÈVE.

Colmar, le 1ᵉʳ février.

Monsieur, vous m'avez honoré autrefois de vos bontés et de votre correspondance; je viens vous rappeler ce souvenir, au sujet d'une nouvelle, qu'on me mande de plusieurs endroits, qu'un nommé

---

1. Cet *autre* est saint Luc, chap. x, v. 42. (ÉD.) — 2. L'abbé du Resnel. (ÉD.)

Claude Philibert imprime sous vos yeux une édition de ce malheureux *Abrégé* d'une *Histoire* prétendue *universelle*, que Jean Néaulme s'est avisé d'imprimer en mon nom à la Haye, d'après un manuscrit très-informe qu'il a trouvé le secret de rendre encore plus défectueux Permettez que je joigne ici une des déclarations publiques que j'ai été obligé de faire.

Je vous supplie, monsieur, de vouloir bien avoir la bonté de me mander la vérité sur cette prétendue édition de Genève. Ce serait une grande consolation pour moi si cette occasion servait à renouveler la bienveillance que vous m'avez témoignée, il y a plusieurs années, et que je mériterai toujours par la véritable estime avec laquelle j'ai l'honneur, etc. VOLTAIRE.

MMXXVIII. — A M. LE MARQUIS DE THIBOUVILLE.

Colmar, le 6 février.

Ma félicité, mon cher marquis, est montée à un tel excès, que la seule philosophie peut me donner la modération nécessaire dans la bonne fortune; et la seule amitié peut obtenir enfin de moi que je vous réponde dans l'ivresse de mon bonheur. Cette belle et décente édition d'une prétendue *Histoire universelle*, mise si agréablement sous mon nom par un honnête libraire, a été reçue du clergé avec une extrême bonté et des marques d'attention qui me pénètrent de joie et de reconnaissance. Dans une situation si charmante, jeune, brillant de santé, encouragé par la meilleure compagnie, vous croyez bien que je me fais un plaisir de travailler dans mes agréables moments de loisirs à perfectionner une tragédie amoureuse, et que ce serait pour moi le comble des agréments de me commettre avec le discret et indulgent parterre, et avec les auteurs pleins de justice et d'impartialité. Je jouis de mes amis, de mes parents, de ma maison, de mes livres, de mon bien, de la faveur des rois; tout cela anime, et il faudrait être d'un génie bien stérile pour ne pas cultiver les muses avec succès, au milieu de tant d'encouragements. Pardon de cette longue ironie. Je vous parle très-sérieusement, mon cher marquis, quand je vous dis combien je vous aime. Votre amitié, votre suffrage, pourraient m'encourager; mais je sais trop ce qui manque à *Zulime*. Elle est trop longtemps sur le même ton; c'est un défaut capital. Il faut de l'uniformité dans la société, mais non pas au théâtre; et d'ailleurs quel temps! Adieu.

MMXXIX. — A M. DE ROQUES.

Colmar, le 6 février 1754.

Oui, monsieur, je me souviendrai de vous toute ma vie, et je vous aimerai toujours, parce que vous m'avez paru juste et modéré.

J'ai supporté avec beaucoup de patience et peu de mérite la persécution que j'ai essuyée. L'horreur et le mépris qu'elle m'a paru inspirer au public, pour leurs auteurs, me vengeaient assez. Je suis accoutumé aux libelles. Vous me ferez plaisir de m'envoyer la *Gazette de*

Brunswick, dont vous me parlez. A l'égard de cette prétendue *Histoire universelle*, vous verrez, monsieur, ce que j'en pense par l'imprimé ci-joint[1]. C'est une friponnerie de libraire. Les belles-lettres et la librairie ne sont plus qu'un brigandage. J'ai désavoué et condamné hautement cette indigne édition dans plusieurs écrits, et particulièrement dans la préface des *Annales de l'Empire*, que je vous enverrai par la voie que vous voudrez bien m'indiquer. J'avais commencé ces *Annales* à Gotha, je n'avais pu refuser cette obéissance aux ordres de Mme la duchesse. J'ai continué mon ouvrage à Francfort; je suis venu le finir à Colmar, où j'ai trouvé beaucoup de secours. Vous voyez que les plus horribles persécutions n'ont ni dérangé ma philosophie, ni diminué mon goût pour le travail, que j'ai toujours regardé comme la plus grande consolation pour les malheurs inséparables de la condition humaine. C'est chez soi, c'est dans son cabinet, qu'on doit trouver des armes contre les injustices des hommes. Les princes cherchent dans des chiens, des chevaux, et des piqueurs, une distraction à leurs chagrins et à leur ennui; les philosophes doivent la trouver dans eux-mêmes. Mais une des plus grandes consolations, c'est l'amitié d'un homme comme vous; conservez-la-moi, et comptez sur celle de la vôtre, etc.

MMXXX. — A M. LE COMTE D'ARGENTAL.

Colmar, le 7 février.

Vraiment, mon cher ange, il est bien vrai que les impressions de cette malheureuse *Histoire*, prétendue *universelle*, ne sont pas effacées; les plaies sont récentes, elles saignent, et sont bien profondes. Il est certain qu'on m'a voulu perdre en France, après m'avoir perdu en Prusse, et qu'on a engagé ces coquins de libraires de Berlin et de la Haye à imprimer un ancien manuscrit informe pour m'achever. Il est incontestable que ce manuscrit est très-différent du mien. Je conjurai ma nièce d'exiger la suppression du livre, dès qu'il parut; elle eut la faiblesse de croire ceux qui en étaient contents; elle me manda que M. de Malesherbes le trouvait très-bon; et aujourd'hui M. de Malesherbes croit ne me pas devoir le témoignage que je demande. Il m'est pourtant essentiel qu'on sache la vérité; non que j'espère qu'on me rendra une entière justice, mais du moins la persécution en serait affaiblie; elle est extrême. Il ne s'agit plus probablement de Sainte-Palaie, et encore moins de tragédie; il s'agit d'aller mourir loin des injustices et des persécutions. N'auriez-vous point, mon cher ange, quelque homme sage et discret, à la probité de qui je pusse confier le maniement de mes affaires et l'emballage de mes meubles? Vous aviez, ce me semble, un clerc de notaire dont vous étiez très-content; il faudrait que vous eussiez la bonté d'arranger avec lui ses appointements; je le chargerais de ma correspondance; mais j'exigerai le plus profond secret. J'attends cette nouvelle preuve de votre généreuse amitié. Je ne peux songer à tout cela sans répandre des larmes.

1. Probablement l'écrit *A M. de ***, professeur en histoire*. (ÉD.)

J'ai écrit à Lambert[1] ; je lui ai recommandé des cartons que je lui ai envoyés pour ces *Annales*. Je vous prie, quand vous irez à la comédie, d'exiger de lui cette attention. *La passion des esprits faibles ferait trop crier les esprits méchants.*

Adieu, mon adorable ange; mille compliments à Mme d'Argental.

MMXXXI. — A M. ROUSSET DE MISSI.

Colmar, le 9 février.

Lorsque je me plaignis à vous, monsieur, avec franchise des calomnies que vous avez adoptées sur mon compte dans vos feuilles, vous me répondîtes que votre attachement à la mémoire de Rousseau, votre intime ami, était votre excuse.

J'ai retrouvé, dans mes papiers, deux lettres de votre main qui doivent me faire espérer plus de justice. Je vous en envoie ici copie, et je vous laisse à penser quelle est votre excuse.

MMXXXII. — A M. POLIER DE BOTTENS[2].

Colmar, le 10 février.

Votre lettre me touche sensiblement; c'est une vraie peine pour moi de n'y pouvoir répondre de ma main, mais le triste état de ma santé me prive de toutes les consolations. Je ne reçus point à Francfort les lettres dont vous faites mention. Votre dernière me fait voir que vous me conservez les bontés avec lesquelles vous m'aviez prévenu, et redouble l'envie que j'ai toujours eue de finir ma vie dans un pays libre, sous un gouvernement doux, loin des caprices des rois et des intrigues des cours. J'ai toujours pensé que l'air de Lausanne conviendrait mieux à ma santé que celui d'Angleterre; mais je ne sais encore

Me si fata meis patiuntur *ducere vitam*
Auspiciis, et sponte mea componere curas.
Virg., Æn., lib. IV, v. 340.

Je suis toujours gentilhomme ordinaire de la chambre du roi de France; et, lorsque le roi de Prusse m'arracha à ma patrie, à ma famille, à mes amis, dans un âge avancé, pour cultiver avec lui la littérature, et pour lui servir de précepteur pendant deux années, j'eus besoin d'une permission expresse du roi mon maître. Je me suis retiré à Colmar pour y achever un petit abrégé de l'histoire de l'Empire, que j'avais commencé en Allemagne; mais j'ignore encore si je pourrai obtenir la permission d'aller finir mes jours sur les bords de votre lac. Je désirerais que M. Bousquet[3] entreprît une édition correcte de mes véritables ouvrages qu'on ne connaît pas, et qui sont en vérité fort différents de tout ce qui a paru jusqu'ici. Je souhaite passionnément que ma destinée me permette d'exécuter tous ces projets.

1. Imprimeur-libraire à Paris, que quelques personnes croyaient, sans aucune raison, le fils naturel de Voltaire. (*Note de M. Beuchot.*)
2. Pasteur à Lausanne. (ÉD.)
3. Marc-Michel Bousquet, l'un des imprimeurs de Lausanne. (ÉD.)

¹ Au reste, je suis un solitaire qui ne connais que mon cabinet, le coin de mon feu, pendant l'hiver, et le plaisir d'un peu de promenade, pendant l'été. Je ne suis point sorti de ma chambre depuis que j'habite Colmar; je mène la vie d'un philosophe et d'un malade. La conversation de quelques personnes instruites, et surtout la vôtre, monsieur, seraient mes seuls besoins et mes seuls délassements. Je ferai tout ce qui dépendra de moi pour me procurer une retraite aussi douce; je sens par avance que vous me la rendrez bien chère. Je ne peux pour le présent faire encore aucune disposition. Je vous prie seulement, monsieur, de vouloir bien remercier pour moi la personne qui m'offre l'appartement dont vous me parlez. Il faut aujourd'hui me borner à vous assurer de la sensible reconnaissance avec laquelle j'ai l'honneur d'être, etc.
VOLTAIRE.

MMXXXIII. — A M. DE BRENLES.

Colmar, le 12 février.

Tout malade que je suis, je me hâte de répondre aux bontés touchantes dont vous voulez bien m'honorer. Je ne peux pas vous écrire de ma main, mais mon cœur n'en est pas moins sensible à vos soins obligeants. Mme Goll et M. Dupont m'ont déjà fait connaître tout le prix de votre société, et votre lettre prévenante me confirme bien tout ce qu'ils m'en avaient dit. Il est vrai, monsieur, que j'ai toujours eu pour point de vue d'achever dans un pays libre et dans un climat sain la courte et malheureuse carrière à laquelle chaque homme est condamné. Lausanne m'a paru un pays fait pour un solitaire et pour un malade. J'avais eu dessein de m'y retirer il y a deux ans, malgré les bontés que me prodiguait alors le roi de Prusse. Le climat rigoureux de Berlin ne pouvait convenir à ma faible constitution. Messieurs du conseil de Berne me promirent leur bienveillance par la main de leur chancelier. M. Polier de Bottens m'a écrit plusieurs lettres d'invitation. Celle que je reçois de vous augmente bien mon désir d'aller à Lausanne. Si M. Bousquet voulait donner une édition de mes véritables ouvrages, que, j'ose vous dire, on ne connaît pas, et qui ont toujours été imprimés d'une manière ridicule, ce serait pour moi un amusement dans la solitude que ma vieillesse, ma mauvaise santé, et mon goût, me prescrivent.

A l'égard des personnes dont vous me faites l'honneur de me parler, vous pouvez les assurer qu'elles sont très-mal informées. Je ne les verrais probablement pas si j'achetais une maison dans vos quartiers; ou, si je les voyais, ce ne serait que pour leur faire du bien.

A l'égard de M. Bousquet, je n'aurais d'autres conventions à prendre avec lui que de lui recommander de la netteté, de la propreté, et de l'exactitude, et de lui offrir ma bourse s'il en avait besoin. J'ai l'honneur d'être, à la vérité, gentilhomme de la chambre du roi de France; mais je suis officier honoraire et sans fonctions, et je peux présumer que le roi mon maître me permettrait, en voyageant pour ma santé, de m'arrêter à Lausanne. Il faudrait attendre les beaux jours pour ce voyage. Ces jours, monsieur, seront beaucoup plus beaux pour moi, si je peux vous témoigner de vive voix ma reconnaissance pour vos attentions.

Il y a longtemps que j'ai l'honneur de connaître M. de Montolieu[1]; sa société ferait le charme de ma vie dans ma retraite. Permettez-moi de l'assurer ici de mon dévouement.

Agréez les assurances de ma sensibilité, et de la vive reconnaissance avec lesquelles j'ai l'honneur d'être, etc. VOLTAIRE.

MMXXXIV. — AU P. DE MENOUX, JÉSUITE.

À Colmar, le 17 février.

Vous ne vous souvenez peut-être plus, mon révérend père, d'un homme qui se souviendra de vous toute sa vie. Cette vie est bientôt finie. J'étais venu à Colmar pour arranger un bien assez considérable que j'ai dans les environs de cette ville. Il y a trois mois que je suis dans mon lit. Les personnes les plus considérables de la ville m'ont averti que je n'avais pas à me louer des procédés du P. Merat, que je crois envoyé ici par vous. S'il y avait quelqu'un au monde dont je puisse espérer de la consolation, ce serait d'un de vos pères et de vos amis que j'aurais dû l'attendre. Je l'espérais d'autant plus que vous savez combien j'ai toujours été attaché à votre société et à votre personne. Il n'y a pas deux ans que je fis les plus grands efforts pour être utile aux jésuites de Breslau. Rien n'est donc plus sensible ici pour moi que d'apprendre, par les premières personnes de l'Église, de l'épée, et de la robe, que la conduite du P. Merat n'a été ni selon la justice ni selon la prudence. Il aurait dû bien plutôt me venir voir dans ma maladie, et exercer envers moi un zèle charitable, convenable à son état et à son ministère, que d'oser se permettre des discours et des démarches qui ont révolté ici les plus honnêtes gens, et dont M. le comte d'Argenson, secrétaire d'État de la province, qui a de l'amitié pour moi depuis quarante ans, ne peut manquer d'être instruit. Je suis persuadé que votre prudence et votre esprit de conciliation préviendront les suites désagréables de cette petite affaire. Le P. Merat comprendra aisément qu'une bouche chargée d'annoncer la parole de Dieu ne doit pas être la trompette de la calomnie, qu'il doit apporter la paix et non le trouble, et que des démarches peu mesurées ne pourront inspirer ici que de l'aversion pour une société respectable qui m'est chère, et qui ne devrait point avoir d'ennemis.

Je vous supplie de lui écrire; vous pourrez même lui envoyer ma lettre, etc.

1. M. de Montolieu, plusieurs fois cité dans la *Correspondance*, appartenait à une famille originaire du Languedoc. Ce fut lui qui, plus tard, épousa Isabelle Polier de Bottens, connue depuis longtemps, dans le monde littéraire, sous le titre de baronne de Montolieu. Nous ne savons quel degré de parenté existait entre M. de Montolieu, cité ici, et le Montolieu nommé dans quelques lettres de Voltaire à d'Arnaud, de juin, d'octobre, et de décembre 1748. (*Note de M. Clogenson.*)

MMXXXV. — A M. LE MARQUIS DE PAULMI.

A Colmar, le 20 février.

Votre bibliothèque souffrira-t-elle ce rogaton ? Je vous supplie, monseigneur, de faire relier cette *Préface* avec cette belle *Histoire*. Voudriez-vous bien avoir la bonté de donner l'exemplaire ci-joint à M. le président Hénault, comme à mon confrère à l'Académie et mon maître en histoire ? Pardonnez-moi cette liberté.

Quoique je ne sois pas sorti de mon lit ou de ma chambre depuis trois mois, je ne suis pas moins enchanté de votre haute Alsace ; on y est pauvre, à la vérité, mais l'évêque de Porentru a deux cent mille écus de rente, et cela est juste. Les jésuites allemands gouvernent son diocèse avec toute l'humilité dont ils sont capables. Ce sont des gens de beaucoup d'esprit. J'ai appris qu'ils firent brûler Bayle à Colmar, il y a quatre ans. Un avocat général, nommé Muller, homme supérieur, porta son *Bayle* dans la place publique, et le brûla lui-même : plusieurs génies du pays en firent autant. Comme vous êtes secrétaire d'État de la province, je vous supplie de m'envoyer votre *Bayle* bien relié, afin que je le brûle dès que je pourrai sortir.

Je vous avais supplié de m'honorer d'un petit mot de protection auprès du procureur général, pour éviter un extrême ridicule, dont le scandale irait aux oreilles du roi ; mais j'ai peut-être mal pris mon temps, et j'ai bien peur que, dans un accès de goutte, vous n'ayez eu pour moi un accès d'indifférence. Mais je consens à être excommunié, moi et mon *Histoire* prétendue *universelle*, si vous êtes quitte de votre goutte.

Je suis fâché de dire à un grand ministre que j'ai un peu le scorbut et quelque atteinte d'hydropisie. Je vous supplie très-humblement de croire que je suis obligé, pour ne point mourir, de voyager et de chercher quelque abri un peu chaud.

Comme je n'ai reçu aucun ordre positif du roi, et que je ne sais ce qu'on me veut, je me flatte qu'il me sera permis de porter mon corps mourant où bon me semblera. Le roi a dit à Mme de Pompadour qu'il ne voulait pas que j'allasse à Paris : je pense comme Sa Majesté ; je ne veux point aller à Paris, et je suis persuadé qu'elle trouvera bon que je me promène au loin. Je remets le tout à votre bonté et à votre prudence ; et, si vous jugez à propos d'en dire un mot au roi, *in tempore opportuno*[1], et de lui en parler comme d'une chose simple qui n'exige point de permission, je vous aurai réellement obligation de la vie. Je suis persuadé que le roi ne veut pas que je meure dans l'hôpital de Colmar.

En un mot, je vous supplie de sonder l'indulgence du roi. *Il est bien affreux de souffrir tout ce que je souffre pour un mauvais livre qui n'est pas de moi*. Je suis dans votre département, ainsi ma prière et mon espérance sont dans les règles.

Daignez me faire savoir si je puis voyager ; je vous aurai l'obliga-

1. *Ps.* XXXI, 6 ; et CXLIV, 15. (Éd.)

tion d'exister, et je vivrai plein du plus tendre respect pour vous. Pardon de cette énorme lettre, etc.

MMXXXVI. — A M. LE COMTE D'ARGENTAL.

A Colmar, le 24 février.

Je ne vous écris point de ma main, mon cher et respectable ami. On dit que vous êtes malade comme moi; jugez de mes inquiétudes. Voici le temps de profiter des voies du salut que le clergé ouvre à tous les fidèles. Si vous avez un *Bayle* dans votre bibliothèque, je vous prie de me l'envoyer par la poste, afin que je le fasse brûler, comme de raison, dans la place publique de la capitale des Hottentots, où j'ai l'honneur d'être. On fait ici de ces sacrifices assez communément; mais on ne peut reprocher en cela à nos sauvages d'immoler leurs semblables, comme font les autres anthropophages. Des révérends pères jésuites fanatiques ont fait incendier ici sept exemplaires de *Bayle*; et un avocat général de ce qu'on appelle le conseil souverain d'Alsace a jeté le sien tout le premier dans les flammes, pour donner l'exemple, dans le temps que d'autres jésuites, plus adroits, font imprimer *Bayle* à Trévoux pour leur profit. Je cours risque d'être brûlé, moi qui vous parle, avec la belle *Histoire* de Jean Néaulme. Nous avons un évêque de Porentru (qui eût cru qu'un Porentru fût évêque de Colmar?); ce Porentru est grand chasseur, est grand buveur de son métier, et gouverne son diocèse par des jésuites allemands qui sont aussi despotiques parmi nos sauvages des bords du Rhin qu'ils le sont au Paraguai. Vous voyez quels progrès la raison a faits dans les provinces. Il y a plus d'une ville gouvernée ainsi; quelques justes haussent les épaules et se taisent. J'avais choisi cette ville comme un asile sûr, dans lequel je pourrais surtout trouver des secours pour les *Annales de l'Empire*, et j'en ai trouvé pour mon salut plus que je ne voulais. Je suis près d'être excommunié solidairement avec Jean Néaulme. Je suis dans mon lit, et je ne vois pas que je puisse être enseveli en terre sainte. J'aurai la destinée de votre chère Adrienne [1], mais vous ne m'en aimerez pas moins.

Portez-vous bien, je vous en prie, si vous voulez que j'aie du courage. J'en ai grand besoin. Jean Néaulme m'a achevé. *Jeanne d'Arc* viendra à son tour. Tout cela est un peu embarrassant avec des cheveux blancs, des coliques et un peu d'hydropisie et de scorbut. Deux personnes de ce pays-ci se sont tuées ces jours passés; elles avaient pourtant moins de détresse que moi; mais l'espérance de vous revoir un jour me fait encore supporter la vie.

MMXXXVII. — AU MÊME.

Colmar, le 28 février.

Vous n'êtes pas accoutumé, mon cher et respectable ami, à recevoir des lettres de moi qui ne soient pas de ma main; mais je n'en peux

---

1. Adrienne Lecouvreur. (ÉD.)

plus. Je viens d'écrire quatre pages à Mme Denis, et de faire bien des paquets. Pardonnez-moi donc; conservez-moi votre tendre amitié; écoutez ou devinez mes raisons, et jugez-moi.

Si j'avais de la santé, et si je pouvais, comme auparavant, travailler tout le jour et me passer de secours, j'irais très-voloptiers dans la solitude de Sainte-Palaie; mais il me faut des livres, une ou deux personnes qui puissent me consoler quelquefois, une garde-malade, un apothicaire, et tout ce qu'on peut trouver de secours dans une ville, excepté des jésuites allemands. Ne vous faites point d'ailleurs d'illusion, mon cher ami. Le petit abbé[1] mourra dans le château où il est; je ne vous en dis pas davantage, et vous devez me comprendre. Je ne vous ai demandé, non plus qu'à Mme Denis, qu'un commissionnaire pour solliciter mes affaires chez M. Delaleu, pour aider Mme Denis dans la vente de mes meubles, pour faire ses commissions comme les miennes, pour m'envoyer du café, du chocolat, les mauvaises brochures et les mauvaises nouvelles du temps, à l'adresse qu'on lui indiquerait. Je vous le demande encore instamment, en cas que vous puissiez connaître quelque homme de cette espèce. Je ne sais si un nommé Mairobert[2], qui trotte pour M. de Bachaumont, ne serait pas votre affaire.

Vous devinez aisément par ma dernière lettre, mon cher ange, ce que je dois souffrir. Je n'ai autre chose à vous ajouter, sinon que je continuerai jusqu'à ma mort la pension que je fais à la personne que vous savez, et que je l'augmenterai dès que mes affaires auront pris un train sûr et réglé. Je lui en ai assuré d'ailleurs bien davantage; et j'avais espéré, quand elle me força de revenir en France, la faire jouir d'un sort plus heureux. Je me flatte qu'elle aura du moins une fortune assez honnête; c'est tout ce que je peux et que je dois, après ce que vous savez qu'elle m'a écrit. Ce dernier trait de mes infortunes a achevé de me déterminer. Je ne me plaindrai jamais d'elle; je conserverai chèrement le souvenir de son amitié; je m'attendrirai sur ce qu'elle a souffert; et votre amitié, mon cher ange, restera ma seule consolation. Mon cher ange, je suis bien loin de verser des larmes sur mes malheurs, mais j'en verse en vous écrivant.

MMXXXVIII. — A M. DE FORMONT.

A Colmar, le 29 février.

Mon ancien ami, quand on écrit d'un bout de l'univers à l'autre, il faut mander son adresse. Votre souvenir me console beaucoup; mais

1. L'abbé Chauvelin. (Éd.)
2. Matthieu-François Pidansat de Mairobert, qui donna, en 1753, la *Querelle* (de Voltaire avec Maupertuis), était né en 1727, et se tua le 27 mars 1779, le jour même qu'il fut blâmé par arrêt du parlement dans l'affaire du marquis de Brunoy. On croit que Mairobert n'était que le prête-nom du comte de Provence (depuis Louis XVIII). Ce qui est certain, c'est qu'avant l'apposition des scellés, tous ses papiers furent enlevés par ordre du roi. Le clergé avait voulu lui refuser la sépulture, comme suicidé; mais le curé de Saint-Eustache fut obligé d'obéir à un ordre du roi. (*Note de M. Beuchot.*)

ce que vous me dites des yeux de Mme du Deffand me fait une peine extrême. Ils étaient autrefois bien brillants et bien beaux. Pourquoi faut-il qu'on soit puni par où l'on a péché ! et quelle rage à la nature de gâter ses plus beaux ouvrages? Du moins Mme du Deffand conserve son esprit, qui est encore plus beau que ses yeux. La voilà donc à peu près comme Mme de Staal, à cela près qu'elle a, ne vous déplaise, plus d'imagination que Mme de Staal n'en a jamais eu. Je la prie de joindre à cette imagination un peu de mémoire, et de se souvenir d'un de ses plus passionnés courtisans, qui s'intéressera toute sa vie à elle.

Je ne sais pas quelle est la paix dont vous me parlez. Ni mon cœur, ni ma bouche, ne firent de paix avec un homme¹ qui m'avait trompé et qui payait par une ingrate jalousie les soins que j'avais pris de l'enseigner, et les sacrifices que je lui avais faits. Les visions cornues des géants disséqués aux antipodes, et des malades guéris par des pirouettes, etc., n'ont été assurément que des prétextes. Je ne regrette d'ailleurs rien de ce que je méprise. Je ne regrette que mes amis ; et ma sensibilité ne s'est portée douloureusement que sur les traitements barbares qu'un Denys de Syracuse a fait indignement souffrir à une Athénienne qui vaut beaucoup mieux que lui. Les nouvelles qu'on me mande de la littérature ne me donnent pas une grande envie de revoir Paris. Le siècle de Louis XIII était encore grossier, celui de Louis XIV admirable, et le siècle présent n'est que ridicule. C'est une consolation qu'il y ait des gens qui pensent comme vous ; mais vous ne ramènerez pas le goût qui est perdu.

On a débité sous mon nom une édition barbare d'une prétendue *Histoire universelle.* Il faut être libraire hollandais pour imprimer tant de sottises, et abbé français pour me les imputer.

Adieu ; je vous embrasse philosophiquement et tendrement.

MMXXXIX. — A M. LE MARQUIS D'ARGENS.

A Colmar, le 3 mars.

Frère, mes entrailles fraternelles, qui s'émeuvent, me forcent à vous saluer en Belzébuth. Je suis dans une ville moitié allemande, moitié française, et entièrement iroquoise, où l'on vous brûla, il y a quelque temps, en bonne compagnie. Un brave iroquois jésuite, nommé Aubert, prêcha si vivement contre Bayle et contre vous, que sept personnes chargées du sacrifice apportèrent chacune leur *Bayle,* et le brûlèrent dans la place publique avec les *Lettres juives.* Je vous prie de m'envoyer le *Bayle* qui est dans la bibliothèque de Sans-Souci, afin que je le brûle ; je ne doute pas que le roi n'y consente.

Je me suis arrêté pour quelques mois dans cette ville, parce qu'il y a quelques avocats qui entendent assez bien le fatras du droit public d'Allemagne, et que j'en avais besoin ; d'ailleurs j'ai un bien assez honnête dans la province d'Alsace.

1. Frédéric II. (Éd.)

Je vous prie de permettre que je fasse ici des compliments à frère *Gaillard*; je me flatte qu'il vit du bien de l'Église, et assurément il l'a mérité.

Je suis plus frère dolent que jamais. Il y a cinq mois que je ne suis sorti de ma chambre, et je serai frère mourant, si vous ou frère *Gaillard* ne faites parvenir au roi ce petit mémoire ci-joint. Sérieusement, frère, il me doit quelque justice et quelque compassion.

Adieu ; gardez-vous des langues de basilic, et songez que, qui n'aime pas son frère n'est pas digne du royaume où nous serons tous réunis.

MMXL. — A Mme LA MARQUISE DU DEFFAND.

Colmar, le 3 mars.

Votre lettre, madame, m'a attendri plus que vous ne pensez, et je vous assure que mes yeux ont été un peu humides en lisant ce qui est arrivé aux vôtres. J'avais jugé, par la lettre de M. de Formont, que vous étiez entre chien et loup, et non pas tout à fait dans la nuit; je pensais que vous étiez à peu près dans l'état de Mme de Staal, ayant par-dessus elle le bonheur inestimable d'être libre, de vivre chez vous, et de n'être point assujettie, chez une princesse, à une conduite gênante qui tenait de l'hypocrisie ; enfin d'avoir des amis qui pensent et qui parlent librement avec vous.

Je ne regrettais donc, madame, dans vos yeux, que la perte de leur beauté, et je vous savais même assez philosophe pour vous en consoler; mais si vous avez perdu la vue, je vous plains infiniment; je ne vous proposerai pas l'exemple de M. de S..., aveugle à vingt ans, toujours gai, et même trop gai. Je conviens avec vous que la vie n'est pas bonne à grand'chose; nous ne la supportons que par la force d'un instinct presque invincible que la nature nous a donné; elle a ajouté à cet instinct le fond de la boîte de Pandore : l'espérance.

C'est quand cette espérance nous manque absolument, ou lorsqu'une mélancolie insupportable nous saisit, que l'on triomphe alors de cet instinct qui nous fait aimer les chaînes de la vie, et qu'on a le courage de sortir d'une maison mal bâtie qu'on désespère de raccommoder. C'est le parti qu'ont pris, en dernier lieu, deux personnes du pays que j'habite.

L'un de ces deux philosophes est une fille de dix-huit ans à qui les jésuites avaient tourné la tête, et qui, pour se défaire d'eux, est allée dans l'autre monde. C'est un parti que je ne prendrai point, du moins sitôt, par la raison que je me suis fait des rentes viagères sur deux souverains, et que je serais inconsolable si ma mort enrichissait deux têtes couronnées.

Si vous avez, madame, des rentes viagères sur le roi, ménagez-vous beaucoup, mangez peu, couchez-vous de bonne heure, et vivez cent ans.

Il est vrai que le procédé de Denys de Syracuse est incompréhensible comme lui : c'est un rare homme. Il est bon d'avoir été à Syracuse; car je vous assure que cela ne ressemble en rien au reste de notre globe.

Le *Platon* de Saint-Malo[1], au nez écrasé et aux visions cornues, n'est guère moins étrange : il est né avec beaucoup d'esprit et avec des talents; mais l'excès seul de son amour-propre en a fait à la fin un homme très-ridicule et très-méchant. N'est-ce pas une chose affreuse qu'il ait persécuté son bon médecin Akakia, qui avait voulu le guérir de la folie par des lénitifs?

Qui donc, madame, a pu vous dire que je me marie? Je suis un plaisant homme à marier! Il y a six mois que je ne sors point de ma chambre et que, de douze heures du jour, j'en souffre dix. Si quelque apothicaire avait une fille bien faite, qui sût donner promptement et agréablement des lavements, engraisser des poulets, et faire la lecture, j'avoue que je serais tenté; mais le plus vrai et le plus cher de mes désirs serait de passer avec vous le soir de cette journée orageuse qu'on appelle la vie. Je vous ai vue dans votre brillant matin, et ce serait une grande douceur pour moi si je pouvais aider à votre consolation, et m'entretenir avec vous librement dans ces moments si courts qui nous restent, et qui ne sont suivis d'aucuns moments.

Je ne sais pas trop ce que je deviendrai, et je ne m'en soucie guère; mais comptez, madame, que vous êtes la personne du monde pour qui j'ai le plus tendre respect et l'amitié la plus inaltérable.

Permettez que je fasse mille compliments à M. de Formont. Le président Hénault donne-t-il toujours la préférence à la reine sur vous? Il est vrai que la reine a bien de l'esprit.

Adieu, madame; comptez que je sens bien vivement votre triste état et que, du bord de mon tombeau, je voudrais pouvoir contribuer à la douceur de votre vie. Restez-vous à Paris? passez-vous l'été à la campagne? les lieux et les hommes vous sont-ils indifférents? Votre sort ne me le sera jamais.

MMXLI. — A M. LE COMTE D'ARGENTAL.

Colmar, le 3 mars.

Mon cher et respectable ami, j'applique à mes blessures cruelles la goutte de baume qui me reste : c'est la consolation de m'entretenir avec vous. Je ne pouvais pas deviner, quand je pris, en 1752, la résolution de revenir vivre avec vous et avec Mme Denis; quand, pour cet effet, je faisais repasser une partie de mon bien en France avec autant de difficultés que de précautions, que le roi de Prusse, qui ouvrait toutes les lettres de Mme Denis, et qui en a un recueil, deviendrait mon plus cruel persécuteur; je ne pouvais deviner qu'en revenant en France, sur la parole de Mme de Pompadour, sur celle de M. d'Argenson, j'y serais exilé; je ne pouvais assurément prévoir la barbarie iroquoise de Francfort; vous m'avouerez encore que je ne devais pas m'attendre que Jean Néaulme dût prendre ce temps pour imprimer ce malheureux *Abrégé* d'une prétendue *Histoire universelle*, et que ce coquin de libraire dût, sans m'en avertir, se servir de mon

1. Maupertuis. (ÉD.)

nom pour gagner quelques florins et pour achever de me perdre, ni qu'il eût la friponnerie d'oser écrire à M. de Malesherbes, et de lui faire accroire que je n'étais pas fâché du tour qu'il me jouait. Il me semble encore que, quand je me retirai à Colmar pour y avoir les secours de deux avocats qui entendent le droit public d'Allemagne, et pour y achever les *Annales de l'Empire*, je ne pouvais savoir que j'allais dans une ville de Hottentots gouvernés par des jésuites allemands. Ce n'est que depuis peu que j'ai su que ces ours à soutane noire avaient fait brûler *Bayle* dans la place publique, il y a cinq ans, et que l'avocat général de ce parlement apporta humblement son *Bayle* et le brûla de ses mains. Je ne pouvais encore prévoir que ces jésuites exciteraient contre moi un évêque de Porentru, qu'ils voudraient faire agir le procureur général.

Vous sentez mon état, mon cher ange; vous devez d'ailleurs ne vous pas dissimuler que ma douloureuse situation ne peut changer; que je n'ai rien à espérer, rien à faire qu'à aller mourir dans quelque retraite paisible. Le sort de quiconque sert le public de sa plume n'est pas heureux. Le président de Thou fut persécuté, Corneille et La Fontaine moururent dans des greniers, Molière fut enterré à grand'peine, Racine mourut de chagrin, Rousseau dans le bannissement, moi dans l'exil; mais Moncrif a réussi, et cela console.

Mon cher ange, la vraie consolation est une amitié comme la vôtre, soutenue d'un peu de philosophie.

MMXLII. — A M. DUPONT, AVOCAT.

Si vous êtes chez vous, je vous prie de me déterrer quelque canoniste qui parle du temps où le *mariage* fut érigé en sacrement.

MMXLIII. — A M. LE COMTE D'ARGENTAL.

Colmar, le 10 mars.

Mon cher et respectable ami, je ne peux que vous montrer des blessures que la mort seule peut guérir. Me voilà exilé pour jamais de Paris, pour un livre qui n'est pas certainement le mien, dans l'état où il paraît; pour un livre que j'ai réprouvé et condamné si hautement. Le *procès-verbal* authentique de confrontation que j'ai fait faire, et dont j'ai envoyé sept exemplaires à Mme Denis, ne parviendra pas jusqu'au roi, et je reste persécuté.

Cette situation, aggravée par de longues maladies, ne devrait pas, je crois, être encore empoisonnée par l'abus cruel que ma nièce a fait de mes malheurs. Voici les propres mots de sa lettre du 20 février : « Le chagrin vous a peut-être tourné la tête; mais peut-il gâter le cœur? L'avarice vous poignarde; vous n'avez qu'à parler... Je n'ai pris de l'argent chez Laleu que parce que j'ai imaginé à tout moment que vous reveniez, et qu'il aurait paru trop singulier, dans le public, que j'eusse tout quitté, surtout ayant dit à la cour et à la ville que vous me doubliez mon revenu. »

Ensuite, elle a rayé à demi : *l'avarice vous poignarde*, et a mis *l'amour de l'argent vous tourmente*.

Elle continue : « Ne me forcez pas à vous haïr.... Vous êtes le dernier des hommes par le cœur. Je cacherai autant que je pourrai les vices de votre cœur. »

Voilà les lettres que j'ai reçues d'une nièce pour qui j'ai fait tout ce que je pouvais faire, pour qui j'étais revenu en France autant que pour vous, et que je traite comme ma fille!

Elle me marque, dans ses indignes lettres, que vous êtes aussi en colère contre moi qu'elle-même. Et quelle est ma faute? De vous avoir suppliés tous deux de me déterrer quelque commissionnaire sage, intelligent, qui puisse servir pour elle et pour moi. Pardonnez, je vous en conjure, si je répands dans votre sein généreux mes plaintes et mes larmes. Si j'ai tort, dites-le-moi; je vous soumets ma conduite : c'est à un ami tel que vous qu'il faut demander des reproches, quand on a fait des fautes. Que Mme Denis vous montre toutes mes lettres, vous n'y verrez que l'excès de l'amitié, la crainte de ne pas faire assez pour elle, une confiance sans bornes, l'envie d'arranger mon bien en sa faveur, en cas que je sois forcé de fuir et qu'on me confisque mes rentes (comme on le peut et comme on me l'a fait appréhender), un sacrifice entier de mon bonheur au sien, à sa santé, à ses goûts. Elle aime Paris; elle est accoutumée à rassembler du monde chez elle; sa santé lui a rendu Paris encore plus nécessaire. J'ai, pour mon partage, la solitude, le malheur, les souffrances, et j'adoucis mes maux par l'idée qu'elle restera à Paris, dans une fortune assez honnête que je lui ai assurée, fortune très-supérieure à ce que j'ai reçu de patrimoine. Enfin, mon adorable ami, condamnez-moi, si j'ai tort. Je vous avoue que j'ai besoin d'un peu de patience; il est dur de se voir traiter ainsi par une personne qui m'a été si chère! Il ne me restait que vous et elle, et je souffrais mes malheurs avec courage, quand j'étais soutenu par ces deux appuis. Vous ne m'abandonnerez pas; vous me conserverez une amitié dont vous m'honorez dès notre enfance. Adieu, mon cher ange. J'ai fait évanouir entièrement la persécution que le fanatisme allait exciter contre moi jusque dans Colmar, au sujet de cette prétendue *Histoire universelle*; mais j'aurais mieux aimé être excommunié que d'essuyer les injustices qu'une nièce qui me tenait lieu de fille a ajoutées à mes malheurs.

Mille tendres respects à Mme d'Argental.

MMXLIV. — A. M. DUPONT, AVOCAT.

Mon Dieu! je sais bien que le saint concile de Trente a raison; mais il n'a pas daigné dire en quel temps on a commencé à juger les causes matrimoniales au tribunal de l'Église; n'est-ce point du temps de la publication des fausses décrétales?

L'affaire de Teutberge n'est-elle pas le premier exemple connu?

Quand commença cette jurisprudence? Quand a-t-on employé, pour la première fois, le terme de sacrement, qui n'est pas dans l'Écriture?

ANNÉE 1754.

Quand met-on le mariage au rang des sacrements? Cela doit se trouver dans Thomassin.

Il est bien cruel de manquer de livres; mais vous m'en tenez lieu.

MMXLV. — A M.***.

12 mars 1754.

J'ai en quatre mille deux cent cinquante livres de rentes pour patrimoine; mes partages chez mes notaires en font foi.

Le fond de presque tout ce patrimoine a été assuré à mes nièces par leurs mariages.

Tout ce que j'ai depuis est le fruit de mes soins. J'ai réussi dans les choses qui dépendaient de moi, dans l'accroissement nécessaire de ma fortune et dans quelques ouvrages. Ce qui dépend de l'envie et de la méchanceté des hommes a fait mes malheurs. J'ai toujours eu la précaution de soustraire à cette méchanceté une partie de mon bien. Voilà pourquoi j'en ai à Cadix, à Leipsick, en Hollande, et dans les domaines du duc de Wurtemberg.

Ce qui est à Cadix est un objet assez considérable, et pourrait seul suffire à mes héritiers. Je me prive jusqu'à présent des émoluments de cette partie; afin qu'elle produise de quoi remplacer en leur faveur ce que j'ai placé en rentes viagères.

Ces rentes viagères[1] sont un objet assez fort, et je comptais qu'elles

---

1. Ninon lui avait légué, en 1705, une somme de 2000 francs ; le duc d'Orléans lui donna, en 1719, une pension de 2000 francs ; la reine, en 1725, une autre pension de 1500 fr., qui ne fut pas régulièrement payée. Les souscriptions de *la Henriade*, en 1726, lui procurèrent une somme considérable (on la porte à 150 000 fr.). Deux ans après il hérita de son père. Il raconte lui-même, dans son *Commentaire historique* (voy. t.), qu'il s'associa pour une opération de finances, et qu'il fut heureux. Les frères Paris lui avaient accordé un intérêt dans la fourniture des vivres de l'armée d'Italie en 1734 ; pour le solde de cet intérêt il reçut 600 000 fr., qu'il plaça à Cadix sur des armatures et cargaisons, et qui lui rapportèrent 32 à 33 pour cent. Il n'y éprouva qu'une seule perte de 80 000 fr. Demoulin lui emporta, en 1739, environ 25 000 fr. ; en 1741 il perdit chez Michel une *assez bonne partie de son bien*. Plus tard il se trouva pour 60 000 fr. dans la banqueroute de Bernard de Coubert, fils de Samuel Bernard. Mais il avait beaucoup d'ordre ; d'autres circonstances réparèrent ces pertes. Le roi lui avait donné une charge de gentilhomme de la chambre, puis lui permit de la vendre en en conservant les honneurs. Vers le même temps, il hérita de son frère. Un état de ses revenus *arriérés* pour les années 1749-50, donné par Longchamp (dans ses *Mémoires*, t. II, p. 334), s'élève à 74 038 fr. Pendant son séjour à Berlin il avait la table, le logement, une voiture, et 16 000 fr. de pension. L'année même qu'il acheta Ferney, il écrivait à d'Argental, le 15 mai 1758, avoir perdu le quart de son bien par des frais de consignation. On voit, par une lettre au même, du 30 janvier 1761, qu'il avait alors 45 000 fr. de rentes dans les pays étrangers. Ce qu'il possédait en France était beaucoup plus considérable. Il avait fait construire des maisons qu'il avait vendues en rentes viagères à 6 et 7 pour cent avec réversibilité d'une partie sur la tête de Mme Denis. Il avait construit Ferney, et avait plus que doublé le revenu de cette terre, qui, dans les dernières années, lui rapportait de 7 à 8000 fr. Les dépenses de sa maison n'allaient qu'à 40 000 fr.; ses rentes et revenus s'élevaient, à sa mort, à 160 000 fr. Il laissa à Mme Denis près de 100 000 fr. de rentes et 600 000 fr. en argent comptant et effets. La terre de Ferney fut, en 1778, vendue 230 000 fr. (*Note de M. Beuchot.*)

2. Ces rentes viagères furent fort onéreuses aux débiteurs. Le marquis de Lezeau eut à servir pendant quarante-cinq ans la rente de 1800 fr. pour les

serviraient à me faire vivre avec Mme Denis d'une manière qui lui serait agréable, et qu'elle tiendrait avec moi dans Paris une maison un peu opulente. L'obstacle qui détruit cette espérance sur la fin de mes jours, est au nombre des choses qui ne dépendaient pas de moi.

On m'a fait craindre la persécution la plus violente au sujet de l'impression d'un livre à laquelle je n'ai nulle part. Menacé de tous côtés d'être traité comme l'abbé de Prades; instruit qu'on me saisirait jusqu'à mes rentes viagères si je prenais le parti forcé de chercher dans les pays étrangers un asile ignoré; sachant que je ne pourrais toucher mon revenu qu'avec des certificats que je n'aurais pu donner; voyant combien les hommes abusent des malheurs qu'ils causent, et qu'on me doit plus de quatre années de plusieurs parties; obligé de rassembler les débris de ma fortune; ayant tout mis entre les mains d'un notaire très-honnête homme, mais à qui ses affaires ne permettent pas de m'écrire une fois en six mois; ayant enfin besoin d'un commissionnaire, j'en ai demandé un à ma nièce et à M. d'Argental. Ce commissionnaire, chargé d'envoyer à une adresse sûre tout ce que je lui ferais demander, épargnerait à ma nièce des détails fatigants. Il serait à ses ordres; il servirait à faire vendre mes meubles; il solliciterait les débiteurs que je lui indiquerais; il enverrait toutes les petites commodités dont on manque dans ma retraite.

Cette retraite peut-elle être Sainte-Palaie ? Non. Je ne puis achever le peu d'années qui me restent, seul, dans un château qui n'est point à moi, sans secours, sans livres, sans aucune société.

La santé de Mme Denis, altérée, ne lui permet pas de se confiner à Sainte-Palaie; un tel séjour n'est pas fait pour elle; il y aurait eu de l'inhumanité à moi de l'en prier. Il faut qu'elle reste à Paris, et pour elle et pour moi; sa correspondance fera ma consolation.

Je n'ai eu d'autre vue que de la rendre heureuse, de lui assurer du bien, et de me dérober aux injustices des hommes. Je n'ai ni pensé, ni écrit, ni agi que dans cette vue.

MMXLVI. — A Mme LA COMTESSE DE LUTZELBOURG.

A Colmar, le 13 mars.

Grand merci, madame, de votre consolante lettre; j'en avais grand besoin comme malade et comme persécuté; ce sont des bombes qui tombent sur ma tête en pleine paix. Il n'y a que deux choses à faire dans ce monde, prendre patience ou mourir. Mme du Deffand me mande qu'il n'y a que les fous et les imbéciles qui puissent s'accommoder de la vie; et moi je lui écris que, puisqu'elle a des rentes sur le roi, il faut qu'elle vive le plus longtemps qu'elle pourra, attendu qu'il est triste de laisser le roi son héritier, quelque *bien-aimé* qu'il puisse être.

18 000 placés chez lui en 1733 ; il ne la payait pas exactement. Dans l'état rapporté par Longchamp, et dont j'ai parlé, Lezeau est porté pour 2300 fr., c'est-à-dire près de dix-huit mois d'arriéré. (*Note de M. Beuchot.*)

Comment trouvez-vous, madame, la lettre du garde des sceaux[1] à M. l'évêque de Metz? Pour moi, je crois que l'évêque de Metz l'excommuniera. Le trésor royal est déjà en interdit. Je me flatte de venir, au temps de Pâques, faire ma cour aux habitants de l'île Jard, et de leur apporter mon *billet de confession*.

On va plaider bientôt ici l'affaire de monsieur votre neveu et de madame votre belle-sœur. Cela est bien triste, mais je ne vois guère de choses agréables. Supportons la vie, madame; nous en jouissons autrefois. Recevez mes tendres respects.

MMXLVII. — A M. DUPONT, AVOCAT.

Eh bien donc, que les prêtres soient damnés pour être mariés, malgré ce concile de Tolède qui leur ordonne d'avoir femme ou *putain*, j'y consens; mais que l'amitié soit la consolation des pauvres séculiers comme moi. Un ami comme vous vaut mieux que toutes les femmes; j'en excepte Mme Dupont.

J'excepte aussi Mme la première présidente, à qui je vous supplie de présenter mes profonds respects, aussi bien qu'à M. le premier président. Je suis plus malade que je n'étais. Il faut du courage pour supporter la maladie et votre absence.

V.

MMXLVIII. — AU MÊME.

Le 17 mars.

Tout le livre de M. Dupin[2] n'est qu'une preuve de la manière très-exacte dont je me suis exprimé sur la *messe*.

Je le supplie de lire seulement l'article 8, à la page 55.

Je lui réitère mes remercîments sur la bonté qu'il a eue de m'indiquer la faute concernant le capitulaire de Charlemagne; cela est déjà corrigé.

V.

MMXLIX. — A M. POLIER DE BOTTENS.

Colmar, le 19 mars.

En réponse à votre lettre du 15, je vous dirai, monsieur, que le sieur Philibert n'a pas encore osé m'envoyer son édition, mais qu'il a osé annoncer, dans la *Gazette de Bâle*, cette édition *corrigée et augmentée par moi*. J'ai été justement indigné de ce mensonge, qui m'est très-préjudiciable dans le pays où je suis, et j'ai prié M. Vernet[3] de lui en marquer mon ressentiment. Je viens de voir son livre, qu'on m'a prêté aujourd'hui. Il a copié fidèlement sur du vilain papier, et avec de mauvais caractères, toutes les bévues des éditions de la Haye et de Paris. Vous jugerez bien, monsieur, que ce n'est pas là un bon moyen pour avoir mes ouvrages. Le voyage à Lausanne, dont vous

---

1. Machault d'Arnouville. (ÉD.)
2. *Lettre sur l'ancienne discipline de l'Église touchant la célébration de la messe*, par L. E. Dupin, 1708; in-12. (ÉD.)
3. Jacob Vernet, à qui Voltaire avait sans doute écrit, depuis la lettre du 1er février, adressée à ce dernier. (*Note de M. Clogenson.*)

me parlez, n'est pas si aisé à entreprendre que vous le pensez. J'ai le malheur de ne pouvoir pas faire un pas sans que l'Europe le sache. Cette malheureuse célébrité est un de mes plus grands chagrins; d'ailleurs, monsieur, me répondriez-vous que je fusse aussi libre à Lausanne qu'en Angleterre? Me répondriez-vous que ceux qui m'ont persécuté à Berlin ne me poursuivissent pas dans le canton de Berne[1]? La seule manière peut-être qui me convînt serait d'y être incognito, je vous en serais plus utile; mais cette manière n'est guère praticable. Vous voyez que je ne suis pas le maître de ma destinée; si je l'étais, soyez sûr que je partirais demain, malgré mes maladies et malgré les neiges, et que je viendrais achever ma vie à Lausanne. Une lettre de M. de Brenles, que j'ai vue ces jours-ci, augmente bien mon désir de voir votre ville; je ne peux vous offrir, dans le moment présent, que des désirs et des regrets très-sincères. Je me flatte encore qu'il n'est pas impossible que je vienne vous voir; mais il faut ne point déplaire à mon roi, il faut un voyage sans aucun éclat. Il y a six mois que je garde la chambre à Colmar; mon âge et mon goût demandent la solitude. Je la voudrais profonde, je la voudrais ignorée : heureux celui qui vit inconnu! Je vous embrasse de tout mon cœur. VOLTAIRE.

MML. — A M. DUPONT, AVOCAT.

Le 19 mars.

Il est clair que le sonnet de l'*Avorton* fut composé par Hesnaut en 1670, puisqu'il se trouve dans son propre recueil, imprimé cette année, qui fut l'époque de la malheureuse aventure de cette fille d'honneur.

Ce fut deux ans après qu'on substitua douze dames du palais aux douze filles.

Le savant Anglais ne sait ce qu'il dit, et le savant Bayle a ramassé bien des pauvretés indignes de lui.

MMLI. — A M. ROYER[2].

Le 20 mars.

J'avais eu, monsieur, l'honneur de vous écrire, non-seulement pour vous marquer tout l'intérêt que je prends à votre mérite et à vos succès, mais pour vous faire voir aussi quelle est ma juste crainte que ces succès si bien mérités ne soient ruinés par le poëme[3] défectueux que vous avez vainement embelli. Je peux vous assurer que l'ouvrage sur lequel vous avez travaillé ne peut réussir au théâtre. Ce poëme, tel qu'on l'a imprimé plus d'une fois, est peut-être moins mauvais que celui dont vous vous êtes chargé; mais l'un ni l'autre ne sont faits ni pour le théâtre ni pour la musique. Souffrez donc que je vous renouvelle mon inquiétude sur votre entreprise, mes souhaits pour votre

---

1. Lausanne appartenait autrefois au canton de Berne. Elle est aujourd'hui le chef-lieu du canton de Vaud. (ÉD.)
2. Directeur de l'Opéra. (ÉD.) — 3. *Pandore*. (ÉD.)

réussite, et ma douleur de voir exposer au théâtre un poëme qui en est indigne de toutes façons, malgré les beautés étrangères dont votre ami, M. de Sireuil, en a couvert les défauts. Je vous avais prié, monsieur, de vouloir bien me faire tenir un exemplaire du poëme tel que vous l'avez mis en musique, attendu que je ne le connais pas. Je me flatte, monsieur, que vous voudrez bien vous prêter à la condescendance de M. de Moncrif, examinateur de l'ouvrage, en mettant à la tête un avis nécessaire, conçu en ces termes :

« Ce poëme est imprimé tout différemment dans le recueil des ouvrages de l'auteur; les usages du théâtre lyrique et les convenances de la musique ont obligé d'y faire des changements pendant son absence. »

Il serait mieux, sans doute, de ne point hasarder les représentations de ce spectacle, qui n'était propre qu'à une fête donnée par le roi, et qui exige une quantité prodigieuse de machines singulières. Il faut une musique aussi belle que la vôtre, soutenue par la voix et par les agréments d'une actrice principale, pour faire pardonner le vice du sujet et l'embarras inévitable de l'exécution. Le combat des dieux et des géants est au nombre de ces grandes choses qui deviennent ridicules, et qu'une dépense royale peut sauver à peine.

Je suis persuadé que vous sentez comme moi tous ces dangers; mais, si vous pensez que l'exécution puisse les surmonter, je n'ai auprès de vous que la voie de représentation. Je ne peux, encore une fois, que vous confier mes craintes; elles sont aussi fortes que la véritable estime avec laquelle j'ai l'honneur d'être, etc.

MMLII. — A M. LE COMTE D'ARGENTAL.

Colmar, le 21 mars.

Mon cher et respectable ami, je reçois votre lettre du 17 mars. Elle fait ma consolation, et j'y ajoute celle de vous répondre. C'est bien vous qui parlez avec éloquence de l'amitié; rien n'est plus juste. A qui appartient-il mieux qu'à vous de parler de cette vertu, qui n'est qu'une hypocrisie dans la plupart des hommes, et qu'un enthousiasme passager dans quelques-uns?

Les malheurs d'une autre espèce qui m'accablent ne me permettent pas de m'occuper des autres malheurs qui sont le partage des gens qu'on nomme heureux. Si j'ai le bonheur de vous voir, je vous en dirai davantage; mais, mon cher ami, voici mon état :

Il y a six mois que je n'ai pu sortir de ma chambre. Je lutte à la fois contre les souffrances les plus opiniâtres, contre une persécution inattendue et contre tous les désagréments attachés à la disgrâce. Je sais comme on pense, et, depuis peu, des personnes qui ont parlé au roi tête à tête m'ont instruit. Le roi n'est pas obligé de savoir et d'examiner si un trait qui se trouve à la tête de cette malheureuse *Histoire* prétendue *universelle* est de moi ou n'en est pas; s'il n'a pas été inséré uniquement pour me perdre. Il a lu ce passage et cela suffit. Le passage est criminel; il a raison d'en être très-irrité, et il n'a pas le temps d'examiner les preuves incontestables que ce passage est falsifié.

Il y a des impressions funestes dont on ne revient jamais, et tout concourt à me démontrer que je suis perdu sans ressource. Je me suis fait un ennemi irréconciliable du roi de Prusse en voulant le quitter; la prétendue *Histoire universelle* m'a attiré la colère implacable du clergé; le roi ne peut connaître mon innocence; il se trouve enfin que je ne suis revenu en France que pour y être exposé à une persécution qui durera même après moi. Voilà, mon état, mon cher ange; et il ne faut pas se faire illusion. Je sens que j'aurais beaucoup de courage si j'avais de la santé; mais les souffrances du corps abattent l'âme, surtout lorsque l'épuisement ne me permet plus la consolation du travail. Je crains d'être incessamment au point de me voir incapable de jouir de la société et de rester avec moi-même. C'est l'effet ordinaire des longues maladies, et c'est la situation la plus cruelle où l'on puisse être. C'est dans ce cas qu'une famille peut servir de quelque ressource, et cette ressource m'est enlevée.

Si je cherchais un asile ignoré, et si je le pouvais trouver; si l'on croyait que cet asile est dans un pays étranger, et si cela même était regardé comme une désobéissance, il est certain qu'on pourrait saisir mes revenus. Qui en empêcherait? J'ai écrit à Mme de Pompadour, et je lui ai mandé que, n'ayant reçu aucun ordre positif de Sa Majesté, étant revenu en France uniquement pour aller à Plombières, ma santé empirant, et ayant besoin d'un autre climat, je comptais qu'il me serait permis d'achever mes voyages. Je lui ai ajouté que, comme elle avait peu le temps d'écrire, je prendrais son silence pour une permission. Je vous rends un compte exact de tout. J'ai tâché de me préparer quelques issues et de ne me pas fermer la porte de ma patrie; j'ai tâché de n'avoir point l'air d'être dans le cas d'une désobéissance. L'électeur palatin et Mme la duchesse de Gotha m'attendent; je n'ai ni refusé ni promis. Vous aurez certainement la préférence si je peux venir vous embrasser sans être dans ce cas de désobéissance. En attendant que de tant de démarches délicates je puisse en faire une, il faut songer à me procurer, s'il est possible, un peu de santé. J'ignore encore si je pourrai aller au mois de mai à Plombières. Pardon de vous parler si longtemps de moi, mais c'est un tribut que je paye à vos bontés; j'ai peur que ce tribut ne soit bien long.

J'enverrai incessamment le second tome des *Annales*; j'attends que quelques cartons. Adieu, mon cher ange; adieu, le plus aimable et le plus juste des hommes. Mille tendres respects à Mme d'Argental. Ah! j'ai bien peur que l'abbé[1] ne reste longtemps dans sa campagne.

MMLIII. — A M. LE MARQUIS D'ARGENS.

Colmar, mars.

A TRÈS-RÉVÉREND PÈRE EN DIABLE, ISAAC ONITZ.

Très-révérend père et très-cher frère, votre lettre ferait mourir de rire les damnés les plus tristes. Je suis malheureusement de ce nombre;

[1] L'abbé Chauvelin, enfermé d'abord au Mont-Saint-Michel, et ensuite dans la citadelle de Caen. Il était sans doute exilé alors aux environs de Paris. (ÉD.)

il y a six mois que je ne suis sorti de ma chaudière; mais votre lettre infernale et comique serait capable de me rendre la santé.

J'aurais bien mieux aimé sans doute être exhorté à la mort par votre paternité que par des révérends pères jésuites qui, ne pouvant brûler les Bayle et les *Isaac* en personne, brûlent impitoyablement leurs enfants. Mais Votre Révérence voudra bien considérer que la zizanie de quelque esprit malin se fourra jusque dans notre petit royaume de Satan, et que le méchant diable ææ[1], qui est plus adroit que moi, me força enfin de quitter nos champs Élysées.

La *Philosophie du bon sens*[2], mon cher diable, doit vous faire connaître, par vos propres règles, que je ne me plains, ni ne dois, ni ne puis me plaindre que le diable ææ m'ait affublé d'une petite satienne publiée à Cassel, chez Étienne. J'ai marqué simplement ce fait pour développer le caractère de ce diable, qui se donne si faussement pour n'être point faiseur d'antiennes. Ce méchant diable, à qui j'avais toujours fait patte de velours, depuis la préférence que me donna sur lui l'illustre diable[3] dont vous me parlez, a toujours aiguisé ses griffes contre moi.

Je conçois qu'un diable aille à la messe, quand il est en terre papale comme Nanci ou Colmar; mais vous devez gémir lorsqu'un enfant de Belzébuth va à la messe par hypocrisie ou par vanité[4].

Chaque diable, mon très-révérend père, a son caractère. Nous sommes de bons diables, vous et moi, francs et sincères; mais, en qualité de damnés, nous prenons feu trop aisément. Le belzébuthien ææ est plus cauteleux; jugez-en par l'anecdote suivante.

En l'an de disgrâce 1738, il prit dans ses griffes deux habitantes de la zone glaciale, et écrivit à tous ses amis comme à moi que c'était le chirurgien de la troupe mesurante qui avait enlevé ces deux pauvres diablesses; et, en conséquence, il fit d'abord faire une quête pour elles, comme réparateur des torts d'autrui. Je lui envoyai cinquante écus du faubourg d'enfer nommé Cirey, où j'étais pour lors. Le diablotin Thieriot porta lesdites cent cinquante livres tournois; témoin la lettre du diablotin Thieriot, que j'ai retrouvée parmi mes papiers, en date du 24 décembre 1738, à Paris : « Mon cher ami, je portai hier les cinquante écus au père ææ, de l'Académie des sciences, et je lui étalai tout ce que me faisait sentir votre générosité pour les deux créatures du Nord. Je voudrais bien qu'une si bonne action fût suivie, etc. »

Vous voyez, mon cher père et compère d'enfer, qu'il n'y a rien de si différent que diable et diable, et qu'il faut admettre le principe des indiscernables d'Asmodée-Leibnitz; mais surtout, mon cher réprouvé,

---

1. Maupertuis. (Éd.) — 2. Titre d'un ouvrage de d'Argens. (Éd.)
3. Frédéric II. (Éd.)
4. Voltaire, vers le milieu d'avril suivant, fit ses pâques, non par *hypocrisie ou vanité*, mais par la nécessité à laquelle ses amis l'engagèrent à céder, dans un moment où il était entouré d'espions à tonsure. « Au moment où il allait être communié, dit Colini, je levai les yeux au ciel comme pour l'invoquer, et je jetai un coup d'œil subit sur le maintien de Voltaire. Il présentait sa langue, et fixait ses yeux bien ouverts sur la physionomie du prêtre. *Je connaissais ces regards-là.* » (*Note de Clogenson.*)

gardez-vous des langues médisantes. Je n'ai jamais connu de damné plus crédule que vous. Souvenez-vous de la parole sacrée que nous nous sommes donnée, dans le caveau de Lucifer, de ne jamais croire un mot des tracasseries que pourraient nous faire des esprits immondes déguisés en anges de lumière.

Si je n'étais pas assez près d'aller voir Satan, notre père commun, et si nous pouvions nous rencontrer dans quelque coin de cet autre enfer qu'on appelle la terre, je convaincrais Votre Révérence diabolique de ma sincère et inaltérable dévotion envers elle. Ce n'est pas qu'un damné ne puisse donner quelquefois un coup de queue à son confrère, quand il se démène et qu'il a un fer rouge dans le cul; mais les véritables et bons damnés voient le cœur de leur prochain, et je crois que nos cœurs sont faits l'un pour l'autre.

Il eût été à souhaiter que le très-révérend père que j'ai tant aimé eût eu plus d'indulgence pour un serviteur très-attaché; mais ce qui est fait est fait, et ni Dieu ni tous les diables ne peuvent empêcher le passé.

Je trempe avec les eaux du Léthé le bon vin que je bois à votre santé dans ces quartiers. J'en bois peu, parce que je suis le damné le plus malingre de ce bas monde. Sur ce, je vous donne ma bénédiction, et vous demande la vôtre, vous exhortant à faire vos *agapes*.

MMLIV. — A Mme LA DUCHESSE DE LUTZELBOURG.

A Colmar, le 26 mars.

On me dit, madame, que vous allez à Andlau, et que ma lettre ne vous trouverait pas à Strasbourg; je l'adresse à M. le baron d'Hattsatt. J'ai fort bonne opinion de son procès; Dupont m'a lu son plaidoyer, il m'a paru contenir des raisons convaincantes; il tourne l'affaire de tous les sens et il n'y a pas un côté qui ne soit entièrement favorable. J'aurais bien mauvaise opinion de mon jugement, ou de celui du conseil d'Alsace, si monsieur votre neveu ne gagnait pas sa cause tout d'une voix. Je me flatte, madame, de vous retrouver à l'Ile Jard, quand je retournerai à Strasbourg. Il y a six mois que je ne suis sorti de ma chambre; il est bon de s'accoutumer à se passer des hommes; vous savez que j'en ai éprouvé la méchanceté jusque dans ma solitude. Le père missionnaire[1] est venu s'excuser chez moi, et j'ai reçu ses excuses parce qu'il y a des feux qu'il ne faut pas attiser. Le P. Menoux a désavoué la lettre qui court sous son nom, et je me contente de son désaveu. Il faut sacrifier au repos dont on a grand besoin sur la fin de sa vie. Comme je m'occupe à l'histoire, je voudrais bien savoir s'il est vrai qu'il y ait eu autrefois un parlement[2] à Paris. Le chef du parlement de cette province m'honore toujours d'une bonté que je vous dois; il vient me voir quelquefois; je me sens destiné à être attaché à tout

1. Le jésuite Merat. (ÉD.)
2. Allusion à l'*exil* du parlement, que Louis XV rappela à Paris, le 4 septembre suivant, à l'occasion de la naissance du duc de Berri. (ÉD.)

ce qui vous appartient. Je présente mes respects aux deux ermites de l'île Jard; je me recommande à leurs saintes prières.

L'Ermite de Colmar.

MMLV. — A M. L'ABBÉ D'OLIVET.

A Colmar, le 26 mars.

Je vous remercie bien sincèrement, mon cher et savant abbé, du petit livre¹ très-instructif que vous m'avez envoyé. Il prouve que l'Académie est plus utile au public qu'on ne pense, et il fait voir en même temps combien vous êtes utile à l'Académie. Il me semble que la plupart des difficultés de notre grammaire viennent de ces *e* muets qui sont particuliers à notre langue. Cet embarras ne se rencontre ni dans l'italien, ni dans l'espagnol, ni dans l'anglais. Je connais un peu toutes les langues modernes de l'Europa, c'est-à-dire tous ces jargons qui se sont polis avec le temps, et qui sont tous aussi loin du latin et du grec qu'un bâtiment gothique l'est de l'architecture d'Athènes. Notre jargon, par lui-même, ne mérite pas, en vérité, la préférence sur celui des Espagnols, qui est bien plus sonore et plus majestueux; ni sur celui des Italiens, qui a beaucoup plus de grâce. C'est la quantité de nos livres agréables et des Français réfugiés qui ont mis notre langue à la mode jusqu'au fond du Nord. L'italien était la langue courante du temps de l'Arioste et du Tasse. Le siècle de Louis XIV a donné la vogue à la langue française, et nous vivons actuellement sur notre crédit. L'anglais commence à prendre une grande faveur depuis Addison, Swift et Pope. Il sera bien difficile que cette langue devienne une langue de commerce comme la nôtre; mais je vois que, jusqu'aux princes, tout le monde veut l'entendre, parce que c'est de toutes les langues celle dans laquelle on a pensé le plus hardiment et le plus fortement. On ne demande en Angleterre permission de penser à personne. C'est cette heureuse liberté qui a produit l'*Essai sur l'homme*, de Pope; et c'est, à mon gré, le premier des poëmes didactiques. Croiriez-vous que dans la ville de Colmar, où je suis, j'ai trouvé un ancien magistrat qui s'est avisé d'apprendre l'anglais à l'âge de soixante et dix ans, et qui en sait assez pour lire les bons auteurs avec plaisir! Voyez si vous voulez en faire autant. Je vous avertis qu'il n'y a point de disputes en Angleterre sur les *participes*; mais je crois que vous vous en tiendrez à notre langue, que vous épousez et que vous embellissez.

Pardon de ne pas vous écrire de ma main; je suis bien malade. J'irai bientôt trouver La Chaussée. Je vous embrasse.

MMLVI. — A M. LE COMTE D'ARGENTAL.

Colmar, le 16 avril.

Est-il vrai, mon cher ange, que votre santé s'altère? est-il vrai qu'on vous conseille les eaux de Plombières? est-il vrai que vous ferez le voyage? Vous êtes bien sûr qu'alors je viendrai à ce Plombières, qui

1. *Opuscules sur la langue française*, suivis du *Traité des participes*. (ÉD.)

serait mon paradis terrestre. La saison est encore bien rude dans ces quartiers-là. Nos Vosges sont encore couvertes de neige. Il n'y a pas un arbre dans nos campagnes qui ait poussé une feuille, et le vert manque encore pour les bestiaux. J'ai à vous avertir, mon cher ange, que les deux prétendues saisons qu'on a imaginées pour prendre les eaux de Plombières sont un charlatanisme des médecins du pays, pour faire venir deux fois les mêmes chalands. Ces eaux font du bien en tout temps, supposé qu'elles en fassent, quand elles ne sont pas infiltrées de la neige qui s'est fait un passage jusqu'à elles. Le pays est si froid d'ailleurs que le temps le plus chaud est le plus convenable ; mais, dans quelque temps que vous y veniez, soyez sûr de m'y voir. Je voudrais bien que votre ami l'abbé[1] pût les venir prendre coupées avec du lait; mais je vous ai déjà dit, et je vous répète avec douleur, que je crains qu'il ne meure dans sa maison de campagne, et que la maladie dont il est attaqué ne dure beaucoup plus que vous ne le pensiez. Cette maladie m'alarme d'autant plus que son médecin est fort ignorant et fort opiniâtre. Mme Denis me mande qu'elle pourrait bien aussi aller à Plombières. Elle prend du Vinache[2] ; elle fait comme j'ai fait; elle ruine sa santé par des remèdes et par de la gourmandise. Il est bien certain que, si vous venez à Plombières tous deux, je ne ferai aucune autre démarche que celle de venir vous y attendre. Mme d'Argental, qui en a déjà tâté, voudrait-elle recommencer ? En ce cas, vive Plombières !

Vous savez que le roi de Prusse m'a écrit une lettre remplie d'éloges flatteurs qui ne flattent point. Vous savez que tout est contradiction dans ce monde. C'en est une assez grande que la conduite du P. Menoux, qui m'écrit lettre sur lettre pour se plaindre de la trahison qu'on nous a faite à tous deux de publier et de falsifier ce que nous nous étions écrit dans le secret d'un commerce particulier, qui doit être une chose sacrée chez les honnêtes gens. On m'a parlé des *Mémoires de milord Bolingbroke*. Je m'imagine que les whigs n'en seront pas contents. Ce qu'il y a de plus hardi dans ses *Lettres sur l'histoire* est ce qu'il y a de meilleur; aussi est-ce la seule chose qu'on ait critiquée. Les Anglais paraissent faits pour nous apprendre à penser. Imagineriez-vous que les Suisses ont pris la méthode d'inoculer la petite vérole, et que Mme la duchesse d'Aumont vivrait encore si M. le duc d'Aumont était né à Lausanne ? Ce Lausanne est devenu un singulier pays. Il est peuplé d'Anglais et de Français philosophes, qui sont venus y chercher de la tranquillité et du soleil. On y parle français, on y pense à l'anglaise. On me presse tous les jours d'y aller faire un tour. Mme la duchesse de Gotha demande à grands cris la préférence ; mais son pays n'est pas si beau, et on n'y est pas à couvert des vents du nord. Il n'y a à présent que les montagnes *cornues* de Plombières qui puissent me plaire si vous y venez. Nous verrons si je les changerai

1. L'abbé Chauvelin. Son *médecin*, fort ignorant et fort opiniâtre, était sans doute Boyer, tout-puissant auprès de Louis XV, et protecteur zélé de Christophe de Beaumont, archevêque de Paris, contre le parlement. (ED.)
2. Médecin de Voltaire en 1721.

en eaux d'Hippocrène. Adieu, mon cher et respectable ami; je vous embrasse avec la plus vive tendresse.

MMLVII. — DE FRÉDÉRIC, PRINCE HÉRÉDITAIRE DE HESSE-CASSEL.

Cassel, le 16 avril.

Il y a longtemps, mon cher ami, que je vous cherche partout, et que je ne puis rien entendre de certain de l'endroit de votre séjour. Dernièrement un M. de Wakenitz, qui vient de Gotha, m'assura que vous étiez à Colmar, et que vous aviez envoyé le deuxième tome des *Annales de l'Empire* à Mme la duchesse, et que vous y aviez ajouté une dédicace à la fin pour cette princesse. Il m'est donc impossible de garder plus longtemps le silence sans vous demander des nouvelles de votre santé; j'y prends trop de part pour tarder davantage à m'en informer. J'ai lu avec plaisir le premier tome de vos *Annales*. On y remarque partout le feu qui brille dans tous vos écrits; et, quoique cette façon d'écrire ne soit pas en elle-même si agréable que l'histoire, vous y avez donné cependant une tournure qui convient et qui est digne de son auteur, dont les ouvrages l'immortaliseront.

J'ai fait venir, il y a quelque temps, de Hollande, tous ces ouvrages. Je les relis tant que je peux et je souhaiterais d'avoir plus de mémoire pour n'en rien perdre. Ils ne quittent point ma table; et d'abord que j'ai un moment à moi, je m'entretiens avec vous par le moyen de vos ouvrages. Permettez que je vous fasse ressouvenir que vous m'en avez promis une édition complète.

Faites-moi le plaisir de me donner bientôt de vos nouvelles. Il y en a qui disent que vous allez à Bareuth; d'autres, que vous retournez à Berlin. J'y prends trop de part pour ne pas m'y intéresser vivement. Votre amitié me sera toujours précieuse; comptez sur un parfait retour de mon côté, étant avec toute la considération imaginable, etc.

FRÉDÉRIC, *prince héréditaire de Hesse.*

MMLVIII. — A MME LA MARQUISE DU DEFFAND.

Colmar, le 23 avril.

Je me sens très-coupable, madame, de n'avoir point répondu à votre dernière lettre. Ma mauvaise santé n'est point une excuse auprès de moi; et, quoique je ne puisse guère écrire de ma main, je pouvais du moins dicter des choses fort tristes, qui ne déplaisent pas aux personnes comme vous, qui connaissent toutes les misères de cette vie, et qui sont détrompées de toutes les illusions.

Il me semble que je vous avais conseillé de vivre, uniquement pour faire enrager ceux qui vous payent des rentes viagères. Pour moi, c'est presque le seul plaisir qui me reste. Je me figure, dès que je sens les approches d'une indigestion, que deux ou trois princes hériteront de moi; alors je prends courage par malice pure, et je conspire contre eux avec de la rhubarbe et de la sobriété.

Cependant, madame, malgré l'envie extrême de leur jouer le tour de vivre, j'ai été très-malade. Joignez à cela de maudites *Annales de l'Empire* qui sont l'éteignoir de l'imagination, et qui ont emporté tout mon temps; voilà la raison de ma paresse. J'ai travaillé à ces insipides ouvrages pour une princesse de Saxe, qui mérite qu'on fasse des choses plus agréables pour elle. C'est une princesse infiniment aimable, chez qui on fait meilleure chère que chez Mme la duchesse du Maine. On vit dans sa cour avec une liberté beaucoup plus grande qu'à Sceaux; mais malheureusement le climat est horrible, et je n'aime à présent que le soleil. Vous ne le voyez guère, madame, dans l'état où sont vos yeux; mais il est bon du moins d'en être réchauffé. L'hiver horrible que nous avons eu donne de l'humeur, et les nouvelles que l'on apprend n'en donnent guère moins.

Je voudrais pouvoir vous envoyer quelques bagatelles pour vous amuser; mais les ouvrages auxquels je travaille ne sont point du tout amusants.

J'étais devenu Anglais à Londres; je suis Allemand en Allemagne. Ma peau de caméléon prendrait des couleurs plus vives auprès de vous; votre imagination rallumerait la langueur de mon esprit.

J'ai lu les *Mémoires de milord Bolingbroke*. Il me semble qu'il parlait mieux qu'il n'écrivait. Je vous avoue que je trouve autant d'obscurité dans son style que dans sa conduite. Il fait un portrait affreux du comte d'Oxford, sans alléguer contre lui la moindre preuve. C'est ce même Oxford que Pope appelle une âme sereine, au-dessus de la bonne et de la mauvaise fortune, de la rage des partis, de la fureur du pouvoir, et de la crainte de la mort.

Bolingbroke aurait bien dû employer son loisir à faire de bons mémoires sur la guerre de la succession, sur la paix d'Utrecht, sur le caractère de la reine Anne, sur le duc et la duchesse de Marlborough, sur Louis XIV, sur le duc d'Orléans; sur les ministres de France et d'Angleterre. Il aurait mêlé adroitement son apologie à tous ces grands objets, et il l'eût immortalisée, au lieu qu'elle est anéantie dans le petit livre tronqué et confus qu'il nous a laissé.

Je ne conçois pas comment un homme qui semblait avoir des vues si grandes a pu faire des choses si petites. Son traducteur a grand tort de dire que je veux proscrire l'étude des faits. Je reproche à M. de Bolingbroke de nous en avoir trop peu donné, et d'avoir encore étranglé le peu d'événements dont il parle. Cependant je crois que ses *Mémoires* vous auront fait quelque plaisir, et que vous vous êtes souvent trouvée, en le lisant, en pays de connaissance.

Adieu, madame; souffrons nos misères humaines patiemment. Le courage est bon à quelque chose; il flatte l'amour-propre, il diminue les maux, mais il ne rend pas la vue. Je vous plains toujours beaucoup; je m'attendris sur votre sort.

Mille compliments à M. de Formont. Si vous voyez M. le président Hénault, je vous prie de ne me point oublier auprès de lui. Soyez bien persuadée de mon tendre respect.

MMLIX. — De Charles-Théodore, électeur palatin.

Manheim, ce 1er mai.

Le manuscrit corrigé de votre main, monsieur, joint au second tome des *Annales de l'Empire*, m'ont occupé si utilement et si agréablement les jours passés, que je n'ai pu vous en témoigner plus tôt ma reconnaissance. Vos ouvrages ne sont pas faits pour être lus à la hâte. Chaque année, pour ainsi dire, dans vos *Annales*, mérite quelque attention particulière, par les réflexions judicieuses que vous y placez si à propos. L'*Essai sur l'histoire universelle*, dont vous avez tiré une grande partie pour vos *Annales*, ne leur cède en rien, quoique le sujet en soit beaucoup plus vaste; et ces deux ouvrages ne sont pas faits pour les gens qui ressemblent au nouvel automate de Paris. Il y a, il est vrai, si peu de gens qui pensent, et moins encore qui pensent juste, qu'il ne serait pas étonnant si quelque sombre misanthrope ne regrettait pas qu'on ait trouvé le moyen de diminuer l'espèce humaine à moins de frais.

Vous me ferez plaisir, monsieur, de m'informer si cette opération avec le sel se fait avec succès. Je serai d'ailleurs charmé de pouvoir vous faire plaisir, et de vous témoigner l'estime qui vous est due, monsieur.

Votre bien affectionné, CHARLES-THÉODORE, *électeur*.

MMLX. — A M. le comte d'Argental.

Colmar, le 2 mai.

Mon cher ange, mon ombre sera à Plombières à l'instant que vous y serez. Bénis soient les préjugés du genre humain, puisqu'ils vous amènent, avec Mme d'Argental, en Lorraine! Venez boire, venez vous baigner. J'en ferai autant, et je vous apporterai peut-être de quoi vous amuser, dans les moments où il est ordonné de ne rien faire. Que je serai enchanté de vous revoir, mon cher et respectable ami! N'allez pas vous aviser de vous bien porter; n'allez pas changer d'avis. Croyez fermement que les eaux sont absolument nécessaires pour votre santé. Pour moi, je suis bien sûr qu'elles sont nécessaires à mon bonheur; mais ce sera à condition, s'il vous plaît, que vous ne vous moquerez point des délices de la Suisse. Je suis bien aise de vous dire qu'à Lausanne il y a des coteaux méridionaux où l'on jouit d'un printemps presque perpétuel, et que c'est le climat de Provence. J'avoue qu'au nord il y a de belles montagnes de glace; mais je ne compte plus tourner du côté du nord. Mon cher ange, le petit abbé a donc permuté son bénéfice? L'avez-vous vu dans sa nouvelle abbaye? Je vous prie de lui dire, si vous le voyez, combien je m'intéresse à sa santé. Il est vrai que je n'ai nulle opinion de son *médecin*[1]; c'est un homme entêté de préjugés en *isme*, qui ne veut pas qu'on change une drachme à ses ordonnances, et qui est tout propre à tuer ses malades

---

1. Boyer, chargé de la feuille des bénéfices. (ÉD.)

par le régime ridicule où il les met. Je crois, pour moi, qu'il faut changer d'air et de médecin.

Que je suis mécontent des *Mémoires secrets de milord Bolingbroke!* je voudrais qu'ils fussent si *secrets* que personne ne les eût jamais vus. Je ne trouve qu'obscurités dans son style comme dans sa conduite. On a rendu un mauvais service à sa mémoire d'imprimer cette rapsodie; du moins c'est mon avis, et je le hasarde avec vous, parce que, si je m'abuse, vous me détromperez. Voilà donc M. de Céreste qui devient une nouvelle preuve combien les Anglais ont raison, et combien les Français ont tort. *O tardi studiorum*[1] *!* Nous sommes venus les derniers presque en tout genre. Nous ne songeons pas même à la vie.

Mon cher ami, je songe à la mort; je ne me suis jamais si mal porté; mais j'aurai un beau moment quand j'aurai l'occasion de vous embrasser.

MMLXI. — A M. ROQUES.

A Colmar, 3 mai 1754.

Je ne reçois qu'aujourd'hui votre lettre du 30 mars; apparemment qu'elle est écrite du 30 avril. Je charge le sieur Walther, libraire de Dresde, de vous faire parvenir les *Annales de l'Empire*, en droiture à Hameln, où vous êtes. J'ai trouvé plus de secours que vous ne pensez pour finir cet ouvrage à Colmar. Il y a des hommes très-savants, qui d'ailleurs ont des belles-lettres, et d'assez belles bibliothèques. Une grande partie de mon bien est située à une lieue de Colmar : ainsi je me trouve chez moi. Je pourrai faire quelque voyage chez des personnes qui m'honorent de leurs bontés. Il n'y a jamais que mon cœur qui me conduise. Je n'avais quitté ma patrie que sur les instances réitérées qu'on m'avait faites, et sur les promesses d'une amitié inviolable; mais on ne s'expose pas deux fois au même danger.

Je ne savais pas qu'il y eût encore une *Bibliothèque raisonnée*[2]; vous me feriez plaisir, monsieur, de me dire où elle s'imprime, et dans quel mois se trouve l'article dont vous me faites l'honneur de me parler.

Il me semble que le mot de persiflage, qui se met à la mode depuis quelque temps, pourrait servir de titre au livre du comte Cataneo[3]. Il n'en est pas ainsi des lettres que vous m'écrivez : elles sont dictées par l'esprit et par le sentiment; j'y suis très-sensible. J'ai l'honneur d'être avec bien du zèle, etc.

MMLXII. — A M. G. C. WALTHER.

Colmar, 3 mai 1754.

Il est très-vrai que plusieurs personnes m'ont écrit pour me prier d'aller passer quelque temps à Lausanne; on m'a écrit aussi de Ge-

---

1. Horace, liv. I, satire x, vers 21. (ÉD.)
2. Ce journal, qui s'imprimait en Hollande, a cessé en 1753. La collection a cinquante-deux volumes, y compris les tables. (*Note de M. Beuchot*.)
3. *Lettres du comte de Cataneo à l'illustre M. de Voltaire, sur l'édition de ses ouvrages à Dresde.* (*Idem*.)

nève, dans le même esprit; et les sieurs Bousquet et Philibert se sont offerts chacun de leur côté pour faire une édition de mes ouvrages; mais je suis très-éloigné de prendre sur cela aucune résolution..... Je vous remercie tendrement de l'offre de votre campagne. Si j'avais de la santé, et que vous voulussiez vous arranger avec Breitkopt, pour faire un jour une édition complète de tout, bien revue, bien corrigée, je pourrais bien prendre le parti d'aller la diriger à Leipsick, ne connaissant de patrie que celle où l'on imprimerait bien mes ouvrages.

MMLXIII. — DE FRÉDÉRIC, PRINCE HÉRÉDITAIRE DE HESSE-CASSEL.

Cassel, le 7 mai.

Votre lettre, mon cher ami, m'a fait grand plaisir. Je vous suis bien obligé des *Annales de l'Empire*, que vous m'avez envoyées. J'ai commencé à les lire, et j'en suis presque à la fin du premier tome. Je souhaiterais de trouver quelque chose qui pût être à votre goût dans ces pays, pour vous l'offrir. Vous ne me dites rien de l'état de votre santé. Je veux donc la croire bonne, pour ma propre satisfaction.

Le cabinet de physique me ferait grand plaisir, si nous n'en étions richement pourvus, mon père et moi. J'ose même dire que le mien est fort complet. Il n'en est pas de même des tableaux, dont je serai charmé d'avoir une liste des largeurs et hauteurs, en y joignant les prix, comme aussi les sujets. J'ai grande opinion des deux tableaux du Guide et de Paul Véronèse. Le lustre d'émail me ferait aussi plaisir, si j'en savais la grandeur, de même que des statues.

Je compte aller passer quelques mois à Aix-la-Chapelle et à Spa. L'exercice m'occupe à présent; c'est de ces choses qui fatiguent beaucoup le corps, sans donner de la nourriture à l'esprit. La lecture est un de mes amusements les plus chéris. Je préfère celle qui fournit à la réflexion; les livres qui traitent de physique, d'astronomie, de nouvelles découvertes, me font grand plaisir. Il a paru, ces jours passés, un livre intitulé *Songes physiques*. On l'attribue à M. de Maupertuis[1]; le titre m'invita à le lire. Le sublime auteur y traite de toutes les matières imaginables. Il prétend que la gêne est le principe de tout ce qu'on fait dans ce monde; qu'un homme qui se tue le fait pour sortir de l'état de gêne où il croit être pour chercher mieux; que quelqu'un qui boit, le fait pour sortir de l'état de gêne où la soif le retenait. Enfin il fait de cela un système, et en tire des conséquences extrêmement forcées. Tout ce que l'on peut dire, à l'honneur de l'auteur et du livre, c'est que ce sont des songes qu'il réfutera peut-être à son réveil. Ces songes peuvent aller de pair avec les *Lettres* du même auteur, où il nous parle de la ville latine, des terres australes, etc. Le style en est extrêmement confus; aussi les éditeurs n'ont pu s'empêcher de dire dans leur préface que l'auteur avait promis un dernier songe pour expliquer les autres.

1. L'auteur des *Songes physiques*, 1753, in-12, est l'abbé Louis-Malo Moreau de Saint-Ellier, né en 1701, mort en avril 1754, frère de Maupertuis. (ÉD.)

Conservez-moi votre souvenir, et soyez persuadé, mon cher ami, de ma parfaite et sincère amitié. FRÉDÉRIC.

P. S. Les cérémonies m'ennuient; aussi voyez-vous bien que je n'en fais pas à la fin de ma lettre. Mon père et la princesse vous font leurs compliments. Quel ne serait pas le plaisir que je ressentirais de vous voir en Allemagne !

MMLXIV. — A M. LE PRÉSIDENT HÉNAULT.

A Colmar, le 12 mai.

Mes doigts enflés, monsieur, me refusent le plaisir de vous écrire de ma main. Je vous traite comme une cinquantaine d'empereurs; car j'ai dicté toute cette histoire. Mais j'ai bien plus de satisfaction à dicter ici les sentiments qui m'attachent à vous.

Je vous jure que vous me faites trop d'honneur de penser que vous trouverez, dans ces *Annales*, l'examen du droit public de l'Empire. Une partie de ce droit public consiste dans la bulle d'Or, dans la paix de Westphalie, dans les capitulaires des empereurs; c'est ce qui se trouve imprimé partout, et qui ne pouvait être l'objet d'un abrégé. L'autre partie du droit public consiste dans les prétentions de tant de princes à la charge les uns des autres, dans celles des empereurs sur Rome, et des papes sur l'Empire, dans les droits de l'Empire sur l'Italie; et c'est ce que je crois avoir assez indiqué, en réduisant tous ces droits douteux à celui du plus fort, que le temps seul rend légitime. Il n'y en a guère d'autres dans le monde.

Si vous daignez jeter les yeux sur les *Doutes*, qui se trouvent à la fin du second tome, et qui pourraient être en beaucoup plus grand nombre, vous jugerez si l'original des donations de Pépin et de Charlemagne ne se trouve pas au dos de la donation de Constantin. Le *Diurnal* romain des VIIe et VIIIe siècles est un monument de l'histoire bien curieux, et qui fait voir évidemment ce qu'étaient les papes dans ce temps-là. On a eu grand soin, au Vatican, d'empêcher que le reste de ce *Diurnal* ne fût imprimé. La cour de Rome fait comme les grandes maisons, qui cachent, autant qu'elles le peuvent, leur première origine. Cependant, en dépit des Boulainvilliers, toute origine est petite, et le Capitole fut d'abord une chaumière.

La grande partie du droit public, qui n'a été pendant six cents ans qu'un combat perpétuel entre l'Italie et l'Allemagne, est l'objet principal de ces *Annales;* mais je me suis bien donné de garde de traiter cette matière dogmatiquement. J'ai fait encore moins le raisonneur sur les droits des empereurs et des États de l'Empire.

Il est certain que Tibère était un prince un peu plus puissant que Charles VII et François Ier. Tout le pouvoir que les empereurs allemands ont exercé sur Rome, depuis Charlemagne, a consisté à la saccager et à la rançonner dans l'occasion. Voilà ce que j'indique, et le lecteur bénévole peut juger.

J'aurais eu assurément, monsieur, des lecteurs plus bénévoles, si j'avais pu vous imiter comme j'ai tâché de vous suivre; mais je n'ai fait ce petit abrégé que par pure obéissance pour Mme la duchesse de Saxe-Gotha ; et, quand on ne fait qu'obéir, on ne réussit que médiocrement. Cependant j'ose dire que, dans ce petit abrégé, il y a plus de choses essentielles que dans la grande *Histoire* du R. P. Barre. Je vous soumets cet ouvrage, monsieur, comme à mon maître en fait d'histoire.

Puisque me voilà en train de vous parler de cet objet de vos études et de votre gloire, permettez-moi de vous dire que je suis un peu fâché qu'on soit tombé depuis peu si rudement sur Rapin de Thoiras. Rien ne me paraît plus injuste et plus indécent. Je regarde cet historien comme le meilleur que nous ayons ; je ne sais si je me trompe. Je me flatte au reste que vous me rendrez justice sur la prétendue *Histoire universelle* qu'on a imprimée sous mon nom. Celui qui a vendu un mauvais manuscrit tronqué et défiguré n'a pas fait l'action du plus honnête homme du monde. Les libraires qui l'ont imprimé ne sont ni des Robert Estienne ni des Plantin ; et ceux qui m'ont imputé cette rapsodie ne sont pas des Bayle.

J'espère faire voir (si je vis) que mon véritable ouvrage est un peu différent ; mais, pour achever une telle entreprise, il me faudrait plus de santé et de secours que je n'en ai.

Adieu, monsieur ; conservez-moi vos bontés, et ne m'oubliez pas auprès de Mme du Deffand. Soyez très-persuadé de mon attachement et de ma tendre et respectueuse estime.

MMLXV. — A FRÉDÉRIC, PRINCE HÉRÉDITAIRE DE HESSE-CASSEL.

Le 14 mai.

Monseigneur, je suis toujours émerveillé de votre belle écriture. La plupart des princes griffonnent, et Votre Altesse Sérénissime aura peine à trouver des secrétaires qui écrivent aussi bien qu'elle. Permettez-moi d'en dire autant de votre style. Ce que vous dites des *Songes physiques* est bien digne d'un esprit fait pour la vérité. Je ne sais qui est l'auteur de cet ouvrage que je n'ai point vu ; mais votre extrait vaut assurément mieux que le livre.

On fait à présent, à Colmar, une expérience de physique fort au-dessus de celles de l'abbé Nollet. Elle est doublement de votre ressort, puisque vous êtes physicien et prince ; il s'agit de tuer le plus d'hommes qu'on pourra, au meilleur marché possible, au moyen d'une poudre nouvelle faite avec du sel qu'on convertit en salpêtre. Le secret a déjà fait beaucoup de bruit en Allemagne, et a été proposé en Angleterre et en Danemark. En effet on a fait de bon salpêtre avec du sel, en y versant beaucoup de nitre ; c'est-à-dire on a fait du salpêtre avec du salpêtre, à grands frais, comme on fait de l'or ; et ce n'est pas là notre compte. Les deux opérateurs qui travaillent à Colmar, en présence des députés de la compagnie des poudres en France, ont demandé quatre cent cinquante mille écus d'Allemagne pour leur secret, et un quart dans le bénéfice de la vente. Ces propositions ont fait croire qu'ils sont sûrs de leur opération. L'un est un baron de Saxe, nommé Planitz, l'autre un notaire de Manheim, nommé Bouil, qui fait actuellement de l'or aux Deux-Ponts, et qui a quitté son creuset pour les chaudières de Colmar. Il y a trois mois qu'ils disent que la conversion se fera demain. Enfin le baron est parti pour aller demander en Saxe de nouvelles instructions à un de ses frères qui est grand magicien. Le notaire reste toujours pour achever son acte authentique, et il attend patiemment que le nitre de l'air vienne cuire son sel dans ses chaudières et le faire salpêtre. Il est bien beau à un homme comme lui de quitter le grand œuvre pour ces bagatelles. Jusqu'à présent le nitre de l'air ne l'a pas exaucé; mais il ne doute pas du succès. Voilà de ces cas où il ne faut avoir de foi que celle de saint Thomas, et demander à voir et à toucher.

Je suis bien fâché, monseigneur, d'être à Plombières pendant que Votre Altesse Sérénissime va à Spa et à Aix. Peut-être ne dirigerai-je pas toujours ma course si mal.

Je renouvelle à Votre Altesse Sérénissime, monseigneur, mon respect, etc.

MMLXVI. — A Mme la duchesse de Saxe-Gotha.

Vos bontés font dans mon cœur un étrange contraste avec les maladies qui m'accablent. Je viendrais sur-le-champ me mettre aux pieds de Votre Altesse Sérénissime, soit à Gotha, soit à Altembourg, si j'en avais la force; mais je n'ai pas encore eu celle de me faire transporter aux eaux de Plombières. Dieu préserve la grande maîtresse des cœurs d'être dans l'état où je suis, et conserve à Votre Altesse Sérénissime cette santé, le plus grand des biens, sans lequel l'électorat de Saxe, qui devrait vous appartenir, serait si peu de chose; sans lequel l'empire de la terre ne serait qu'un nom stérile et triste! Si je peux, madame, acquérir une santé tolérable, si je me trouve dans un état où je puisse me montrer, si je ne suis pas condamné par la nature à attendre la mort dans la solitude, il est bien certain que mon cœur me mènera dans votre cour. Quand j'ai dit que je demanderais la permission à la nature et à la destinée, je n'ai dit que ce qui est trop vrai. Pauvres automates que nous sommes, nous ne dépendons pas de nous-mêmes. Le moindre obstacle arrête nos désirs, et la moindre goutte de sang dérangé nous tue, ou nous fait languir dans un état pire que la mort même. Ce que Votre Altesse Sérénissime me mande de la santé de Mme de Buchwald redouble mon attendrissement et mes alarmes. Elle m'a inspiré l'intérêt le plus vif. Il y a certainement bien peu de femmes comme elle. Où pourriez-vous trouver de quoi réparer sa perte? « La vie n'est agréable qu'avec quelqu'un à qui on puisse ouvrir son cœur, et dont l'attachement vrai s'exprime toujours avec esprit, sans avoir envie d'en montrer. » Elle est faite pour vous, madame. J'ose vous protester que je vous suis attaché comme à elle, et que mon cœur a toujours été à Gotha, depuis que Votre Altesse Sérénissime a daigné m'y recevoir avec tant de bonté. Je voudrais l'amuser par quelques nouvelles; mais heureusement la tranquillité de l'Europe n'en fournit point de grandes. Les grandes nouvelles sont presque toujours des malheurs. Je ne sais rien des petites, sinon qu'un chimiste du duc de Deux-Ponts, nommé Bull ou Pull, parent, je crois, d'un de vos ministres, a tenté en vain de créer le salpêtre à Colmar. Il a travaillé à Colmar pendant trois mois, avec un Saxon nommé le baron de Planitz, et ni l'un ni l'autre n'ont encore réussi dans le secret de perfectionner la manière de tuer les hommes. On croit avoir découvert, à Londres et à Paris, l'art de rendre l'eau de la mer potable, et on pourrait bien n'y pas réussir davantage. De bons livres nouveaux, il n'y en a point. Il en paraît quelques-uns sur le commerce. On les dit de quelque utilité; mais il ne se fait plus de livres agréables.

MMLXVII. — A M. LE COMTE D'ARGENTAL.

Colmar, le 16 mai.

Mon cher ange, le 7 de juillet approche; persistez bien, Mme d'Argental et vous, dans la foi que vous avez aux eaux de Plombières. N'allez pas soupçonner que la santé puisse se trouver ailleurs. Venez boire avec moi, mon cher et respectable ami. Je vous prie, quand vous verrez cet abbé *Caton*[1], qui est malade à sa nouvelle campagne, de lui faire pour moi les plus tendres compliments. Je ne sais si son médecin a la vogue, mais il me semble que je n'entends point parler de ses guérisons. Je crois ses malades enterrés. Vous êtes fort heureux de n'avoir point été attaqué. Le nouveau régime ne vous convient pas.

Je viendrai, mon cher ange, à Plombières, avec deux domestiques tout au plus, et je ne serai pas difficile à loger; peut-être même y serai-je avant vous, et, en ce cas, je vous demanderai vos ordres. J'apporterai quelques paperasses de prose et de vers pour vous endormir après le diner. Comment pouvez-vous craindre que je manque un tel rendez-vous? Je voudrais que vous fussiez à Constantinople, à la place de votre oncle[2], et vous venir trouver dans le *serraï* des francguis de Galata, sur le canal de la Propontide. Mon ange, Plombières est un vilain trou, le séjour est abominable, mais il sera pour moi le jardin d'Armide.

Je vous ai envoyé le second tome des *Annales de l'Empire*, dans toute la plénitude de l'horreur historique. Dieu merci, il n'y a pas un mot à changer, non plus qu'au placet de Caritidès[3]. Gardez-vous de lire ce fatras; il est d'un ennui mortel; rien n'est plus malsain. Que vous importe Albert d'Autriche? J'ai été entraîné dans ce précipice de ronces par ma malheureuse facilité; on ne m'y rattrapera plus. C'est être trop ennemi de soi-même que de se consumer à ramasser des antiquités barbares. La duchesse de Gotha, qui est très-aimable, m'a transformé en pédant en *us*, comme Circé changea les compagnons

---

1. L'abbé Chauvelin. (ÉD.) — 2. Ferriol. (ÉD.)
3. Ah! monsieur, pas un mot ne s'en peut retrancher,
dit Caritidès dans *les Fâcheux* de Molière, acte III, scène II. (ÉD.)

d'Ulysse en bêtes. Il faut que je revoie M. et Mme d'Argental, pour reprendre ma première forme.

Bonsoir; mille respects à Mme d'Argental. Amenez-la pour sa santé et pour mon bonheur.

MMLXVIII. — A Mme LA MARQUISE DU DEFFAND.

A Colmar, le 19 mai.

Savez-vous le latin, madame? Non; voilà pourquoi vous me demandez si j'aime mieux Pope que Virgile. Ah! madame, toutes nos langues modernes sont sèches, pauvres, et sans harmonie, en comparaison de celles qu'ont parlées nos premiers maîtres, les Grecs et les Romains. Nous ne sommes que des violons de village. Comment voulez-vous d'ailleurs que je compare des épîtres à un poëme épique, aux amours de Didon, à l'embrasement de Troie, à la descente d'Énée aux enfers?

Je crois l'*Essai sur l'Homme*, de Pope, le premier des poëmes didactiques, des poëmes philosophiques; mais ne mettons rien à côté de Virgile. Vous le connaissez par les traductions; mais les poëtes ne se traduisent point. Peut-on traduire de la musique? Je vous plains, madame, avec le goût et la sensibilité éclairée que vous avez, de ne pouvoir lire Virgile. Je vous plaindrais bien davantage si vous lisiez des *Annales*, quelque courtes qu'elles soient. L'Allemagne en miniature n'est pas faite pour plaire à une imagination française telle que la vôtre.

J'aimerais bien mieux vous apporter *la Pucelle*[1], puisque vous aimez les poëmes épiques. Celui-là est un peu plus long que *la Henriade*, et le sujet en est un peu plus gai. L'imagination y trouve mieux son compte; elle est trop rétrécie chez nous dans la sévérité des ouvrages sérieux. La vérité historique et l'austérité de la religion m'avaient rogné les ailes dans *la Henriade*, elles me sont revenues avec *la Pucelle*. Ces *annales* sont plus agréables que celles de l'Empire.

Si vous avez encore M. de Formont, je vous prie, madame, de le faire souvenir de moi; et, s'il est parti, je vous prie de ne me point oublier en lui écrivant. Je vais aux eaux de Plombières, non que j'espère y trouver la santé, à laquelle je renonce, mais parce que mes amis y vont. J'ai resté six mois entiers à Colmar sans sortir de ma chambre, et je crois que j'en ferai autant à Paris, si vous n'y êtes pas.

Je me suis aperçu, à la longue, que tout ce qu'on dit et tout ce qu'on fait ne vaut pas la peine de sortir de chez soi. La maladie ne laisse pas d'avoir de grands avantages; elle délivre de la société. Pour vous, madame, ce n'est pas de même; la société vous est nécessaire comme un violon à Guignon[2], parce qu'il est le roi du violon.

---

1. Voltaire en avait commencé le XV⁰ chant à Berlin, au mois de février 1753. Celini raconte, dans ses *Mémoires*, comment lui-même cacha ce poëme en son haut-de-chausses, à Francfort, pour soustraire ce précieux dépôt aux perquisitions de Freitag. (ÉD.)

2. Il y avait depuis très-longtemps à la cour un roi des violons, en titre

M. Dalembert est bien digne de vous, bien au-dessus de son siècle. Il m'a fait cent fois trop d'honneur [1], et il peut compter que, si je le regarde comme le premier de nos philosophes gens d'*esprit*, ce n'est point du tout par reconnaissance.

Je vous écris rarement, madame, quoique, après le plaisir de lire vos lettres, celui d'y répondre soit le plus grand pour moi; mais je suis enfoncé dans des travaux pénibles qui partagent mon temps avec la colique. Je n'ai point de temps à moi, car je souffre et je travaille sans cesse. Cela fait une vie pleine, pas tout à fait heureuse; mais où est le bonheur? je n'en sais rien. madame; c'est un beau problème à résoudre.

MMLXIX. — A M. DE BRENLES.

Colmar, le 21 mai.

Je me crois déjà votre ami, monsieur, et je supprime les cérémonies et les *monsieur* en sentinelle au haut d'une page. Je m'intéresse à votre bonheur comme si j'étais votre compatriote; le bonheur est bien imparfait quand on vit seul. Messer Ludovico Ariosto dit que : *Senza moglie a lato, l'uom non puote esser di bontade perfetto* [2].

Il faut être deux, au moins, pour jouir de toutes les douceurs de la vie, et il faut n'être que deux, quand on a une femme comme celle que vous avez trouvée. J'en ai bien parlé avec la bonne Mme Goll. Elle sait combien Mme de Brenles a de mérite; vous avez épousé votre semblable. Si je faisais encore de petits vers, je dirais :

Il faut trois dieux dans un ménage,
L'Amitié, l'Estime, et l'Amour;
On dit qu'on les vit l'autre jour
Qui signaient votre mariage [3]

Pour moi, monsieur, je vais trouver les naiades ferrugineuses de Plombières. Le triste état où je suis m'empêche d'être témoin de votre

d'office. Guignon, qui était alors pourvu de cette charge, s'en démit volontairement en 1773 ; et elle fut peu après supprimée par un édit du mois de mars de la même année. (ÉD.)
1. Dalembert avait commandé à Voltaire l'article ESPRIT pour l'*Encyclopédie*. (ÉD.)
2. Satire XV, 14-15, *Ad Annibale Malaguzzo*. (ÉD.)
3. M. et Mme de Brenles, sans se consulter, envoyèrent chacun leur réponse à M. de Voltaire.

De M. de Brenles.

L'estime et l'Amitié, malgré leur jeune frère,
Voudraient étendre encor les plans qu'ils ont tracés.
L'Amour dit : « Ils sont deux, avec nous c'est assez. »
Mais les autres ont dit : « Il y faudrait Voltaire. »

De Mme de Brenles.

L'estime et l'Amitié, en dépit de leur frère,
Disent que nombre trois fut toujours nombre heureux.
L'Amour dit : « Avec moi c'est assez d'être deux. »
Les deux autres ont dit : « Il y faudrait Voltaire. »

félicité. Si je peux avoir une santé un peu tolérable, la passion de faire un petit voyage à Lausanne en deviendra plus forte ; comptez que vos lettres la redoublent. La bonté dont vous dites que Mme de Brenles m'honore est un nouvel encouragement. Je demanderai permission à toutes les maladies qui m'accablent; mais je ne peux répondre ni du temps où je viendrai, ni de mon séjour. Je sens seulement que, si mon goût décidait de ma conduite, je passerais volontiers ma vie dans le sein de la liberté, de l'amitié, et de la philosophie. Je me croirais, après vous deux, l'homme le plus heureux de Lausanne.

J'aurais encore, monsieur, un autre compliment à vous faire sur la charge[1] et sur la dignité que vous venez d'obtenir dans votre patrie; mais il en faut complimenter ceux qui auront affaire à vous, et je ne peux vous parler à présent que d'un bonheur qui est bien au-dessus des emplois. Permettez-moi de présenter mes respects à Mme de Brenles, et de vous renouveler les sentiments avec lesquels je compte être toute ma vie, etc.

VOLTAIRE.

Je vous supplie de vouloir bien faire souvenir de moi M. Polier, qui, le premier, m'inspira l'envie de voir le pays que vous habitez.

MMLXX. — A M. LE COMTE D'ARGENTAL.

Colmar, le 29 mai.

Mon cher ange, j'ai oublié, dans ma dernière lettre, de vous parler d'un vieux papier cacheté dont vous avez eu la bonté de vous charger. Le plaisir de m'occuper de votre voyage des eaux me tenait tout entier.

Posthabui tamen illorum mea seria ludo.

Virg., ecl. VII, v. 17.

Ce papier est, ne vous déplaise, mon testament, qu'il faut que je corrige comme mes autres ouvrages, pour éviter la critique, attendu que mes affaires ayant changé de face, et moi aussi, depuis cinq ans, il faut que je conforme mes dispositions à mon état présent. Vous souvenez-vous encore que vous avez une *Pucelle* d'une vieille copie, et que cette Jeanne, négligée et ridée, doit faire place à une Jeanne un peu mieux atournée, que j'aurai l'honneur de vous apporter pour faire passer vos eaux plus allégrement? N'auriez-vous pas le *Factum* de M. de La Bourdonnais, que je n'ai jamais vu, et que j'ai une passion extrême de lire? Si vous l'avez, je vous supplie de l'apporter avec vous. J'ai grande envie de voir comment il se peut faire qu'on n'ait pas pendu La Bourdonnais pour avoir fait la conquête de Madras.

Et les grands et les petits Prophètes[2]? On dit que cela est fort plaisant. C'est dans ces choses sublimes qu'on excelle à présent dans ma

---

[1]. Celle de conseiller baillival. (ÉD.)
[2]. Voici les titres des ouvrages auxquels Voltaire fait allusion : *Le Petit prophète de Boehmischbroda* (par Grimm, 1753), suivi d'un *Arrêt rendu à l'amphithéâtre de l'Opéra*. — *Les Prophéties du grand prophète Monet*; 1753. — *Au petit prophète de Boehmischbroda, au grand prophète Monet*, etc. (ÉD.)

chère patrie. Adieu, mon adorable ange; souvenez-vous de mon *ancien testament*. Je suis errant comme un Juif, et je n'ai guère d'espérance dans la *loi nouvelle*; mais je vous embrasserai à la piscine de Plombières, et vous me direz : *Surge et ambula* [1]. Il faut que Mme d'Argental ne change point d'avis sur les eaux; elles sont indispensables.

MMLXXI. — A M. G. C. WALTHER.

Colmar, 29 mai 1754.

A l'égard de l'édition de mes *OEuvres* en sept volumes, vous savez ce que je vous en ai toujours dit; combien elle est fautive, et à quel point elle est décriée : vous prenez le seul parti qui puisse vous tirer d'affaire. Je m'amuserai, à Plombières, à corriger cette édition, de façon qu'à l'aide de douze ou treize feuilles substituées aux plus défectueuses, et pleines d'ailleurs de nouveautés peut-être assez intéressantes, et à l'aide d'une nouvelle préface et d'un nouvel avertissement, vous pouvez, sans beaucoup de frais, donner un air tout neuf à cet ouvrage, et le débiter avec quelque succès. Je vous aiderai encore en achetant une centaine d'exemplaires que je vous payerai comptant, et j'en ferai des présents qui, en faisant connaître cette édition nouvelle, pourront vous en faciliter le débit. J'aurais déjà pris ce parti, il y a longtemps, si le grand nombre de fautes ne m'avait rebuté.

MMLXXII. — A M. COLINI.

Le 9 juin.

En passant par Saint-Dié, je corrige la feuille [2]; je la renvoie. Je recommande à M. Colini les *lacunes* de Venise; il aura la bonté de faire mettre un *g* au lieu d'un *c*. Et ces chevaliers, qui sortent de *son* pays; on peut d'un *son* faire aisément un *leur*.

Io non sò ancora quanti giorni o quante ore mi tratterò nella badia. Scriverò al signor Colini, e gli dirò dove egli m'indirizzera le mie lettere. Il suo amico

V.

MMLXXIII. — A M. LE COMTE D'ARGENTAL.

A Senones, le 12 juin.

Mon cher ange, ceux qui disent que l'homme est libre ne disent que des sottises. Si on était libre, ne serais-je pas auprès de vous et de Mme d'Argental? ma destinée serait-elle d'avoir des anges gardiens invisibles? Je pars le 8 de Colmar, dans le dessein de venir jouir enfin de votre *présence réelle*. Je reçois en partant une lettre de Mme Denis, qui me mande que Maupertuis et La Condamine vont à Plombières; qu'il ne faut pas absolument que je m'y trouve dans le même temps; que cela produirait une scène odieuse et ridicule; qu'il faut que je n'aille aux eaux que quand elle me le mandera. Elle ajoute que

1. Matthieu, IX, 5 ; Luc, V, 23. (ÉD.)
2. C'était une des dernières feuilles du second tome des *Annales de l'Empire*, ou quelques cartons pour le même ouvrage. (ÉD.)

vous serez de cet avis, et que vous vous joindrez à elle pour m'empêcher de vous voir. Surpris, affligé, inquiet, embarrassé, me voilà donc ayant fait mes adieux à Colmar, et embarqué pour Plombières. Je m'arrête à moitié chemin; je me fais bénédictin dans l'abbaye de Senones, avec dom Calmet, l'auteur des *Commentaires sur la Bible*, au milieu d'une bibliothèque de douze mille volumes, en attendant que vous m'appeliez dans votre sphère. Donnez-moi donc vos ordres, mon cher ange; je quitterai le cloître dès que vous me l'ordonnerez; mais je ne le quitterai pas pour le monde, auquel j'ai un peu renoncé; je ne le quitterai que pour voir.

Je ne perds pas ici mon temps. Condamné à travailler sérieusement à cette *Histoire générale*, imprimée pour mon malheur, et dont les éditions se multiplient tous les jours, je ne pouvais guère trouver de grands secours que dans l'abbaye de Senones. Mais je vous sacrifierai bien gaiement le fatras d'erreurs imprimées dont je suis entouré, pour goûter enfin la douceur de vous revoir. Prenez-vous les eaux? comment Mme d'Argental s'en trouve-t-elle? Que je bénis le préjugé qui fait quitter Paris pour aller chercher la santé au milieu des montagnes, dans un très-vilain climat! La médecine a le même pouvoir que la religion; elle fait entreprendre des pèlerinages. Réglez le mien; vous êtes tous deux les maîtres de ma marche comme de mon cœur.

La poste va deux fois par semaine de Plombières à *Senones*, par *Raon*. Elle arrive un peu tard, parce qu'elle passe par Nancy; mais enfin j'aurai le bonheur de recevoir de vos nouvelles. Adieu; je vous embrasse.

Le *moine* VOLTAIRE.

MMLXXIV. — A M. COLINI.

A Senones, le ....

Mi capita oggi la lettera dell' undecimo. Mi rincresce del viaggio che fà il pacchetto ch' ella a mandato a Plombières. La prego di scrivere ancora a Senones, al meno una volta, e di farmi sapere se trà lettere a me indirizzate vene fosse alcuna di madama Denis.

Il faut que l'on attende pour la préface.

Mille compliments à M. le major, et à tous ceux qui se souviennent de moi.

J'ai bien à cœur la copie du manuscrit concernant l'*Histoire*.

MMLXXV. — A M. LE COMTE D'ARGENTAL.

A Senones par Ravon ou Raon, le 16 juin.

Mon cher ange, je ne sais si Mme Denis a raison ou non. J'attends votre décision. Je suis un *moine* soumis aux ordres de mon abbé, et je n'attends que votre obédience. Je vous supplie de vouloir bien vous faire donner une ou deux lettres qui doivent m'être adressées à Plombières, vers le 20 du mois; je me flatte que vous me manderez de les venir chercher moi-même. Savez-vous bien que je ne suis point en France, que Senones est terre d'Empire, et que je ne dépends que du pape pour le spirituel? Je lis ici, ne vous déplaise, les Pères et les conciles.

Vous me remettrez peut-être au régime de la tragédie, quand j'aurai le bonheur de vous voir. Comment vous trouvez-vous du régime des eaux, vous et Mme d'Argental? Faites-vous une santé vigoureuse pour une cinquantaine d'années, et puissions-nous vivre à la Fontenelle, avec un cœur un peu plus sensible que le sien! Il serait beau de s'aimer à cent ans. Nous avons à peu près cinquante ans d'amitié sur la tête. Je me meurs d'impatience de vous voir. Je n'ai jamais eu de désirs si vifs dans ma jeunesse. Donnez-moi donc un rendez-vous à Plombières, fût-ce malgré Mme Denis. Je tremble d'être né pour les passions malheureuses. Adieu, mon cher ange; je volerai sous vos ailes à vos ordres, et je me remettrai de tout à votre providence.

MMLXXVI — Au même.

A Senones par Raon, le 20 juin.

Vous me laissez faire, mon cher et respectable ami, un long noviciat dans ma Thébaïde. Voici la troisième lettre que je vous écris. Je n'ai de nouvelles ni de vous ni de Mme Denis. Elle m'a mandé que vous m'avertiriez du temps où je dois venir vous trouver; mon cœur n'avait pas besoin de ses avertissements pour être à vos ordres. Je ne suis parti que pour venir vous voir, et me voici à moitié chemin, sans savoir encore si je dois avancer. Je vous ai supplié de vouloir bien vous informer d'un paquet de lettres qu'on m'a adressé à Plombières, où je devrais être. J'écris au maître de la poste de Remiremont pour en savoir des nouvelles. Ce paquet m'est de la plus grande conséquence. Si vous avez eu la bonté de le retirer, ayez celle de me le renvoyer par la poste, à Senones, avec les ordres positifs de venir vous rejoindre. Il ne me faut qu'une chambre, un trou auprès de vous, et je suis très content. Mes gens logeront comme ils pourront. Votre grenier serait pour moi un palais. Je suis comme une fille passionnée qui s'est jetée dans un couvent, en attendant que son amant puisse l'enlever. C'est une étrange destinée que je sois si près de vous, et que je n'aie pu encore vous voir. Je vous embrasse avec autant d'empressement que de douleur. Mille tendres respects à Mme d'Argental.

Voici un autre de mes embarras : je crains que vous ne soyez pas à Plombières. J'ignore tout dans mon tombeau : ressuscitez-moi.

Il faut malheureusement huit jours pour recevoir réponse, et nous ne sommes qu'à quinze lieues.

MMLXXVII. — A M. Dupont, avocat

Senones, juin.

Je supplie monsieur Dupont de vouloir bien me mander quelle est cette malheureuse édition allemande qui contredit si cruellement celle de Baluse.

Je ne me console point du tort effroyable que j'ai fait à la sainte Église, en ne permettant point les femmes aux prêtres! Maudit soit le carton que j'ai mis!

Je m'aperçois qu'il est un peu difficile d'écrire l'histoire sans livres. Il y a une belle bibliothèque à Senones; il y a des gens bien savants; mais il n'y a point de M. Dupont. Je le regretterai toujours; mais je me flatte de le revoir bientôt et de lui renouveler l'assurance de l'amitié qui m'attache à lui. Je le prie de faire bien mes compliments à M. de Bruges.

Je me flatte qu'il ne m'oubliera pas auprès de M. et de Mme de Klinglin.

Je souhaite à Mme Dupont des couches heureuses, et qu'elle s'en tienne là.

MMLXXVIII. — A M. COLINI.

A Senones, le 23 juin.

Je n'ai point encore le paquet de lettres envoyé à Plombières. Je prie M. Colini de m'écrire à Senones; je suppose qu'il a demandé à M. Turckeim de recevoir un paquet que les banquiers Bauer et Meville doivent avoir reçu pour moi.

Il est bien triste que je ne puisse corriger la préface qui court les champs; il n'y a qu'à attendre. A-t-on corrigé à la main les deux fautes essentielles qui sont dans le corps du livre? Comment va la copie du manuscrit?

J'espère que M. Colini aura l'attention de m'écrire à Senones. Les lettres me seront renvoyées à Plombières très-fidèlement, sitôt que ma santé me permettra de m'y transporter. Mes compliments à tous ceux qui m'ont marqué de la bonté. V.

MMLXXIX. — A M. LE COMTE D'ARGENTAL.

Senones, le 24 juin.

O adorables anges! je compte être incessamment dans votre ciel, c'est-à-dire dans votre grenier. Je n'ai reçu qu'aujourd'hui vos lettres du 9 et du 16. Comment m'accuser-vous de n'avoir point écrit à Mme d'Argental? Je vous écris toujours, madame, vous êtes *consubstantiels*. Je ne vous ai point écrit nommément et privativement, parce que moi, pauvre *moine*, je comptais venir, il y a quinze jours, *réellement*, dans votre vilain paradis de Plombières, où est mon âme, du jour que vous y êtes arrivés. Daignez donc me conserver cet heureux trou que vous avez bien voulu me retenir. J'arriverai peut-être avant ma lettre, peut-être après; mais il est très-sûr que j'arriverai, tout malingre que je suis. Ma santé est au bout de vos ailes. Je veux me flatter que la vôtre va bien, puisque vous ne m'en parlez pas. Divins anges, je ne connais qu'un malheur, c'est d'avoir été si longtemps à quinze lieues de votre empyrée, et de ne m'être point jeté dedans. Voilà qui est bien plaisant d'être au couvent, et de dire *Benedicite* au lieu d'être avec vous! Je m'occupe avec dom Mabillon, dom Martène, dom Thuillier, dom Ruinart. Les antiquailles où je suis condamné et les *Capitulaires* de Charlemagne sont bien respectables, mais cela ne console pas de votre absence! Je vais donc fermer mon cahier de remarques sur la seconde race, faire mon paquet et m'embarquer. Laaire va se rendre à votre piscine. Il y a, dit-on, un monde prodigieux à Plombières; mais je ne le verrai certainement pas. Vous êtes tout le monde pour moi. Je suis devenu bien pédant; mais n'importe, je vous aime comme si j'étais un homme aimable. Adieu, vous deux qui l'êtes tant, adieu, vous avec qui je voudrais passer ma vie! Quelle pauvre vie! je n'ai plus qu'un souffle.

Quel chien de temps il fait! Des grêlons, gros comme des œufs de poule d'Inde, ont cassé mes vitres. Et les vôtres? Adieu, adorables anges.

MMLXXX. — A M. COLINI.

A Senones, le 24 juin.

Al fine ho ricevuto il gran pacchetto : je garde la demi-feuille, ou, pour mieux dire, la feuille entière imprimée. Je n'y ai trouvé de fautes que les miennes. Vous corrigez les épreuves mieux que moi; corrigez donc le reste sans que je m'en mêle, et que M. Schœpflin fasse d'ailleurs comme il l'entendra; mais je m'aperçois que vous avez envoyé encore une autre épreuve à Plombières, avec des lettres. J'ai écrit, et n'en ai rien reçu.

Je compte partir pour les eaux dans trois ou quatre jours, et il arrivera que vos paquets me seront renvoyés à Senones quand je n'y serai plus. Ne m'envoyez donc rien jusqu'à ce que je vous écrive, et que je sois fixé. Surtout ne m'envoyez point par la poste de gros paquets imprimés. Voici un petit mot pour M. Dupont, et un autre pour Mme Goll.

Gardez le paquet que M. Turckeim vous a remis. Je ferai réponse à M. Adami quand je serai à Plombières. Je vous embrasse de tout mon cœur.

V.

MMLXXXI. — AU MÊME.

A Senones, le 28 juin.

Un messager de Saint-Dié vous rendra cette lettre. Je vous prie de prendre la clef de l'armoire dans laquelle il y a quelques livres. Cette armoire est derrière le bureau du cabinet, et la clef de cette armoire est dans un des tiroirs du bureau, à main droite. Vous y trouverez trois exemplaires du *Siècle de Louis XIV* et du *Supplément*, brochés en papier. Je vous prie d'en faire un paquet, avec cette adresse : *A dom Pelletier, curé de Senones*, et de donner le paquet au porteur.
Je vous embrasse.

V.

MMLXXXII. — AU MÊME.

A Senones, le 2 juillet.

En réponse à votre lettre du 25 juin, je vous dirai que je ne suis nullement pressé ni inquiet de la copie que vous faites, mais que je serai bien aise de la trouver faite à mon retour, dans un mois. J'enverrai à M. Schœpflin l'épître dédicatoire. Je lui ai écrit au sujet de la fausse nouvelle qu'on lui a mandée. Je le crois trop sensé pour avoir laissé soupçonner au fils[1] du chancelier de France qu'il le croyait capable d'avoir abusé de l'exemplaire qu'on lui a envoyé. Il n'a pas entendu ses intérêts en imprimant quatre mille exemplaires; il les entendrait mieux, s'il avait des correspondances assurées. Je lui ai envoyé un petit billet pour Mme Goll, dont vous ne me parlez jamais.

Je pars enfin pour Plombières, où j'espère avoir de vos nouvelles. Je vous embrasse de tout mon cœur.

MMLXXXIII. — A Mme la marquise du Deffand.

Entre deux montagnes, le 2 juillet.

J'ai été malade, madame; j'ai été *moine*; j'ai passé un mois avec saint Augustin, Tertullien, Origène et Raban. Le commerce des Pères de l'Église et des savants du temps de Charlemagne ne vaut pas le vôtre; mais que vous mander des montagnes des Vosges? et comment vous écrire, quand je n'étais occupé que des priscillianistes et des nestoriens?

Au milieu de ces beaux travaux dont j'ai gourmandé mon imagination, il a fallu encore obéir à des ordres que M. Dalembert, votre ami, m'a donnés de lui faire quelques articles pour son *Encyclopédie*, et je les lui ai très-mal faits. Les recherches historiques m'ont appesanti. Plus j'enfonce dans la connaissance des VIIe et VIIIe siècles, moins je suis fait pour le nôtre, et surtout pour vous.

M. Dalembert m'a demandé un article sur l'*Esprit*; c'est comme s'il l'avait demandé au P. Mabillon ou au P. Montfaucon. Il se repentira d'avoir demandé des gavottes à un homme qui a cassé son violon.

Et vous aussi, madame, vous vous repentirez d'avoir voulu que je vous écrive. Je ne suis plus de ce monde, et je me trouve assez bien de n'en plus être. Je ne m'intéresserai pas moins tendrement à vous; mais, dans l'état où nous sommes tous deux, que pouvons-nous faire l'un sans l'autre? Nous nous avouerons que tout ce que nous avons vu et tout ce que nous avons fait a passé comme un songe; que les plaisirs se sont enfuis de nous; qu'il ne faut pas trop compter sur les hommes.

Nous nous consolerons aussi en nous disant combien peu ce monde est consolant. On ne peut y vivre qu'avec des illusions, et, dès qu'on a un peu vécu, toutes les illusions s'envolent. J'ai conçu qu'il n'y avait de bon, pour la vieillesse, qu'une occupation dont on fût toujours sûr, et qui nous menât jusqu'au bout, en nous empêchant de nous ronger nous-mêmes.

J'ai passé un mois avec un bénédictin de quatre-vingt-quatre ans qui travaille encore à l'histoire. On peut s'y amuser, quand l'imagination baisse. Il ne faut point d'esprit pour s'occuper des vieux événements; c'est le parti que j'ai pris. J'ai attendu que j'eusse repris un

---

[1] M. de Malesherbes. (ÉD.)

peu de santé pour m'aller guérir à Plombières. Je prendrai les eaux en n'y croyant pas, comme j'ai lu les Pères.

J'exécuterai vos ordres auprès de M. Dalembert. Je vois les fortes raisons du prétendu éloignement dont vous parlez; mais vous en avez oublié une, c'est que vous êtes éloignée de son quartier[1]. Voilà donc le grand motif sur lequel court le commerce de la vie! Savez-vous bien, vous autres, ce qu'il y a de plus difficile à Paris? C'est d'attraper le bout de la journée.

Puissent vos journées, madame, être tolérables! C'est encore un beau lot; car, de journées toujours agréables, il n'y en a que dans *les Mille et une Nuits* et dans *la Jérusalem céleste*.

Résignons-nous à la destinée, qui se moque de nous et qui nous emporte. Vivons tant que nous pourrons et comme nous pourrons. Nous ne serons jamais aussi heureux que les sots; mais tâchons de l'être à notre manière.... Tâchons.... quel mot! Rien ne dépend de nous; nous sommes des horloges, des machines.

Adieu, madame, mon horloge voudrait sonner l'heure d'être auprès de vous.

MMLXXXIV. — A M. COLINI.

A Plombières, le 6 juillet.

Je répète *al signor Colini* qu'il est bien meilleur correcteur d'imprimerie que moi. Je le prie de m'envoyer l'épître dédicatoire, et la préface entière, imprimées; d'avoir soin de ces deux grosses fautes de ma façon, qui se sont glissées sur la fin du second volume.

Je suis au désespoir; je crains que M. de Malesherbes n'ait remis à des libraires de Paris l'exemplaire que je lui envoyai, de concert avec M. Schœpflin, pour le soumettre à ses lumières, et pour l'engager à le protéger. J'ai peur qu'il n'ait été choqué de ce que M. Schœpflin lui a écrit. Dites-lui bien, je vous en prie, qu'il n'a autre chose à faire qu'à envoyer vite de tous côtés.... Recommandez-lui la plus prompte diligence. J'écris la lettre la plus forte à M. de Malesherbes.

Que l'électeur palatin ait dans huit jours ses exemplaires, et que le livre soit en vente. Je l'ai averti, il y a quatre mois, de prendre ses précautions. Je vous embrasse.

V.

MMLXXXV. — A M. DE CIDEVILLE.

A Plombières, le 9 juillet.

Mon cher et ancien ami, quoique *chat échaudé* ait la réputation de craindre l'*eau froide*, cependant j'ai risqué l'eau chaude. Vous savez que j'aimerais bien mieux être auprès des naïades de Forges que de celles de Plombières; vous savez où je voudrais être, et combien il m'eût été doux de mourir dans la patrie de Corneille et dans les bras de mon cher Cideville; mais je ne peux ni passer ni finir ma vie selon mes désirs. J'ai au moins auprès de moi, à présent, une

---

1. Dalembert demeurait rue Michel-le-Comte, et Mme du Deffand, rue Saint-Dominique, dans la communauté de Saint-Joseph. (Éd.)

nièce qui me console en me parlant de vous. Nous ne faisons point de châteaux en Espagne, mais nous en faisons en Normandie. Nous imaginons que, quelque jour, nous pourrions bien vous venir voir. Elle m'a parlé, comme vous, du poëme de l'*Agriculture*[1]. C'était à vous à le faire, et à dire :

> *O fortunatos, nimium, sua nam bona nôscunt!*
> Virg. *Georg.*, II, v. 458.

Pour moi, je dis :

> *Nos. . . . . . . dulcia linquimus arva;*
> Virg. ecl. I, v. 3.

mais ne me dites point de mal des livres de dom Calmet.

> Ses antiques fatras ne sont point inutiles;
> Il faut des passe-temps de toutes les façons,
> Et l'on peut quelquefois supporter les Varrons,
> Quoiqu'on adore les Virgiles.

D'ailleurs, il y a cent personnes qui lisent l'histoire pour une qu. lit les vers. Le goût de la poésie est le partage du petit nombre des élus. Nous sommes un petit troupeau, et encore est-il dispersé; et puis je ne sais si, à mon âge, il me siérait encore de chanter; il me semble que j'aurais la voix un peu rauque. Et pourquoi chanter :

> . . . . *deserti ad Strymonis undam?*
> Virg. *Georg.*, IV, v. 508.

Enfin je me suis vu contraint de songer sérieusement à cette *Histoire universelle* dont on a imprimé des fragments si indignement défigurés. On m'a forcé à reprendre malgré moi un ouvrage que j'avais abandonné, et qui méritait tous mes soins. Ce n'était pas les sèches *Annales de l'Empire*, c'était le tableau des siècles, c'était l'histoire de l'esprit humain. Il m'aurait fallu la patience d'un bénédictin et la plume d'un Bossuet. J'aurai au moins la vérité d'un de Thou. Il n'importe guère où l'on vive, pourvu qu'on vive pour les beaux-arts; et l'histoire est la partie des belles-lettres qui a le plus de partisans dans tous les pays.

> Les fruits des rives du Permesse
> Ne croissent que dans le printemps;
> D'Apollon les trésors brillants
> Font les charmes de la jeunesse,
> Et la froide et triste vieillesse
> N'est faite que pour le bon sens.

Adieu, mon cher ami; je vous aime bien plus que la poésie. Mme Denis vous fait mille compliments. V.

1. Le poëme de *l'Agriculture*, par Rosset, ne fut publié qu'en 1774, in-4°. (*En.*)

ANNÉE 1754.

MMLXXXVI. — A M. COLINI.

A Plombières, le 12 juillet.

M. Mac-Mahon, médecin de Colmar, m'a apporté votre paquet. Vous me ferez un plaisir extrême de hâter la reliure des deux volumes en maroquin, pour Son Altesse électorale, et de les envoyer, par la poste, à Mme Defresnei, en la priant de les faire tenir par les chariots.

Tâchez qu'au moins l'Épître soit dans ces deux volumes, avant la préface.

Mille tendres amitiés à Mme Goll; j'espère la voir avec ma nièce.

V.

MMLXXXVII. — A DOM CALMET, ABBÉ DE SENONES.

A Plombières, le 16 juillet.

Monsieur, la lettre dont vous m'honorez augmente mon regret d'avoir quitté votre respectable et charmante solitude. Je trouvais chez vous bien plus de secours pour mon âme que je n'en trouve à Plombières pour mon corps. Vos ouvrages et votre bibliothèque m'instruisaient plus que les eaux de Plombières ne me soulagent. On mène d'ailleurs ici une vie un peu tumultueuse, qui me fait chérir encore davantage cette heureuse tranquillité dont je jouissais avec vous. J'ai pris la liberté de faire mettre à part quelques livres des savants d'Angleterre pour votre bibliothèque; mais on n'a envoyé chez Debure que les livres écrits en langue anglaise. J'ai donné ordre qu'on y joignît les latins. Ce sont au moins des livres rares, qui seront bien mieux placés dans une bibliothèque comme la vôtre que chez un particulier. Il faut de tout dans la belle collection que vous avez. Je vous souhaite une santé meilleure que la mienne, et des jours aussi durables que votre gloire, et que les services que vous avez rendus à quiconque veut s'instruire. Je serai toute ma vie, avec le plus respectueux et le plus tendre attachement, monsieur, votre, etc.

V.

MMLXXXVIII. — A M. DEVAUX.

A Plombières, le 19 juillet.

Mon cher *Panpan*, Mlle de Francinetti vient de mourir subitement, pendant qu'on dansait à deux pas de chez elle, et on n'a pas cessé de danser. Qui se flatte de laisser un vide dans le monde et d'être regretté a tort. Elle doit pourtant être regrettée de ses amis; elle l'est beaucoup de moi, qui connaissais toute la bonté de son cœur. Elle m'avait montré une lettre de vous dont je vous dois des remercîments. J'ai vu que vous souhaitiez de revoir votre ancien ami. Vous parliez dans cette lettre des bontés que Mme de Boufflers et M. de Croï veulent bien me conserver. Je vous supplie de leur dire combien j'en suis touché, et à quel point je désirerais leur faire encore ma cour; mais ma santé désespérée, et des affaires, me rappellent à Colmar, où j'ai quelque bien qu'il faut arranger. Mme Denis m'y accompagne. Mes deux nièces vous remercient des choses agréables qui étaient pour elles dans votre lettre à Mlle Francinetti

Adieu, mon ancien ami, votre belle âme et votre esprit me seront toujours bien chers, et vous devez toujours me compter parmi vos vrais amis. V.

MMLXXXIX. — A M. LE COMTE D'ARGENTAL.

Colmar, le 26 juillet.

Anges, je ne peux me consoler de vous avoir quittés qu'en vous écrivant. Je suis parti de Plombières pour *la Chine*. Voyez tout ce que vous me faites entreprendre. O Grecs ! que de peine pour vous plaire ! Eh bien ! me voilà *Chinois*, puisque vous l'avez voulu ; mais je ne suis ni mandarin ni jésuite, et je peux très-bien être ridicule. Anges, scellez la bouche de tous ceux qui peuvent être instruits de ce voyage de long cours ; car, si l'on me sait embarqué, tous les vents se déchaîneront contre moi. Mon voyage à Colmar était plus nécessaire, et n'est pas si agréable. Il n'y a de plaisir qu'à vous obéir, à faire quelque chose qui pourra vous amuser. J'y vais mettre tous mes soins, et je ne vous écris que ce petit billet, parce que je suis assidu auprès du berceau de l'*Orphelin*. Il m'appelle, et je vais à lui en faisant la pagode. J'ignore si ce billet vous trouvera à Plombières. Il n'y a que le président[1] qui puisse y faire des vers. Moi je n'en fais que dans la plus profonde retraite, et quand c'est vous qui m'inspirez. Dieu vous donne la santé, et que le King-Tien me donne de l'enthousiasme et point de ridicule. Sur ce je baise le bout de vos ailes.

MMXL. — DE CHARLES-THÉODORE, ÉLECTEUR PALATIN.

Schwetzingen, ce 27 juillet.

J'ai reçu, monsieur, votre lettre pendant que j'étais aux bains de Schlangenbadt ; et, peu de jours après mon retour ici, le volume que vous m'avez envoyé. Je vous en suis bien obligé ; et, quoique vous ayez outré quelques expressions flatteuses à mon égard, je suis bien aise de concourir à la justice que le public vous doit sur les mauvaises éditions de votre *Essai sur l'histoire universelle*. Vous rendrez sûrement un grand service à ce même public, si vous donnez bientôt le reste de cet ouvrage. Il intéresse, il amuse, et instruit solidement. Rien d'essentiel n'y est oublié, et les faits de moindre conséquence qui s'y trouvent paraissent presque nécessaires pour nous bien faire entrer dans l'esprit des siècles passés.

J'ai entendu dire par plusieurs personnes que vous travaillez présentement à une *Histoire d'Espagne*. Quoiqu'elles ne me l'aient pas assuré pour certain, j'espère que votre santé vous permettra toujours de donner quelque ouvrage nouveau.

Comme je crois le vin de Hongrie fort sain, et que vous n'êtes peut-être pas à portée d'en avoir de bon, j'ai fait faire des dispositions pour

---

1. Le président Hénault. (ÉD.)

vous en envoyer, dès que les chaleurs le permettront. Je voudrais avoir des occasions plus réelles de pouvoir vous faire plaisir.

Je suis avec bien de l'estime, etc. CHARLES-THÉODORE, *électeur*.

MMXCI. — A M. L'ABBÉ D'OLIVET.

A Colmar, le 27 juillet.

Mon cher *Cicéron*, le cardinal Ximenès ne faisait point de tragédies, et M. de Ximenès, qui est de la maison, a fait une pièce de théâtre, qui a eu du succès. Vous savez qu'on le nomme le marquis de Chimène, nom consacré, malgré le cardinal de Richelieu. On ne dira pas :

L'Académie en corps a beau le censurer;
Boileau, sat. IX, v. 233.

c'est à l'Académie à se déclarer pour les Chimène.

Il croit que j'ai quelque crédit auprès de vous; il ambitionne votre voix[2], et encore plus votre suffrage. Je suis trop malade pour vous écrire une longue lettre. Je vous souhaite de la santé, et je vous aime de tout mon cœur. Mme Denis, qui est ma garde-malade, vous fait mille compliments.

MMXCII. — A M. LE COMTE D'ARGENTAL.

Colmar, le 3 août.

Mon divin ange, les eaux de Plombières ne sont pas si souveraines, puisqu'elles donnent des coliques à Mme d'Argental, et qu'elles m'ont attaqué violemment la poitrine; mais peut-être aussi que tout cela n'est point l'effet des eaux. Qui sait d'où viennent nos maux et notre guérison ? Au moins les médecins n'en savent rien. Ce qui est sûr c'est que Plombières a fait, pendant quinze jours, le bonheur de ma vie, et vous savez tous deux pourquoi. Cette année doit m'être heureuse. Je vous remercie pour *Marianne*, et surtout pour *Rome*. Les comédiens sont de grands butors s'ils ne savent pas faire copier les rôles. Voulez-vous que je vous envoie l'imprimé ? Dites comment, et il partira. Nos magots de la Chine n'ont pas réussi. J'en ai fait cinq; cela est à la glace, allongé, ennuyeux. Il ne faut pas faire un Versailles de Trianon; chaque chose a ses proportions. Nous avons trouvé, Mme Denis et moi, les cinq pavillons réguliers; mais il n'y a pas moyen d'y loger; les appartements sont trop froids. Nous avons été confondus du mauvais effet que fait l'art détestable de l'amplification; alors je n'ai eu de ressource que d'embellir trois corps de logis; j'y ai travaillé avec ce courage que donne l'envie de vous plaire; enfin nous sommes très-contents. Ce n'est pas peu que je le sois; je vous réponds que je suis aussi difficile qu'un autre. J'ose vous assurer que c'est un ouvrage bien singulier, et qu'il produit un puissant intérêt depuis le

---

1. *Amalasonte*, tragédie représentée le 30 mai 1754. (ÉD.)
2. Destouches était mort le 4 juillet; Boissi fut reçu à sa place, le 25 août suivant, à l'Académie française. (ÉD.)

premier vers jusqu'au dernier. Il vaut mieux certainement donner quelque chose de bon en trois actes que d'en donner cinq insipides, pour se conformer à l'usage. Il me semble qu'il serait très à propos de faire jouer cette nouveauté immédiatement avant le voyage de Fontainebleau, supposé que l'ouvrage vous paraisse aussi passable qu'à nous; supposé que cela ne fasse aucun tort à *Rome sauvée* ; supposé encore qu'on ne trouve dans nos Chinois rien qui puisse donner lieu à des allusions malignes. J'ai eu grand soin d'écarter toute pierre de scandale. Le conquérant tartare serait à merveille entre les mains de Lekain ; La Noue a assez l'air d'un lettré chinois, ou plutôt d'un magot ; c'est grand dommage qu'il ne soit pas cocu. Idamé est coupée sur la taille de Mlle Clairon. Peut-être les circonstances présentes seraient favorables ; en tout cas, je vais faire transcrire l'ouvrage ; indiquez-moi la façon de vous l'envoyer par la poste.

Ce que vous me mandez, mon cher ange, de mon troisième volume me fait un extrême plaisir ; plus il sera lu, et plus les gens raisonnables seront indignés contre le brigandage et l'imposture qui m'ont attribué les deux premiers ; ils seront bientôt prêts à paraître de ma façon. Il ne me faut pas six mois pour que tout l'ouvrage soit fini, pour peu que j'aie, je ne dis pas une santé, mais une langueur tolérable. Je ne demande, pour travailler beaucoup, qu'à ne pas souffrir beaucoup. Tout cela sera sans préjudice de *Zulime*, sur laquelle j'ai toujours de grands desseins. Voilà toute mon âme mise aux pieds de mes anges.

Vous pouvez donc à présent aller à la Comédie ? Le ciel en soit béni ! Daignez donc faire mes compliments à Hérode[2] quand vous le rencontrerez dans le foyer. Pardon de *la liberté grande*. Mme Denis vous fait les siens très-tendrement. Elle s'est faite garde-malade. Elle travaille dans son infirmerie, et moi dans la mienne. Nous sommes deux reclus. Quand on ne peut vivre avec vous, il faut ne vivre avec personne. Adieu, mes anges ; mes magots chinois et moi, nous sommes à vos ordres. Je vous salue en Confucius, et je m'incline devant votre doctrine, m'en rapportant à votre tribunal des rites.

MMXCIII. — A M. LE MARÉCHAL DUC DE RICHELIEU.

A Colmar, le 6 août.

Croyez fermement, monseigneur, que je vous mets immédiatement au-dessus du soleil et des bibliothèques. Je ne peux, en vérité, vous donner une plus belle place dans la distribution de mes goûts. Je suis assez content du soleil pour le moment ; mais ne vous figurez pas que dans votre belle province[3], vous ayez les livres qu'il faut à ma pédanterie. Je les ai trouvés au milieu des montagnes des Vosges. Où va-t-on ça chercher l'objet de sa passion ! Il me fallait de vieilles chroniques du temps de Charlemagne et de Hugues Capet, et tout ce qui concerne l'histoire du moyen âge, qui est la chose du monde la plus

1. La Dauphine était sur le point d'accoucher. (ÉD.)
2. Lekain, qui joua ce rôle avec un grand succès. (ÉD.)
3. Le bas Languedoc. (ÉD.)

obscure; j'ai trouvé tout cela dans l'abbaye de dom Calmet. Il y a dans ce désert sauvage une bibliothèque presque aussi complète que celle de Saint-Germain-des-Prés de Paris. Je parle à un académicien; ainsi il me permettra ces petits détails. Il saura donc que je me suis fait moine bénédictin pendant un mois entier. Vous souvenez-vous de M. le duc de Brancas, qui s'était fait dévot au Bec? Je me suis fait savant à Senones, et j'ai vécu délicieusement au réfectoire. Je me suis fait compiler par les moines des fatras horribles d'une érudition assommante. Pourquoi tout cela? pour pouvoir aller gaiement faire ma cour à mon *héros*, quand il sera dans son royaume. Pédant à Senones, et joyeux auprès de vous, je ferais tout doucement le voyage avec ma nièce. Je ne pouvais régler aucune marche avant d'avoir fait un grand acte de pédantisme que je viens de mettre à fin. J'ai donné moi-même un troisième volume de l'*Histoire universelle*, en attendant que je puisse publier à mon aise les deux premiers, qui demandaient toutes les recherches que j'ai faites à Senones; et je publie exprès ce troisième volume pour confondre l'imposture, qui m'a attribué ces deux premiers tomes si défectueux. J'ai dédié exprès à l'électeur palatin ce tome troisième, parce qu'il a l'ancien manuscrit des deux premiers entre les mains; et je le prends hardiment à témoin que ces deux premiers ne sont point mon ouvrage. Cela est, je crois, sans réplique, et d'autant plus sans réplique que monseigneur l'électeur palatin me fait l'honneur de me mander *qu'il est bien aise de concourir à la justice que le public me doit*.

Je rends compte de tout cela à mon *héros*. Mon excuse est dans la confiance que j'ai en ses bontés. Je le supplie de mander comment je peux faire pour lui envoyer ce troisième volume par la poste. Il aime l'histoire, il trouvera peut-être des choses assez curieuses, et même des choses dans lesquelles il ne sera point de mon avis. J'aurai de quoi l'amuser davantage quand je serai assez heureux pour venir me mettre quelque temps au nombre de ses courtisans, dans son royaume de Théodoric. Mme Denis, ma garde-malade, voulait avoir l'honneur de vous écrire. Elle joint ses respects aux miens. Nous disputons à qui vous est attaché davantage, à qui sent le mieux tout ce que vous valez, et nous vous donnons toujours la préférence sur tout ce que nous avons connu.

Vous êtes le saint pour qui nous avons envie de faire un pèlerinage. Je crois que six semaines de votre présence me feraient plus de bien que Plombières. Adieu, monseigneur; votre ancien courtisan sera toujours pénétré pour vous du plus tendre respect et de l'attachement le plus inviolable.

MMXCIV. — A M. LE MARQUIS DE PAULMI.

A Colmar, le 13 août.

Permettez, monseigneur, qu'on prenne la liberté d'ajouter un volume à votre bibliothèque. Voici un petit pavillon d'un bâtiment immense, dont les deux premières ailes, qu'on a données très-indignement, ne sont certainement pas de mon architecture. Si je vis encore un an, je compte bien avoir l'honneur de vous envoyer tout l'édifice de ma façon. On verra une énorme différence, et on me rendra justice. Votre suffrage, si vous avez le temps de le donner, sera la plus chère récompense de mes pénibles travaux.

Mme Denis, ma garde-malade, et moi, nous vous présentons les plus tendres respects.

MMXCV. — A M. DE BRENLES.

A Colmar, le 13 août.

Mon voyage de Plombières, monsieur, et l'état languissant où je suis toujours, m'ont empêché de vous dire plus tôt combien je vous sais gré de servir les *trois dieux* qui président à votre ménage. Mme de Brenles et vous, vous en ajoutez un quatrième qui embellit les trois autres, c'est l'esprit, et l'esprit éclairé. Que votre charmante compagne reçoive ici mes remercîments et mon admiration ! Que ne puis-je venir voir tous vos dieux ! J'ai avec moi, à Colmar, une nièce qui est veuve d'un officier du régiment de Champagne; elle aime les lettres, elle les cultive comme Mme de Brenles. Son amitié pour moi l'a engagée à être ma garde-malade. Elle est assez philosophe pour ne pas refuser de se retirer avec moi dans quelque terre, et cette même philosophie ne lui ferait pas haïr un pays libre. Cette précieuse liberté et votre voisinage seraient deux belles consolations de ma vieillesse; vous savez qu'il y a longtemps que j'y pense. On dit qu'il y a actuellement une assez belle terre à vendre, sur le bord du lac de Genève. Si le prix n'en passe pas deux cent mille livres de France, l'envie d'être votre voisin me déterminerait. Une moins chère conviendrait encore, pourvu que le logement et la situation surtout fussent agréables. Que ce soit à cinq ou six lieues de Lausanne, il n'importe; tout serait bon, pourvu qu'on y fût le maître, et qu'on pût avoir l'honneur de vous y recevoir quelquefois. S'il y a, en effet, une terre agréable à vendre dans vos cantons, je vous prie, monsieur, d'avoir la bonté de me le mander; mais il faudrait que la chose fût secrète. J'enverrais une procuration à quelqu'un qui l'achèterait d'abord en son nom. Vous n'ignorez pas les ménagements que j'ai à garder. Je ne veux rien ébruiter, rien afficher, et je ne dois me fermer aucune porte.

Je compte avoir l'honneur, monsieur, de vous envoyer, par la première occasion, un nouveau tome de l'*Histoire universelle*, que je publie expressément pour condamner les deux premiers que l'on a si indignement défigurés, et que j'espère donner moi-même, quand il en sera temps.

La vérité, quelque circonspecte qu'elle puisse être, a besoin de la liberté; si je peux venir à bout de goûter les charmes de l'une et de l'autre avec ceux de votre société, je croirai ne pouvoir mieux finir ma carrière. Je supplie les deux nouveaux mariés de me conserver leurs bontés, et de compter sur mes respectueux sentiments.

VOLTAIRE.

MMXCVI. — À Mme DE FONTAINE, A PARIS.

A Colmar, le 22 août.

Je veux vous écrire, ma chère nièce, et je ne vous écris point de ma main, parce que je suis un peu malade; et me voilà sur mon lit sans en rien dire à votre sœur. J'espère que vous trouverez ma lettre à votre arrivée à Paris. Nous saurons si les eaux vous ont fait du bien, si vous digérez; si vous et votre fils[1] vous faites toujours de grands progrès dans la peinture; si l'abbé Mignot a obtenu enfin quelque bénéfice.

Vous allez avoir *le Triumvirat*[2]; ainsi ce n'est pas la peine d'envoyer mes magots de la Chine[3]. Je ne peux d'ailleurs avoir absolument que trois magots; les cinq seraient secs comme moi; au lieu que les trois ont de gros ventres comme des Chinois. Votre sœur en est fort contente. Ils pourront un jour vous amuser; mais à présent il ne faut rien précipiter.

Ne hâtons pas plus nos affaires en France qu'à la Chine; ne faites nul usage, je vous en prie, du papier que vous savez; nous avons quelque chose en vue, Mme Denis et moi, du côté de Lyon. On dit que cela sera fort agréable. Nous vous en rendrons bientôt compte.

Je me lève pour vous dire que nous sommes ici deux solitaires qui vous aimons de tout notre cœur.

MMXCVII. — A M. LE COMTE D'ARGENTAL.

A Colmar, le 27 août.

L'épuisement où je suis, mon cher et respectable ami, m'interdit les cinq actes, puisqu'il m'empêche de vous écrire de ma main.

Vous m'avouerez qu'à mon âge trois fois sont bien honnêtes; j'ai été jusqu'à cinq pour vous plaire; mais, en vérité, ce n'était que cinq langueurs. Comptez que j'ai fait tout ce que j'ai pu pour m'échauffer le tempérament. Je vous conjure d'ailleurs de tâcher de croire que chaque sujet a son étendue; que *la Mort de César* serait détestable en cinq actes, et que nos Chinois sont beaucoup plus intéressants et beaucoup plus faits pour le théâtre. J'aurai, je crois, le temps de les garder encore, puisqu'on va donner *le Triumvirat*. Le public aura, grâce à vos bontés, une suite de l'histoire romaine sur le théâtre. Vous ferez une action de Romain si vous parvenez à faire jouer *Rome sauvée*.

Les sentiments de Lekain me plaisent autant que ses talents, mais il faut que je renonce au plaisir de l'entendre. C'est une injustice bien criante de me rendre responsable de deux volumes impertinents que l'imposture et l'ignorance ont publiés sous mon nom. Je ferai voir bientôt qu'il y a quelque différence entre mon style et celui de Jean Néaulme. On aurait dû me plaindre plutôt que de se fâcher contre moi; mais je suis accoutumé à ces petites méprises de la sottise et de la méchanceté humaines. Vous m'en consolez, mon cher ange. Protégez bien Rome et la Chine, pendant que je suis encore sur les bords du

---

1. M. Dompierre d'Hornoy, alors âgé de douze ans. (Éd.)
2. Tragédie de Crébillon. (Éd.) — 3. *L'Orphelin*. (Éd.)

Rhin. Mille tendres respects à Mme d'Argental. Je n'en peux plus, mais je vous aime de tout mon cœur.

MMXCVIII. — A M. LE MARQUIS DE THIBOUVILLE.

Colmar, le 27 août.

Oui, je pense plus à vous que je ne vous écris, monsieur; l'état où je suis ne me permet pas même de vous écrire aujourd'hui de ma main. Mme Denis a fait une action bien héroïque de vous quitter pour venir garder un malade. Il est assez étrange que deux personnes qui voulaient passer leur vie avec vous soient à Colmar. Si la friponnerie, l'ignorance et l'imposture n'avaient pas abusé de mon nom pour donner deux impertinents volumes d'une prétendue *Histoire universelle*, votre *Zulime* s'en trouverait mieux; mais l'injustice odieuse[1] que j'ai essuyée m'impose au moins le devoir de la confondre, en mettant en ordre mon véritable ouvrage. Votre *Zulime* ne peut venir qu'après les quatre parties du monde qui m'occupent à présent. Ce serait pour moi une grande consolation, dans mes travaux et dans mes souffrances, de voir l'ouvrage[2] dont vous me parlez. Je vous en dirais mon avis avant les représentations; c'est le seul temps où l'amitié puisse employer la critique; elle n'a plus qu'à applaudir ou à se taire quand l'ouvrage a été livré au parterre.

On avait fait courir un plaisant bruit; on disait que j'avais fait aussi *le Triumvirat*[3]. Je vous assure que je suis très-loin d'exciter une pareille guerre civile au théâtre. La bagatelle[4] dont vous a parlé M. d'Argental n'était d'abord qu'un ouvrage de fantaisie, dont j'avais voulu l'amuser aux eaux de Plombières. C'est lui qui m'a engagé à y travailler sérieusement; j'en ai fait, je crois, une pièce très-singulière. Mlle Clairon y aura un beau rôle; mais il est impossible d'en faire cinq actes. Il vaut bien mieux en donner trois bons que cinq languissants. J'allais presque vous dire que nous en parlerons un jour; mais je sens bien que je me réduirai à vous écrire. L'absence ne diminuera jamais dans mon cœur les sentiments que je vous ai voués pour toute ma vie.

Le malade V.

P. S. — DE MME DENIS.

Puisque l'oncle ne peut vous écrire de sa main, la nièce y suppléera tant bien que mal. Convenez que mon oncle a raison de ne vous point envoyer *Zulime*, puisqu'elle n'est pas encore à sa fantaisie, et qu'il n'a pas le temps d'y travailler actuellement. Celle dont M. d'Argental vous a parlé vous plaira d'autant plus qu'il y a deux très-beaux rôles pour

---

1. Louis XV, conseillé et excité par les prêtres, avait fait défendre à Voltaire de rentrer à Paris. (*Note de Clogenson*.)
2. Sans doute sa tragédie de *Namir*, qui toutefois ne fut jouée qu'en 1759 (Éd.)
3. Crébillon était mort depuis un an, quand Voltaire commença à composer sa tragédie du *Triumvirat*, jouée le 5 juillet 1764. (Éd.)
4. *L'Orphelin de la Chine*, que Voltaire finit par donner en cinq actes. (Éd.)

Lekain et Mlle Clairon. Cette pièce est très-singulière, chaude, et écrite à merveille; mais vous n'aurez que trois actes. Nous espérons bien que, lorsqu'il sera question de la jouer, vous y donnerez tous vos soins.

L'*Histoire universelle* l'occupe actuellement tout entier; c'est un ouvrage fait pour lui faire infiniment d'honneur; dès qu'il sera fini, je ferai de mon mieux pour l'engager à reprendre ce théâtre que nous aimons, vous et moi, si constamment. Vous verrez encore des *Alzire*, des *Zaïre*, des *Mérope*, etc., etc., de sa façon. Son génie est aussi brillant que sa santé est misérable. Adressez-moi toujours vos lettres à Colmar; nous ne sommes pas encore déterminés sur le temps où nous irons à Strasbourg. Si mon oncle daigne me rendre une partie des sentiments que j'ai pour lui, tous les séjours me seront égaux; l'amitié embellit les lieux les plus sauvages.

Je ne doute pas que votre tragédie ne soit dans sa perfection; M. de Voltaire sera sûrement étonné de la façon dont elle est écrite. Pourriez-vous la lui faire lire? Pensez-y bien.

Vous fourrerez-vous, cet hiver, dans la bagarre? J'imagine que non; vous êtes trop sage. Mon oncle veut aussi laisser passer les plus pressés. Je pense qu'il fera bien froid, cet hiver, au *Triumvirat*; qu'en dites-vous?

Puisque vous voulez savoir ce que je fais, je barbouille aussi du papier; je travaille mal et lentement; mon ouvrage¹ n'a pris, jusqu'à présent, aucune forme, et j'en suis si mécontente que je n'ai pas encore eu le courage de le montrer à mon oncle. Je me console en pensant que l'occupation la plus ordinaire d'une femme est de faire des nœuds, et qu'il vaut autant gâter du papier que du fil.

Dites-moi si Ximenès demande encore la place vacante² à l'Académie; j'en serais fâchée; ce serait une seconde imprudence. Si j'étais à Paris, je ferais l'impossible pour l'en empêcher. Il se presse trop, et détruit la petite fortune d'*Amalazonte*, par un amour-propre mal entendu qu'on veut humilier.

Adieu; mandez-moi tout ce que vous savez; vous ferez grand plaisir à une solitaire qui aime vos lettres, et qui a pour vous la plus inviolable amitié.

Dites, je vous prie, monsieur, à Mme Sonning, que j'ai souvent le plaisir de parler d'elle avec Mme la comtesse de Lutzelbourg, qui est ici, et faites-lui pour moi mille tendres compliments.

MMXCIX. — DE CHARLES-THÉODORE, ÉLECTEUR PALATIN.

Schwetzingen, ce 28 août.

Je suis charmé d'apprendre par votre lettre, monsieur, que vous continuez de travailler à un ouvrage³ que le public doit désirer avec

---

1. La tragédie d'*Alceste*. (ÉD.)
2. Surian, évêque de Vence, était mort le 3 août; il fut remplacé par Dalembert, le 19 décembre 1754, à l'Académie française, où Ximenès avait précédemment essayé de succéder à Destouches. (ÉD.)
3. *Essai sur l'histoire générale*, devenu depuis l'*Essai sur les mœurs*. (ÉD.)

empressement, et que, malgré les peines et les soins que vous vous donnez dans les profondes recherches que vous faites dans l'histoire, vous vous occupiez encore à orner le théâtre français d'une nouvelle tragédie. Je suis bien impatient de la voir *You're in the right to think that I don't dislike the English taste, and I have borrow'd this way of thinking from the observations on this nation.* Les trop grandes libertés de la tragédie anglaise étant réduites à de justes bornes par quelqu'un qui sait si bien les compasser que vous, monsieur, ne pourront que plaire à tous ceux qui jugent sans prévention. Je tombe moi-même un peu dans le défaut d'être prévenu, puisque je le suis déjà pour ce nouvel enfant légitime, dont je serai charmé de revoir le père, qui en fait tant et de si beaux. J'espère que votre santé se remet. Soyez sûr de l'estime avec laquelle je suis, etc. CHARLES-THÉODORE, *électeur.*

MMC. — A M. LE COMTE D'ARGENTAL.

Colmar, le 8 septembre.

C'est moi, mon cher ange, qui veux et qui fais tout ce que vous voulez, puisque je vous envoie, par pure obéissance, des Tartares et des Chinois dont je ne suis pas content. Il me paraît que c'est un ouvrage plus singulier qu'intéressant, et je dois craindre que la hardiesse de donner une tragédie en trois actes[1] ne soit regardée comme l'impuissance d'en faire une en cinq. D'ailleurs, quand elle aurait un peu de succès, quel avantage me procurerait-elle? L'assiduité de mes travaux ne désarmera point ceux qui me veulent du mal. Enfin je vous obéis; faites ce que vous croirez le plus convenable. Soyez sévère, et faites lire la pièce par des yeux encore plus sévères que les vôtres.

Vous connaissez trop le théâtre et le cœur humain pour ne pas sentir que, dans un pareil sujet, cinq actes allongeraient une action qui n'en comporte que trois. Dès qu'un homme comme notre conquérant tartare a dit : *J'aime,* il n'y a plus pour lui de nuances; il y en a encore moins pour Idamé, qui ne doit pas combattre un moment; et la situation d'un homme à qui on veut ôter sa femme a quelque chose de si avilissant pour lui, qu'il ne faut pas qu'il paraisse; sa vue ne peut faire qu'un mauvais effet. La nature de cet ouvrage est telle qu'il faut plutôt supprimer des situations et des scènes, que songer à les multiplier; je l'ai tenté, et je suis defiguré convaincu que je gâtais tout ce que je voulais étendre. C'est à vous maintenant à voir, mon cher et respectable ami, si cette nouveauté peut être hasardée, et si le temps est convenable.

Je vous remercie de *Rome sauvée,* dont je fais plus de cas que de mon *Orphelin.* Je tâcherai de dérober quelques moments à mes maladies et à mes occupations pour faire ce que vous exigez.

Vous montrerez sans doute mes trois magots à M. de Pont de Veyle et à M. l'abbé de Chauvelin. Vous assemblerez tous les anges. Je me fie beaucoup au goût de M. le comte de Choiseul. Si tout cet aréopage conclut à donner la pièce, je souscris à l'arrêt.

1. *L'Orphelin* n'était alors qu'en trois actes. (ÉD.)

L'*Histoire générale* me donne toujours quelques alarmes. Le troisième volume ne pouvait révolter personne. Les objets de ce temps-là ne sont pas si délicats à traiter que ceux de la grande révolution qui s'est faite dans l'Église du temps de Léon X. Les siècles qui précédèrent Charlemagne, et dont il faut donner une idée, portent encore avec eux plus de danger, parce qu'ils sont moins connus, et que les ignorants seraient bien effarouchés d'apprendre que tant de faits, qu'on nous a débités comme certains, ne sont que des fables. Les donations de Pepin et de Charlemagne sont des chimères; cela me paraît démontré. Croiriez-vous bien que les prétendues persécutions des empereurs contre les premiers chrétiens ne sont pas plus véritables? On nous a trompés sur tout; et on est encore si attaché à des erreurs qui devraient être indifférentes, qu'on ne pardonnera pas à qui dira la vérité, quelque circonspection et quelque modestie qu'il emploie.

Les deux premiers volumes, qu'on a si indignement tronqués et falsifiés, ne devraient m'être attribués par personne; ce n'est pas là mon ouvrage. Cependant, si on a eu la cruauté de me condamner sur un ouvrage qui n'est pas le mien, que ne fera-t-on pas quand je m'exposerai moi-même!

Puisque je suis en train de vous parler de mes craintes, je vous dirai que notre *Jeanne* me fait plus de peine que Léon X et Luther, et que toutes les querelles du sacerdoce et de l'Empire. Il n'y a que trop de copies de cette dangereuse plaisanterie. Je sais, à n'en pas douter, qu'il y en a à Paris et à Vienne, sans compter Berlin. C'est une bombe qui crèvera tôt ou tard pour m'écraser, et des tragédies ne me sauveront pas. Je vivrai et je mourrai la victime de mes travaux, mais toujours consolé par votre inébranlable amitié. Mme Denis est bien sensible à votre souvenir; elle partage en paix ma solitude, et m'aide à supporter mes maux. Nous présentons tous deux nos respects à Mme d'Argental. J'envoie, sous l'enveloppe de M. de Chauvelin, le paquet tartare et chinois.

Non, mon cher ange, non. Je viens de relire la pièce. Il me paraît qu'on peut faire des applications dangereuses; vous connaissez le sujet, et vous connaissez la nation. Il n'est pas douteux que la conduite d'Idamé ne fût regardée comme la condamnation d'une personne[1] qui n'est point Chinoise. L'ouvrage, ayant passé par vos mains, vous ferait tort ainsi qu'à moi. Je suis vivement frappé de cette idée. L'application que je crains est si aisée à faire, que je n'oserais même envoyer l'ouvrage à la personne qui pourrait être l'objet de cette application. Je vais tâcher de supprimer quelques vers dont on pourrait tirer des interprétations malignes, ensuite je vous l'enverrai. Mais, encore une fois, la crainte des allusions, le désagrément de paraître lutter contre Crébillon, la stérilité des trois actes, voilà bien des raisons pour ne rien hasarder. J'attends vos ordres, et je m'y conformerai toute ma vie, mon cher ange.

1. Mme de Pompadour. (ÉD.)

MMCI. — A Mme DE FONTAINE, A PARIS.

A Colmar, ce 12 septembre.

Je fais les plus tendres compliments au frère et à la sœur. Je sens qu'il est très-triste d'avoir une si aimable famille, et d'en être séparé. Mme Denis fait ma consolation dans ma solitude et dans mes maladies. Plus elle est aimable, plus elle me fait sentir combien le charme de sa société redoublerait par celui de la vôtre.

La nouvelle la plus intéressante que le conseiller du grand conseil me mande est la démarche que son corps a faite. Je vous en fais mon compliment, mon cher abbé; il sera difficile que l'*ancien des jours*, Boyer, résiste à une sollicitation si pressante pour lui, et si honorable pour vous. L'homme du monde pour la conservation de qui je fais actuellement le plus de vœux est l'évêque de Mirepoix[1].

Je suis bien aise que le parlement ait enregistré sa condamnation et sa grâce, sans demeurer d'accord des qualités. Le grand point est que l'État ait la paix, et que les particuliers aient justice. Votre sœur, à qui le fils de Samuel Bernard s'est avisé de faire, en mourant, une petite banqueroute, est intéressée à voir le parlement reprendre ses fonctions. Il serait douloureux que la situation de mille familles demeurât incertaine, parce que quelques fanatiques exigent des *billets de confession* de quelques sots. Il n'y a que les billets à ordre, ou au porteur, qui doivent être l'objet de la jurisprudence; il faut se moquer de tous les autres, excepté des billets doux.

Pour mon billet d'avoir une terre, ma chère nièce, j'espère l'acquitter si je vis.

Il y a quelque apparence que nous passerons, votre sœur et moi, l'hiver à Colmar. Ce n'est pas la peine d'aller chercher une solitude ailleurs. Le printemps prochain décidera de ma marche.

Je suis bien aise qu'on trouve au moins ce troisième tome, dont vous me parlez, passable et modéré; c'est tout ce qu'il est. Je ne l'ai donné que pour confondre l'imposture et l'ignorance, qui m'ont attribué les deux premiers. Il y a une extrême injustice à me rendre responsable de cet avorton informe dont des imprimeurs avides avaient fait un monstre méconnaissable. Si jamais j'ai le temps de mettre en ordre tout ce grand ouvrage, on verra quelque chose de plus exact et de plus curieux. C'est un beau plan, mais l'exécution demande plus de santé et de secours que je n'en ai.

Votre vie est plus agréable que celle des gens qui s'occupent de la grâce, et des anciennes révolutions de ce bas monde. Le mieux est de vivre pour soi, pour son plaisir et pour ses amis; mais tout le monde ne peut pas faire ce mieux, et chacun est dirigé par son instinct et par son destin.

---

1. Le grand conseil dont l'abbé Mignot, neveu de Voltaire, était membre, avait sollicité pour lui un bénéfice, auprès de Boyer, ancien évêque de Mirepoix, qui tenait alors la feuille des bénéfices. L'abbé Mignot eut, dans la suite, l'abbaye de Scellières en Champagne, où Voltaire fut inhumé en 1770. (*Note de M. Beuchot.*)

...vous ne me dites rien de votre fils; je l'embrasse. Je fais mes compliments à tout ce que vous aimez.

Adieu, la sœur et le frère; vous êtes charmants de ne pas oublier ceux qui sont aux bords du Rhin.

MMCII. — DE CHARLES-THÉODORE, ÉLECTEUR PALATIN.

Schwetzingen, ce 17 septembre.

J'ai relu jusqu'à trois fois, monsieur, la tragédie¹ que vous m'avez fait le plaisir de m'envoyer. J'y ai toujours trouvé de nouvelles beautés. Enfin j'en suis enchanté, et suis bien empressé de la faire jouer. Pourtant, si je savais que votre santé vous permît bientôt de vous donner la peine de recorder les acteurs, j'attendrais encore pour avoir le plaisir complet, d'autant plus que, bien que je n'y aie rien trouvé de trop allégorique aux affaires du temps, je ne voudrais pas la faire donner sans votre aveu, dont je ne doute pourtant pas, croyant que vous ne voudriez pas priver le public de la satisfaction de voir et d'admirer une si belle pièce. Trois ou quatre personnes de goût qui l'ont lue n'ont pu en faire assez l'éloge, et elles en ont été touchées jusqu'aux larmes. Je vous assure, monsieur, que l'estime qu'on doit avoir pour des talents si supérieurs ne peut qu'augmenter; et c'est avec ces sentiments que je suis, etc. CHARLES-THÉODORE, *électeur*.

MMCIII. — A M. LE COMTE D'ARGENTAL.

Colmar, le 21 septembre.

Je vous obéis avec douleur, mon cher ange; l'état de ma santé me rend bien indifférent sur une pièce de théâtre, et ne me laisse sensible qu'au chagrin d'envisager que peut-être je ne vous reverrai plus. Mais je vous avoue que je serais infiniment affligé, si j'étais exposé à la fois à des dégoûts à l'Opéra et à la Comédie, immédiatement après l'affliction que cette *Histoire* prétendue *universelle* m'a causée. Amusez-vous, mon cher ange, avec vos amis, de mes Tartares et de mes Chinois, qui ont au moins le mérite d'avoir l'air étranger. Ils n'ont que ce mérite-là; ils ne sont point faits pour le théâtre; ils ne causent pas assez d'émotion. Il y a de l'amour, et cet amour, ne déchirant pas le cœur, le laisse languir. Une action vertueuse peut être approuvée, sans faire un grand effet. Enfin je suis sûr que cela ne réussirait pas, que les circonstances seraient très-peu favorables, et que les allusions de la malignité humaine seraient très-dangereuses. Les personnes sur lesquelles on ferait ces applications injustes se garderaient bien, je l'avoue, de les prendre pour elles, de s'en fâcher, d'en parler même; mais, dans le fond du cœur, elles seraient très-piquées et contre moi et contre ceux qui auraient donné la pièce. Elles me feraient tomber à la cour; c'est bien le moins qu'elles pussent faire. Qui jamais approuvera un ouvrage dont on fait des applications qui condamnent notre conduite? Je vous demande donc en grâce que cet avorton

1. *L'Orphelin de la Chine.* (ÉD.)

ne soit vu que de vous et de vos amis. J'ai donné mon consentement à la représentation de ce malheureux opéra de *Prométhée*[1], comme je donne mon consentement à mon absence, qui me tient éloigné de vous. Je souffre avec douleur ce que je ne peux empêcher. On m'a fait assez sentir que je n'ai aucun droit de m'opposer aux représentations d'un ouvrage imprimé depuis longtemps, dont la musique est approuvée des connaisseurs de l'hôtel de ville, et pour lequel on a déjà fait de la dépense. Je sais assez qu'il faudrait une dépense royale et une musique divine pour faire réussir cet ouvrage; il n'est pas plus propre pour le théâtre lyrique que les Chinois pour le théâtre de la Comédie. Tout ce que je peux faire c'est d'exiger qu'on ne mette pas au moins sous mon nom les embellissements dont M. de Sireuil a honoré cette bagatelle. Je vois qu'on est toujours puni de ses anciens péchés. On me défigure une vieille *Histoire générale*; on me défigure un vieil opéra. Tout ce que je peux faire à présent, c'est de tâcher de n'être pas sifflé sur tous les théâtres à la fois. Vous jugerez, mon cher ange, de la nature du consentement donné à Royer par la lettre ci-jointe. Je vous supplie de la faire passer dans les mains de Moncrif, si cela se peut sans vous gêner.

J'ai encore pris la précaution d'exiger de Lambert qu'il fasse une petite édition de cette *Pandore*, avant qu'on ait le malheur de la jouer, car la *Pandore* de Royer est toute différente de la mienne; et je veux du moins que ces deux turpitudes soient bien distinctes. Je vous supplie d'encourager Lambert à cette bonne action, quand vous irez à la Comédie. Je vous remercie tendrement de *Mahomet* et de *Rome*. Vous consolez mon agonie. Mme Denis et moi, nous nous inclinons devant les anges. Adieu, mon cher et respectable ami.

MMCIV. — A Mme la comtesse de Lutzelbourg.

A Colmar, ce 23 septembre.

Je ne guéris point, madame, mais je m'habitue à Colmar plus que la grand'chambre à Soissons. Les bontés de monsieur votre frère contribuent beaucoup à me rendre ce séjour moins désagréable. Je serais heureux dans l'île Jard, mais cette île Jard me suit partout. Vous avez deux neveux aussi à plaindre qu'ils sont aimables; l'un plaide, l'autre est paralytique. Je ne vois de tous côtés que désastres au monde. La langueur, la misère, et la consternation, règnent à Paris. Il y a toujours quelques belles dames qui vont parer les loges, et des petits-maîtres qui font des pirouettes sur le théâtre; mais le reste souffre et murmure. Il y a un an que j'ai de l'argent aux consignations du parlement; le receveur jouit. Combien de familles sont dans le même cas, et dans une situation bien triste! On exige, dans votre province, de nouvelles déclarations qui désolent les citoyens; on fouille dans les secrets des familles; on donne un effet rétroactif à cette nouvelle manière de payer le vingtième, et on fait payer pour les années précé-

1. *Pandore*. (Éd.)

dentes. Voilà bien le cas de jeûner et de prier, et d'avoir des lettres consolantes de M. de Beaufremont. Il n'est plus question de la préture de Strasbourg que des préteurs de l'ancienne Rome. Vivez tranquille, madame, avec votre respectable amie, à qui je présente mes respects. Faites bon feu ; continuez votre régime ; cette sorte de vie n'est pas bien animée, mais cela vaut toujours mieux que rien. Si vous avez quelques nouvelles, daignez en faire part à un pauvre malade enterré à Colmar. Permettez-moi de présenter mes respects à monsieur votre fils, et de vous souhaiter, comme à lui, des années heureuses, s'il y en a.

MMCV. — A M. DE BRENLES.

Colmar, le 6 octobre.

Ce que vous me dites de votre santé, mon cher monsieur, ne contribue pas à me rendre la mienne. Vous m'affligez sensiblement. Mme Goll m'a consolé en m'apprenant que vous aviez fait à Mme de Brenles un petit philosophe qui a quatre mois ou environ ; mais un excellent ouvrier peut tomber malade après avoir fait un bon ouvrage, et c'est l'ouvrier qu'il faut conserver. Songez que c'est vous, monsieur, qui m'avez inspiré le dessein de chercher une retraite philosophique dans votre voisinage. C'est pour vous que je veux acheter la terre d'Allaman. J'ai besoin d'un tombeau agréable ; il faut mourir entre les bras des êtres pensants. Le séjour des villes ne convient guère à un homme que son état réduit à ne point rendre de visites. Je n'achèterai Allaman qu'à condition que vous et Mme de Brenles vous daignerez regarder ce château comme le vôtre, et, dans une espérance si consolante pour moi, je ferai un effort pour mettre tout ce que j'aurai de bien libre à cette acquisition ; mais commencez par me rassurer sur votre santé, et vivez si vous voulez que je sois votre voisin.

Je vous avouerai, monsieur, qu'il me serait assez difficile de payer deux cent vingt-cinq mille livres. J'aurais un château, et il ne me resterait pas de quoi le meubler ; je ressemblerais à Chapelle, qui avait un surplus et point de chemise, un bénitier et point de pot de chambre. Voici comment je m'arrangerais : je donnerais sur-le-champ cent cinquante mille livres, et le reste en billets, sur la meilleure maison de Cadix, payables à divers termes. Moyennant cet arrangement, je pourrais profiter incessamment de vos bontés. Je ne doute pas que vous n'ayez prévu toutes les difficultés ; vous savez que je n'ai pas l'honneur d'être de la religion de Zwingle et de Calvin ; ma nièce et moi nous sommes papistes. C'est sans doute une des prérogatives et un des avantages de votre gouvernement qu'un homme puisse jouir chez vous des droits de citoyen, sans être de votre paroisse. Je me figure qu'un papiste peut posséder et hériter dans le territoire de Lausanne ; et aurais-je fait à vos lois un honneur qu'elles ne méritent pas ? Je crois que je puis être seigneur d'Allaman, puisque vous me proposez cette terre.

J'attends sur cela vos derniers ordres, en vous demandant toujours le secret. Il ne faudrait pas acheter d'abord la terre sous mon nom ; le moindre bruit nuirait à mon marché, et m'empêcherait peut-être de jouir du plaisir de voir mon acquisition. Je remets le tout à votre bonté et à votre prudence. Ma nièce, qui est toujours ma garde-malade à Colmar, se joint à moi pour vous présenter ses remercîments; c'est une amie sur laquelle Mme de Brenles et vous, monsieur, pouvez déjà compter. Voyez si vous pouvez acquérir à Lausanne toute une famille de Paris, et si vous pouvez faire du château d'Allaman un temple dédié à la philosophie, dont vous serez toujours le grand prêtre.

Si on veut vendre Allaman plus de deux cent vingt-cinq mille livres, je ne peux l'acheter; mais, en ce cas, n'y a-t-il pas d'autres terres moins chères? Tout me sera bon, pourvu que je puisse finir mes jours dans un air doux, dans un pays libre, avec des livres, et un homme comme vous. Adieu, monsieur; conservez votre santé, le premier des biens, celui sans lequel tout n'est rien. Vivez avec votre aimable épouse, et procurez-moi le plaisir d'être témoin de votre bonheur. Permettez-moi de vous embrasser sans cérémonie. VOLTAIRE.

MMCVI. — A M. LE COMTE D'ARGENTAL.

Colmar, le 6 octobre.

Mon cher ange, j'ai assez de justice, et, dans cette occasion-ci, assez d'amour propre pour croire que vous jugez bien mieux que moi. C'est déjà beaucoup, c'est tout pour moi, que vous, et Mme d'Argental, et vos amis, vous soyez contents; mais, en vérité, les personnes que vous savez ne le seront point du tout. Les partisans éclairés de Crébillon ne manqueront pas de crier que je veux attaquer impudemment, avec mes trois bataillons étrangers, les cinq gros[1] corps d'armée romaine. Vous croyez bien qu'ils ne manqueront pas de dire que c'est une bravade faite à sa protectrice[2]; et Dieu sait si alors on ne lui fera pas entendre que c'est non-seulement une bravade, mais une offense et une espèce de satire. Comme vous jugez mieux que moi, vous voyez encore mieux que moi tout le danger; vous sentez si ma situation me permet de courir de pareils hasards. Vous m'avouerez que, pour se montrer dans de telles circonstances, il faudrait être sûr de la protection de la personne à qui je dois craindre de déplaire. Si malheureusement les allusions, les interprétations malignes, faisaient l'effet que je redoute, on en saurait aussi mauvais gré à vos amis, et surtout à vous, qu'à moi. Je suis persuadé que vous avez tout examiné avec votre sagesse ordinaire; mais l'événement trompe souvent la sagesse. Vous ne voyez point les allusions, parce que vous êtes juste; le grand nombre les verra très-clairement, parce qu'il est très-injuste. En un mot, ce qui peut en résulter d'agrément est bien peu de chose. Le danger est très-grand, les dégoûts seraient affreux, et les suites bien cruelles. Peut-être faudrait-il attendre que le grand succès du *Triumvirat* fût passé; alors on aurait le temps de mettre quelques fleurs à notre étoffe de Pékin; on pourrait même en faire sa cour à la per-

1. *Le Triumvirat* de Crébillon, en cinq actes. (ÉD.)
2. Mme de Pompadour. (ÉD.)

sonne qu'on craint[1], et on préviendrait ainsi toutes les mauvaises impressions qu'on pourrait lui donner. Vous me direz que je vois tout en noir, parce que je suis malade ; Mme Denis, qui se porte bien, pense tout comme moi. Si vous croyez être absolument sûr que la pièce réussira auprès de tout le monde, et ne déplaira à personne, mes raisons, mes représentations ne valent rien ; mais vous n'avez aucune sûreté, et le danger est évident. Vous seriez au désespoir d'avoir fait mon malheur, et de vous être compromis en ne cherchant qu'à me donner de nouvelles marques de vos bontés et de votre amitié. Songez donc à tout cela, mon cher et respectable ami. Je veux bien du mal à ma maudite *Histoire générale*, qui ne m'a pas fourni encore un sujet de cinq actes. Je n'en ai trouvé que trois à la Chine, il en faudra chercher cinq au Japon. Je crois y être, en étant à Colmar ; mais j'y suis avec une personne qui vous est aussi attachée que moi. Nous parlons tous les jours de vous ; c'est le seul plaisir qui me reste. Adieu ; mille tendres respects à toute la hiérarchie des anges.

MMCVII. — A Mme DE FONTAINE, A PARIS.

A Colmar, le 6 octobre.

Ma chère nièce, je pense que c'est bien assez que mes trois magots vous aient plu ; mais ils pourraient déplaire à d'autres personnes ; et, quoique ni vous ni elles ne soyez pas absolument disposées à vous tuer avec vos maris, cependant il se pourrait trouver des gens qui feraient croire que, toutes les fois qu'on ne se tue pas en pareil cas, on a grand tort ; et on irait s'imaginer que les dames qui se tuent à six mille lieues d'ici font la satire de celles qui vivent à Paris. Cela serait très-injuste ; mais on fait des tracasseries mortelles, tous les jours, sur des prétextes encore plus déraisonnables.

J'ai prié instamment M. d'Argental de ne me point exposer à de nouvelles peines. Ce qui pourrait résulter d'agrément d'un petit succès serait bien peu de chose, et les dégoûts qui en naîtraient seraient violents. Je vous remercie de vous être jointe à moi pour modérer l'ardeur de M. d'Argental, qui ne connaît point le danger, quand il s'agit de théâtre. C'en serait trop que d'être vilipendé à la fois à l'Opéra et à la Comédie : c'est bien assez que M. Royer m'immole à ses doubles croches.

Ne pourriez-vous point, quand vous irez à l'Opéra, parler à ce sublime Royer, et lui demander au moins une copie des paroles telles qu'il les a embellies par sa divine musique ? Vous auriez au moins le premier avant-goût des sifflets ; c'est un droit de famille qu'il ne peut vous refuser.

Vous ne me dites rien de M. l'abbé ; je le croyais déjà sur la liste des bénéfices. Votre sœur est religieuse dans mon couvent ; cependant, si ma santé le permet, nous irons passer une partie de l'hiver à la cour de l'électeur palatin, qui veut bien m'en donner la permission ;

1. Mme de Pompadour. (ED.)

après quoi nous irions habiter une terre assez belle du côté de Lyon, qu'on me propose actuellement. Mais la mauvaise santé est un grand obstacle au voyage de Manheim; j'aimerais mieux sans doute faire celui de Plombières. Si votre estomac vous y ramène jamais, mon cœur m'y ramènera. Votre sœur aura un autre régime que vous; elle n'est pas faite pour prendre les eaux avec votre régularité.

Adieu, ma chère nièce; il faut espérer que je vous reverrai encore.

MMCVIII. — A M. LE PRÉSIDENT HÉNAULT.

A Colmar, le 15 octobre.

J'apprends, monsieur, que vous avez été quelque temps comme je suis toujours. On me mande que vous avez été très-malade. Soyez bien persuadé que personne ne prend plus d'intérêt que moi à votre santé. Si vous êtes actuellement, comme je m'en flatte, dans votre convalescence, permettez que je vous demande votre protection auprès de Royer et pour Royer. Il a fait précisément de la tragédie de *Pandore* ce que Néaulme a fait de l'*Histoire universelle*. On me vole mon bien de tous côtés, et on le dénature pour le vendre.

Si j'en crois tout ce qu'on m'écrit, le plus grand service qu'on puisse rendre à Royer est de l'empêcher de donner cet opéra. On assure que la musique est aussi mauvaise que son procédé. Je vous demande en grâce de l'envoyer chercher, et de vouloir bien lui représenter ce qui est de son intérêt et de son honneur. M. de Moncrif m'a envoyé la pièce telle qu'on la veut jouer, et telle que M. Royer l'a fait refaire par un nommé *Sireuil*, ancien porte-manteau du roi. Cette bigarrure serait l'opprobre de la littérature et de la nation. Vous faites trop d'honneur aux lettres, monsieur, pour souffrir cette indignité, si vous avez le crédit de l'empêcher. J'ai écrit une lettre de politesse à Royer, avant de savoir de quoi il était question; mais à présent que je suis au fait, je suis bien loin de consentir à son déshonneur et au mien. Si on ne peut parvenir à supprimer cet opéra, ne pourrait-on pas, au moins, engager Royer à différer d'une année? Et si on ne peut différer cet opprobre, je demande à M. le comte d'Argenson qu'on ne débite point l'ouvrage à l'Opéra sans y mettre un titre convenable, et qui soit dans la plus exacte vérité. Voici le titre que je propose : *Prométhée, fragments de la tragédie de Pandore, déjà imprimée, à laquelle le musicien a fait substituer et ajouter ce qu'il a cru convenable au théâtre lyrique, pendant l'éloignement de l'auteur.* Je vous demande bien pardon, monsieur, de vous entretenir de ces bagatelles; mais les bontés dont vous m'honorez me servent d'excuse. Je vous supplie de compter sur les sentiments d'estime, de tendresse, et de reconnaissance, qui m'attachent à vous. Je n'écris point à Mme du Deffand, et j'en suis bien fâché, mais les maladies continuelles qui m'accablent m'interdisent tous les plaisirs.

MMCIX. — A M. LE COMTE D'ARGENTAL.

Octobre.

J'écris au président Hénault, et je le prie d'engager Royer, qu'il protége, à supprimer son détestable opéra, ou du moins à différer. Vous connaissez, mon cher ange, cette *Pandore* imprimée dans mes œuvres. On en a fait une rapsodie de paroles du pont Neuf; cela est vrai à la lettre. J'avais écrit à Royer une lettre de politesse, ignorant jusqu'à quel point il avait poussé son mauvais procédé et sa bêtise. Il a pris cette lettre pour un consentement; mais à présent que M. de Moncrif m'a fait lire le manuscrit, je n'ai plus qu'à me plaindre. Je vous conjure de faire savoir au moins par tous vos amis la vérité. Faudra-t-il que je sois défiguré toujours impunément, en prose et en vers, qu'on partage mes dépouilles, qu'on me dissèque de mon vivant! Cette dernière injustice aggrave tous mes malheurs. Rien n'est pire qu'une infortune ridicule.

Je demande que, si on laisse Royer le maître de m'insulter et de me mutiler, on intitule au moins son *Prométhée : Pièce tirée des fragments de Pandore, à laquelle le musicien a fait faire les changements et les additions qu'il a crus convenables au théâtre lyrique*. Il vaudrait mieux lui rendre le service de supprimer entièrement ce détestable ouvrage; mais comment faire? je n'en sais rien; je ne sais que souffrir et vous aimer.

MMCX. — AU MÊME.

Colmar, le 15 octobre.

Mon cher ange, votre lettre du 11 a fait un miracle; elle a guéri un mourant. Ce n'est pas un miracle du premier ordre; mais je vous assure que c'est beaucoup de suspendre comme vous fîtes toutes mes souffrances. Je ne suis pas sorti de ma chambre depuis que je vous ai quitté. Je crois qu'enfin je sortirai, et que je pourrai même aller jusqu'à Dijon voir M. de Richelieu sur son passage avec ma garde-malade. Je serai bien aise de retrouver M. de La Marche; et, quand le président Ruffei devrait encore m'assassiner de ses vers, je risquerai le voyage. Vous me mettez du baume dans le sang, en m'assurant tous que les allusions ne sont point à craindre dans mes magots de Chinois; et vous m'en versez aussi quelques gouttes, en remettant à d'autres temps *Rome sauvée* et la *Chine*. Il me semble qu'il faut laisser passer le *Triumvirat*, et ne le point mettre au nombre des proscrits. Je ne le suis que trop, avec l'opéra de Royer. Je ne sais pas s'il sait faire des croches, mais je sais bien qu'il ne sait pas lire. M. de Sireuil est un digne porte-manteau du roi; mais il aurait mieux fait de garder les manteaux que de défigurer *Pandore*. Un des grands maux qui soient sortis de sa boîte est certainement cet opéra. On doit trouver au fond de cette boîte fatale plus de sifflets que d'espérance. Je fais ce que je peux pour n'avoir, au moins, que le tiers des sifflets; les deux tiers, pour le moins, appartiennent à Sireuil et à Royer. Je vous prie, au nom de tous les maux que *Pandore* a apportés dans ce monde, d'engager

Lambert à donner une petite édition de mon véritable ouvrage, quelques jours avant que le chaos de Sireuil et de Royer soit représenté. Je me flatte que vous et vos amis feront au moins retentir partout le nom de Sireuil. Il est juste qu'il ait sa part de la vergogne. Chacun pille mon bien, comme s'il était confisqué, et le dénature pour le vendre. L'un mutile l'*Histoire générale*, l'autre estropie *Pandore*, et, pour comble d'horreur, il y a grande apparence que la *Pucelle* va paraître. Un je ne sais quel Chévrier se vante d'avoir eu ses faveurs, de l'avoir tenue dans ses vilaines mains, et prétend qu'elle sera bientôt prostituée au public. Il en est parlé dans les *maisemaines* de ce coquin de Fréron. Il est bon de prendre des précautions contre ce dépucelage cruel, qui ne peut manquer d'arriver tôt ou tard. Mon cher ange, cela est horrible; c'est un piége que j'ai tendu, et où je serai pris dans ma vieillesse. Ah, maudite Jeanne! ah, monsieur saint Denis, ayez pitié de moi! Comment songer à *Idamé*, à *Gengis*, quand on a une *Pucelle* en tête? Le monde est bien méchant. Vous me parlez des deux premiers tomes de l'*Histoire universelle*, ou plutôt de l'*Essai* sur les sottises de ce globe; j'en ferais un gros des miennes; mais je me console en parcourant les butorderies de cet univers. Vraiment j'en ai cinq à six volumes tout prêts. Les trois premiers sont entièrement différents; cela est plein de recherches curieuses. Vous ne vous doutez pas du plaisir que cela vous ferait. J'ai pris les deux hémisphères en ridicule; c'est un coup sûr. Adieu, tous les anges; battez des ailes, puisque vous ne pouvez battre des mains aux trois magots.

MMCXI. — A M. LE MARÉCHAL DUC DE RICHELIEU.

Colmar, le 17 octobre.

Mme Denis vous avait déjà demandé vos ordres, monseigneur, avant que je reçusse votre lettre charmante. Je suis dans la confiance que le plaisir donne la force. J'aurai sûrement celle de venir vous faire ma cour. L'oncle et la nièce se mettront en chemin dès que vous l'ordonnerez, et iront où vous leur donnerez rendez-vous. J'accepte d'ailleurs la proposition que vous voulez bien me faire de vous être encore attaché une quarantaine d'années; mais je vous donne mes quarante ans, qui, joints avec les vôtres, feront quatre-vingts. Vous en ferez un bien meilleur usage que moi, chétif, et vous trouverez le secret d'être encore très-aimable au bout de ces quatre-vingts ans. Franchement c'est bien peu de chose. On n'a pas plus tôt vu de quoi il s'agit dans ce petit globe qu'il faut le quitter. C'est à ceux qui l'embellissent comme vous, et qui y jouent de beaux rôles, d'y rester longtemps. Enfin, monseigneur, je vous apporterai ma figure malingre et ratatinée avec un cœur toujours neuf, toujours à vous, incapable de s'user comme le reste.

J'ai pensé mourir, il y a quelques jours, mais cela ne m'empêchera de rien. Le corps est un esclave qui doit obéir à l'âme, et, surtout, à une âme qui vous appartient. Mettez donc deux êtres qui vous sont tendrement attachés au fait de votre marche, et nous nous trouverons sur votre route, à l'endroit que vous indiquerez; ville, village, grand chemin. Il n'importe; pourvu que nous puissions avoir l'honneur de vous voir, tout nous est absolument égal; ce qui ne l'est pas, c'est d'être si longtemps sans vous faire sa cour. Donnez vos ordres aux deux personnes qui les recevront avec l'empressement le plus respectueux et le plus tendre.

MMCXII. — A M. DE BRENLES.

Colmar, le 18 octobre.

Je prévois, monsieur, que je serai obligé, au commencement du mois prochain, de faire un voyage en Bourgogne, et je voudrais bien savoir auparavant à quoi m'en tenir sur la possibilité d'acquérir une retraite agréable dans votre voisinage. Je ne parle pas des conditions de cette acquisition, et de la manière de la faire; je sens bien que ce sont des choses qui demandent un peu de temps; mais il m'est essentiel d'être informé d'abord si je puis acheter en sûreté une terre dans votre pays, sans avoir le bonheur d'être de la religion qui y est reçue. Je me suis fait une idée du territoire de Lausanne comme de celui de l'Attique; vous m'avez déterminé à y venir finir mes jours. Je suis persuadé qu'on ne le trouverait point mauvais à la cour de France, et que, pourvu que l'achat se fît sans bruit et sous un autre nom que le mien, je jouirais de l'avantage d'être votre voisin très-paisiblement. Je suppose, par exemple, que la terre achetée sous le nom d'un autre fût passée ensuite, par un contrat secret, au nom de ma nièce; on pourrait alors aller s'y établir sans éclat, sans que l'on regardât ce petit voyage comme une transmigration. Il resterait à savoir si ma nièce, devenue la propriétaire de la terre, pourrait ensuite en disposer, n'étant pas née dans le pays. Voilà, monsieur, bien des peines que je vous donne; c'est abuser étrangement de vos bontés; mais pardonnez tout au désir que vous m'avez inspiré de venir achever ma carrière dans le sein de la philosophie et de la liberté. M. des Gloires, qui doit bientôt revenir à Lausanne, m'a fait le même portrait que vous de ce pays. La terre d'Allaman me serait très-convenable; et, si ce marché ne se pouvait conclure, on pourrait trouver une autre acquisition à faire. Je vous supplie, monsieur, en attendant que cet établissement puisse s'arranger, de vouloir bien me mander si un catholique peut posséder chez vous des biens-fonds; s'il peut jouir du droit de bourgeoisie à Lausanne; s'il peut tester en faveur de ses parents demeurant à Paris; et, en cas que vos lois ne permettent pas ces dispositions, quels remèdes elles permettent qu'on y apporte.

A l'égard de la terre d'Allaman, je suis toujours prêt à en donner deux cent vingt-cinq mille livres, argent de France, quand même elle ne vaudrait pas tout à fait neuf mille livres de revenu; mais c'est tout ce que je peux faire. L'arrangement de ma fortune ne me permet pas d'aller au delà, et je me trouverai même un peu gêné d'abord pour les ameublements. Le régisseur de la terre que vous me recommandez, monsieur, me fera assurément un très-grand plaisir de continuer à la régir. Il pourra servir à la faire meubler, et à procurer les provisions nécessaires, les domestiques du pays, les voitures, les chevaux. Peut-être y a-t-il dans le château des meubles dont on pourrait s'accommoder. Je vous parle indiscrètement de tous ces arrangements, monsieur, dans le temps que je ne devrais vous parler que de votre santé qui me tient beaucoup plus à cœur; je vous supplie instamment de vouloir bien m'en donner des nouvelles. Mme Goll et ma nièce vous font mille sincères compliments, ainsi qu'à Mme de Brenles. Je vous supplie de me faire réponse le plus tôt que vous pourrez, afin que je puisse prendre toutes mes mesures avant mon voyage en Bourgogne. Comptez sur l'amitié et la reconnaissance inviolable d'un homme qui vous est déjà bien attaché.

VOLTAIRE.

MMCXIII. — DE CHARLES-THÉODORE, ÉLECTEUR PALATIN.

Manheim, 29 octobre.

J'ai été bien charmé, monsieur, d'apprendre par vos deux lettres, que vous aviez pris la résolution de venir passer l'hiver ici. Je me réjouis d'avance des moments que je passerai si agréablement et si utilement avec vous. On profite toujours de vos entretiens, comme on ne se lasse jamais de relire vos ouvrages. J'aurai soin que votre nièce puisse jouir des spectacles qu'elle désirera de voir. J'en ai donné la commission à Pierron.

J'attends avec impatience le plaisir de vous revoir, et suis, etc.

CHARLES-THÉODORE, *électeur*.

MMCXIV. — A MME LA COMTESSE DE LUTZELBOURG.

Colmar, le 23 octobre.

Il faut, madame, que je vous dise, à propos de notre inscription, une chose que j'aurais déjà dû vous dire; c'est que toute inscription doit être courte et simple, et que les grands vers d'imagination et de sentiments conviennent peu à ces sortes d'ouvrages. La brièveté et la précision en font le principal mérite. Voilà pourquoi on se sert presque toujours de la langue latine, qui dit plus de choses, et en moins de mots que la nôtre. Je ne vous fais pas, madame, ces petites observations pédantesques pour vous proposer une inscription en latin, mais seulement pour vous demander si vous serez contente d'une grande simplicité en français. Voici à peu près ce que j'oserais vous proposer, en attendant que je sois mieux inspiré :

Il eut un cœur sensible, une âme non commune;
Il fut par ses bienfaits digne de son bonheur;
Ce bonheur disparut; il brava l'infortune.
Pour l'homme de courage il n'est point de malheur.

Je ne vous donne, madame, ce faible essai que comme une esquisse. Voyez si c'est là ce que vous voulez qu'on dise, et je tâcherai de le dire mieux.

Je vous avoue que je ne m'attendais pas de passer huit heures de suite avec la sœur du roi de Prusse à Colmar. Elle m'a accablé de bontés, et m'a fait un très-beau présent. Elle a voulu absolument voir ma nièce. Enfin elle n'a été occupée qu'à réparer le mal qu'on a fait au nom de son frère. Concluons que les femmes valent mieux que les hommes.

M. de Richelieu fait ce qu'il peut pour que j'aille passer l'hiver en Languedoc; et Mme la margrave de Bareuth voulait m'emmener; mais je doute fort que ma santé me permette le voyage. Si je pouvais quitter Colmar, ce serait pour l'île Jard : ce serait pour vous, madame, et pour votre digne amie. Ma nièce se joint à moi pour vous souhaiter de la santé, et pour vous assurer du plus sincère attachement.

MMCXV. — A M. LE MARÉCHAL DUC DE RICHELIEU.

A Colmar, le 27 octobre.

C'est actuellement que je commence à me croire malheureux. Nous voilà malades en même temps, ma nièce et moi. Je me meurs, monseigneur; je me meurs, mon *héros*, et j'en enrage. Pour ma nièce, elle n'est pas si mal; mais sa maudite enflure de jambe et de cuisse lui a repris de plus belle. Il faut des béquilles à la nièce, et une bière à l'oncle. Comptez que je suspends l'agonie en vous écrivant; et ce qui va vous étonner, c'est que, si je ne me meurs pas tout à fait, ma demi-mort ne m'empêchera point de venir vous voir sur votre passage. Je ne veux assurément pas m'en aller dans l'autre monde sans avoir encore fait ma cour à ce qu'il y a de plus aimable dans celui-ci. Savez-vous bien, monseigneur, que la sœur du roi de Prusse, Mme la margrave de Bareuth, m'a voulu mener en Languedoc et en terre papale? Figurez-vous mon étonnement, quand on est venu dans ma solitude de Colmar pour me prier à souper, de la part de Mme de Bareuth, dans un cabaret borgne. Vraiment l'entrevue a été très-touchante. Il faut qu'elle ait fait sur moi grande impression, car j'ai été à la mort le lendemain.

MMCXVI. — A M. LE COMTE D'ARGENTAL.

Colmar, le 29 octobre.

Dieu est Dieu, et vous êtes son prophète, puisque vous avez fait réussir *Mahomet*; et vous serez plus que prophète si vous venez à bout de faire jouer Sémiramis à Mlle Clairon. Les filles qui aiment réussissent bien mieux au théâtre que les ivrognes, et la Dumesnil n'est plus bonne que pour les bacchantes. Mais, mon adorable ange, Allah, qui ne veut pas que les fidèles s'enorgueillissent, me prépare des sifflets à l'Opéra, pendant que vous me soutenez à la Comédie. C'est une cruauté bien absurde, c'est une impertinence bien inouïe que celle de ce polisson de Royer. Faites en sorte du moins, mon cher ange, qu'on crie à l'injustice, et que le public plaigne un homme dont on confisque ainsi le bien, et dont on vend les effets détériorés. Je suis destiné à toutes les espèces de persécution. J'aurais fait une tragédie pour vous plaire, mais il a fallu me tuer à refaire entièrement cette *Histoire générale*.

J'y ai travaillé avec une ardeur qui m'a mis à la mort. Il me faut un tombeau, et non une terre. M. de Richelieu me donne rendez-vous à Lyon; mais depuis quatre jours je suis au lit, et c'est de mon lit que je vous écris. Je ne suis pas en état de faire deux cents lieues de bond et de volée. Mme la margrave de Bareuth voulait m'emmener en Languedoc. Savez-vous qu'elle y va, qu'elle a passé par Colmar, que j'y ai soupé avec elle le 23, qu'elle m'a fait un présent magnifique, qu'elle a voulu voir Mme Denis, qu'elle a excusé la conduite de son frère, en la condamnant? Tout cela m'a paru un rêve; cependant je reste à Colmar, et j'y travaille à cette maudite *Histoire générale* qui me tue. Je me sacrifie à ce que j'ai cru un devoir indispensable. Je vous remercie d'aimer *Sémiramis*. Mme de Bareuth en a fait un opéra italien, qu'on a joué à Bareuth et à Berlin. Tâchez qu'on vous donne la pièce française à Paris. Mme Denis se porte assez mal; son enflure recommence. Nous voilà tous deux gisants au bord du Rhin, et probablement nous y passerons l'hiver. Je devais aller à Manheim, et je reste dans une vilaine maison d'une vilaine petite ville, où je souffre nuit et jour. Ce sont là des tours de la destinée; mais je me moque de ses tours avec un ami comme vous et un peu de courage. A propos, que deviendra ce courage prétendu, quand on me jouera le nouveau tour d'imprimer *la Pucelle*? Il est trop certain qu'il y en a des copies à Paris; un Chévrier l'a lue. Un Chévrier, mon ange! il faut s'enfuir je ne sais où. Il est bien cruel de ne pas achever auprès de vous les restes de sa vie. Mille tendres respects à tous les anges.

MMCXVII. — A M. DE BRENLES.

Colmar, le 5 novembre.

Me voilà, monsieur, lié à vous par la plus tendre reconnaissance. Je vous dois faire d'abord l'aveu sincère de ma situation. Je n'ai pas plus de deux cent trente mille livres de France à mettre à une acquisition. Si, avec cette somme, il faut encore payer le sixième, et ensuite mettre un argent considérable en meubles, il me sera impossible d'acheter la terre d'Allaman. Vous savez, monsieur, que quand je vous confiai le dessein que j'ai depuis longtemps de m'approcher de vous, et de venir jouir de votre société, dans le sein de la liberté et du repos, je vous dis que je pouvais tout au plus mettre deux cent mille livres de France à l'achat d'une terre. Tout mon bien en France est en rentes dont je ne peux disposer.

Louer une maison de campagne serait ma ressource; mais je vous avoue que j'aimerais beaucoup mieux une terre. Il est très-désagréable de ne pouvoir embellir sa demeure, et de n'être logé que par emprunt.

Nous voici au mois de novembre, l'hiver approche; je prévois que je ne pourrai me transplanter qu'au printemps; conservez-moi vos bontés. Peut-être pendant l'hiver Allaman ne sera pas vendu, et on se relâchera sur le prix; peut-être se trouvera-t-il quelque terre à meilleur marché qui me conviendra mieux; il y en a, dit-on, à moitié chemin de Lausanne à Genève. Vous sentez à quel point je suis honteux de vous donner tant de peines, et d'abuser de votre bonne volonté. Tout mon regret, à présent, est de ne pouvoir venir vous remercier; ma santé est si chancelante que je ne peux même faire le voyage nécessaire que je devais faire en Bourgogne. Je ne vis plus que de l'espérance de finir mes jours dans une retraite douce et libre. J'ai vu à Plombières l'avoyer de Berne, je ne sais pas son nom; il est instruit du désir que j'ai toujours eu de me retirer sur les bords de votre beau lac, comme Amédée à Ripaille. Mais il me semble qu'il témoigna à un de mes amis qu'il craignait que ce pays-là ne me convînt pas. J'ignore quelle était son idée quand il parlait ainsi; je ne sais si c'était un compliment, ou une insinuation de ne point venir m'établir dans un pays dont il croyait apparemment que les mœurs étaient trop différentes des miennes.

Il vint deux ou trois fois chez moi, et me fit beaucoup de politesses. Vous pourrez aisément, monsieur, savoir sa manière de penser par le moyen de votre ami qui est dans le conseil. Vous pourriez m'instruire s'il sera à propos que je lui écrive, et de quelle formule on doit se servir en lui écrivant.

Je voudrais m'arranger pour venir chez vous avec l'approbation de votre gouvernement, et sans déplaire à ma cour. J'aurai aisément des passe-ports de Versailles pour voyager. Je peux ensuite donner ma mauvaise santé pour raison de mon séjour; je peux avoir du bien en Suisse comme j'en ai sur le duc de Wurtemberg; en un mot, tout cela peut s'arranger.

Il est triste d'autant différer, quand le temps presse; l'hiver de ma vie, et celui de l'année, m'avertissent de ne pas perdre un moment, et l'envie de vous voir me presse encore davantage.

Il n'y a guère d'apparence que je puisse louer, cet hiver, la maison de campagne dont vous me parlez. Ce sera ma ressource au printemps si je ne trouve pas mieux; en un mot, il n'y a rien que je ne fasse pour venir philosopher avec vous, et pour vivre et mourir dans la retraite et dans la liberté.

Adieu, monsieur; je n'ai point de termes pour vous exprimer combien je suis sensible à vos bontés.

MMCXVIII. — A MADAME LA COMTESSE DE LUTZELBOURG.

A Colmar, le 7 novembre.

Qu'ai-je été chercher à Colmar ? Je suis malade, mourant, ne pouvant ni sortir de ma chambre, ni la souffrir, ni capable de société, accablé, et n'ayant pour toute ressource que la résignation à la Providence. Que ne suis-je près des deux saintes de l'île Jard! Je remercie bien Mme de Brumath de l'honneur de son souvenir, et du châtelet, et de la comédie de Marseille, et de la liberté grecque de cet éche-

1. Belsunce, évêque de Marseille, montra un zèle ridicule en faveur de la bulle *Unigenitus*, jusqu'à sa mort, qui eut lieu le 4 juin 1755. (*Note de Clogenson.*)

vin héroïque, qui a la tête assez forte pour se souvenir qu'on était libre il y a environ deux mille cinq cents ans. O le bon temps que c'était ! Pour moi, je ne connais de bon temps que celui où l'on se porte bien. Je n'en peux plus. O fond de la boîte de Pandore ! ô espérance ! où êtes-vous?

M. et Mme de Klinglin me témoignent des bontés qui augmentent ma sensibilité pour l'état de monsieur leur fils. Il n'y a que la piscine de Siloë qui puisse le guérir; il sied bien après cela à d'autres de se plaindre ! C'est auprès de lui qu'il faut apprendre à souffrir sans murmurer. Ah ! mesdames, mesdames, qu'est-ce que la vie ! quel songe, et quel funeste songe ! Je vous présente les plus tristes et les plus tendres respects. Voilà une lettre bien gaie !

MMCXIX. — A M. LE COMTE D'ARGENTAL.

Colmar, le 7 novembre.

Je reçois deux lettres aujourd'hui, mon cher et respectable ami, par lesquelles on me mande qu'on imprime la *Pucelle*, que Thieriot en a vu des feuilles, qu'elle va paraître; on écrit la même chose à Mme Denis. Fréron semble avoir annoncé cette édition. Un nommé Chévrier en parle. M. Pasquier l'a lue tout entière en manuscrit chez un homme de considération avec lequel il est lié par son goût pour les tableaux. Ce qu'il y a d'affreux, c'est qu'on dit que le chant de l'*âne* s'imprime tel que vous l'avez vu d'abord, et non tel que je l'ai corrigé depuis. Je vous jure, par ma tendre amitié pour vous, que vous seul avez eu ce malheureux chant. Mme Denis a la copie corrigée; auriez-vous eu quelque domestique infidèle ? Je ne le crois pas. Vos bontés, votre amitié, votre prudence, sont à l'abri d'un pareil larcin, et vos papiers sont sous la clef. Le roi de Prusse n'a jamais eu ce maudit chant de l'*âne* de la première fournée. Tout cela me fait croire qu'il n'a point transpiré, et qu'on n'en parle qu'au hasard. Mais, si ce chant trop dangereux n'est pas dans les mains des éditeurs, il y a trop d'apparence que le reste y est. Les nouvelles en viennent de trop d'endroits différents pour n'être pas alarmé. Je vous conjure, mon cher ange, de parler ou de faire parler à Thieriot. Lambert est au fait de la librairie, et peut vous instruire. Ayez la bonté de ne me pas laisser attendre un coup après lequel il n'y aurait plus de ressource, et qu'il faut prévenir sans délai. Je reconnais bien là ma destinée ; mais elle ne sera pas tout à fait malheureuse, si vous me conservez une amitié à laquelle je suis mille fois plus sensible qu'à mes infortunes. Je vous embrasse bien tendrement; Mme Denis en fait autant. Nous attendons de vos nouvelles avant de prendre un parti.

MMCXX. — A M. LE MARÉCHAL DUC DE RICHELIEU.

A Colmar, le 7 novembre.

Voici, monseigneur, une lettre que Mme Denis reçoit aujourd'hui. On m'en écrit quatre encore, plus positives. Ce n'est pas là un rafraîchissement pour des malades. J'ai bien peur de mourir sans avoir la consolation de vous revoir. Nous sommes forcés et tout prêts à prendre un parti bien triste. Quelque chose que je dise à Mme Denis, je ne peux la résoudre à séparer sa destinée de la mienne. Le comble de mon malheur, c'est que l'amitié la rende malheureuse. Si vous aviez quelque chose à me dire, quelque ordre à me donner, je vous supplie d'adresser toujours vos ordres à Colmar, vos lettres me seront très-exactement rendues.

Je ne crois pas que le cérémonial ait entré dans la tête de Mme la margrave de Bareuth. Elle ne fait point difficulté d'aller affronter un vice-légat italien; elle serait beaucoup plus aise de voir celui qui fait l'honneur et les honneurs de la France; elle voyage *incognito*. On n'est plus au temps où le *puntiglio*[1] faisait une grande affaire, et vous êtes le premier homme du monde pour mettre les gens à leur aise. Je crois qu'elle ne m'a point trompé quand elle m'a dit qu'elle craignait la foule des états et l'embarras du logement. Elle n'est pas si malingre que moi, mais elle a une santé très-chancelante, qui demande du repos sans contrainte. Elle trouverait tout cela avec vous, avec les agréments qu'on ne trouve guère ailleurs. Reste à savoir si elle aura la force de faire le petit chemin d'Avignon à Montpellier; car on dit qu'elle est tombée malade en route. Elle a un logement retenu dans Avignon; elle n'en a point à Montpellier. Pour moi, je voudrais être caché dans un des souterrains du Merdenson, et vous faire ma cour le soir, quand vous seriez las de la noble assemblée. Mais je suis, de toutes façons, dans un état à n'espérer plus dans ce monde d'autre plaisir que celui de vous être attaché avec le plus tendre respect, de vous regretter avec larmes, et de souffrir tout le reste patiemment.

MMCXXI. — A M. LE COMTE D'ARGENTAL.

Colmar, le 10 novembre.

Nous partons pour Lyon, mon cher ange; M. de Richelieu nous y donne rendez-vous. Je ne sais comment nous ferons, Mme Denis et moi; nous sommes malades, très-embarrassés, et toujours dans la crainte de cette *Pucelle*. Nous vous écrirons dès que nous serons arrivés. Je dois à votre amitié compte de mes marches comme de mes pensées, et je n'ai que le temps de vous dire que je suis très-attristé d'aller dans un pays où vous n'êtes pas. Que n'êtes-vous archevêque de Lyon, solidairement avec Mme d'Argental! Mille tendres respects à tous les anges.

MMCXXII. — A M. DUPONT, AVOCAT.

A Lyon, au *Palais-Royal*[2], ce 18 novembre.

Me voilà donc, monsieur,

. . . . . *Lugdunensem rhetor dicturus ad aram;*
Juvénal, sat. I, v. 44.

1. Mot italien qui veut dire *pointillerie*. (ÉD.)
2. Du temps de Voltaire, c'était le nom d'une auberge. (ÉD.)

et j'ai quitté la première Belgique pour la première Lyonnaise. Il y a ici deux académies, mais il n'y a point d'homme comme vous; je vous jure que je vous regretterai partout. J'ai quitté Colmar bien malgré moi, puisque c'est vous qui m'y aviez attiré, et vous pourrez bien m'y attirer encore. Vous trouverez bon que M. le premier président et madame entrent beaucoup dans mes regrets; parlez-leur quelquefois de moi, je vous en prie : je n'oublierai jamais leurs bontés. Je vous supplie encore de vouloir bien dire à M. de Bruges combien je l'estime et combien je le regrette. Je commençais à regarder Colmar comme ma patrie; il a fallu en partir dans le temps que je voulais m'y établir. C'est une plaisanterie trop forte pour un malade, de faire cent lieues pour venir causer, à Lyon, avec M. le maréchal de Richelieu. Il n'a jamais fait faire tant de chemin à ses maîtresses, quoiqu'il les ait menées toujours fort loin.

Il faut que je vous dise un petit mot de notre affaire concernant l'homologation de l'acte sous seing privé de M. le duc de Wurtemberg. Je pense qu'il faut attendre; il serait piqué d'une précaution qui marquerait de la défiance. Je vous écrirai quand il sera temps de consommer cette petite affaire, qui d'ailleurs n'éclatera point; et je tâcherai de conserver ses bonnes grâces. Gardez toujours la pancarte précieusement, aussi bien que celle de Schœpflin. Je fais plus de cas de la première que de la seconde [1], et toutes deux sont bien entre vos mains. Je me flatte que vous me direz *te amo, tua tueor;* mais je répondrai, *ego quidem non valeo* [2].

Adieu, mon cher ami; mille respects à Mme Dupont. Adieu; je ne m'accoutume point à être privé de vous. Mme Denis vous fait à tous deux les plus sincères compliments

V.

MCXXIII. — A M. LE COMTE D'ARGENTAL.

Lyon, au *Palais-Royal,* le 20 novembre.

Me voilà à Lyon, mon cher ange; M. de Richelieu a eu l'ascendant sur moi de me faire courir cent lieues; je ne sais où je vais ni où j'irai. J'ignore le destin de *la Pucelle* et le mien. Je voyage tandis que je devrais être au lit, et je soutiens des fatigues et des peines qui sont au-dessus de mes forces. Il n'y a pas d'apparence que je voie M. de Richelieu dans sa gloire aux *états* de Languedoc; je ne le verrai qu'à Lyon, en bonne fortune, et je pourrais bien aller passer l'hiver sur quelque coteau méridional de la Suisse. Je vous avouerai que je n'ai pas trouvé dans M. le cardinal de Tencin les bontés que j'espérais de votre oncle; j'ai été plus accueilli et mieux traité de la margrave de

---

1. Cette *seconde pancarte* était probablement une reconnaissance de la somme de dix mille livres prêtées à Schœpflin le jeune par Voltaire, qui lui avait fait présent des *Annales de l'Empire.* Les mauvaises affaires de cet imprimeur, dont la papeterie (celle de Luttenbach) ne tarda pas à être vendue, ne lui permirent sans doute pas de rembourser son bienfaiteur, au moins en entier. (ÉD.)

2. Pline, épître XI. (ÉD.)

Bareuth, qui est encore à Lyon. Il me semble que tout cela est au retour des choses naturelles. Mon cher ange, ce qui est bien moins naturel encore, c'est que je commence à désespérer de vous revoir. Cette idée me fait verser des larmes. L'impression de cette maudite *Pucelle* me fait frémir, et je suis continuellement entre la crainte et la douleur. Consolez par un mot une âme qui en a besoin, et qui est à vous jusqu'au dernier soupir.

Mme Denis devient une grande voyageuse; elle vous fait les plus tendres compliments.

MMCXXIV. — AU MÊME.

Lyon, le 23 novembre.

Sæpe premente deo fert deus alter opem.
Ovid., *Trist.*, I, eleg. II, v. 4.

Mandez-moi donc, mon cher ange, s'il est vrai que je suis aussi mal heureux qu'on le dit, et s'il y a une édition à Paris de cette ancienne rapsodie qui ne devait jamais paraître. J'ai vu à Lyon, dans mon cabaret, M. le maréchal de Richelieu, qui craint comme moi cette nouvelle cruauté de ma destinée. Peut-être avons-nous pris trop d'alarmes sur un bruit qui s'est déjà renouvelé plusieurs fois; mais, après l'aventure de la prétendue *Histoire universelle*, tout est à craindre. Ma situation est un peu pénible; j'ai fait sans aucun fruit un voyage précipité de cent lieues; je suis tombé malade dans une ville où je ne puis guère rester avec décence, n'étant pas dans les bonnes grâces de votre oncle, et ma mauvaise santé m'empêche d'aller ailleurs. J'attends de vos nouvelles; il me semble que vos lettres sont un remède à tout. Ma nièce et moi nous vous embrassons de tout notre cœur.

MMCXXV. — A M. LE MARÉCHAL DUC DE RICHELIEU.

Lyon, 29 novembre.

Mon *héros*, on vous appelait *Thésée* à la bataille de Fontenoi; vous m'avez laissé à Lyon comme Thésée laissa son Ariane dans Naxos. Je ne suis ni aussi jeune ni aussi frais qu'elle, et je n'ai pas eu recours comme elle au vin pour me consoler.

Je resterai à Lyon, si vous devez y repasser.

Il n'y a pas un mot de vrai dans ce qu'on disait de *la Pucelle*; ainsi je vous supplie de n'en faire aucune mention dans vos capitulaires. Je n'ai d'autre malheur que d'être privé de votre présence et de la faculté de digérer; mais avec ces deux privations on est damné.

Daignez vous souvenir, dans votre gloire, d'un oncle et d'une nièce qui ne sont que pour vous sur les bords du Rhône; et tenez-moi compte des efforts que je fais pour ne pas vous ennuyer de quatre pages. Mon respect pour vos occupations impose silence à la bavarderie de mon cœur, qui court après vous, qui vous adore, et qui se tait. VOLTAIRE.

P. S. M. le marquis de Montpezat m'a donné, en passant, d'un élixir qui me paraît fort joli. Si jamais vous avez mal à la tête, à force de donner des audiences, il vous guérira. Mais moi, rien ne me guérit, et je n'ai de consolation que dans l'espérance de vous revoir encore, et de vous renouveler mes tendres respects.

MMCXXVI. — A M. LE COMTE D'ARGENTAL.

Lyon, le 2 décembre.

Est-il possible que je ne reçoive point de lettres de mon cher ange! Les bontés qu'on a pour moi à Lyon, et l'empressement d'un public de province, beaucoup plus enthousiasmé que celui de Paris, le premier jour de *Mérope*, ne guérissent point les maladies dont je suis accablé, ne consolent point mes chagrins, et ne bannissent point mes craintes; c'est de vous seul que j'attends du soulagement. On me donne tous les jours des inquiétudes mortelles sur cette maudite *Pucelle*. Il est avéré que Mlle du Thil[1] la possède; elle l'a trouvée chez feu Mme du Châtelet. Il n'est que trop vrai que Pasquier avait lu le chant de l'*âne* chez un homme qui tient son exemplaire de Mlle du Thil, et que Thieriot a eu une fois raison. Je me rassurais sur son habitude de parler au hasard, mais le fait est vrai. Un polisson nommé Chévrier a lu tout l'ouvrage, et enfin il y a lieu de croire qu'il est entre les mains d'un imprimeur, et qu'il paraîtra aussi incorrect et aussi funeste que je le craignais. Cependant je ne peux ni rester à Lyon, dans de si horribles circonstances, ni aller ailleurs, dans un état où je ne peux me remuer. Je suis accablé de tous côtés, dans une vieillesse que les maladies changent en décrépitude, et je n'attends de consolation que de vous seul. Je vous demande en grâce de vous informer, par vos amis et par le libraire Lambert, de ce qui se passe, afin que du moins je sois averti à temps, et que je ne finisse pas mes jours avec Talhouet. Je vous ai écrit trois fois de Lyon; votre lettre me sera exactement rendue; je l'attends avec la plus douloureuse impatience, et je vous embrasse avec larmes. Vous devez avoir pitié de mon état, mon cher ange.

MMCXXVII. — A M. THIERIOT.

A Lyon, le 3 décembre.

Votre lettre, mon ancien ami, m'a fait plus de plaisir que tout l'enthousiasme et toutes les bontés dont la ville de Lyon m'a honoré. Un ami vaut mieux que le public. Ce que vous me dites d'une douce retraite avec moi, dans le sein de l'amitié et de la littérature, me touche bien sensiblement. Ce ne serait peut-être pas un mauvais parti pour deux philosophes qui veulent passer tranquillement leurs derniers jours. J'ai avec moi, outre ma nièce, un Florentin[2] qui a attaché sa destinée à la mienne. Je compte m'établir dans une terre sur les lisières de la Bourgogne dans un climat plus chaud que Paris, et même que Lyon, convenable à votre santé et à la mienne.

---

1. Femme de chambre de Mme du Châtelet. (ÉD.) — 2. Colini. (ÉD.)

Je n'étais venu à Lyon uniquement que pour voir M. le maréchal de Richelieu, qui m'y avait donné rendez-vous. C'est une action de l'ancienne chevalerie. Dieu, qui éprouve les siens, ne l'a pas récompensée. Il m'a affublé d'un rhumatisme goutteux qui me tient perclus. On me conseille les eaux d'Aix en Savoie, on les dit souveraines; mais je ne suis pas encore en état d'y aller, et je reste au lit en attendant.

Le hasard, qui conduit les aventures de ce monde, m'a fait rencontrer au cabaret, à Colmar et à Lyon, Mme la margrave de Bareuth, sœur du roi de Prusse, qui m'a accablé de bontés et de présents. Tout cela ne guérit pas les rhumatismes. Ce que je redoute le plus, ce sont les sifflets dont on menace la *Pandore* de Royer; c'est un des fléaux de la boîte. Cet opéra, un tant soit peu métaphysique, n'est point fait pour votre public. M. Royer a employé M. de Sireuil, ancien porte-manteau du roi, pour changer ce poëme, et le rendre plus convenable au musicien. Il ne reste de moi que quelques fragments; mais, malgré tous les soins qu'on a pu prendre sans me consulter, je crains également pour le poëme et pour la musique. Si on a quelque justice, on ne me doit tout au plus que le tiers des sifflets.

À l'égard de *Jeanne d'Arc*, native de Domremi[1], je me flatte que la dame qui la possède, par une infidélité, ne fera pas celle de la rendre publique. Une fille ne fournit point de pucelles.

Je vous prie, mon ancien ami, de présenter mes hommages à la chimiste, à la musicienne, à la philosophe[2] chez qui vous vivez. Elle me fait trembler; vous ne la quitterez pas pour moi.

Mme Denis vous fait ses compliments. Je vous embrasse de tout mon cœur. Quand vous aurez un quart d'heure à perdre, écrivez à votre ancien ami.

Qu'est devenu Ballot-*l'imagination*? comment se porte *Orphée-Rameau*?

Quid agis? quomodo vales? Farewell.

MMCXXVIII. — A M. LE COMTE D'ARGENTAL.

De mon lit, à Lyon, le 4 décembre.

Mon cher ange, votre consolante lettre, adressée à Colmar, est venue enfin à Lyon calmer une partie de mes inquiétudes. Vous aurez tout ce que vous daignez demander, et je ferai tout transcrire pour vous, dès que je serai quitte d'une goutte sciatique qui me retient au lit. J'éprouve tous les maux à la fois, et je perds dans les voyages et dans les souffrances un temps précieux que je voudrais employer à vous amuser. Il me semble que je suis las du public, et que vous êtes ma seule passion. Je n'ai plus le cœur au travail que pour vous plaire, mais comment faire, quand on court et quand on souffre toujours? On veut à présent que j'aille aux eaux d'Aix en Savoie, pour le rhuma-

---

1. Domremi-la-Pucelle (Vosges), à quelques lieues de Cirey-le-Château, ou Cirey-Voltaire (Haute-Marne). (*Note de Clogenson.*)
2. Mme de La Popelinière. (ÉD.)

tisme goutteux qui me tient perclus. On m'a prêté une maison charmante, à moitié chemin ; il faudrait être un peu plus sédentaire; mais je suis une paille que le vent agite, et Mme Denis s'est engouffrée dans mon malheureux tourbillon. J'attends toujours de vos nouvelles à Lyon. On dit qu'on va jouer enfin *le Triumvirat* d'un côté, et *Pandore* de l'autre; ce sont deux grands fléaux de la boîte. Hélas! mon cher et respectable ami, si j'avais trouvé au fond de la boîte l'espérance de vous revoir, je mourrais content. Mme Denis vous fait mille compliments. Je baise, en pleurant, les ailes de tous les anges.

MMCXXIX. — A M. DUPONT, AVOCAT.

A Lyon, le 6 décembre.

En vérité, monsieur, je ne conçois pas comment un homme aussi éloquent que vous ne veut pas qu'on appelle *l'autel* d'Auguste l'autel de l'éloquence; vous y auriez remporté plus d'un prix, et vous auriez justifié le titre que je lui donne. Je vous passe de contester aux anciens préjugés de Lyon l'honneur d'avoir vu naître Marc-Aurèle dans cette ville. Je suis plus indulgent avec les Lyonnais que vous ne l'êtes avec moi. Il est vrai que je dois aimer ce séjour, que je quitterai pourtant bientôt. Je n'y ai point encore trouvé de prédicateur qui ait prêché contre moi, et j'ai été reçu avec des acclamations, à l'Académie et aux spectacles. Cependant soyez très-convaincu que je regrette toujours votre conversation instructive, les charmes de votre amitié, et les bontés dont M. et Mme de Klinglin m'ont honoré. Je vous supplie de leur présenter mes sincères et tendres respects, aussi bien qu'à monsieur leur fils, et de ne me pas oublier auprès de M. de Bruges. Permettez-moi de vous dire que vous êtes aussi injuste pour ma santé que pour l'autel de Lyon. Il y aurait je ne sais quoi de méprisable à feindre des maladies quand on se porte bien, et un homme qui a épuisé les apothicaires de Colmar de rhubarbe et de pilules ne doit pas être suspect d'avoir de la santé. Elle n'est que trop déplorable, et vous ne devez avoir que de la compassion pour l'état douloureux où je suis réduit. Au reste, soyez très-certain, mon cher monsieur, que je serai, l'année qui vient, dans votre voisinage, si je suis en vie, et que j'en profiterai. Je ne suis pas le seul contre qui des jésuites indiscrets aient osé abuser de la permission de parler en public. Un P. Tolomas s'avisa, il y a quelques jours, de prononcer un discours aussi sot qu'insolent contre les auteurs de l'Encyclopédie; il désigna Dalembert par ces mots : *Homuncio, cui nec est pater nec res*[1]. Le même jour M. Dalembert était élu à l'Académie française. Le P. Tolomas a excité ici l'indignation publique. Les jésuites sont ici moins craints qu'à Colmar. Le roi de Prusse vient de me reprocher le crucifix que j'avais dans ma chambre; comment l'a-t-il su? J'ai prié Mme Goll de le faire encaisser, et de l'envoyer au roi de Prusse pour ses étrennes.

1. Horace, *Art poét.*, 248. (ÉD.)

Adieu, monsieur; mille respects à madame votre femme. Comptez que je vous suis tendrement attaché jusqu'au dernier moment de ma vie. Mme Denis vous fait à tous deux les plus tendres compliments.

MMCXXX. — A M. LE COMTE D'ARGENTAL.

Lyon, le 9 décembre.

Mon cher ange, votre lettre du 3 novembre, à l'adresse de Mme Denis, nous a été rendue bien tard, et vous avez dû recevoir toutes celles que je vous ai écrites. Le seul parti que j'aie à prendre, dans le moment présent, c'est de songer à conserver une vie qui vous est consacrée. Je profite de quelques jours de beau temps pour aller dans le voisinage des eaux d'Aix en Savoie. On nous prête une maison très-belle et très-commode, vers le pays de Gex, entre la Savoie, la Bourgogne, et le lac de Genève, dans un aspect sain et riant. J'y aurai, à ce que j'espère, un peu de tranquillité. On n'y ajoutera pas de nouvelles amertumes à mes malheurs, et peut-être que le loisir et l'envie de vous plaire tireront encore de mon esprit épuisé quelque tragédie qui vous amusera. Je n'ai à Lyon aucun papier; je suis logé très-mal à mon aise, dans un cabaret où je suis malade. Il faut que je parte, mon adorable ami. Quand je serai à moi, et un peu recueilli, je ferai tout ce que votre amitié me conseille. Je ne sais si on plaindra l'état où je suis; ce n'est pas la coutume des hommes, et je ne cherche pas leur pitié; mais j'espère qu'on ne désapprouvera pas, à la cour, qu'un homme accablé de maladies aille chercher sa guérison. Nous avons prévenu Mme de Pompadour et M. le comte d'Argenson de ces tristes voyages. Dans quelque lieu que j'achève ma vie, vous savez que je serai toujours à vous, et qu'il n'y a point d'absence pour le cœur; le mien sera toujours avec le vôtre.

Adieu, mon cher et respectable ami; je vais terminer mon séjour à Lyon en allant voir jouer *Brutus*. Si j'avais de l'amour-propre, je resterais à Lyon; mais je n'ai que des maux, et je vais chercher la solitude et la santé, bien plus sûr de l'une que de l'autre, mais plus sûr encore de votre amitié. Ma nièce, qui vous fait les plus tendres compliments, ose croire qu'elle soutiendra avec moi la vie d'ermite. Elle a fait son apprentissage à Colmar; mais les beautés de Lyon, et l'accueil singulier qu'on nous y a fait, pourraient la dégoûter un peu des Alpes. Elle se croit assez forte pour les braver. Elle fera ma consolation tant que durera sa constance; et, quand elle sera épuisée, je vivrai et je mourrai seul, et je ne conseillerai à personne ni de faire des poëmes épiques et des tragédies, ni d'écrire l'histoire; mais je dirai : « Quiconque est aimé de M. d'Argental est heureux. »

Adieu, cher ange; mille tendres respects à vous tous. Quand vous aurez la bonté de m'écrire; adressez votre lettre à Lyon, sous l'enveloppe de M. Tronchin, banquier; c'est un homme sûr de toutes les manières. Je vous embrasse avec la plus vive tendresse.

MMCXXXI. — A M. DE BRENLES.

Au château de Prangins, le 14 décembre.

Vous voyez, monsieur, que j'ai pris mon plus long pour venir vous voir, et pour vous remercier de toutes vos bontés. Me voici dans le château de Prangins, avec une de mes nièces, et je viendrais sur-le-champ à Lausanne si je n'étais retenu par un rhumatisme goutteux pour lequel je compte prendre les bains d'Aix en Savoie. Je compte qu'enfin je pourrai jouir de la satisfaction après laquelle je soupire depuis longtemps; je pourrai jouir de votre société, et être témoin de votre bonheur.

Il me semble qu'Allaman n'a point été vendu; mais ce n'est point Allaman, c'est vous, monsieur, qui êtes mon objet. Je cherche des philosophes plutôt que la vue du lac de Lausanne, et je préfère votre société à toutes vos grosses truites. Il ne me faut que vous et de la liberté. Je présente mes respects à Mme de Brenles, et je suis avec plus de sensibilité que jamais, etc. VOLTAIRE.

Mme Denis partage tous mes sentiments, et vous présente à tous deux ses devoirs.

MMCXXXII. — A M. THIERIOT.

Au château de Prangins, pays de Vaud, le 19 décembre.

Me voilà si perclus, mon ancien ami, que je ne peux écrire de ma main. Vous avez donc aussi des rhumatismes, malgré votre régime du lait?

Vous ne sauriez croire avec quelle sensibilité j'entre dans le petit détail que vous me faites de ce que vous appelez votre fortune. On ne s'ouvre ainsi qu'à ceux qu'on aime, et j'ai, depuis environ quarante ans, compté toujours sur votre amitié. Vous devez vivre à Paris *gaiement*, *librement*, et *philosophiquement*.

Ces *trois* adverbes joints font admirablement.

Molière, *Femmes sav.*, acte III, scène II.

Mais, certes, vous me contez des choses merveilleuses, en m'apprenant que votre ancien *Pollion*[1], et l'*Orphée* aux triples croches, et Ballot-*l'imagination*, ne vivent plus ni avec *Pollion* ni avec vous.

Le diable se met donc dans toutes les sociétés, depuis les rois jusqu'aux philosophes.

Je ne savais pas que vous connussiez M. de Sireuil. Il me paraît, par ses lettres, un fort galant homme. Je suis persuadé que lorsqu'il s'arrangea avec Royer pour me disséquer, il m'en aurait instruit s'il avait su où me prendre. Il faut que ce soit le meilleur homme du monde; il a eu la bonté de s'asservir au canevas de son ami Royer; il fait dire à Jupiter :

Les Grâces
Sont sur vos traces;

1. La Popelinière (ÉD.)

Un tendre amour
Veut du retour.

Comme le parterre n'est pas tout à fait si bon, il pourrait, pour *retour*, donner des sifflets. Royer est un profond génie; il joint l'esprit de Lulli à la science de Rameau, le tout relevé de beaucoup de modestie. C'est dommage que Mme Denis, qui se connaît un peu en musique, n'ait pas entendu la sienne; mais Mme de La Popelinière l'avait entendue autrefois, et il me semble qu'elle n'en avait pas été édifiée. D'honnêtes gens m'ont mandé de Paris qu'on n'achèverait pas la pièce. J'en suis fâché pour messieurs de l'hôtel de ville[1], car voilà les décorations de la terre, du ciel, et des enfers, à tous les diables. M. de Sireuil en sera pour ses vers, Royer pour ses croches, et le prévôt des marchands pour son argent. Pour moi, en qualité de disséqué, j'ai présenté mon cahier de *remontrances* au musicien et au poëte. Il me prend fantaisie de vous en envoyer copie, et de vous prier de faire sentir à M. de Sireuil l'énormité du danger, les parodies de la Foire, et les torche-culs de Fréron. C'est bien malgré moi que je suis obligé de parler encore de vers et de musique :

Nunc itaque et versus et cætera ludicra pono.
Hor., lib. I, ep. I, v. 10.

Je bois des eaux minérales de Prangins, en attendant que je puisse prendre les bains d'Aix en Savoie. Tout cela n'est pas l'eau d'Hippocrène.

Je vous embrasse de tout mon cœur Mme Denis vous est bien obligée de votre souvenir; elle vous fait ses compliments. Quand vous voudrez écrire à votre ancien ami le paralytique, ayez la bonté d'adresser votre lettre à M. Tronchin, banquier à Lyon.

MMCXXXIII. — A M. LE COMTE D'ARGENTAL

Au château de Prangins, le 19 décembre.

J'apprends, mon cher ami, qu'on a fait chez vous une nouvelle lecture des Chinois, et que les trois magots n'ont pas déplu; cependant, s'il vous prend jamais fantaisie d'exposer en public ces étrangers, je vous prie de m'en avertir à l'avance, afin que je puisse encore donner quelques coups de crayon à des figures si bizarres. Voici le temps funeste où Royer et Sireuil vont me disséquer. Figurez-vous que j'avais fait donner à *Pandore* une très-honnête fête dans le ciel par le maître de la maison; je vous en fais juge. Un musicien doit-il être embarrassé à mettre en musique ces paroles :

Aimez, aimez, et régnez avec nous;
Le dieu des dieux est seul digne de vous.
Sur la terre on poursuit avec peine
Des plaisirs l'ombre légère et vaine;
Elle échappe, et le dégoût la suit.

1. C'était alors la ville de Paris qui avait l'administration de l'Opéra. (Éd.)

Si Zéphire un moment plaît à Flore,
Il flétrit les fleurs qu'il fait éclore;
Un seul jour les forme et les détruit,
Aimez, aimez, et régnez avec nous;
Le dieu des dieux est seul digne de vous.
Les fleurs immortelles
Ne sont qu'en nos champs;
L'Amour et le Temps
Ici n'ont point d'ailes.
Aimez, aimez, et régnez avec nous,
eté III.

On a substitué à ces vers

Les Grâces
Sont sur vos traces;
Régnez,
Triomphez;
Un tendre amour
Veut du retour.

C'est ainsi que tout l'opéra est défiguré. Je demande justice, et la justice consiste à faire savoir le fait.

Tandis que Royer me mutile, la nature m'accable de maux, et la fortune me conduit dans un château solitaire, loin du genre humain, en attendant que je puisse aller chercher aux bains d'Aix en Savoie une guérison que je n'espère pas. Je vous rends compte de toutes les misères de mon existence. Ce ne sont ni les acteurs de Lyon, ni le parterre, ni le public, qui m'ont fait abandonner cette belle ville. Je vous dirai en passant qu'il est plaisant que vous ayez à Paris Drouin et Bellecour, tandis qu'il y a à Lyon trois acteurs très-bons, et qui deviendraient à Paris encore meilleurs; mais c'est ainsi que le monde va. Je le laisse aller, et je souffre patiemment. Je souhaite que ma nièce ait toujours assez de philosophie pour s'accoutumer à la solitude et à mon genre de vie. Je ne suis point embarrassé de moi, mais je le suis de ceux qui veulent bien joindre leur destinée à la mienne; ceux-là ont besoin de courage. Adieu; je vous embrasse mille fois.

MMCXXXIV. — À M. DE BRENLES.

Au château de Prangins, près Nion, 20 décembre.

Je crains, monsieur, que vous ne soyez malade comme moi. Mme Goll m'avait fait craindre pour votre poitrine, et rien ne peut me rassurer qu'une lettre de vous. J'aurais couru à Lausanne, si les douleurs continuelles dont je suis tourmenté me l'avaient permis. La première chose que j'ai faite, en arrivant à Prangins, a été de vous en donner part; et le premier sentiment que j'ai éprouvé a été de me rapprocher de vous. Les médecins m'ont conseillé les eaux d'Aix; ceux de Lyon et de Genève se sont réunis dans cette décision; mais moi je me conseille votre voisinage, et la solitude.

J'ai reçu une lettre de M. l'avoyer de Steiger, que j'avais eu l'honneur de voir à Plombières; il me conserve les mêmes bontés qu'il me témoigna alors; ainsi, monsieur, je suis plus que jamais dans les sentiments que je vous confiai, quand j'étais à Colmar, et que vous daignâtes approuver. Je crois qu'il ne peut plus être question d'Allaman, ni d'aucune autre terre seigneuriale, puisque les lois de votre pays ne permettent pas ces acquisitions à ceux qui sont aussi attachés aux papes que je le suis. J'ai donc pris le parti de me loger, pour quelque temps, au château de Prangins, dont le maître est ami de ma famille. J'y suis comme un voyageur, ayant du roi mon maître la permission de voyager. Ma mauvaise santé ne sera qu'une trop bonne excuse, si je me fixe dans quelque douce retraite, à portée de vous, et si j'y finis mes jours dans une heureuse obscurité. On m'a parlé d'une maison près de Lausanne, appelée *la Grotte*, où il y a un beau jardin. On dit aussi que M. d'Hervart, qui a une très-belle maison près de Vevai, pourrait la louer; permettez que je vous demande vos lumières sur ces arrangements. C'est à vous, monsieur, à achever ce que vous avez commencé. C'est vous qui m'avez fait venir dans votre patrie; je n'ai l'air que d'y voyager, mais vous êtes capable de m'y fixer entièrement.

J'ai reçu une lettre de M. de Bottens, qui me paraît concourir aux vues que j'ai depuis longtemps. Je ne sais si M. des Gloires est à Lausanne; il m'a paru avoir tant de mérite que je le crois votre ami. Je ne demande à la nature que la diminution de mes maux, pour venir profiter de la société de ceux avec qui vous vivez, et surtout de la vôtre. La retraite où mes maux me condamnent m'exclut de la foule; mais un homme tel que vous sera toujours nécessaire au bonheur de ma vie. Je crois que voici bientôt le temps où vous allez être père, si on ne m'a point trompé. Je souhaite à Mme de Brenles des couches heureuses, et un fils digne de vous deux. Mme Denis, ma nièce, vous assure l'un et l'autre de ses obéissances. Vous ne doutez pas, monsieur, des sentiments de reconnaissance et d'amitié qui m'attachent tendrement à vous.

VOLTAIRE.

J'aurais souhaité que M. Bousquet n'eût point mandé à Paris mes desseins.

MMCXXXV. — A M. LE COMTE D'ARGENTAL.

A Prangins, pays de Vaud, 25 décembre.

Mon cher ange, vous ne cessez de veiller, de votre sphère, sur la créature malheureuse dont votre providence s'est chargée. Je suis toujours très-malade dans le château de Prangins, en attendant que mes forces revenues, et la saison plus douce, me permettent de prendre les bains d'Aix, ou plutôt en attendant la fin d'une vie remplie de souffrances. Ma garde-malade vous fait les plus tendres compliments, et joint ses remercîments aux miens. Je n'ai ici encore aucun de mes papiers que j'ai laissés à Colmar; ainsi je ne peux vous répondre ni sur les Chinois, ni sur les Tartares, ni sur les Lettres que M. de Lorges [1]

1. Le duc de Lorges. (Éd.)

veut avoir. Je crois au reste que ces lettres seraient assez inutiles. Je suis très-persuadé des sentiments que l'on conserve, et des raisons que l'on croit avoir. Je sais trop quel mal cet indigne avorton d'une *Histoire universelle*, qui n'est certainement pas mon ouvrage, a dû me faire; et je n'ai qu'à supporter patiemment les injustices que j'essuie. Je n'ai de grâce à demander à personne, n'ayant rien à me reprocher. J'ai travaillé, pendant quarante ans, à rendre service aux lettres; je n'ai recueilli que des persécutions; j'ai dû m'y attendre, et je dois les savoir souffrir. Je suis assez consolé par la constance de votre amitié courageuse.

Permettez que j'insère ici un petit mot de lettre pour Lambert, dont je ne conçois pas trop les procédés. Je vous prie de lire la lettre, de la lui faire rendre; et, si vous lui parliez, je vous prierais de le corriger; mais il est incorrigible, et c'est un libraire tout comme un autre.

Je ne peux rien faire dans la saison où nous sommes, que de me tenir tranquille. Si les maux qui m'accablent, et la situation de mon esprit, pouvaient me laisser encore une étincelle de génie, j'emploierais mon loisir à faire une tragédie qui pût vous plaire; mais je regarde comme un premier devoir de me laver de l'opprobre de cette prétendue *Histoire universelle*, et de rendre mon véritable ouvrage digne de vous et du public. Je suis la victime de l'infidélité et de la supposition la plus condamnable. Je tâcherai de tirer de ce malheur l'avantage de donner un bon livre qui sera utile et curieux. Je réponds assez des choses dont je suis le maître, mais je ne réponds pas de ce qui dépend du caprice et de l'injustice des hommes. Je ne suis sûr de rien que de votre cœur. Comptez, mon cher ange, qu'avec un ami comme vous on n'est point malheureux. Mille tendres respects à Mme d'Argental et à tous vos amis.

MMCXXXVI. — A M. DUPONT, AVOCAT.

A Prangins, par Nion, pays de Vaud, 26 décembre.

Vous êtes aussi essentiel qu'aimable, mon cher ami; je vous parlerai d'affaires aujourd'hui. J'ai laissé cinq caisses entre les mains de Turckeim de Colmar, frère de Turckeim de Strasbourg. Je lui ai mandé, il y a un mois, de les faire partir, et je n'ai point eu de ses nouvelles. C'est l'affaire des messagers, me dira-t-on; ce n'est pas celle d'un avocat éloquent et philosophe; j'en conviens, mais ce sera celle d'un ami. Je vous demande en grâce de parler ou de faire parler à ce Turckeim. Ces caisses contiennent les livres et les habits de Mme Denis et les miens, et nous ne pouvons nous passer ni d'habits ni de livres. Nous sommes venus passer l'hiver dans un beau château, où il n'y a rien de tout cela, et nous comptions trouver nos caisses à notre arrivée. J'ai donné au sieur Turckeim les instructions nécessaires; je n'ai pas même oublié de lui recommander de payer les droits, en cas qu'on en doive, pour dix-huit livres de café qui sont dans une des caisses. Je l'ai prié de se munir d'une recommandation de M. Hermani pour le bureau qui est près de Bâle. Je n'ai rien négligé, et je n'en suis pas plus avancé. Il semble que mes ballots soient à la Chine, et Turckeim aussi; mais vous êtes à Colmar, et j'espère en vous. J'ai écrit deux fois, en dernier lieu, à ce Turckeim, par Mme Goll; mais, pendant ce temps-là, elle était occupée du départ de son cher mari pour l'autre monde, et elle aura pu fort bien oublier de faire rendre mes lettres. Je m'imagine qu'elle ira pleurer son cher Goll à Lausanne, et que Mme de Klinglin n'aura plus de rivale à Colmar.

Je n'ai point encore vu M. de Brenles; mais il viendra bientôt, je crois, nous voir dans notre belle retraite. Nous nous entretiendrons de vous et du R. P. Kroust, pour peu que M. de Brenles aime les contrastes. Je resterai ici jusqu'à la saison des eaux. Je n'ai pas trouvé dans le pays de Vaud le brillant et le fracas de Lyon, mais j'y ai trouvé les mêmes bontés. Les deux seigneurs de la régence de Berne m'ont fait tous deux l'honneur de m'écrire, et de m'assurer de la bienveillance du gouvernement. Il ne me manque que mes caisses. Permettez donc que je vous envoie le billet de dépôt dudit Turckeim; le voici. Je lui écris encore. Je me recommande à vos bontés.

Notez bien qu'il doit envoyer ces cinq caisses par Bâle, à M. de Ribaupierre, avocat à Nion, pays de Vaud. J'aimerais mieux vous parler de Cicéron et de Virgile, mais les caisses l'emportent. Adieu; je vous demande pardon, et je vous embrasse.

V.

MMCXXXVII. — DE CHARLES-THÉODORE, ÉLECTEUR PALATIN.

Manheim, le 29 décembre.

Je vous suis bien obligé, monsieur, de la part que vous avez prise à la maladie que j'ai essuyée, et qui m'a empêché de répondre à vos dernières lettres. Dans l'état où j'étais, je n'aurais pu qu'à peine signer ma dernière volonté. Dans cette triste situation, je me faisais lire Zadig; et si les chapitres de *Misouf*, du *nez coupé*, et des *mages* corrompus par une femme qui voulait sauver Zadig, m'ont égayé, celui de l'*ermite*, et les réflexions de Zadig avec le vendeur de fromage à la crème, m'ont fait supporter avec moins d'impatience une fièvre chaude continue qui a duré vingt-six jours.

L'article de *Pic de La Mirandole* me paraît très-bien traité, et les réflexions sont aussi justes qu'elles puissent l'être. Je ne sais si vous n'excusez pas trop les usurpations, ainsi dites, sous les premiers empereurs. Il est sûr qu'ils confiaient la direction de quelques provinces à ceux qui possédaient les premières charges de leur cour, et que leur intention n'était certainement pas de laisser ces pays à ceux qui les gouvernaient, et encore moins de les rendre héréditaires dans leurs familles. Vous avez très-raison de dire que les Allemands avaient des princes avant que d'avoir des empereurs; mais ce ne sont, autant qu'il m'en souvient, ni ces princes ni leurs successeurs qui se sont remis en possession de leurs anciennes dominations. Je plaide contre ma propre cause; mais, par bonheur, *beati possidentes*.

J'attends avec bien de l'empressement le nouvel ouvrage d'histoire qui doit être conduit jusqu'à nos jours; mais j'ai bien plus d'impatience d'en revoir l'auteur, et de l'assurer de la parfaite estime qui lui est due. Je suis, etc. CHARLES-THÉODORE, *électeur*.

MMCXXXVIII. — A M. LE COMTE D'ARGENTAL.

A Prangins, pays de Vaud, 30 décembre.

Je vous souhaite une bonne année, mon cher ange, à vous, à Mme d'Argental, à M. de Pont de Veyle, à tous vos amis. Mes années seront bien loin d'être bonnes; je les passerai loin de vous. Les bains d'Aix ne me rendront pas la santé; je voudrais que l'envie de vous plaire me rendît assez de génie pour arranger les Chinois à votre goût; mais l'aventure du *Triumvirat* fait trembler les sexagénaires.

Solve senescentem.................

Hor., lib. I, ep. I, v. 8.

Il est vrai que *le Triumvirat* aurait réussi, si j'avais été à Paris; l'auteur ne sait pas l'obligation qu'il avait à ma présence pour son *Catilina*. On commence à me regarder actuellement comme un homme mort; c'est ce qui fait que *Nanine* a réussi, en dernier lieu. Le mot de *Proscription*, qu'on lisait sur les décorations du *Triumvirat*, était fait pour moi. Cela me donne un peu de faveur. Si les comédiens entendaient leurs intérêts, ils joueraient à présent toutes mes pièces, et je ne désespérerais pas qu'*Oreste* n'eût quelque succès; mais je ne dois plus me mêler des vanités de ce monde.

Je vous demande pardon, mon cher et respectable ami, de vous importuner de mes plaintes contre Lambert. Je vous supplie de lui faire parvenir cette nouvelle lettre, et d'exiger de lui qu'il envoie chez Mme Denis tous mes livres; c'est assurément un détestable correspondant. Je suis honteux de lui écrire une lettre plus longue qu'à vous; mais il faut épargner ce port, et j'ai tant à me plaindre de Lambert que je n'ai pu être court avec lui. Mme Denis, ma garde-malade, vous fait mille compliments.

MCXXXIX. — A M. DE BRENLES.

Prangins, 31 décembre.

Puisque les hommes sont assez barbares pour punir de mort la faute d'une fille qui dérobe une petite masse de chair aux misères de la vie, il fallait donc ne pas attribuer l'opprobre et les supplices à la façon de cette petite masse de chair. Je recommande cette malheureuse fille à votre philosophie généreuse. Nous espérons avoir l'honneur de vous voir à Prangins, quand vous aurez fini cette triste affaire. Il est vrai que nous sommes, ma nièce et moi, dans une maison d'emprunt, et qu'il s'en faut beaucoup que nous ayons un ménage monté : mais le régisseur de la terre nous aide, et nous sommes d'ailleurs des philosophes ambulants qui, depuis quelque temps, ne sommes point accoutumés à nos aises.

Nous resterons à Prangins jusqu'à ce que nous puissions nous orienter. Je vois qu'il est très-difficile d'acquérir; qu'importe, après tout, pour quatre jours qu'on a à vivre, d'être locataire ou propriétaire? **La chose vraiment importante est de passer ces quatre jours avec des êtres pensants.**

Je n'en connais point avec qui j'aimasse mieux achever ma vie que M. et Mme de Brenles; nous n'avons de compatriotes que les philosophes. Je reste, n'existe pas. Je reçois, dans le moment, une lettre de la pauvre Mme Goll; son sort est fort triste d'avoir été obligée d'épouser un Goll, et de l'avoir perdu. On la chicane sur tout; on ne lui laissera rien. Le mieux qu'elle puisse faire serait de venir se retirer avec nous auprès de Lausanne. Je lui ai offert la maison que je n'ai pas encore; j'espère qu'elle et moi nous serons logés l'un et l'autre des mains de l'amitié.

« Je m'unis à mon oncle, madame, pour vous prier de faire l'honneur à deux ermites de les venir voir, dès que M. de Brenles sera libre. Il y a longtemps que j'ai celui de vous connaître de réputation, et, par conséquent, la plus grande envie de jouir de votre aimable société. Je vous jure que si je n'étais pas garde-malade, je serais demain à Lausanne, pour vous dire combien je suis sensible à toutes vos politesses, et le désir que j'ai de mériter votre amitié. DENIS. »

Venez donc l'un et l'autre quand vous pourrez dans ce vaste ermitage, où vous ne trouverez que bon visage d'hôte. Venez recevoir mes tendres remerciments; venez ranimer un malade, et vous charmerez sa garde. VOLTAIRE.

MMCXL. — A M. LE PRÉSIDENT HÉNAULT.

Au château de Prangins, près Nion,
pays de Vaud, 3 janvier 1755.

Voici le fait, monsieur; je prends la liberté d'écrire[1] à M. le comte d'Argenson, en faveur d'un avocat de Colmar, et je suis comme le suisse du chevalier de Grammont, *je demande pardon de la liberté grande*[2]. Une recommandation d'un Suisse en faveur d'un Alsacien n'est pas d'un grand poids; mais si vous connaissiez mon Alsacien, vous le protégeriez. C'est un homme qui sait par cœur notre histoire de France; c'est le seul homme de lettres du pays, c'est le meilleur avocat et le moins à son aise, chargé de six enfants. Il s'agit d'une place dans une petite ville affreuse, nommée Munster; il s'agit de rendre heureux mon ami intime; il s'appelle Dupont. Il demande d'être prévôt de Munster, et il est assurément très-indifférent à M. d'Argen-

1. Cette lettre nous est inconnue, ainsi qu'une épître badine que Voltaire adressa, douze ou quinze jours plus tard, au comte d'Argenson, sur le même sujet, et dans laquelle se trouvaient ces vers :

Rendez, rendez heureux l'avocat qui m'engage ;
Donnez-lui les grandeurs d'un prévôt de village.

(*Note de M. Beuchot.*)
2. *Mémoires du chevalier de Grammont*, chap. III. (ÉD.)

son que ce soit Dupont ou un autre qui soit prévôt dans un village ou ville impériale.

J'ose vous supplier, avec les plus vives instances, d'en parler à M. d'Argenson. Vous aurez le plaisir de donner du pain à toute une famille, et d'être le protecteur d'un homme très-estimable. Je vous jure que vous ferez une bonne action, et je vous conjure de la faire.

Je suis presque perclus de tous mes membres, dans un assez beau château, en attendant la saison de prendre les eaux d'Aix en Savoie. L'état cruel où je suis ne me permet d'écrire que dans les grandes occasions, et c'en est une très-grande pour moi de vous supplier de faire la fortune de *Dupont mon ami*. Si jamais j'ai de la santé et de l'imagination, j'écrirai à Mme du Deffand; mais je suis impotent et *rabêti*; je ne vous en suis pas moins tendrement attaché. Comptez que, dans toute la Suisse, il n'y a personne d'aussi pénétré que moi d'estime et de reconnaissance pour vous.

V.

« Je me joins à mon oncle, monsieur, en faveur de M. Dupont; c'est un homme qui a fait toute notre ressource à Colmar. Il joint à beaucoup d'esprit et de connaissances toutes les qualités du cœur; il a six enfants, il est bon père, bon mari, et bon ami; c'est un sujet digne d'être présenté par vous. Je vous le recommande de toutes mes forces, et nous nous croirions heureux s'il pouvait obtenir cette place. Nous ne sommes ici que pour attendre la saison des bains; je vous supplie de ne pas me croire en Suisse, car je ne m'y crois pas moi-même; mais, dans quelque lieu que je sois, monsieur, ne doutez pas de mes sentiments pour vous. On ne peut vous connaître, quand on sait sentir, sans vous être tendrement attaché pour la vie.

Denis. »

MMCXLI. — A M. Dupont, avocat.

A Prangins, 3 janvier.

Mon cher ami, dans le temps que je vous parlais de caisses, vous me parliez de Munster; cet objet est plus important pour moi. Je viens de faire un mémoire, sur la réception de votre lettre du 25 décembre. J'écris à M. le comte d'Argenson la lettre la plus pressante; j'en écris autant au président Hénault; je m'adresse encore à un commis. Mme Denis se joint à moi; mais que peuvent de pauvres Suisses comme nous? Ne feriez-vous pas bien d'engager, si vous pouvez, M. de Monconseil à faire parler madame sa femme? Gare encore que le procureur général ne demande la comptabilité. Je ne suis pas né heureux, mais je le serais assurément si je pouvais vous servir. La poste part; je n'ai que le temps de vous rendre compte du devoir dont je me suis acquitté. Mille compliments à Mme Dupont. Ne m'oubliez pas auprès de M. et Mme de Klinglin. Adieu. Si vous êtes prévôt, je vous promets de venir vous voir.

V.

MMCXLII. — A M. LE MARÉCHAL DUC DE RICHELIEU.

Au château de Prangins, près de Nion,
au pays de Vaud, le 5 janvier.

Je vous souhaite, monseigneur, la continuation durable de tout ce que la nature vous a prodigué; je vous souhaite des jours aussi longs qu'ils sont brillants, et je ne souhaite à moi chétif que la consolation de vous revoir encore. Il fallait, pour arriver ici, m'y prendre un peu de bonne heure. Le mont Jura est couvert de neige au mois de janvier, et vous savez que je ne pouvais demeurer dans une ville où l'homme le plus considérable[1] n'avait pas seulement daigné me recevoir avec bonté, mais avait encore publié son peu de bienveillance. Je suis loin de me repentir d'un voyage qui m'a procuré le bonheur de vous retrouver; bonheur trop court pour moi, après lequel je soupirais depuis si longtemps.

J'ose espérer qu'on ne m'enviera pas la solitude que j'ai choisie, et qu'on trouvera bon que je ne la quitte que pour vous faire encore ma cour, quand vous reviendrez dans votre royaume. Vous savez que j'ai toujours envisagé la retraite comme le port où il faut se réfugier après les orages de cette vie. Vous savez que je vous aurais demandé la permission de finir mes jours à Richelieu, s'il eût été dans la nature d'un grand seigneur de France de pouvoir vivre sans dégoût dans son propre palais; mais votre destinée vous arrête à la cour pour toute votre vie.

Un homme tel que vous jamais ne s'en détache;
Il n'est point de retraite ou d'ombre qui le cache
Et, si du souverain la faveur n'est pour lui,
Il faut ou qu'il *trébuche*, ou qu'il *cherche* un appui[2].

Ce sont des vers de Corneille que vous me citiez autrefois, et que sans doute vous vous rappelez encore. Appelez-moi du fond de mon asile, quand il vous plaira; et, tant que j'aurai des forces, je viendrai encore jouir du plaisir de vous renouveler le tendre respect et l'inviolable attachement que j'ai pour vous.

On ne dira pas que je n'aime point ma patrie, puisque celui qui lui fait le plus d'honneur est celui qui peut tout sur moi.

Mme Denis partage mes sentiments et vous présente les mêmes hommages. Elle paraît bien ferme dans la résolution de supporter ma solitude. Les femmes ont plus de courage qu'on ne croit.

MMCXLIII. — A M. DE BRENLES.

A Prangins, le 7 janvier.

Vous faites très-bien, monsieur, de ne point venir à Prangins, où il n'y a, à présent, que du froid et du vent. Je commence à vous être

---

1. Le cardinal de Tencin. (ÉD.) — 2. *Othon*, acte I, scène I. (ÉD.)

attaché de manière à préférer votre bien-être à mon plaisir. Je vais faire mes efforts, tout malade que je suis, pour me rapprocher de vous, et pour jouir de votre *présence réelle*. J'ai déjà conclu pour Monrion, sans l'avoir vu, et je me flatte que M. de Giez ne signera de marché qu'avec moi. J'irai voir Monrion dès que je serai quitte de trois ou quatre rhumatismes qui m'empêchent de vous écrire de ma main. Il faut bien voir par bienséance la maison qu'on achète; mais vous sentez que vous et Mme de Brenles vous êtes le véritable objet de mon voyage. J'ai grande impatience de venir achever de vivre avec des philosophes.

Je reçois dans ce moment une lettre de Mgr l'électeur palatin, qui me paraît philosophe aussi. Il me mande qu'il a été sur le point de mourir; il veut que je vienne le voir incessamment, mais je vous jure que vous aurez la préférence.

Je reçois aussi une lettre de notre ami Dupont, qui veut avoir la prévôté de la petite ville de Munster auprès de Colmar, et qui s'imagine que j'aurai le crédit de la lui faire obtenir. Je n'aurais pas celui d'obtenir une place de balayeur d'église; cependant il faut tout tenter pour ses amis, et l'amitié doit être téméraire.

Mme Goll ne m'écrit point; je voudrais qu'elle vînt partager à Monrion la possession des prés, des vignes, des pigeons, et des poules, dont j'espère être propriétaire.

Puis-je vous supplier, monsieur, de vouloir bien présenter mes respects à M. le bailli et à M. le bourgmestre?

Ma garde-malade vous fait ainsi qu'à Mme de Brenles les plus sincères compliments.

J'ose me regarder comme votre ami; point de cérémonies pour les gens qui aiment.

MMCXLIV. — A M. DUPONT, AVOCAT.

A Prangins, pays de Vaud, près Nion, 7 janvier.

Sur votre lettre du 31 décembre, mon cher ami, j'écris à M. de La Marche une lettre à fendre les cœurs; j'importunerai encore M. d'Argenson. J'écrirais au confesseur du roi, et au diable, s'il le fallait, pour votre prévôté; et, si j'étais à Versailles, je vous réponds qu'à force de crier, je ferais votre affaire. Mais je suis à Prangins, vis-à-vis Ripaille, et j'ai bien peur que des prières du lac de Genève ne soient point exaucées sur les bords de la Seine. Je vous aimerais mieux bailli de Lausanne que prévôt de Munster. Tâchez de vous faire huguenot, vous serez magistrat dans le bon pays Roman. Je tremble que les places d'Alsace ne dépendent des dames de Paris, et que deux cents louis ne l'emportent sur le zèle le plus vif, et sur la plus tendre amitié. Je ne vous écris point de ma main, parce que je souffre presque autant que vos juifs. Il est vrai que j'ai la consolation de n'avoir point de P. Kroust à mes oreilles. J'ai les Mandrins à ma porte; j'aime encore mieux un Mandrin qu'un Kroust. Adieu; si vous êtes prévôt, je serai le plus heureux des hommes. Mille tendres respects à Mme Dupont. Que devient la douairière Goll?

Je vous prie de vouloir bien envoyer chercher M. de Turckeim, de le remercier de ma part, et de lui demander ce qu'il lui faut pour ses déboursés et pour ses peines, moyennant quoi je lui enverrai un *mandement* sur son frère. Pardon.

MMCXLV. — A M. DE BRENLES.

Prangins, le 12 janvier.

J'envoie à Monrion, monsieur, étant trop malade pour y aller moi-même. Je fais visiter mon tombeau,

..... Ut *molliter ossa quiescant.*

Virg. ecl. x, v. 33.

Dieu vous préserve, vous et Mme de Brenles, de venir voir un malade dans ce beau château qui n'est pas encore meublé, et où il n'y a presque d'appartements que ceux que nous occupons! On travaille au reste; mais tout ne sera prêt qu'au printemps, et j'espère qu'alors ce sera à Monrion où j'aurai l'honneur de vous recevoir.

Je n'ai jamais lu Machiavel en français; ainsi je ne peux vous en dire de nouvelles. Pour la cause de la disgrâce du surintendant Fouquet, je suis persuadé qu'elle ne vint que de ce qu'il n'était pas cardinal; s'il avait eu l'honneur de l'être, il aurait pu voler l'État aussi impunément que le cardinal Mazarin; mais n'étant que surintendant, et n'étant coupable que de la vingtième partie des déprédations de Son Éminence, il fut perdu. Je n'ai vu nulle part qu'il se fût flatté de devenir premier ministre. Colbert, qui avait été recommandé au roi par le cardinal, voulut perdre Fouquet pour avoir sa place, et il y réussit. Cette mauvaise manœuvre valut du moins à la France un bon ministre. Je ne sais pas si les ministres d'aujourd'hui seront aussi favorables à mon ami Dupont que je le désire; j'ai fait tout ce que j'ai pu, et je serais fort étonné de réussir.

Mme Denis et moi nous vous faisons, aussi bien qu'à Mme de Brenles, les plus sincères compliments. Nous n'avons point eu encore le bonheur de vous voir; mais nous avons pour vous les mêmes sentiments que ceux qui vous voient tous les jours.

Voilà un rude hiver pour un malade; mes beaux jours viendront quand je serai votre voisin.

VOLTAIRE.

MMCXLVI. — DE M. DUPONT, AVOCAT.

Du 14 janvier.

Ma foi, monsieur, je suis honteux des peines que je vous donne. Si je vous eusse demandé l'immortalité, ce présent vous aurait moins coûté que ma prévôté.

Vous avez daigné écrire au confesseur du roi; je ne me serais jamais avisé de cet expédient. C'est intéresser le diable en ma faveur, car un confesseur du roi est un diable en intrigue; il en a tout le temps. Je fais cependant plus de fond sur la robe rouge que sur le manteau noir, et je compte plus sur le président de La Marche que sur le jésuite. L'un vous servira par goût, et l'autre par politique, à moins que vous n'ayez promis votre pratique au révérend père. En ce cas, l'amour-propre le fera trotter d'importance; car il sait bien qu'il y aurait plus de gloire à être votre confesseur que celui du roi.

Vous craigniez que *deux cents louis* donnés à une dame de Paris ne rompent toutes vos mesures. L'amitié est prévoyante. Eh bien! s'il le faut, je les donnerai, et, qui plus est, je ferai tout ce que la dame voudra. Est-ce qu'un prévôt de Munster serait moins écouté, sur le chapitre de la galanterie, que l'abbé du lieu?

Vous êtes modeste en tout, dans les affaires aussi bien que dans les belles-lettres, et vous n'estimez pas votre intercession autant qu'elle vaut. Le voisin de Ripaille me ferait cardinal, s'il l'avait entrepris. Il a été un temps que ce séjour vous aurait valu la papauté. Voilà ce que c'est que de n'être pas né quelques siècles plus tôt. Voyez ce que votre existence vous coûte. Au surplus, vous n'y perdez que cela; car je connais des ouvrages pour lesquels on a et le respect qu'inspire l'ancienneté, et l'ardeur que donne la nouveauté. N'allez donc pas vous fâcher d'être né tard. La réputation de Virgile et de Tite Live vaut mieux que tous les bruits qu'ont faits et que feront les papes présents, passés, et futurs.

Ce Mandrin a des ailes, il a la vitesse de la lumière. Vous dites qu'il est à votre porte; on l'a aux nôtres dans le même temps. M. de Monconseil est nommé général contre lui; il est parti avant-hier pour le combattre. Je vous manderai le succès de la bataille, si l'on en vient aux mains. En attendant, toutes les caisses des receveurs des domaines sont réfugiées à Strasbourg. Mandrin fait trembler les suppôts du fisc. C'est un torrent, c'est une grêle qui ravage les moissons dorées de la ferme. Le peuple aime ce Mandrin à la fureur; il s'intéresse pour celui qui mange les mangeurs de gens. Je vous entretiens de babioles, et je vous distrais de vos beaux ouvrages; cela a toujours été mon lot. Je ne me défais pas de ma mauvaise coutume, ni vous de vos belles habitudes, l'humanité et la patience.

MMCXLVII. — A M. LE COMTE D'ARGENTAL.

A Prangins, pays de Vaud, 19 janvier.

Que j'abuse de vos bontés, mon cher et respectable ami! mais pardonnez à un solitaire qui n'a que ses livres pour ressource, et qui les perd. Je vous supplie de vouloir bien faire donner cette nouvelle semonce à ce maudit Lambert. Mon ange, tout le monde, hors vous, se moque des malheureux. Encore si j'avais fait le *Triumvirat*, mais je n'ai qu'un *Orphelin*, et voilà la boîte de Pandore qui va s'ouvrir. Pendant ce temps-là, nous sommes tout au beau milieu du mont Jura, *per frigora dura secuta est.* Si jamais vous voulez tâter des eaux de Plombières, envoyez-moi chercher; ce ne sera peut-être que là que je pourrai avoir encore une fois, avant de mourir, la consolation de vous voir. Au reste notre mont Jura est mille fois plus beau que Plombières, et

ce lac si fameux pour ses truites est admirable; et puis doit-on compter
pour rien d'être en face de Ripaille? Ma foi, oui.
 Mon cher ange, le malade et la courageuse garde-malade vous embrassent de tout leur cœur.

MMCXLVIII. — A M. LE MARQUIS DE XIMENÈS.

Au château de Prangins, pays de Vaud, 19 janvier.

Vous voyez, monsieur, que tous les maux sont sortis pour moi de la
boîte de Pandore avec les doubles croches de M. Royer. Il ne savait pas
seulement que *Pandore* fût imprimée, et il fit faire, il y a un an, des
canevas par M. de Sireuil son ami, qui crut que j'étais mort, comme
les gazettes l'avaient annoncé. Royer, ne pouvant me tuer, a tué un
de mes enfants; je souhaite que le sien vive. Il m'écrivit, il y a trois
mois, que son opéra était gravé. Il le sera sans doute dans la mémoire,
mais il ne l'était pas encore en papier. Je fis les plus humbles *remontrances*; je n'ai rien obtenu. On me regarde comme mort; on vend
mon bien, et on le dénature. M. de Sireuil m'a écrit: il me paraît u
homme sage et modeste, très-fâché de la peine qu'on l'a engagé à
prendre et à me faire. Je ne crois pas qu'il soit possible d'empêcher
cette nouvelle tribulation, qu'il faut bien que j'essuie. Je n'ai pas même
l'espérance qu'on disait être au fond de la boîte. C'est un nouveau malheur, et, qui pis est, un malheur ridicule. Vous m'offrez généreusement votre secours; vous voulez qu'un M. de La Salle, sous vos ordres,
remédie autant qu'il pourra à cette déconvenue. J'accepte vos bontés;
il faudrait que tout se passât sans choquer personne; il faut craindre
un ridicule de plus. Royer dit qu'il ne veut rien changer à sa musique.
Il a obtenu une approbation pour faire imprimer le poëme sous le nom
de *Fragments de Prométhée, avec les changements et les additions que
M. Royer a crus propres à sa musique*; c'est à peu près ce que porte le
titre.

Voilà où en est cette aventure. Si, dans de telles circonstances, vous
croyez que je puisse être reçu à me mêler de mon ouvrage, et que ma
procuration à M. de La Salle soit valable, je suis prêt à vous l'envoyer
signée d'un notaire suisse, et légalisée par un bailli.

Adieu, monsieur; je vous remercie bien tendrement; je suis très-
malade. Mme Denis, qui a eu le courage de me suivre et d'être ma
garde, vous fait les plus sincères compliments. Vous savez par combien
de titres je vous suis attaché. Permettez-moi de présenter mes respects
à madame votre mère.

MMCXLIX. — A M. DE CIDEVILLE.

A Prangins, le 23 janvier.

Mon cher et ancien ami, car, Dieu merci, il y a cinquante ans que
vous l'êtes, vous avez sur moi de terribles avantages. Vous êtes à
Paris; vous avez une santé et un esprit à la Fontenelle; vous écrivez
menu et avec plus d'agrément que jamais; et moi je peux rarement
écrire de ma main, et je suis accablé de souffrances sur les bords du

lac de Genève. La seule chose dont je puisse bénir Dieu est la mort de Royer. Dieu veuille avoir son âme et sa musique!

Cette musique n'était point de ce monde. Le traître m'avait immolé à ses doubles croches, et avait choisi, pour m'égorger, un ancien porte-manteau du roi, nommé Sireuil. Dieu du juste, il a retiré Royer à lui, et je crains à présent beaucoup pour le porte-manteau.

Si on s'obstine à jouer ce funeste opéra de *Prométhée*, que Sireuil et Royer ont défiguré à qui mieux mieux, il faudra me mettre dans la liste des *proscrits* de ce vieux fou de Crébillon. J'y serais bien sans cela. J'ai eu à craindre les sifflets sur les bords de la Seine, et les Mandrins sur les bords du lac Léman. Ils prenaient assez souvent leurs quartiers d'hiver dans une petite ville tout auprès du château où je suis; et Mandrin vint, il y a un mois, se faire panser de ses blessures par le plus fameux chirurgien de la contrée. Du temps de Romulus et de Thésée, il eût été un grand homme : mais de tels héros sont pendus aujourd'hui.

Voilà ce que c'est que d'être venu au monde mal à propos. Il faut prendre son temps en tout genre. Les géomètres qui viennent après Newton, et les poëtes tragiques qui viennent après Racine, sont mal reçus dans ce monde. Je plains *les Troyennes*[1] et *les Adieux d'Hector* de se présenter après la tragédie d'*Andromaque*.

J'imagine que vous logez toujours avec votre digne compatriote le grand abbé[2]. Je vous souhaite à tous deux des années longues et heureuses, exemptes de coliques, de sciatique, et de toutes les misères rassemblées sur mon pauvre individu.

Je vous embrasse tendrement.

MMCL. — A M. LE COMTE D'ARGENTAL.

A Prangins, pays de Vaud, 23 janvier.

Toute adresse est bonne, mon cher et respectable ami, et il n'y a que la poste qui soit diligente et sûre; ainsi je puis compter sur ma consolation, soit que vous écriviez par M. Tronchin à Lyon, ou par M. Fleur à Besançon, ou par M. Chappuis à Genève, ou en droiture au château de Prangins, au pays de Vaud.

Dieu a puni Royer; il est mort. Je voudrais bien qu'on enterrât avec lui son opéra, avant de l'avoir exposé au théâtre sur son lit de parade. *L'Orphelin* vivra peu de temps; je ferai ce que je pourrai pour allonger sa vie de quelques jours, puisque vous voulez bien lu i servir de père. Lambert m'embarrasse actuellement beaucoup plus que les conquérants tartares, et il me paraît aussi tartare qu'eux.

Je vous demande mille pardons de vous importuner d'une affaire si désagréable; mais votre amitié constante et généreuse ne s'est jamais bornée au commerce de littérature, aux conseils dont vous avez soutenu mes faibles talents. Vous avez daigné toujours entrer dans toutes mes

---

1. *Les Troyennes et Astyanax* (*les Adieux d'Hector*), tragédies de Châteaubrun. (ÉD.)
2. L'abbé du Resnel. (ÉD.)

peines avec une tendresse qui les a soulagées. Tous les temps et tous les événements de ma vie vous ont été soumis. Les plus petites choses vous deviennent importantes, quand il s'agit d'un homme que vous aimez ; voilà mon excuse.

Pardon, mon cher ange ; je n'ai que le temps de vous dire qu'on me fait courir, tout malade que je suis, pour voir des maisons[1] et des terres. Est-il vrai que Dupleix s'est fait roi, et que Mandrin s'est fait héros à rouer? On me mande que *la Pucelle* est imprimée[2], et qu'on la vend un louis à Paris. C'est apparemment Mandrin qui l'a fait imprimer ; cela me fait mourir de douleur.

MMCLI. — A M. THIERIOT

A Prangins, le 23 janvier.

Le Grand-Turc, notre ambassadeur à la Porte ottomane, et Royer, sont donc morts d'une indigestion? Je suis très-fâché pour M. des Alleurs, que j'aimais ; mais je me console de la perte de Royer et du Grand-Turc.

Puissent les lois de la mécanique qui gouvernent ce monde faire durer la machine de Mme de Sandwich, et que son corps soit aussi vigoureux que son âme, laquelle est douée de la fermeté anglaise et de la douceur française !

Vous voyez, mon ami, que Dieu est juste ; Royer est mort parce qu'il avait fait accroire à Sireuil que c'était moi qui l'étais. Il faut enterrer avec lui son opéra, qui aurait été enterré sans lui. Royer avait engagé ce Sireuil dans la plus méchante action du monde, c'est-à-dire à faire de mauvais vers ; car assurément on n'en peut pas faire de bons sur des canevas de musiciens. C'est une méthode très-impertinente qui ne sert qu'à rendre notre poésie ridicule, et à montrer la stérilité de nos ménétriers. Ce n'est point ainsi qu'en usent les Italiens, nos maîtres. Metastasio et Vinci ne se gênaient point ainsi l'un l'autre ; aussi, Dieu merci, on se moque de nous par toute l'Europe.

Je vous prie, mon ancien ami, d'engager M. Sireuil à ne plus troubler son repos et le mien par un mauvais opéra. C'est un honnête homme, doux et modeste : de quoi s'avise-t-il d'aller se fourrer dans cette bagarre? Donnez-lui un bon conseil, et inspirez-lui le courage de le suivre.

Avez-vous sérieusement envie de venir à Prangins, mon ancien ami? Arrangez-vous de bonne heure avec Mme de Fontaine et le maître de la maison. Vous trouverez la plus belle situation de la terre, un château magnifique, des truites qui pèsent dix livres, et moi qui n'en pèse guère davantage, attendu que je suis plus squelette et plus moribond que jamais. J'ai passé ma vie à mourir ; mais ceci devient sérieux, je ne peux plus écrire de ma main.

Cette main peut pourtant encore griffonner que mon cœur est à vous,

---

1. Voltaire, le 8 ou le 9 février suivant, devint propriétaire de la maison qu'il appela aussitôt *les Délices*. (ÉD.)
2. *La Pucelle* ne parut imprimée qu'à la fin de 1755. (ÉD.)

MMCLII. — A M. DE BRENLES.

A Prangins, le 27 janvier.

Un voyage que j'ai fait à Genève, monsieur, dans un temps très-rude, a achevé de me tuer. Je suis dans mon lit depuis trois jours. Il faudrait qu'il y eût sur votre lac de petits vaisseaux pour transporter les malades; mais, puisque vous n'avez point de vaisseaux sur votre mer, il faut que M. de Giez me fasse au moins avoir des chevaux et un cocher pour venir vous voir. Il est bien difficile de trouver un tombeau dans ce pays-ci. Il n'y a dans Monrion ni jardin pour l'été, ni cheminée ni poêle pour l'hiver. On me propose auprès de Genève des maisons délicieuses. J'aimerais mieux une chaumière près de vous; mais j'ai avec moi une Parisienne qui n'a pas encore renoncé, comme moi, à toutes les vanités du monde. Il lui faut de jolies maisons et de beaux jardins. Heureusement on est toujours dans votre voisinage, quand on est sur le bord du lac. Je ne suis encore déterminé à rien qu'à vous aimer et à vous voir; j'attends des chevaux pour venir vous le dire. Je présente mes respects à Mme de Brenles et à tous vos amis.

Mme Goll me mande qu'elle ne sait pas encore quand elle pourra quitter Colmar: ainsi, au lieu d'avoir une amie auprès de moi, je me trouverais réduit à prendre une femme de charge; car il m'en faudra une pour la conduite d'une maison où il se trouvera, malgré ma philosophie, huit ou neuf domestiques.

Notre ami Dupont n'a pas réussi. M. d'Argenson m'a assuré, foi de ministre, que ma lettre était venue trop tard; et moi, foi de philosophe, je n'en crois rien.

Foi de philosophe encore, je voudrais être auprès de vous. Messieurs de Genève me pressent; le conseil m'octroie toute permission, mais je ne tiens les affaires faites que quand elles sont signées, et toutes les conditions remplies. Mandez-moi ce que c'est que la solitude dont vous me parlez. Voilà bien de la peine pour avoir un tombeau. Je suis actuellement trop malade pour aller; si vous vous portez bien, venez à Prangins; venez voir un homme qui pense en tout comme vous, et qui vous aime. Vous trouverez toujours à Prangins de quoi loger. Mme de Brenles n'y serait pas si à son aise; il faut être bien bon et bien robuste pour venir à la campagne dans cette saison.

Je vous embrasse. V.

MMCLIII. — A M. DE GAUFFECOURT.

A Prangins, 30 janvier 1755.

Mme Denis et moi, monsieur, nous apprenons par M. Marc Chappuis les nouvelles obligations que nous vous avons. Je voudrais pouvoir vous écrire de ma main, mais je suis tout perclus sur les bords de votre lac. Le soleil de Montpellier me serait plus favorable que les glaces du mont Jura. Je n'ai point eu la force d'aller aux bains d'Aix en Savoie, dans une saison si rigoureuse. Il faut attendre le retour du printemps, et le vôtre, pour adoucir tant de souffrances. On me fait craindre que les mêmes personnes qui ont donné sous mon nom une prétendue *Histoire universelle*, remplie de fautes absurdes, n'impriment aussi un poëme composé il y a plus de vingt ans[1], qu'elles défigureront de même. Les belles-lettres ne sont pas faites pour rendre heureux ceux qui les cultivent, et notre royaume n'est pas de ce monde[2]. Je me console avec ma garde-malade des maux que me font la nature, la fortune, et les imprimeurs : son courage m'en donne beaucoup ; elle brave les neiges et mes malheurs, et me rend tout cela très-supportable. Vous m'avouerez que, sans elle, il serait assez dur de n'être entouré que des Alpes, et d'être privé même de la consolation d'avoir ses livres. Nous manquons de tout assez patiemment ; mais nous espérons vous revoir cet été, et alors nous ne manquerons de rien. On prétend que je ne saurais vivre, et que je suis un homme mort si je m'éloigne du docteur Tronchin. Il faut que je sois désespéré si je crois enfin à la médecine : je crois bien davantage à votre amitié ; c'est elle qui m'autorise à présenter mes respects à M. le comte de Bellegarde. Je suis persuadé que vous ne m'oublierez point auprès de M. de La Popelinière, et que la philosophe[3] se souviendra de moi. A propos de philosophie, voyez-vous toujours messieurs de l'Encyclopédie ? Ce sont des seigneurs de la plus grande terre qui soit au monde. Je souhaite qu'ils la cultivent toujours avec une entière liberté ; ils sont faits pour éclairer le monde hardiment, et pour écraser leurs ennemis. Adieu, monsieur ; souvenez-vous de deux solitaires qui vous seront toujours bien tendrement attachés.

Je vous embrasse.
V.

MMCLIV. — A M. LE COMTE D'ARGENTAL.

Prangins, près de Nion, pays de Vaud, janvier.

Mon cher et respectable ami, j'ai reçu votre lettre du 27 décembre, et toutes vos lettres en leur temps. Toute lettre arrive, et Lambert se moque du monde. Malgré les douleurs intolérables d'un rhumatisme goutteux qui me tient perclus, j'ai songé, dans les petits intervalles de mes maux, à cette tragédie en trois actes, que je n'ai pas l'esprit de faire en cinq. J'y ai retranché, j'y ai ajouté, j'y ai corrigé. J'ai tellement appuyé sur les raisons du parti que prend Idamé de préférer sa mort, et celle de son mari, à l'amour de Gengis-kan ; ces raisons sont si clairement fondées sur l'expiation qu'elle croit devoir faire de la faiblesse d'avoir accusé son mari ; ces raisons sont si justes et si naturelles, qu'elles éloignent absolument toutes les allusions ridicules que la malignité est toujours prête à trouver. Je ne crains donc que les trois actes ; mais je craindrais les cinq bien davantage ; ils seraient froids. Il ne faut demander ni d'un sujet, ni d'un auteur, que ce qu'ils peuvent donner.

J'aimerai jusqu'au dernier moment les arts que vous aimez ; mais

1. *La Pucelle.* (ÉD.) — 2. Jean, XVIII, 36. (ÉD.)
3. Mme d'Épinay. (ÉD.)

comment les cultiver avec succès, au milieu de tous les maux que la nature et la fortune peuvent faire?

Mandez-moi comment je dois vous adresser le troisième acte, que j'ai arrondi, et que j'ai tâché de rendre un peu moins indigne de vos bontés.

Je vous demande pardon de vous avoir importuné de lettres pour Lambert; mais, en vérité, cet homme est bien irrégulier dans ses procédés, et je vous demande en grâce de lui faire recommander la vertu de l'exactitude.

Mille tendres respects à tous les anges. Mme Denis se voue au désert avec un grand courage; elle vous fait les plus tendres compliments.

MMCLV. — A M. DE BRENLES.

A Prangins, 31 janvier.

Non, je ne vous échappe pas. Quand j'habiterais aux portes de Genève, ne viendrais-je pas quelquefois vous voir, et ne daigneriez-vous pas, vous et Mme de Brenles, venir passer chez nous quelques jours? Tout est voisinage sur les bords du lac. Vous avez très-bien deviné : la maison qu'on me vend est d'un grand tiers au-dessous de sa valeur au moins; mais elle est charmante, mais elle est toute meublée, mais les jardins sont délicieux, mais il n'y manque rien, et il faut savoir payer cher son plaisir et sa convenance. Le marché ne sera conclu et signé par-devant notaire que quand toutes les difficultés résultant des lois du pays auront été parfaitement levées, ce qui n'est pas un petit objet. Le conseil d'État donne toutes les facilités qu'il peut donner[1], mais il faut encore bien d'autres formalités pour assurer la pleine possession d'une acquisition de quatre-vingt-dix mille livres. Les paroles sont données entre le vendeur et moi; j'ai promis les quatre-vingt-dix mille livres, à condition qu'on se chargera de tous les frais, et de m'établir toutes les sûretés possibles. Avec tout cela l'affaire peut manquer; mille négociations plus avancées ont échoué. Que fais-je donc? Je me tourne de tous les côtés possibles pour ne pas rester sans maison dans un pays que vous m'avez fait aimer. J'aurai incessamment des réponses touchant les maisons de M. d'Hervart. Je préférerais Prélaz, vous n'en doutez point, puisqu'il est dans votre voisinage; mais nous soupçonnons qu'il n'y a qu'un appartement d'habitable pour l'hiver, et il faut remarquer que nous sommes deux qui voulons être logés un peu à l'aise. Voilà la situation où nous sommes. Il faut absolument que je prévienne l'embarras où je me trouverais si l'on ne pouvait m'assurer à Genève l'acquisition qu'on m'a proposée. Somme totale, il me faut les bords du lac; il faut que je sois votre voisin, et que je vous aime de tout mon cœur. Je n'achète des chevaux que pour venir vous voir,

---

1. Les registres du conseil portent ce qui suit, à la date du 1er février 1755 : « Le sieur de Voltaire demande et obtient la permission d'habiter dans le territoire de la république, pour être plus à portée du sieur Tronchin son médecin. » (ÉD.)

soit de Genève, soit de Vevai, dès que ma santé me permettra d'aller.

Mille respects à Mme de Brenles; je vous embrasse et vous demande pardon.

V.

MMCLVI. — A M. BERTRAND, PREMIER PASTEUR A BERNE.

A Prangins, 31 janvier.

Vous êtes philosophe, monsieur, et vous m'inspirez une très-grande confiance. Tout ce que vous me dites, dans la dernière page de votre lettre du 30 janvier, est très-vrai et très-désagréable pour tous les honnêtes gens.

Voici le cas où je me trouve. Mon goût et ma mauvaise santé me déterminent depuis très-longtemps à finir ma vie sur les bords du lac de Lausanne. Le conseil d'État de Genève a la bonté de m'offrir toutes les facilités qu'il peut me donner. On me propose la maison que le prince de Saxe-Gotha a occupée à la campagne. Les jardins sont dignes du voisinage de Paris, la maison assez jolie, très-commode et toute meublée. Mais il se pourrait faire que le dernier article de votre lettre nuisît au marché. Il se peut faire encore qu'il y ait des difficultés pour m'en assurer la possession.

On me vend quatre-vingt-dix mille livres de France ce domaine qui est presque sans revenu. C'est un prix assez considérable pour que la possession m'en soit assurée. Ma philosophie ne fait guère de différence entre une cabane et un palais; mais j'ai une Parisienne avec moi qui n'est pas si stoïcienne. On me parle de la belle maison de Hauteville, dans le voisinage de Vevai. On dit que M. d'Hervart pourrait s'en accommoder avec moi, et me passer un bail de neuf années. J'ignore si la maison est meublée. Vous pourriez tout savoir en un moment. M. d'Hervart serait-il d'humeur à la vendre, ou à en faire un marché pour neuf ans? et pourrait-il, dans l'un et dans l'autre cas, m'en assurer la pleine jouissance? Est-il vrai qu'il y a un inconvénient, c'est qu'on ne peut aborder à Hauteville en carrosse? Voilà bien des questions; j'abuse de vos bontés, mais vous me donnez tant de goût pour le pays Roman que vous me pardonnerez. La chose presse un peu; une autre fois nous parlerons des *montagnes*[1]. Si vous étiez curieux de voir une petite dissertation que j'envoyai, il y a quelques années, en italien, à l'Institut de Bologne, vous verriez que je dois avoir un peu d'amour-propre, car je pense en tout comme vous. Il semble que j'aie pris des leçons de vous et de M. Haller; je préfère l'histoire de la nature aux romans.

Je vous embrasse sans cérémonie.

MMCLVII. — A M. LE COMTE D'ARGENTAL.

Prangins, 6 février.

Mon cher ange, puisque Dieu vous bénit au point de vous faire ai-

1. Allusion à l'in-4º publié par Bertrand, en 1754, sous le titre d'*Essais sur les usages des montagnes*. (ÉD.)

mer toujours le spectacle à la folie, je m'occupe à vous servir dans votre passion. Je vous enverrai les cinq actes de nos Chinois; vous aurez ici les trois autres, et vous jugerez entre ces deux façons. Pour moi, je pense que la pièce en cinq actes étant la même, pour tout l'essentiel, que la pièce en trois, le grand danger est que les trois actes soient étranglés, et les cinq trop allongés; et je cours risque de tomber, soit en allant trop vite, soit en marchant trop doucement. Vous en jugerez quand vous aurez sous les yeux les deux pièces de comparaison. Ce n'est pas tout; vous aurez encore quelque autre chose à quoi vous ne vous attendez pas. J'y joindrai encore les quatre derniers chants de cette *Pucelle* pour qui on m'a tant fait trembler. Je voudrais qu'on pût retirer des mains de Mlle du Thil ce dix-neuvième chant de l'*âne*, qui est intolérable; on lui donnerait cinq chants pour un. Elle y gagnerait, puisqu'elle aime à posséder des manuscrits, et je serais délivré de la crainte de voir paraître à sa mort l'ouvrage défiguré. Ne pourriez-vous pas lui proposer ce marché, quand je vous aurai fait tenir les derniers chants? Vous voyez que je ne suis pas médiocrement occupé dans ma retraite. Cette *Histoire* prétendue *universelle* est encore un fardeau qu'on m'a imposé. Il faut la rendre digne du public éclairé. Cette *Histoire*, telle qu'on l'a imprimée, n'est qu'une nouvelle calomnie contre moi. C'est un tissu de sottises publiées par l'ignorance et par l'avidité. On m'a mutilé, et je veux paraître avec tous mes membres.

Une apoplexie a puni Royer d'avoir défiguré mes vers; c'est à moi, à présent, d'avoir soin de ma prose.

Pour Dieu, ayez encore la bonté de parler à Lambert, quand vous irez à ce théâtre allobroge, où l'on a cru jouer *le Triumvirat*. Nos Suisses parlent français plus purement que Cicéron et Octave.

Je vous supplie, en cas que Lambert réimprime le *Siècle de Louis XIV*, de lui bien recommander de retrancher le *petit* concile. J'ai promis à M. le cardinal votre oncle de faire toujours supprimer cette épithète de *petit*, quoique la plupart des écrivains ecclésiastiques donnent ce nom aux conciles provinciaux. Je voudrais donner à M. le cardinal de Tencin une marque plus forte de mon respect pour sa personne, et de mon attachement pour sa famille. Adieu. Il y a deux solitaires dans les Alpes qui vous aiment bien tendrement. Je reçois votre lettre du 30 janvier; ce qu'on dit de Berlin est exagéré : mais en quoi on se trompe fort, c'est dans l'idée qu'on a que j'en serais mieux reçu à Paris. Pour moi, je ne songe qu'à la Chine, et un peu aux côtes de Coromandel; car si Dupleix est roi, je suis presque ruiné. Le Gange et le fleuve Jaune m'occupent sur les bords du lac Léman, où je me meurs.

Toute adresse est bonne, tout va.

MMCLVIII. — A M. THIERIOT.

7 février.

Tâchez toujours, mon ancien ami, de venir avec Mme de Fontaine et M. de Prangins; nous parlerons de vers et de prose, et nous philosopherons ensemble. Il est doux de se revoir, après cinq ans d'absence et quarante ans d'amitié. Je vous avertis d'ailleurs que ma machine, délabrée de tous côtés, va bientôt être entièrement détruite, et que je serais fort aise de vous confier bien des choses avant qu'on mette quelques pelletées de terre tranéjurane sur mon squelette parisien. Vous devriez apporter avec vous toutes les petites pièces fugitives que vous pouvez avoir de moi, et que je n'ai point. On pourrait choisir sur la quantité, et jeter au feu tout ce qui serait dans le goût des derniers vers de ***. Je m'imagine enfin que vous ne seriez pas mécontent de votre petit voyage, avant que votre ami fasse le grand voyage dont personne ne revient.

Je vous embrasse très-tendrement; mes respects à MM. les abbés d'Aidie et de Sade. Puissent tous les prélats être faits comme eux !

Vous me parlez de cette *Histoire universelle* qui a paru sous mon nom; c'est un monstre, c'est une calomnie atroce, *inhumaniorum litterarum fœtus*. Il faut être bien sot ou bien méchant pour m'imputer cette sottise; je la confondrai, si je vis.

MMCLIX. — A M. DE BRENLES.

A Prangins, 9 février.

Que de peines, monsieur, pour avoir ce tombeau que je cherche ! Je vois bien que la maison de M. d'Hervart est trop considérable pour moi ; j'ai très-peu de bien libre, j'ai perdu le tiers de mes rentes à Paris, et ma fortune est, comme ma réputation, un petit objet qui excite beaucoup d'envie. Si je peux parvenir à posséder très-précairement Saint-Jean l'été, et Monrion l'hiver, ou bien Prélaz, je me tiendrai heureux. Je n'aurai besoin l'hiver que de vous et de bons poêles. Être chaudement avec un ami, c'est tout ce qu'il faut. Je redoute le monde, et les derniers jours de ma vie doivent être consacrés à la solitude et à l'amitié. Je vous avertis d'avance que mon commerce a besoin de la plus grande indulgence. Des souffrances presque continuelles me réduisent à des assujettissements bien désagréables dans la société. Cette pauvre âme, ce sixième sens dépendant des cinq autres, se ressent de la décadence de la machine. Vous verrez un arbre qui a produit quelques fruits, et dont les branches sont desséchées. Votre philosophie n'en sera point rebutée ; elle connaît la misère humaine. Je vous jure que, si j'acquiers les beaux jardins de Saint-Jean, c'est pour ma nièce ; et, si je peux avoir Monrion, c'est pour vous. Il sera assez singulier que ce soient les environs de la sévère Genève qui soient voluptueux, et que la simplicité philosophique soit le partage des environs de Lausanne. Je vous serai très-obligé si vous voulez toujours entretenir M. de Giez dans la disposition de me louer la maison et le jardin de Monrion, ou du moins ce qui passe pour être jardin ; je suis encore en l'air sur tout cela. Il y a de grandes difficultés sur l'acquisition de Saint-Jean. Le propriétaire de Monrion est un peu épineux. Si la maison de Prélaz est plus logeable pour l'hiver, et si l'on peut s'en accommoder avec moi, ce sera le meilleur parti ; mais il faut commencer par voir le local, et il n'y a que M. Panchaud au monde qui prétende que je doive acheter Monrion sans l'avoir vu.

Enfin, mon cher monsieur, je prie Dieu qu'il m'accorde le bonheur d'être votre voisin. Je vous embrasse.

Mille respects à Mme de Brenles.

V.

J'apprends dans ce moment que le marché de Saint-Jean est entièrement conclu ; cela est très-cher, mais très-agréable et commode. Il est plaisant que je sois propriétaire d'une terre précisément dans le pays où il ne m'est pas permis d'en avoir.

Cette affaire m'encourage à finir celle de Monrion, si je peux. Il faut donner la préférence à Monrion sur Prélaz, si Prélaz n'est pas meublé ; mais, encore une fois, je veux absolument une solitude auprès de vous. C'est vous qui m'avez débauché ; comptez que j'aime plus la tête du lac que la queue.

J'appelle Saint-Jean *les Délices*, et la maison ne portera ce nom que quand j'aurai eu l'honneur de vous y recevoir. Les Délices seront pour l'été, Monrion pour l'hiver ; et vous pour toutes les saisons. Je ne voulais qu'un tombeau, j'en aurai deux.

Te teneam moriens, deficiente manu
Tibulle, lib. I, eleg. I, v. 64.

V.

MMCLX. — A M. JACOB VERNET.

9 février.

Mon cher monsieur, ce que vous écrivez sur la religion est fort raisonnable. Je déteste l'intolérance et le fanatisme ; je respecte vos lois religieuses. J'aime et je respecte votre république.

Je suis trop vieux, trop malade, et un peu trop sévère pour les jeunes gens.

Vous me ferez plaisir de communiquer à vos amis les sentiments qui m'attachent tendrement à vous.

VOLTAIRE.

MMCLXI. — A M. LE MARÉCHAL DUC DE RICHELIEU.

A Prangins, 13 février.

Mon *héros*, j'apprends que M. le duc de Fronsac est tiré d'affaire, et que vous êtes revenu de Montpellier avec le soleil de ce pays-là sur le visage, enluminé d'érésipèle. J'en ai eu un, moi indigne, et je m'en suis guéri avec de l'eau ; c'est un cordial qui guérit tout. Il ne donne pas de force aux gens nés faibles comme moi ; mais vous êtes né fort, et votre corps est tout fait pour votre belle âme. Peut-être êtes-vous à présent quitte de vos boutons.

J'eus l'honneur, en partant de Lyon, d'avoir une explication avec M. le cardinal de Tencin sur le concile d'Embrun. Je lui fournis des preuves que les écrivains ecclésiastiques appellent *petits* conciles les conciles provinciaux, et grands conciles les conciles œcuméniques. Il sait d'ailleurs mon respect pour lui, et mon attachement pour sa famille, etc.

Je n'ai qu'à me louer, à présent, des bontés du roi de Prusse, etc.

mais cela ne m'a pas empêché d'acquérir sur les bords du lac de Genève une maison charmante. Je l'aimerais mieux dans la mouvance de Richelieu. J'ai choisi ce canton, séduit par la beauté inexprimable de la situation, et par le voisinage d'un fameux médecin, et par l'espérance de venir vous faire ma cour, quand vous irez dans votre royaume. Il est plaisant que je n'aie de terres que dans le seul pays où il ne m'est pas permis d'en acquérir. La belle loi fondamentale de Genève est qu'aucun catholique ne puisse respirer l'air de son territoire. La république a donné, en ma faveur, une petite entorse à la loi, avec tous les petits agréments possibles. On ne peut ni avoir une retraite plus agréable, ni être plus fâché d'être loin de vous. Vous avez vu des Suisses, vous n'en avez point vu qui aient pour vous un plus tendre respect que *le Suisse Voltaire.*

MMLXII. — A MME DE FONTAINE.

A Prangins, pays de Vaud, 13 février.

Vous avez donc été sérieusement malade, ma chère nièce, et vous avez également à vous plaindre d'un souper et d'une médecine? Il est bien cruel que la rhubarbe, qui me fait tant de bien, vous ait fait tant de mal. Venez raccommoder votre estomac avec les truites du lac de Genève; il y en a qui pèsent plus que vous, et qui sont assurément plus grasses que vous et moi. Je n'ai pas un aussi beau château que M. de Prangins, cela est impossible, c'est la maison d'un prince; mais j'ai certainement un plus beau jardin, avec une maison très-jolie. Le palais de Prangins et ma maison sont dans la plus belle situation de la nature. Vous serez mieux logée à Prangins que chez moi; mais j'espère que vous ne mépriserez pas absolument mes petits pénates, et que vous viendrez les embellir de votre présence et de vos dessins. Apportez-moi surtout les plus immodestes pour me réjouir la vue. Les autres sens sont en piteux état; je dégringole assez vite; j'ai choisi un assez joli tombeau, et je veux vous y voir. Les environs du lac de Genève sont un peu plus beaux que Plombières, et il y a tout juste dans Prangins même une eau minérale très-bonne à boire, et encore meilleure pour l'estomac. Je la crois très-supérieure à celle de Forges.

Venez en boire avec nous, ma chère nièce; tâchez d'amener Thieriot. Il veut venir par le coche; il serait roué, et arriverait mort. Songez d'ailleurs qu'il faut être les plus forts à Prangins. Vous y trouverez des Suisses, amenez-y des Français. Pour ma maisonnette, elle n'est point en Suisse; elle est à l'extrémité du lac, entre les territoires de France, de Genève, de Suisse et de Savoie. Je suis de toutes les nations. On nous a très-bien reçus partout; mais le plus grand plaisir dont nous jouissions à présent est celui de la solitude. Nous y employons nos crayons à notre manière. Nous vous montrerons nos dessins en voyant les vôtres; nous jouirons des charmes de votre amitié; vous verrez des gens de mérite de toute espèce; vous mangerez des pêches grosses comme votre tête, et on tâchera même de vous procurer des quadrilles; mais nous avons plus de truites et de gelinottes que de joueurs. Enfin, venez, et restez le plus que vous pourrez. Mes compliments à l'abbé¹ sans abbaye.

> Belle Philis, on désespère
> Alors qu'on espère toujours.
>
> Molière, *le Misanthrope*, acte I.

Je ne vous écris point de ma main. Excusez un malade, et croyez que c'est mon cœur qui vous écrit.

MMCLXIII. — A M. LE MARQUIS DE XIMENÈS.

A Prangins, le 13 février.

Nous aurons donc *Amalazonte*, monsieur; nous l'attendons avec l'impatience de l'amitié qui nous attache à vous. L'âme de Royer ne sera pas placée dans l'autre monde à côté des Vinci et des Pergolèze. Celle de l'auteur du *Triumvirat* pourrait bien aller trouver Chapelain. Quels diables de vers! que de dureté et de barbarismes! Si on se torchait le derrière avec eux, on aurait des hémorroïdes, comme dit Rabelais². Est-il possible qu'on soit tombé si vite du siècle de Louis XIV dans le siècle des Ostrogoths? Me voilà en Suisse, et presque tout ce qu'on m'envoie de Paris me paraît fait dans les Treize-Cantons. Le malade et la garde-malade vous embrassent tendrement. Pardonnez à un moribond qui n'écrit guère de sa main.

MMCLXIV. — A M. DE BRENLES.

A Prangins, 18 février.

Voici, mon cher monsieur, ce tome troisième dont vous me faites l'honneur de me parler; je vous envoie un exemplaire tel qu'il a été imprimé. J'y joins un autre exemplaire tel, à peu près, qu'il paraîtra dans l'édition complète de l'*Histoire générale*. Je vous prie de donner à M. Polier le volume relié, et de garder l'autre comme un manuscrit et une esquisse que mon amitié vous présente. Je mets dans le paquet une traduction de quelques poésies de M. Haller que M. Polier avait bien voulu me prêter; pardonnez-moi cette liberté.

Croyez-moi donc à la fin, monsieur, et soyez très-sûr que, si le goût d'une jolie Parisienne m'a fait acquérir la jolie maison et le beau jardin des Délices, et si ma mauvaise santé me rapproche de Genève pour être à portée du docteur Tronchin, je prends Monrion uniquement pour me rapprocher de vous. Monrion sera le séjour de la simplicité, de la philosophie, et de l'amitié.

L'acquisition auprès de Genève coûte très-cher; le tout me reviendra à cent mille francs de France avant que je puisse en jouir. A mon aise, Je serai logé là aussi bien qu'un grand négociant de Genève, et je serai à Monrion comme un philosophe de Lausanne. Je vous jure

---

1. L'abbé Mignot, nommé abbé commendataire de Scellières vers le mois de juin 1755. (ED.)
2. *Pantagruel*, livre IV, chap. XLII, 3ᵉ alinéa. (ED.)

encore une fois que je n'y vais que pour vous, et pour le petit nombre de personnes qui pensent comme vous. Si Mme Goll avait pu quitter Colmar assez tôt, j'aurais pris le domaine, et elle y aurait trouvé l'utile et l'agréable; mais je me contenterai de la maison et des dépendances, et je regarde la chose comme faite. Ma détestable santé est le seul obstacle qui m'empêche de venir signer, sous vos yeux, un marché que vous seul m'avez fait faire. Nous présentons, ma nièce et moi, nos obéissances très-humbles à Mme de Brehies.

V.

MMCLXV. — DE CHARLES-THÉODORE, ÉLECTEUR PALATIN.

Manheim, ce 20 février.

J'ai reçu un peu tard, monsieur, la lettre que vous m'avez fait le plaisir de m'écrire. Un voyage que j'ai fait à Munich en a été la cause. Je serais aise de voir les changements que vous avez faits à vos Chinois, et je le serai bien davantage quand j'aurai la satisfaction de vous revoir à Schwetzingen ce printemps. Je m'en fais une fête d'avance; soyez-en bien persuadé, de même que de l'estime que j'aurai toujours pour vous. Je suis, etc. CHARLES-THÉODORE, *électeur.*

MMCLXVI. — A M. LE DUC DE LA VALLIÈRE.

Des bords du lac, 26 février.

Quelle lubie vous a pris, monsieur le duc? Je ne parle pas d'être philosophe à la cour; c'est un effort de sagesse dont votre esprit est très-capable. Je ne parle pas d'embellir Montrouge comme Champs; vous êtes très-digne de bien nipper deux maîtresses à la fois. Je parle de la lubie de daigner relancer du sein de vos plaisirs un ermite des bords du lac de Genève, et de vous imaginer que

Dans ma vieillesse languissante
La lueur faible et tremblante
D'un feu près de se consumer
Pourrait encor se ranimer
A la lumière étincelante
De cette jeunesse brillante
Qui peut toujours vous animer.

C'est assurément par charité pure que vous me faites des propositions. Quel besoin pourriez-vous avoir des réflexions d'un Suisse, dans la vie charmante que vous menez?

Les matins on vous voit paraître
Dans la meute des chiens courants,
Et dans celle des courtisans,
Tous bons serviteurs de leur maître;
Avec grand bruit vous le suivez
Pour mieux vous éviter vous-même,
Et le soir vous vous retrouvez
Votre bonheur doit être extrême

Alors qu'avec vous vous vivez,
A vos beaux festins vous avez
Une troupe leste et choisie
D'esprits comme vous cultivés,
Gens dont les goûts non dépravés,
En vins, en prose, en poésie,
Sont des bons gourmets approuvés,
Et par qui tout bas sont bravés
Préjugés de théologie.
Dans ce bonheur vous enclavez
Une fille jeune et jolie,
Par vos soins encore embellie,
Qu'à votre gré vous captivez,
Et qui dit, comme vous savez,
Qu'elle vous aime à la folie.

Quelle est donc votre fantaisie,
Lorsque, dans le rapide cours
D'une carrière si remplie,
Vous prétendez avoir recours
A quelque mienne rapsodie !
N'allez pas mêler, je vous prie,
Dans vos soupers, dans vos amours,
Ma piquette à votre ambroisie ;
Ah ! toute ma philosophie
Vaut-elle un soir de vos beaux jours ?

Tout ce que je peux faire, c'est de vous imiter très-humblement et de très-loin ; non pas en rois, non pas en filles, mais dans l'amour de la retraite. Je saluerai, de ma cabane des Alpes, vos palais de Champs et de Montrouge ; je parlerai de vos bontés à ce grand lac de Genève que je vois de mes fenêtres ; à ce Rhône qui baigne les murs de mon jardin. Je dirai à nos grosses truites que j'ai été aimé de celui à qui on a donné le nom de *Brochet*, que portait le *grand* protecteur de Voiture. Comptez, monsieur le duc, que vous avez rappelé en moi un souvenir bien respectueux et bien tendre. La compagne de ma retraite partage les sentiments que je conserverai pour vous toute ma vie.

Ne comptez pas qu'un pauvre malade comme moi soit toujours en état d'avoir l'honneur de vous écrire.

J'enverrai mon *billet de confession* à M. l'abbé de Voisenon, évêque de Montrouge.

MMCLXVII. — A M. THIERIOT.

A Prangins, 27 février.

Ainsi donc, mon ancien ami, vous viendrez par le coche, comme le gouverneur de Notre-Dame de la Garde. Vous n'irez point en cour, mais bien dans le pays de la tranquillité et de la liberté. Si je suis à Prangins, vous serez dans un grand château ; si je suis chez moi, vous ne serez que dans une maison jolie, mais dont les jardins sont dignes des plus beaux environs de Paris. Le lac de Genève, le Rhône, qui en sort, et qui baigne ma terrasse, n'y font pas un mauvais effet. On dit que la Touraine ne produit pas de meilleurs fruits que les miens, et j'aime à le croire. Le grand malheur de cette maison, c'est qu'elle a été bâtie apparemment par un homme qui ne songeait qu'à lui, et qui a oublié tout net de petits appartements pour les amis.

Je vais remédier sur-le-champ à ce défaut abominable. Si vous n'êtes pas content de cette maison, je vous mènerai à une autre que j'ai auprès de Lausanne; bien entendu qu'elle est aussi sur les bords du grand lac. J'ai acquis cet autre bouge par un esprit d'équité. Quelques amis que j'ai à Lausanne m'avaient engagé les premiers à venir rétablir ma santé dans ce bon petit pays Roman; ils se sont plaints avec raison de la préférence donnée à Genève, et, pour les accorder, j'ai pris encore une maison à leur porte. Rien n'est plus sain que de voyager un peu, et d'arriver toujours chez soi. Vous trouverez plus de bouillon que n'en avait le président de Montesquieu[1]. Le hasard, qui m'a bien servi depuis quelque temps, m'a donné un bon cuisinier; mais malheureusement je ne l'aurai plus aux Délices; il reste à Prangins où il est établi. Je ne m'en soucie guère; mais Mme Denis, qui est très-gourmande, en fait son affaire capitale. Je n'aurai ni Castel, ni Neuville, ni Routh pour m'entendre en confession ; mais je me confesserai à vous, et vous me donnerez mon billet.

Mme la duchesse d'Aiguillon, la *sœur du pot des philosophes*, ne me fournira ni bonnet de nuit ni seringue; je suis très-bien en seringues et en bonnets. Elle aurait bien dû fournir à l'auteur de l'*Esprit des lois* de la méthode et des citations justes. Ce livre n'a jamais été attaqué que par les côtés qui font sa force; il prêche contre le despotisme, la superstition, et les traitants. Il faut être bien malavisé pour lui faire son procès sur ces trois articles. Ce livre m'a toujours paru un cabinet mal rangé, avec de beaux lustres de cristal de roche. Je suis un peu partisan de la méthode, et je tiens que sans elle aucun grand ouvrage ne passe à la postérité.

Venez, mon cher et ancien ami. Il est bon de se retrouver le soir, après avoir couru dans cette journée de la vie.

MMCLXVIII. — A M. POLIER DE BOTTENS.

A Prangins, 28 février.

Je me félicite, monsieur, d'être enfin votre voisin, et je vous demande mille pardons, aussi bien qu'à M. de Brenles, de n'être pas venu chez vous deux, vous remercier de m'avoir fait Lausannois; mais j'étais si malade, j'avais si peu de temps, et j'étais si occupé des préparatifs de mon bonheur, que je n'ai pas eu un instant dont je pusse disposer. J'attends avec impatience le moment où je pourrai être votre

---

1. L'auteur de l'*Esprit des lois* venait de mourir (10 février), et les jésuites Castel et Routh l'avaient inutilement tourmenté à ses derniers moments. (Éd.)

diocésain; si je ne peux vous entendre à l'église, je vous entendrai à table. Nous parlerons, à mon retour, de la proposition que vous avez eu la bonté de me faire sur Bottens. Oserais-je vous prier, monsieur, de m'honorer de vos bontés auprès de Mlle de Bressonaz, de lui présenter mes respects, et de lui dire combien je m'intéresse à tout ce qui la touche? Je fis un effort, en partant, pour grimper au château de votre bailli; de là il fallut aller à Prélaz, essayer de conclure un marché pour Mme de Bentinck. Elle est digne d'être votre diocésaine, et je vous réponds qu'elle vous donnera la préférence sur le célèbre Saurin[1] de la Haye.

Adieu, monsieur; si je ne crois pas absolument en Calvin, je crois en vous, et je vous suis attaché pour toute ma vie.

C'est de tout mon cœur. V.

MMCLXIX. — De Louis-Eugène, prince de Wurtemberg.

A Paris, le 28 février.

Nous sommes deux à vous écrire cette lettre : l'un est un abbé qui écrit sur la musique, non pas en musicien, mais en philosophe, grand admirateur de M. de Voltaire, et qui réunit l'âme de Socrate et l'esprit de Pythagore; et l'autre, enfin, est un jeune Suève que vous avez grondé quelquefois, et qui n'a d'autre mérite que celui d'aimer beaucoup vous et la vérité, et un peu la gloire. Notre lettre sera remplie de questions. Nous voulons jouir de cet esprit philosophique qui voit, qui comprend, qui saisit, qui éclaire tous les sujets sur lesquels il se répand.

D'abord ce même abbé, qui peut dire la messe et qui ne la dit pas, qui adore vos ouvrages, quoiqu'ils renversent des préjugés, qui ne va point à vos tragédies, parce que les trop grandes émanations l'incommodent, voudrait savoir de vous, monsieur (vous voyez bien que je ne fais qu'écrire ce que l'on me dicte, car j'aurais dit : Mon cher maître), si M. de Montesquieu, qui avait de la probité, ne renvoyait point en secret à nombre d'auteurs, qui assurément ne vous sont pas inconnus, une bonne partie de l'estime que le public lui a accordée.

Pour moi, sans consulter Montesquieu, je serais bien aise de savoir de vous quelle doit être la philosophie des princes.

L'abbé, car je ne sais quel démon l'a mis aux trousses de M. de Montesquieu, vous demande si le président a imaginé avant que de penser, ou s'il a pensé avant que d'imaginer.

Et moi, je vous demande si un prince qui gouverne despotiquement peut ne pas craindre le diable; et si les loups bleus font plus de mal que les ours noirs[2], qui travaillent sans relâche à rappeler la barbarie que les arts et les sciences repoussent avec peine. A propos d'ours, l'archevêque[3] est exilé.

1. Élie Saurin, mort en 1703; oncle de l'auteur de *Spartacus*. (Cl.)
2. Ces expressions de loups bleus et d'ours noirs désignent les soldats et les prêtres. (*Note de M. Beuchot.*)
3. Christophe de Beaumont. (*Id.*)

Autre question de l'abbé, qui s'imagine que la mère babillarde du marquis, dans votre comédie de *Nanine*, est la parodie du babillard Polidore de la *Mérope* du marquis Maffei.

Pour moi, qui aime fort à rendre justice aux héros, je vous prie de me dire s'il vaut mieux sacrifier le tout à une de ses parties, ou n'avoir pas leurs cinquante mille hommes, et faire le bonheur de son peuple.

L'abbé et moi nous voulons bien vous épargner un millier de questions que nous avions encore à vous faire, pour nous livrer tout entiers à l'enthousiasme dont vous nous avez remplis.

Maintenant que mon second ne s'en mêle plus, je vous prie de me dire s'il est vrai qu'on imprime *la Pucelle*. Ce serait le comble de la perfidie, et vraisemblablement vous sauriez à qui vous en prendre. Je ne le crois pas. Le trait serait trop noir. J'aime toujours mon maître, car il est impossible de ne le pas aimer.

C'est avec ces sentiments que je serai toujours votre très-humble et très-dévoué serviteur, LOUIS-EUGÈNE, *duc de Wurtemberg*.

MMCLXX. — A M. LE COMTE D'ARGENTAL.

Aux Délices, près de Genève, 8 mars.

Mes Délices sont un tombeau, mon cher et respectable ami. Nous voilà, ma garde-malade et moi, sur les bords du lac de Genève et du Rhône; je mourrai du moins chez moi. Il est vrai qu'il serait assez agréable de vivre dans une maison charmante, commode, spacieuse, entourée de jardins délicieux; mais j'y vivrai sans vous, mon cher ange, et c'est être véritablement exilé. Notre établissement nous coûte beaucoup d'argent et beaucoup de peines. Je ne parle qu'à des maçons, à des charpentiers, à des jardiniers; je fais déjà tailler mes vignes et mes arbres. Je m'occupe à faire des basses-cours. Vous croirez, sur cet exposé, que j'ai abandonné votre *Orphelin*; ne me faites pas cette cruelle injustice. Vous aurez vos cinq magots chinois incessamment, et tout ce que je vous ai promis. J'ai travaillé autant que l'a permis ma déplorable santé. Si vous l'ordonnez, le tout partira à l'adresse de M. de Chauvelin, l'intendant des finances, à votre premier ordre. Si vous voulez me donner jusqu'à Pâques, j'aurai encore peut-être le temps de limer, et l'envie de vous plaire pourra m'inspirer. Je ne vous parlerai plus de Lambert, quoique sa négligence m'embarrasse; je ne vous parlerai que de *Gengis*; c'est *Arlequin poli par l'amour*[1]. C'est plutôt le *Cimon* de Boccace et de La Fontaine.

Chimon aima, puis devint honnête homme.
La Courtisane amoureuse, v. 24.

Voilà le sujet de la pièce. Vous aviez raison de découvrir cinq actes dans mes trois. Le germe y était; reste à savoir si cette tragédie aura

1. Titre d'une petite pièce donnée par Marivaux, au Théâtre-Italien, en 1720. (ÉD.)

la séve et le montant d'*Alzire*; non assurément. J'y ai fait tout ce que le sujet et ma faiblesse comportent; mais ce n'est pas assez de faire bien, il faut être au goût du public; il faut intéresser les passions de ses juges, remuer les cœurs, et les déchirer. Mes Tartares tuent tout, et j'ai peur qu'ils ne fassent pleurer personne.

Laissons d'abord passer toutes les mauvaises pièces qui se présenteront; ne nous pressons point, et tâchons que dans l'occasion on dise : « Cela est bien; et s'il était parmi nous, cela serait encore mieux. »

In quo scribebat barbara terra fuit.
Ovid., *Trist.*, III, eleg. I, v. 18.

Consolez-moi, mon cher ange, en m'apprenant que vous êtes heureux, vous et les vôtres. Je baise toujours le bout des ailes de tous les anges.

MMCLXXI. — A M. THIERIOT.

Aux Délices, le 24 mars.

Je ne vous ai point écrit, mon ancien ami, depuis longtemps; je me suis fait maçon, charpentier, jardinier; toute ma maison est renversée; et, malgré tous mes efforts, je n'aurai pas de quoi loger tous mes amis comme je voudrais. Rien ne sera prêt pour le mois de mai; il faudra absolument que nous passions deux mois à Prangins, avec Mme de Fontaine, avant qu'on puisse habiter mes Délices. Ces Délices sont à présent mon tourment. Nous sommes occupés, Mme Denis et moi, à faire bâtir des loges pour nos amis et pour nos poules. Nous faisons faire des carrosses et des brouettes; nous plantons des orangers et des oignons, des tulipes et des carottes; nous manquons de tout; il faut fonder Carthage. Mon territoire n'est guère plus grand que celui de ce cuir de bœuf qu'on donna à la fugitive Didon. Mais je ne l'agrandirai pas de même. Ma maison est dans le territoire de Genève, et mon pré dans celui de France. Il est vrai que j'ai à l'autre bout du lac une maison qui est tout à fait en Suisse; elle est aussi un peu bâtie à la suisse. Je l'arrange en même temps que mes Délices; ce sera mon palais d'hiver, et la cabane où je suis à présent sera mon palais d'été.

Prangins est un véritable palais; mais l'architecte de Prangins a oublié d'y faire un jardin, et l'architecte des Délices a oublié d'y faire une maison. Ce n'est point un Anglais qui a habité mes Délices, c'est le prince de Saxe-Gotha. Vous me demanderez comment ce prince a pu s'accommoder de ce bouge; c'est que ce prince était alors un écolier, et que, d'ailleurs, les princes n'ont guère à donner des chambres d'amis.

Je n'ai trouvé ici que de petits salons, des galeries, et des greniers; pas une garde-robe. Il est aussi difficile de faire quelque chose de cette maison que des livres et des pièces de théâtre qu'on nous donne aujourd'hui.

J'espère cependant que, à force de soins, je me ferai un tombeau assez joli. Je voudrais vous engraisser dans ce tombeau, et que vous y fussiez mon vampire.

Je conçois que la rage de bâtir ruine les princes aussi bien que les particuliers. Il est triste que le duc de Deux-Ponts ôte à son agent littéraire ce qu'il donne à ses maçons. Je vous conseillerais, pour vous remplumer, de passer un an sur notre lac; vous y seriez alimenté, désaltéré, rasé, porté de Prangins aux Délices, des Délices à Genève, à Morges, qui ressemble à la situation de Constantinople, à Monrion, qui est ma maison près de Lausanne; vous y trouveriez partout bon vin et bon visage d'hôte; et, si je meurs dans l'année, vous ferez mon épitaphe. Je tiens toujours qu'il faudrait que M. de Prangins vous amenât avec Mme de Fontaine, à la fin de mai. Je viendrais vous joindre à Prangins dès que vous y seriez, et je me chargerais de votre personne pour tout le temps que vous voudriez philosopher avec nous. Ne repoussez donc pas l'inspiration qui vous est venue de revoir votre ancien ami.

On m'a envoyé quelques fragments de *la Pucelle* qui courent Paris; ils sont aussi défigurés que mon *Histoire générale*.

On estropie tous mes enfants; cela fait saigner le cœur.

J'attends Lekain ces jours-ci; nous le coucherons dans une galerie, et il déclamera des vers aux enfants de Calvin. Leurs mœurs se sont fort adoucies; ils ne brûleraient pas aujourd'hui Servet, et ils n'exigent point de *billets de confession*.

Je vous embrasse de tout mon cœur, et prends beaucoup plus d'intérêt à vous qu'à toutes les sottises de Paris, qui occupent si sérieusement la moitié du monde.

MMCLXXII. — A Mme LA COMTESSE DE LUTZELBOURG.

Aux Délices, 24 mars.

Comment luttez-vous contre la queue de l'hiver, madame, avec votre maudite exposition au nord? Vous êtes sur les bords du Rhin, et vous ne le voyez pas. Vous êtes à la campagne, et à peine y avez-vous un jardin. Vous avez une amie intime, et il faut qu'elle vous quitte. Ni la campagne ni Strasbourg ne doivent vous plaire. Monsieur votre fils n'est-il pas auprès de vous? il vous consolerait de tout. Que ne puis-je vous avoir tous deux dans mes Délices! c'est alors que mon ermitage mériterait ce nom. Nous sommes du moins au midi, et nous voyons le beau lac de Genève. Mme Denis n'a pas heureusement de prébende qui la rappelle. Nous oublions, dans notre ermitage, les rois, les cours, les sottises des hommes; nous ne songeons qu'à nos jardins et à nos amis.

Je finis enfin par mener une vie patriarcale; c'est un don de Dieu qu'il ne nous fait que quand on a barbe grise; c'est *le hochet de la vieillesse*. Si j'avais autant de santé que je me suis procuré de bonheur, je vous dirais plus souvent, madame, que je vous aimerai de tout mon cœur jusqu'au dernier moment de mon existence. Mme Denis et moi sommes à vous pour jamais; ne nous oubliez pas près de la branche qui préside à Colmar

MMCLXXIII. — A M. DUPONT, AVOCAT

Aux Délices, près de Genève, 28 mars.

Je n'ai que le temps, mon cher ami, de vous mander que j'ai fait partir votre mémoire. Votre dessein sans doute n'est pas qu'il soit présenté tel que vous me l'avez envoyé; vous ne prétendez pas obtenir une grâce extraordinaire du ministre, en lui disant qu'*il suffit qu'un chose soit utile pour qu'on ne la fasse point.* Il y a quelques autres douceurs qui pourraient aussi effaroucher un peu le docteur bénévole. Enfin le mémoire est parti. Tout ce que je crains, c'est de m'adresser à M. de Paulmi pour une chose qu dépend probablement du chancelier, comme j'écrivis à M. d'Argenson pour cette maudite prévôté que M. de Paulmi avait dans son département. Je ne me consolerai jamais de ce quiproquo.

Mes tendres respects, je vous en conjure, à toute la maison Klinglin, et à Mme Dupont. Vous avez dans Mme Denis et dans moi deux amis pour la vie. Pardon de mon laconisme; je suis entouré de cinquante ouvriers. La terrasse de Mme Goll avait ses charmes, mais je suis ici un peu plus au large. Il ne me manque que de la santé et votre société. Je regrette bien nos petits soupers avec Mme Dupont.   V.

MMCLXXIV. — A. M. DE BRENLES.

Aux Délices, près de Genève, 29 mars.

Je fais mes compliments, mon cher monsieur, à l'humanité en général, et à Lausanne en particulier, si votre ouvrage vous ressemble. Je vous remercie de mettre au monde des philosophes. Il faudra bientôt que je quitte ce monde maudit où il y en a si peu; je me consolerai en sachant que vous en conservez la graine. Vous devez être bien content, vous donnez la vie à un être pensant, et vous sauvez celle d'une pauvre fille; cette dernière action est bien plus belle encore, car les sots font des enfants, mais ils ne font pas verser des larmes aux juges. Vous êtes le Cicéron de Lausanne.

Je compte bien venir vous embrasser à Monrion, et y faire ma cour à Mme de Brenles dès que je serai quitte de mes ouvriers. Je suis assurément bien loin de vous oublier; vous savez que je n'ai pris Monrion que pour vous et pour vos amis; je n'en avais nul besoin. J'ai la plus jolie maison, et le plus beau jardin dont on puisse jouir auprès de Genève; un peu d'utile s'y trouve joint même à l'agréable. Je suis occupé à augmenter l'un et l'autre; je suis devenu maçon, charpentier, et jardinier. Votre métier assurément est plus beau de faire des garçons et de sauver des filles. Nous prenons, ma nièce et moi, la part la plus tendre à tous vos succès. Nous faisons mille compliments au père, à la mère, et au nouveau-né. Il faudra qu'il soit baptisé par un homme d'esprit; je me flatte que ce sera M. Polier de Bottens qui fera cette cérémonie. Ne m'oubliez pas, je vous prie, auprès de ce digne ami. De belles terrasses et une belle galerie m'ont fait Génevois, mais c'est vous et Mme de Brenles qui me faites Lausannois. Adieu, monsieur; vivez heureux, et aimez un homme qui met son bonheur à être aimé de vous.

Je vous embrasse et suis pour jamais, etc.

V.

MMCLXXV. — A M. LE MARÉCHAL DUC DE RICHELIEU

Aux Délices, près de Genève, 2 avril 1755.

On me mande que mon *héros* a repris son visage. Il ne pouvait mieux faire que de garder tout ce que la nature lui a donné. Vous êtes donc quitte, monseigneur, au moins je m'en flatte, de votre maladie cutanée. Il était bien injuste que votre peau fût si maltraitée, après avoir donné tant de plaisir à la peau d'autrui; mais on est quelquefois puni par où l'on a péché.

Je me mêle aussi d'avoir une dartre. On dit que j'ai l'honneur de posséder une voix aussi belle que la vôtre; si j'ai, avec cela, un érésipèle au visage, me voilà votre petite copie en laid.

Un grand acteur est venu me trouver dans ma retraite; c'est Lekain, c'est votre protégé, c'est Orosmane, c'est d'ailleurs le meilleur enfant du monde. Il a joué à Dijon, et il a enchanté les Bourguignons; il a joué chez moi, et il a fait pleurer les Génevois. Je lui ai conseillé d'aller gagner quelque argent à Lyon, au moins pendant huit jours, en attendant les ordres de M. le duc de Gèvres. Il ne tire pas plus de deux mille livres par an de la comédie de Paris. On ne peut ni avoir plus de mérite, ni être plus pauvre. Je vous promets une tragédie nouvelle, si vous daignez le protéger dans son voyage de Lyon. Nous vous conjurons, Mme Denis et moi, de lui procurer ce petit bénéfice dont il a besoin. Il vous est bien aisé de prendre sur vous cette bonne action. M. le duc de Gèvres se fera un plaisir d'être de votre avis et de vous obliger. Ayez la bonté de lui faire cette grâce. Vous ne sauriez croire à quel point nous vous serons obligés. Il attendra les ordres à Lyon. Ne me refusez pas, je vous en supplie. Laissez-moi me flatter d'obtenir cette faveur que je vous demande avec la plus vive instance. Il ne s'agit que d'un mot à votre camarade. Les premiers gentilshommes de la chambre ne font qu'un. Pardon de vous tant parler d'une chose si simple et si aisée; mais j'aime à vous prier, à vous parler, à vous dire combien je vous aime, à quel point vous serez toujours mon *héros*, et avec quelle tendresse respectueuse je serai toujours à vos

MMCLXXVI. — A M. LE COMTE D'ARGENTAL.

Aux Délices, près de Genève, 2 avril.

Lekain est parti, mon cher ange, avec un petit paquet pour vous. Ce paquet contient les quatre derniers magots; il vous sera aisé de juger du premier par les quatre; je vous l'enverrai incessamment; il y a encore quelques ongles à terminer. Vous y trouverez encore quatre autres figures qui appartiennent à la chapelle de *Jeanne*, et je vous promets de temps en temps quelque petite cargaison dans ce goût, si Dieu me permet de travailler de mon métier.

Lekain a été, je crois, bien étonné; il a cru retrouver en moi le père d'Orosmane et de Zamore, et il n'a trouvé qu'un maçon, un charpentier, et un jardinier. Cela n'a pas empêché pourtant que nous n'ayons fait pleurer presque tout le conseil de Genève. La plupart de ces messieurs étaient venus à mes Délices; nous nous mîmes à jouer *Zaïre* pour interrompre le cercle. Je n'ai jamais vu verser plus de larmes; jamais les calvinistes n'ont été si tendres. Nos Chinois ne sont malheureusement pas dans ce goût; on n'y pleurera guère, mais nous espérons que la pièce attachera beaucoup. Nous l'avons jouée Lekain et moi; elle nous faisait un grand effet. Lekain réussira beaucoup dans le rôle de Gengis, aux derniers actes; mais je doute que les premiers lui fassent honneur. Ce qui n'est que noble et fier, ce qui ne demande qu'une voix sonore et assurée, périt absolument dans sa bouche. Ses organes ne se déploient que dans la passion. Il doit avoir joué fort mal *Catilina*. Quand il s'agira de Gengis, je me flatte que vous voudrez bien le faire souvenir que le premier mérite d'un acteur est de se faire entendre.

Vous voyez, mon cher et respectable ami, que, malgré l'absence, vous me soutenez toujours dans mes goûts. Ma première passion sera toujours l'envie de vous plaire. Je ne vous écris point de ma main; je suis un peu malade aujourd'hui, mais mon cœur vous écrit toujours. Je suis à vous pour jamais; Mme Denis vous en dit autant. Mille tendres respects à toute la famille des anges

MMCLXXVII. — A M. SENAC DE MEILHAN.

Aux Délices, 5 avril.

Je n'ai guère reçu, monsieur, en ma vie, ni de lettres plus agréables que celle dont vous m'avez honoré, ni de plus jolis vers que les vôtres. Je ne suis point séduit par les louanges que vous me donnez, je ne juge de vos vers que par eux-mêmes. Ils sont faciles, pleins d'images et d'harmonie; et ce qu'il y a encore de bon, c'est que vous y joignez des plaisanteries du meilleur ton. Je vous assure qu'à votre âge je n'aurais point fait de pareilles lettres.

Si monsieur votre père est le favori d'Esculape, vous l'êtes d'Apollon. C'est une famille pour qui je me suis toujours senti un profond respect, en qualité de poëte et de malade. Ma mauvaise santé, qui me prive de l'honneur de vous écrire de ma main, m'ôte aussi la consolation de vous répondre dans votre langue.

Permettez-moi de vous dire que vous faites si bien des vers, que je crains que vous ne vous attachiez trop au métier; il est séduisant, et il empêche quelquefois de s'appliquer à des choses plus utiles. Si vous continuez, je vous dirai bientôt par jalousie ce que je vous dis à présent par l'intérêt que vous m'inspirez pour vous.

Vous me parlez, monsieur, de faire un petit voyage sur les bords de mon lac; je vous en défie; et, si jamais vous allez dans le pays que j'habite, je me ferai un plaisir de vous marquer tous les sentiments que j'ai depuis longtemps pour M. votre père, et tous ceux que je commence à avoir pour son fils. Comptez, monsieur, que c'est avec un cœur pénétré de reconnaissance et d'estime que j'ai l'honneur d'être, etc.

MMCLXXVIII. — A M. Dupont, avocat.

Aux Délices, près de Genève, 9 avril.

Vous avez rendez-vous, mon cher ami, avec M. de Paulmi, au mois de juillet, à Strasbourg; je vous enverrai une lettre pour lui, si je suis en vie. La meilleure manière de réussir est de vous montrer et de parler. Je vous écris au milieu de cent ouvriers qui me rompent la tête, et au milieu des maladies qui m'accablent toujours. Vous n'aurez pas de moi une longue lettre, mais une longue amitié. Vous pouvez me mettre à l'épreuve tant que mon cœur, qui est à vous, battra encore chez moi. Nous faisons mille tendres compliments, Mme Denis et moi, à Mme Dupont. Ne nous oubliez pas auprès de M. et de Mme de Klinglin, et de monsieur leur fils. Bonsoir; je vous embrasse de tout mon cœur.
V.

MMCLXXIX. — A M. Lekain.

Aux Délices, près de Genève, 14 avril 1755.

M. le duc de Richelieu, tout malade qu'il est, n'a point perdu de temps, mon cher et grand acteur. Il a écrit à M. de Roche-Baron, et vous avez la permission de vous faire admirer à Lyon tant qu'il vous plaira. Vous devez avoir reçu cette permission, dont vous doutiez; nous vous en faisons notre compliment, Mme Denis et moi. Vous recevrez peut-être ce petit billet à Paris. Aimez-nous dans quelque pays qu'on vous admire. Je vous embrasse tendrement.
V.

MMCLXXX. — De Guyot de Merville[1].

A Lyon, le 15 d'avril 1755.

Vous ne pouvez pas ignorer, monsieur, que je suis établi à Genève depuis deux ans. Dans l'espèce de nécessité où les mauvais procédés des comédiens français de Paris m'ont mis de fuir leur présence, il n'y avait point de retraite qui convînt mieux au penchant naturel que j'ai pour le repos et pour la liberté. Je suis d'autant plus content de mon choix, que d'autres raisons vous ont déterminé pour le même asile. Mais ce n'est pas assez que nos goûts s'accordent, il faut encore que nos sentiments se concilient. Quel désagrément pour l'un et pour l'autre, si, habitant les mêmes lieux et fréquentant les mêmes maisons, nous ne pouvions ni nous voir ni nous parler qu'avec contrainte, et peut-être avec aigreur! Je sais que je vous ai offensé; mais je ne l'ai fait par aucune de ces passions qui déshonorent autant l'humanité que la littérature.

Mon attachement à Rousseau, ma complaisance pour l'abbé Des-

---

1. Michel Guyot de Merville, né à Versailles, se noya volontairement dans le lac de Genève, le 4 mai 1755. (Éd.)

fontaines, sont les seules causes du mal que j'ai voulu vous faire, et que je ne vous ai point fait. Leur mort vous a vengé de leurs inspirations, et le peu de fruit des sacrifices que je leur ai faits m'a consolé de leur mort.

Mille gens pourraient vous dire, monsieur, que je vous estime plus que vos partisans les plus zélés, parce que je vous estime moins légèrement et moins aveuglément qu'eux. La preuve en est incontestable. D'Auberval, comédien à Lyon, dont vous avez goûté les talents, et dont vous adoreriez le caractère si vous le connaissiez comme moi, peut vous certifier que je le chargeai, trois jours avant votre départ subit et imprévu, des vers que je vous envoie. Je profitais du passage que vous faisiez en cette ville, où je n'étais aussi qu'en passant. Ces vers sont encore plus de saison que jamais, puisque je serai à Genève le 22 de ce mois, et que nous y voilà fixés tous les deux. Je n'ai rien à y ajouter que les offres suivantes.

J'ai fait, en quatre volumes manuscrits, la critique de vos ouvrages; je vous la remettrai. Il y a à la tête de ma première comédie[1] une lettre dont Rousset m'écrivit autrefois que vous aviez été choqué; je la supprimerai dans l'édition que je prépare de mes œuvres. L'abbé Desfontaines a fait imprimer deux pièces de vers qu'il m'avait suggérées contre vous; je les supprimerai aussi. C'est à ce prix que je veux mériter votre amitié.

Je ferai plus. Mes *OEuvres diverses* en deux volumes sont dédiées à un gentilhomme du pays de Vaud, qui brûle de vous voir, et que vous serez bien aise de connaître; pour convaincre le public de la sincérité de mes intentions et de ma conduite à votre égard, je suis prêt, si vous le permettez, à vous dédier mon théâtre en quatre volumes. Je ne crois pas que vous puissiez rien exiger de plus.

Mais, à propos d'édition, il est bien temps, monsieur, que vous pensiez, ainsi que moi, à en faire paraître une de vos ouvrages, sous vos yeux, et de votre aveu. Le public l'attend avec impatience, parce qu'il ne croira jamais vous tenir, que vous ne vous donniez vous-même. Vous êtes à Genève en place pour cela; et je me charge, si vous voulez, d'une partie du matériel de cette impression, comme vous m'avez chargé, à la Haye, il y a plus de trente ans, de la correction des épreuves de *la Henriade*.

J'envoie copie de cette lettre, et des vers qui l'accompagnent, à M. de Montpéroux, qui m'honore de son estime et de son affection. Je me flatte qu'il voudra bien appuyer le tout. Mais est-il besoin que M. le résident joigne sa recommandation à ma démarche? Ne savez-vous pas, monsieur, qu'il est plus grand de reconnaître ses fautes que de n'en jamais faire, et plus glorieux de pardonner que de se venger? Je parle à Voltaire, et c'est Merville qui lui parle. Vous voyez que je finis en poète; mais ce n'est pas en poète, c'est en ami, c'est en admirateur, c'est en homme qui pense, que je vous assure de l'estime singulière et du dévouement parfait avec lequel je suis, monsieur, etc.

GUYOT DE MERVILLE.

1. *Les Mascarades amoureuses*. (ÉD.)

MMCLXXXI. — A M. DE BRENLES.

Aux Délices, 16 avril.

Je partage votre douleur, monsieur, après avoir partagé votre joie; mais heureux ceux qui, comme vous, peuvent réparer leur perte au plus vite; je ne serais pas dans le même cas. Bien loin de faire d'autres individus, j'ai bien de la peine à conserver le mien, qui est toujours dans un état déplorable. En vérité je commence à craindre de n'avoir pas la force d'aller sitôt à Monrion. Soyez bien sûr, monsieur, que mes maux ne dérobent rien au tendre intérêt que je prends à tout ce qui vous touche. Je crois que Mme de Brenles et vous avez été bien affligés; mais vous avez deux grandes consolations, la philosophie et du tempérament. Pour moi, je n'ai que de la philosophie; il en faut assurément pour supporter des souffrances continuelles qui me privent du bonheur de vous voir. Ma nièce s'intéresse à vous autant que moi; elle vous fait les plus sincères compliments, aussi bien qu'à Mme de Brenles. Nous apprenons que vous avez un nouveau bailli; ce sera un nouvel ami que vous aurez.

Adieu, mon cher monsieur; je suis bien tendrement à vous pour jamais.

V.

MMCLXXXII. — A M. GUYOT DE MERVILLE.

Avril.

La vengeance, monsieur, fatigue l'âme, et la mienne a besoin d'un grand calme. Mon amitié est peu de chose, et ne vaut pas les grands sacrifices que vous m'offrez. Je profiterai de tout ce qui sera juste et raisonnable dans les *quatre volumes* de critiques que vous avez faites de mes ouvrages, et je vous remercie des peines infinies que vous avez généreusement prises pour me redresser. Si les deux satires que Rousseau et Desfontaines vous suggérèrent contre moi sont agréables, le public vous applaudira. Il faut, si vous m'en croyez, le laisser juge.

La dédicace de vos ouvrages, que vous me faites l'honneur de m'offrir, n'ajouterait rien à leur mérite, et vous compromettrait auprès du *gentilhomme* à qui cette dédicace est destinée. Je ne dédie les miens qu'à mes amis. Ainsi, monsieur, si vous le trouvez bon, nous en resterons-là.

MMCLXXXIII. — A M. LE MARÉCHAL DUC DE RICHELIEU.

Aux Délices, 1ᵉʳ mai.

L'éternel malade, le solitaire, le planteur de choux et le barbouilleur de papier, qui croit être philosophe au pied des Alpes, a tardé bien indignement, monseigneur le maréchal, à vous remercier de vos bontés pour Lekain; mais demandez à Mme Denis si j'ai été en état d'écrire. J'ai bien peur de n'être plus en état d'avoir la consolation de vous faire ma cour. J'aurai pourtant l'honneur de vous envoyer ma pe-

1. *L'Orphelin de la Chine*, que Voltaire dédia à Richelieu. (ÉD.)

tite drôlerie¹; c'est le fruit des intervalles que mes maux me laissaient autrefois; ils ne m'en laissent plus aujourd'hui, et j'aurai plus de peine à corriger ce misérable ouvrage que je n'en ai eu à le faire. J'ai grande envie de ne le donner que dans votre année. Cette idée me fait naître l'espérance de vivre encore jusque-là. Il faut avoir un but dans la vie; et mon but est de faire quelque chose qui vous plaise, et qui soit bien reçu sous vos auspices. Vous voilà, Dieu merci, en bonne santé, monseigneur; et les affaires, et les devoirs de la cour, et les plaisirs qui étaient en arrière par votre maudit érésipèle, vous occupent à présent que vous avez la peau nette et fraîche.

Je n'ose, dans la multitude de vos occupations, vous fatiguer d'une ancienne requête que je vous avais faite avant votre cruelle maladie; c'était de daigner me mander si certaines personnes approuvaient que je me fusse retiré auprès du fameux médecin Tronchin, et à portée des eaux d'Aix. Ce Tronchin-là a tellement établi sa réputation, qu'on vient le consulter de Lyon et de Dijon; et je crois qu'on y viendra bientôt de Paris. On inocule, ce mois-ci, trente jeunes gens à Genève. Cette méthode a ici le même cours et le même succès qu'en Angleterre. Le tour des Français vient bien tard, mais il viendra. Heureusement la nature a servi M. le duc de Fronsac, aussi bien que s'il avait été inoculé.

Il me semble que ma lettre est bien médicale; mais pardonnez à un malade qui parle à un convalescent. Si je pouvais faire jamais une petite course dans votre royaume de Cathai, vous et le soleil de Languedoc, mes deux divinités bienfaisantes, vous me rendriez ma gaieté, et je ne vous écrirais plus de si sottes lettres. Mais que pouvez-vous attendre du mont Jura, et d'un homme abandonné à des jardiniers savoyards et à des maçons suisses? Mme Denis est toujours, comme moi, pénétrée pour vous de l'attachement le plus tendre. Elle l'exprimerait bien mieux que moi; elle a encore tout son esprit; les Alpes ne l'ont point gâtée.

Conservez vos bontés, monseigneur, à ces deux Allobroges qui vivent à la source du Rhône, et qui ne regrettant que les climats où ce fleuve coule sous votre commandement. Le Rhône n'est beau qu'en Languedoc. Je vous aimerai toujours avec bien du respect, mais avec bien de la vivacité, et serai à vos ordres, si je vis.

MMCLXXXIV. — DE LOUIS-EUGÈNE, PRINCE DE WURTEMBERG.

A Paris, le 2 mai.

Le porteur de cette lettre, monsieur, est un garçon auquel je m'intéresse sincèrement. Il s'appelle Fierville, et il est attaché à la cour de Son Altesse royale Mme la margrave de Bareuth. C'est un très-bon acteur, et qui s'est surtout appliqué à remplir les rôles principaux de vos tragédies. Il vous a étudié avec beaucoup de soin, et il m'a demandé une lettre pour vous, que je lui ai accordée avec bien du plaisir.

Je suis dans la douleur la plus profonde. Naguère que d'Han..., par sa mauvaise conduite, s'est montré indigne de l'opinion que j'avais conçue de lui; je dis mauvaise conduite pour n'en pas dire plus; et aujourd'hui je viens de perdre un ami qui était le vôtre; un homme dont les connaissances étaient aussi étendues, le génie aussi élevé que son âme était simple. M. de Lironcourt est mort. Je l'ai toujours regardé comme une machine merveilleuse; toute la nature était rassemblée dans sa tête. O vous qui êtes sensible, jugez de mon affliction! il est mort le moment après m'avoir rendu les plus grands services. Il laisse une famille nombreuse, sans bien, désolée, et son malheur serait affreux, si elle n'était appuyée du plus noble, du plus généreux, du plus aimable des hommes. Quand je vous dirai que ce protecteur est M. le duc de Nivernais, vous cesserez de la plaindre. Oui, les soins officieux qu'il daigne prendre pour elle m'attachent à lui pour toujours. Il est digne d'être aimé de vous; mais je finis, car la douleur et l'admiration m'empêchent également de vous en dire davantage.

Je vous aime du fond de mon cœur.

LOUIS-EUGÈNE, *duc de Wurtemberg*.

MMCLXXXV. — A M. LE COMTE D'ARGENTAL.

Aux Délices, 4 mai.

Chœur des anges, prenez patience; je suis entre les mains des médecins et des ouvriers, et le peu de moments libres que mes maux et les arrangements de ma cabane me laissent, sont nécessairement consacrés à cet *Essai sur l'histoire générale*, qui est devenu pour moi un devoir indispensable et accablant, depuis le tort qu'on m'a fait d'imprimer une esquisse si informe d'un tableau qui sera peut-être un jour digne de la galerie de mes anges. Laissez-moi quelque temps à mes remèdes, à mes jardins et à mon *Histoire*.

Dès que je me sentirai une petite étincelle de génie, je me remettrai à mes magots de la Chine. Il ne faut fatiguer ni son imagination, ni le public. Laissons attendre le démon de la poésie et le démon du public, et prenons bien le temps de l'un et de l'autre. Je veux chasser toute idée de la tragédie, pour y revenir avec des yeux tout frais et un esprit tout neuf. On ne peut jamais bien corriger son ouvrage qu'après l'avoir oublié. Quand je m'y remettrai, je vous parlerai alors de toutes vos critiques, auxquelles je me soumettrai autant que j'en aurai la force. Ce n'est pas assez de vouloir se corriger, il faut le pouvoir.

Permettez-moi cependant, mon cher et respectable ami, de vous demander si M. de Ximenès était chez vous quand on lut ces quatre actes. Nous sommes bien plus embarrassés, Mme Denis et moi, de ce que nous mande M. de Ximenès que de Gengis-kan et d'Idamé. Si ce n'est pas chez vous qu'il a lu la pièce, c'est donc Lekain qui la lui a confiée; mais comment Lekain aurait-il pu lui faire cette confidence, puisque la pièce était dans un paquet à votre adresse, très-bien cacheté? Si, par quelque accident que je ne prévois pas, M. de Ximenès avait eu, sans votre aveu, communication de cet ouvrage, il serait évident qu'on lui aurait aussi confié les quatre chants[1] que je vous ai envoyés. Tirez-moi, je vous prie, de cet embarras.

Je ne sais, mon cher ange, à quoi appliquer ce que vous me dites à propos de ces quatre derniers chants. Il n'y a, ce me semble, aucune personnalité, si ce n'est celle de l'âne. Je sais que, malheureusement, il se glissa dans les chants précédents quelques plaisanteries qui offenseraient les intéressés. Je les ai bien soigneusement supprimées, mais puis je empêcher qu'elles ne soient, depuis longtemps, entre les mains de Mlle du Thil? C'est là le plus cruel de mes chagrins; c'est ce qui m'a déterminé à m'ensevelir dans la retraite où je suis. Je prévois que, tôt ou tard, l'infidélité qu'on m'a faite deviendra publique, et alors il vaudra mieux mourir dans ma solitude qu'à Paris. Je n'ai pu imaginer d'autre remède au malheur qui me menace que de faire proposer à Mlle du Thil le sacrifice de l'exemplaire imparfait qu'elle possède, et de lui en donner un plus correct et plus complet; mais comment et par qui lui faire cette proposition? Peut-être M. de La Motte, qui a pris ma maison[2], et qui est le plus officieux des hommes, voudrait bien se charger de cette négociation; mais voilà de ces choses qui exigent qu'on soit à Paris. Ma tendre amitié pour vous l'exige bien davantage, et cependant je reste au bord de mon lac, et je ne me console que par les bontés de mes anges. Mon cœur en est pénétré.

MMCLXXXVI. — A M. THIERIOT.

Aux Délices, le 9 mai.

Je maudis bien mes ouvriers, mon cher et ancien ami, puisqu'ils vous empêchent de suivre ce beau projet si consolant que vous aviez de venir recueillir mes derniers ouvrages et mes dernières volontés.

Je plante et je bâtis, sans espérer de voir croître mes arbres, ni de voir ma cabane finie. Je construis à présent un petit appartement pour Mme de Fontaine, qui ne sera prêt que l'année qui vient. C'est une de mes plus grandes peines de ne pouvoir la loger cette année; mais vous, qui pouvez vous passer d'un cabinet de toilette et d'une femme de chambre, vous pourriez encore, si le cœur vous en disait, venir habiter un petit grenier meublé de toile peinte, appartement digne d'un philosophe, et que votre amitié embellirait. Nous ne sommes pas loin de Genève; vous verriez M. de Montpéroux, le résident, que vous connaissez; vous auriez assez de livres pour vous amuser, une très-belle campagne pour vous promener; nous irions ensemble à Monrion; nous nous arrêterions en chemin à Prangins; vous verriez un très-beau et très-singulier pays; et, s'il venait faute de votre ancien ami, vous ns chargeriez de son héritage littéraire, et vous lui composeriez une honnête épitaphe; mais je ne compte point sur cette consolation. Paris a bien des charmes, le chemin est bien long, et vous n'êtes pas probablement désœuvré.

Vous m'avez parlé de cet ancien poëme, fait il y a vingt-cinq ans,

1. De *la Pucelle*. (ÉD.) — 2. Celle de la rue Traversière. (ÉD.)

dont il court des lambeaux très-informes et très-falsifiés ; c'est ma destinée d'être défiguré en vers et en prose, et d'essuyer de cruelles infidélités. J'aurais voulu pouvoir réparer au moins le tort qu'on m'a fait par cette infâme falsification de cette *Histoire* prétendue *universelle*; c'était là un beau projet d'ouvrage, et je vous avoue que je serais bien fâché de mourir sans l'avoir achevé, mais encore plus sans vous avoir vu.

Mme la duchesse d'Aiguillon m'a commandé quatre vers pour M. de Montesquieu, comme on commande des petits pâtés ; mais mon four n'est point chaud, et je suis plutôt sujet d'épitaphes que faiseur d'épitaphes. D'ailleurs, notre langue, avec ses maudits verbes auxiliaires, est fort peu propre au style lapidaire. Enfin, l'*Esprit des Lois* en vaudra-t-il mieux avec quatre mauvais vers à la tête ? Il faut que je sois bien baissé, puisque l'envie de plaire à Mme d'Aiguillon n'a pu encore m'inspirer.

Adieu, mon ancien ami. Si Mme la comtesse de Sandwich daigne se souvenir de moi, *I pray you to present her with my most humble respect*. Vous voyez que je dicte jusqu'à de l'anglais ; j'ai les doigts enflés, l'esprit aminci, et je ne peux plus écrire.

MMCLXXXVII. — A M. LE MARQUIS DE THIBOUVILLE.

Aux Délices, 21 mai.

Ce n'est pas dégoût, c'est désespoir et impuissance. Comment voulez-vous que je polisse des magots de la Chine quand on m'écorche, moi, quand on me déchire, quand cette maudite *Pucelle* passe toute défigurée de maison en maison, que quiconque se mêle de rimailler remplit les lacunes à sa fantaisie, qu'on y insère des morceaux tout entiers qui sont la honte de la poésie et de l'humanité ? Ma pauvre *Pucelle* devient une p..... infâme, à qui on fait dire des grossièretés insupportables. On y mêle encore de la satire ; on glisse, pour la commodité de la rime, des vers scandaleux contre les personnes à qui je suis le plus attaché. Cette persécution d'une espèce si nouvelle, que j'essuie dans ma retraite, m'accable d'une douleur contre laquelle je n'ai point de ressource. Je m'attends chaque jour à voir cet indigne ouvrage imprimé. On m'égorge, et on m'accuse de m'égorger moi-même. Cet avorton d'*Histoire universelle*, tronqué et plein d'erreurs à chaque page, ne m'a-t-il pas été imputé ? et ne suis-je pas à la fois la victime du larcin et de la calomnie ? Je m'étais retiré dans une solitude profonde, et j'y travaillais en paix à réparer tant d'injustices et d'impostures. J'aurais pu, en conservant la liberté d'esprit que donne la retraite, travailler à l'ouvrage¹ que vous aimez, et auquel vous voulez bien donner quelque attention ; mais cette liberté d'esprit est détruite par toutes les nouvelles affligeantes que je reçois. Je ne me sens pas le courage de travailler à une tragédie quand je succombe moi-même très-tragiquement.

1. *Zulime*. (ÉD.)

Il faudrait, mon cher Catilina, me donner la sérénité de votre âme et celle de M. d'Argental, pour me remettre à l'ouvrage.

Soit que je sois en état d'achever mes Chinois et mes Tartares, soit que je sois forcé de les abandonner, je vous supplie de remercier pour moi M. Richelet de ses offices obligeantes. Plus je suis sensible à son attention, plus je le prie de ne pas manquer de donner au public l'EROE CINESE, di *Metastasio*. La circonstance sera favorable au débit de son ouvrage, et ce ne sera pas ce qui fera tort au mien. Je n'ai de commun avec Metastasio que le titre. On ne se douterait pas que la scène soit, chez lui, à la Chine; elle peut être où l'on veut; c'est une intrigue d'opéra ordinaire. Point de mœurs étrangères, point de caractères semblables aux miens; un tout autre sujet et un tout autre pinceau. Son ouvrage peut valoir infiniment mieux que le mien, mais il n'y a aucun rapport. J'ai encore à vous prier, aimable ami, de dire à M. Sonning combien je le remercie d'avoir favorisé de ses grâces mon parterre et mon potager. Je lui épargne une lettre inutile; mes remerciments ne peuvent mieux être présentés que par vous.

MMCLXXXVIII. — A M. DARGET.

Aux Délices, 23 mai 1755.

Je connais votre probité, mon ancien camarade en Vandalie, et je n'ai jamais douté de votre amitié; j'apprends qu'on a lu devant vous, à Vincennes, tout le poëme de la *Pucelle*; mais, par les fragments qui courent, je vois que tout est aussi défiguré que mon *Histoire* prétendue *universelle*. On a rempli les lacunes de toutes les sottises qui doivent faire rougir le lecteur et indigner l'auteur. Je m'adresse hardiment à vous pour prévenir, s'il est possible, les mauvais effets de cette abominable rapsodie qu'on ne manquerait pas de m'imputer. Il est dur que mon repos et ma vieillesse soient troublés par tant de calomnies. Vous êtes à portée de me donner dans cette affaire des lumières et des conseils. Si ceux qui ont un manuscrit si défectueux, voulaient avoir le véritable, ils ne feraient peut-être pas un mauvais marché. Il n'y a point de parti que je ne prenne, ni de dépense que je ne fasse très-volontiers, pour supprimer ce qu'on fait courir sous mon nom avec tant d'injustice. J'ose m'adresser à vous avec confiance, parce qu'il s'agit de faire une bonne action.

L'adresse de votre ancien ami et très-humble et obéissant serviteur, est à Voltaire, gentilhomme ordinaire du roi, aux Délices, près de Genève. C'est une maison, en effet, délicieuse, sur le lac et sur le Rhône. Ce sont des jardins charmants; mais une *pucelle* porte le trouble partout.

MMCLXXXIX. — A M. LE COMTE D'ARGENTAL.

24 mai.

Comptez, mon cher ange, que, tant que j'aurai des mains et un petit fourneau encore allumé, je les emploierai à recuire vos cinq magots de la Chine. Soyez bien sûr qu'il n'y a que vous et les vôtres qui me ranimiez; mais je vous avoue que mes mains sont paralytiques, et que ma terre de la Chine est à la glace. Par tout ce que j'apprends des infidélités de ce monde, il y a un maudit *âne*[1] qui me désespère. Vous l'avez, cet âne, et vous savez qu'il est bien plus poli et plus honnête que celui qui court. J'ai relu le chant onzième[2]; il y a depuis long-temps:

> En fait de guerre, on peut bien se méprendre,
> Ainsi qu'ailleurs; mal voir et mal entendre
> De l'héroïne était souvent le cas,
> Et saint Denis ne l'en corrigea pas.

Vous auriez eu la vraie leçon, si vous aviez apporté la défectueuse à Plombières.

Il y a dans le chant onzième[3]:

> Ce que César sans pudeur soumettait
> A Nicomède, en sa belle jeunesse;
> Ce que jadis le héros de la Grèce
> Admira tant dans son Éphestion;
> Ce qu'Adrien mit dans le Panthéon:
> Que les héros, ô ciel, ont de faiblesse!

Enfin je n'ai rien vu dans la bonne leçon que de fort poli et de fort honnête; mais il arrivera sans doute que quelqu'une des détestables copies qui courent sera imprimée. Vous ne sauriez croire à quel point je suis affligé. L'ouvrage, tel que je l'ai fait il y a plus de vingt ans, est aujourd'hui un contraste bien désagréable avec mon état et mon âge; et, tel qu'il court le monde, il est horrible à tout âge. Les lambeaux qu'on m'a envoyés sont pleins de sottises et d'impudence; il y a de quoi faire frémir le bon goût et l'honnêteté; c'est le comble de l'opprobre de voir mon nom à la tête d'un tel ouvrage. Mme Denis écrit à M. d'Argenson, et le supplie de se servir de son autorité pour empêcher l'impression de ce scandale. Elle écrit à M. de Malesherbes; et nous vous conjurons tous deux, mon cher et respectable ami, de lui en parler fortement: c'est ma seule ressource. M. de Malesherbes est seul à portée d'y veiller. Enfin ayez la bonté de me mander ce qu'il y a à craindre, à espérer, et à faire. Veillez sur notre retraite; mettez-moi l'esprit en repos. Ne puis-je au moins savoir qui est ce possesseur du manuscrit, qui l'a lu à Vincennes tout entier? si je le connaissais, ne pourrais-je pas lui écrire? ma démarche auprès de lui ne me justifierait-elle pas un jour? ne dois-je pas faire tout au monde pour prouver combien cet ouvrage est falsifié, et pour détruire les soupçons qu'on pourrait former un jour que j'ai eu part à sa publication? Enfin il faut que je sois tranquille pour penser à la Chine; et je ne songerai à Gen-

---

1. C'était alors le chant XIX de *la Pucelle*. (ÉD.)
2. Aujourd'hui le XIIe. (ÉD.)
3. Dans les premières éditions, c'était au chant X que se lisaient les six vers transcrits par Voltaire, et qui sont aujourd'hui dans le XIIe. (ÉD.)

gis-kan que lorsque vous m'aurez éclairé, au moins sur ce qui me trouble, et que je me serai résigné. Adieu, mon cher ange. Jamais pucelle n'a tant fait enrager un vieillard; mais j'ai peur que nos Chinois ne soient un peu froids : ce serait bien pis.

Parlez à M. de Malesherbes, échauffez-moi, et aimez-moi.

MMCXC. — A M. GRASSET.

Aux Délices, le 26 mai.

On m'a renvoyé de Paris, monsieur, une lettre que vous avez écrite au sieur Corbi. Vous lui mandez que vous allez faire une édition d'un poëme intitulé *la Pucelle d'Orléans*, dont vous me croyez l'auteur, et vous le priez de la débiter à Paris. On m'a envoyé, en même temps, des lambeaux du manuscrit que vous achetez. Je dois vous avertir que vous ne pouvez faire un plus mauvais marché; que ce manuscrit n'est point de moi; que c'est une infâme rapsodie aussi plate, aussi grossière qu'indécente; qu'elle a été fabriquée sur l'ancien plan d'un ouvrage que j'avais ébauché il y a trente ans; que c'est l'ouvrage d'un homme qui ne connaît ni la poésie, ni le bon sens, ni les mœurs; que vous n'en vendriez jamais cent exemplaires; et qu'il ne vous resterait, après avoir perdu votre argent, que la honte et le danger d'avoir imprimé un ouvrage scandaleux. J'espère que vous profiterez de l'avis que je vous donne; je serai d'ailleurs aussi empressé à vous rendre service qu'à vous instruire du mauvais marché qu'on vous propose. Si vous voulez m'informer de ce que vous savez sur cette affaire, comme je vous informe de ce que je sais positivement, vous me ferez un plaisir que je reconnaîtrai, étant tout à vous.

VOLTAIRE, *gentilhomme ordinaire du roi.*

MMCXCI. — A M. LE MARÉCHAL DUC DE RICHELIEU.

Aux Délices, 26 mai.

Est-il possible, monseigneur, que votre santé soit si longtemps à revenir! Comment avez-vous pu soutenir tant de douleurs et tant de privations? A quoi donc avez-vous passé le temps, dans ce désœuvrement si triste et si étranger pour vous? Une tragédie chinoise ne vaut pas la belle porcelaine de la Chine. Vous vous connaissez à merveille à ces deux curiosités-là, et vous avez dû bien sentir que la tragédie n'était point encore digne de paraître sous vos auspices. Ces cinq magots de la Chine ne sont encore ni cuits ni peints comme je le voudrais. Il faut attendre l'année de votre consulat pour les présenter, et employer beaucoup de temps pour les finir.

Mais je suis actuellement très-incapable de cuire et de peindre. Ce maudit ouvrage d'une autre espèce, dont on vous a régalé pendant votre maladie, me rend bien malade. On m'en a envoyé des morceaux indignement falsifiés, qui font frémir le bon goût et la décence. Ces rapsodies courent; on veut les imprimer sous mon nom. L'avidité et la malignité se joignent pour me tuer. Je vous conjure de parler à ceux qui vous ont fait lire ces misères, ils sont à portée d'empêcher qu'on ne les publie. J'aurai l'honneur de vous faire tenir le véritable manuscrit; il vous amusera; il n'en vaut que mieux pour être plus décent; un peu de gaze sied bien, même à un *âne*.

Un nommé Corbi est fort au fait de cette horreur. Si vous daignez l'envoyer chercher, il renoncera au projet d'imprimer quelque chose d'aussi détestable et de si dangereux, dans l'espérance de faire des profits plus honnêtes.

Mme Denis et moi nous nous mettons entre vos mains, et nous espérons tout de vos bontés.

MMCXCII. — A M. LE COMTE D'ARGENTAL

Aux Délices, près de Genève, 28 mai.

Pardon, mon cher ange, nous ne savons pas précisément la demeure de Corbi, et nous vous supplions de lui faire tenir cette lettre. Il est très-certain que Grasset n'est qu'un prête-nom; que c'est à Paris qu'on a fabriqué les additions à cet ancien poëme; que c'est à Paris qu'elles courent, et qu'on veut les imprimer; que des protecteurs de Corbi les ont eues; que Corbi ne les a obtenues que par eux, et que, en un mot, Corbi peut faire beaucoup de mal en les publiant, et beaucoup de bien en s'opposant à l'édition.

Vous devez avoir reçu un paquet par M. Bouret. Je vous prie de donner à M. de Thibouville cet *âne* honnête, en attendant que je sois en état de refaire la fin du quatrième acte et le commencement du cinquième. La pièce tomberait, dans l'état où elle est. Il faut qu'elle soit digne de votre goût et de votre amitié; mais, pour cela, il me faut santé et repos d'esprit. Je n'ai ni l'un ni l'autre.

Si vous avez quelques gros paquets à me faire tenir, je vous prie de les adresser chez M. Bouret.

MMCXCIII. — A M. THIERIOT.

Aux Délices, le 28 mai.

Vous me disiez, dans votre dernière lettre, mon cher et ancien ami, que je devrais bien vous envoyer quelques chants de *la Pucelle*. Je vous assure que je vous ferai tenir, de grand cœur, tout ce que j'en ai fait. Ne m'en ayez pas d'obligation; je suis intéressé à remettre le véritable ouvrage entre vos mains. Les lambeaux défigurés qui courent dans Paris achèvent de me désespérer. On s'est avisé de remplir les lacunes de toutes les grossièretés qui peuvent déshonorer un ouvrage. On y a ajouté des personnalités odieuses et ridicules contre moi, contre mes amis, et contre des personnes très-respectables. C'est un nouveau brigandage introduit depuis peu dans la littérature, ou plutôt dans la librairie. La Beaumelle est le premier, je crois, qui ait osé faire imprimer l'ouvrage d'un homme, de son vivant, avec des commentaires chargés d'injures et de calomnies. Ce malheureux Érostrate du *Siècle de Louis XIV* a trouvé le secret de changer, pour quinze ducats, en un libelle abominable un livre entrepris pour la gloire de la nation.

On en a fait à peu près autant des matériaux de l'*Histoire générale*, et enfin on traite de même ce petit poëme fait il y a environ vingt-cinq ans. On fait une gueuse abominable de cette *Pucelle* qui n'avait qu'une gaieté innocente. Corbi prétend qu'un nommé Grasset a acheté mille écus un de ces détestables exemplaires.

Je sais quel est ce Grasset; il n'est point du tout en état de donner mille écus. Corbi ferait à la fois une très-mauvaise action et un très-mauvais marché d'imprimer cette détestable rapsodie. Les morceaux qu'on m'en a envoyés sont faits par la canaille et pour la canaille. Si vous rencontrez Corbi, dites-lui qu'on le trompe bien indignement. Songez que, quand on falsifie mes ouvrages, c'est votre bien qu'on vole, et que vous devriez venir ici arranger votre héritage.

MMCXCIV. — DE M. DARGET.

A Vincennes, le 1er juin 1755.

Si vous êtes persuadé de mon amitié, monsieur, autant que vous devez l'être par les témoignages que j'ai été assez heureux de vous en donner à Potsdam et à Berlin; si vous pensez de ma probité un peu mieux que La Beaumelle ne vous en fait parler dans une de ses réponses, vous n'avez pas dû être inquiet de la lecture que j'ai faite de votre *Pucelle* à Vincennes. L'assemblée était composée de gens qui vous admirent et qui ont le droit de vous admirer; M. le chevalier de Croismare y présidait; Mme de Meyzieu en était; M. l'abbé Chauvelin devait y être; et l'on pourrait dire que l'auditoire était prévenu, si ce mot-là pouvait être employé quand il est question de vos ouvrages.

La copie que j'ai lue est une copie exacte, mais mal écrite, et qui avait été apportée d'Allemagne où elle existe de votre aveu, pour être mise au net à Paris par une belle main. J'ai empêché cette opération dont je connais le danger. Je me souviens que Tinois vous déroba une copie, en en faisant une sous vos yeux pour le roi de Prusse, et je me rappelle avec plaisir que je fus cause que cette copie furtive ne fut pas portée en Hollande. J'ai saisi avec le même zèle pour vous, monsieur, l'occasion, quoique ignorée, de vous servir de nouveau en empêchant que cet ouvrage, étant mis au net ici, ne pût être encore copié furtivement. N'en ayez donc aucune inquiétude, et soyez bien assuré que les intérêts de votre tranquillité et de votre amour-propre ne seront pas compromis, quand je serai assez heureux pour y pouvoir quelque chose.

Il n'y a que le premier chant de ce poëme qui soit connu ici; et encore y a-t-il très-peu de gens qui l'aient : je n'ai pas entendu dire que les autres eussent été vus. Le très-petit comité où j'en ai lu quinze chants complets en a admiré l'imagination, la poésie, les images; mais on a trouvé quelques endroits que vous retoucherez sans doute, qui peut-être sont déjà corrigés, et qui ne sont pas du ton de décence et d'agrément que l'on retrouve si généralement dans tous vos ouvrages. Tout le monde s'est accordé à dire que celui-ci ne devrait pas être imprimé, ni même trop universellement répandu pendant la vie de son auteur, et que ce serait vous rendre un très-mauvais office que de le donner au public. Pardonnez donc, sans vous en alarmer, mon ancien ami, les fragments qui peuvent courir; leur peu de correction sera toujours la preuve qu'ils ne viendront pas de vous; mais que l'amour de la paternité et l'envie de produire cet enfant, affranchi de tous les défauts qu'on pouvait lui prêter, ne vous engage jamais à le mettre dans le monde; c'est un conseil que mon amitié ose vous donner avec la liberté que vous lui avez accordée autrefois.

Je souhaite bien sincèrement que vous jouissiez longtemps du beau lieu que vous habitez : il ne tient qu'à vous, mon bon ami, de le rendre le délice des autres : puisse-t-il toujours en être un pour vous! personne ne le désire plus que moi. Je suis enchanté d'avoir reçu des marques de votre souvenir; je ne les dois qu'à vos terreurs; mais je ne les en chéris pas moins. Je vis ici avec vos admirateurs, et vous admireriez et chanteriez vous-même cet établissement, si vous pouviez le voir de près : cela est-il sans espérance? M. le chevalier de Croismare, qui y commande en chef, me charge de vous faire ses compliments; il assure Mme Denis de ses respects : je m'acquitte du même devoir, et je vous prie d'être persuadé que je serai toute ma vie, avec un attachement bien tendre et des sentiments que j'ai conservés malgré bien des circonstances, et qu'il ne tiendra qu'à vous d'entretenir, etc.

MMCXCV. — A M. LE COMTE D'ARGENTAL.

Aux Délices attristées, 4 juin.

Mon divin ange, nos cinq actes, notre Idamé, notre Gengis, iront bien mal tant que je serai dans les angoisses de la crainte qu'on n'imprime ce malheureux vieux rogaton si défiguré, si imparfait, si tronqué, si désespérant. Je voudrais du moins que vous en eussiez un exemplaire au net, bien complet, bien corrigé, bien gai (puisqu'il fut autrefois si gai), bien honnête, ou moins malhonnête. Je voudrais que M. de Thibouville l'eût de cette façon. Je voudrais vous l'envoyer, soit par M. de Chauvelin, soit par quelque autre voie, telle qu'il vous plairait. Il me semble que la seule ressource est de faire un peu connaître la véritable copie, pour étouffer l'autre. Encore une fois, de deux maux il faut éviter le pire; et le plus grand des maux est la crainte. Non, il y en a encore un plus grand, c'est de voir mes amis offensés par des rapsodies qui courent sous mon nom. Votre dernière lettre à Mme Denis, et toutes celles que nous recevons, nous confirment le danger. Je suis réduit à souhaiter que cette plaisanterie de trente années soit connue, tout opposée qu'elle est aujourd'hui à mon âge et à ma situation. Elle n'est guère que plaisanterie; et, quand on rit, on ne trouve rien mauvais. Adieu, mon divin ange, je suis entre l'enclume et le marteau, entre la Chine et Grisbourdon; et je me mets en tremblant sous les ailes de mes anges.

MMCXCVI. — A M. Polier de Bottens.

Aux Délices, le 4 juin.

Il y a bien des façons d'être malheureux, mon cher monsieur; la plus belle est de l'être comme vous, par la générosité et la bonté de votre cœur, et de ne souffrir que pour les autres. La plus cruelle est de souffrir par soi-même, de devenir tous les jours inutile à la société, et de voir périr son âme en détail dans le délabrement du corps. Voilà mon état, monsieur, et voilà ce qui m'a empêché jusqu'ici de venir à Monrion. Si monsieur votre frère vous ressemblait, c'est une très-grande perte, et je vous assure que je la sens très-vivement. Le monde a besoin de gens comme vous.

Cette petite bagatelle dont vous me parlez a été imprimée sur d'assez mauvaises copies qui en ont couru; il n'y a pas grand mal. Un nommé Grasset, qui est actuellement à Lausanne, a été sur le point de me jouer un tour plus cruel. M. de Brenles a dû vous en instruire, et je suis persuadé que vous aurez en ce cas prêché la vertu à ce Grasset. On dit qu'il avait besoin de vos leçons. Je voudrais déjà être à Monrion, et vous y embrasser; mais je ne pourrai faire ce voyage, après lequel je soupire, qu'après le passage de M. le marquis de Paulmi. Ce n'est pas que mon âme républicaine veuille faire sa cour à des secrétaires d'État; mais je suis attaché à M. de Paulmi. Il a eu la bonté, dès qu'il a su mon séjour en Suisse, de m'envoyer des lettres de recommandation pour MM. les avoyers de Berne.

Je serai encore plus aise de voir votre ami M. Bertrand, après quoi il ne me manquera plus que la consolation de venir vous dire combien je vous aime, de philosopher un peu avec vous, et de vous renouveler mon tendre et respectueux dévouement.

VOLTAIRE.

MMCXCVII. — De Louis-Eugène, prince de Wurtemberg.

A Paris, ce 4 juin.

J'ai reçu les deux lettres, monsieur, que vous m'avez écrites, la première concernant notre calculateur, et la seconde dans laquelle vous me parlez de *la Pucelle*.

D'abord, je vous promets de ne me plus rapporter au calcul des autres, et de laisser pendus ceux que leur mérite a élevés à ce sublime degré d'honneur; secondement, je vous assure de ne me plus livrer aux apparences, et d'approfondir le caractère de ceux qui voudront bien s'attacher à moi.

Pour ce qui est de *la Pucelle*, je croirais vous manquer si j'acceptais vos offres, et j'ose vous engager ma parole d'honneur que je n'en ai pas le moindre lambeau. Soyez sûr que je vous l'aurais envoyée, et que je préfère infiniment votre tranquillité au plaisir que je pourrais goûter. J'en connais, à la vérité, quelques copies; mais elles sont dans des mains qui ne me permettent pas de les soupçonner. Rassurez-vous, et soyez bien persuadé que je conserverai votre lettre pour l'opposer à tout ce qu'on pourrait faire de contraire à vos intentions.

ANNÉE 1755.

Puissé-je trouver des occasions propres à vous témoigner la tendre amitié avec laquelle je suis, monsieur, etc.

Louis, *duc de Wurtemberg.*

MMCXCVIII. — A M. Dupont, avocat.

Aux Délices, près de Genève, 6 juin.

Mon cher ami, est-il bien vrai que vous pourrez venir, pendant vos vacances, dans ce pays de la liberté, où vous trouverez plus de philosophes que dans le vôtre? vous y verrez du moins deux solitaires qui vous aiment de tout leur cœur. Soit que nous vous recevions dans la cabane de Monrion, soit que nous jouissions de votre charmant commerce dans notre habitation des Délices, vous contribuerez également à notre bonheur; on s'accoutume bien vite à une belle vue, à une galerie, à des jardins. Ce sont des plaisirs muets qui deviennent bientôt insipides. Il n'y a que la société d'un ami, et d'un ami philosophe, qui donne des plaisirs toujours nouveaux. Je mène à peu près la même vie aux Délices qu'à Colmar. Point de visites, point de devoirs, nulle gêne, de quelque espèce qu'elle puisse être. On vient chez moi, on se promène, on boit, on lit, on est en liberté, et moi aussi; on s'est accoutumé tout d'un coup à la vie que je mène. Plût à Dieu que vous pussiez la partager quelque temps, et que madame votre femme pût vous accompagner! Vos enfants, votre fortune, vous fixent à Colmar, et nous en sommes bien fâchés.   V. et D.

MMCXCIX. — A M. de Brenles.

Aux Délices, 6 juin.

Le plus triste effet de la perte de la santé, mon cher et aimable philosophe, n'est pas de prendre tous les jours de la casse, et de la manne délayée dans de l'huile, par ordre de M. Tronchin; c'est de ne point voir ses amis, c'est de ne leur point écrire. Le découragement est venu combler mes maux. J'aurais dû être ranimé par des traverses que le bon pays de Paris m'a envoyées dans ma solitude; mais je ne sens plus que la privation de la santé et la vôtre. Je fais un peu ajuster cette maison qui est trop loin de vous pour être appelée les *Délices.* Je fais aussi accommoder notre Monrion, et je ne jouis ni de l'un ni de l'autre. Il faudrait au moins être débarrassé des ouvriers qui m'accablent ici, pour venir dans votre voisinage, et j'ai bien peur d'en avoir encore pour longtemps. Notre ami Dupont m'a mandé qu'il viendrait nous voir en septembre; c'est à Monrion qu'il faudra nous rassembler.

Il y a actuellement un nommé Grasset à Lausanne; il se mêle de librairie, et est lié avec M. Bousquet [1]. Cet homme vient de Paris, et je suis informé qu'on l'a pressé de faire imprimer des ouvrages qu'on m'impute. Je n'ose vous prier d'envoyer chercher le sieur Grasset; mais si par hasard il vous tombait sous la main, vous me feriez plai-

[1]. Imprimeur. (Éd.)

sir de l'engager à s'adresser directement à moi; il trouverait probablement plus d'avantage à mériter ma reconnaissance par une conduite honnête, qu'il n'aurait de profit à imprimer de mauvais ouvrages.

Il est vrai que je me suis amusé à faire quelques vers sur votre beau lac, et à chanter votre liberté. Ce sont deux beaux sujets; mais je n'ai plus de voix, et je détonne. Quand j'aurai le bonheur de vous voir, je vous montrerai ce petit ouvrage; je n'en suis pas encore content.

Adieu, mon cher philosophe; vivez heureux avec celle qui partage votre philosophie; augmentez votre famille, et conservez-la. Mille tendres compliments, je vous en prie, à M. Polier, quand vous le verrez. Adieu; aimez toujours un peu ce solitaire qui vous aime tendrement.
V.

MMCC. — A M. DARGET.

Aux délices, près de Genève, 11 juin 1755.

Premièrement je vous jure, mon ancien ami, que je n'ai point lu les réponses de La Beaumelle. En second lieu, vous devez le connaître pour le plus impudent et le plus sot menteur qui ait jamais écrit; c'est un homme qui, sans avoir seulement un livre sous les yeux, s'avisa de faire des notes au *Siècle de Louis XIV*, et d'imprimer mon propre ouvrage en le défigurant, avançant à tort et à travers tous les faits qui lui venaient en tête, comme on calomnie dans la conversation. C'est un coquin qui, sans presque vous connaître, vous insulte, vous et M. d'Argens, et tout ce qui était auprès du roi de Prusse, pour gagner quinze ducats. C'est ainsi que la canaille de la littérature est faite. Encore une fois, je n'ai point lu sa réponse, et rien ne troublerait le repos de ma retraite sans le manuscrit dont vous me parlez. Il ne devait jamais sortir des mains de celui à qui on l'avait confié; il me l'avait juré, et il m'a écrit encore qu'il ne l'avait jamais prêté à personne. C'est un grand bonheur qu'on se soit adressé à vous, et que cet ancien manuscrit soit entre des mains aussi fidèles que les vôtres. Vous savez d'ailleurs que ce Tinois, qui transcrivit cet ouvrage, se mêlait de rimailler. Le frère de M. Champaux m'avait donné Tinois comme un homme de lettres; c'est un fou, il fait des vers aussi facilement que le poète Mai, et aussi mal. Il faut qu'il en ait cousu plus de deux cents de sa façon à cet ouvrage, qui n'est plus par conséquent le mien. Dieu me préserve d'un copiste versificateur!

On m'a dit que La Beaumelle, dans un de ses libelles, s'était vanté d'avoir le poème que vous avez, et qu'il a promis au public de le faire imprimer après ma mort. Je sais qu'il en a attrapé quelques lambeaux. S'il avait tout l'ouvrage qu'on m'impute, il y a longtemps qu'il l'eût imprimé, comme il imprime tout ce qui lui tombe sous la main. Il fait un métier de corsaire en trafiquant du bien d'autrui. Les Mandrins sont bien moins coupables que ces fripons de la littérature qui vivent des secrets de famille qu'ils ont volés, et qui font courir, d'un bout de l'Europe à l'autre, le scandale et la calomnie.

Il y a aussi un nommé Chévrier qui s'est vanté, dans les feuilles de Fréron, de posséder tout le poëme; mais je doute fort qu'il en ait quelques morceaux. Il en court à Paris cinq ou six cents vers; on me les a envoyés, je ne m'y suis pas reconnu. Cela est aussi défiguré que la prétendue *Histoire universelle*, que cet étourdi de Jean Néaulme acheta d'un fripon. Tout le monde se saisit de mon bien comme si j'étais déjà mort, et le dénature pour le vendre.

Ma consolation est que les fragments de ce poëme que j'avais entièrement oublié, et qui fut commencé il y a trente ans, soient entre vos mains. Mais soyez très-sûr que vous ne pouvez en avoir qu'un exemplaire fort infidèle. Je suis affligé, je vous l'avoue, que vous en ayez fait une lecture publique. Vingt lettres de Paris m'apprirent que ce poëme avait été lu tout entier à Vincennes : j'étais bien loin de croire que ce fût vous qui l'eussiez lu. Je fis part à M. le comte d'Argenson de mes alarmes; je lui demandai aussi bien qu'à M. de Malesherbes les ordres les plus sévères pour en empêcher la publication. J'étais d'autant plus alarmé que, dans ce temps-là même, un nommé Grasset écrivit à Paris au sieur Corbi, qu'il en avait acheté un exemplaire manuscrit mille écus.

Enfin je suis rassuré par votre lettre, et vous voyez par la mienne que je ne vous cache rien de tout ce qui regarde cet ancien manuscrit. Après toutes ces explications je n'ai qu'une grâce à vous demander. Vous avez entre les mains un ouvrage tronqué, incorrect, et très-indécent; faites une belle action ; jetez-le au feu; vous ne ferez pas un grand sacrifice, et vous assurerez le repos de ma vie. Je suis vieux et infirme; je voudrais mourir en paix, et vous en avoir l'obligation.

Le roi de Prusse a voulu avoir pour son copiste le fils de ce Villaume que j'avais emmené de Potsdam avec moi. Je le lui ai rendu, et j'ai payé son voyage; je crois qu'il en sera content; heureusement il ne fait point de vers. Adieu, conservez-moi votre amitié; écrivez-moi. Voulez-vous bien remercier pour moi M. de Croismare de son souvenir, et permettre que je fasse mes compliments à M. Duverney? Je me flatte que votre sort est très-agréable; je m'y intéresserai toujours très-tendrement, soyez-en bien sûr.

Ma pauvre santé ne me permet plus guère d'écrire de ma main. Pardonnez à un malade.

Comptez que ce poëme, et la vie de l'auteur, et tout au monde, sont bien peu de chose.

MMCCI. — A M. LE COMTE D'ARGENTAL.

Aux Délices, par Genève, 13 juin.

Je n'ai de termes ni en vers, ni en prose, ni en français, ni en chinois, mon cher et respectable ami, pour vous dire à quel point vos bontés tendres et attentives pénètrent mon cœur. Vous êtes le saint Denis qui vient au secours de Jeanne. J'ai reçu votre lettre par M. Mallet; mais les choses sont pires que vous ne les croyez. M. le duc de La Vallière me mande qu'on lui a offert un exemplaire pour mille écus; le beau-frère de Darget en a donné une ou deux copies. Je ne sais pas ce que ce Darget a fait, mais je sais que, dans tous les pays où il y a des libraires, on cherche à imprimer cette détestable et scandaleuse copie. Il faut, de toute nécessité, que je fasse transcrire la véritable. Je suivrai votre conseil; je l'enverrai à M. de La Vallière, et à la personne dont vous me parlez [1]. Vous l'aurez, sans doute; mais que de temps demande cette opération ! Je me donnerai bien de la peine, et, pendant ce temps-là, l'ouvrage paraîtra tronqué, défiguré, et dans toute son abomination. Au reste, vous avez trop de goût pour ne pas penser que les grossièretés ne conviennent pas même aux ouvrages les plus libres; il y en a très-peu dans l'Arioste. Deux ou trois coups, dit-elle, est fort plat; et rien du tout, lui dit-elle, est plaisant. Tous les gros mots sont horribles dans un poëme, de quelque nature qu'il soit. Il faut encore de l'art et de la conduite jusque dans l'ivresse de la plaisanterie, et la folie même doit être conduite par la sagesse. Le résident de France et un magistrat sont venus chez moi lire la véritable leçon. Ils ont été intéressés en pouffant de rire; ils ont dit qu'il faudrait être un sot pour être scandalisé. Voilà où j'en suis, c'est-à-dire au désespoir; car, malgré l'indulgence de deux hommes graves, je suis plus grave qu'eux. Une vieille plaisanterie de trente ans jure trop avec mon âge et ma situation. Dieu veuille me rendre ma raison tragique, et m'envoyer à Pékin !

On dit qu'il est venu à Paris un nouvel acteur égal à Lekain; ce serait bien là notre affaire. Adieu, mon ange; je ferai ce que je pourrai. Dieu a donc béni *Mahomet!* Est-il possible que *Rome sauvée* ait été mal jouée et plus mal imprimée, et qu'on ne puisse pas reprendre sa revanche? Il faut bien du temps pour faire revenir les hommes. Les talents ne sont point faits pour rendre heureux; il n'y a que votre amitié qui ait ce privilége. Adieu; mille tendres respects à tous les anges. Mme Denis vous dit toutes les mêmes choses que moi.

MMCCII. — A M. DARGET.

Aux Délices, près de Genève, 13 juin 1755.

Il faut encore vous reparler, mon ancien ami, de ce diable de manuscrit. Tout le monde sait dans Paris que c'est votre beau-frère qui l'a apporté. M. le duc de La Vallière me mande qu'on lui en a offert un exemplaire pour mille écus. Quelles tristes circonstances pour votre beau-frère, pour vous-même, et surtout pour moi! On a chargé de cet exemplaire un nommé Grasset. Je vous conjure d'écrire à votre beau-frère.

Engagez-le, par tous les motifs qui vous touchent, à retirer les exemplaires qui lui ont échappé, ou du moins à indiquer à qui je dois m'adresser. Je ne sais si je dois écrire au prince Henri. J'attends sur cela vos conseils, quoique le temps presse. Vous êtes au fait, je vous

---

1. Mme de Pompadour. (ÉD.)

prie de m'y mettre. Votre cœur vous dit quelle est ma triste situation. Tout cela ne contribue pas à guérir un vieux malade. J'attends de vous ma consolation. Je vous embrasse de tout mon cœur.

MMCCIII. — A M. DE FORMONT.

Aux Délices, 13 de juin.

Mon ancien ami et mon philosophe, je vous regretterai toute ma vie, vous et Mme du Deffand. Elle s'est donc accoutumée à la perte de la vue. Il me reste des yeux, mais c'est presque tout ce qui me reste. Je ne lui écris pas : qu'aurais-je à lui mander de ma solitude? que je vois de mon lit le lac de Genève, le Rhône, l'Arve, des campagnes, une ville, et des montagnes. Cela n'est pas honnête à dire à quelqu'un qui a perdu deux yeux, et, qui pis est, deux beaux yeux; mais je voudrais l'amuser, et vous aussi. Je voudrais vous envoyer certain poëme dans le goût de messer *Arioste*, qui court dans Paris, indignement défiguré, plein de grossièretés et de sottises. Je veux en faire pour vous une petite copie bien propre, et vous l'envoyer. Vous en connaissez déjà quelque chose; il est juste que vous l'ayez tout entier, et tel que je l'ai fait, puisque des gens sans goût l'ont tel que je ne l'ai pas fait. Mandez-moi comment et par qui je peux vous faire tenir cette ancienne plaisanterie que je m'amusai à corriger, il y a quelques années. Je ne veux pas perdre mes peines; et c'est en être payé que de faire passer deux ou trois heures à me lire, les gens qui sont capables de bien juger. Notre ami Cideville est de ce petit nombre. S'il est encore à Paris, quand vous aurez cet ancien rogaton, je vous prierai de lui en faire part; car deux copies sont trop longues à faire. J'aimerais mieux vous envoyer cette espèce d'*Histoire générale* qu'on a autant défigurée que mon petit poëme ariostin. C'est un ouvrage plus honnête, plus convenable à mon âge et à mon goût; mais il faut un peu de temps pour achever le tableau des sottises humaines, depuis Charlemagne jusqu'à nos jours. J'ai été indigné et ennuyé de la manière dont on a presque toujours écrit les grandes histoires chez nos modernes. Un homme qui ne saurait pas que Daniel est un jésuite, le prendrait pour un sergent de bataille. Cet homme ne vous parle jamais que d'aile droite et d'aile gauche. On retrouve enfin le jésuite quand il est à Henri IV, et c'est encore bien pis. Il semble qu'il ait voulu écrire la vie du R. P. Cotton, et qu'il parle par occasion du meilleur roi qu'ait eu la France; mais ce qu'il oublie toujours, c'est la nation. L'histoire des mœurs et de l'esprit humain a toujours été négligée. C'est un beau plan que cette histoire; c'est dommage que la bibliothèque du roi ne soit pas sur les bords de mon lac. Je n'ai pas laissé de trouver quelque secours; je travaille quand je me porte tolérablement; je bâtis, je plante, je sème, je cultive des fleurs, je meuble deux maisons aux deux bouts du lac, tout cela fort vite, parce que la vie est courte. Mme Denis a eu assez de philosophie et assez d'amitié pour quitter la vilaine maison que nous occupons à Paris, et pour se transporter dans le plus beau lieu de la nature. Il fallait sans doute cette philosophie et cette amitié, car on est assez porté à croire qu'un trou à Paris vaut mieux qu'un palais ailleurs. Pour moi, je n'aime ni les trous ni les palais; mais je suis très-content d'une maison riante et commode, encore plus content de mon indépendance, de ma vie libre et occupée; et sans vous, sans Mme du Deffand, sans quelques autres personnes que je n'oublierai jamais, je serais bien loin de connaître les regrets. Adieu, mon ancien ami; continuez à tirer le meilleur parti que vous pourrez de ce songe de la vie. Je vous embrasse tendrement.

MMCCIV. — A M. LE COMTE D'ARGENTAL.

15 juin.

Mon cher ange, je vous demande toujours en grâce de montrer ce dernier chant à M. de Thibouville, afin qu'il voie que les sottises qu'on y a insérées ne sont pas de moi. C'est un de mes plus violents chagrins qu'un homme que j'aime puisse avoir quelque chose à me reprocher; et il n'y a certainement d'autre remède que de lui faire voir le manuscrit que vous avez. Tout cela est horrible. Comment puis-je, encore une fois, travailler à mes Chinois et à mes Tartares, dans cette crainte perpétuelle, dans les soins qu'il me faut prendre pour prévenir cette malheureuse édition, et dans la douleur de voir que mes soins seront inutiles? La personne[1] qui m'avait juré que la copie qu'elle avait ne sortirait jamais de ses mains, l'a pourtant confiée à Darget, dans le temps que j'étais en France, croyant que Darget ne manquerait pas de l'imprimer, et qu'alors je serais forcé de lui demander un asile; voilà sa conduite, voilà le nœud de tout. Darget m'a avoué lui-même, dans la lettre qu'il vient de m'écrire, que cette personne lui avait donné ce malheureux manuscrit. Il l'a lu publiquement à Vincennes, et aurait fait tout aussi bien de ne le pas lire; d'autant plus que, si cet ouvrage est jamais imprimé, on serait en droit de s'en plaindre à lui. M. l'abbé de Chauvelin voit quelquefois Darget; je ne doute pas qu'il ne l'affermisse dans le dessein où il paraît être de n'en point donner de copie. Je vous supplie d'engager M. l'abbé de Chauvelin à faire cette bonne œuvre; il est si accoutumé à en faire! Mais, en prenant cette précaution, en défendant un côté de la place, empêcherons-nous qu'elle ne soit prise dans d'autres attaques? Les copies se multiplient, les lettres de M. de Malesherbes et du président Hénault me font trembler; tous les libraires de l'Europe sont aux aguets. Je vous jure que, si j'avais du temps et encore un peu de génie, je me remettrais à cet ouvrage; j'en ferais quelque chose dans le goût de l'Arioste, quelque chose d'amusant, de gai, et d'assez innocent. J'empêcherais du moins par là le tort qu'on fera un jour à ma mémoire; j'anéantirais les détestables copies qui courent, et un poëme agréable résulterait de tout ce fracas. Mais je sens bien que vous demanderez la préférence pour nos cinq actes. Dieu veuille que je sois assez recueilli, assez tranquille pour vous bien obéir! Nous verrons ce que je pourrai tirer d'une tête un peu

---

1. Le roi de Prusse. (ÉD.)

embarrassée, et si je pourrai conduire à la fois mes ouvriers, *la Pucelle*, l'*Histoire générale*, et mes Tartares. Je ne vous réponds que de ma sensibilité pour vos bontés. Vous aimer de tout mon cœur est la seule chose que je fasse bien. Adieu, mon cher et respectable ami.

MMCCV. — A M. DE BRENLES.

Aux Délices, 18 juin.

J'attends votre prose, mon cher ami, et je vous envoie des vers. Ils ne sont pas trop bons, mais c'est l'éloge de votre pays; je le louerais de bien meilleur cœur, si j'étais à Monrion avec vous. Je compte y aller dès que j'aurai arrangé quelques affaires que j'ai ici. Nous parlerons de l'affaire de Grasset, mais je n'aurai point de termes pour vous exprimer ma reconnaissance.

Mille tendres respects à la philosophe qui vous rend heureux et qui vous doit son bonheur.
VOLTAIRE.

MMCCVI. — A MME DE FONTAINE, A PARIS.

18 juin.

Vraiment, ma chère nièce, vos ouvrages me consoleront bien des miens; nous les attendons avec impatience par M. Tronchin. Plût à Dieu que vous eussiez pu les apporter vous-même! Vous ornez notre solitude, en attendant que vous nous y rendiez heureux.

Nous avons béni Dieu, et fait notre compliment au digne bénéficier[1]. L'Église est sa vraie mère; elle lui donne plus qu'il n'a de patrimoine; mais je ne serai point content qu'il ne soit évêque.

Pour moi, je vois bien que je ne serai que damné. Cela est injuste, car je le suis un peu dans ce monde. Quelle étrange idée a passé dans la tête de notre ami[2]! Je suis bien loin du dessein qu'il m'attribue; mais je voudrais vous envoyer la véritable copie. Il est vrai qu'il n'y a pas tant de draperie que dans vos portraits; mais aussi ce ne sont pas les figures de l'Arétin. Darget ne devrait pas avoir cet ouvrage. Il n'en est possesseur que par une infidélité atroce. Les exemplaires qui courent ne viennent que de lui. On en a offert un pour mille écus à M. de La Vallière, et c'est M. le duc de La Vallière lui-même qui me l'a mandé. Tout cela est fort triste; mais ce qui l'est bien davantage, c'est ce que vous me dites de votre santé. Il est bien rare que le lait convienne à des tempéraments un peu desséchés comme les nôtres. Il arrive que nos estomacs font de mauvais fromages qui restent dans notre pauvre corps, et qui y sont un poids insupportable. Cela porte à la tête; les maudites fonctions animales vont mal, et on est dans un état déplorable. Je connais tous les maux, je les ai éprouvés, je les éprouve tous les jours, et je sens tous les vôtres. Dieu vous préserve de joindre les tourments de l'esprit à ceux du corps! Si vous voyez

1. L'abbé Mignot. (ÉD.)
2. Le marquis de Florian, oncle du chevalier de Florian, qui était alors au berceau. Le marquis de Florian, appelé par Voltaire *grand écuyer de Cyrus*, dans plusieurs lettres, épousa Mme de Fontaine en 1762. (ÉD.)

notre ami, je vous supplie de le bien relancer sur la belle idée qu'il a eue; c'est précisément le contraire qui m'occupe. Je cherche à désarmer les mains qui veulent me couper la gorge, et je n'ai nulle envie de me la couper moi-même. Darget m'écrit, à la vérité, que son exemplaire ne paraîtra pas; mais peut-il empêcher que les copies qu'il a données ne se multiplient? Adieu; je tâcherai de ne pas mourir de douleur, malgré la belle occasion qui s'en présente. Je vous embrasse, vous et votre fils, de tout mon cœur.

MMCCVII. — À M. LE COMTE D'ARGENTAL.

23 juin.

Mon très-cher ange, j'ai reçu toutes vos lettres à la Chine. Je suis enfoncé dans le pays où vous m'avez envoyé. Je reçois vos magots, et vous les aurez incessamment. Soyez bien sûr que cette porcelaine-là est bien difficile à faire. La fin du quatrième acte et le commencement du cinquième étaient intolérables, et beaucoup de choses manquaient aux trois autres. Il est bon d'avoir abandonné entièrement son ouvrage pendant quelques mois; c'est la seule manière de dissiper cette malheureuse séduction, et ce nuage qui fait voir trouble quand on regarde les enfants qu'on vient de faire. Je ne vous réponds pas d'avoir substitué des beautés aux défauts qui m'ont frappé, je ne vous réponds que de mon envie de vous plaire, et de l'ardeur avec laquelle j'ai travaillé. Vous verrez si mes maçons d'un côté, et de sèches histoires de l'autre, m'ont encore laissé quelques faibles étincelles d'un talent que tout doit avoir détruit. Ce que vous me dites de *Mahomet* m'engage à vous parler d'*Oreste*. Croiriez-vous que c'est la pièce dont les gens de lettres sont le plus contents dans les pays étrangers? Relisez-la, je vous en prie, et voyez si on ne pourrait pas la faire rejouer. Votre crédit, mon cher ange, pourrait-il s'étendre jusque-là? Je sais que les comédiens sont gens un peu difficiles; mais enfin, s'ils veulent que je fasse quelque chose pour eux, ne feront-ils rien pour moi? J'ai chez moi actuellement le fils de Fierville. Il y a de quoi faire un excellent comédien; et, s'il ne veut pas jouer tous les mots, il jouera très-bien. Il a de la figure, de l'intelligence, du sentiment, surtout de la voix, et un amour prodigieux pour ce malheureux métier si méprisé et si difficile. Je vous prie, mon cher ange, de m'écrire par M. Tronchin, banquier à Lyon. Je vous conjure de ne pas imaginer que je songe à ce que vous savez; on n'y songe que trop pour moi. Ce Grasset a apporté un exemplaire de Paris. Un magistrat de Lausanne l'a vu, l'a lu, et me l'a mandé. L'Allemagne est pleine de copies. Vous savez qu'il y en a dans Paris. Vous n'ignorez pas que M. le duc de La Vallière en a marchandé une. Il n'y a point, encore une fois, de libraire qui ne s'attende à l'imprimer, et peut-être actuellement ce coquin de Grasset fait-il mettre sous presse la copie infâme et détestable qu'il a apportée. Je ne me fie point du tout à ses serments. J'ai sujet de tout craindre. En vérité, je me remercie de pouvoir travailler à notre *Orphelin*, dans des circonstances aussi cruelles; mais vous m'aimez, vous me consolez; il n'y a rien que vous ne fassiez de moi. Mme Denis vous fait mille tendres compliments. Elle mérite le petit mot par lequel j'ai terminé mon lac[1]. Adieu, mon cher ange; mes respects à toute la société angélique.

MMCCVIII. — A MME DE FONTAINE, A PARIS.

Aux Délices, 2 juillet.

Je vous écris, ma très-chère nièce, en faisant clouer au chevet de mon lit votre portrait et celui de votre fils. En vérité, voilà trois chefs-d'œuvre de votre façon qui me sont bien chers, vous, le petit d'Hornoy, et son pastel. Vous ne pouviez faire ni un plus joli enfant ni un plus joli portrait. Le vôtre est parfaitement ressemblant. Vous êtes un excellent peintre, et vous me consolez bien du portrait détestable que nous avions de vous. Je vous remercie bien tendrement de tous vos beaux ouvrages.

Quand viendrez-vous donc voir les lieux que vous avez déjà embellis? Dieu merci, les vaches vous sont plus favorables que les ânesses. Pour moi, j'ai un *âne* qui me fait bien de la peine; car mon *âne* tient un grand rang dans l'ouvrage que vous savez, et on lui a fait de terribles oreilles dans les maudites copies qui courent. Je vous enverrai certainement la véritable leçon, et vous en ferez tout ce qu'il vous plaira. Je vous enverrai aussi notre *Orphelin de la Chine*. Mais, en vérité, nous n'avons guère le temps de nous reconnaître, et je ne sais pas trop comment je peux suffire à toutes les sottises que j'ai entreprises. Il s'en faut bien que j'aie la santé que M. Tronchin me donne si libéralement. Il s'imagine que quiconque a eu le bonheur de le voir et de lui parler doit se bien porter; il est comme les magiciens, qui croyaient guérir avec des paroles. Il a raison, car personne ne parle mieux que lui, et n'a plus d'esprit; mais je ne m'en porte pas mieux.

A propos, Thieriot a douze chants de ce que vous savez; demandez-les-lui sur-le-champ. Faites-les copier; cela vous amusera, vous et votre frère, quand il sera las de lire son bréviaire et de rapporter des procès. Je voudrais bien que mon abbaye fût aussi sur les bords de la Seine[2]; mais j'ai bien l'air d'avoir planté le piquet pour jamais sur les bords du lac de Genève. Les malades ne se transportent guère, à moins que ce ne soit aux eaux de Plombières, lorsque vous irez.

Ma chère enfant, il fait bien chaud pour montrer cinq magots de la Chine à cinq cents Parisiens; et la plupart des acteurs sont d'autres magots. Il est impossible que la pièce réussisse; mais il est encore plus triste que tout le monde dispose de mon bien comme si j'étais mort. J'écris à M. d'Argenson et à Mme de Pompadour, touchant le nommé Prieur, qui a imprimé un manuscrit volé chez l'un ou chez l'autre. Ce

---

1. L'épître *Sur le lac de Genève*. (ÉD.)
2. L'abbaye de Scellières, où Voltaire fut inhumé en 1778, était située dans la commune de Romilli-sur-Seine. (ÉD.)

manuscrit ne contient que des mémoires informes. Ce libraire est un sot, et le vendeur un fripon. Je n'ai à craindre que d'être défiguré; cela est toujours fort désagréable.

Adieu, ma chère nièce, votre sœur vous embrasse; j'en fais autant. Nous vous aimons à la folie.

MMCCIX. — A M. LE COMTE D'ARGENTAL.

Aux Délices, 6 juillet.

Mon cher ange, gardez-vous de penser que le quatrième et le cinquième magot soient supportables; ils ne sont ni bien cuits ni bien peints. L'Orphelin était trop oublié. Zamti, qui avait joué un rôle principal dans les premiers actes, ne paraissait plus qu'à la fin de la pièce; on ne s'intéressait plus à lui, et alors la proposition que sa femme lui fait de deux coups de poignard, un pour lui et un autre pour elle, ne pouvant faire un effet tragique, en faisait un ridicule. En un mot, ces deux derniers actes n'étaient ni assez pleins, ni assez forts, ni assez bien écrits. Mme Denis et moi nous n'étions point du tout contents. Nous espérons enfin que vous le serez. Il faut commencer par vous plaire pour plaire au public. Je vais vous envoyer la pièce. Elle ne sera peut-être pas trop bien transcrite, mais elle sera lisible. Le roi de Prusse m'a repris un de mes petits clercs pour en faire son copiste; c'était un jeune homme de Potsdam. J'ai rendu à César ce qui appartient à César, et il ne me reste plus qu'un scribe[1] qui a bien de la besogne en vers et en prose. Ce n'est pas une petite entreprise pour un malade de corriger tous ses ouvrages, et de faire cinq actes chinois. Mais, mon cher ange, quel temps prendrez-vous pour faire jouer la pièce? Pour moi je vous avoue que mon idée est de laisser passer tous ceux qui se présentent, et surtout de ne rien disputer à M. de Châteaubrun[2]. Il ne faut pas que deux vieillards se battent à qui donnera une tragédie, et il vaut mieux se faire désirer que de se jeter à la tête. J'imagine qu'il faudrait laisser l'hiver à ceux qui veulent être joués l'hiver. En ce cas, il faudrait attendre Pâques prochain, où jouer à présent nos Chinois. Il y aurait un avantage pour moi à les donner à présent. Ce serait d'en faire la galanterie à Mme de Pompadour, pour le voyage de Fontainebleau. Il ne m'importe pas que l'Orphelin ait beaucoup de représentations. J'en laisse tout le profit aux comédiens et au libraire, et je ne me réserve que l'espérance de ne pas déplaire. Si cette pièce avait le même succès qu'*Alzire*, à qui Mme Denis la compare, elle servirait de contre-poison à cette héroïne d'Orléans, qui peut paraître au premier jour; elle disposerait les esprits en ma faveur. Voilà surtout l'effet le plus favorable que j'en peux attendre. Je crois donc, dans cette idée, que le temps qui précède le voyage de Fontainebleau est celui qu'il faut prendre; mais je soumets toutes mes idées aux vôtres.

1. Wagnière, alors âgé d'environ quinze ans. (ÉD.)
2. Reçu à l'Académie française le 5 mai précédent, après avoir donné une tragédie de *Philoctète* en cinq actes. (ÉD.)

J'envoie l'ouvrage sous l'enveloppe de M. de Chauvelin. Je vous prie, mon divin ange, de le donner à M. le maréchal de Richelieu. Qu'il le fasse transcrire, s'il veut, pour lui et pour Mme de Pompadour, si cela peut les amuser.

J'ai cru devoir envoyer à Thieriot, en qualité de *trompette*, cet autre ancien ouvrage dont nous avons tant parlé. J'aime bien mieux qu'il coure habillé d'un peu de gaze que dans une vilaine nudité et tout estropié. On le trouve ici très-joli, très-gai, et point scandaleux. On dit que les *Contes* de La Fontaine sont cent fois moins honnêtes. Il y a bien de la poésie, bien de la plaisanterie, et, quand on rit, on ne se fâche point; surtout nulle personnalité. Enfin on sait qu'il y a trente ans que cette plaisanterie court le monde. La seule chose désagréable qu'il y aurait à craindre, ce serait la liberté que bien des gens se sont donnée de remplir les lacunes comme ils ont pu, et d'y fourrer beaucoup de sottises, qu'ils ont ajoutées aux miennes.

Mon cher ange, je suis bien bon de songer à tout cela. Tout le monde me dit ici que je dois jouir en paix de mon charmant ermitage; il est bien nommé *les Délices*; mais il n'y a point de délices si loin de vous. Mille tendres respects à tous les anges.

MMCCX. — A M. DE BRENLES.

Aux Délices, 6 juillet.

M. de Bochat est bien heureux; il y a plaisir à être mort, quand on a son tombeau couvert de vos fleurs. J'ai lu, monsieur, avec un plaisir extrême, cet *Éloge* qui fait le vôtre. Vous trouvez donc que je suis trop poli avec ma patrie. Il n'y avait pas moyen de reprocher des fers à des esclaves si gais, qui dansent avec leurs chaînes. J'ai mis le bonnet de la *Liberté* sur ma tête; mais je l'ôte honnêtement à de jolis esclaves que j'aime. Eh bien ! mon cher philosophe, vous voulez donc aussi vous mêler d'être malade, et vous avez en accident ce que j'ai en habitude. Guérissez vite; pour moi je ne guérirai jamais; je suis né pour souffrir. Votre amitié et un peu de casse me soulagent.

J'ai chez moi M. Bertrand, de Berne, et je m'en vante. M. le banneret Freudenreich me paraît un homme bien estimable; mais mes maladies ne me permettent pas de jouir de leur société autant que je le voudrais. Je ne sais si j'aurai la force d'aller jusqu'à Berne, mais vous me donnerez celle d'aller à Monrion.

On dit que les douze chants dont vous m'avez parlé sont une rapsodie abominable. Ce n'est point là, Dieu merci, mon ouvrage; il est en vingt chants, et il y a vingt ans que j'avais oublié cette triste plaisanterie, qui me fait aujourd'hui bien de la peine. *Vale, amice.*

V.

MMCCXI. — DE M. DARGET.

J'étais à courir le monde, mon ancien ami, quand les deux lettres que vous m'avez fait l'honneur de m'écrire, le 11 et le 13 du mois dernier, sont arrivées ici. Elles m'ont suivi à Vésel, où j'ai été me mettre aux pieds de mon ancien maître, qui m'a reçu avec une bonté qui mérite à jamais mon attachement et ma reconnaissance; et ce n'est que dans ce moment enfin que je les reçois ici. J'y réponds aussi dans ce moment, et je désirerais bien sincèrement que mon exactitude pût contribuer à votre tranquillité; j'entre dans vos peines, et je les partage. Vous auriez peut-être eu moins besoin de consolation, si j'avais été toujours à portée d'être votre consolateur. Vous êtes un des grands hommes que je connaisse qui aient le plus de besoin de n'être entouré que d'honnêtes gens. Je n'ai été touché des injures qu'a débitées La Beaumelle que parce qu'il les mettait dans votre bouche, et que mon cœur souffrait à avoir des motifs de se refermer pour vous. Je suis enchanté et tranquillisé par les choses obligeantes que vous me dites à cet égard, et je vous en remercie comme d'un bienfait. Ce qui contribue à la paix de l'âme ne peut pas être d'un prix médiocre pour les âmes sensibles.

Je suis très-sincèrement touché de l'inquiétude où vous êtes sur le sort de votre *Pucelle*. Vous n'avez point en mon amitié la confiance que j'ose me flatter d'avoir méritée; vos terreurs ne tomberaient pas sur le manuscrit qui est entre les mains de mon beau-frère. Je ne nie pas que l'on ait su qu'il existait, et c'est ma faute. Sans moi, sans l'envie que j'ai eue de satisfaire la plus juste curiosité du peu de gens de goût que je vous ai nommés, et de les confirmer, par la lecture de cet ouvrage, dans leur admiration pour vous, personne n'aurait entendu parler de ce manuscrit; on ignorerait son existence. Il n'a point été copié ici, ni en France ni ailleurs; vous y pouvez compter. Il n'a point été vu, il a toujours été enfermé dans une cassette comme un bijou aussi précieux qu'il l'est en effet; et je vous jure sur mon honneur que je n'ai entendu parler du nommé Grasset que par vous, et que ce n'est pas de cet exemplaire que M. le duc de La Vallière a été le maître de donner mille écus. Mon beau-frère est parti, monsieur, pendant mon voyage, il y a aujourd'hui quinze jours. Il a remporté votre trésor qu'il a conservé et gardé ici avec tant de soin qu'il m'a refusé de me le confier pour une soirée où je voulais le lire à une femme de mes amies, qui par son esprit méritait bien de l'entendre, mais où il ne pouvait pas être en tiers. Je n'ai point murmuré de sa méfiance, je lui en avais fait une loi à son arrivée. Soyez donc bien persuadé, mon ancien ami, que si ce Grasset a un exemplaire à vendre, ce n'est ni celui-là, ni copie de celui-là. La vérité même n'est pas plus vraie que ce que je vous avance ici, et je m'en établis la caution et le garant, vis-à-vis de vous et vis-à-vis de tout le monde. Je n'ai d'autre bien que ma réputation et ma probité, et vous pouvez compter que je ne les exposerais pas témérairement si j'avais le plus petit doute. J'aurai l'honneur de voir M. d'Argental à ce sujet. Cette malheureuse affaire me devient personnelle, puisque c'est mon zèle indiscret pour quelques amis qui a commis le secret que mon beau-frère s'était imposé sur la possession de ce trésor. Que parle-t-on de mille écus pour ce manuscrit? Un libraire de Hollande en a, je le sais, offert mille louis; mais ce ne serait pas avec tout l'or des incas qu'on se retirerait des mains dans lesquelles je sais qu'il existe; et encore une fois, monsieur, ce n'est pas des dépôts que vous avez faits de ce côté-là que vous devez avoir de l'inquiétude.

Vous êtes le maître d'écrire au prince Henri; il ne fera que vous confirmer ce que je vous certifie. Il connaît mon beau-frère, et en répondra avec la même assurance que j'en réponds moi-même. Mais pourquoi asseoir vos soupçons uniquement sur ce manuscrit? Ne savez-vous pas qu'il en existe d'autres en d'autres lieux, où l'on en connaît peut-être bien moins le prix et l'importance? le seul conseil que je puisse vous donner, mon cher ami, est d'être bien certain que ce n'est pas de ce côté-là que vous éprouverez jamais le plus petit sujet de chagrin. Soyez également tranquille sur ce que quelques corsaires de la littérature annoncent avoir votre ouvrage, il n'est pas public; ils vous en imposent. Sont-ils faits pour résister à la tentation de mille louis?

Ma situation est plus tranquille que brillante. Je vis au milieu de ma patrie. J'ai quelques amis et une amie; et je ne formerais plus de désirs si mon fils ne me faisait pas une nécessité des soins que je dois me donner pour augmenter un peu ma fortune. Mes protecteurs me le font espérer, et je tâcherai de les seconder par ma conduite. Je viens de lire votre *Épître au lac de Genève*. Vous êtes toujours vous-même : puissiez-vous l'être longtemps! Je vous embrasse de tout mon cœur, monsieur, et je ferai vos commissions auprès de M. de Croismare et de M. Duverney qui y seront très-sensibles.

MMCCXII. — A M. LE COMTE D'ARGENTAL.

Aux Délices, 18 juillet.

Vous devez, mon cher ange, avoir reçu et avoir jugé notre *Orphelin*. Je n'étais point du tout content de la première façon, je ne le suis guère de la seconde. Je pense que le petit morceau ci-joint est moins mauvais que celui auquel je le substitue, et voici mes raisons. Le sujet de la pièce est l'Orphelin; plus on en parle, mieux l'unité s'en trouve. La scène m'en paraît mieux filée, et les sentiments plus forts. Il me semble que c'était un très-grand défaut que Zamti et Idamé eussent des choses si embarrassantes à se dire, et ne se parlassent point.

Plus la proposition du divorce est délicate, plus le spectateur désire un éclaircissement entre la femme et le mari. Cet éclaircissement produit une action et un nœud; cette scène prépare celle du poignard, au cinquième acte. Si Zamti et Idamé ne s'étaient point vus au quatrième acte, ils ne feraient nul effet au cinquième : on oublie les gens qu'on a perdus de vue. Le parterre n'est pas comme vous, mon cher ange; il ne fait nul cas des *absents*. Zamti, ne reparaissant qu'à la fin seulement, pour donner à Gengis occasion de faire une belle action, serait très-insipide; il en résulterait du froid sur la scène du poignard, et ce froid la rendrait ridicule. Toutes ces raisons me font croire que la fin du quatrième acte est incomparablement moins mauvaise qu'elle n'était, et je crois la troisième façon préférable à la seconde, parce que cette troisième est plus approfondie. Après ce petit plaidoyer, je me soumets à votre arrêt. Vous êtes le maître de l'ouvrage, du temps et de la façon dont on le donnera. C'est vous qui avez commandé cinq actes, ils vous appartiennent. Notre ami Lekain doit avoir un habit. Il faudra aussi que Lambert ait le privilége, pour les injures que nous lui avons dites Mme Denis et moi, et pour l'avoir appelé si souvent paresseux.

Thieriot-*Trompette* me mande que M. Bouret ne lui a point encore fait remettre son paquet. Il soupçonne que les commis en prennent préalablement copie.

J'en bénis Dieu, et je souhaite qu'il y ait beaucoup de ces copies moins malhonnêtes que l'original défiguré et tronqué qui court le monde. Je suis toujours réduit à la maxime qu'un petit mal vaut mieux qu'un grand. A propos de nouveaux maux, pourriez-vous me dire si un certain livre édifiant contre les Buffon, Pope, Diderot, moi, indigne, *et ejusdem farinæ homines*, a un grand succès, et s'il y a quelques profits à faire? Il serait bien doux de pouvoir se convertir sur cette lecture, et de devoir son salut à l'auteur. Adieu, mon cher et respectable ami, je vous dois ma consolation en ce monde.

Je dois vous mander que M. de Paulmy et M. de La Valette, intendant de Bourgogne, ont pleuré tout deux à notre *Orphelin*. M. de Paulmy n'a pas mal lu le quatrième acte. Nous le jouerons dans ma cabane des Délices; nous y bâtissons un petit théâtre de marionnettes. Genève aura la comédie, malgré Calvin. J'ai envoyé à M. le maréchal de Richelieu, par M. de Paulmy, quinze chants honnêtes de ce grave poëme épique. Je lui ai promis que vous lui communiqueriez l'*Orphelin*. Voilà un compte très-exact des affaires de la province. Donnez-nous vos ordres et aimez-nous.

M. le maréchal de Richelieu nous apprend le bruit cruel qui court que je fais imprimer à Genève cet ouvrage qu'on vend manuscrit à Paris à tout le monde, et que je le gâte. Il n'y a rien de plus faux, ni de plus dangereux, ni de plus funeste pour moi, qu'un pareil bruit.

MMCCXIII. — AU MÊME.

Aux Délices, 21 juillet.

Mon cher ange, vous avez dû recevoir les cinq Chinois par M. de Chauvelin, et une petite correction au quatrième acte par la poste. Il est juste que je vous rende compte des moindres particularités de la Chine. Celles qui regardent l'ouvrage que Darget et bien d'autres personnes ont entre les mains sont bien tristes. Il n'est que trop vrai que ce Grasset, dont vous aviez eu la bonté de me parler, en avait un exemplaire; mais ce qu'il y a de plus cruel, c'est le bruit qui court, et dont M. le maréchal de Richelieu m'a instruit. Cette idée est aussi funeste qu'elle est mal fondée. Comment avez-vous pu croire que je songeasse à me priver de l'asile que j'ai choisi, et qui m'a tant coûté? comment avez-vous pensé que je voulusse publier moi-même ce que j'ai envoyé à Mme de Pompadour, et perdre ainsi tout d'un coup le mérite de ma petite confiance? J'ai embelli assurément l'ouvrage, au lieu de le gâter; et je suis d'autant plus en droit de condamner les éditions défigurées qui pourraient paraître de l'ancienne leçon. J'ai soigné cet ouvrage; je l'ai regardé comme un pendant de l'Arioste; j'ai songé à la postérité; et je fais l'impossible pour écarter les dangers du temps présent. Je vous conjure, mon cher et respectable ami, de détruire de toutes vos forces le bruit affreux qui n'est point du tout fondé, et qui m'achèverait. Vous avez confié vos craintes à M. de Richelieu et à Mme de Fontaine. L'un et l'autre ont pris pour certain l'événement que votre amitié redoutait. Ils l'ont dit; la chose est devenue publique; mais c'est le contraire qui doit être public. Ma consolation sera à la Chine. Je ne vois plus que ce pays où l'on puisse me rendre un peu de justice. Adieu, mon cher ange.

MMCCXIV. — A M. LE MARQUIS DE COURTIVRON.

Aux Délices, 22 juillet.

Votre *Traité d'Optique*, monsieur, ne peut devenir meilleur que par des augmentations, et ne peut l'être par des changements.

Je vous renouvelle mes remercîments pour cet ouvrage, et je vous en dois de nouveaux pour la bonté que vous avez de vous intéresser aux vérités historiques qui peuvent se trouver dans le *Siècle de Louis XIV*. Ces vérités ne sont pas du genre des démonstrations. Tout ce que je peux faire, c'est de croire ce que m'a assuré M. de Fénelon, neveu et élève de l'archevêque de Cambrai, que les vers imputés à Mme Guyon étaient de l'auteur du *Télémaque*, et qu'il les lui avait vu faire; ce peut être la matière d'une note.

A l'égard de la poudre de diamant, comme cette question est du ressort de la physique expérimentale, elle peut mieux s'éclaircir. Le verre et le diamant n'étant que du sable, il redevient sable fin quand il est réduit en poudre impalpable, et cette poudre n'est pas plus nuisible que la poudre de corail. De là vient que tant d'ivrognes ont été dans l'habitude d'avaler leur verre après l'avoir vidé.

J'ai eu le malheur de souper quelquefois, dans ma jeunesse, avec ces messieurs; ils brisaient leurs verres sous leurs dents, et ni le vin ni le verre ne leur faisaient mal. Si les fragments de verre ou de diamant n'étaient pas assez broyés, assez pilés, on ne pourrait les avaler, ou du moins on sentirait au passage un petit déchirement, une douleur qui avertirait. Je n'ai point sous les yeux l'article où Boerhaave parle des poisons; j'ai celui d'Allen qui dit en effet que la poudre de diamant est un poison. Mais le docteur Mead disait : « Qu'on me donne deux gros diamants à condition que j'en avalerai un en poudre, et je ferai le marché. » En un mot, il est très-certain que la poudre de diamant impalpable ne peut faire de mal, et que, grossière, on ne l'avalerait pas. Du verre pilé tue quelquefois des souris, et souvent les manque; mais une princesse, dont le palais est délicat, n'avalerait point du verre mal pilé.

Je viens de parler de tout cela à M. Tronchin, qui est entièrement de mon avis; ce peut encore être l'objet d'une note.

Je vous aurai obligation, monsieur, d'éclaircir ces deux faits dont vous me faites l'honneur de me parler.

La prédiction des tremblements de terre sera un peu plus difficile à constater. Je me suis un peu mêlé du passé, mais j'avoue en général ma profonde ignorance sur l'avenir.

Tout ce dont je suis bien sûr, pour le présent, c'est de la sensibilité que vos attentions obligeantes m'inspirent, et de l'estime infinie avec laquelle j'ai l'honneur d'être, etc.

MMCCXV. — A M. THIERIOT.

Genève, le 22 juillet.

Les curieux, mon ancien ami, se sont saisis, à ce que je vois, de votre paquet, et ma toile cirée est perdue. J'apprends que l'ancien manuscrit, tronqué et défiguré, court tout Paris Qui m'aurait dit qu'au bout de trente ans cette pauvre Mme du Châtelet me jouerait ce tour? Pour comble de bénédiction, on dit que je vous envoyais l'ouvrage afin de l'imprimer; c'est bien assurément tout le contraire. Je ne sais plus comment m'y prendre. Ce n'est pas l'affaire d'un jour de faire copier tout cela. Tous mes scribes sont occupés à *l'Orphelin de la Chine*. Je tâche de faire ma cour à Sa Majesté tartaro-chinoise; on dit que c'est un très-bon prince, et dont je serai fort content.

Je voudrais vous écrire de longues lettres; mais un pauvre malade, avec une *Histoire générale* sur les bras, et trente ouvriers qui lui rompent la tête, n'est guère en état de parler longtemps à ses amis. C'est aux gens tranquilles, et qui ont un heureux loisir, à assister ceux qui n'en ont pas.

Écrivez-moi, et aimez-moi; je vous embrasse.

MMCCXVI. — A M. LE COMTE D'ARGENTAL.

22 juillet.

Voici encore, mon cher ange, une petite correction pour nos amis de la Chine. Vous savez que je suis sujet, depuis longtemps, à envoyer de petits papiers à coller. Les nouvelles de *Jeanne* ne sont pas bonnes; on l'a offerte pour cinq louis à M. de Ximenès, et à deux autres personnes. Thieriot-*Trompette* n'a point reçu l'exemplaire raisonnable que je lui avais adressé, et les détestables courent le monde; la volonté du diable soit faite! Je me recommande toujours à mes saints anges pour nos Chinois. Mme Denis vous fait les plus tendres compliments. Je vous embrasse tristement et tendrement.

MMCCXVII. — A M. DUPONT, AVOCAT.

26 juillet.

J'ai eu l'honneur, mon cher ami, de voir M. le marquis de Paulmy, et le plaisir de lui parler de vous. Il a trop de mérite pour ne pas favoriser les gens qui en ont; il aime les beaux-arts autant que vous. Si vous étiez assez heureux pour l'entretenir, il verrait bientôt que vous êtes fait pour l'agréable et pour l'utile; et s'il affectionne la province d'Alsace, s'il veut qu'il y ait beaucoup d'esprit dans le pays, il faut qu'il y vienne souvent, et qu'il vous y donne quelque place. Je regrette ce pays-là, puisqu'il en a le département, et que vous y êtes. Je ne me flatte pas d'avoir un grand crédit auprès de lui, mais vous en aurez quand il vous connaîtra. Présentez-vous à lui hardiment. Qu'il fasse ou qu'il ne fasse pas quelque chose pour vous, vous aurez toujours le bonheur de l'avoir vu. On est peu accoutumé en France à des secrétaires d'État si aimables. Plût à Dieu que vous fussiez attaché particulièrement à lui! Il vaudrait encore mieux lui plaire qu'au sénat de Colmar. Je vous embrasse de tout mon cœur. V.

MMCCXVIII. — A M. DEVAUX.

Aux Délices, 26 juillet.

Mon très-cher Panpan, votre souvenir ajoute un nouvel agrément à la douceur de ma retraite. Je vous prie de remercier de ma part la très-bonne compagnie que vous dites ne m'avoir pas oublié. Si j'étais d'une assez bonne santé pour voyager encore, je sens que je ferais bien volontiers un tour en Lorraine; mais je prendrais trop mal mon temps, lorsque vous en partez.

Je suis bien loin actuellement de songer à des comédies, mais faites-moi savoir le titre de la vôtre; j'écrirai un petit mot à l'aréopage, et je tâcherai de vous faire avoir votre entrée : trop heureux de vous procurer des plaisirs que je ne peux partager.

Je vous embrasse tendrement. V.

MMCCXIX. — A M. LEKAIN.

Mon grand acteur, voici un de vos admirateurs que je vous dépêche. L'Orphelin de la Chine est depuis longtemps entre les mains de M. d'Argental. Si vous voulez jouer cette pièce dès à présent, vous êtes le maître. J'en donne la rétribution aux acteurs, en cas que vous commenciez par vous faire payer d'un bel habit sur cette rétribution. J'en donne le privilége au sieur Lambert, en cas qu'il fasse un petit présent au porteur.

J'espère que messieurs vos camarades voudront bien permettre qu'il vienne leur applaudir pendant qu'il sera à Paris. Je vous embrasse de tout mon cœur. Mme Denis vous fait bien ses compliments. V.

MMCCXX. — A M. LE COMTE D'ARGENTAL.

Aux Délices, 28 juillet.

Je ne suis pas excessivement dans les Délices, mon cher et respectable ami; toute cette aventure de *Jeanne d'Arc* est bien cruelle. Le porteur vous remettra mon ancienne copie. Vous la trouverez assurément plus honnête, plus correcte, plus agréable, que les manuscrits qu'on vend publiquement. Je vous supplie d'en faire tirer une copie pour Mme de Fontaine, d'en laisser prendre une à Thieriot, et de permettre à vos amis qu'ils la fassent aussi copier pour eux. C'est le seul moyen de prévenir le péril dont je suis menacé. On s'est avisé de remplir toutes les lacunes de cet ouvrage, commencé il y a plus de trente années. On y a ajouté des tirades affreuses. Il y en a une contre le roi; je l'ai vue. Cela est, à la vérité, composé par de la canaille, et fait pour être lu par la canaille. C'est :

........................Dormir
A la Bourbon, la grasse matinée;

c'est :

A ses Bourbons en pardonne bien d'autre.
....
Les Richelieu le nomment maquereau.

Figurez-vous tout ce que les halles pourraient mettre en rimes. Enfin on y a fourré plus de cent vers contre la religion qui semblent faits par le laquais d'un athée.

Ce coquin de Grasset, dont je vous dois la connaissance, a apporté ce manuscrit à Lausanne. J'ai profité de vos avis, mon cher ange, et les magistrats de Lausanne l'ont intimidé. Il est venu à Genève; et là, ne pouvant faire imprimer cet ouvrage, il est venu chez moi me proposer de me le donner pour cinquante louis d'or. Je savais qu'il en avait déjà vendu plus de six copies manuscrites. Il en a envoyé une à M. de Bernstorf, premier ministre en Danemark. Il m'a présenté un échantillon, et c'était tout juste un de ces endroits abominables, une vingtaine de vers horribles contre Jésus-Christ. Ils étaient écrits de sa main. Je les ai portés sur-le-champ au résident de France. Si le malheureux est encore à Genève, il sera mis en prison; mais cela n'empêchera pas qu'on ne débite ces infamies dans Paris, et qu'elles ne soient bientôt imprimées en Hollande. Ce Grasset m'a dit que cet exemplaire venait d'un homme qui avait été secrétaire ou copiste du roi de Prusse, et qui avait vendu le manuscrit cent ducats. Ma seule ressource, à présent, mon cher ange, est qu'on connaisse le véritable manuscrit, composé il y a plus de trente ans, tel que je l'ai donné à Mme de Pompadour, à M. de Richelieu, à M. de La Vallière; tel que je vous l'envoie. Je vous demande en grâce ou de le faire copier, ou de le donner à Mme de Fontaine pour le faire copier. Je vous prie qu'on n'épargne point la dépense. J'enverrai à Mme de Fontaine de quoi payer les scribes. Si vous avez cet infâme chant de l'*Ane* qu'on m'attribue, il n'y a qu'à le brûler. Cela est d'une grossièreté odieuse, et indigne de votre bibliothèque. En un mot, mon cher ange, le plus grand service que vous puissiez me rendre est de faire connaître l'ouvrage tel qu'il est, et de détruire les impressions que donne à tout le monde l'ouvrage supposé. Je vous embrasse tendrement, et je me recommande à vos bontés avec la plus vive instance.

P. S. On vient de mettre ce coquin de Grasset en prison à Genève.

On devrait traiter ainsi à Paris ceux qui vendent cet ouvrage abominable.

MMCCXXI. — A M. DE BRENLES.

Aux Délices, 29 juillet.

Vous m'aviez mandé, mon cher philosophe, que l'infâme manuscrit en question était à Lausanne; vous aviez bien raison. Grasset est venu à Lausanne me proposer de l'acheter pour cinquante louis; et, pour me mettre en goût, il m'en a montré une feuille. Je n'ai jamais rien vu de plus plat et de plus horrible; cela est fait par le laquais d'un athée. Mon indignation ne m'a pas permis de différer un moment à envoyer la feuille aux magistrats de Genève. On a mis sur-le-champ Grasset en prison; il a dit qu'il tenait cette feuille d'un honnête homme, nommé Maubert, ci-devant capucin, et arrivé depuis peu à Lausanne. Ce capucin était apparemment l'aumônier de Mandrin. On l'a arrêté, on a visité ses papiers, on n'a rien trouvé; mais on lui a dit que si l'ouvrage paraissait, en quelque lieu que ce fût, on s'en prendrait à lui. Le conseil de Genève ne pouvait me marquer ni plus de bonté, ni plus de justice. Grasset a été chassé de la ville, en sortant de prison. Il serait bon que M. Bousquet connût cet homme, qui est ici très-connu, et absolument décrié. J'ai cru devoir, mon cher philosophe, ces détails à votre amitié. Cette affaire et ma mauvaise santé reculent encore mon voyage de Monrion. Vous voyez quels chagrins viennent encore m'assiéger dans ma retraite. Il faut souffrir jusqu'à la fin de sa vie; mais on souffre avec patience, quand on a des amis tels que vous.

Mme Denis et moi, nous présentons nos obéissances aux deux philosophes. Je vous embrasse tendrement.

Mme Goll est à Colmar dans une situation bien triste. Je vous embrasse.

V.

MMCCXXII. — A M. LE COMTE D'ARGENTAL.

Aux Délices, 30 juillet.

Mon très-divin ange, 1° celui qui a écrit les *animaux* sauvages est un animal; il doit y avoir *assassins* sauvages.

2° Je crois avoir prévenu vos ordres dans le quatrième acte. Vous devez avoir reçu mes chiffons.

3° Je vous demande, avec la plus vive instance, qu'on ne retranche rien au couplet de Mlle Clairon, au troisième, qui commence par ces mots :

Eh bien ! mon fils l'emporte, et si, dans mon malheur, etc.
Scène III.

Mme Denis, qui joue Idamé sur notre petit théâtre, serait bien fâchée que cette tirade fût plus courte.

4° M. de Paulmy qui est un peu du métier, et M. l'intendant de Dijon qui a bien de l'esprit et du goût, trouvent que la pièce finit par un beau mot : *Vos vertus*. Ils disent que tout serait froid après ce mot;

c'est le sentiment de Mme Denis; et, quand ils seraient tous contre moi, je ne céderais pas; il m'est impossible de finir plus heureusement. Lekain aura assez d'esprit pour ne pas dire ce mot comme un compliment. Il le dira après un temps; il le dira avec un enthousiasme d'attendrissement, et il fera cent fois plus d'effet qu'avec une péroraison inutile.

Mon cher ange, il est bien important que mes magots soient montrés à Fontainebleau. Il en court d'autres qui sont bien vilains. Votre Grasset, dont vous aviez eu la bonté de me parler, est venu ces jours-ci à Genève. Il m'a apporté une feuille manuscrite de *la Pucelle d'Orléans* qu'on m'attribue, et il m'a offert de me vendre le manuscrit pour cinquante louis, après m'avoir dit qu'il en connaissait six autres copies. J'ai envoyé sur-le-champ sa feuille au résident de France. Le conseil s'est assemblé. On a mis en prison mon Grasset, et on vient de le chasser de la ville. Il se vante de la protection de M. Berryer, et il m'en a montré des lettres. Je vous ai déjà dit un petit mot de cette aventure, dans une lettre que mon secrétaire doit vous apporter.

Je compte avoir l'honneur d'envoyer, dans quelques jours, *l'Orphelin de la Chine* à Mme de Pompadour. Je vous prie que ce soit là son titre. C'est sous ce nom qu'il y a déjà une tragédie chinoise. Le public y sera tout accoutumé. Mon cher ange, je ne m'accoutume guère à vivre loin de vous. Je me crois à la Chine. Adieu, homme adorable. V.

P. S. Il faut vous dire que les copistes qui sont ici n'écrivent pas trop bien; mon secrétaire Colini écrit très-lisiblement; son écriture est agréable. Il connaît la pièce; il doit être las de l'avoir copiée; mais si vous voulez avoir la bonté de la lui faire copier chez vous, il prendra volontiers cette peine, quoiqu'il soit fort occupé auprès d'une jolie italienne avec laquelle il fait le voyage de Paris. Alors nous enverrons cette copie bien musquée à Mme de Pompadour, avec de la jolie nonpareille; et j'aurai l'honneur de lui écrire un petit mot dans le temps que vous choisirez pour lui envoyer la pièce.

Votre amitié ne se rebute point de toutes les peines que je lui donne, et de toutes les libertés que je prends. Elle est constante et courageuse. Mille tendres respects à tous les anges. V.

MMCCXXIII. — A M. LE MARÉCHAL DUC DE RICHELIEU.

31 juillet.

Je reçois, mon héros, votre lettre du 26 juillet. Or voyez, mon héros, comme vous avez raison sur tous les points.

Premièrement, ce qui court dans Paris et ailleurs est l'ouvrage de la plus vile canaille, aidée par des gens qui méritent un châtiment exemplaire. Voici ce qu'on y trouve :

Et qu'à la ville, et surtout en province,
Les Richelieu ont nommé maquereau.

. . . .

ANNÉE 1755.

> Dort en Bourbon, la grasse matinée....
> Et que Louis, ce saint et bon apôtre,
> A ses Bourbons en pardonne bien d'autre.

Ce n'est pas là apparemment l'ouvrage que vous voulez. Les La Beaumelle, les Fréron, et les autres espèces qui vendent sous le manteau cette abominable rapsodie, sont prêts, dit-on, de la faire imprimer. Un nommé Grasset, qui en avait un exemplaire, est venu me proposer, à Genève, de me le vendre cinquante louis. Il m'en a montré des morceaux écrits de sa main; je les ai portés sur-le-champ au résident de France. J'ai fait mettre ce malheureux en prison, et enfin on n'a point trouvé son manuscrit. J'ai cru, dans ces circonstances, devoir vous envoyer, aussi bien qu'à Mme de Pompadour et à M. le duc de La Vallière, mon véritable ouvrage, qui est à la vérité très-libre, mais qui n'est ni ne peut être rempli de pareilles horreurs. Ils ont reçu leur paquet. Vous n'avez point le vôtre; apparemment que M. de Paulmy a voulu préalablement en prendre copie. Vous pourriez bien en demander des nouvelles à M. Dumesnil, en présence de qui je donnai le paquet cacheté sans armes, pour être cacheté avec les armes de M. de Paulmy, contre-signé par lui, et vous être dépêché le lendemain.

Vous sentez, monseigneur, le désespoir où tout cela me réduit. La canaille de la littérature m'avait fait sortir de France, et me poursuit jusque dans mon asile.

Le second point est le rôle de Gengis donné à Lekain. Je ne me suis mêlé de rien que de faire comme j'ai pu l'*Orphelin de la Chine*, et de le mettre sous votre protection. Zamti le Chinois et Gengis le Tartare sont deux beaux rôles. Que Grandval et Lekain [1] prennent celui qui leur conviendra; que tous deux n'aient d'autre ambition que de vous plaire; que M. d'Argental vous donne la pièce; que vous donniez vos ordres; voilà toute ma requête. Je me borne à vous amuser; et, si par hasard l'ouvrage réussissait, si on le trouvait digne de paraître sous vos auspices, je vous demanderais la permission de vous le dédier à ma façon, c'est-à-dire avec un ennuyeux discours sur la littérature chinoise et sur la nôtre. Vous savez que je suis un bavard, et vous me passeriez mon rabâchage sur votre personne et sur les Chinois. Je vous supplierais, en ce cas, d'empêcher, en vertu de votre autorité, que M. le souffleur ne fît imprimer ma pièce et ne la défigurât, comme cela lui est arrivé souvent. Tout le monde me pille comme il peut. Adieu, monseigneur. Si vous commandez une armée, je veux aller vous voir dans votre gloire, au lieu d'aller aux eaux de Plombières.

MMCCXXIV. — A M. LE COMTE D'ARGENTAL.

31 juillet.

Mon cher ange, votre lettre du 25 juillet m'apprend que vous avez reçu la petite correction du quatrième acte, conformément à vos désirs

---

[1]. Lekain obtint beaucoup moins de succès dans le rôle de Gengis, que Mlle Clairon dans celui d'Idamé. (ÉD.)

et à vos ordres. Je ne doute pas que vous n'ayez reçu aussi celle du deuxième acte. Le violent chagrin que me cause cet abominable ouvrage qu'on fait courir sous mon nom me met hors d'état d'embellir, comme je le voudrais, une tragédie que vous approuvez. Pourquoi M. de Richelieu imagine-t-il que je lui envoyais un exemplaire rapetassé?

Je lui envoyais, comme à vous, quelque chose de bien meilleur que la rapsodie qui court. Il n'a point reçu son paquet. Apparemment que M. de Paulmy a voulu en prendre copie pour son droit de transit; à la bonne heure. M. de Richelieu me gronde sur la distribution des rôles; je ne m'en mêle point; c'est à vous, mon cher ange, à tout ordonner avec lui. Gengis et Zamti sont deux rôles que Grandval et Lekain peuvent jouer. Faites tout comme il vous plaira; mon unique occupation est de tâcher de vous plaire; mais le pucelage de *Jeanne* me tue. Je vous embrasse mille fois, mon ange.

Je rouvre ma lettre. J'apprends dans l'instant qu'on a encore volé le manuscrit de la *Guerre de* 1741, qui était entre les mains de M. d'Argenson, de M. de Richelieu, et de Mme de Pompadour. On a porté tout simplement le manuscrit à M. de Malesherbes, qui donne aussi tout simplement un privilège. Je vous conjure de lui en parler, et de l'engager à ne pas favoriser ce nouveau larcin. On dit que cela presse. Je n'ai d'espérance qu'en vous.

Revenons aux Chinois. Grandval, à qui j'ai donné cinquante louis pour le *Duc de Foix*, refuserait-il de jouer dans *l'Orphelin?* Au nom du Tien, arrangez cela avec M. le maréchal.

MMCCXXV. — A M. LE PREMIER SYNDIC DU CONSEIL DE GENÈVE.

Le 2 août.

Monsieur, vos bontés et celles du magnifique conseil m'ayant déterminé à m'établir ici sous sa protection, il ne me reste, en vous renouvelant mes remercîments, que d'assurer mon repos en ayant recours à la justice et à la prudence du conseil.

Je suis obligé de l'informer que, le 17 du mois de juin, un conseiller d'État de France m'écrivit qu'un nommé Grasset était parti de Paris, chargé d'un manuscrit abominable qu'il voulait imprimer sous mon nom, croyant mal à propos que mon nom servirait à le faire vendre; on m'envoya de plus la teneur de la lettre écrite de Lausanne par ce Grasset à un facteur de librairie de Paris. J'écrivis incontinent à des magistrats de Lausanne, et je les suppliai d'éclaircir ce fait. On intimida Grasset à Lausanne.

Le 22 juillet, une femme nommée Dubret, qui demeure à Genève, dans la même maison que le sieur Grasset, vint me proposer de me vendre cet ouvrage manuscrit quarante louis.

Le 26 juillet, Grasset, arrivé de Lausanne, vint lui-même me proposer ce manuscrit pour cinquante louis en présence de Mme Denis et de M. Cathala, et me dit que, si je ne l'achetais pas, il le vendrait à d'autres. Pour me faire connaître le prix de ce qu'il voulait me vendre,

Il m'en montra une feuille écrite de sa main; il me pria de la faire transcrire, et de lui rendre son original.

Je fus saisi d'horreur à la vue de cette feuille, qui insulte, avec autant d'insolence que de platitude, à tout ce qu'il y a de plus sacré. Je lui dis, en présence de M. Cathala, que ni moi, ni personne de ma maison, ne transcririons jamais des choses si infâmes, et que si un de mes laquais en copiait une ligne, je le chasserais sur-le-champ.

Ma juste indignation m'a déterminé à faire remettre dans les mains d'un magistrat cette feuille punissable, qui ne peut avoir été composée que par un scélérat insensé et imbécile.

J'ignore ce qui s'est passé depuis, j'ignore de qui Grasset tient ce manuscrit odieux; mais ce que je sais certainement, c'est que ni vous, monsieur, ni le magnifique conseil, ni aucun des membres de cette république, ne permettra des ouvrages et des calomnies si horribles, et que, en quelque lieu que soit Grasset, j'informerai les magistrats de son entreprise, qui outrage également la religion et le repos des hommes. Mais il n'y a aucun lieu sur la terre où j'attende une justice plus éclairée qu'à Genève.

Je vous supplie, monsieur, de communiquer ma lettre au magnifique conseil, et de me croire avec un profond respect, etc.

MMCCXXVI. — A M. LE MARQUIS DE THIBOUVILLE.

3 août.

Oui, vraiment, vous seriez un beau Gengis, et nous n'en aurons point comme vous. Je vous sais bien bon gré d'être du métier, mon très-aimable marquis. Le travail console. Il paraît, par votre lettre à ma nièce, que vous avez besoin d'être consolé comme un autre. C'est un sort bien commun. On souffre même à Neuilli, même aux Délices. Qui croirait qu'à mon âge une *Pucelle* fît mon malheur, et me persécutât au bout de trente ans? L'ouvrage court partout, accompagné de toutes les bêtises, de toutes les horreurs que de sots méchants ont pu imaginer, de vers abominables contre tous mes amis, à commencer par M. le maréchal de Richelieu. J'ai bien fait de ne songer qu'à des Chinois; vos Français sont trop méchants, et, sans vous et sans M. d'Argental, ces Chinois ne seraient pas pour Paris. Je bénis ma retraite, je vous regrette, et je vous aime de tout mon cœur.

MMCCXXVII. — A M. THIERIOT.

Aux Délices, le 4 août.

Ce que vous avez est presque aussi ancien que notre amitié. Il y a trente ans que cela est fait, et vous voyez combien cela est différent des plates grossièretés et des scandales odieux qui courent. Vous aurez le reste; vous verrez que le bâtard de l'Arioste n'est pas le bâtard de l'Arétin. Un scélérat, nommé Grasset, est venu dans ce pays-ci, dépêché par des coquins de Paris, pour faire imprimer sous mon nom, à Lausanne, les abominations qu'ils ont fabriquées. Je l'ai fait guetter à

Lausanne; il est venu à Genève, je l'ai fait mettre en prison. J'ai ici quelques amis, et on n'y troublera point mon repos impunément.

Adieu, mon ancien ami; vous auriez trouvé ma retraite charmante l'été, et l'hiver il ne faut point quitter le coin de son feu. Tous les lieux sont égaux quand il gèle; mais dans les beaux jours je ne connais rien qui approche de ma situation. Je ne connaissais ni ce nouveau plaisir, ni celui de semer, de planter, et de bâtir. Je vous aurais voulu dans ce petit coin de terre. J'y suis très-heureux; et si les calomnies de Paris venaient m'y poursuivre, je serais heureux ailleurs.

Je vous embrasse *Quid novi?*

MMCCXXVIII. — A M. LE COMTE D'ARGENTAL.

4 août.

Mon cher ange, je voudrais encore vernir mes magots; mais tout ce qui arrive à *Jeanne* gâte mes pinceaux chinois. C'est ma destinée que la calomnie me poursuive au bout du monde. Elle vient me tourmenter au pied des Alpes. Vous ai-je mandé que ce coquin de Grasset était venu dans ce pays-ci, chargé de cet impertinent ouvrage, avec des vers contre la France, contre la maison régnante, contre M. de Richelieu? Ceux qui l'ont envoyé, sachant que j'étais auprès de Genève, n'ont pas manqué de faire paraître Calvin dans cette rapsodie; cela fait un bel effet du temps de Charles VII. Il est très-certain que ce Chévrier, qui avait annoncé l'ouvrage dans les feuilles de Fréron, y a travaillé; et il est très-probable que Grasset s'entend toujours avec Corbi.

Vous voyez combien il est nécessaire que les cinq magots soient joués vite et bien : mais comment Sarrasin peut-il se charger de Zamti? est-ce là le rôle d'un vieillard? On n'entendra pas Lekain. Sarrasin joue en capucin. Serai-je la victime de l'orgueil de Grandval, qui ne veut pas s'abaisser à jouer Zamti? Mon divin ange, je m'en remets à vous, mais si mes magots tombent, je suis enterré.

Je vois enfin que vous avez perdu ces malheureux soupçons que vous aviez de moi sur un *pucelage*; Dieu soit béni! Thieriot-*Trompette* me mande qu'il y avait, dans le seul premier chant qui court à Paris, cent vingt-quatre vers falsifiés. Tout ce qu'on m'en a envoyé est de la plus grande platitude. Gare que ces sottes horreurs ne paraissent sous mon nom! ce manant de Fréron en fera un bel extrait.

Je vous demande en grâce, au moins, qu'on ne falsifie pas mon pauvre *Orphelin*. Je vous conjure qu'on le joue tel que je l'ai fait.

Nous venons d'en faire une répétition. Un Tronchin, conseiller d'État de Genève, auteur d'une certaine *Marie Stuart*, a joué, ou plutôt lu, sur notre petit théâtre, le rôle de Gengis passablement; il a fort bien dit *ros pertus*[1]; et tout le monde a conclu que c'était un solécisme épouvantable de dire quelque chose après ce mot. Ce serait tout gâter; la seule idée m'en fait frémir.

1. Derniers mots de l'*Orphelin de la Chine*. (Cl.)

La scène du poignard a bien réussi; des cœurs durs ont été attendris.

e vous embrasse; je me recommande à vos bontés.

MMCCXXIX. — A M. POLIER DE BOTTENS.

Aux Délices, 5 août.

J'ose attendre de votre amitié, mon cher monsieur, que vous voudrez bien me mettre au fait de la manœuvre du sieur Maubert, et que vous entrerez dans la juste indignation où je suis contre ceux qui ont apporté ici le plat et abominable ouvrage que Grasset m'a voulu vendre cinquante louis d'or. Quel échantillon affreux il m'en présenta ! cela fait frémir l'honneur et le bon sens. Quel monstre insensé et imbécile a pu fabriquer des horreurs pareilles? Et comment ai-je pu me dispenser de déférer à la justice ce scandaleux avorton? Le conseil a fait tout ce que j'ai demandé à ma réquisition, et contre les distributeurs et contre la feuille qu'ils étalaient pour vendre le reste de l'ouvrage. Grasset, au sortir de prison, a été admonété vertement, et conseillé de vider la ville. Il est regardé ici comme un voleur public; mais, encore une fois, comment peut-il être lié avec Maubert? et comment Maubert a-t-il avoué que c'est lui qui avait donné la feuille à Grasset? Il y a là-dedans un tissu d'horreurs et d'iniquités dont le fond était le dessein d'escamoter cinquante louis d'or. Je suis obligé de poursuivre cette affaire; mais, n'ayant nulles lumières, il faut que je l'abandonne. Cela, joint aux maladies qui m'accablent, exerce un peu la patience; mais, si votre amitié me console, je me croirai heureux. Je vous embrasse tendrement, et je voudrais bien vous embrasser à Mourion. J'espère vous y renouveler mon tendre attachement au mois de septembre. V.

MMCCXXX. — A M. DARGET.

Le 5 août 1755.

Je vous dois, mon ancien ami, un compte exact de ce qui s'est passé en dernier lieu au sujet de ce poëme de la *Pucelle d'Orléans*, dont on pourra dire comme de celle de Chapelain :

Depuis trente ans on parle d'elle,
Et bientôt on n'en dira rien.

C'est peu qu'on ait déshonoré la littérature jusqu'à imprimer le *Siècle de Louis XIV*, avec des notes aussi absurdes que calomnieuses, et qu'on se soit avisé de faire un libelle scandaleux d'un ouvrage approuvé de tous les honnêtes gens de l'Europe; c'est peu qu'on ait donné sous mon nom une prétendue *Histoire universelle*, dont il n'y avait pas dix chapitres qui fussent de moi, et dont l'ignorance a rempli tous les vides : les mêmes gens qui me persécutent depuis si longtemps ont mis le comble à ces malversations inouïes jusqu'à nos jours parmi les gens de lettres. Ils ont déterré quelques fragments de cet ancien poëme de la *Pucelle d'Orléans*, qui était assurément un badinage très-innocent; quand ils ont su que j'étais en France, ils ont ajouté à cet ouvrage des vers aussi plats qu'offensants contre les amis que j'ai en France[1], et contre les personnes[2] et les choses les plus respectables. Quand on a vu que j'avais choisi un petit asile auprès de Genève, où ma mauvaise santé m'a forcé de chercher des secours auprès d'un des plus célèbres médecins de l'Europe, ils ont glissé au plus vite dans l'ouvrage des vers contre Calvin : ils vivent du fruit de leurs manœuvres; ils vendent chèrement leurs manuscrits ridicules aux dupes qui les achètent, et se font ainsi un revenu fondé sur la calomnie. En vérité, mon cher ami, si ces malheureux pouvaient être appelés des gens de lettres, je serais presque de l'avis de ce citoyen de Genève[3], qui a soutenu avec tant d'esprit que les belles-lettres ont servi à corrompre les mœurs. On a député dans le pays où je suis un homme qui se mêle de vendre des livres; il se nomme Grasset; il vint dans ma maison le 26 juillet, et me proposa de me vendre cinquante louis d'or un de ces manuscrits; il m'en fit voir un échantillon : c'était une page remplie de tout ce que la sottise et l'impudence peuvent rassembler de plus méprisable et de plus atroce; voilà ce que cet homme vendait sous mon nom, et ce qu'il voulait me vendre à moi-même. Il me dit, en présence de plusieurs personnes, que le manuscrit venait d'un Allemand qui l'avait vendu cent ducats; ensuite il dit qu'il venait d'un ancien secrétaire de monseigneur le prince Henri : il entend sans doute le secrétaire à qui votre beau-frère a succédé, et qui était avec cet autre fripon de Tinois; mais ni le roi de Prusse, ni le prince Henri, n'ont jamais eu entre leurs mains des choses si indignes d'eux. Il nomma plusieurs personnes, il assura que La Beaumelle en avait un exemplaire à Amsterdam ; je pris le parti de porter sur-le-champ au résident de France la feuille scandaleuse que cet homme m'avait apportée écrite de sa main. On mit Grasset en prison : il dit alors qu'il la tenait d'un nommé Maubert, ci-devant capucin, auteur de je ne sais quel *Testament politique du cardinal Albéroni*, dans lequel le ministère de France et M. le maréchal de Belle-Isle sont calomniés avec cette impudence qu'on punissait autrefois et qu'on méprise aujourd'hui; enfin on a banni de Genève le nommé Grasset. On a interrogé le sieur Maubert, et on lui a signifié que, si l'ouvrage paraissait, on s'en prendrait à lui. Voilà tout ce que j'ai pu faire, dans un pays où la justice n'est pas rigoureuse; j'attends de votre amitié que vous voudrez bien m'instruire de ce que vous pourrez apprendre sur cette misère. Si vous voyez M. de Croismare et M. Duverney, je vous prie de leur faire mes très-humbles compliments; mes Délices me font souvenir de Plaisance[4]. Je n'ose demander des oignons de tulipe à M. Duverney, c'est la seule chose qui me manque dans ma retraite trop belle pour un philosophe; il faut savoir jouir et savoir se passer; j'ai tâté de l'un et de l'autre. Je vous souhaite fortune, agréments; et j'aurais voulu que ma maison eût été sur le chemin de Vesel.

1. Thibouville et Richelieu. (ÉD.)
2. Louis XV et Mme de Pompadour. (ÉD.) — 3. J. J. Rousseau. (ÉD.
4. Château de Duverney, près de Nogent-sur-Marne. (ÉD.)

P. S. Pourrez-vous avoir la bonté de me dire le nom de ce Provençal[1] qui était ci-devant secrétaire du prince Henri? Je vous embrasse. Je suis bien malade.

MMCCXXXI. — A M. DE BRENLES.

Aux Délices, le 5 août.

Mais dites-moi donc, mon cher philosophe, comment les hommes peuvent être si méchants; comment on a pu faire un tissu de tant de bêtises et de tant d'horreurs; et comment Maubert a pu s'unir avec Grasset pour un aussi affreux scandale. Dès que Grasset vint me montrer l'échantillon de la pièce, tous mes amis me conseillèrent de déférer cette plate infamie à la justice. Grasset ne s'est tiré d'affaire qu'en disant qu'il tenait la feuille de Maubert; et Maubert a répondu qu'il la tenait de Lausanne. Si tout le reste est comme ce que j'ai vu, c'est l'ouvrage d'un laquais. J'ai rempli mon devoir en me plaignant juridiquement; mais je ne goûte de consolations qu'en déposant mes plaintes dans le sein de votre amitié. Je vous embrasse de tout mon cœur. Quand pourrai-je vous voir à Monrion?

V.

MMCCXXXII. — A M. POLIER DE BOTTENS.

Aux Délices, 8 août.

Vous verrez, mon cher monsieur, quel homme est ce Grasset par la copie ci-jointe. Le dessein de m'escamoter est le moindre de ses crimes; mais quiconque a inséré, dans le manuscrit qu'il voulait me vendre, les morceaux aussi plats qu'abominables dont je me suis plaint, est cent fois plus criminel que lui. Bousquet se plaint qu'on a mis en prison son associé; qu'il juge à quel associé il a affaire! Il l'envoie à Marseille; Dieu veuille que ceux qui s'intéressent au commerce de Bousquet n'aient pas à s'en repentir!

Voilà un tissu d'horreurs qui me ferait croire que J. J. Rousseau a raison. Si les belles-lettres ne corrompent pas les mœurs, elles n'ont pas, au moins, rectifié celles des misérables qui ont voulu me perdre par de si infâmes imputations.

On dit que La Beaumelle, et un nommé Tinois, ont fabriqué toutes les plates indignités qui sont dans l'ouvrage que vous avez vu. Faut-il que je sois la victime de ces canailles! Quand pourrai-je avoir le bonheur de vous voir?

MMCCXXXIII. — AU MÊME.

Aux Délices, 12 août.

Vous m'avez fait venir sur votre lac, mon cher monsieur, et malgré toutes les horreurs qui m'environnent, je ne me jetterai pas dans le lac. Sachez les faits, et voyez mon cœur.

1° Quiconque viendra m'apporter un écrit tel que Grasset m'en a présenté un, je le mettrai entre les mains de la justice, parce que je

---

1. Il s'appelait du Puget. (ÉD.)

veux bien qu'on rie de saint Denis, et que je ne veux pas qu'on insulte Dieu.

2° Corbi n'est point un être de raison; c'est un homme très-connu; c'est un facteur de librairie à Paris. Grasset lui offrit, au mois de mai, quatre mille exemplaires d'un manuscrit qu'il devait acheter à Lausanne.

3° Un conseiller d'État de France m'envoya la lettre de Grasset à Corbi, et Grasset intimidé n'imprima rien à Lausanne.

4° Une femme nommée Dubret, qui demeure à Genève, dans la même maison que Grasset, vint, il y a un mois, me proposer de me vendre ledit manuscrit pour quarante louis d'or.

5° Grasset, le 26 juillet, vint me l'offrir pour cinquante louis; et, pour m'engager, il me montra un échantillon fait par le laquais d'un athée, échantillon écrit de sa main, et dont il avait eu soin de faire trois copies.

6° Je le fis mettre en prison; il est banni, et, s'il revient à Genève, il sera pendu.

7° A l'interrogatoire, il a décelé un capucin défroqué, nommé Maubert.

8° Le capucin Maubert a répondu à la justice qu'il tenait le manuscrit de M. de Montolieu; et lui et Grasset ont dit que M. de Montolieu l'avait acheté cent ducats, et voulait le vendre cent ducats, soit à moi, soit à Mme de Pompadour, par le canal de M. de Chavigny.

9° Il est faux que M. de Montolieu ait acheté le manuscrit cent ducats, puisqu'il dit à Lausanne qu'il le tient de son fils, lequel le tient, dit-il, de Mme la margrave de Bareuth.

10° J'instruis M. de Montolieu de tout ce que dessus.

11° Je vais écrire au roi de Prusse, au prince Henri, à Mme la margrave; tous les trois savent bien que mon véritable ouvrage, fait il y a trente ans, et qu'ils ont depuis dix ans, ne contient rien de semblables, ni aux platitudes de laquais dont le manuscrit de M. de Montolieu est farci, ni aux horreurs punissables dont on vient de l'infecter.

12° Si on veut le vendre à Mme de Pompadour, on s'y prend tard; il y a longtemps que je le lui ai donné.

13° Ce n'est point Mme la margrave de Bareuth qui a donné au fils de M. de Montolieu les fragments ridicules qu'il possède, c'est un fou nommé Tinois.

14° Tout le conseil de Genève a approuvé unanimement ma conduite, et m'a fait l'honneur de m'écrire en conséquence.

15° M. de Montolieu n'a autre chose à faire qu'à détester le jour où il a connu Maubert, lequel Maubert, tout savant qu'il est, s'est avisé de placer le portrait de Calvin dans un poëme qui a pour époque le XIV° siècle; lequel Maubert, enfin, est le plus scélérat renégat que la Normandie ait produit.

Que d'horreurs pour m'escroquer cinquante louis! En voilà beaucoup, mon cher monsieur; je commence à croire que Rousseau pourrait avoir raison, et qu'il y a des gens que les belles-lettres rendent encore plus méchants qu'ils n'étaient; mais cela ne regarde que les ex-capucins.

Maubert est ici aussi connu qu'à Lausanne; mais la justice n'a pu le punir, puisqu'il a montré qu'il était l'agent d'un autre.

Adieu, mon cher ami; je suis las de dicter des choses aussi tristes [1]. Somme totale; qu'y a-t-il à faire maintenant? Rien. Puisse M. de Montolieu jeter au feu son damnable manuscrit, faire pendre Maubert s'il le rencontre, l'oublier s'il ne le rencontre pas, et n'avoir jamais de commerce avec lui!

Adieu, Mme Denis et moi, nous sommes malades; nous viendrons à Monrion quand nous pourrons; nous vous embrassons tendrement.

MMCCXXXIV. — A M. LE COMTE D'ARGENTAL.

13 août.

Mon cher ange, je ne suis pas en état de songer à une tragédie, je suis dans les horreurs de la persécution que la canaille littéraire me fait depuis quarante ans. Vous m'aviez assurément donné un très-bon avis. Ce Grasset était venu de Paris tout exprès pour consommer son iniquité. Il n'est que trop vrai que Chévrier était très-instruit de ce maudit ouvrage et de toute cette manœuvre. Fréron n'en avait parlé dans sa feuille que pour préparer cette belle entreprise. Vous savez de quelles abominations on a farci ce poëme. On a voulu me perdre et gagner de l'argent. Je n'y sais autre chose que de déférer moi-même tout scandale qu'on voudra mettre sous mon nom, en quelque lieu que je sois. Pour comble de douleurs, on m'apprend que Lyon est infecté d'un premier chant aussi plat que criminel, dans lequel il n'y a pas quarante vers de moi. Mon malheur veut que monsieur votre oncle [2], que je n'ai jamais offensé, ait depuis un an écrit au roi plusieurs fois contre moi, et ait même montré les réponses. Il a trop d'esprit et trop de probité pour m'imputer les misères indignes qui courent; mais il peut, sans les avoir vues, écouter la calomnie. L'abbé Pernetti m'a déjà écrit de Lyon qu'on me forcerait à quitter mon asile, qui m'a déjà coûté plus de quarante mille écus. Mme Denis se meurt de douleur, et moi de la colique.

J'écris un mot à Mme de Pompadour au sujet des cinq pagodes que vous lui faites tenir de ma part.

Je me flatte qu'elle ne trouvera rien dans la pièce qui ne plaise aux honnêtes gens, et qui ne déplaise à Crébillon. Je me flatte que, si elle l'approuve, elle sera jouée malgré le radoteur Lycophron. Adieu, mon très-cher ange, qui me consolez.

MMCCXXXV. — A MME DE FONTAINE.

13 août.

Ma chère nièce, vous êtes charmante. Vous courez, avec votre mauvaise santé, aux Invalides pour des Chinois. Tout Pékin est à vos pieds.

---

1. Ce qui suit est de la main de Voltaire. (ÉD.)
2. Le cardinal de Tencin qui, en 1754, s'était mal conduit envers Voltaire. (ÉD.)

Je me flatte qu'on jouera la pièce telle que je l'ai faite, et qu'on n'y changera pas un mot. J'aime infiniment mieux la savoir supprimée qu'altérée.

Les scélérats d'Europe me font plus de peine que *les héros de la Chine*[1]. Un fripon, nommé Grasset, que M. d'Argental m'avait heureusement indiqué, est venu ici pour imprimer un détestable ouvrage, sous le même titre que celui auquel je travaillai il y a trente ans, et que vous avez entre les mains. Vous savez que cet ouvrage de jeunesse n'est qu'une gaieté très-innocente. Deux fripons de Paris, qui en ont eu des fragments, ont rempli les vides comme ils ont pu, contre tout ce qu'il y a de plus respectable et de plus sacré. Grasset, leur émissaire, est venu m'offrir le manuscrit pour cinquante louis d'or, et m'en a donné un échantillon aussi absurde que scandaleux. Ce sont des sottises des halles, mais qui font dresser les cheveux sur la tête. Je courus sur-le-champ de ma campagne à la ville, et, aidé du résident de France, je déférai le coquin; il fut mis en prison, et banni, son bel échantillon lacéré et brûlé, et le conseil m'a écrit pour me remercier de ma dénonciation. Voilà comme il faudrait partout traiter les calomniateurs. Je ne les crains point ici; je ne les crains qu'en France.

Ayez soin de votre santé, et aimez les deux solitaires qui vous aiment tendrement. Je vous embrasse, ma chère enfant, du fond de mon cœur.

MMCCXXXVI. — A M. LE COMTE D'ARGENTAL.

13 août.

Vraiment, mon cher ange, il ne manquait plus à mes peines que celle de vous voir affligé. Je ne m'embarrasse guère de vos gronderies, mais je souffre beaucoup de l'embarras que vous donnent les bateleurs de Paris. Mon divin ange, grondez-moi tant qu'il vous plaira, mais ne vous affligez pas. M. de Richelieu me mande qu'il faut que Grandval joue dans la pièce : « Très-volontiers, lui dis-je, je ne me mêle de rien ; que Lekain et Grandval s'étudient à vous plaire, c'est leur devoir. »

La Comédie est aussi mal conduite que les pièces qu'on y donne depuis si longtemps. Le siècle où nous vivons est, en tous sens, celui de la décadence; il faut l'abandonner à son sens réprouvé. J'ai désiré, mon cher et respectable ami, qu'on donnât mes magots à Fontainebleau, puisqu'on doit les donner; et je l'ai désiré afin de pouvoir détruire dans une préface les calomnies qui viennent m'assaillir au pied des Alpes. Vous savez une partie des horreurs que j'éprouve, et je dois à votre amitié le premier avis que j'en ai eu. La députation de Grasset est le résultat d'un complot formé de me perdre, partout où je serai. Jugez si je suis en état de chanter le dieu des jardins. J'en dirai pourtant un petit mot, quand je pourrai être tranquille, mais je le dirai honnêtement. Toute grossièreté rebute, et vous devez vous en apercevoir par la différence qui est entre la copie que je vous ai envoyée

---

1. Un drame de Métastase est intitulé l'*Eroe cinese*. (ÉD.)

et l'autre exemplaire. Je vous supplie de répandre cette copie le plus que vous pourrez, et surtout de la faire lire à M. de Thibouville; je vous en conjure. Ah! mon cher et respectable ami, quel temps avez-vous pris pour me gronder! Celui que votre oncle prend pour m'achever. Je vous embrasse tendrement. Les hommes sont bien méchants; mais vous me raccommodez avec l'espèce humaine.

MMCCXXXVII. — A M. COLINI [1], A PARIS.

Des Délices, 17 août.

....

Faites, je vous prie, mille compliments à M. Lekain; je suis sûre qu'il jouera Gengis à merveille; mais Sarrasin est bien vieux pour Zamti. Ne doutez pas de l'amitié que j'aurai pour vous toute ma vie.

Je vous en dis autant. Divertissez-vous; voyez siffler mon *Orphelin*; sifflez les Parisiens, *e ritornate a noi quando sarete stanco di piaceri, di donne, e di Parigi*.

J'envoie cette lettre à l'adresse que vous me donnez. V.

MMCCXXXVIII. — DE CHARLES-THÉODORE, ÉLECTEUR PALATIN.

Manheim, ce 17 août.

S'il était aussi facile, monsieur, de faire un bel édifice, qu'il vous est aisé de faire une belle tragédie, je ne serais pas en peine de la réussite des bâtiments que j'ai commencés. Les deux ailes [2] que vous avez ajoutées au vôtre n'ont fait que donner de nouveaux ornements à votre ouvrage. Par le plaisir que j'ai de lire ce que vous faites, jugez de celui que j'aurai de vous revoir ici. Je me suis beaucoup entretenu de vous, il y a peu de temps, avec un Anglais nommé Garden, qui m'a paru un homme d'esprit et de savoir. Il m'a dit vous avoir beaucoup fréquenté, pendant son séjour à Lausanne.

J'espère que votre médecin suisse rétablira bientôt votre santé, pour que l'Europe jouisse plus longtemps de vos écrits, et moi du plaisir de vous revoir. Vous me feriez, entre temps, un vrai plaisir de me mander quelle sorte d'habillement vous trouvez le plus convenable pour les acteurs. Je m'imagine que vous ne voulez pas une tête et une moustache chinoises pour Zamti, ni de petites pantoufles de métal pour sa femme, quoique ce ne soit pas ce à quoi l'on prendrait garde, en écoutant de si beaux vers.

Je suis avec beaucoup d'estime, etc.

CHARLES-THÉODORE, *électeur*.

MMCCXXXIX. — A M. LE COMTE D'ARGENSON, MINISTRE DE LA GUERRE.

Aux Délices, 20 août.

Il m'est impossible, monseigneur, de vous envoyer votre contre-seing. Celui qui en a si indignement abusé est à Marseille. C'est un

---

1. Le premier alinéa de cette lettre est de Mme Denis, et ce qui suit est de Voltaire. (ÉD.)
2. Les quatrième et cinquième actes de l'*Orphelin*. (ÉD.)

intrigant fort dangereux. Ce Grasset m'a montré des contre-seings chancelier et Berryer avec les vôtres. Il écrit souvent à M. Berryer, qui est fort poli, car il signe un grand *votre très-humble*, à ce valet de libraire. On dit qu'il fait imprimer des horreurs à Marseille. J'oubliais de vous dire qu'il est *réfugié*, et qu'il est de moitié avec un capucin défroqué, auteur du *Testament politique du cardinal Albéroni*. Ce capucin, appelé ici Maubert, est à Genève, avec des Anglais, et il outrage impunément, dans ses livres, le roi, le ministère et la nation. Voilà de bons citoyens dans ce siècle philosophe et calculateur!

Le prince de Wurtemberg avait auprès de lui un philosophe de cette espèce, qu'il me vantait fort, et qu'il mettait au-dessus de Platon; ce sage a fini par lui voler sa vaisselle d'argent.

Je ne vis plus qu'avec des Chinois. Mme Denis, du fond de la Tartarie, vous présente ses respects, et moi les miens. Je vous serai bien tendrement attaché, tant que je vivrai.

V.

MMCCXL. — A M. THIERIOT.

Le 22 août.

Mon ancien ami, amusez-vous tant que vous pourrez avec une *Pucelle*; cela est beau à votre âge. Il y a trente ans que je fis cette folie. Je vous ai envoyé la copie que j'avais depuis dix ans. Je ne puis songer à tout cela que pour en rougir. Dites aux gens qui sont assez bons pour éplucher cet ouvrage, qu'ils commencent par critiquer sérieusement frère Jean des Entomures et Gargantua.

Quant à mes cinq magots de la Chine, je les crois très-mal placés sur le théâtre de Paris, et je n'en attends pas plus de succès que je n'attends de reconnaissance des comédiens, à qui j'ai fait présent de la pièce. Il y a longtemps que j'ai affaire à l'ingratitude et à l'envie. Je fuis les hommes, et je m'en trouve bien; j'aime mes amis, et je m'en trouve encore mieux. Je voudrais vous revoir avant d'aller voir Pascal et Rameau, *e tutti quanti*, dans l'autre monde.

Puisque vous voyez M. d'Argenson le philosophe, présentez-lui, je vous prie, mes respects.

MMCCXLI. — A MADAME DE FONTAINE, A PARIS.

Aux Délices, 25 août.

Il faut casser mes magots de la Chine, ma chère enfant; l'infidélité qu'on m'a faite sur cette ancienne plaisanterie de *la Pucelle d'Orléans* empoisonne la fin de mes jours. On m'a envoyé quelques morceaux de cet ouvrage; tout est défiguré, tout est plein de sottises atroces. Il n'y a ni rime, ni raison, ni bienséance. Cependant on m'imputera cette indigne rapsodie, et il m'arrivera la même chose que dans l'aventure de l'*Histoire générale*; on imprimera ce que je n'ai pas fait, à la faveur de ce que j'ai fait. Le contraste de cet ouvrage avec mon âge et avec mes travaux me fait sentir la plus vive douleur. Je suis très-incapable de songer à une tragédie; il faut de la liberté d'esprit, et ce dernier coup m'étourdit. Si, par hasard, vous savez quelques nouvelles, si vous pouvez voir Darget et m'instruire, vous me ferez grand plaisir. J'aimerais mieux vous voir ici ; vous feriez ma consolation avec votre sœur. Comment vont les bénéfices de votre frère? Si Jeanne d'Arc avait fondé quelque bon prieuré, il serait juste qu'il le desservît ; je lui souhaite des pucelles et des abbayes. Les scélérats d'Europe me font plus de peine que les *héros* de la Chine. Un fripon nommé Grasset, que M. d'Argental m'avait heureusement indiqué, est venu ici pour imprimer un détestable ouvrage sous le même titre que celui auquel je travaillai il y a trente ans, et que vous avez entre les mains. Vous savez que cet ouvrage de jeunesse n'est qu'une gaieté très-innocente. Deux fripons de Paris, qui en ont eu des fragments, ont rempli des vides, comme ils l'ont pu, contre tout ce qu'il y a de plus respectable et de plus sacré. Grasset, leur émissaire, est venu m'offrir le manuscrit pour cinquante louis d'or, et m'en a donné un échantillon aussi absurde que scandaleux ; ce sont des sottises des halles, mais qui font dresser les cheveux à la tête. Je courus sur-le-champ de ma campagne à la ville, et, aidé du résident de France, je déférai le coquin ; il fut mis en prison et banni, son bel échantillon lacéré et brûlé ; et le conseil m'a écrit pour me remercier de ma dénonciation. Voilà comme il faudrait partout traiter les calomniateurs. Je ne les crains point ici ; je ne les crains qu'en France.

Il me semble, ma chère nièce, que vous n'avez pas votre part entière, et M. d'Argental a encore trois guenilles pour vous. Je vous demande pardon d'avoir imaginé que vous eussiez pu adopter l'idée que M. d'Argental a eue un moment ; j'espère qu'il ne l'a plus. Ayez soin de votre santé, et aimez deux solitaires qui vous aiment tendrement. Je vous embrasse, ma chère enfant, du fond de mon cœur.

MMCCXLII. — A M. COLINI, A PARIS.

Aux Délices, 23 août.

Mon cher Colini, je ne connais point ce Prieur ; dites-lui que, s'il est sage, il doit m'écrire.

Il fait trop chaud pour montrer cinq magots de la Chine à quinze cents badauds. Ils doivent avoir été fort mal reçus ; cette marchandise n'était bonne que pour Pékin.

On m'a volé à Berlin, en Hollande, à Genève, à Paris ; on s'empare de mon bien comme si j'étais mort, et on le dénature, pour le mieux vendre. Il faudrait traiter tous ces fripons de libraires comme j'ai fait traiter Grasset, qu'on a mis en prison et qu'on a chassé de la ville ; et il est bon qu'on le sache.

Je vous embrasse.

Si vous m'aviez instruit plus tôt du nom de ce Prieur, il aurait eu déjà affaire avec les *supérieurs*. J'ai perdu votre adresse, envoyez-la-moi.

V.

MMCCXLIII. — A M. LE COMTE D'ARGENTAL.

Aux tristes Délices, 29 août.

Mon divin ange, je reçois votre lettre du 21 ; je commence par les pieds de Mme d'Argental, et je les baise, avec votre permission, enflés ou non. J'espère même qu'ils pourront la conduire à la Chine, et qu'elle entendra Lekain ; ce qui est, dit-on, très-difficile. On prétend qu'il a joué un beau rôle muet ; mais, mon cher et respectable ami, je ne suis touché que de vos bontés ; je les sens mille fois plus vivement que je ne sentirais le succès le plus complet. Les magots chinois iront comme ils pourront ; on les brisera, on les cassera, on les mettra sur sa cheminée ou dans sa garde-robe, on en fera ce qu'on voudra ; mon cœur est flétri, mon esprit lassé, ma tête épuisée. Je ne puis, dans mes violents chagrins, que vous faire les plus tendres remercîments. C'est vous qui avez prévenu le mal. Vous avez été à cent lieues mon véritable ange gardien. Ce Grasset, ce maudit Grasset, est un des plus insignes fripons qui infectent la littérature. J'ai essuyé un tissu d'horreurs. Enfin ce misérable, chassé d'ici, s'en est allé avec son manuscrit infâme, et on ne sait plus où le prendre. Je n'ai jamais vu de plus artificieux et de plus effronté coquin.

À l'égard de cet autre animal de Prieur, qui dispose insolemment de mon bien, sans daigner seulement m'en avertir, j'ai écrit à Mme de Pompadour et à M. d'Argenson. L'un ou l'autre a été volé, et il leur doit importer de savoir par qui ; d'ailleurs il s'agit de la gloire du roi, et ni l'un ni l'autre ne seront indifférents. Enfin, mon cher ange, je suis vexé de tous côtés depuis un mois. La rapine et la calomnie me sont venues assaillir au pied des Alpes dans ma solitude. Où fuir ? il faudra donc aller trouver l'empereur de la Chine. Encore trouverai-je là des jésuites qui me joueront quelque mauvais tour. Ma santé n'a pas résisté à toutes ces secousses. Il ne me reste de sentiment que pour vous aimer ; je suis abasourdi sur tout le reste. Adieu ; pardonnez-moi, je ne sais plus où j'en suis. Adieu ; votre amitié sera toujours ma consolation la plus chère. Je baise très-douloureusement les ailes de tous les anges.

MMCCXLIV. — A M. COLINI, A PARIS.

Aux Délices, 29 août.

Laissez là le Prieur et toutes ses pauvretés ; et quand vous serez rassasié de Paris, mandez-le-moi, mon cher Colini, je vous enverrai un petit mandement. Vous ne m'avez point parlé de votre Florentine ; je ne sais comment elle en a usé avec vous. Vous ne me parlez que de *Chinois* ; je souhaite qu'ils vous amusent ; mais je crois que vous avez trouvé, à Paris, de quoi vous amuser davantage, et que vous trouvez à présent mes Délices assez peu délicieuses, et la solitude fort triste pour un Florentin de votre âge. Prenez votre provision de plaisir, et revenez quand vous n'aurez rien de mieux à faire.

Je vous embrasse   V.

ANNÉE 1755.

Un *Scarselli* m'a envoyé un gros tome de ses tragédies : aviez-vous entendu parler de ce *Scarselli* ?

MMCCXLV. — A M. J. J. ROUSSEAU, A PARIS.

30 août.

J'ai reçu, monsieur, votre nouveau livre contre le genre humain [1]; je vous en remercie. Vous plairez aux hommes, à qui vous dites leurs vérités, mais vous ne les corrigerez pas. On ne peut peindre avec des couleurs plus fortes les horreurs de la société humaine, dont notre ignorance et notre faiblesse se promettent tant de consolations. On n'a jamais employé tant d'esprit à vouloir nous rendre bêtes ; il prend envie de marcher à quatre pattes, quand on lit votre ouvrage. Cependant, comme il y a plus de soixante ans que j'en ai perdu l'habitude, je sens malheureusement qu'il m'est impossible de la reprendre, et je laisse cette allure naturelle à ceux qui en sont plus dignes que vous et moi. Je ne peux non plus m'embarquer pour aller trouver les sauvages du Canada ; premièrement, parce que les maladies dont je suis accablé me retiennent auprès du plus grand médecin de l'Europe, et que je ne trouverais pas les mêmes secours chez les Missouris ; secondement, parce que la guerre est portée dans ces pays-là, et que les exemples de nos nations ont rendu les sauvages presque aussi méchants que nous. Je me borne à être un sauvage paisible dans la solitude que j'ai choisie auprès de votre patrie, où vous devriez être.

Je conviens avec vous que les belles-lettres et les sciences ont causé quelquefois beaucoup de mal. Les ennemis du Tasse firent de sa vie un tissu de malheurs ; ceux de Galilée le firent gémir dans les prisons, à soixante et dix ans, pour avoir connu le mouvement de la terre ; et ce qu'il y a de plus honteux, c'est qu'ils l'obligèrent à se rétracter. Dès que vos amis eurent commencé le *Dictionnaire encyclopédique*, ceux qui osèrent être leurs rivaux les traitèrent de *déistes*, d'*athées*, et même de *jansénistes*.

Si j'osais me compter parmi ceux dont les travaux n'ont eu que la persécution pour récompense, je vous ferais voir des gens acharnés à me perdre du jour que je donnai la tragédie d'*OEdipe*; une bibliothèque de calomnies ridicules imprimées contre moi ; un prêtre ex-jésuite [2], que j'avais sauvé du dernier supplice, me payant par des libelles diffamatoires du service que je lui avais rendu ; un homme [3], plus coupable encore, faisant imprimer mon propre ouvrage du *Siècle de Louis XIV* avec des *notes* dans lesquelles la plus crasse ignorance vomit les plus infâmes impostures ; un autre, qui vend à un libraire quelques chapitres d'une prétendue *Histoire universelle*, sous mon nom ; le libraire assez avide pour imprimer ce tissu informe de bévues, de fausses dates, de faits et de noms estropiés ; et enfin des hommes assez lâches et assez méchants pour m'imputer la publication de cette

1. Le *Discours sur l'origine de l'inégalité parmi les hommes*. (ÉD. de Kehl.)
2. L'abbé Desfontaines. (ÉD.) — 3. La Beaumelle. (ÉD.)

rapsodie. Je vous ferais voir la société infectée de ce genre d'hommes inconnu à toute l'antiquité, qui, ne pouvant embrasser une profession honnête, soit de manœuvre, soit de laquais, et sachant malheureusement lire et écrire, se font courtiers de littérature, vivent de nos ouvrages, volent des manuscrits, les défigurent, et les vendent. Je pourrais me plaindre que des fragments d'une plaisanterie faite, il y a près de trente ans, sur le même sujet que Chapelain eut la bêtise de traiter sérieusement, courent aujourd'hui le monde par l'infidélité et l'avarice de ces malheureux qui ont mêlé leurs grossièretés à ce badinage, qui en ont rempli les vides avec autant de sottise que de malice, et qui enfin, au bout de trente ans, vendent partout en manuscrit ce qui n'appartient qu'à eux et qui n'est digne que d'eux. J'ajouterais qu'en dernier lieu on a volé une partie des matériaux que j'avais rassemblés dans les archives publiques pour servir à l'*Histoire de la Guerre de* 1741, lorsque j'étais historiographe de France; qu'on a vendu à un libraire de Paris ce fruit de mon travail; qu'on se saisit à l'envi de mon bien, comme si j'étais déjà mort, et qu'on le dénature pour le mettre à l'encan. Je vous peindrais l'ingratitude, l'imposture et la rapine, me poursuivant depuis quarante ans jusqu'au pied des Alpes, jusqu'au bord de mon tombeau. Mais que conclurai-je de toutes ces tribulations? Que je ne dois pas me plaindre; que Pope, Descartes, Bayle, le Camoens, et cent autres, ont essuyé les mêmes injustices, et de plus grandes; que cette destinée est celle de presque tous ceux que l'amour des lettres a trop séduits.

Avouez en effet, monsieur, que ce sont là de ces petits malheurs particuliers dont à peine la société s'aperçoit. Qu'importe au genre humain que quelques frelons pillent le miel de quelques abeilles? Les gens de lettres font grand bruit de toutes ces petites querelles, le reste du monde les ignore ou en rit.

De toutes les amertumes répandues sur la vie humaine, ce sont là les moins funestes. Les épines attachées à la littérature et à un peu de réputation ne sont que des fleurs en comparaison des autres maux qui, de tout temps, ont inondé la terre. Avouez que ni Cicéron, ni Varron, ni Lucrèce, ni Virgile, ni Horace, n'eurent la moindre part aux proscriptions. Marius était un ignorant; le barbare Sylla, le crapuleux Antoine, l'imbécile Lépide, lisaient peu Platon et Sophocle; et pour ce tyran sans courage, Octave Cépias, surnommé si lâchement *Auguste*, il ne fut un détestable assassin que dans le temps où il fut privé de la société des gens de lettres.

Avouez que Pétrarque et Boccace ne firent pas naître les troubles de l'Italie; avouez que le *badinage* de Marot n'a pas produit la Saint-Barthélemy, et que la tragédie du *Cid* ne causa pas les troubles de la Fronde. Les grands crimes n'ont guère été commis que par de célèbres ignorants. Ce qui fait et fera toujours de ce monde une vallée de larmes, c'est l'insatiable cupidité et l'indomptable orgueil des hommes, depuis Thamas Kouli-kan, qui ne savait pas lire, jusqu'à un commis de la douane, qui ne sait que chiffrer. Les lettres nourrissent l'âme, la rectifient, la consolent; elles vous servent, monsieur, dans le temps que vous écrivez contre elles : vous êtes comme Achille, qui s'emporte contre la gloire, et comme le P. Malebranche, dont l'imagination brillante écrivait contre l'imagination.

Si quelqu'un doit se plaindre des lettres, c'est moi, puisque, dans tous les lieux, elles ont servi à me persécuter; mais il faut les aimer malgré l'abus qu'on en fait, comme il faut aimer la société dont tant d'hommes méchants corrompent les douceurs; comme il faut aimer sa patrie, quelques injustices qu'on y essuie; comme il faut aimer et servir l'Être suprême, malgré les superstitions et le fanatisme qui déshonorent si souvent son culte.

M. Chappuis m'apprend que votre santé est bien mauvaise; il faudrait la venir rétablir dans l'air natal, jouir de la liberté, boire avec moi du lait de nos vaches, et brouter nos herbes.

Je suis très-philosophiquement et avec la plus tendre estime, etc.

MMCCXLVI. — A Mme DE FONTAINE.

Aux Délices, 6 septembre.

Je suis pénétré de tout ce que vous faites, ma très-chère nièce. On a travaillé, pendant mon absence, à rendre la pièce moins indigne du public; on a pu la raccommoder, on a pu la gâter; cela prouve qu'il ne faut jamais donner des tragédies de si loin, et que *les absents ont tort*. Il est certain que, si l'on imprimait la pièce dans l'état où elle est aux représentations, on la sifflerait à la lecture; mais c'est le moindre des chagrins qu'il faut que j'essuie. Ils sont bien adoucis par vos soins, par vos bontés, par votre amitié. M. Delaleu payera, sur vos ordres, les copies[1] que vous faites faire pour moi.

Tout ce que je demande, c'est qu'on me laisse mourir tranquille dans l'asile que j'ai choisi, et que je puisse vous y embrasser avant de mourir.

Nous avons ici un médecin[2] beau comme Apollon et savant comme Esculape. Il ne fait point la médecine comme les autres. On vient de cinquante lieues à la ronde le consulter. Les petits estomacs ont grande confiance en lui. Ce sera, je crois, votre affaire, si jamais vous avez le courage et la force de passer nos montagnes.

Votre sœur ne m'a avoué qu'aujourd'hui sa tracasserie avec *Chimène*[3]. Cette nouvelle, horreur d'elle me plonge dans un embarras dont je ne peux plus me tirer. Je suis trop malade et trop accablé pour travailler à notre *Orphelin*; je me résigne à ma triste destinée, et je vous aime de tout mon cœur.

Votre frère a écrit une lettre charmante à sa sœur; il a bien de l'esprit, et l'esprit bien fait. J'embrasse votre fils, qui sera tout comme lui.

1. De *la Pucelle*, telle que Voltaire l'avait composée. (ÉD.)
2. Tronchin. (ÉD.) — 3. Le marquis de Ximenès. (ÉD.)

MMCCXLVII. — DE M. DARGET.

6 septembre 1755.

J'ai malheureusement une trop bonne excuse, mon ancien ami, de n'avoir pas encore répondu à la lettre que vous m'avez fait l'honneur de m'écrire le 5 du mois dernier. J'ai toujours été malade, et pendant plus de quinze jours assez considérablement d'un mal de gorge. Je n'ai pu ni m'occuper ni sortir, et cela est vrai au point que je ne verrai que demain pour la première fois votre belle tragédie de l'*Orphelin de la Chine*. Je vous fais bien sincèrement mon compliment sur ces nouveaux lauriers, et je vous prie d'être persuadé que personne n'en voit orner votre front avec plus de plaisir que moi.

Je n'ai rien vu des manuscrits tronqués qui courent presque publiquement de votre poëme de *la Pucelle* : vous savez que je connais la bonne édition, et je verrai bientôt les endroits où l'on a voulu si méchamment introduire des choses qui ne sont pas de vous. Et qui pourrait s'y tromper, mon cher ami ? il n'appartient qu'à vous seul de retoucher vos ouvrages. Il faut bien prendre votre parti sur la publication de ce poëme : tous vos amis craignent à Paris qu'il ne soit bientôt imprimé, surtout en Hollande ou en Angleterre, et j'en tremble avec eux : je suis même surpris que cet événement-là ne soit pas arrivé plus tôt : il est très-certain que du Puget, ce Provençal, attaché très-peu de temps à la maison du prince Henri, en avait une copie fournie par l'infidélité de Tinois. Il l'avait emportée dans le temps qu'il disparut de Berlin ; et peut-être les espérances qu'il avait fondées sur le profit de ce manuscrit entrèrent-elles dans le projet de sa retraite. J'ai su depuis qu'il avait passé en Russie où il a rentré dans l'obscurité. C'est peut-être à cette copie que vous devez la filiation de toutes celles qui se sont répandues depuis. Grasset qui vous porte à vous-même votre ouvrage, mais gâté et falsifié, et qui veut vous le vendre cinquante louis, est quelque chose de tout à fait singulier et qui a dû vous faire rire vous-même. Enfin vous savez à qui vous en prendre de tout cela ; vous ne soupçonnerez plus vos admirateurs et vos amis ; vous en avez envoyé des copies ici qui pourront servir de pièces de comparaison. M. Thieriot en a une que je dois entendre ces jours-ci. Les honnêtes gens ne se tromperont pas aux différences ; et s'il y a des choses que l'on trouve que vous deviez changer, vous le ferez avec cette supériorité qui rend toujours les éditions faites sous vos yeux préférables aux autres.

M. Duverney a été enchanté, monsieur, de recevoir des témoignages de votre souvenir. Sa santé est assez bonne. Il ne passe plus que les étés seulement à Plaisance, et il y jouit d'un loisir qui serait encore plus philosophique s'il était moins homme d'État. Il vous enverra volontiers des oignons de tulipes : marquez-moi la manière de vous les faire parvenir ; il ne faut pas qu'il manque rien à un lieu dont vous faites vos délices.

Vous m'avez promis anciennement, et dans les moments heureux de ma liaison avec vous, que vous me procureriez mes entrées à la Comédie-Française par la présentation d'une de vos tragédies. Je vous rappelle cet engagement et j'en prends acte pour la première que vous enverrez; vous savez que je sais les lire.

M. de Croismare vous fait mille compliments : il est du comité secret de vos amis à Paris, et mérite assurément à tous égards d'y tenir sa place.

Ma mauvaise santé salue vos incommodités; elle s'y intéresse, elle vous plaint. Je vous embrasse de tout mon cœur, et je vous renouvelle toujours avec un nouveau plaisir, mon cher ami, les aveux de mon attachement bien tendre et bien sincère.

MMCCXLVIII. — A M. J. J. Rousseau, A Paris.

Septembre.

M. Rousseau a dû recevoir de moi une lettre de remerciment. Je lui ai parlé, dans cette lettre, des dangers attachés à la littérature; je suis dans le cas d'essuyer ces dangers. On fait courir dans Paris des ouvrages sous mon nom. Je dois saisir l'occasion la plus favorable de les désavouer. On m'a conseillé de faire imprimer la lettre que j'ai écrite à M. Rousseau, et de m'étendre un peu sur l'injustice qu'on m'a faite, et qui peut m'être très-préjudiciable. Je lui en demande la permission. Je ne peux mieux m'adresser, en parlant des injustices des hommes, qu'à celui qui les connaît si bien.

MMCCXLIX. — A M. LE MARQUIS DE THIBOUVILLE.

Les *Pucelles* me font plus de mal, mon cher Catilina, que les *Chinoises* ne me font de plaisir. Ma vie est celle d'Hercule; je n'en ai ni la taille ni la force, mais il me faut, comme lui, combattre des monstres jusqu'au dernier moment. Si on en croyait la calomnie, je finirais par être brûlé comme lui. On applaudit Mlle Clairon, et on a grande raison; mais on me persécute jusqu'au tombeau et jusqu'au pied des Alpes, et, en vérité, on a grand tort. Puisque nos Chinois ont été assez bien reçus à Paris, dites donc à M. d'Argental qu'il vous donne *la Pucelle* à lire pour la petite pièce. Quand verrons-nous votre tragédie, votre roman? Ces amusements-là valent assurément mieux que les riens sérieux dans lesquels les oisifs de Paris passent leur vie. Ils oublient qu'ils ont une âme, et vous cultivez la vôtre; qu'elle ne perde jamais ses sentiments pour Mme Denis et pour moi. Vous n'avez point d'amis plus tendres.

MMCCL. — DE J. J. ROUSSEAU.

Paris, le 10 septembre.

C'est à moi, monsieur, de vous remercier à tous égards. En vous offrant l'ébauche de mes tristes rêveries, je n'ai point cru vous faire un présent digne de vous, mais m'acquitter d'un devoir et vous rendre un hommage que nous vous devons tous comme à notre chef. Sensible, d'ailleurs, à l'honneur que vous faites à ma patrie, je partage la reconnaissance de mes concitoyens, et j'espère qu'elle ne fera qu'augmenter encore, lorsqu'ils auront profité des instructions que vous pouvez leur donner. Embellissez l'asile que vous avez choisi; éclairez un peuple digne de vos leçons; et, vous qui savez si bien peindre les vertus et la liberté, apprenez-nous à les chérir dans nos murs comme dans vos écrits. Tout ce qui vous approche doit apprendre de vous le chemin de la gloire.

Vous voyez que je n'aspire pas à nous rétablir dans notre bêtise, quoique je regrette beaucoup, pour ma part, le peu que j'en ai perdu. A votre égard, monsieur, ce retour serait un miracle si grand à la fois et si nuisible, qu'il n'appartiendrait qu'à Dieu de le faire, et qu'au diable de le vouloir. Ne tentez donc pas de retomber à quatre pattes; personne au monde n'y réussirait moins que vous. Vous nous redressez trop bien sur nos deux pieds, pour cesser de vous tenir sur les vôtres.

Je conviens de toutes les disgrâces qui poursuivent les hommes célèbres dans les lettres; je conviens même de tous les maux attachés à l'humanité, et qui semblent indépendants de nos vaines connaissances. Les hommes ont ouvert sur eux-mêmes tant de sources de misères, que, quand le hasard en détourne quelqu'une, ils n'en sont guère moins inondés. D'ailleurs il y a, dans le progrès des choses, des liaisons cachées que le vulgaire n'aperçoit pas, mais qui n'échapperont point à l'œil du sage quand il y voudra réfléchir. Ce n'est ni Térence, ni Cicéron, ni Virgile, ni Sénèque, ni Tacite; ce ne sont ni les savants ni les poëtes qui ont produit les malheurs de Rome et les crimes des Romains : mais sans le poison lent et secret qui corrompit peu à peu le plus vigoureux gouvernement dont l'histoire ait fait mention, Cicéron, ni Lucrèce, ni Salluste, n'eussent point existé, ou n'eussent point écrit. Le siècle aimable de Lélius et de Térence amenait de loin le siècle brillant d'Auguste et d'Horace, et enfin les siècles horribles de Sénèque et de Néron, de Domitien et de Martial. Le goût des lettres et des arts naît chez un peuple d'un vice intérieur qu'il augmente; et, s'il est vrai que tous les progrès humains sont pernicieux à l'espèce, ceux de l'esprit et des connaissances qui augmentent notre orgueil et multiplient nos égarements accélèrent bientôt nos malheurs. Mais il vient un temps où le mal est tel, que les causes mêmes qui l'ont fait naître sont nécessaires pour l'empêcher d'augmenter; c'est le fer qu'il faut laisser dans la plaie, de peur que le blessé n'expire en l'arrachant.

Quant à moi, si j'avais suivi ma première vocation, et que je n'eusse ni lu ni écrit, j'en aurais sans doute été plus heureux. Cependant, si les lettres étaient maintenant anéanties, je serais privé du seul plaisir qui me reste. C'est dans leur sein que je me console de tous mes maux; c'est parmi ceux qui les cultivent que je goûte les douceurs de l'amitié et que j'apprends à jouir de la vie sans craindre la mort. Je leur dois le peu que je suis; je leur dois même l'honneur d'être connu de vous. Mais consultons l'intérêt dans nos affaires, et la vérité dans nos écrits. Quoiqu'il faille des philosophes, des historiens, des savants pour éclairer le monde et conduire ses aveugles habitants, si le sage Memnon m'a dit vrai, je ne connais rien de si fou qu'un peuple de sages.

Convenez-en, monsieur, s'il est bon que les grands génies instruisent les hommes, il faut que le vulgaire reçoive leurs instructions : si chacun se mêle d'en donner, qui les voudra recevoir ? « Les boiteux, dit Montaigne, sont mal propres aux exercices du corps ; et aux exercices de l'esprit les âmes boiteuses. » Mais, en ce siècle savant, on ne voit que boiteux vouloir apprendre à marcher aux autres.

Le peuple reçoit les écrits des sages pour les juger, non pour s'instruire. Jamais on ne vit tant de Dandins : le théâtre en fourmille, les cafés retentissent de leurs sentences, ils les affichent dans les journaux, les quais sont couverts de leurs écrits ; et j'entends critiquer l'*Orphelin*, parce qu'on l'applaudit, à tel grimaud si peu capable d'en voir les défauts, qu'à peine en sent-il les beautés.

Recherchons la première source des désordres de la société, nous trouverons que tous les maux des hommes leur viennent de l'erreur bien plus que de l'ignorance, et que ce que nous ne savons point nous nuit beaucoup moins que ce que nous croyons savoir. Or quel plus sûr moyen de courir d'erreurs en erreurs, que la fureur de savoir tout ? Si l'on n'eût prétendu savoir que la terre ne tournait pas, on n'eût point puni Galilée pour avoir dit qu'elle tournait. Si les seuls philosophes en eussent réclamé le titre, l'*Encyclopédie* n'eût point eu de persécuteurs. Si cent myrmidons n'aspiraient à la gloire, vous jouiriez en paix de la vôtre, ou du moins vous n'auriez que des rivaux dignes de vous.

Ne soyez donc pas surpris de sentir quelques épines inséparables des fleurs qui couronnent les grands talents. Les injures de vos ennemis sont les acclamations satiriques qui suivent le cortège des triomphateurs : c'est l'empressement du public pour tous vos écrits qui produit les vols dont vous vous plaignez ; mais les falsifications n'y sont pas faciles, car le fer ni le plomb ne s'allient pas avec l'or. Permettez-moi de vous le dire, par l'intérêt que je prends à votre repos et à notre instruction ; méprisez de vaines clameurs par lesquelles on cherche moins à vous faire du mal qu'à vous détourner de bien faire. Plus on vous critiquera, plus vous devez vous faire admirer. Un bon livre est une terrible réponse à des injures imprimées ; et qui vous oserait attribuer des écrits que vous n'aurez point faits, tant que vous n'en ferez que d'inimitables ?

Je suis sensible à votre invitation ; et si cet hiver me laisse en état d'aller, au printemps, habiter ma patrie, j'y profiterai de vos bontés. Mais j'aimerais mieux boire de l'eau de votre fontaine que du lait de vos vaches ; et quant aux herbes de votre verger, je crains bien de n'y en trouver d'autres que le lotos, qui n'est pas la pâture des bêtes, et le moly qui empêche les hommes de le devenir.

Je suis de tout mon cœur et avec respect, etc.

MMCCLI. A M. THIERIOT.

Aux Délices, le 10 septembre.

Non, assurément, mon ancien ami, je ne peux ni ne veux retoucher à une plaisanterie faite il y a trente ans, qui ne convient ni à mon âge, ni à ma façon présente de penser, ni à mes études. Je connais toutes les fautes de cet ouvrage; il y en a d'aussi grandes dans l'Arioste; je l'abandonne à son sort. Tout ce que je peux faire, c'est de désavouer et flétrir les vers infâmes que la canaille de la littérature a insérés dans cet ouvrage. Ne vous ai-je pas fait part de quelques-unes de ces belles interpolations?

> Qui, des Valois rompant la destinée,
> A la gard' Dieu laisse aller son armée,
> Chasse le jour, le soir est en festin,
> Toute la nuit fait encor pire train ;
> Car saint Louis, là haut, ce bon apôtre,
> A ses Bourbons en pardonne bien d'autre!

Eh bien! croiriez-vous que, dans le siècle où nous sommes, on m'impute de pareilles bêtises, qu'on appelle des vers? On m'avertit que l'on imprime l'ouvrage en Hollande, avec toutes ces additions; cela est digne de la presse hollandaise, et du goût de la gent réfugiée.

Je fais imprimer l'*Orphelin de la Chine*, avec une lettre dans laquelle je traite les marauds qui débitent ces horreurs comme ils le méritent.

Plût à Dieu qu'on eût saisi *la Pucelle*, l'infâme prostituée de *la Pucelle*, à Paris, comme vous me l'écrivez, et comme je l'ai demandé! mais ce n'est point sur elle qu'est tombée l'équité du ministère; c'est, à ma réquisition, sur une édition de la *Guerre de* 1741. Un homme de condition avait, à ce qu'on prétend[1], volé chez Mme Denis les minutes très-informes des matériaux de cette histoire, et les avait vendues vingt-cinq louis d'or à un libraire nommé Prieur, par les mains du chevalier de La Morlière, dont ce Prieur a la quittance. Je ne crois point du tout que le jeune marquis qu'on accuse de s'être servi de ce chevalier soit capable d'une si infâme action. Je suis très-loin de l'en soupçonner, et je suis persuadé qu'il se lavera, devant le public, d'une accusation si odieuse. Je me suis borné à empêcher qu'on n'imprimât malgré moi une histoire du roi imparfaite, et qu'on abusât de mes manuscrits. Cette histoire ne doit paraître que de mon aveu, et de celui du ministère, après le travail le plus assidu et l'examen le plus sévère.

Vous me feriez un très-grand plaisir de faire lire le manuscrit que vous avez à M. de Thibouville.

Adjeu, mon ancien ami. Le ministre[2] philosophe aura bientôt les remerciments que mon cœur lui doit.

1. L'accusation contre le marquis de Ximenès n'était que trop fondée. (*Note de M. Beuchot.*)
2. Le marquis d'Argenson. (ÉD.)

MMCCLII. — A M. LE COMTE D'ARGENTAL.

Aux Délices, 10 septembre.

Voilà ce que causent, mon cher ange, les persécutions, les procédés infâmes, les injustices. Tout cela m'a empêché de donner la dernière main à mon ouvrage, et m'a forcé de le faire imprimer en hâte, afin de donner au moins quelque petit préservatif contre la crédulité qui adopte les calomnies dont je suis accablé depuis si longtemps. C'était une occasion de faire voir dans tout son jour ce que j'essuie, sans pourtant paraître trop m'en plaindre; car à quoi servent les plaintes?

Ce n'est que dans votre sein, mon cher et respectable ami, qu'il faut déposer sa douleur. Je n'ai su que depuis quelques jours tout ce qui s'est passé entre Mme Denis et M. de Malesherbes. Elle m'avait tout caché, pendant un assez violent accès de ma maladie. Il me paraît qu'elle s'est conduite avec le zèle et la fermeté de l'amitié. Elle devait dire la vérité à Mme de Pompadour. Il était très-dangereux que des minutes informes, des papiers de rebut, qui contenaient l'histoire du roi, fussent imprimés sans l'aveu du roi. Il est indubitable que Ximenès les a volés, que La Morlière les a vendus, de sa part, au libraire Prieur, et que ce La Morlière est encore, en dernier lieu, allé à Rouen les vendre une seconde fois. C'est une chose dont Lambert peut vous instruire. J'ai dû moi-même écrire à Mme de Pompadour, dès que j'ai été instruit. Elle m'a mandé sur-le-champ qu'on saisirait l'édition. On l'a saisie, à Paris, chez Prieur; mais la pourra-t-on saisir à Rouen? c'est ce que j'ignore. Tout ce que je sais bien certainement, par la réponse de Mme de Pompadour et par sa démarche, c'est qu'il ne fallait pas que l'ouvrage parût.

Pour le procédé de Ximenès, qu'en dites-vous? Consolez-vous, pardonnez à la race humaine. Il y a un homme de condition[1] dans ce pays-ci, qui en faisait autant, et qui faisait vendre un autre manuscrit par ce fripon de Grasset dont vos bontés pour moi avaient découvert les manœuvres.

Et que pensez-vous de la belle lettre de Ximenès à Mme Denis, et de la manière dont ce misérable ose parler de vous? Toutes ces horreurs, toutes ces bassesses, toutes ces insolences, sont-elles concevables? Je ne conçois pas M. de Malesherbes; il est fâché contre ma nièce, pourquoi? parce qu'elle a fait son devoir. Il est trop juste pour lui en savoir longtemps mauvais gré. Je suis persuadé que vous lui ferez sentir la raison. Il s'y rendra, il verra que l'action infâme de Ximenès et de La Morlière exigeait un prompt remède. En quoi M. de Malesherbes est-il compromis? je ne le vois pas. Aurait-il voulu protéger une mauvaise action, pour me perdre? Mon cher ange, la vie d'un homme de lettres n'est bonne qu'après sa mort.

Voilà ce que je vous écrivais, mon cher ange, et je devais vous envoyer cette lettre, dans quelques jours, avec la pièce imprimée, lors-

1. Montolieu. (ÉD.)

que je reçois la vôtre du 3 courant. Moi corriger cet *Orphelin!* moi y retravailler, mon cher ange, dans l'état où je suis! cela m'est impossible. Je suis anéanti. La douleur m'a tué. J'ai voulu absolument imprimer la pièce pour avoir une occasion de confondre, à la face du public, tout ce que la calomnie m'impute. Cent copies abominables de *la Pucelle d'Orléans* se débitent en manuscrit, sous mes yeux, dans un pays qui se croit recommandable par la sévérité des mœurs. On farcit cet ouvrage de vers diffamatoires contre les puissances, de vers impies. Voulez-vous que je me taise ici, que je sois en exécration, que je laisse courir ces scandales sans les réfuter? J'ai pris l'occasion de la célébrité de *l'Orphelin*; j'ai fait imprimer la pièce, avec une lettre où je vais au-devant du mal qu'on veut me faire. Mon asile me coûte assez cher pour que je cherche à y achever en paix des jours si malheureux. Que m'importe, dans cet état cruel, qu'on rejoue ou non une tragédie? Je me vois dans une situation à n'être ni flatté du succès, ni sensible à la chute. Les grands maux absorbent tout.

J'ai envoyé à Lambert les trois premiers actes un peu corrigés. Il aura incessamment le reste, avec l'*Épître* à M. de Richelieu, et une à Jean-Jacques. Les Cramer ont la pièce pour les pays étrangers, Lambert l'a pour Paris. Je leur en fais présent à ces conditions. Il ne me manque plus que de les avoir pour ennemis, parce que je les gratifie les uns et les autres. Je vous le répète, les talents sont damnés dans ce monde.

Je vous conjure de faire entendre raison à M. de Malesherbes; il n'a ni bien agi ni bien parlé. Il a bien des torts, mais il est digne qu'on lui dise ses torts; c'est le plus grand éloge que je puisse faire de lui. Je vous embrasse mille fois.

MMCCLIII. — A M. BERTRAND.

Aux Délices, 12 septembre.

Je vous envoie, mon cher monsieur, le premier exemplaire[1] qui sort de la presse. Je vous prie de vouloir bien en faire parvenir un à M. le banderet Freudenreich, aussi bien qu'à M. l'avoyer Steiger et à M. l'avoyer Tiller. Je vous demande bien pardon de la peine que je vous donne, mais j'ai cru que ces petits hommages ne pouvaient passer par de meilleures mains. Il y a aussi, si vous le permettez, un exemplaire pour M. Tshifeli, secrétaire de votre consistoire. Il m'a écrit une lettre qui fait voir beaucoup de savoir, un bon esprit, et un bon cœur. Je le crois votre ami à tous ces titres. J'ai cru devoir imprimer ma lettre à Jean-Jacques dans les circonstances présentes. Vous savez peut-être, monsieur, que le conseil de Genève a engagé celui de Lausanne à faire rendre, par Bousquet, l'original du mémoire calomnieux de Grasset. Il me paraît nécessaire qu'on en soit informé à Berne. Maubert, son complice, est parti, dit-on, pour aller faire imprimer la rapsodie infâme dont il espère de l'argent. Quel capucin!

Je me recommande à vos bontés

V.

1. De *l'Orphelin de la Chine*. (ÉD.)

Je crois enfin que, malgré tous mes maux, je partirai dans quelques jours pour Monrion. Puissé-je avoir assez de santé pour venir vous embrasser !

MMCCLIV. — A M. LE MARÉCHAL DUC DE RICHELIEU.

Aux Délices, 12 septembre.

Je vous envoie, monseigneur, à la hâte, et comme je peux, votre filleul l'*Orphelin*, dont vous voulez bien être le parrain ; ce sont les premiers exemplaires qui sortent de la presse. Je crois que vous joindrez à toutes vos bontés celle de me pardonner la dissertation que je m'avise toujours de coudre à mes dédicaces. J'aime un peu l'antique ; cette façon en a du moins quelque air. Les épîtres dédicatoires des anciens n'étaient pas faites comme une lettre qu'on met à la poste, et qui se termine par une vaine formule ; c'étaient des discours instructifs. Un simple compliment n'est guère lu, s'il n'est soutenu par des choses utiles.

Il y a, à la fin de la pièce, une lettre à Jean-Jacques Rousseau, que j'ai cru nécessaire de publier dans la position où je me trouve.

Je suis honteux de vous entretenir de ces bagatelles, lorsque je ne devrais vous parler que du chagrin sensible que m'a causé la perte de votre procès. Je ne sais pas si une pareille décision se trouve dans l'*Esprit des lois*. J'ignore la matière des substitutions ; j'avais seulement toujours entendu dire que les droits des mineurs étaient inviolables ; et, à moins qu'il n'y ait une loi formelle qui déroge à ces droits, il me paraît qu'il y a eu beaucoup d'arbitraire dans ce jugement. Je ne puis croire surtout qu'on vous ait condamné aux dépens, et je regarde cette clause comme une fausse nouvelle. Je n'ose vous demander ce qui en est. Vous devez être surchargé d'affaires extrêmement désagréables. Il est bien triste de succomber, après tant d'années de peines et de frais, dans une cause qui, au sentiment de Cochin, était indubitable, et ne faisait pas même de question.

Vous êtes bien bon de me parler de tragédies et de dédicaces, quand vous êtes dans une crise si importante ; c'est une nouvelle épreuve où l'on a mis votre courage. Vous soutenez cette perte comme une colonne anglaise ; mais les *canons*[1] ne peuvent rien ici, et ce n'est que dans votre belle âme que vous trouvez des ressources. C'est à cette âme noble et tendre que je serai attaché toute ma vie avec les sentiments les plus inviolables et les plus respectueux. Vous savez que ma nièce pense comme moi.

Permettez que je revienne à la pièce qui est sous votre protection. Je vous demande en grâce qu'on la joue à Fontainebleau, telle que je l'ai faite, telle que Mme de Pompadour l'a lue et approuvée, telle que j'ai l'honneur de vous l'envoyer, et non telle qu'elle a été défigurée à

---

1. Voltaire, trompé par des relations inexactes, et aveuglé par sa partialité pour son *héros*, croyait que celui-ci, à la bataille de Fontenoi, avait donné le premier l'avis de faire avancer *quatre canons* contre le front de la colonne anglaise. (*Note de Clogenson.*)

Paris. En vérité, je ne puis concevoir comment elle a pu avoir quelque succès avec tant d'incongruités. Il faut que Mlle Clairon soit une grande enchanteresse.

MMCCLV. — A M. LE COMTE D'ARGENTAL.

Aux Délices, 12 septembre.

Je vous ai déjà mandé, mon cher ange, que j'ai envoyé la pièce à Lambert; que la seule chose importante pour moi, dans le triste état où je suis, c'est qu'elle paraisse avec les petits boucliers qui repoussent les coups qu'on me porte.

J'ai pris, sur les occupations cruelles, sur les maux qui m'accablent, sur le sommeil que je ne connais guère, un peu de temps à la hâte, pour corriger, pour arrondir ce que j'ai pu.

Si la pièce était malheureusement imprimée de la manière dont les comédiens la jouent, elle me ferait d'autant plus de peine que les copies en seraient très-incorrectes, et c'est ce que j'ai craint; c'est ce qui est arrivé à *Rome sauvée*, transcrite aux représentations. Il n'y a nulle liaison dans les choses qu'on a été obligé de substituer pour faire taire des critiques très-injustes. Ces critiques disparaissent bientôt, et il ne faut pas qu'il reste de vestige de la précipitation avec laquelle on a été forcé d'adoucir les ennemis d'un ouvrage passable, avec des vers nécessairement faibles, par lesquels on a cru les désarmer.

S'il reste quelques longueurs, si l'impatience française ne veut pas que le dialogue ait sa juste étendue, on peut, aux représentations, sacrifier des vers; mais les yeux jugent autrement. Le lecteur exige que tout ait sa proportion, que rien ne soit tronqué, que le dialogue ait toute sa justesse. Je ne parle point de certains vers énergiques, tels que :

Les lois vivent encore, et l'emportent sur vous [1],

Acte IV, scène IV.

vers que Mme de Pompadour a approuvés, vers qui donnent quelque prix à mon ouvrage. Me les ôter sans aucune raison, c'est jeter une bouteille d'encre sur le tableau d'un peintre. Ne joignez pas, je vous en conjure, aux désagréments qui m'environnent, celui de laisser paraître mon ouvrage défiguré. Je serai peut-être dans la nécessité d'employer plus de soins à faire jouer ma pièce à Fontainebleau, comme elle doit l'être, qu'on n'en a mis à satisfaire les murmures inévitables à une première représentation dans Paris. Un peu de fermeté, quelques vers retranchés, suffiront pour faire passer la pièce au tribunal de ce parterre si indocile; mais, au nom de Dieu, que mon ouvrage soit imprimé comme je l'ai fait. Mon cher ange, j'exige cette justice de votre amitié.

---

1. La crainte que la police ne vît une allusion dans ce beau vers avait engagé un des amis de Voltaire à y substituer un vers insignifiant. (*Note de Clogenson.*)

Quant à M. de Malesherbes, il a tort, et il faut avoir le courage de lui faire sentir qu'il a tort; il n'y a que votre esprit aimable et conciliant qui puisse réussir dans cette affaire. N'y êtes-vous pas intéressé? Quoi! un Ximenès vole des manuscrits, et ce lâche insulte! et il vous traite d'espèce! et M. de Malesherbes a protégé ce vol! Contre qui? contre celui que ce vol pouvait perdre. Parlez, parlez avec le courage de votre probité, de votre honneur, de votre amitié. Les hommes sont bien méchants! Vous avez le droit de vous élever contre eux; c'est à la vertu d'être intrépide. Je vous embrasse mille fois. Comment va le pied de Mme d'Argental? Je vous envoie, par M. de Malesherbes même, l'édition de Genève. Prault n'aura rien, Lambert aura la France, les comédiens auront mon travail. Il ne me reste que les tracasseries, mon cher ange; vos bontés l'emportent sur tout.

MMCCLVI. — A M. LE COMTE D'ARGENSON.

Aux Délices, ou *prétendues* Délices, comme on dit *prétendus* réformés, 12 septembre.

Les ministres n'ont guère le temps d'examiner les *Magots de la Chine*; mais si le plus aimable de tous les ministres a le temps de voir, à Fontainebleau, la morale de Confucius, en cinq actes; si l'auteur chinois peut amuser une heure et demie celui qui, depuis quarante ans en çà, l'honore de ses bontés, il sera plus fier qu'un conquérant tartare.

Est-il permis de glisser dans ce paquet cinquante *Magots* pour le président Hénault?

MMCCLVII. — A M. LE COMTE D'ARGENTAL.

17 septembre.

Je fais passer par vos mains, mon cher et respectable ami, ma réponse à M. le comte de Choiseul, ne sachant pas son adresse. Colini vient d'arriver, et je reçois trop tard vos avis et ceux des anges. On vend déjà dans Paris, en manuscrit, l'*Orphelin* comme la *Pucelle*, et tout aussi défiguré. L'état cruel où les nouvelles infidélités touchant l'*Histoire* de la guerre dernière avaient réduit ma santé, et les dangers où me mettaient les copies abominables de *la Pucelle*, ne me permettaient pas de travailler; il s'en fallait beaucoup. Tout ce que j'ai pu faire a été de prévenir, par une prompte édition, le mal que m'allait faire une édition subreptice dont j'étais menacé tous les jours. Tout le mal vient de donner des tragédies à Paris, quand on est au pied des Alpes; cela n'est arrivé qu'à moi. Je ne crois pas avoir mérité qu'on me forçât à fuir ma patrie. Je m'aperçois seulement qu'il faut être auprès de vous pour faire quelque chose de passable, et que, si on veut tirer parti des talents, il ne faut pas les persécuter. Je compte sur quelque souvenir de la part de Mme de Pompadour et de M. d'Argenson; mais je perdais absolument leurs bonnes grâces, si on avait publié cette *Guerre de 1741*, que l'un et l'autre m'avaient recommandé de ne pas donner au public; et le roi m'en aurait su très-mauvais gré, malgré les justes louanges que je lui donne. Je risquais d'être écrasé par le monument même que j'érigeais à sa gloire.

Jugez du chagrin que m'a causé la conduite de M. de Malesherbes, et son ressentiment injuste contre mes très-justes démarches.

Enfin voilà la pièce imprimée avec tous ses défauts, qui sont très-grands. Il n'y a autre chose à faire qu'à la supprimer au théâtre, et attendre un temps favorable pour en redonner deux ou trois représentations. Comptez que je suis très-affligé de ne m'être pas livré à tout ce qu'un tel sujet pouvait me fournir; c'était une occasion de dompter l'esprit de préjugé, qui rend parmi nous l'art dramatique encore bien faible. Nos mœurs sont trop molles. J'aurais dû peindre, avec des traits plus caractérisés, la fierté sauvage des Tartares, et la morale des Chinois. Il fallait que la scène fût dans une salle de Confucius, que Zamti fût un descendant de ce législateur, qu'il parlât comme Confucius même, que tout fût neuf et hardi, que rien ne se ressentît de ces misérables bienséances françaises, et de ces petitesses d'un peuple qui est assez ignorant et assez fou pour vouloir qu'on pense à Pékin comme à Paris. J'aurais accoutumé peut-être la nation à voir, sans s'étonner, des mœurs plus fortes que les siennes; j'aurais préparé les esprits à un ouvrage[1] plus fort que je médite, et que je ne pourrai probablement exécuter. Il faudra me réduire à planter des marronniers et des pêchers; cela est plus aisé, et n'est pas sujet aux revers que les talents attirent. Il faut enfin vivre pour soi, et mourir pour soi, puisque je ne peux vivre pour vous et avec vous. Je vous embrasse bien tendrement, mon très-cher ange.

MMCCLVIII. — A M. LE COMTE DE CHOISEUL[2].

Aux Délices, 17 septembre.

Je crois, monsieur, avoir reçu deux lettres de vous. Les bontés dont vous m'honorez redoublent la douleur que je porterai jusqu'au tombeau d'être éloigné pour jamais de vous et de la maison[3] où vous passez votre vie. J'aurais dû mériter ces bontés par des soins plus assidus pour cet *Orphelin* que vous avez pris sous votre protection. Plus d'une circonstance très-triste m'a empêché de songer à perfectionner un ouvrage auquel je devais retoucher, et m'a forcé de livrer trop tôt à l'impression ce que j'avais trop tôt livré au théâtre. Des traverses cruelles ont toujours été le fruit de mes travaux. S'il plaisait enfin à la destinée de me laisser des jours tranquilles, si la persécution me laissait respirer dans mon asile, peut-être aurais-je encore la force de faire quelque chose qui me rappellerait à votre souvenir, et qui vous marquerait au moins l'envie extrême que j'ai de mériter votre suffrage. J'explique plus en détail à M. d'Argental tous les contre-temps qui m'ont jeté hors de mes mesures; mais je n'ai point d'expression,

---

1. L'*Essai sur les mœurs et l'esprit des nations*. (ÉD.)
2. Duc de Praslin en novembre 1762. (ÉD.)
3. Celle de M. d'Argental, dont il était voisin. (ÉD.)

monsieur, pour vous exprimer ma tendre et respectueuse reconnaissance.

V.

MMCCLIX. — A M. DESMAHIS.

Quand on écrit d'aussi jolies lettres que vous, monsieur, il faudrait avoir la bonté d'instruire de votre demeure ceux qui ont des remerciments à vous faire. Je hasarde les miens; je ne sais s'ils vous parviendront; mais, si cette lettre vous est rendue, vous verrez que votre prose m'a fait autant de plaisir que les jolis vers dont vous avez embelli notre Parnasse et amusé la société, lorsque j'avais autrefois le bonheur de vous voir. Je rends grâce à mes *Magots de la Chine* et à Mlle Clairon qui les a vernis, de ce qu'ils m'ont valu les témoignages flatteurs de votre souvenir. Je suis dans un âge où je dois renoncer à ces fleurs qu'il vous appartient de cueillir. La poésie ne doit plus être mon amusement : il ne faut plus que je sacrifie à Melpomène; mais vous avez longtemps à sacrifier aux Grâces. Mme Denis est aussi sensible que moi à votre souvenir. Adieu, monsieur; je vous réitère mes remercîments et les assurances des sentiments bien sincères avec lesquels j'ai l'honneur d'être toujours votre, etc.

MMCCLX. — A M. DEVAUX.

Aux Délices, 18.

Je peux, mon cher *Panpan*, vous prêter quelque triste élégie, quelque épître chagrine; cela convient à un malade; mais pour des comédies, faites-en, vous qui parlez bien, et qui êtes jeune et gai. Voyez si vous vous contenterez d'un billet aux comédiens, pour vous donner votre entrée. Il se peut faire qu'ils aient cette complaisance pour moi, et je risquerais volontiers ma requête pour vous obliger. Comme je leur ai donné quelques pièces gratis, et, en dernier lieu, des *magots chinois*, j'ai quelque droit de leur demander des faveurs, surtout quand ce sera pour un homme aussi aimable que vous.

Mille respects, je vous prie, à Mme de Boufflers, et à quiconque daigne se souvenir de moi à Lunéville.

V.

MMCCLXI. — A M. DE CIDEVILLE

Aux Délices, 19 septembre.

Oui, ma muse est trop libertine;
Elle a trop changé d'horizon;
Elle a voyagé sans raison
Du Pérou jusques à la Chine.
Je n'ai jamais pu limiter
L'essor de cette vagabonde;
J'ai plus mal fait de l'imiter;
J'ai, comme elle, couru le monde.
Les girouettes ne tournent plus,
Lorsque la rouille les arrête;

après cent travaux superflus,
Il en est ainsi de ma tête.
Je suis fixé, je suis lié,
Mais par la plus tendre amitié,
Mais dans l'heureuse indépendance,
Dans la tranquille jouissance
De la fortune et de la paix,
Ne pouvant regretter la France,
Et vous regrettant à jamais.

Voilà à peu près mon sort, mon cher et ancien ami ; je ne lui pardonne pas de nous avoir presque toujours séparés, et je suis très-affligé si nous avons l'air d'être heureux si loin l'un de l'autre, vous sur les bords de la Seine, et moi sur ceux de mon lac. J'ai renoncé de grand cœur à toutes les illusions de la vie, mais non pas aux consolations solides, qu'on ne trouve qu'avec ses anciens amis. Mme Denis me fait bien sentir combien cette consolation est nécessaire. Elle s'est consacrée à me tenir compagnie dans ma retraite. Sans elle mon jardin serait pour moi un vilain désert, et l'aspect admirable de ma maison perdrait toute sa beauté. J'ai été absolument insensible à ce succès passager de la tragédie[1] dont vous me parlez. Peut-être cette insensibilité vient de l'éloignement des lieux. On n'est guère touché d'un applaudissement dont le bruit vient à peine jusqu'à nous ; et on voit seulement les défauts de son ouvrage, qu'on a sous les yeux. Je sens tout ce qui manque à la pièce, et je me dis :

Solve senescentem...........
Hor., lib. I. ep. I, v. 8.

Je me le dis aujourd'hui ; et peut-être demain je serai assez fou pour recommencer! Qui peut répondre de soi ? Je ne réponds bien positivement que de la sincère et inviolable amitié qui m'attache à vous pour toute ma vie.   V.

MMCCLXII. — DE J. J. ROUSSEAU.

Paris, le 20 septembre.

En arrivant, monsieur, de la campagne, où j'ai passé cinq ou six jours, je trouve votre billet, qui me tire d'une grande perplexité ; car, ayant communiqué à M. de Gauffecourt, notre ami commun, votre lettre et ma réponse, j'apprends à l'instant qu'il les a lui-même communiquées à d'autres, et qu'elles sont tombées entre les mains de quelqu'un qui travaille à me réfuter, et qui se propose, dit-on, de les insérer à la fin de sa critique. M. Bouchaud, agrégé en droit, qui vient de m'apprendre cela, n'a pas voulu m'en dire davantage, de sorte que je suis hors d'état de prévenir les suites d'une indiscrétion que, vu le contenu de votre lettre, je n'avais eue que pour une bonne fin.

1. *L'Orphelin de la Chine.* (ÉD.)

Heureusement, monsieur, je vois par votre projet que le mal est moins grand que je ne l'avais craint. En approuvant une publication qui me fait honneur, et qui peut vous être utile, il me reste une excuse à vous faire sur ce qu'il peut y avoir eu de ma faute dans la promptitude avec laquelle ces lettres ont couru sans votre consentement ni le mien.

Je suis avec les sentiments du plus sincère de vos admirateurs, monsieur, etc.

Je suppose que vous avez reçu ma réponse du 10 de ce mois.

MMCCLXIII. — A M. LE COMTE D'ARGENTAL.

20 septembre.

Mon cher ange, tout malade que je suis, j'ai lu avec attention le grand mémoire sur *l'Orphelin*. J'en fais les plus sincères remercîments au chœur des anges; mais les forces et le temps me manquent pour donner à cet ouvrage la perfection que vous croyez qu'il mérite, et, du moins, les soins que je lui dois après ceux que vous en avez daigné prendre. Je crois que le mieux serait de ne pas reprendre la pièce après Fontainebleau, de gagner du temps, de me laisser celui de me reconnaître. Songez que je n'ai ni santé ni recueillement d'esprit. Cette cruelle aventure de l'*Histoire de 1741*, l'injustice de M. de Malesherbes, ses discours offensants et si peu mérités, six mille copies répandues dans Paris d'un ouvrage tout falsifié et qui me fait grand tort, tant de tribulations jointes aux souffrances du corps; des ouvriers de toute espèce qu'il me faut conduire, un voyage à mon autre ermitage qu'il me faut faire; tout m'arrache à présent à *l'Orphelin*, mais rien ne m'ôtera jamais à vous. Tâchez, je vous prie, que les comédiens oublient *l'Orphelin* cet hiver; mais ne m'oubliez pas. Vous ne m'aimez que comme faiseur de tragédies, et je ne veux pas être aimé ainsi. Vous ne me parlez point de vous, de votre vie, de vos amusements; vous ne me dites point si vous êtes aussi mécontent que moi de Cadix [1]; si vous avez été à la campagne cet été. Vous ne savez pas que vos minuties sont pour moi essentielles. Il faut que vous me parliez de vous davantage, si vous voulez que je sois mieux avec moi-même. Adieu; je vous demande toujours en grâce de faire lire à M. de Thibouville ce que vous savez [2].

MMCCLXIV. — A M. DUPONT, AVOCAT.

Aux Délices, 23 septembre.

Mon cher ami, je vous regrette plus que le château de Horbourg. Comptez que je suis parti de Colmar avec douleur. J'ai été enchanté des bontés de M. le premier président, de Mme de Klingtin, et de toute sa respectable famille; je vous supplie de leur présenter à tous

---

1. Ce fut sans doute en 1755 que Voltaire fit la perte des quatre-vingt mille livres dont j'ai parlé dans une note de la lettre MMXLV. (*Note de M. Beuchot.*)
2. *La Pucelle*, telle que Voltaire l'avait composée. (ÉD.)

mes respects. Ne m'oubliez pas auprès de M. de Bruges et de M. l'abbé de Munster, je vous en supplie. Vous croyez bien que je n'oublie pas Mme Goll, à qui j'ai donné la préférence sur toutes les dames de Colmar, et dont j'ai emporté le portrait à Lausanne.

Voulez-vous vous charger, sérieusement parlant, d'une bonne œuvre qui sera utile à cette belle? Il s'agirait de porter la tribu Goll à s'accommoder d'une somme certaine pour finir un procès très-incertain, et qui durera peut-être encore bien des années.

Si vous portez ces plaideurs à se contenter d'une somme très-modique, ils vous auront encore bien de l'obligation. M. de Baufremont vous en aura aussi, et les deux parties vous donneront des honoraires. Il faut saisir ce moment, qui probablement ne reviendra plus. Soyez arbitre, c'est un métier plus beau que celui de juge. Je vous écris à la hâte; la poste presse. Je vous embrasse tendrement, vous et femme et enfants.

Le Suisse VOLTAIRE.

MMCCLXV. — A M. BERTRAND.

Aux Délices, 26 septembre.

De nouveaux contre-temps très-tristes, mon cher monsieur, me privent, cette année, du plaisir que je me préparais de venir vous embrasser à Berne. Je partais pour Monrion, lorsqu'un courrier, dépêché par Mme de Giez, femme de mon banquier, vint m'apprendre que son mari était à la mort, dans ma maison que je lui ai prêtée, et où je venais d'envoyer tout mon petit bagage. Ce M. Giez est non-seulement mon banquier, mais mon ami. Je n'ai senti que l'affliction que me cause son triste état. S'il en réchappe, sa convalescence sera longue, et je lui laisse de grand cœur ma maison, où il est avec toute sa famille. Si nous le perdons, ce seront encore de très-grands embarras joints à ma douleur. La vie est remplie de ces traverses jusqu'au dernier moment. Ma santé est toujours très-languissante; il n'y a de consolation que dans une résignation entière à la volonté d'un Être suprême. Quel cruel contraste entre ces réflexions et la gaieté un peu indécente des anciens fragments de *la Pucelle*, qu'on assure être imprimés! Cette nouvelle achève de me désespérer. Je vous prie, monsieur, de vouloir bien présenter mes respects à M. le colonel Jenner, aussi bien qu'à M. le banderet de Freudenreich.

Vous ignorez peut-être que le conseil de Genève a fait un réquisitoire à celui de Lausanne, pour se faire représenter le mémoire scandaleux et calomnieux du nommé Grasset. Le libraire Bousquet a été obligé de donner l'original de ce mémoire, sur la lecture duquel le conseil de Genève a décerné un décret de prise de corps contre Grasset. Je ne pouvais, ce me semble, avoir une meilleure réfutation; mais enfin cette affaire est toujours désagréable. Oserais-je vous supplier de faire parvenir cette nouvelle à M. le secrétaire de votre consistoire, qui m'a paru être informé du mémoire Grasset et de l'effet dangereux qu'il pouvait produire? Mme Denis vous fait mille complimens. Je vous suis tendrement attaché, à la vie et à la mort.

ANNÉE 1755.

MMCCLXVI. — A M. DE BRENLES.

Aux Délices, 26 septembre.

J'allais à Monrion, mon cher philosophe; je venais vous embrasser, je jouissais par avance des consolations de votre commerce aussi sûr que délicieux; j'étais déjà en route, j'avais couché à Prangins, lorsque Mme de Giez m'apprend par un courrier le danger où est son mari. J'aime M. de Giez véritablement; je lui ai confié une partie de mes affaires; il m'a paru avoir toute la bonne foi de votre pays; je serais inconsolable de sa perte. Il est dans ma maison avec toute sa famille; je ne regrette point d'en être privé, s'il peut y retrouver sa santé; je ne voudrais y être que pour lui donner mes secours; mais je suis retombé dans mes maux ordinaires, et me voici malade auprès de Genève, tandis que tout mon petit bagage est auprès de Lausanne. La vie n'est qu'un contre-temps perpétuel; heureuse encore quand elle n'est qu'un contre-temps.

Vous avez dû recevoir, mon cher ami, un exemplaire de *l'Orphelin de la Chine* par la voie de M. Gallatin, directeur des postes de Genève, qui s'est chargé de vous le faire parvenir. Il est bien triste que cette maudite *Pucelle* paraisse, après trente ans, dans le monde, à côté d'ouvrages sérieux et pleins de morale; c'est un contraste qui afflige ma vieillesse.

Vous savez que, sur le réquisitoire du conseil de Genève, Bousquet a été obligé de donner l'original de ce mémoire scandaleux et calomnieux de Grasset, qu'il avait répandu dans Lausanne. Le conseil de Genève vient de donner un décret de prise de corps contre Grasset. C'est là une réfutation assez authentique; mais il est triste d'en avoir eu besoin.

Je me flatte que Bousquet sera assez sage pour ne plus se servir d'un pareil homme.

Adieu, jusqu'au moment où je pourrai enfin jouir de Monrion et de votre société. Adieu, mon cher philosophe; Mme Denis et moi nous présentons nos obéissances à celle qui fait la douceur de votre vie, et à qui vous le rendez si bien.

MMCCLXVII. — A M. LE MARÉCHAL DUC DE RICHELIEU.

Aux Délices, 27 septembre.

Vous devez, monseigneur, avoir reçu mes *magots*, depuis la lettre dont vous m'avez honoré. J'avais adressé le premier exemplaire sortant de la presse, à M. Pallu, sous l'enveloppe de M. Rouillé. Je ne crois pas qu'il y ait aucune négociation avec la Chine qui ait pu empêcher que le paquet vous ait été rendu. Tout a été fait un peu à la hâte, de ma part, et je vous demande très-sérieusement pardon de vous offrir une pièce que j'aurais pu rendre, avec le temps, moins indigne de vous; mais on ne fait pas toujours tout ce qu'on voudrait. Je ne vous parlerai plus de votre procès, puisque vous l'avez oublié; mais vous ne m'empêcherez pas d'être surpris et affligé. Je voudrais que l'injustice opiniâtre des Anglais me donnât un sujet plus ample pour parler de vous selon mon cœur. Vous m'inspirez du goût pour l'historiographie, depuis que je ne suis plus historiographe. L'*Histoire de la guerre de* 1741, où vous êtes tout du long, paraîtra un jour; mais c'est un fruit qu'il faut laisser mûrir. Mme Denis jure toujours qu'elle vous remit l'exemplaire que je lui avais envoyé pour vous; mais voici ce qui est arrivé. Un libraire de Paris, nommé Prieur, acheta vingt-cinq louis, il y a quelque temps, une partie de ce manuscrit, qui n'allait que jusqu'à la bataille de Fontenoi; et, chose étrange, c'est que ce libraire dit l'avoir acheté de M. de Ximenès. Manger six cent mille francs, et vendre six cents francs un manuscrit dérobé, voilà un singulier exemple de ce que la ruine traîne après elle. M. de Malesherbes eut la faiblesse de permettre cette édition sans me consulter. J'en fus instruit; j'ignorais ce qu'on avait imprimé; je savais seulement qu'une partie de l'histoire du roi allait paraître sous mon nom, sans mon aveu, sans qu'on m'eût rien communiqué. J'écrivis à Mme de Pompadour et à M. d'Argenson, et j'obtins sur-le-champ qu'on fît saisir l'ouvrage. Une des plus fortes raisons qui m'ont déterminé à prendre ce parti, c'est la crainte qu'on ne m'accusât de flatterie dans cette histoire. J'aurais passé pour l'avoir publiée moi-même, et pour avoir voulu m'attirer quelque grâce par des louanges. Ces louanges ne peuvent jamais être bien reçues que quand elles paraissent entièrement désintéressées. D'ailleurs je n'avais point revu cette histoire, et il y a toute apparence qu'on n'en avait publié que des fragments fort imparfaits. Mme de Pompadour et M. d'Argenson ont pensé comme moi, et Mme de Pompadour m'a fait l'honneur de m'écrire, aussi bien que M. d'Argenson, qu'elle approuvait ma conduite. Je me flatte que vous daignez lui donner la même approbation. Vous voyez combien ceux qui ont parlé de cette affaire ont été peu instruits; mais l'est-on jamais sur les grandes choses et sur les petites? A propos de petites, vous avez lu, sans doute, Mme de Staal. Je m'aperçois que mon bavardage n'est pas petit. Recevez mon tendre respect.

MMCCLXVIII. — A M. BERTRAND.

30 septembre.

Voici, mon cher monsieur, une petite anecdote littéraire assez singulière. M. le conseiller de Bonstetten et moi, nous sommes les seuls qui ayons eu l'idée de parler de Confucius dans *l'Orphelin de la Chine*, d'étonner et de confondre un Tartare (et il y a beaucoup de Tartares en ce monde) par l'exposition de la doctrine aussi simple qu'admirable de cet ancien législateur. Il était impossible de faire paraître Confucius lui-même, du temps de Gengis-kan, puisque ce philosophe vivait six cents ans avant Jésus-Christ; mais ma première intention avait été de représenter Zamti comme un de ses descendants, et de faire parler Confucius en lui. On me fit craindre le ridicule que le parterre de Paris attache presque toujours aux choses extraordinaires, et surtout à la sagesse. Je me privai de cette source de vraies beautés dans une pièce qui, étant pleine de morale et dénuée de galanterie, courait grand risque de déplaire à ma nation. La faveur qu'elle a obtenue m'enhardit, mais m'enhardit trop tard. Je vis tout ce qui manquait à cet ouvrage quand il fut imprimé; je repris mes anciennes idées, et j'y travaillais quand je reçus votre lettre du 26 septembre. J'ai déjà corrigé tant de choses à la pièce, que je ne craindrais point de la refondre pour professer hardiment la morale de Confucius dans mon sermon chinois. Tous ceux à qui j'ai fait part de cette entreprise, l'ont approuvée avec transport. Mais M. de Bonstetten est le seul qui ait eu le mérite de l'invention. Je ne peux m'empêcher d'admirer la justesse et la force de l'esprit d'un homme qui, occupé de choses si différentes, trouve tout d'un coup, à la seule lecture d'une tragédie, la beauté essentielle qui devait caractériser la pièce. Voilà bien un nouveau motif qui m'attache à Berne, et qui me donne de nouveaux regrets. Je ne peux aller à Monrion, que j'ai cédé pour longtemps à M. de Giez et à sa famille. Qu'il y rétablisse sa santé; qu'il y demeure tant qu'il voudra, ma maison est à lui. Je suis d'ailleurs plus malade que jamais à mes prétendues Délices; et, depuis quelques jours, je me trouve dans l'impuissance totale de travailler.

Il est vrai, mon cher philosophe, que je badinais à trente ans; j'avais traduit le commencement de cet *Hudibras*, et peut-être cela était-il plus plaisant que celui dont vous me parlez. Pour cette *Pucelle d'Orléans*, je vous assure que je fais bien pénitence de ce péché de jeunesse. Je vous enverrais mon péché, si j'en avais une copie. Je n'en ai aucune; mais j'en ferai venir de Paris incessamment, et uniquement pour vous. Vous la lirez à votre loisir, avec des amis philosophes.

Dulce est desipere in loco.
Hor., lib. IV, od. XII, v. 28.

Je vous remercie tendrement d'avoir fait connaître à M. de Tressan la vérité. Bousquet n'est pas digne d'avoir affaire à un homme comme vous, et d'imprimer vos ouvrages. Ne pourrais-je trouver à Genève un libraire qui me convînt? N'avez-vous pas une imprimerie à Berne? Il faut du stoïcisme dans plus d'une occurrence; mais je n'adopte des stoïques que les principes qui laissent l'âme sensible aux douceurs de l'amitié, et qui avouent que la douleur est un mal. Passer sa vie entre la calomnie et la colique est un peu dur; mais l'étude et l'amitié consolent. Adieu, monsieur; vous faites une de mes plus grandes consolations. Conservez-moi les bontés que vous m'avez acquises de M. et de Mme de Freudenreich; vous sentez que je suis déjà bien attaché à M. de Bonstetten, par estime et par amour-propre. Mes respects, je vous en prie, à ces messieurs, à M. l'avoyer, à M. le colonel Jenner. Je suis à vous tendrement pour ma vie.

MMCCLXIX. — A M. THIERIOT.

Aux Délices, 1er octobre.

Je n'ai point répondu, mon ancien ami, aux belles exhortations que vous me faites sur cette vieille folie de trente années, que vous voulez que je rajeunisse. J'attends que je sois à l'âge auquel Fontenelle a fait des comédies[1]. Il n'est permis qu'à un jeune homme, ou à un radoteur, de s'occuper d'une *Pucelle*. Colonne, à l'âge de soixante et quinze ans, commenta *l'Aloisia* ; mais il y a peu de ces grandes âmes qui conservent si longtemps le feu sacré de Prométhée. Il y a d'ailleurs un petit obstacle à l'entreprise que vous me proposez, c'est que l'ouvrage n'est plus entre mes mains ; je m'en suis défait comme d'une tentation. Je me suis mis gravement à juger les *nations*, dans une espèce de tableau du genre humain, auquel je travaille depuis longtemps, et je ne me sens pas l'agilité de passer de la salle de Confucius à la maison de Mme Paris. J'ai lu les *Mémoires de Mme de Staal* ; elle paraît plus occupée des événements de la femme de chambre que de la conspiration du prince de Cellamare. On dit que nous aurons bientôt les mémoires de Mlle Rondet, fille suivante de Mme de Staal.

Vous ne pouviez vous défaire de vos Anglais et de vos Italiens en de meilleures mains qu'en celles de M. le comte de Lauraguais. Le vieux Protagoras, ou Diagoras-Dumarsais, m'a répondu de lui.

Je vous embrasse de tout mon cœur.

MMCCLXX. — A MLLE CLAIRON.

Aux Délices, 8 octobre.

J'ai beaucoup d'obligations, mademoiselle, à M. et à Mme d'Argental ; mais la plus grande est la lettre que vous avez eu la bonté de m'écrire. J'ai fait ce que j'ai pu pour mériter leur indulgence, et je voudrais bien n'être pas tout à fait indigne de l'intérêt qu'ils ont daigné prendre à un faible ouvrage, et des beautés que vous lui avez prêtées ; mais, à mon âge, on ne fait pas tout ce qu'on veut. Vous avez affaire, dans cette pièce, à un vieil auteur et à un vieux mari, et vous ne pouvez échauffer ni l'un ni l'autre. J'ai envoyé à M. d'Argental quelques mouches cantharides pour la dernière scène du quatrième acte, entre votre mari et vous ; et comme j'ai, selon l'usage de mes confrères les barbouilleurs de papier, autant d'amour-propre que d'impuissance, je suis persuadé que cette scène serait assez bien reçue, surtout si vous vouliez réchauffer le vieux mandarin par quelques caresses dont les gens de notre âge ont besoin, et l'engager à faire, dans cette occasion, un petit effort de mémoire et de poitrine.

Au reste, mademoiselle, je vous supplie instamment de vouloir bien conserver, sans scrupule, ces deux vers au premier acte :

Voilà ce que cent voix, en sanglots superflus,
Ont appris dans ces lieux à mes sens éperdus.
Scène I.

Vous pouvez être très-sûre que les sanglots n'ont pas d'autre passage que celui de la voix ; et si on n'est pas accoutumé à cette expression, il faudra bien qu'on s'y accoutume.

1. A quatre-vingt-quatorze ans. (ÉD.)

ANNÉE 1755. 287

Je vous demande grâce aussi pour ces vers :

Les femmes de ces lieux ne peuvent m'abuser;
Je n'ai que trop connu leurs larmes infidèles.

Acte III, scène I.

Le parterre ne hait pas ces petites excursions sur vous autres, mesdames.

Je prie Gengis de vouloir bien dire, quand vous paraissez

Que vois-je? est-il possible? O ciel! ô destinée!
Ne me trompé-je point? est-ce un songe, une erreur?
C'est Idamé, c'est elle; et mes sens, etc.

Acte III, scène I.

Je suppose que vous ménagez votre entrée de façon que Gengis-kan a le temps de prononcer tout ce bavardage.

Je demande instamment qu'on rétablisse la dernière scène du quatrième acte, telle que je l'ai envoyée à M. d'Argental; elle doit faire quelque effet si elle est jouée avec chaleur; du moins elle en faisait lorsque je la récitais, quoique j'aie perdu mes dents au pied des Alpes.

Je ne peux pas concevoir comment on a pu ôter de votre rôle ce vers au quatrième acte :

Les lois vivent encore, et l'emportent sur vous.

C'est assurément un des moins mauvais de la pièce, et de ceux que votre art ferait le plus valoir. Il n'est pas possible de soutenir le vers qu'on a mis à la place :

Mon devoir et ma loi sont au-dessus de vous;
Je vous l'ai déjà dit.

Vous sentez qu'*un devoir au-dessus de quelqu'un* n'est pas une expression française, et ce malheureux *Je vous l'ai déjà dit* me semble être là que pour avertir le public que vous ne devriez pas le redire encore.

La dernière scène du quatrième acte est entre les mains de M. d'Argental, *je vous l'ai déjà dit;* et, dans cette dernière scène que, par parenthèse, je trouve très-bonne, je voudrais que Zamti eût l'honneur de vous dire :

Ne parlons pas des miens, laissons notre infortune, etc.

Scène VI.

Je voudrais que le cinquième acte fût joué tel qu'il est imprimé. J'ai de fortes raisons pour croire que votre scène avec Octar ne doit point être tronquée, et que vous disiez

Si j'obtenais du moins, avant de voir un maître,
Qu'un moment à mes yeux mon époux pût paraître.

Scène II.

Une de ces raisons, c'est qu'il me paraît très-convenable qu'Idamé, qui a son projet de mourir avec son mari, veuille l'exécuter sans voir Gengis, et que, remplie de cette idée, elle hasarde sa prière à Octar. D'ailleurs j'aime fort ce brutal d'Octar, et je voudrais qu'il parlât encore davantage.

Je vous demande pardon, mademoiselle, de tous ces détails. Maintenant, si M. de Crébillon ou M. de Chateaubrun, ou quelques autres jeunes têtes de mon âge, n'ont ni tragédies ni comédies nouvelles à vous donner pour votre Saint-Martin, et si votre malheur vous force à reproduire encore au théâtre les cinq *magots chinois*, je vous enverrais la pièce avec le plus de changements que je pourrais. J'attendrais sur cela vos ordres; mais voici ce que je vous conseillerais, ce serait de jouer *Mariamne* à la rentrée de votre parlement. Ce rôle est trop long pour Mlle Gaussin, qui ne doit pas d'ailleurs en être jalouse. Vous feriez réussir cette pièce avec M. Lekain, qui joue, dit-on, très-bien Hérode. Vous joueriez après cela Idamé, si le public redemandait la pièce; j'aurais le temps de la rendre moins indigne de vous.

Je vous demande pardon d'une si longue lettre, que le triste état de ma santé m'a obligé de dicter. Je vous présente mes très-sincères remercîments, etc.

MMCCLXXI. — A M. DUMARSAIS, A PARIS.

Aux Délices, le 12 octobre.

Je bénis les Chinois, et je brûle des pastilles à Confucius, mon cher philosophe, puisque mon étoffe de Pékin vous a encore attiré dans le magasin d'Adrienne[1]. Nous l'avons vue mourir, et le comte de Saxe devenu depuis un héros, et presque tous ses amis. Tout a passé; et nous restons encore quelques minutes sur ce tas de boue, où la raison et le bon goût sont un peu rares.

Si les Français n'étaient pas si Français, mes Chinois auraient été plus Chinois, et Gengis encore plus Tartare. Il a fallu appauvrir mes idées, et me gêner dans le costume, pour ne pas effaroucher une nation frivole, qui rit sottement, et qui croit rire gaiement de tout ce qui n'est pas dans ses mœurs, ou plutôt dans ses modes.

M. le comte de Lauraguais me paraît au-dessus des préjugés, et c'est alors qu'on est bien. Il m'a écrit une lettre dont je tire presque autant de vanité que de la vôtre. Il a dû recevoir ma réponse, adressée à l'hôtel de Brancas. Il pense, puisqu'il vous aime. Cultivez de cet esprit-là tout ce vous pourrez; c'est un service que vous rendez à la nation. Vivez, inspirez la philosophie.

Nous ne nous verrons plus; mais se voit-on dans Paris? Nous voilà morts l'un pour l'autre; j'en suis bien fâché. Je trouve quelques philosophes au pied des Alpes; toute la terre n'est pas corrompue.

Vous vivez sans doute avec les encyclopédistes; ce ne sont pas des bêtes que ces gens-là; faites-leur mes compliments, je vous en prie.

1. M. Dumarsais avait enseigné la déclamation à Mlle Lecouvreur. (*Ed. de Kehl.*)

Conservez-moi votre amitié jusqu'à ce que notre machine végétante et pensante retourne aux éléments dont elle est faite.

Je vous embrasse en Confucius; je m'unis à vos pensées; je vous aime toujours au bord de mon lac, comme lorsque nous soupions ensemble. Adieu. On n'écrivait ni à Platon ni à Socrate : *Votre très-humble serviteur*.

MMCCLXXII. — A M. DE BRENLES.

Aux Délices, le 14 octobre.

Je profite d'un petit moment de santé, ou plutôt de relâchement de mes maux, pour présenter mes tendres respects à M. et à Mme de Brenles. La maladie de M. de Giez m'a empêché, il y a un mois, d'aller à Monrion, et la mienne maintenant me retient auprès de Genève. Je vois bien que nous retournerons à peu près dans le même temps à Lausanne; ce sera là que je remercierai Mme de Brenles. Ses vers[1] sont le prix le plus flatteur de *l'Orphelin de la Chine*. Je suis actuellement dans l'incapacité de répondre, même en prose : il ne me reste plus que le sentiment; mais ce n'est pas assez, il faudrait l'exprimer, et ce n'est pas une besogne de malade.

M. Dupont devait venir à Monrion cet automne; voilà les choses furieusement dérangées. On n'éprouve dans la vie que des contradictions, bien heureux encore quand on s'en tient là. J'ai à soutenir tous les maux du corps et de l'âme; l'espérance de revoir M. et Mme de Brenles me soutient. Nous leur renouvelons, Mme Denis et moi, les plus sincères amitiés.

Adieu, couple respectable et aimable, jusqu'au moment où Monrion nous rassemblera.

V.

MMCCLXXIII. — A M. LE COMTE D'ARGENTAL.

15 octobre.

Mon cher ange, vous commencez donc à être un peu content. Vous le seriez davantage sans trois terribles empêchements : la maladie, l'éloignement, et une *Histoire générale* qui me tue. Puis-je songer au seul Gengis quand je me mêle du gouvernement de toute la terre? Les Japonais et les Anglais, les jésuites et les talapoins, les chrétiens et les musulmans, me demandent audience. J'ai la tête pleine du procès de tous ces gens-là. Vous avez beau me dire que la cause de Gengis doit passer la première, vous connaissez trop bien la faiblesse humaine pour ne pas savoir que nous ne sommes les maîtres de rien. Dites à vos fleurs de s'épanouir, à vos blés de germer, ils vous répondront : « Attendez; cela dépend de la terre et du soleil. » Mon cher ange, ma pauvre tête dépend de tout. Je fais ce que je peux, quand je peux; plus je vais en avant, plus je me tiens machine griffonnante. Pour

---

1. Mme de Brenles composait des poésies fugitives assez agréables; elle traduisit même le *Caton* d'Addison, en faisant usage des rimes croisées, à l'exemple de Voltaire dans *Tancrède*. (ÉD.)

vous, messieurs de Paris, faites suivant vos volontés : ordonnez, coupez, taillez, rognez, faites jouer mes *magots* devant les marionnettes de Fontainebleau, et qu'on y déchire l'auteur au sortir de la pièce, tandis que je languis malade dans mon ermitage, entre de la casse et des livres ennuyeux. J'ai mandé à Lambert que je serais peut-être assez fou pour lui donner, en son temps, une nouvelle tragédie à imprimer; mais ce n'est pas du pain cuit pour Lambert. Il faut que les *nations* soient jugées, et que le génie me dise : « Travaille. » En attendant, mon divin ange, j'ai recours à vous auprès de Lambert; il s'avise d'imprimer un recueil de toutes mes sottises, et il n'a encore aucune des corrections, aucun des changements sans nombre que j'y ai faits. C'est encore un travail assez grand de mettre tout cela en ordre. Dites-lui, je vous en conjure, qu'il ne fasse rien avant que je lui aie fait tenir tous mes papiers. Ce paresseux est bien ardent quand il croit qu'il y va de son intérêt; mais son intérêt véritable est de ne rien faire sans mes avis et sans mes secours. De quoi se mêle-t-il de commencer, sans me le dire une édition de mes œuvres, lorsqu'il sait que j'en fais une à Genève, et lorsqu'il a passé une année entière sans vouloir profiter des dons que je lui offrais? Il m'envoya, il y a un an, une feuille de *la Henriade*, et s'en tint là; et point de nouvelles. Je lui mandai enfin que je payerais la feuille, et qu'il s'allât promener. Je donnai mes guenilles à d'autres, et, à présent, le voilà qui travaille, et sans m'avoir averti. Je vous prie, mon cher ange, de lui laver la tête en passant, si vous le rencontrez en allant à la Comédie, si vous vous en souvenez, si vous voulez bien avoir cette bonté. Je vous demande bien pardon de mon importunité; mais encore faut-il être imprimé à sa fantaisie. Adieu; je voudrais travailler à la vôtre et réussir autant que j'ai envie de vous plaire.

MMCCLXXIV. — A M. DUPONT, AVOCAT.

Octobre.

Mon cher ami, les maladies découragent à la fin; il y a trois mois que j'ai cessé tout commerce avec le genre humain. Mes amis de Paris ont fait jouer cet *Orphelin*, sans que je m'en sois mêlé. Je serais plus sensible au plaisir de vous revoir, que je ne l'ai été à ce petit succès passager. Je comptais aller à Monrion près de Lausanne; je vous aurais envoyé un carrosse sur la route pour vous enlever; nous aurions philosophé quelque temps avec notre ami M. de Brenles; mais un homme de Lausanne, à qui j'avais prêté ma maison, s'est avisé d'y tomber malade, et d'y être à la mort six semaines; il y est encore, tandis que je languis dans mes prétendues *Délices*.

J'ai ouï dire que des gens de Strasbourg, qui ont été un peu effarouchés d'un certain mémoire, vous ont plus nui que je n'ai pu vous servir. M. de Paulmy, en vous disant que je suis votre ami, vous a fait voir à quoi mon amitié est bonne; elle est en vérité aussi sincère qu'inutile. Je compte cette inutilité parmi mes plus grands malheurs ; je vis toujours dans l'espérance de vous revoir. Mme Denis vous fait mille compliments, aussi bien qu'à Mme Dupont. Je me joins à elle; je vous embrasse de tout mon cœur. Voulez-vous bien présenter mes respects à M. et à Mme de Klinglin ? V.

Si vous voyez le conseiller de la maison de Linange, je vous supplie de lui recommander de faire honneur à ma lettre de change.

MMCCLXXV. — A M. LE COMTE D'ARGENTAL.

Aux prétendues Délices, octobre.

Tout va de travers dans ce monde, mon cher ange. Il m'est mort un petit Suisse charmant, qui m'avait fait avoir une maison assez agréable auprès de Lausanne, me l'avait meublée, ajustée, et qui m'y attendait avec sa femme. J'allais à cette maison, où j'avais fait porter mes livres; je comptais y travailler à votre *Orphelin*. Mon Suisse est mort dans ma maison; ses effets étaient confondus avec les miens. J'ai été très-affligé, très-dérangé, je n'ai pas pu faire un vers. Vous ne savez pas, vous autres conseillers d'honneur, ce que c'est que de faire bâtir en Suisse, en deux endroits à la fois, de planter et de changer des vignes en pré, et de faire venir de l'eau dans un terrain sec, pendant qu'on a une *Histoire générale* sur les bras, et une maudite *Pucelle* qui court le monde en dévergondée, et un petit Suisse qui s'avise de mourir chez vous. Faites comme il vous plaira avec votre *Orphelin*, il n'a de père que vous; il me faudrait un peu de temps pour le retoucher à ma fantaisie. Je suis toujours dans l'idée qu'il faut parler de Confucius dans une pièce chinoise. Les petits changements que je ferais à présent ne produiraient pas un grand effet. C'est Mlle Clairon qui établit **tout le succès de la** pièce. On dit que Lekain a joué à Fontainebleau plus **en goujat qu'en** Tartare; qu'il n'est ni noble, ni amoureux, ni terrible, ni tendre, et que Sarrasin a l'air d'un vieux sacristain de pagode. J'aurais beau mettre dans leur bouche les vers de *Cinna* et d'*Athalie*, on ne s'en apercevrait pas. J'ai besoin d'une inspiration de quinze jours pour rapiécer ou rapiéceter mon drame; nos histrions seraient quinze autres jours à remettre le tout au théâtre, et je ne serais pas sûr du succès. Vous avez fait réussir mes *magots* avec tous leurs défauts, mon cher et respectable ami; vous les ferez supporter de même. Je ne les ai imprimés que pour aller au-devant de *la Pucelle*, qu'on vend partout. Il fallait absolument désavouer ces abominables copies qui courent dans l'Europe. J'ai besoin d'un peu de repos dans ma vieillesse, et dans une vieillesse infirme qui ne résisterait pas à des chagrins nouveaux. Ma lettre à Jean-Jacques a fait un assez bon effet, du moins dans les pays étrangers; mais je crains toujours les langues médisantes du vôtre. Comptez, mon divin ange, que le génie poétique ne s'accommode pas de toutes ces tribulations. Ce maudit Lambert parle toujours de réimprimer *presto*, *presto*, mes sottises non corrigées. Il ne veut point attendre; il a grand tort de toutes façons; c'est encore là une de mes peines. Encore si on pouvait bien digérer! mais avoir toujours mal à l'estomac, craindre les rois, et les libraires, et les *Pucelles*! on n'y résiste pas.

Êtes-vous content de Cadix? Pour moi, j'en suis horriblement mécontent.

Le roi de Prusse m'a fait *mille compliments*, et me demande de nouveaux chants de *la Pucelle*; il a le diable au corps. Comment va le pied de Mme d'Argental? Je suis à ses pieds. Adieu, divin ange.

MMCCLXXVI. — A M. DE BRENLES.

Aux Délices, 24 octobre.

Qu'est-ce que la vie, mon cher philosophe? Voilà ce Giez si frais, si vigoureux, mort dans mon pauvre Monrion; cela me rend cette maison bien désagréable. J'aimais Giez de tout mon cœur, je comptais sur lui; il m'avait arrangé ma maison de son mieux; j'espérais vous y voir incessamment. Sa pauvre veuve mourra peut-être de douleur. Giez était sur le point de faire une fortune considérable; sa famille sera probablement ruinée; voilà comme toutes les espérances sont confondues. Je n'ai que deux jours à vivre, en passerai-je un avec vous? Quand revenez-vous à Lausanne? Vous seul serez capable de me déterminer à habiter Monrion. Je suis bien incapable de répondre aux vers flatteurs de Mme de Brenles; le chagrin étouffe le génie. On me mande de tous côtés que *la Pucelle* est imprimée, mais on ne me dit point où; tout ce que je sais, c'est que ce galant homme de capucin [1] en a proposé treize chants à Francfort à un libraire nommé Esslinger; mais il voulait les vendre si cher que le libraire a refusé le marché; il est allé les faire imprimer ailleurs. Saint François d'Assise vous a envoyé-là un bien vilain homme.

Mme Denis et moi nous vous assurons de notre tendre attachement; nous en disons autant à Mme de Brenles.
V.

MMCCLXXVII. — A M. BERTRAND.

24 octobre.

La mort de M. de Giez me pénètre de douleur; me voilà banni pour quelque temps de ma maison, où il est mort. Ah! mon cher monsieur, qui peut compter sur un moment de vie? Je n'ai jamais vu une santé plus brillante que celle de ce pauvre Giez; il laisse une veuve désolée, un enfant de six ans, et peut-être une fortune délabrée, car il commençait. Il avait semé, et il meurt sans recueillir; nous sommes environnés tous les jours de ces exemples. On dit : « Il est mort, » et puis, serre la file; et on est oublié pour jamais. Je n'oublierai point mon pauvre Giez, ni sa famille. Il m'était attaché; il m'avait rendu mille petits services; je ne retrouverai, à Lausanne, personne qui le remplace. Je vois qu'il faudra remettre au printemps mon voyage de Berne; c'est être bien hardi que de compter sur un printemps.

Ce capucin, *digne* ou *indigne*, a été proposer à Francfort un manuscrit de *la Pucelle*, à un libraire nommé Esslinger; mais il en a demandé un prix si exorbitant, que le libraire n'a point accepté le

---

1. Maubert de Gouvest, alors calviniste. (ÉD.)

marché; il est allé faire imprimer sa drogue ailleurs. Je crois qu'il la dédiera à saint François.

Une grande dame d'Allemagne m'a mandé qu'elle avait un exemplaire imprimé de cette ancienne rapsodie. Il faut que ce ne soit pas celle de Maubert, car elle prétend que l'ouvrage n'est pas trop malhonnête, et qu'il n'y a que les âmes dévotes à saint Denis, à saint George, et à saint Dominique, qui en puissent être scandalisées. Dieu le veuille! Cet ouvrage, quel qu'il soit, jure bien avec l'état présent de mon âme.

Singula de nobis anni præedantur euntes.
Hor., lib. II, ep. II, v. 55

Je ne connais plus que la retraite et l'amitié. Que ne puis-je jouir avec vous de l'une et de l'autre! Je vous embrasse bien tendrement.

MMCCLXXVIII. — A MADEMOISELLE CLAIRON.

Aux Délices, 25 octobre.

On me mande qu'on rejoue à Paris cette pièce[1] dont vous faites tout le succès. Le triste état de ma santé m'a empêché de travailler à rendre cet ouvrage moins indigne de vous. Je ne peux rien faire, mais vous pouvez retrancher. On m'a parlé de quatre vers que vous récitez à la fin du quatrième acte :

Cependant de Gengis j'irrite la furie;
Je te laisse en ses mains, je lui livre ta vie;
Mais, mon devoir rempli, je m'immole après toi;
Cher époux, en partant, je t'en donne ma foi.

Je vous demande en grâce, mademoiselle, de supprimer ces vers. Ce n'est pas que je sois fâché qu'on ait inséré des vers étrangers dans mon ouvrage; au contraire, je suis très-obligé à ceux qui ont bien voulu me donner leurs secours pendant mon absence; mais le public ne peut être content de ces vers; ils ressemblent à ceux que dit Chimène[2] à Rodrigue, mais ils ne sont ni si heureux ni si bien placés.

Rien n'est plus froid que des scènes où l'on répète qu'on mourra, et où un autre acteur conjure l'actrice de vivre. Ces lieux communs doivent être bannis, il faut des choses plus neuves. Je vais écrire à M. d'Argental pour le supplier, avec la plus vive instance, de s'unir avec moi pour remettre les choses comme elles étaient. Je peux vous assurer que la scène ne sera pas mal reçue si vous la récitez comme je l'ai faite en dernier lieu.

Je n'ai que le temps, mademoiselle, de vous demander pardon

---

1. *L'Orphelin de la Chine.* (ÉD.)
2. A la fin de la scène IV de l'acte III du *Cid*, Chimène dit à Rodrigue :

Je te donne ma foi
De ne respirer pas un moment après toi. (ÉD.)

de ces minuties, et de vous assurer de tous les sentiments que je vous dois.

MMCCLXXIX. — A M. LE COMTE D'ARGENTAL.

Aux Délices, 25 octobre.

Sur des lettres que je reçois de Paris, je suis obligé, mon cher ange, de vous supplier très-instamment de faire réciter la scène dernière du quatrième acte, comme je l'ai imprimée, en conservant les corrections que j'ai envoyées, et dont on a fait usage à Fontainebleau. Je sais bien, et je l'ai mandé plusieurs fois, qu'il faut dire :

Nous mourrons, je le sais..................Acte IV, scène VI.

au lieu de

Tu mourras, je le sais..................

Mais on me mande que les vers

Cependant du tyran j'irrite la furie;
Je te laisse en ses mains, je lui livre ta vie;

et

..................Je m'immole après toi;
..................Je t'en donne ma foi, etc.

jettent un froid mortel sur cette scène. *Je te donne ma foi de mourir après toi* est pris de Chimène, est touchant dans Chimène, et à la glace dans Idamé. C'est bien cela dont il s'agit! Il n'y a pas là d'amourette. *Je veux mourir, cher époux; vis, ma chère femme;* tout cela est au-dessous d'Idamé et de Zamti. Au nom de Dieu, faites jouer cette scène comme je l'ai faite, en mettant seulement *nous mourrons*, au lieu de *tu mourras*. Point de lieux communs sur la promesse de mourir, sur des prières de vivre.

..........*Non erat his locus*............
Hor., *De art. poet.*, v. 19.

La vie n'est rien pour ces gens-là. Je vous en supplie, mon cher ange, ayez la bonté de penser comme moi pour cette fin du quatrième acte. Otez-moi

Cependant du tyran j'irrite la furie.

Je vous écris en hâte, la poste part; cette maudite *Pucelle d'Orléans* est imprimée, et je suis bien loin d'être en état de refaire mes Chinois. Ils iront comme ils pourront; mais ne refroidissons point cette fin du quatrième acte. Pardon, pardon.

MMCCLXXX. — A M. LE COMTE D'ARGENTAL.

Aux Délices, 29 octobre.

Mon cher ange, je vous ai envoyé deux exemplaires de votre *Orphelin*. Je vous prie de pardonner à ma misère; je devrais avoir mieux répondu aux soins dont vous avez honoré mes Chinois; vous et Mme d'Argental. J'ai rendu compte, autant que je l'ai pu, de ce qui s'est passé entre le quatrième et le cinquième acte; mais je ne sais si j'en ai rendu bon compte. Je vous demande en grâce de donner un exemplaire de cette nouvelle fabrique au négligent de Lambert, qui devient si impatient quand il s'agit de me faire enrager. Qu'il fasse au moins usage de cet exemplaire, si je ne peux lui en procurer un meilleur. Je vous avoue que l'aventure de *la Pucelle* m'a mis hors d'état de travailler. Je suis parfaitement instruit qu'elle est imprimée ; elle inondera bientôt tout Paris, et je serai à mon âge l'occasion d'un grand scandale. Me conseillez-vous de renouveler mes protestations dans quelque journal? Permettez que j'insère sous votre enveloppe un petit mot à M. le comte de Choiseul; je ne sais point sa demeure, et je crains que ma lettre n'aille à quelqu'un de son nom qui n'aurait pas pour moi la même indulgence que lui. J'ai reçu de mon mieux les deux pèlerins [1] que vous m'avez annoncés. Les deux exemplaires de *l'Orphelin de la Chine* sont partis à l'adresse de M. Dupin, secrétaire de M. d'Argenson ; mais j'ai bien peur que Jeanne ne fasse plus de bruit qu'Idamé. Mon cher ange, priez Dieu pour moi.

MMCCLXXXI. — A M. LE COMTE DE CHOISEUL.

Aux Délices, ou soi-disant telles, 20 octobre.

Je vous remercie, monsieur, de M. Palissot, et de toutes vos autres bontés. J'en suis un peu indigne. Je n'ai point verni mes cinq magots chinois comme je l'aurais voulu. Je viens d'envoyer à M. d'Argental ce que j'ai pu ; quoique j'aie à présent l'esprit assez triste, je ne l'ai pourtant point tragique. Cette maudite *Pucelle*, qui m'a souvent fait rire, me rend trop sérieux. Je crains que les âmes dévotes ne m'imputent ce scandale, et la crainte glace la poésie. *La Pucelle* de Chapelain n'a jamais fait tant de bruit. Me voilà, avec mes quatre cheveux gris, chargé d'une fille qui embarrasserait un jeune homme. Il arrivera malheur. Vous ne sauriez croire quel tort *Jeanne d'Arc* a fait à *l'Orphelin de la Chine*.

Je ne manquerai pas de vous envoyer, monsieur, le recueil de mes rêveries, dès qu'il sera imprimé. Je conviens que Lambert a négligé *l'Orphelin* autant que moi. N'aurait-il point aussi quelque *Pucelle* à craindre? Je ne sais plus à quel saint me vouer. Je trouverai toujours dans mon chemin saint Denis, qui me redemandera son oreille; saint George, à qui j'ai coupé le bout du nez [2], et surtout saint Dominique ; cela est horrible. Les mahométans ne me pardonneront pas ce que j'ai dit de Mahomet. Il me reste la cour de Pékin ; mais c'est encore la famille des conquérants tartares. Je vois qu'il faudra pousser jusqu'au Japon. En attendant, monsieur, conservez-moi à Paris des bontés qui me sont plus précieuses que les faveurs d'Agnès et le pucelage de Jeanne.

1. Palissot et Patu. (ÉD.)
2. *La Pucelle*, ch. XI, v. 317. — Quant à saint Dominique, Voltaire l'a placé (ch. V, v. 145) en enfer. (ÉD.)

MMCCLXXXII. — A MADAME LA COMTESSE D'EGMONT.

Aux Délices, près de Genève, 29 d'octobre 1755.

On vous lit des choses bien édifiantes, madame, dans le couvent des Carmélites. Je ne doute pas qu'elles ne servent à entretenir votre dévotion. Si vous n'êtes pas encore convaincue du pouvoir de la grâce, vous devez l'être de celui de la destinée. Elle m'a fait quitter Cirey après l'avoir embelli ; elle vous a fait quitter votre terre lorsque vous en rendiez la demeure plus agréable que jamais. Elle a fait mourir Mme du Châtelet en Lorraine. Elle m'a conduit sur les bords du lac de Genève ; elle vous a campée aux Carmélites. C'est ainsi qu'elle se joue des hommes qui ne sont que des atomes en mouvement, soumis à la loi générale qui les éparpille dans le grand choc des événements du monde, qu'ils ne peuvent ni prévoir, ni prévenir, ni comprendre, et dont ils croient quelquefois être les maîtres. Je bénis cette destinée de ce que messieurs vos enfants sont placés. Je vous souhaite, madame, du bonheur, s'il y en a ; de la tranquillité au moins, tout insipide qu'elle est ; de la santé, qui est le vrai bien, et qui, cependant, est un bien très-peu senti. Conservez-moi de l'amitié. Les roues de la machine du monde sont engrenées de façon à ne me pas laisser l'espérance de vous revoir ; mais mon tendre respect pour vous sera toujours dans mon cœur.

MMCCLXXXIII. — A M. L'ABBÉ DE PRADES.

Frère RHUBARBE à frère GAILLARD, salut.

Je suis très-fâché que frère en Belzébuth, frère Isaac[1], soit malingre et mélancolique, c'est la pire des damnations. Conservez votre santé et votre gaieté. J'enverrais de tout mon cœur au révérend père prieur le seizième chant du scandale[2] qu'il demande ; mais je n'en ai point fait. Une douzaine de jeunes Parisiens, plus gais que moi, s'amusent tous les jours à remplir mon ancien canevas. Chacun y met du sien. On dit qu'on imprime l'ouvrage de deux ou trois façons différentes. Tout ce que je peux faire, c'est de protester en face de la sainte Église. Si le révérend père prieur[3] voulait mettre dans son cabinet un exemplaire corrigé de l'Orphelin de la Chine, j'aurai l'honneur de le lui envoyer en toute humilité ; car, malgré l'excommunication que l'exaltation de l'âme, les frictions de poix résine, et la dissection des cerveaux de géants[4] m'ont attirée, je crois que la noble paternité a des entrailles de charité ; et elle doit savoir que j'étais un frère servant, très-attaché au père prieur, pensant comme lui, et disant mon office en son honneur et gloire. J'ai un petit monastère près de Lausanne, sur le chemin de Neufchâtel ; et si ma santé me l'avait permis, j'aurais été jusqu'à Neufchâtel pour voir milord Maréchal ; mais j'aurais voulu pour cela des lettres d'obédience.

1. Le marquis d'Argens. (ÉD.) — 2. La Pucelle. (ÉD.)
3. Frédéric. (ÉD.) — 4. Folies de Maupertuis. (ÉD.)

Il est venu ici deux jeunes gens[1] de Paris qui m'ont dit qu'il y a un nommé Poinsinet à qui on a fait accroire que le roi de Prusse l'avait choisi pour être le précepteur de son fils, mais que l'article du catholicisme était embarrassant; il a signé qu'il serait de la religion que le roi voudrait. Il apprend actuellement à danser et à chanter pour donner une meilleure éducation au fils de Sa Majesté, et il n'attend que l'ordre du roi pour partir. Pour moi, j'attends tout doucement la fin de mes coliques, de mes rhumatismes, de mes ouvrages et de toutes les misères de ce monde. Je vous embrasse.

MMCCLXXXIV. — A M. LE MARQUIS DE THIBOUVILLE.

1ᵉʳ novembre.

Mme Denis vient de me communiquer votre lettre, mon cher marquis; je suis plus affligé et plus indigné que vous. Je n'ignore pas absolument quels sont les misérables dont la fureur a mêlé le nom de mes amis et des hommes les plus respectables dans je ne sais quelle plaisanterie qu'on a fait revivre si cruellement depuis quelques années. On m'en a envoyé des fragments où j'ai trouvé M. le maréchal de Richelieu traité de maquereau; M. d'Argental, de protecteur des mauvais poëtes. Le succès de *l'Orphelin de la Chine* a ranimé la rage de ceux qui gagnent leur pain à écrire. Ils ont été fourrer Calvin dans cet ancien ouvrage dont il est question, parce que je suis dans un pays calviniste. Enfin ils ont poussé leur imbécile insolence jusqu'à oser profaner le nom du roi. Voyez, s'il vous plaît, les beaux vers dans lesquels ils ont exprimé ce panégyrique :

Lui, des Bourbons trompant la destinée,
A la gard' Dieu laisse aller son armée, etc.

Je n'ose poursuivre, tant le reste est exécrable. J'ai vu, dans un de ces malheureux exemplaires, saint Louis en enfer. Il y a sept ou huit petits grimauds qui brochent continuellement des chants de ce prétendu poëme. Ils les vendent six francs le chant, c'est un prix fait; il y en a déjà vingt-deux, et ils mettent mon nom hardiment à la tête de l'ouvrage. Je n'ai pas manqué d'avertir M. le maréchal de Richelieu. On m'avait écrit que vous étiez fourré dans cette rapsodie avec M. d'Argental; mais je n'avais point vu ce qui pouvait vous regarder; c'est une abomination qu'il faut oublier; elle me ferait mourir de douleur. Adieu; Mme Denis est aussi affligée que moi. Oublions les horreurs de la société humaine. Amusez-vous dans de jolis ouvrages conformes à la douceur de vos mœurs et aux grâces de votre esprit. Nous attendons votre roman avec impatience; cela sera plus agréable que l'histoire de tout ce qui se fait aujourd'hui. Vous devriez venir prendre du lait ici, pour punir les scélérats qui abusent de votre nom et du mien d'une manière si misérable.

Pardonnez à un pauvre malade obligé de dicter, et qui a dicté cette lettre très-douloureusement.

1. Palissot et Patu. (ÉD.)

MMCCLXXXV. — A M. G. C. WALTHER.

Aux Délices, près de Genève, 5 novembre 1755.

Mandez-moi, mon cher Walther, si je peux vous envoyer par la poste cette tragédie de l'*Orphelin de la Chine* que vous me demandez. Je l'ai encore beaucoup changée depuis qu'elle est imprimée : c'est ainsi que j'en use avec tous mes ouvrages, parce que je ne suis content d'aucun. Cela déroute un peu les libraires, et j'en suis très-fâché ; mais je ne puis m'empêcher de corriger des ouvrages qui me paraissent défectueux. C'est un malheur pour moi de connaître trop mes défauts, et il n'y aura jamais de moi d'édition bien arrêtée qu'après ma mort. Le sieur Lambert à Paris, et les sieurs Cramer à Genève, ont voulu, chacun de leur côté, faire une nouvelle édition de mes œuvres. Je ne puis corriger celle de Lambert, mais je ne puis m'empêcher de corriger, dans celle des frères Cramer, toutes les pièces dont je suis mécontent ; c'est un ouvrage auquel je ne puis travailler qu'à mesure qu'on imprime. Il y a à chaque page des corrections et des additions si considérables, que tout cela fait, en quelque façon, un nouvel ouvrage. Si vous pouviez trouver le moyen de mettre toutes ces nouveautés dans votre dernière édition, cela pourrait lui donner quelque cours à la longue ; mais c'est une chose qui ne pourrait se faire que par le moyen de quelque éditeur habile ; et encore je ne vois pas comment il pourrait s'y prendre. Je suis très-fâché de toute cette concurrence d'éditions. Si j'avais pu trouver quelque séjour agréable dans votre pays, vous savez bien que je me serais fait un plaisir infini de vous aider et de tout diriger ; mais ma santé ne m'a pas permis de m'établir dans votre climat. Partout où je serai, je vous rendrai tous les services dont je serai capable. Si je peux vous envoyer par la poste quelque chose qui m'est tombé entre les mains, et qui vous donnerait un grand profit, je vous ferai ce plaisir sur-le-champ ; mais comme c'est un ouvrage qui n'est pas de moi, et de l'orthodoxie duquel je ne réponds pas, je ne vous le ferai parvenir qu'en cas que vous puissiez agir discrètement et sans imprimer cette pièce sous votre nom.

MMCCLXXXVI. — A M. THIERIOT.

Aux Délices, le 8 novembre.

Mon ancien ami, j'ai vu M. Patu[1] ; il a de l'esprit, il est naturel, il est aimable. J'ai été très-fâché que son séjour ait été si court, et encore plus fâché qu'il ne soit pas venu avec vous ; mais la saison était encore rude, et ma cabane était pleine d'ouvriers. Il s'en allait tous les soirs coucher au couvent de Genève avec M. Palissot, autre enfant d'Apollon. Ces deux pèlerins d'Emmaüs sont remplis du feu poétique ; ils sont venus me réchauffer un peu, mais je suis plus glacé que ja-

---

[1] Cl. P. Patu, né à Paris en 1729, auteur, avec Portelance (mort en 1821), de la petite comédie des *Adieux du Goût*, jouée, pour la première fois, à la Comédie-Française, le 13 février 1754 ; auteur lui seul d'une traduction estimée de *Petites pièces du théâtre anglais*, 1756, deux vol. in-12. (ÉD.)

mais par les nouvelles que j'apprends du *pucelage de Jeanne*. Il est très-sûr que des fripons l'ont violée, qu'elle en est toute défigurée, et qu'on la vend en Hollande et en Allemagne sans pudeur. Pour moi, je la renonce et je la déshérite; ce n'est point là ma fille; je ne veux pas entendre parler de *catins*, quand je suis sérieusement occupé de l'histoire du genre humain. Cependant je ne vois que *catins* dans cette histoire: elles se rencontrent partout, de quelque côté qu'on se tourne. Il faut bien prendre patience.

Avez-vous toute l'*Histoire* d'Ottieri? En ce cas, voulez-vous vous en défaire en ma faveur? Si vous avez quelques bons livres anglais et italiens, ayez la bonté de m'en faire un petit catalogue. Je vous demanderai la préférence pour les livres dont j'aurai besoin, et vous serez payé sur-le-champ. Adieu, mon ancien ami.

MMCCLXXXVII. — A M. LE COMTE D'ARGENTAL.

8 novembre.

Mon cher ange, je suis toujours pénétré de vos bontés pour les Chinois. Vous devez avoir reçu deux exemplaires un peu corrigés, mais non autant que vous et moi le voudrions. J'ai dérobé quelques moments à mes travaux historiques, à mes maladies, à mes chagrins, pour faire cette petite besogne. La malignité qu'on a eue de placer M. de Thibouville dans cet impertinent manuscrit qui court, et de lui montrer cette infamie, m'a mis au désespoir. Il est vrai qu'on l'a mis en grande compagnie. Les polissons qui défigurent et qui vendent l'ouvrage n'épargnent personne; ils fourrent tout le monde dans leurs caquets. Je me flatte que vous ferez avec M. de Thibouville votre ministère d'ange consolateur.

J'ai vu pendant neuf jours vos deux pèlerins d'Emmaüs. C'est véritablement une neuvaine qu'ils ont faite. Ils m'ont paru avoir beaucoup d'esprit et de goût, et je crois qu'ils feront de bonnes choses. Pour moi, mon cher ange, je suis réduit à planter. J'achève cette maudite *Histoire générale*, qui est un vaste tableau faisant peu d'honneur au genre humain. Plus j'envisage tout ce qui s'est passé sur la terre, plus je serais content de ma retraite, si elle n'était pas si éloignée de vous. Si Mme d'Argental a si longtemps mal au pied, il faut que M. de Châteaubrun lui dédie son *Philoctète*; mais ce pied m'alarme. Je reçois, dans ce moment, une *Ode sur la mort*, intitulée : *De mán de matire*[1]; elle m'arrive d'Allemagne, et il y a des vers pour moi. Tout cela est bien plaisant, et la vie est un drôle de songe. Je ne rêve pourtant pas en vous aimant de tout mon cœur. Mille tendres respects à tous les anges.

1. Cette ode de Frédéric II à Voltaire commence ainsi:
Soutien du goût, des arts, de l'éloquence,
Fils d'Apollon, Homère de la France,......

MMCCLXXXVIII. — A M. DUPONT, AVOCAT.

Aux Délices, 11 novembre.

Je vous avoue, mon cher ami, que je suis indigné du procédé de Schœpflin; vous savez que je lui ai prêté pour deux ans dix mille livres sans intérêt. Il a, sur ces dix mille livres, dépensé quatre louis pour un Moréri et a fourni quatre autres louis que j'ai prêtés ou donnés à cette comtesse de Linango. C'est resté à neuf mille huit cent huit livres que j'ai tirées sur lui par une lettre de change, il y a deux mois, très-inutilement. Cette lettre est entre les mains de M. Turckeim, marchand de fer, qui demeure à Colmar et qui est frère du banquier de Strasbourg. Vous avez en main l'obligation; je vous prie, mon cher ami, d'instrumenter sur-le-champ et de me faire payer. Schœpflin n'a pas seulement répondu à une lettre de Colini; et ni son procédé ni mes dépenses dans ma nouvelle acquisition ne me permettent d'attendre. Je vous demande pardon, tout avocat que vous êtes, de ne vous parler que de procès. Mille compliments à Mme Dupont; je vous embrasse.

V.

MMCCLXXXIX. — A MESSIEURS DE L'ACADÉMIE FRANÇAISE.

Novembre 1755.

Messieurs, je crois qu'il n'appartient qu'à ceux qui sont, comme vous, à la tête de la littérature, d'adoucir les nouveaux désagréments auxquels les gens de lettres sont exposés depuis quelques années.

Lorsqu'on donne une pièce de théâtre à Paris, si elle a un peu de succès, on la transcrit d'abord aux représentations, et on l'imprime souvent pleine de fautes. Des curieux sont-ils en possession de quelques fragments d'un ouvrage, on se hâte d'ajuster ces fragments comme on peut, on remplit les vides au hasard, on donne hardiment, sous le nom de l'auteur, un livre qui n'est pas le sien. C'est à la fois le voler et le défigurer. C'est ainsi qu'on s'avisa d'imprimer sous mon nom, il y a deux ans, sous le titre ridicule d'*Histoire universelle*, deux petits volumes sans suite et sans ordre, qui ne contenaient pas l'histoire d'une ville, et où chaque date était une erreur. Quand on ne peut imprimer l'ouvrage dont on est en possession, on le vend en manuscrit : et j'apprends qu'à présent on débite de cette manière quelques fragments informes et falsifiés des mémoires que j'avais amassés dans les archives publiques sur la guerre de 1741. On en use encore ainsi à l'égard d'une plaisanterie faite, il y a plus de trente ans, sur le même sujet qui rendit Chapelain si fameux. Les copies manuscrites qu'on m'en a envoyées de Paris sont de telle nature, qu'un homme qui a l'honneur d'être votre confrère, qui sait un peu sa langue, et qui a puisé quelque goût dans votre société et dans vos écrits, ne sera jamais soupçonné d'avoir composé cet ouvrage tel qu'on le débite. On vient de l'imprimer d'une manière non moins ridicule et non moins révoltante.

Ce poëme a été d'abord imprimé à Francfort, quoiqu'il soit annoncé de Louvain, et l'on vient d'en donner en Hollande deux éditions qui ne sont pas plus exactes que la première; cet abus de nous attribuer des ouvrages que nous n'avons pas faits, de falsifier ceux que nous avons faits, et de vendre ainsi notre nom, ne peut être détruit que par le décri dans lequel ces œuvres de ténèbres doivent tomber.

C'est à vous, messieurs, et aux académies formées sur votre modèle, dont j'ai l'honneur d'être associé, que je dois m'adresser. Lorsque des hommes comme vous élèvent leurs voix pour réprouver tous ces ouvrages que l'ignorance et l'avidité débitent, le public, que vous éclairez, est bientôt désabusé.

Je suis avec beaucoup de respect, etc.

MMCCXC. — A M. LE COMTE D'ARGENTAL.

14 novembre.

Mon cher ange, je prends la liberté de vous adresser une lettre pour l'Académie française et pour M. son secrétaire, dont j'ignore le nom. J'envoie ma lettre sous l'enveloppe de M. Dupin, secrétaire de M. le comte d'Argenson. Je me suis déjà servi de cette voie pour vous faire tenir deux exemplaires corrigés de l'*Orphelin de la Chine*; et je me flatte que vous les avez reçus. La lettre pour l'Académie et celle au secrétaire sont à cachet volant, dans la même enveloppe. Pardonnez encore, mon cher et respectable ami, à cette importunité. La démarche que je fais est nécessaire et il faut qu'elle soit publique. Elle est mesurée, elle est décente, elle est bien consultée, bien approuvée, et j'ose croire que vous ne la condamnerez pas. C'est un très-grand malheur que la publicité de ce manuscrit qui inonde l'Europe, sous le nom de *la Pucelle d'Orléans*. Un désaveu modeste est le seul palliatif que je puisse appliquer à un mal sans remède. Je vous supplie donc de vouloir bien faire rendre au secrétaire de l'Académie le paquet que M. Dupin vous fera tenir, et qui part le même jour que cette lettre.

Cette maudite *Jeanne d'Arc* a fait grand tort à notre *Orphelin*; il vaudrait bien mieux sans elle; mais vous pouvez compter que ma vie est empoisonnée et mon âme accablée depuis six mois. Je suis si honteux qu'à mon âge on réveille ces plaisanteries indécentes, que mes montagnes ne me paraissent pas avoir assez de cavernes pour me cacher. Aidez-moi, mon cher ange, et je vous promets encore une tragédie¹, quand j'aurai de la santé et de la liberté d'esprit. En attendant, laissez-moi pleurer sur *Jeanne*, qui cependant fait rire beaucoup d'honnêtes gens. Comment va le pied de Mme d'Argental? et pourquoi a-t-elle mal au pied? Lekain m'a mandé que notre *Orphelin* n'allait pas mal. Vous êtes le père de l'*Orphelin*; je voudrais bien lui donner un frère, mais seulement pour vous plaire. Mme Denis vous fait les plus tendres compliments. Je baise les ailes de tous les anges.

MMCCXCI. — A M. POLIER DE BOTTENS.

Aux Délices, 14 novembre

J'aurais bien voulu, mon cher monsieur, que vous eussiez repassé par Genève, au lieu de prendre la route des Petits-Cantons. Vous auriez trouvé un vieux malade qui vous aime de tout son cœur, et qui

1. Après l'*Orphelin*, Voltaire composa *Tancrède*; mais il ne commença cette tragédie que le 22 avril 1759. (ÉD.)

vous aurait fait les honneurs d'une cabane assez jolie, que je préfère assurément au palais de Turin et à tous les palais. Dans la belle description que vous me faites de la Lombardie, je ne regrette que les îles Borromées, parce qu'elles sont solitaires et qu'on y a chaud. Il ne me faut que la retraite, du soleil et un ami. J'en ai perdu un dans M. de Giez; je le connaissais depuis fort peu de temps. La seule bonté de cœur m'avait procuré son amitié et ses services; il s'était fait un plaisir d'arranger cette autre petite cabane de Monrion. J'ai été touché sensiblement de sa perte, et je suis tout étonné d'être toujours à moitié en vie et de traîner mes maux et mes souffrances, quand je vois périr au milieu de leur carrière des hommes si robustes. Vraiment, monsieur, je ferai de grand cœur le même marché avec vous qu'avec lui; il jouissait de Monrion comme moi, il y avait passé une partie de l'été, il était le maître de la maison; daignez l'être, elle vous appartient à meilleur titre qu'à moi; je ne l'ai acquise que pour vous et pour M. de Brenles. C'est vous qui, le premier, m'avez invité à venir me retirer sur les bords de votre lac. La maison auprès de Genève m'a séduit; il faut avouer que les jardins sont délicieux et l'aspect enchanteur, je m'y suis ruiné; mais je préférerai Monrion, si vous voulez bien regarder cet ermitage comme le vôtre. Venez-y quand je n'y serai pas; mais venez-y surtout quand j'y serai; consolez-y un malade et éclairez un être pensant. J'y ai actuellement deux domestiques qui arrangent mon petit ménage, ou plutôt le vôtre. Comptez que cette retraite me tiendra lieu avec vous des îles Borromées. Je compte m'y établir incessamment pour l'hiver; je n'en sortirai point. Il m'est impossible de quitter le coin de mon feu dès que le mauvais temps est venu. J'aurai une chambre pour vous, une pour notre ami de Brenles, de bon vin, un cuisinier assez passable, quelques livres qui n'en sortiront point et qui pourront amuser mes hôtes; voilà mon petit établissement d'hiver, que je vous prie encore une fois de regarder comme votre maison toute l'année.

Je ne sais si M. de Brenles est revenu de la campagne, mais je me flatte qu'il sera de retour quand ma santé me permettra de me transporter à Monrion.

J'ai appris, depuis quelques jours, que *la Pucelle* est imprimée. Votre honnête capucin proposa dans Francfort, à un nommé Esslinger, libraire, de faire cette édition; il voulut vendre son manuscrit trop cher. Esslinger ne put conclure avec lui; il faut que ce bon capucin l'ait vendu à un autre. Les magistrats de Genève m'ont promis qu'ils empêcheraient cette capucinade effrontée d'entrer dans leur petit district; je ne sais comment faire pour en obtenir autant à Lausanne. On dit l'édition très-mauvaise et pleine de fautes. Je ne ferai pas le moindre reproche à M. *** de son goût pour les capucins, et je resterai tranquille.

Savez-vous que le conseil de Genève s'est fait représenter la belle lettre de Grasset à Bousquet, et que Grasset est décrété de prise de corps?

Le papier me manque, je finis; *tuus in æternum*.

MMCCXCII. — A M. DUPONT, AVOCAT.

Aux Délices, 22 novembre.

Les lettres de change, mon cher monsieur, se traitent plus sérieusement que les almanachs du *Courrier boiteux*. Schœpflin n'a aucune raison ni aucun prétexte valable pour refuser le payement d'un argent que j'ai bien voulu lui prêter, et que nul que moi ne lui aurait prêté. C'est trop abuser de mes bienfaits; ils méritaient un autre retour. L'état de mes affaires ne me permet pas d'attendre; j'ai compté sur cet argent. Le sieur Schœpflin a promis de le rendre; rien ne doit le faire manquer à sa parole. Je vous prie donc très-instamment de faire toutes les diligences nécessaires sans aucun délai, et de vouloir bien agir avec toute la promptitude que j'attends de votre amitié. Je vous aurai une très-grande obligation. Je ne vous répéterai pas que les dépenses qui étaient indispensables dans ma nouvelle acquisition me mettent dans un besoin pressant de mon argent. Schœpflin n'a pas seulement daigné répondre à une lettre de Colini : son procédé est insoutenable. En un mot, faites-moi payer par justice, je vous en prie, puisque le sieur Schœpflin ne veut pas me payer par devoir. Je vous demande encore en grâce d'agir à la réception de ma lettre. Je me moque des *pucelles*, et je veux poursuivre les mauvais débiteurs et les ingrats.

Je vous embrasse sans cérémonie.

VOLTAIRE.

MMCCXCIII. — DE M. DUCLOS, EN QUALITÉ DE SECRÉTAIRE PERPÉTUEL
DE L'ACADÉMIE FRANÇAISE.

L'Académie est très-sensible aux chagrins que vous causent les éditions fautives et défigurées dont vous vous plaignez; c'est un malheur attaché à la célébrité. Ce qui doit vous consoler, monsieur, c'est de savoir que les lecteurs capables de sentir le mérite de vos écrits ne vous attribueront jamais les ouvrages que l'ignorance et la malice vous imputent, et que tous les honnêtes gens partagent votre peine. En vous rendant compte des sentiments de l'Académie, je vous prie d'être persuadé, etc.

DUCLOS, *secrétaire*.

MMCCXCIV. — DE LOUIS-EUGÈNE, PRINCE DE WURTEMBERG.

A Paris, le 27 novembre.

Je viens de recevoir dans le moment, monsieur, cet exemplaire imprimé de *la Pucelle*. Je me fais un scrupule de l'avoir autrement que par vous. Ainsi, je vous l'envoie tel qu'on me l'a apporté, sans l'avoir fait couper, et par conséquent, sans l'avoir lu.

Je crois que vous serez convaincu maintenant qu'on vous trompait en vous assurant que j'en avais sept chants. Je ne veux vos ouvrages que par vos mains, et non par celles de vos ennemis, qui ont intérêt à les falsifier.

Je vous prie de m'aimer toujours un peu, et d'être persuadé de la tendre amitié avec laquelle je serai toujours, monsieur, votre très-humble et très-dévoué serviteur, LOUIS-EUGÈNE, *duc de Wurtemberg.*

MMCCXCV. — A M. BERTRAND.

Aux Délices, 28 novembre.

J'envoie, mon cher patron, à M. de Morancourt, la réponse de l'Académie française. L'édition que j'ai vue est l'ouvrage de la canaille. On a, dans Paris, le plus profond mépris pour ces manœuvres dont je me suis trop inquiété ici. Je crois qu'il faut laisser tomber ces misères dans l'oubli qu'elles méritent.

Voici la triste confirmation du désastre de Lisbonne et de vingt autres villes. C'est cela qui est sérieux. Si Pope avait été à Lisbonne, aurait-il osé dire *tout est bien?* Matthieu Garo ne le disait que quand il ne lui tombait qu'un gland sur le nez. Adieu, encore une fois ; aimez un peu le pauvre malade, et tout sera bien pour lui.

MMCCXCVI. — AU MÊME.

Aux Délices, 30 novembre.

Mes peines d'esprit, mon cher monsieur, sont aussi grandes que celles dont mon cœur est tourmenté. M. Polier de Bottens, instruit des chagrins que me donne l'édition de ce malheureux ouvrage si falsifié et si défiguré, me mande qu'il m'a prévenu par ses bons offices, et qu'il a assemblé le corps académique pour empêcher le débit de cette œuvre de ténèbres dans Lausanne. Il me mande aussi qu'il a écrit d'office à M. E..., membre du conseil souverain de Berne, pour le prier de faire à Berne les mêmes démarches qu'il a faites à Lausanne. On me confirme que l'édition qui paraît est celle de Maubert. Je ne puis rien savoir de positif sur tout cela dans ma solitude, et dans mes quatre rideaux, au milieu de mes souffrances. J'aurais souhaité, en effet, qu'on eût pu prévenir le débit de cette rapsodie à Berne, comme on l'a fait à Genève ; mais ce que je souhaite encore, c'est qu'il n'y ait point d'éclat. Je m'en rapporte, monsieur, avec confiance à votre amitié et aux bontés de Leurs Excellences, à qui M. de Paulmy[1] m'a recommandé. Il est certain que l'ouvrage tel qu'il est n'est pas le mien ; mais comme il y a, en effet, quelques morceaux qui m'appartiennent, tout estropiés qu'ils sont, et que j'ai fait à la vérité quelque chose sur ce sujet, il y a près de trente ans, vous sentez que le contre-coup retombe sur moi.

Vous savez l'horrible événement de Lisbonne, de Séville, et de Cadix. La ville de Lisbonne engloutie par un tremblement de terre, cent mille âmes[2] ensevelies sous les ruines, Séville endommagé, Cadix submergé pendant quelques minutes par le même tremblement ; voilà un

---

1. Le marquis de Paulmy, depuis la fin de 1748 jusqu'à celle de 1751, avait été ambassadeur en Suisse. (ÉD.)
2. Ce fut la première nouvelle. Mais dans son *Précis du Siècle de Louis XV*, Voltaire ne parla que de trente mille ; encore ce nombre est-il réduit de moitié par les auteurs de l'*Art de vérifier les dates*. (ÉD.)

terrible argument contre *l'Optimisme*. Il est honteux, dans des événements aussi épouvantables, de songer à ses affaires particulières. Je vous embrasse tendrement.

MMCCXCVII. — A M. LE COMTE D'ARGENTAL.

Aux Délices, près de Genève, 1ᵉʳ décembre.

Je dicte, mon cher ange, mes très-humbles et très-tendres remercîments, car il y a bien des jours que je ne peux pas écrire. Je vous ai envoyé le paquet pour l'Académie avant d'avoir reçu la lettre par laquelle vous m'avertissiez de la noble et scrupuleuse attention de *messieurs des postes*; je profiterai dorénavant de votre avis. Je vous assure qu'on vous en a donné un bien faux, quand on vous a dit que je faisais une nouvelle tragédie. Le fait est que Mme Denis avait promis *Zulime* à messieurs de Lyon ; mais, comme M. le cardinal votre oncle ne va pas au spectacle, la grosse Mme Destouches¹ se passera de *Zulime*.

Ceux qui ont imprimé la rapsodie² dont vous avez la bonté de me parler ont bien mal pris leur temps. L'Europe est dans la consternation du jugement dernier arrivé dans le Portugal. Genève, ma voisine, y a plus de part qu'aucune ville de France ; elle avait à Lisbonne une grande partie de son commerce. Cette aventure est assurément plus tragique que les *Orphelin* et les *Mérope*. Le *tout est bien* de Matthieu Garo et de Pope est un peu dérangé. Je n'ose plus me plaindre de mes coliques depuis cet accident. Il n'est pas permis à un particulier de songer à soi dans une désolation si générale. Portez-vous bien, vous, Mme d'Argental, et tous les anges, et tâchez de tirer parti, si vous pouvez, de cette courte et misérable vie ; je suis bien fâché de passer les restes de la mienne loin de vous. S'il y a quelques nouvelles sur *Jeanne*, je vous supplie de ne me laisser rien ignorer.

Je vous embrasse bien tendrement.

MMCCXCVIII. — A M. PICTET³, PROFESSEUR EN DROIT.

Oui, les Anglais prennent tout, la France souffre tout, les volcans engloutissent tout. Beaumont, qui a échappé, mande qu'il ne reste pas une maison dans Lisbonne ; c'est *l'Optimisme*. Mme Denis vient demain au soir.

Nous sommes, l'un et l'autre, tendrement attachés à nos voisins.

1. Directrice du théâtre de Lyon. (ÉD.)
2. *La Pucelle d'Orléans*, poëme en quinze livres. (ÉD.)
3. Ce billet, sans date, mais qui doit être du 1ᵉʳ décembre 1755, est adressé à Pierre Pictet, membre d'une famille génevoise ancienne et distinguée. Le professeur en droit Pictet devint, par la suite, beau-père de Samuel Constant de Rebecque, frère puîné de Constant d'Hermenches, et oncle du grand publiciste Benjamin Constant. (ÉD.)

MMCXCIX. — A M. PALISSOT.

Aux Délices, près Genève, 1ᵉʳ decembre.

On ne peut vous connaître, monsieur, sans s'intéresser vivement à vous. J'ai appris votre maladie avec un véritable chagrin. Je n'ai pas besoin du

Non ignara mali, miseris succurrere disco,
Virg., *Æneid.,* I, v. 630.

pour être touché de ce que vous avez souffert. Je suis beaucoup plus languissant que vous ne m'avez vu, et je n'ai pas même la force de vous écrire de ma main. Si vous écrivez à Mme la comtesse de La Marck, je vous supplie de lui dire combien je suis touché de l'honneur de son souvenir; je le préfère à ma belle situation et à la vue du lac et du Rhône. Ayez la bonté, je vous en prie, de lui présenter mon profond respect.

On ne sait que trop à Genève le désastre de Lisbonne et du Portugal. Plusieurs familles de négociants y sont intéressées. Il ne reste pas actuellement une maison dans Lisbonne; tout est englouti ou embrasé. Vingt villes ont péri; Cadix a été quelques moments submergé par la mer; la petite ville de Conil, à quelques lieues de Cadix, détruite de fond en comble. C'est le *jugement dernier* pour ce pays-là; il n'y a manqué que la *trompette.* A l'égard des Anglais, ils y gagneront plus à la longue qu'ils n'y perdront; ils vendront chèrement tout ce qui sera nécessaire pour le rétablissement du Portugal.

Je n'ai point de nouvelles de M. Patu, votre compagnon de voyage. Il m'a paru fort aimable, et digne d'être votre ami. J'espère que vous ne m'oublierez pas quand vous le verrez, ou quand vous lui écrirez. Mme Denis sera très-sensible à votre souvenir. Elle est actuellement à ma petite cabane de Monrion, auprès de Lausanne, où elle fait tout ajuster pour m'y établir l'hiver, en cas que mes maladies m'en laissent la force. Si jamais vous repassiez près de notre lac, j'aurais l'honneur de vous recevoir un peu mieux que je ne l'ai fait. Nous commençons à être arrangés. M. de Gauffecourt est ici depuis quelques jours; je crois que vous l'avez vu à Lyon. Il fait pour le sel à peu près ce que vous faites pour le tabac; mais il ne fait pas de beaux vers comme vous.

J'ai l'honneur etc.

MMCCC. — A M. DUPONT, AVOCAT.

Aux Délices, 2 decembre.

Mon cher ami, on ne parle plus que de tremblements de terre; on s'imagine à Genève que Lyon est englouti, parce que le courrier des lettres manqua hier. S'il n'y a point eu de tremblement à Strasbourg et à Colmar, je vous prie de me faire payer de Schœpflin. C'est un

---

1. Charles Palissot, né à Nancy le 3 janvier 1730, est mort à Paris le 15 juin 1814. Sa comédie des *Philosophes,* en 1760, et sa *Dunciade,* en 1764, lui valurent quelque célébrité et beaucoup d'ennemis. (ED.)

mauvais plaisant; je vous jure que je n'ai pas entendu parler de lui; il est juste qu'il entende parler de vous, à moins qu'il n'ait payé à M. Turckeim de Strasbourg. Mais M. Turckeim ne m'a point écrit. Vraiment oui, Jeanne d'Arc est imprimée, elle est partout. La pauvre diablesse est horriblement défigurée. Les Anglais, les Chapelain, les libraires, et moi, nous avons bien maltraité Jeanne. On prend fort bien la chose à Paris et en Suisse, mais les faquins de libraires ont très-mal pris leur temps. Ce n'était pas le temps de rire, quand la moitié d'un royaume est englouti sous la terre, et que chacun tremble dans son lit. Le *Tout est bien* et l'*Optimisme* en ont dans l'aile. Je présente mes respects à M. et à Mme de Klinglin.

Comment se porte Mme Dupont? Ma nièce et moi nous sommes à vous. V.

MMCCCI. — A M. POLIER DE BOTTENS.

Aux Délices, 2 décembre.

Mme Denis, mon cher monsieur, est revenue enchantée de vous, et pénétrée de la bonté de votre cœur. Elle ne me parle que de vous et de notre cher ami, M. de Brenles. Il n'y a ni maladie, ni ordonnance du docteur Tronchin qui tienne, il faut venir à Monrion se mettre entre les mains du docteur Tissot, dussé-je être disséqué comme mon pauvre ami Giez. Je compte écrire à M. de Brenles en vous écrivant; je m'imagine que vous êtes assez heureux l'un et l'autre pour vous voir tous les jours. Quand pourrai-je en faire autant, et venir enfin dans la petite retraite où mon cœur m'appelait depuis si longtemps!

Croyez-vous qu'on imagine à Genève qu'il y a eu un tremblement de terre en France comme en Portugal, parce que le courrier des lettres a manqué aujourd'hui? Dieu nous en préserve; les Alpes sont un bon contre-poids aux secousses, elles sont en tous sens l'asile du repos.

Les protestants sauvés à Lisbonne, et l'inquisition engloutie, ne sont pas l'effet des prières de saint Dominique. Adieu, monsieur; adieu, homme aimable et essentiel, jusqu'au moment où je pourrai vous renouveler, à M. de Brenles et à vous, mes deux parrains dans ma régénération de Pays de Vaud, combien je vous aime et vous respecte. V.

MMCCCII. — A M. DUPONT, AVOCAT.

Aux Délices, près de Genève, 8 décembre.

Je reçois dans le moment, mon cher monsieur, une lettre de M. Turckeim, par laquelle il me mande que le sieur Schœpflin a satisfait à sa dette. Je n'ai donc autre chose à faire qu'à vous prier de rengaîner, et à vous marquer, comme je pourrai, ma reconnaissance. Nous allons passer l'hiver à Monrion, Mme Denis et moi. Je vous assure que je serais bien tenté de faire un petit tour à Colmar, s'il n'y avait pas de *jésuites*. Je crois qu'il me faudrait auprès d'eux une sauvegarde de Nicolas Ier

Dites, je vous prie, à Mme de Klinglin qu'elle m'a joué un tour affreux; elle a été à Saint-Claude, à six lieues de mes Délices. Si elle m'en avait informé, je serais venu lui faire ma cour, elle sera cause que je ferai un voyage à Colmar.

Sur la nouvelle de l'anéantissement du Portugal, on se prépare à de nouveaux opéras en Italie, on va donner de nouvelles comédies à Paris, et on y fait une loterie de trente millions. Je vous souhaite le tr............, mon cher ami.

MMCCCIII. — A M. DE BRENLES.

Aux Délices, 8 décembre.

Mon cher ami, les *pucelles*, les tremblements de terre, et la colique, me mettent aux abois. Les petits maux me persécutent, et je suis encore sensible à ceux de la fourmilière sur laquelle nous végétons avec autant de tristesse que de danger. On n'est pas sûr de coucher dans son lit, et quand on y couche, on y est malade; du moins c'est mon état, et c'est ce qui m'empêche de venir faire avec vous des jérémiades à Monrion. J'ai encore, pour surcroît de malheur, un cheval encloué dans le meilleur des mondes possibles. Je suis prêt à partir; j'ai encore envoyé de petits bagages à l'ermitage de Monrion, et, dès que mon cheval et moi nous serons purgés, je prendrai sûrement un parti; en attendant, je n'en peux plus. Si je suis confiné à mes prétendues *Délices*, il faudra que je vous envoie. Mme Denis, qui me paraît enchantée de vous et de Lausanne; mais le mieux sera de l'accompagner, et, somme totale, je viendrai vif ou mort. Il y a un docteur Tissot qui dissèque proprement son monde, c'est une consolation; je ne me console point pourtant de mon ami Giez. Mille respects à Mme de Brenles; je vous embrasse du meilleur de mon cœur. V......

MMCCCIV. — A M. DALEMBERT.

Aux Délices, près Genève, 9 décembre.

Le célèbre M. Tronchin, qui guérit tout le monde hors moi, m'avait parlé des articles *Goût* et *Génie*; mais si on en a chargé d'autres, ces articles en vaudront mieux. Si personne n'a encore cette besogne, je tâcherai de la remplir. J'enverrai mes idées, et on les rectifiera comme on jugera à propos. Je me chargerais encore volontiers de l'article *Histoire*; et je crois que je pourrais fournir des choses assez curieuses sur cette partie, sans pourtant entrer dans des détails trop longs ou trop dangereux. Je demande si l'article *Facile* (style) doit être restreint à la seule facilité du style, ou si on a entendu seulement qu'en traitant le mot *Facile* dans toute son étendue, on n'oubliât pas le style facile.

Je demande le même éclaircissement sur *Fausseté* (morale), *Feu*, *Finesse*, *Faiblesse*, *Force* dans les ouvrages. Je demande si, en traitant l'article *Français* sous l'acception de peuple, on ne doit pas aussi parler des autres significations de ce mot.

A l'égard de *Fornication*, je suis d'autant plus en droit d'approfondir cette matière, que j'y suis malheureusement très-désintéressé.

Tant que j'aurai un souffle de vie, je suis au service des illustres auteurs de l'*Encyclopédie*. Je me tiendrai très-honoré de pouvoir contribuer, quoique faiblement, au plus grand et au plus beau monument de la nation et de la littérature. Je fais mes très-sincères compliments à tous ceux qui y travaillent. On m'a fort alarmé sur la santé de M. Rousseau[1]; je voudrais bien en savoir des nouvelles.

A propos de l'article *Fornication*, il y a encore un autre *f* qui a son mérite, mais je ne crois pas qu'il m'appartienne d'en parler.

Adieu, mon cher confrère, donnez-moi vos ordres. Je vous suis tendrement dévoué à plus d'un titre. *Le malingre* V.

MMCCCV. — A M. LE COMTE D'ARGENTAL.

Aux Délices, 10 décembre.

Je vous envoie, mon cher ange, une tragédie[2] que vous recevrez par une occasion. Ne vous alarmez pas; cette tragédie n'est pas de moi; je ne suis pas un homme à combattre le lendemain d'une bataille. La pièce est d'un de mes amis, à qui je voudrais bien ressembler. Je crois qu'elle peut avoir du succès, et je crains que l'amitié ne me fasse illusion. Je soumets l'ouvrage à vos lumières; l'auteur et moi nous nous en rapportons à vous avec confiance. Soyez le maître de cette tragédie comme des miennes; vous pouvez la faire donner secrètement aux comédiens. Mon cher ange, pendant que vous vous amuserez à faire jouer celle-là, je vous en mettrai une autre sur le métier, afin que vous ne chômiez pas; car ce serait conscience. Est-il vrai qu'il paraît dans Paris deux ou trois éditions d'une pauvre héroïne nommée *Jeanne*, et qu'il y en a d'aussi indécentes que fautives et défigurées? C'est Thieriot qui me mande cette chienne de nouvelle. Mettez-moi au fait, je vous en supplie, de mes enfants bâtards qu'on expose ainsi dans les rues. Il faut que les gens aient le cœur bien dur pour s'occuper de ces bagatelles, pendant qu'une partie du continent est abîmée, et que nous sommes à la veille du jugement dernier.

Je vais d'Alpe en Alpe passer une partie de l'hiver dans un petit ermitage appelé Monrion, au pied de Lausanne, à l'abri du cruel vent du nord. Adressez-moi toujours vos ordres à Lyon. Mille tendres respects à tous les anges.

MMCCCVI. — A MME DE FONTAINE.

A Monrion, 16 décembre.

Il faut que je dicte une lettre pour vous, ma chère nièce, en arrivant dans notre solitude de Monrion. Je ne vous ai point écrit depuis longtemps, mais je ne vous ai jamais oubliée. Tantôt malade, tantôt profondément occupé de bagatelles, j'ai été trop paresseux d'écrire. Si je vous avais écrit autant que j'ai parlé de vous, vous auriez eu de mes lettres tous les jours.

Je vais faire chercher les meilleurs pastels de Lausanne; vous en faites un si bel usage, que j'irais vous en déterrer au bout du monde.

1. J. J. Rousseau. (ÉD.)
2. *Nicéphore*, tragédie de Tronchin, conseiller d'État à Genève. (ÉD.)

Toutes nos petites Délices sont ornées de vos œuvres. Vous êtes déjà admirée à Genève, et vous l'emportez sur Liotard[1]. Remerciez la nature, qui donne tout, de vous avoir donné le goût et le talent de faire des choses si agréables.

C'est assurément un grand bonheur de s'être procuré pour toute sa vie un amusement qui satisfait à la fois l'amour-propre et le goût, et qui fait qu'on vit souvent avec soi-même, sans être obligé d'aller chercher à perdre son temps en assez mauvaise compagnie, comme font la plupart de tous les hommes, et même de vous autres dames. L'ennui et l'insipidité sont un poison froid contre lequel bien peu de gens trouvent un antidote.

Votre sœur et moi nous cherchons aussi à peindre. On me reproche un peu de nudités dans notre pauvre *Jeanne d'Arc*; on dit que les éditeurs l'ont étrangement défigurée. J'ai tiré mon épingle du jeu du mieux que j'ai pu; et grâce à vos bontés, nous avons évité le grand scandale.

Je me mets à présent au régime du repos; mais j'ai peur qu'il ne me vaille rien, et que je ne sois obligé d'y renoncer. Mme Denis se donne actuellement le tourment d'arranger notre retraite de Monrion. Nous avons eu aujourd'hui presque tout Lausanne. Je me flatte que les autres jours seront un peu plus à moi; je ne suis pas venu ici pour chercher du monde. La seule compagnie que je désire ici c'est la vôtre. Peut-être que le docteur Tronchin ne sera pas inutile à votre santé; vous êtes dans l'âge où les estomacs se raccommodent, et moi dans celui où l'on ne raccommode rien. Sans doute vous trouverez bien le moyen d'amener votre enfant avec vous. Si ma pauvre santé me permettait de lui servir de précepteur, je prendrais de bon cœur cet emploi; mais la meilleure éducation qu'il puisse avoir, c'est d'être auprès de vous.

Ma chère nièce, mille compliments à tout ce que vous aimez.

MMCCCVII. — A M. LE COMTE DE TRESSAN.

A Monrion, près de Lausanne, le 18 décembre 1755

Vous devez être fatigué, monsieur, d'éloges et de remercîments; ayez pourtant la bonté de recevoir les miens. On vous en présentera de plus flatteurs, mais non de plus sincères. M. de Châteauvieux a eu la bonté de me communiquer de votre part votre discours[2], digne en tout du roi et de la cérémonie qui en sont l'objet. Il a suspendu les douleurs que les maladies me font éprouver, mais il augmente celle que je ressentirai toujours de n'avoir pu être témoin de tout ce que le roi de Pologne et vous, monsieur, faites pour la gloire de la Lorraine. Si mon état me laissait assez de force pour venir prendre les eaux de Plombières, l'été prochain, je passerais exprès par Toul, pour venir

---

1. J. Ét. Liotard, peintre, né à Genève en 1702. (ÉD.)
2. *Discours prononcé* (à Nancy) *en présence de Sa Majesté polonaise, Stanislas Ier, dit le Bienfaisant, le 26 novembre 1755 jour de la dédicace de la place et de la statue de Sa Majesté Très-Chrétienne Louis XV, dit le Bien-aimé.* (ÉD.)

vous renouveler l'estime infinie et le tendre attachement que je conserverai toute ma vie pour vous. Pardonnez à un pauvre malade qui ne peut vous écrire de sa main.

J'ai l'honneur d'être avec une reconnaissance inexprimable, monsieur, votre très-humble et très-obéissant serviteur.

V.

MMCCCVIII. — A M. PICTET, PROFESSEUR EN DROIT.

A Monrion, près Lausanne, 21 décembre.

J'ai mille grâces à vous rendre, mon très-cher et très aimable professeur, aussi bien qu'à Mme Pictet. Elle a écrit à Mme Denis une lettre charmante, et j'ai reçu de vous un billet très-savant. La science et les grâces sont dans votre famille. Le sieur Falconnet a fait à Paris la même remarque que vous. Le Portugal est miné depuis longtemps. Reposons-nous à l'abri des Alpes. Quand serai-je assez heureux pour être encore votre voisin et celui de Mme Pictet ! Oserais-je vous prier de lui présenter mes tendres respects ? Je n'oublierai jamais vos bontés ni les siennes. Je me mets aux pieds de Mme Pictet et de la belle *Nanine*, tout indigne que j'en suis.

V.

MMCCCIX. — A MESSIEURS DE L'ACADÉMIE FRANÇAISE.

Le 21 décembre.

Messieurs, daignez recevoir mes très-humbles remercîments de la sensibilité publique que vous avez témoignée sur le vol et la publication odieuse de mes manuscrits, et permettez-moi d'ajouter que cet abus, introduit depuis quelques années dans la librairie, doit vous intéresser personnellement; vos ouvrages, qui excitent plus d'empressement que les miens, ne seront pas exempts d'une pareille rapacité.

L'*Histoire* prétendue *de la guerre de* 1741, qui paraît sous mon nom, est non-seulement un outrage fait à la vérité défigurée en plusieurs endroits, mais un manque de respect à notre nation, dont la gloire qu'elle a acquise dans cette guerre méritait une histoire imprimée avec plus de soin. Mon véritable ouvrage, composé à Versailles sur les mémoires des ministres et des généraux, est, depuis plusieurs années, entre les mains de M. le comte d'Argenson, et n'en est pas sorti. Ce ministre sait à quel point l'histoire que j'ai écrite diffère de celle qu'on m'attribue. La mienne finit au traité d'Aix-la-Chapelle, et celle qu'on débite sous mon nom ne va que jusqu'à la bataille de Fontenoi. C'est un tissu informe de quelques-unes de mes minutes dérobées et imprimées par des hommes également ignorants. Les interpolations, les omissions, les méprises, les mensonges, y sont sans nombre. L'éditeur ne sait seulement pas le nom des personnes et des pays dont il parle, et pour remplir les vides du manuscrit, il a copié, presque mot à mot, près de trente pages du *Siècle de Louis XIV*. Je ne puis mieux comparer cet avorton qu'à cette *Histoire universelle* que Jean Néaulme imprima sous mon nom il y a quelques années. Je sais que tous les gens de lettres de Paris ont marqué leur juste indignation de ces procédés. Je sais avec quel mépris et avec quelle horreur on a vu les *notes* dont un éditeur[1] a défiguré le *Siècle de Louis XIV*. Je dois m'adresser à vous, messieurs, dans ces occasions, avec d'autant plus de confiance, que je n'ai travaillé, comme vous, que pour la gloire de ma patrie, et qu'elle serait flétrie par ces éditions indignes, si elle pouvait l'être.

Je ne vous parle point, messieurs, de je ne sais quel poëme entièrement défiguré qui paraît aussi depuis peu. Ces œuvres de ténèbres ne méritent pas d'être relevées, et ce serait abuser des bontés dont vous m'honorez; je vous en demande la continuation.

Je suis avec un très-profond respect, etc.

MMCCCX. — A M. LE MARÉCHAL DUC DE RICHELIEU.

A Monrion, près de Lausanne, ce 28 décembre.

Est-il bien vrai, monseigneur, que je prends la liberté de vous demander vos bontés pour Mme ou Mlle Gouet? Quel intérêt ai-je à cela? On dit qu'elle est jeune et bien faite; c'est votre affaire et non la mienne. Elle veut chanter les *Cantiques* de Moncrif chez la reine; elle demande à entrer dans la musique, et il faut que du pied du mont Jura, je vous importune pour les plaisirs de Versailles! On s'imagine que vous avez toujours quelque bonté pour moi, et on me croit en droit de vous présenter des requêtes. Mais si Mlle Gouet est si bien faite, et si elle a une si belle voix, la liberté que je prends est très-inutile; et si elle n'avait, par malheur, ni voix ni figure, cette liberté serait plus inutile encore. Je devrais donc me borner à vous demander pour moi tout seul la continuation de vos bontés. Je ne suis plus à mes Délices, je passe mon hiver dans une maison plus chaude, que j'ai auprès de Lausanne, à l'autre bout du lac. Un village a été abîmé, à quelques lieues de nous, par un tremblement de terre, le 9 du mois. En attendant que mon tour vienne, je vous renouvelle mon très-tendre respect. Nous sommes ici deux Suisses, ma nièce et moi, qui regrettons de n'être pas nés en Guienne[2].

MMCCCXI. — A DALEMBERT.

A Monrion, 28 décembre.

Voilà *Figuré* plus correct; *Force*, dont vous prendrez ce qu'il vous plaira; *Faveur* de même; *Franchise* et *Fleuri* item. Tout cela ne demande, à mon gré, que de petits articles. *Français* et *Histoire* sont terribles. Je n'ai point de livres dans ma solitude de Monrion; je demande un peu de temps pour ces deux articles.

J'ajoute *Fornication* : je ne peux ni faire ni dire beaucoup sur ce mot. J'enverrai incessamment l'*Histoire des flagellants*[3]. Que diable

1. La Beaumelle. (ÉD.)
2. Richelieu venait d'obtenir (4 décembre) le gouvernement général de Guienne. (ÉD.)
3. Allusion badine faite par Voltaire au livre de Jacques Boileau, intitulé : *Historia flagellantium*, etc. (*Note de Clogenson.*)

peut-on dire de *Formaliste*, sinon qu'un homme formaliste est un homme insupportable?

En général, je ne voudrais que définitions et exemples; définitions, je les fais mal; exemples, je ne peux en donner, n'ayant point de livres, et n'ayant que ma pauvre mémoire qui s'en va comme le reste.

Mes maîtres encyclopédiques, est-ce que vous aimez les choses problématiques? M. Diderot avait bien dit, à mon gré, que quand tout Paris viendrait lui dire qu'un mort est ressuscité, il n'en croirait rien. On vient dire après cela que, si tout Paris a vu ressusciter un mort, on doit en avoir la même certitude que quand tous les officiers de Fontenoi assurent qu'on a gagné le champ de bataille. Mais, révérence parler, mille personnes qui me content une chose improbable ne m'inspirent pas la même certitude que mille personnes qui me disent une chose probable; et je persiste à penser que cent mille hommes qui ont vu ressusciter un mort pourraient bien être cent mille hommes qui auraient la berlue.

Adieu, mon cher confrère; pardonnez à un pauvre malade ses sottises et son impuissance. Ce malade vous aime de tout son cœur, et Mme Denis aussi.

MMCCCXII. — A M. GOTTSCHED.

A Monrion, près de Lausanne, 1ᵉʳ janvier 1756.

Monsieur, si j'écrivais autant de lettres que les libraires m'imputent de livres, vous seriez souvent importuné des miennes. Mais un pauvre malade solitaire ne peut guère écrire. Je fais trêve à tous mes maux pour vous souhaiter, aussi bien qu'à Mme Gottsched, une bonne année et toutes les prospérités que vous méritez l'un et l'autre. Je commence cette année par vous demander hardiment une grâce; c'est de vouloir bien honorer d'une place dans votre journal une lettre à l'Académie française que j'ai l'honneur de vous envoyer. Il est de l'intérêt de la vérité, et du mien, que cette lettre soit connue. Faites la grâce entière : je vous supplie que, par votre entremise, les gazettes allemandes fassent mention du désaveu que vous trouverez joint à la lettre. Il est honteux que les libraires se mettent en possession d'imprimer ce qu'ils veulent sous le nom d'un auteur vivant. Tous les gens de lettres y sont intéressés; et à qui la gloire des lettres doit-elle être plus chère qu'à vous qui en êtes l'ornement et le soutien?

Je vous en aurai beaucoup d'obligation, et j'ai l'honneur d'être, avec tous les sentiments qui vous sont justement dus, monsieur, votre très-humble et très-obéissant serviteur. VOLTAIRE.

MMCCCXIII. — A M. G. C. WALTHER.

1ᵉʳ janvier 1756.

Mon cher Walther, on me mande qu'on a imprimé en Hollande, et que vous voulez réimprimer en Allemagne une prétendue *Histoire de la guerre de* 1741. L'amitié que j'aurai toujours pour vous m'oblige de vous avertir que cette *Histoire*, qu'on met impudemment sous mon nom, n'est point de moi. Vous le verrez aisément par ma lettre ci-jointe à l'Académie française. Je vous prie de faire imprimer cette lettre dans les journaux d'Allemagne, et de vouloir bien aussi faire insérer dans les gazettes le désaveu que je joins ici dans un petit papier. Vous obligerez un homme qui fera toujours profession d'être votre serviteur et votre ami.

VOLTAIRE.

MMCCCXIV. — A M. LE COMTE D'ARGENTAL.

A Monrion, 8 janvier 1756.

Je reçois, mon cher ange, votre lettre du 29 décembre, dans ma cabane de Monrion, qui est mon palais d'hiver. Mon sermon sur Lisbonne n'a été fait que pour édifier votre troupeau, et je ne jette point le pain de vie aux chiens[1]. Si vous voulez seulement régaler Thieriot d'une lettre, il viendra vous demander la permission de s'édifier chez vous.

Je cherche toujours à vous faire ma cour par quelque nouvelle tragédie; mais j'ai une maudite *Histoire générale* qu'il faut finir, et une édition[2] à terminer. Ma déplorable santé ne me permet guère de porter trois gros fardeaux à la fois. J'ai résolu d'abandonner toute idée de tragédie jusqu'au printemps. Je sens que je ne pourrai faire de vers que dans le jardin des Délices. Il faut à présent que ma vieille muse se promène un peu pour se dégourdir. Je ne crois pas qu'on ait beaucoup affaire de *Mariamne*, quand on a un *Astyanax*[3] et une *Coquette*[4]. On dit que cette Mlle Hus, dont vous me parlez, ressemble plus à une Agnès qu'à une Salomé. Cependant, si vous voulez qu'elle joue ce vilain rôle, je le lui donne de tout mon cœur, *in quantum possum et in quantum indiget*. Je suis gisant dans mon lit, ne pouvant guère écrire; mais je vais donner les provisions de Salomé à ladite demoiselle.

Quoique vous ne méritiez pas que je vous dise des nouvelles, vous saurez pourtant que la cour d'Espagne envoie quatre vaisseaux de guerre à Buénos-Aires contre le R. P. Nicolas. Parmi les vaisseaux de transport il y en a un qui s'appelle *le Pascal*. Peut-être y êtes-vous intéressé comme moi, car il appartient à MM. Gilli. Il est bien juste que Pascal aille combattre les jésuites; mais ni vous ni moi ne paraissions faits pour être de la partie.

Je vous embrasse, mon cher ange.

MMCCCXV. — A MADAME DE FONTAINE, A PARIS.

A Monrion, 8 janvier.

J'envoie, ma chère nièce, la consultation de votre procès avec la nature au grand juge Tronchin; je le prierai d'envoyer sa décision par la poste en droiture, afin qu'elle vous arrive plus vite.

1. *Ecce panis angelorum*
   Non mittendus canibus. (ÉD.)
2. L'édition de ses *Œuvres* publiée par les frères Cramer en 1756. (ÉD.)
3. Tragédie de Châteaubrun. (ÉD.) — 4. Comédie de La Noue. (ÉD.)

Vous me paraissez à peu près dans le même cas que moi ; faiblesse et sécheresse, voilà nos deux principes. Cependant, malgré ces deux ennemies, je n'ai pas laissé de passer soixante ans, et Mme Ledosseur vient de mourir, avant quarante, d'une maladie toute contraire. Mlles Bessières avaient une vieille tante qui n'allait jamais à la garderobe ; elle faisait seulement, tous les quinze jours, une crotte de chat que sa femme de chambre recevait dans sa main, et qu'elle portait dans la cheminée ; elle mangeait, dans une semaine, deux ou trois biscuits, et vivait à peu près comme un perroquet ; elle était sèche comme le bois d'un vieux violon, et vécut dans cet état près de quatre-vingts ans, sans presque souffrir.

Au reste, je présume que M. Tronchin vous prescrira à peu près le même remède qu'à moi ; et, comme vous avez l'esprit plus tranquille que le mien, peut-être ce remède vous réussira ; mais ce ne sera qu'à la longue. Le père putatif du maréchal de Richelieu, qui était le plus sec et le plus constipé des ducs et pairs, s'avisa de prendre du lait à la casse ; cela avait l'air du bouillon de Proserpine ; il s'en trouva très-bien. Il mangeait du rôti à dîner, il prenait son lait à la casse à souper, et vécut ainsi jusqu'à quatre-vingt-quatre ans. Je vous en souhaite autant, ma chère nièce. Amusez-vous toujours à peindre de beaux corps tout nus, en attendant que le docteur Tronchin rétablisse et engraisse le vôtre.

Adieu, ma chère nièce ; tâchez de venir nous voir avec des tetons rebondis et un gros cul. Je vous embrasse tendrement, tout maigre que je suis. J'écris à Montigni sur la mort de Mme Ledosseur. Sa perte m'afflige, et fait voir qu'on meurt jeune avec de gros tetons. La vie n'est qu'un songe ; nous voudrions bien, votre sœur et moi, rêver avec vous.

MMCCCXVI. — A M. LE COMTE DE TRESSAN.

A Monrion, 11 janvier.

Il me paraît, monsieur, que Sa Majesté polonaise n'est pas le seul homme *bienfaisant* en Lorraine, et que vous savez bien faire comme bien dire. Mon cœur est aussi pénétré de votre lettre, que mon esprit a été charmé de votre *Discours*. Je prends la liberté d'écrire au roi de Pologne, comme vous me le conseillez, et je me sers de votre nom pour autoriser cette liberté. J'ai l'honneur de vous adresser la lettre ; mon cœur l'a dictée.

Je me souviendrai toute ma vie que ce bon prince vint me consoler un quart d'heure dans ma chambre, à la Malgrange, à la mort de Mme du Châtelet. Ses bontés me sont toujours présentes. J'ose compter sur celles de Mme de Boufflers et de Mme de Bassompierre. Je me flatte que M. de Lucé ne m'a pas oublié ; mais c'est à vous que je dois leur souvenir. Comme il faut toujours espérer, j'espère que j'aurai la force d'aller à Plombières, puisque Toul est sur la route. Vous m'avez écrit à mon château de Monrion ; c'est Ragotin qu'on appelle *monseigneur* ; je ne suis point homme à châteaux. Voici ma position : j'avais toujours imaginé que les environs du lac de Genève étaient un lieu très-agréable pour un philosophe, et très-sain pour un malade; je tiens le lac par les deux bouts; j'ai un ermitage fort joli aux portes de Genève, un autre aux portes de Lausanne; je passe de l'un à l'autre; je vis dans la tranquillité, l'indépendance, et l'aisance, avec une nièce qui a de l'esprit et des talents, et qui a consacré sa vie aux restes de la mienne.

Je ne me flatte pas que le gouverneur de Toul[1] vienne jamais manger des truites de notre lac; mais si jamais il avait cette fantaisie, nous le recevrions avec transport; nous compterions ce jour parmi les plus beaux jours de notre vie. Vous avez l'air, messieurs les lieutenants généraux, de passer le Rhin cette année plutôt que le mont Jura; et j'ai peur que vous ne soyez à Hanovre quand je serai à Plombières. Devenez maréchal de France, passez du gouvernement de Toul à celui de Metz; soyez aussi heureux que vous méritez de l'être; faites la guerre, et écrivez-la. L'histoire que vous en ferez vaudra certainement mieux que la rapsodie de la *Guerre de* 1741, qu'on met impudemment sous mon nom. C'est un ramas informe et tout défiguré de mes manuscrits que j'ai laissés entre les mains de M. le comte d'Argenson.

Je vous préviens sur cela, parce que j'ambitionne votre estime. J'ai autant d'envie de vous plaire, monsieur, que de vous voir, de vous faire ma cour, de vous dire combien vos bontés me pénètrent. Il n'y a pas d'apparence que j'abandonne mes ermitages et un établissement tout fait dans deux maisons qui conviennent à mon âge et à mon goût pour la retraite. Je sens que si je pouvais les quitter, ce serait pour vous, après toutes les offres que vous me faites avec tant de bienveillance. Je crois avoir renoncé aux rois, mais non pas à un homme comme vous.

Permettez-moi de présenter mes respects à Mme la comtesse de Tressan, et recevez les tendres et respectueux remercîments du Suisse Voltaire.

e m'intéresse à *Panpan*[2] comme malade et comme ami.

MMCCCXVII. — A M. LE PRÉSIDENT HÉNAULT.

A Monrion, près de Lausanne, ce 13 janvier.

Vous me proposez, monsieur, les plus belles étrennes du monde; je les accepte d'un grand cœur. Il n'y a point de Suisse dans les treize cantons qui aime mieux l'histoire de France que moi; et c'est vous qui me l'avez fait aimer. Vous avez la bonté de m'annoncer votre cinquième édition; soyez sûr que vous verrez la trentième. Vous avez rendu un très-grand service au public, en augmentant d'un tiers un ouvrage si utile. Vous êtes d'ailleurs fort heureux qu'on ne vous vole point vos manuscrits, et qu'on ne vous les défigure pas.

J'en connais de plus misérables[3].

1. Depuis 1750 Tressan était gouverneur du Toulois et de la Lorraine française. (ÉD.)
2. Devaux. (ÉD.)
3. Dernier vers du sonnet de Benserade sur Job. (ÉD.)

« Vous me demandez comment on peut m'envoyer mes étrennes; très-aisément, en les mettant à la poste avec le contre-seing d'un de vos amis, et en me les adressant en droiture à Genève. Il est vrai que je passe mon hiver dans mon ermitage auprès de Lausanne; mais tout me vient par Genève, c'est la grande route.

Après le don de votre excellent livre, le plus grand plaisir que vous puissiez me faire, c'est de dire à Mme du Deffand combien je m'intéresse toujours à elle. Je ne lui écris point, parce que, dans ma solitude, je n'ai rien de commun avec le monde. Je suis devenu Suisse et jardinier. Je sème et plante. Je n'oublie point les personnes auxquelles j'ai été attaché, mais je ne les ennuie point de mes inutiles lettres.

Je suis très-aise pour l'Académie des belles-lettres que vous remplissiez et que vous honoriez la place d'un théatin[1]; je n'en savais rien. Je ne lis ni gazettes ni *Mercures*. Je ne sais plus l'histoire de mon siècle, et je n'ai guère de correspondance qu'avec le jardinier des Chartreux, quoique l'apparition de *la Pucelle* puisse faire penser que je suis en commerce avec leur *Portier*.

Mme Denis vous fait mille compliments. Je me flatte que votre ami n'a plus la goutte. Les circonstances présentes semblent demander un homme ingambe; mais il sera toujours très-alerte, quand même il aurait le pied emmaillotté.

Recevez ma très-sincère et très-tendre reconnaissance, et mon inviolable attachement.

J'ai eu l'honneur d'avoir un tremblement de terre dans mon ermitage des Délices. Si les îles Açores sont englouties, comme on l'assure, je me range du sentiment de M. de Buffon.

MMCCCXVIII. — A M. BERTRAND, A BERNE.

A Monrion, 24 janvier.

Pour répondre à votre difficulté, mon cher monsieur, sur l'histoire de Jeanne d'Arc, je vous dirai que, quelques années après sa mort, il y eut une grosse créature fraîche, belle et hardie, accompagnée d'un moine, qui alla s'établir à Toul, et se dit la Pucelle d'Orléans, échappée au bûcher. Le moine contait par quel miracle cette évasion s'était opérée; on leur fit un grand festin dans l'hôtel de ville, et les registres en font foi. L'illusion alla si loin, qu'un homme de la maison des Armoises épousa cette aventurière, croyant épouser la Pucelle d'Orléans; et c'est de ce mariage que descend le marquis des Armoises d'aujourd'hui. Voilà pourquoi, monsieur, on a prétendu, en Lorraine, que la Sorbonne et les Anglais n'avaient point consommé leur crime, et que la Pucelle d'Orléans, pucelle ou non, n'avait point été brûlée. Cette aventure n'est point extraordinaire dans un temps où il n'y avait point de communication d'une province à une autre, et où l'on faisait son testament quand on entreprenait le voyage de Nanci à Paris.

Je reçois dans le moment votre lettre, et celle de cet autre aventu-

1. Boyer. (ÉD.)

rier qui va chercher de nouveaux malheurs chez les Vandales. Sa conduite paraît d'un fou, et son billet est d'un Gascon. Mais ce n'est pas sa folie, c'est son malheur qu'il faut soulager. Je vous remercie de tout mon cœur des dix écus que vous avez eu la bonté de lui donner de ma part. Vous avez poussé trop loin la générosité; en l'aidant aussi vous-même de votre bourse. Mais enfin c'est votre métier de faire de bonnes actions. Comme vous ne me mandez point par quelle voie je dois vous rembourser les dix écus, permettez que je vous en adresse le billet inclus pour M. Panchaud.

Êtes-vous informé que, le 21 décembre, il y a eu un nouveau tremblement de terre à Lisbonne, qui a fait périr soixante et dix-huit personnes? on compte cela pour rien. Les Français préparent une descente en Angleterre. *Qu'allait-il faire dans cette galère?* Quel *optimisme* que tout cela! heureux les hommes ignorés qui vivent chez eux en paix! plus heureux ceux qui vivent avec vous! Je vous embrasse de tout mon cœur. Je vous remercie; je vous supplie de présenter mes respects à M. le baron de Freudenreich. *Tuus semper.*

MMCCCXIX. — A M. DE GAUFFECOURT.

A Monrion, 29 janvier 1756.

J'ai payé, mon cher philosophe, *a lento risu*, l'argent que vous m'avez ordonné de payer pour vos beaux grands draps sans couture. Je n'ai pu avoir votre reçu, parce que M. Grand est toujours à la chasse, et tire plus de lièvres que de lettres de change. Mais vous êtes couché sur son grand livre, et j'espère que j'aurai un reçu dans quelques mois. Vous aurez, avant ce temps-là, le catéchisme de la sainte religion naturelle.

Je vous supplie d'adresser l'incluse à Mme d'Épinay, chez qui Liébaud a récité le catéchisme. Obtenez de Mme d'Épinay qu'elle mette son honneur à faire rendre cette lettre. Je prierai Dieu pour le salut de votre âme. Mme Denis vous baise des deux côtés. Ne nous oubliez pas auprès de vos amis; et n'oubliez pas Marc.

Je vous embrasse philosophiquement. V.

MMCCCXX. — A M. PICTET, PROFESSEUR EN DROIT.

Monrion, 29 janvier.

En vous remerciant, mon cher professeur, très-tendrement de votre souvenir, et très-tristement des nouvelles publiques. Le diable est déchaîné sur terre et sur mer. Laissons-le faire, et vivons tranquilles au bord de notre lac. Vous me ferez grand plaisir de m'apprendre les nouvelles sottises de ce bas monde, et encore plus de me mander que vous et votre aimable famille vivez heureux et tranquilles.

Quand je suis à Lyon, je voudrais marier à Lyon certains grands yeux noirs, certaine belle âme logée dans un corps droit comme un jonc. Quand je suis à Lausanne, je voudrais la marier à Lausanne; et, lorsque je suis aux Délices, je lui souhaite un conjoint de Genève.

Madame sa mère est bien regrettée ici. Nous n'avions qu'un chagrin; c'était de ne vous point avoir à Monrion.

Je pense que Mme Pictet a eu la bonté de parler de foin et d'avoine; j'en suis honteux; je la remercie. Colombier nous offre du foin; je ne m'en soucie guère. *Totius familiæ servus.*   V.

MMCCCXXI. — A M. VERNES, A GENÈVE.

A Monrion, 29 janvier.

Il est vrai, mon cher monsieur, que vous m'avez envoyé des vers; mais j'aime bien mieux votre prose. Je n'ai point d'admirateurs, je n'en veux point; je veux des amis, et surtout des amis comme vous.

On dit que vous avez prononcé un discours admirable sur le malheur de Lisbonne, et qu'on ne voudrait pas que cette ville eût été sauvée, tant votre discours a paru beau. Vous avez encore Méquinez, et quelque cent mille Arabes, qui ont été engloutis sous la terre. Cela peut servir merveilleusement votre éloquence chrétienne, d'autant plus que ces pauvres diables étaient des infidèles.

Tous ces désastres ont privé Lausanne de la comédie. On a joué *Nanine* à Berne; mais, pour expier ce crime affreux, on a indiqué un jour de jeûne. Mme Denis, qui ne jeûne point, a été très-fâchée qu'on ne bâtît point un théâtre à Lausanne; mais cela ne l'a point brouillée avec les ministres. Il en vient quelques-uns dans mon petit ermitage à Monrion. Ils sont tous fort aimables et très-instruits. Il faut avouer qu'il y a plus d'esprit et de connaissances dans cette profession que dans aucune autre. Il est vrai que je n'entends point leurs sermons; mais, quand leur conversation ressemble à la vôtre, je vous assure qu'ils me plaisent beaucoup plus.

Mille compliments à toute votre famille, et à M. et Mme de Labat. Adieu; je vous embrasse de tout mon cœur, et sans cérémonie.

MMCCCXXII. — A M. DE GAUFFECOURT, A GENÈVE.

A Monrion, près de Lausanne, 1er février 1756.

Dans le temps, mon cher monsieur, que vous m'envoyiez un reçu fort inutile, je vous en préparais un qui n'est pas plus nécessaire. Ces bagatelles se trouvent dans la grande Bible de M. Grand, à Lausanne, et de M. Cathala, à Genève; cependant prenez toujours ce chiffon de commentaire.

Il se pourrait bien faire que le traité du roi de Prusse le conduisît au comble de la gloire, et le rendît médiateur nécessaire entre l'Angleterre et la France. Je serais bien fâché qu'on perdît du monde à Cassel pour la religion; cette mode devrait être passée. M. Liébaut m'a écrit; il a chargé sa mémoire d'un ouvrage fort incorrect, et fort différent de celui que vous avez eu. Il court à Paris une petite pièce d'environ trente vers sur le désastre de Lisbonne[1]; on la dit un peu vive; on me l'attribue; je suis accoutumé à être calomnié.

1. Elle était de Ximenès. (ÉD.)

Bonsoir, mon cher philosophe; je vous remercie d'avoir présenté mes respects à Mme d'Épinay, puisqu'elle est philosophe aussi. V.

MMCCCXXIII. — A M. LE COMTE D'ARGENTAL.

Février.

Mon cher ange, si ceci[1] n'est pas une tragédie, ce sont au moins des vers tragiques. Je vous demande en grâce de me mander s'ils sont orthodoxes; je les crois tels; mais j'ai peur d'être un mauvais théologien. Il court sous mon nom je ne sais quelle pièce sur le même sujet. Il serait bon que mon vrai sermon fît tomber celui qu'on m'impute. Je vous demande en grâce d'éplucher mon prêche. Le *tout est bien* me paraît ridicule, quand le mal est sur terre et sur mer. Si vous voulez que tout soit bien pour moi, écrivez-moi.

Je vous demande pardon, mon cher ange, de vous envoyer tant de vers, et point de nouvelle tragédie; mais j'imagine que vous serez bien aise de voir les belles choses que fait le roi de Prusse. Il m'a envoyé toute la tragédie de *Mérope* mise par lui en opéra. Permettez-moi que je vous donne les prémices de son travail; je m'intéresse toujours à sa gloire. Vous pourriez confier ce morceau à Thieriot, qui en chargera sans doute sa mémoire, et qui sera une des *trompettes* de la renommée de ce grand homme. Je ne doute pas que le roi de Prusse n'ait fait de très-beaux vers pour le duc de Nivernais; mais, jusqu'à présent, on ne connaît que son traité[2] en prose avec les Anglais.

Mille respects à tous les anges.

MMCCCXXIV. — A M. LE MARÉCHAL DUC DE RICHELIEU.

A Monrion, 7 février.

Je vous remercie bien fort, mon *héros*, de votre belle et instructive épître. Il est vrai que vous écrivez comme un chat, et que, si vous n'y prenez garde, vous égalerez le maréchal de Villars. Je me flatte bien que vous l'égalerez tout de même, quand il ne sera pas question de plume; mais il me semble que le nouveau traité dont le roi de Prusse s'applaudit ne vous permettra pas la guerre de terre. Vous ne seriez pas le premier de votre nom qui eût gagné une bataille navale; mais, jusqu'à présent, vous n'avez pas tourné vos vues de ce côté. Vous allez pourtant vous montrer à la Méditerranée; et je voudrais que les Anglais fissent une descente à Toulon, pour que vous les traitassiez comme on vient de les traiter à Philadelphie.

Je reviens à Fontenoi. Je suis encore à comprendre comment ma nièce ne vous donna pas le manuscrit que je lui avais envoyé pour vous. Ce manuscrit ne contenait que des mémoires qu'il fallait rédiger et resserrer; il y avait une grande marge qui attendait vos instructions dans vos moments de loisirs.

M. de Ximenès, qui allait souvent chez ma nièce, sait comment ces

---

1. Poëme sur le *Désastre de Lisbonne*. (ÉD.)
2. Du 16 janvier 1756. (ÉD.)

mémoires informes et défigurés, ont été imprimés en partie. Je ferai transcrire l'ouvrage entier dès que je serai de retour à mes petites Délices auprès de Genève. Il est bien certain que le nom de *Reiss* ou de *Thésée* est une chose fort indifférente; mais ce qui ne l'est point, c'est qu'on ose vous contester le service important que vous avez rendu au roi et à la France.

Permettez-moi seulement de vous représenter qu'en vous tuant de dire qu'il n'y a pas un mot de vrai dans la conversation rapportée, vous semblez donner un prétexte à vos envieux de dire que ce qui suit cette conversation n'est pas plus véritable.

Je n'ai pas inventé le *Thésée*, et, par parenthèse, cela est assez dans le ton de M. le maréchal de Noailles. C'est, encore une fois, votre écuyer Féraulas qui me l'a conté; c'est une circonstance inutile, sans doute; mais ces bagatelles ont un air de vérité qui donne du crédit au reste; et, si vous me contestez le *Thésée* publiquement, vous affaiblissez vous-même les vérités qui sont liées à cette conversation. On présumera que j'ai hasardé tout ce que je rapporte de cette journée si glorieuse pour vous.

Au reste, toute cette histoire est fondée sur les lettres originales de tous les généraux; et quelques petites circonstances qu'on m'a dites de bouche ne peuvent, je crois, faire aucun tort au reste de l'histoire, quand je rapporte mot pour mot les lettres qui sont dans le dépôt du ministre.

Je souhaite que la guerre sur mer soit aussi glorieuse que la dernière guerre en Flandre l'a été.

Croiriez-vous que le roi de Prusse vient de m'envoyer une tragédie de *Mérope* mise par lui en opéra? Il m'avertit cependant qu'il n'est occupé qu'à des traités. Je voudrais que vous vissiez quelque chose de son ouvrage, cela est curieux. Faites vos réflexions sur ce contraste, et sur tous ces contrastes. J'aurais pu donner quelques bons avis; mais je me renferme dans mon obscurité et dans ma solitude, comme de raison.

Je ne doute pas que vous ne voyiez Mme de Pompadour avant votre départ. Je n'ai qu'à vous renouveler mon éternel et respectueux attachement.

MMCCCXXV. — A M. D'ALEMBERT.

A Monrion, 10 février.

Je vous envoie, mon cher et illustre confrère, deux phénomènes littéraires: l'un des deux vous regarde; et vous verrez quels remerciments vous devez à M. Formey, secrétaire de votre académie de Berlin. Pour moi, j'en dois de très-sincères au roi de Prusse. Vous voyez qu'il

---

1. Ceci est relatif à ce passage du récit de la bataille de Fontenoi dans l'*Histoire de la guerre de 1741* : « M. le duc de Richelieu se présente hors d'haleine, l'épée à la main, et couvert de poussière. « Eh bien , Reiss, lui dit le « maréchal de Noailles (c'était une plaisanterie à eux), quelle nouvelle apportez-« vous? » Richelieu avait fait observer à Voltaire que le surnom qu'on lui donnait n'était pas *Reiss*, mais *Thésée*. (ÉD.)

m'a fait l'honneur de mettre en opéra français ma tragédie de *Mérope* : en voici la première scène. J'ignore encore s'il veut qu'on mette en musique ses vers français, ou s'il veut les faire traduire en italien. Il est très-capable, comme vous savez, de faire la musique lui-même; sans cela, je prierais quelque grand musicien de Paris de travailler sur ce canevas. Les vers vous en paraîtront fort lyriques, et paraissent faits avec facilité. Il ne m'a jamais fait un présent plus galant. Dès que je serai de retour à mes petites Délices, je travaillerai à *Français* et à *Histoire*, et je serai à vos ordres, sauf à être réduit par le sieur Formey. Mes compliments à tous les encyclopédistes.

MMCCCXXVI. — A M. PICTET, PROFESSEUR EN DROIT.

Monrion, 12 février.

Mme Denis, mon très-cher voisin, prétend qu'elle a écrit très-régulièrement à Mme Pictet. Il faut que les lettres se soient croisées. Ce n'est pas avec les personnes que l'on aime qu'on manque à son devoir. Je vous remercie de vos nouvelles. Je commence à douter de la destruction de Philadelphie. Quoique je tienne cette nouvelle du roi Stanislas, je ne doute pas que le ministre de France n'envoie, comme vous le dites, des secours en Amérique sur des vaisseaux détachés. On les prendra peut-être plus aisément; mais les ministres ont leurs raisons, dans lesquelles il ne m'appartient pas de pénétrer.

Le roi de Prusse fait des traités et des vers; il peut faire tout ce qu'il voudra. Mille tendres respects à toute votre famille. V.

MMCCCXXVII. — A M. BRIASSON, LIBRAIRE A PARIS.

A Monrion, 13 février.

Avant de travailler à l'article *Français*, il serait bon que quelque homme, zélé pour la gloire du *Dictionnaire encyclopédique*, voulût bien se donner la peine d'aller à la Bibliothèque royale, et d'y consulter les manuscrits des xe et xie siècles, s'il y en a dans le jargon barbare qui est devenu depuis la langue française. On pourrait découvrir peut-être quel est le premier de ces manuscrits qui emploie le mot *français*, au lieu de celui de *franc*. Ce serait une chose curieuse de fixer le temps où nous fûmes débaptisés, et où nous devînmes sauvages *français*, après avoir été sauvages *francs*, sauvages *gaulois*, et sauvages *celtes*.

Si le roman de *Philomena*, écrit au xe siècle, en langue moitié romance, moitié française, se trouve à la Bibliothèque du roi, on y rencontrera peut-être ce que j'indique. L'histoire des ducs de Normandie, manuscrite, doit être de la fin du xie siècle, aussi bien que celle de Guillaume au Court nez. Ces livres ne peuvent manquer de donner des lumières sur ce point, qui, quoique frivole en lui-même, devient important dans un dictionnaire. On verra si ces premiers romans se servent encore du mot *franc*, ou s'ils adoptent celui de *français*.

En vérité, il n'y a que des gens qui sont à Paris qui puissent travailler avec succès au *Dictionnaire encyclopédique*; cependant, quand je serai de retour à ma maison de campagne, près de Genève, je travaillerai de toutes mes forces à *Histoire*.

Je ne doute pas que M. de Montesquieu n'ait profité, à l'article *Goût* de l'excellente dissertation qu'Addison a insérée dans *le Spectateur*, et qu'il n'ait fait voir que le goût consiste à discerner, par un sentiment prompt, l'excellent, le bon, le mauvais, le médiocre, souvent mis l'un auprès de l'autre dans une même page. On en trouve mille exemples dans les meilleurs auteurs, surtout dans les auteurs de génie comme Corneille.

A propos de goût et de génie, l'*Eloge* de M. de Montesquieu, par M. Dalembert, est un ouvrage admirable; il y a confondu les ennemis du genre humain.

Mille sincères et tendres compliments à M. Dalembert, à M. Diderot, et à tous les encyclopédistes.

MMCCCXXVIII. — A M. DE GAUFFECOURT, A GENÈVE.

A Monrion, 19 février 1756.

Mon cher philosophe, je vous enverrai par la première poste mon sermon, quoique je désespère de vous convertir. Mais enfin j'aurai fait mon devoir; il faut tâcher de gagner à Dieu une belle âme comme la vôtre. Sans le concile d'Embrun, je prendrais tout à l'heure l'appartement de M. de Cornabé; mais j'aimerais mieux que vous restassiez à Genève. Le docteur Apollon-Esculape Tronchin a couché chez moi, et nous n'avons pas été la dupe de son voyage. L'aventure de Versailles me paraît une cassade. On veut en imposer au public, et on a raison : *Qui vult decipi, decipiatur*. Souvenez-vous toujours des deux ermites qui vous seront éternellement attachés, et donnez-nous de vos nouvelles quand vous serez à Paris.
V.

MMCCCXXIX. — A M. DE CIDEVILLE.

A Monrion, près Lausanne, 19 février.

L'oncle et la nièce font mille compliments aux deux philosophes de la rue Saint-Pierre; ils envoient à M. l'abbé du Resnel ce petit *sermon* qui leur est tombé entre les mains, et qui pourra les amuser en carême. On ne peut mieux prendre son temps pour être dévot. Mais M. l'abbé du Resnel et M. de Cideville seront encore plus persuadés de l'attachement des deux ermites que de leur dévotion.

> Brisons ma lyre et ma trompette;
> Laissons les héros et les rois;
> Je ne veux chanter qu'Henriette,
> Qu'elle seule anime ma voix.
> Muses, désormais, pour écrire,
> Je n'ai besoin que de mon cœur;
> Mais vous justifierez l'auteur,
> Si l'indiscret ose en trop dire.

Eh ! pourquoi craindre que l'Altesse
S'offense des plus tendres soins ?
Faut-il, parce qu'elle est princesse,
Que qui la voit l'en aime moins ?
Était-ce un crime volontaire
Que de se rendre à tant d'appas ?
Mon droit d'aimer ne vient-il pas
D'où lui venait celui de plaire ?

Quand on voit l'aimable Henriette,
L'indifférence disparaît ;
Quelque respect qui nous arrête,
Est-on maître de son secret ?
Les égards que le rang impose
N'étouffent point le sentiment ;
Ils font qu'on l'exprime autrement,
Et ne changent rien à la chose.

MMCCCXXX. — A M. PICTET, PROFESSEUR EN DROIT.

Mille remercîments et mille respects à vos dames. Vous voyez que dans ce monde on ne dit pas un mot de vrai. Oui, sans doute, il faut être pyrrhonien, et ne songer qu'à vivre doucement. Pour moi, je ne fais que supporter la vie ; je souffre continuellement.

MMCCCXXXI. — A M. LE COMTE D'ARGENTAL.

A Monrion, 26 février.

Moi, vous avoir oublié, mon cher ange ! ah ! cela est bien impossible ! Il y a plus de trois semaines que j'envoyai à Mme de Fontaine le petit ouvrage dont vous me parlez, pour vous être donné sur-le-champ. Si vous avez quelqu'un de la famille à gronder, c'est à Mme de Fontaine qu'il faut vous adresser. Je n'ai point reçu cette lettre où vous me chantiez pouilles ; apparemment que vos gens, voyant que vous me grondiez, n'ont pas cru que la lettre fût pour moi. Je reçois très-régulièrement toutes celles qu'on m'écrit par M. Tronchin. Ne craignez point, mon cher ange, de m'écrire par cette voie. Il me semble qu'il faudrait faire à présent quelque tragédie maritime ; on n'a encore représenté des héros que sur terre ; je ne vois pas pourquoi la mer a été oubliée. La scène serait sur un vaisseau de cent pièces de canon. Vous m'avouerez que l'unité de lieu y serait exactement observée, à moins que les héros ne se jetassent dans la mer. En vérité, je ne trouve rien de neuf sur la terre ; ce sont toujours les mêmes passions, et des aventures qui se ressemblent. Le théâtre est épuisé, et moi aussi ; et puis, quand on s'est tué à travailler deux ans de suite à l'ouvrage le plus difficile que l'esprit humain puisse entreprendre, quelle en est la récompense ? Les comédiens daignent-ils seulement remercier du présent qu'on leur a fait ? On amuse la cour deux heures ; mais, de tous ceux qu'on a amusés, en est-il un seul qui daigne vous rendre le même service? La parodie nous tourne en ridicule; un Fréron nous déchire; voilà tout le fruit d'un travail qui abrége la vie. C'est à ce coup que vous m'allez bien gronder. Vous auriez tort, mon cher ange; ne voyez-vous pas que si mon sujet était arrangé à ma fantaisie, j'aurais déjà commencé les vers?

Mais quelle est donc la maladie de Mme d'Argental? que veut donc dire son pied? Si la comédie ne la guérit point, que pourra Fournier? Son état m'afflige sensiblement. Quand vous irez à la Comédie, mon cher et respectable ami, faites, je vous prie, pour moi les remerciments les plus tendres à Gengis-kan [1].

Il est vrai que je ne pouvais mieux me venger de l'auteur de *Mérope*, opéra [2], qu'en vous en envoyant un petit échantillon. Je crois qu'à présent on doit trouver ses vers fort mauvais à Versailles. Je suis toujours attaché à Mme de Pompadour; je lui dois de la reconnaissance, et j'espère qu'elle sera longtemps en état de faire du bien. Adieu, mon cher ange; je vous embrasse tendrement.

MMCCCXXXII. — A M. THIERIOT.

A Monrion, 29 février.

Je reçois, mon ancien ami, votre lettre du 21. Vous devez avoir à présent, par Mme de Fontaine, le *sermon* que prêche le P. Liébaut, tel que je l'ai fait, et qui est fort différent de celui qu'on débite. Vous êtes mon plus ancien paroissien, et c'est pour vous que la parole de vie est faite. Je n'ai guère à présent le loisir de penser à Mme *Jeanne*, et je suis trop malade pour rire. Le tableau des sottises du genre humain, *depuis Charlemagne jusqu'à nos jours*, est ce qui m'occupe, et je trempe mon pinceau dans la palette du Caravage, quand je suis mélancolique. Je ne sais s'il y a dans ce tableau beaucoup de traits plus honteux pour l'humanité que de voir deux nations éclairées se couper la gorge en Europe, pour quelques arpents de glace et de neige dans l'Amérique.

Je vous prie, mon ancien ami, de m'instruire de la demeure de ce petit Patu qui est si aimable. Il m'a écrit une très-jolie lettre; je ne sais où lui adresser ma réponse; dites-moi où il demeure. Je vous embrasse bien tendrement.

MMCCCXXXIII. — A M. DE GAUFFECOURT, A GENÈVE.

A Monrion, 29 février 1756.

Je vous renvoie, mon cher philosophe, la lettre d'un homme qui paraît aussi philosophe que vous, et dont le suffrage m'est bien précieux. J'espère encore vous trouver à Genève. J'y ferai un petit tour légèrement pour vous y embrasser, si ma déplorable santé me le permet. Nous parlerons de la dédicace, et de l'inscription. Vous savez que c'est l'hôtel de ville qui fait bâtir, et qu'il faut que l'inscription soit non-seulement de son goût, mais encore de son aveu, et en quelque

1. Lekain. (ÉD.) — 2. Le roi de Prusse. (ÉD.)

façon de son ordre; il en est de même de la dédicace. Je crois qu'il n'y a à Paris de secousse que dans les esprits. L'affaire d'un vieux conseiller au grand conseil qui ne voulait pas payer l'argent du jeu, est devenue une source de querelles publiques. Les pairs présentent des requêtes, tandis que les Anglais nous présentent leurs canons et bloquent nos ports : *Et hæc omnia lento temperas risu*[1].   V.

MMCCCXXXIV. — A M. DUPONT, AVOCAT.

Aux Délices, 10 mars.

Mon cher ami, le séjour de Colmar n'a point été triste pour moi; j'y travaillais, je vous voyais, et je vous regrette. J'ai passé l'hiver à Monrion avec notre ami de Brenles. Nous aurions bien voulu que le temps des vacances eût été en hiver, et que vous eussiez pu venir dans cet ermitage. Celui où je suis à présent vous plairait davantage; j'ai trouvé, en arrivant, des fleurs épanouies dans mes parterres.

Comptez que les environs du lac Léman ne sont point barbares; les habitants le sont encore moins. Il n'y a point de ville où il y ait plus de gens d'esprit et de philosophes qu'à Genève. Ma maison ne désemplit pas, et j'y suis libre. Je suis au désespoir que votre destinée vous fixe à Colmar; car probablement je n'y retournerai pas, et vous ne viendrez point à mes Délices. Il faut que vous souteniez la cause de la veuve, de l'orphelin, et du juif d'Alsace. Courage! plaidez et aimez les deux Suisses qui vous aiment, et qui font mille compliments à Mme Dupont. Ne nous oubliez pas auprès de M. le premier et de madame, etc.

MMCCCXXXV. — A M. THIERIOT.

Aux Délices, 12 mars.

Il faut, mon ancien ami, que l'âge ait dépravé mon goût. Je n'ai pu tâter des deux plats que vous m'avez envoyés par M. Bouret. Je vous remercie, et je ne peux guère remercier l'auteur.

Si vous avez l'ancienne *Religion naturelle*, en quatre chants, je vous prie de me l'envoyer.

Si vous avez à vous défaire d'un nombre de livres curieux, envoyez-moi la liste et le prix.

Si vous aimez les vers honnêtes et décents, voici ceux qui termineront le *sermon* sur Lisbonne; lâchez-les pour apaiser les cerbères.

Quel est l'ignorant qui veut qu'on mette *l'ouvrier* au lieu du *potier*? Cet ignorant-là n'a pas lu saint Paul.

Il ne tient qu'à moi d'aller voir l'opéra de *Mérope*, de la composition du roi de Prusse; qu'il fait exécuter le 27 mars; mais je n'irai pas.

En retrouvant votre dernière lettre, j'ai vu que vous m'y disiez de vous envoyer la nouvelle édition de mon *Petit-Carême* par la poste, et que vous vouliez la faire réimprimer sur-le-champ, à l'usage des âmes dévotes. J'obéis donc à votre bonne intention, mon ancien ami. Si on ne veut pas se servir de la préface des éditeurs de Genève, il en faut une

---

1. Horace, livre II, ode XVI, vers 26-27. (ÉD.)

qui soit dans le même goût, et qui dise combien ces deux poëmes ont été tronqués et défigurés. Il est très-triste assurément qu'on les ait imprimés sans avoir mon dernier mot; mais le voici. Je fais aussi la guerre aux Anglais à ma façon.

J'espère que M. le maréchal de Richelieu leur prouvera, à la sienne, qu'il y a pour eux du mal dans ce monde. Je vous embrasse.

MMCCCXXXVI. — A Mme DE FONTAINE.

À Monrion, 17 mars.

Ma chère enfant, je savais, il y a longtemps, qu'*Esculape*-Tronchin était à Paris; et j'ai été fidèle à un secret qu'il ne m'avait pas dit. Je le déclare indigne de sa réputation, s'il ne vous donne pas un cul et des tetons. Vous ferez très-bien de venir avec MM. Tronchin et Labat; une femme ne peut se damner en voyageant avec son directeur, ni mal se porter en courant la poste avec son médecin.

Votre frère a donc quitté son pot à beurre pour vous; et il va soutenir la cause du grand conseil contre les gens tenant la cour du parlement. Nous l'embrassons tendrement votre sœur et moi. Nous comptions aller faire un petit tour à Lyon, pour la dédicace du beau temple dédié à la Comédie, que la ville a fait bâtir moyennant cent mille écus. C'est un bel exemple que Lyon donne à Paris, et qui ne sera pas suivi; mais l'autel ne sera pas prêt, et on ne pourra y officier qu'à la fin de juin. Nous viendrons ou vous recevoir à Lyon, ou nous vous y reconduirons des petites Délices du lac. Enfin nous nous verrons, et tout s'arrangera, et je dirai : *Tout est bien*.

C'est Satan qui a fait imprimer l'ébauche de mon *sermon*. J'ai, dans un accès de dévotion, augmenté l'ouvrage de moitié, et j'ai pris la liberté de raisonner à fond contre Pope, et, de plus, très-chrétiennement. Il y a sans doute beaucoup de mal sur la terre, et ce mal ne fait le bien de personne, à moins qu'on ne dise que votre constipation a été prévue de Dieu pour le bonheur des apothicaires. Je souffre depuis quarante ans, et je vous jure que cela ne fait de bien à personne. La maladie de M. de Séchelles ne fera aucun bien à l'État. Pour la comédie de La Noue, elle lui fera quelque bien, quoiqu'on dise qu'elle ne vaut pas grand'chose.

Votre sœur se donne quelquefois des indigestions de truite, et fait toujours sa cour à Alceste[1] et à Admète. Je fais de mon côté de la mauvaise prose et de mauvais vers. Je griffonne quelques articles pour l'*Encyclopédie*; je bâtis une écurie, je plante des arbres et des fleurs; et je tâche de rendre l'ermitage des Délices moins indigne de vous recevoir. Je vous embrasse tendrement, vous et les vôtres, et frère et fils, et vous recommande un cul et des tetons, ma chère nièce.

1. Elle faisait une tragédie d'*Alceste*. (ÉD.)

MMCCCXXXVII. — A M. LE COMTE D'ARGENTAL.

Aux Délices, 22 mars.

Mon cher ange, vous avez raison; il vaudrait mieux faire des tragédies que des poëmes sur *les malheurs de Lisbonne* et sur *la Loi naturelle*. Ces deux ouvrages sont donc imprimés à Paris, pleins de lacunes et de fautes ridicules, et on est exposé à la criaillerie! Mme de Fontaine a dû vous donner, il y a longtemps, le poëme sur *la Loi naturelle*. On lui a donné le titre de *Religion naturelle*, à la bonne heure; mais il fallait l'imprimer plus correct. C'est une faible esquisse que je crayonnai pour le roi de Prusse, il y a près de trois ans, précisément avant la brouillerie. La margrave de Bareuth en a donné des copies, et j'en suis fâché pour plus d'une raison. Que faire? il faudra le publier, après y avoir mis sagement la dernière main. J'en fais autant de la jérémiade sur Lisbonne. C'est actuellement un poëme de deux cent cinquante vers. Il est raisonné, et je le crois très-raisonnable. Je suis fâché d'attaquer mon ami Pope, mais c'est en l'admirant. Je n'ai peur que d'être trop orthodoxe, parce que cela ne me sied pas; mais la résignation à l'Être suprême sied toujours bien.

Encore une fois une tragédie vaudrait mieux; mais le génie poétique est libre et commande; il faut attendre l'inspiration.

J'apprends qu'on a imprimé *la Religion naturelle* à Mme la duchesse de Gotha, aussi bien que celle au roi de Prusse. Je me vois comme l'âne de Buridan.

MMCCCXXXVIII. — A MLLE PICTET.

Quand vos yeux séduisent les cœurs,
Vos mains daignent coiffer les têtes;
Je ne chantais que vos conquêtes,
Et je vais chanter vos faveurs.

Voilà ce que c'est, ma belle voisine, de faire des galanteries à des jeunes gens comme moi! ils vont s'en vanter partout. Vous me tournez la tête encore plus que vous ne la coiffez, mais vous en tournerez bien d'autres.

Mille tendres respects à père et mère, etc.

MMCCCXXXIX. — A M. LE MARÉCHAL DUC DE RICHELIEU.

Aux Délices, 28 mars.

Si je n'avais pas une nièce, mon *héros*, vous m'auriez vu à Lyon. Je vous aurais suivi à Toulon, à Minorque. Vous auriez eu votre historien avec vous, comme Louis XIV. Que les vents et la fortune vous accompagnent! Je ne peux répondre d'eux, mais je réponds que vous ferez tout ce que vous pourrez faire. Si jamais vous pouvez avoir la bonté de me faire parvenir un petit journal de votre expédition, je tâcherai d'en enchâsser les particularités les plus intéressantes pour le public, et les plus glorieuses pour vous, dans une espèce d'*Histoire générale* qui va *depuis Charlemagne jusqu'à nos jours*. Je voudrais que mon greffe fût celui de l'immortalité. Vous m'aiderez à l'empêcher de périr. Il est venu à mon ermitage des Délices des Anglais qui ont vu votre statue à Gênes; ils disent qu'elle est belle et ressemblante. Je leur ai dit qu'il y avait dans Minorque un sculpteur bien supérieur. Réussissez, monseigneur; votre gloire sera sur le marbre et dans tous les cœurs. Le mien en est rempli; il vous est attaché avec la plus vive tendresse et le plus profond respect.

Je me flatte que vous serez bien content de M. le duc de Fronsac. On dit qu'il sera digne de vous; il commence de bonne heure.

Oserais-je vous demander une grâce? Ce serait de daigner vous souvenir de moi, avec M. le prince de Wurtemberg, qui sert, je crois, sous vos ordres, et qui m'honore des bontés les plus constantes.

Vous m'avez parlé de certaines rapsodies sur *Lisbonne* et sur *la Religion naturelle*. Vraiment vous avez bien autre chose à faire qu'à lire mes rêveries; mais quand vous aurez quelque insomnie, elles sont bien à votre service.

MMCCCXL. — A M. BERTRAND, A BERNE.

Aux Délices, 30 mars.

Vous direz, mon cher monsieur, que je suis un étourdi, et vous aurez raison. J'envoyai cette lettre à M. de Seigneux de Correvon, magistrat de Lausanne. Je mis son adresse, au lieu de la vôtre. J'étais si malade, que je ne savais ce que je faisais. M. de Seigneux m'a renvoyé la lettre, sans savoir pour qui elle est. Je vous rends votre bien, c'est-à-dire mes hommages et mon cœur, qui sont certainement à vous de droit.

Vous me mandez que Mme de Giez vous a montré ce dessus de lettre; c'est pur zèle de sa part. Le cachet était surmonté d'un H: on disait à Lausanne que H voulait dire Haller; mais ce n'est pas le style d'un homme si respectable. On disait qu'il y a d'autres Haller. Tant mieux pour eux, s'ils ressemblent un peu à ce *grand homme*. Mais que ne dit-on pas à Lausanne!

Je n'entre point dans les tracasseries; je ne suis point de la paroisse. Je vis dans la retraite, je souffre mes maux patiemment. Je reçois de mon mieux ceux qui me font l'honneur de me venir voir. Je vous aime à jamais, et voilà tout.

V.

MMCCCXLI. — A MM. CRAMER FRÈRES.

Je ne peux que vous remercier, messieurs, de l'honneur que vous me faites d'imprimer mes ouvrages; mais je n'en ai pas moins de regret de les avoir faits. Plus on avance en âge et en connaissances, plus on doit se repentir d'avoir écrit. Il n'y a presque aucun de mes ouvrages dont je sois content, et il y en a quelques-uns que je voudrais n'avoir jamais faits. Toutes les pièces fugitives que vous avez recueillies étaient des amusements de société qui ne méritaient pas d'être imprimés. J'ai toujours eu d'ailleurs un si grand respect pour le public, que, quand j'ai fait imprimer *la Henriade* et mes tragédies, je n'y ai jamais mis mon nom; je dois, à plus forte raison, n'être point responsable de toutes ces pièces fugitives qui échappent à l'imagination, qui sont consacrées à l'amitié, et qui devraient rester dans les portefeuilles de ceux pour qui elles ont été faites.

A l'égard de quelques écrits plus sérieux, tout ce que j'ai à vous dire, c'est que je suis né Français et catholique; et c'est principalement dans un pays protestant que je dois vous marquer mon zèle pour ma patrie, et mon profond respect pour la religion dans laquelle je suis né, et pour ceux qui sont à la tête de cette religion. Je ne crois pas que dans aucun de mes ouvrages il y ait un seul mot qui démente ces sentiments. J'ai écrit l'histoire avec vérité; j'ai abhorré les abus, les querelles, et les crimes; mais toujours avec la vénération due aux choses sacrées, que les hommes ont si souvent fait servir de prétexte à ces querelles, à ces abus, et à ces crimes. Je n'ai jamais écrit en théologien; je n'ai été qu'un citoyen zélé, et plus encore un citoyen de l'univers. L'humanité, la candeur, la vérité, m'ont toujours conduit dans la morale et dans l'histoire. S'il se trouvait dans ces écrits quelques expressions répréhensibles, je serais le premier à les condamner et à les réformer.

Au reste, puisque vous avez rassemblé mes ouvrages, c'est-à-dire les fautes que j'ai pu faire, je vous déclare que je n'ai point commis d'autres fautes; que toutes les pièces qui ne seront point dans votre édition sont supposées, et que c'est à cette seule édition que ceux qui me veulent du mal ou du bien doivent ajouter foi. S'il y a dans ce recueil quelques pièces pour lesquelles le public ait de l'indulgence, je voudrais avoir mérité encore plus cette indulgence par un plus grand travail. S'il y a des choses que le public désapprouve, je les désapprouve encore davantage.

Si quelque chose peut me faire penser que mes faibles ouvrages ne sont pas indignes d'être lus des honnêtes gens, c'est que vous en êtes les éditeurs. L'estime que s'est acquise depuis longtemps votre famille dans une république où règnent l'esprit, la philosophie, et les mœurs, celle dont vous jouissez personnellement, les soins que vous prenez, et votre amitié pour moi, combattent la défiance que j'ai de moi-même. Je suis, etc.

MMCCCXLII. — A M. LE COMTE D'ARGENTAL.

Aux Délices, 1er avril.

Je reçois votre lettre du 24 mars, mon divin ange; que de choses j'ai à vous dire! Mme d'Argental a toujours mal au pied! et le messie Tronchin est à Paris! Il dit que je suis sage et que je me porte bien : ah! n'en croyez rien. Mon procureur dit qu'il m'avait envoyé une procuration; c'est ce qu'un procureur doit envoyer; mais il n'en était rien avant vos bontés et avant que M. l'abbé de Chauvelin eût daigné employer auprès de lui son éloquence. J'écris à M. l'abbé de Chauvelin pour le remercier; je ne sais point sa demeure; je lui écris à Paris.

Vous me parlez d'une Mlle Guéant; voilà ce que c'est que d'écrire trop tard! les Bonneau sont plus alertes. Un Bonneau m'a écrit, il y a un mois, pour Mlle Hus, et mon respect pour le métier ne m'a pas permis de refuser. J'ai signé; j'ai donné *Nanine* à cette Hus; ce n'est pas ma faute; je ne suis qu'un pauvre Suisse mal instruit.

On me défigure à Paris; mon *Petit-Carême* est imprimé d'une manière scandaleuse. La jérémiade sur *Lisbonne* et *la Loi naturelle* sont deux pièces dignes de la primitive Église; Satan en a fait les éditions. A qui dois-je m'adresser pour vous faire tenir mes *sermons* avec les notes? Parlez donc, écrivez donc un petit mot. Quand vous n'auriez pas eu la bonté de mettre à la raison mon procureur, je ne laisserais pas de songer pour vous à quelque drame bien extraordinaire, bien tendre, bien touchant, si Dieu m'en donne la force et la grâce : mais que faire? comment faire? et à quoi bon travailler pour des ingrats? Moi Suisse! moi fournir la cour et la ville! Je prêche Dieu, et on dit au roi que je suis *athée*. Je prêche Confucius, et on lui dit que je ne vaux pas Crébillon. Le roi de Prusse ne m'a pas traité avec reconnaissance, et on imprime une *Religion naturelle* où je le loue à tour de bras. Comment soutenir tous ces contrastes? Heureusement j'ai une jolie maison et de beaux jardins; je suis libre, indépendant; mais je ne digère point, et je suis loin de vous, et je mourrai probablement sans vous revoir.

On me mande que les Anglais sont à Port-Mahon. On me mande que nos affaires de Cadix sont désespérées, et vous ne me dites pas comment va votre petit fait; vous me ferez prendre les tragédies en horreur. Mme Denis vous fait des compliments sans fin, et moi des remerciments et des reproches. Je vous embrasse. Je vous aime de tout mon cœur.

MMCCCXLIII. — A M. BLANCHET.

Délices, près de Genève, 3 avril

Recevez, mons............ s-sincères remerciments de l'ouvrage ingénieux et pr............ vez eu la bonté de m'envoyer. Il respire le goût et .... s beaux-arts. Le physicien y conduit toujours le musi............ age ne pouvait être fait que dans le plus éclairé des siè............ te qu'il forme des artistes dignes de vos leçons. Je n'en serai .... témoin, mais j'applaudis de loin aux progrès de l'art dont on vous sera redevable.

J'ai l'honneur d'être, avec tous les sentiments d'estime, etc.

MMCCCXLIV. — A M. L'ABBÉ DE CONDILLAC, A PARIS.

Vous serez peut-être étonné, monsieur, que je vous fasse si tard des remerciments que je vous dois depuis si longtemps; plus je les ai différés, et plus ils vous sont dus. Il m'a fallu passer une année entière au milieu des ouvriers et des historiens. Les ajustements de ma campagne, les événements contingents de ce monde, et je ne sais quel *Orphelin de la Chine* qui s'est venu jeter à la traverse, ne m'avaient pas permis de rentrer dans le labyrinthe de la métaphysique. Enfin j'ai trouvé le temps de vous lire avec l'attention que vous méritez. Je trouve que vous avez raison dans tout ce que j'entends, et je suis sûr que vous auriez raison encore dans les choses que j'entends le moins, et sur lesquelles j'aurais quelques petites difficultés. Il me semble que personne ne pense ni avec tant de profondeur ni avec tant de justesse que vous.

J'ose vous communiquer une idée que je crois utile au genre humain. Je connais de vous trois ouvrages : l'*Essai sur l'origine des connaissances humaines*, le *Traité des Sensations*, et celui *des Animaux*. Peut-être, quand vous fîtes le premier, ne songiez-vous pas à faire le second, et, quand vous travailliez au second, vous ne songiez pas au troisième. J'imagine que, depuis ce temps-là, il vous est venu quelquefois la pensée de rassembler en un corps les idées qui règnent dans ces trois volumes, et d'en faire un ouvrage méthodique et suivi qui contiendrait tout ce qu'il est permis aux hommes de savoir en métaphysique. Tantôt vous iriez plus loin que Locke, tantôt vous le combattriez, et souvent vous seriez de son avis. Il me semble qu'un tel livre manque à notre nation; vous la rendriez vraiment philosophe : elle cherche à l'être, et vous ne pouvez mieux prendre votre temps.

Je crois que la campagne est plus propre pour le recueillement d'esprit que le tumulte de Paris. Je n'ose vous offrir la mienne, je crains que l'éloignement ne vous fasse peur; mais, après tout, il n'y a que quatre-vingts lieues en passant par Dijon. Je me chargerais d'arranger votre voyage; vous seriez le maître chez moi comme chez vous; je serais votre vieux disciple; vous en auriez un plus jeune dans Mme Denis, et nous verrions tous trois ensemble ce que c'est que l'âme. S'il y a quelqu'un capable d'inventer des lunettes pour découvrir cet être imperceptible, c'est assurément vous. Je sais que vous avez, physiquement parlant, les yeux du corps aussi faibles que ceux de votre esprit sont perçants. Vous ne manqueriez point ici de gens qui écriraient sous votre dictée. Nous sommes d'ailleurs près d'une ville où l'on trouve de tout, jusqu'à de bons métaphysiciens. M. Tronchin n'est pas le seul homme rare qui soit dans Genève. Voilà bien des paroles pour un philosophe et pour un malade. Ma faiblesse m'empêche d'avoir l'honneur de vous écrire de ma main, mais elle n'ôte rien aux sentiments que vous m'inspirez. En un mot, si vous pouviez venir travailler dans ma retraite à un ouvrage qui vous immortaliserait, si j'avais l'avantage de vous posséder, j'ajouterais à votre livre un chapitre du bonheur. Je vous suis déjà attaché par la plus haute estime, et j'aurai l'honneur d'être toute ma vie, monsieur, etc.

MMCCCXLV. — A M. DE CIDEVILLE.

Aux Délices, près de Genève, 12 avril.

J'ai tant fait de vers, mon digne et ancien ami, que je suis réduit à vous écrire en prose. J'ai différé à vous donner de mes nouvelles, comptant vous envoyer à la fois le *Poëme sur le Désastre de Lisbonne*, sur le *Tout est bien*, et sur *la Loi naturelle*; ouvrages dont on a donné à Paris des éditions toutes défigurées. Obligé de faire imprimer moi-même ces deux poëmes, j'ai été dans la nécessité de les corriger. Il a fallu dire ce que je pense, et le dire d'une manière qui ne révoltât ni les esprits trop philosophes ni les esprits trop crédules. J'ai vu la nécessité de bien faire connaître ma façon de penser, qui n'est ni d'un superstitieux ni d'un *athée*; et j'ose croire que tous les honnêtes gens seront de mon avis.

Genève n'est plus la Genève de Calvin, il s'en faut beaucoup; c'est un pays rempli de vrais philosophes. Le christianisme raisonnable de Locke est la religion de presque tous les ministres; et l'adoration d'un Être suprême, jointe à la morale, est la religion de presque tous les magistrats. Vous voyez, par l'exemple de Tronchin, que les Génevois peuvent apporter en France quelque chose d'utile. Vous avez eu, cette année, des bords de notre lac, l'insertion de la petite vérole, *Idamé*, et *la Religion naturelle*.

Mes libraires se sont donné le plaisir d'assembler dans leur ville les chefs du conseil et de l'Église, et de leur lire mes deux poëmes; ils ont été universellement approuvés dans tous les points. Je ne sais si la Sorbonne en ferait autant. Comme je ne suis pas en tout de l'avis de Pope, malgré l'amitié que j'ai eue pour sa personne, et l'estime sincère que je conserverai toute ma vie pour ses ouvrages, j'ai cru devoir lui rendre justice dans ma préface, aussi bien qu'à notre illustre ami M. l'abbé du Resnel, qui lui a fait l'honneur de le traduire, et souvent lui a rendu le service d'adoucir les duretés de ses sentiments. Il a fallu encore faire des notes. J'ai tâché de fortifier toutes les avenues par lesquelles l'ennemi pouvait pénétrer. Tout ce travail a demandé du temps. Jugez, mon cher et ancien ami, si un malade chargé de cette besogne et encore d'une *Histoire universelle*, qu'on imprime, et qui plante, et qui fait bâtir, et qui établit une espèce de petite colonie, à le temps d'écrire à ses amis. Pardonnez-moi donc si je parais si paresseux, dans le temps que je suis le plus occupé.

Mandez-moi comment je peux vous adresser mon *Tout n'est pas bien* et ma *Religion naturelle*. J'ignore si vous êtes encore à Paris; je ne sais où est M. l'abbé du Resnel. Je vous écris presque au hasard, sans savoir si vous recevrez ma lettre. Mme Denis vous fait mille compliments.

V.

P. S. Il y a longtemps que je n'ai vu les paperasses dont les Cramer ont farci leur édition; s'ils ont jugé une petite pièce en vers qui vous est adressée digne d'être imprimée, ils se sont trompés; mais le plaisir de voir un petit monument de notre amitié m'a empêché de m'opposer à l'impression.

MMCCCXLVI. — A M. THIERIOT.

Aux Délices, 12 avril.

Je dicte ma lettre, mon cher et ancien ami, parce que je ne me porte pas trop bien. C'est tout juste le cas de combattre plus que jamais le système de Pope.

Bonne ou mauvaise santé
Fait notre philosophie[1].

Mandez-moi comment je peux vous envoyer quelques exemplaires de mes *lamentations* de Jérémie sur *Lisbonne*, et de mon testament en vers, où je parle de *la religion naturelle* d'une manière en vérité très-édifiante. J'ai arrondi ces deux ouvrages autant que j'ai pu; et, quoique j'y aie dit tout ce que je pense, je me flatte pourtant d'avoir trouvé le secret de ne pas offenser beaucoup de gens. Je rends compte de tout dans mes préfaces, et j'ai mis à la fin des poëmes des notes assez curieuses. Je ne sais si les théologiens de Paris me rendront autant de justice que ceux de Genève. Il y a plus de philosophie sur les bords de notre lac qu'en Sorbonne. Le nombre des gens qui pensent raisonnablement se multiplie tous les jours. Si cela continue, la raison rentrera un jour dans ses droits; mais ni vous ni moi ne verrons ce beau miracle. Je suis fâché que vous ayez perdu l'idée de venir à mes Délices; elles commencent à mériter leur nom; elles sont bien plus jolies qu'elles ne l'étaient quand votre petit aimable Patu y fit un pèlerinage. Je vous assure que c'est une jolie retraite, bien convenable à mon âge et à ma façon de penser. Je ne fais pas de si beaux vers que Pope, mais ma maison est plus belle que la sienne; et on y fait meilleure chère, grâce aux soins de Mme Denis; et je vous réponds que les jardins d'Épicure ne valaient pas les miens. Si jamais vous vous ennuyez des rues de Paris, et que vous vouliez faire un voyage philosophique, je me chargerai volontiers de votre équipage. Dites, je vous en prie, à Lambert, que je vais lui envoyer les poëmes de *Lisbonne* et de *la Loi naturelle*. Dites-lui, en même temps, qu'il aurait bien dû s'entendre avec les Cramer pour l'édition de mes rêveries. Il était impossible que cette édition ne se fît pas sous mes yeux; vous savez que je ne suis jamais content de moi, que je corrige toujours; et il y a telle feuille que j'ai fait recommencer quatre fois. L'édition est finie depuis quelques jours. Puisque Lambert en veut faire une, il me fera grand plaisir de mettre votre nom à la tête du premier *Discours sur l'Homme;* le quatrième est pour un roi, et le premier sera pour un ami; cela est dans l'ordre.

Bonsoir; je vous embrasse.

MMCCCXLVII. — A Mme LA COMTESSE DE LUTZELBOURG, A STRASBOURG.

Aux Délices, près de Genève, 12 avril.

J'ai déchiffré votre lettre, madame, avec le plus grand plaisir du monde. Ne jugez point, s'il vous plaît, de mon attachement pour vous par mon long silence. Ma mauvaise santé, ma profonde retraite, l'éloignement où je suis de tout ce qui se passe dans le monde, le peu de part que j'y prends, tout cela fait que je n'ai rien à mander aux personnes dont le commerce m'est le plus cher. Je n'ai presque plus de

---

[1]. Ce sont les deux derniers vers de l'ode de Chaulieu *sur la première attaque de goutte.* (Éd.)

correspondance à Paris. Le célèbre Tronchin, qui gouvernait ici ma malheureuse santé, m'a abandonné pour aller détruire des préjugés en France, et pour donner la petite vérole à nos princes. Je ne doute pas qu'il ne réussisse, malgré les cris de la cour et des sots. Tout allait à merveille le 5 du mois. Mme de Villeroi attend la première place vacante pour être inoculée. Les enfants de M. de La Rochefoucauld et de M. le maréchal de Belle-Ile se disputent le pas. Il a plus de vogue que la Duchapt, et il la mérite bien. C'est un homme haut de six pieds, savant comme un Esculape, et beau comme Apollon. Il n'y a point de femme qui ne fût fort aise d'être *inoculée* par lui. Nous commençons à prendre les systèmes des Anglais; mais il faudrait apprendre aussi à les battre sur mer. Je crois actuellement M. de Richelieu en chemin pour aller voir s'il y a d'aussi beau marbre à Port-Mahon qu'à Gênes, et si on y fait d'aussi belles statues. Il pourra bien rencontrer sur sa route quelque brutal d'amiral anglais qu'il faudra écarter à coups de canon; mais je me flatte que le gouvernement a bien pris ses mesures, et que les Français arriveront avant les Anglais. Ceux-ci ont plus de deux cents lieues de mer à traverser, et M. de Richelieu n'a qu'un trajet de soixante-dix lieues à faire; ce qui peut s'exécuter en quarante heures très-aisément, par le beau temps que nous avons.

Quoique je ne sois pas grand nouvelliste, il faut pourtant, madame, que je vous dise des nouvelles de l'Amérique. Il est vrai qu'il n'y a pas de roi Nicolas; mais il n'en est pas moins vrai que les jésuites sont autant de rois au Paraguai. Le roi d'Espagne envoie quatre vaisseaux de guerre contre les *révérends pères*. Cela est si vrai, que moi, qui vous parle, je fournis ma part d'un de ces quatre vaisseaux. J'étais, je ne sais comment, intéressé dans un navire considérable qui partait pour Buénos-Aires; nous l'avons fourni au gouvernement pour transporter des troupes; et, pour achever le plaisant de cette aventure, ce vaisseau s'appelle *le Pascal*; il s'en va combattre *la morale relâchée*. Cette petite anecdote ne déplaira pas à votre amie; elle ne trouvera pas mauvais que je fasse la guerre aux jésuites, quand je suis en terre hérétique.

Avouez, madame, que ma destinée est singulière. Je vous assure que nous regrettons tous les jours, Mme Denis et moi, que mes Délices ne soient pas auprès de l'Ile Jard. Mais songez, s'il vous plaît, que je vois le lac et deux rivières de ma fenêtre, que j'ai eu des fleurs au mois de février, et que je suis libre. Voilà bien des raisons, madame; mais elles ne m'empêchent pas de regretter l'Ile Jard. Daignez faire souvenir de moi monsieur votre fils. Je vous renouvelle mon tendre respect.

MMCCCXLVIII. — A M. LE PRÉSIDENT DE RUFFEY.

12 avril.

.... Je suis fort en peine actuellement de M. le maréchal de Richelieu. J'ai bien peur qu'il trouve des vaisseaux anglais sur son chemin, avant que d'arriver à Minorque; mais s'il peut ou les devancer ou les battre, il prendra Port-Mahon ; il vengera la France, et reviendra comblé de gloire..... ....

MMCCCXLIX. — A M. DUPONT, AVOCAT.

Aux Délices, 16 avril.

Le Suisse Voltaire envoie au philosophe de Colmar, pour ses œufs de Pâques, ces deux petits *sermons* de carême. Mme Denis et lui l'aimeront toujours.

MMCCCL. — A M. LE DUC D'UZÈS.

Aux Délices, près de Genève, 16 avril.

Vous voyez, monsieur le duc, l'excuse de mon long silence dans la liberté que je prends de ne pas écrire de ma main. Mes yeux ne valent pas mieux que le reste de mon corps. Il faut que vous ayez plus de courage que moi, puisque vous écrivez de si jolies lettres avec un rhumatisme; mais c'est que vous avez autant d'esprit que de courage.

Il est vrai, monsieur le duc, que je me suis avisé, il y a quelques années, d'argumenter en vers sur *la Religion naturelle* avec le roi de Prusse. C'était tout juste immédiatement avant que lui et moi chétif nous fissions l'un et l'autre une petite brèche à cette *religion naturelle*, en nous fâchant très-mal à propos. Mais il n'est pas rare à la nature humaine de voir le bien et de faire le mal. On a imprimé à Paris ce petit ouvrage depuis quelque temps, mais entièrement défiguré, et on y a joint des fragments d'une jérémiade sur *le Désastre de Lisbonne* et d'un examen de cet axiome *Tout est bien*. Toutes ces rêveries viennent d'être recueillies à Genève; on les a imprimées correctement avec des *notes* assez curieuses. Si cela peut amuser votre loisir, je donnerai le paquet à M. de Rhodon, qui sans doute trouvera des occasions de vous le faire tenir.

Puisque vous me parlez des péchés de ma jeunesse, je vous assure que vous n'avez point la véritable *Jeanne*. Celle qu'on a imprimée et celles qui courent en manuscrit ressemblent à toutes les filles qui prennent le beau nom de *pucelles* sans avoir l'honneur de l'être. Bien des gens à qui le sujet plaisait se sont avisés de remplir les lacunes. Je peux vous assurer que ce mot de *Bien-Aimé* n'est pas dans mon original; il n'est fait que pour le *Cantique des cantiques*. Si mon âge, mes maladies, et mes occupations, me permettaient de revoir ces anciennes plaisanteries, qui ne sont plus pour moi de saison, et si le goût vous en demeurait, je me ferais un plaisir de mettre entre vos mains l'ouvrage tel que je l'ai fait; mais ce n'est pas là une besogne de malade.

Quant à la foule de mes autres sottises, les frères Cramer en achèvent l'impression à Genève. Je n'en fais pas les honneurs. Ils ont entrepris cette édition à leurs risques et périls, et j'ai eu des raisons pour n'en pas vouloir garder plusieurs exemplaires en ma possession. Ma santé, d'ailleurs, est dans un état si déplorable, que j'évite avec soin tout ce qui pourrait entraîner quelque discussion.

Je fais des vœux, en qualité de bon Français et de serviteur de M. le maréchal de Richelieu, pour qu'il arrive dans l'île de Minorque avant les Anglais; et je crois qu'on a beau jeu quand on part de Toulon, et qu'on joue contre des gens qui ne sont pas encore partis de Portsmouth. J'oserais bien penser comme vous, monseigneur, sur Calais; mais vous avez probablement à la cour quelque Annibal qui croit qu'on ne peut vaincre *les Romains que dans Rome.*

Pardonnez, monseigneur, à un pauvre malade qui peut à peine écrire, et qui vous assure de son tendre respect et de son entier dévouement.

MMCCCLI. — A M. LE MARÉCHAL DUC DE RICHELIEU.

Aux Délices, 16 avril.

C'est un trait digne de mon *héros* de daigner songer à son vieux petit Suisse, quand il s'en va prendre ce Port-Mahon. Savez-vous bien, monseigneur, que l'île de Minorque s'appelait autrefois l'île d'Aphrodise, et qu'Aphrodise, en grec, c'est Vénus? Je me flatte que vous donnerez pour le mot : *Venus victrix*; cela vous siéra à merveille. Ce mot-là ne réussit pas mal à un de vos devanciers, qui eut aussi affaire en son temps aux Anglais et aux dames.

Je ne conçois pas comment les Anglais pourraient s'opposer à votre expédition. Ils ont quatre cent cinquante lieues à traverser avant d'être dans la mer de vos îles Baléares; et quand même ils arriveraient à temps, auront-ils assez de troupes? Vous n'avez pas cent lieues de traversée. Si le sud-ouest vous est contraire, ne l'est-il pas aussi aux Anglais? Enfin j'ai la meilleure opinion du monde de votre entreprise. Il vient tous les jours des Anglais dans ma retraite. Ils me paraissent très-fâchés d'avoir chez eux des Hanovriens, et ils ne croient pas qu'on puisse vous empêcher de prendre Port-Mahon, fussiez-vous quinze jours aux îles d'Hyères. Comme on peut avoir quelques moments de loisir sur *le Foudroyant*, dans le chemin, je prends la *liberté grande* de vous envoyer mes *Sermons*; ils ne sont ni gais ni galants; ils conviennent au saint temps de Pâques. Ils sont bien sérieux, mais votre sphère d'activité s'étend à tous les objets. S'ils vous ennuient, vous n'avez qu'à les jeter dans la mer. Je ne dirai *tout est bien* que quand vous aurez pris la garnison de Port-Mahon prisonnière de guerre. En attendant, je songe assez tristement aux choses de ce monde. J'ai reçu de Buénos-Aires le détail de la destruction de Quito; c'est pis que Lisbonne. Notre globe est une mine, et c'est sur cette mine que vous allez vous battre.

Vous savez que les jésuites du Paraguai s'opposent très-saintement aux ordres du roi d'Espagne. Il envoie quatre vaisseaux chargés de troupes pour recevoir leur bénédiction. Le hasard a fait que je fournis, pour ma part, un de ces vaisseaux dont une petite partie m'appartenait. Ce vaisseau s'appelle *le Pascal*. Il est juste que Pascal combatte les jésuites; et cela est plaisant. Pardon de bavarder si longtemps avec mon *héros*. Mme Denis et moi nous lui présentons nos tendres respects, nos vœux, nos espérances, notre impatience.

MMCCCLII. — A Mme DE FONTAINE, A PARIS.

Aux Délices, 16 avril.

Les Délices sont un hôpital, ma chère nièce; nous sommes sur le côté votre sœur et moi; notre Esculape-Tronchin ne peut pas être partout. Songez à conserver la santé qu'il vous a rendue. Il arrive bien souvent, dans les maladies chroniques comme les nôtres, qu'un remède agit heureusement les quinze premiers jours, et cesse ensuite de faire son effet. C'est ce que j'ai éprouvé toute ma vie, et que je souhaite que vous n'éprouviez pas.

Dès que votre sœur et moi nous aurons repris un peu de force, nous ferons un petit voyage indispensable. Ne manquez pas de nous écrire toujours aux Délices, et de nous informer de votre marche, afin que nous puissions aller au-devant de vous, et que nous ne soyons pas d'un côté tandis que vous arriverez de l'autre.

Je crois qu'on ne s'embarrasse pas plus à Paris de nos flottes et de la vengeance qu'il faut prendre des Anglais, que du système de Pope et de *la loi naturelle*. Cependant je suis fâché qu'on ait imprimé mes petits *Sermons*; je les ai rendus beaucoup plus corrects et plus édifiants, avec de belles *notes* fort instructives pour les curieux. Je vous enverrai tout cela comme je pourrai. Vous voyez que je suis bon Français; je combats les Anglais à ma façon. Je suis comme Diogène, qui remuait son tonneau pendant que tout le monde se préparait à la guerre dans Athènes.

Je pourrai bien écrire quelque petite flagornerie à notre docteur, si j'ai quelques moments heureux; mais à présent à peine puis-je dicter une mauvaise lettre en prose, et vous dire combien je vous aime.

Bonsoir, ma chère nièce; j'embrasse votre frère, et fils, et mari, et tout ce que vous aimez.

MMCCCLIII. — A M. TRONCHIN, MÉDECIN.

Aux Délices, 16 avril.

Depuis que vous m'avez quitté,
Je retombe dans ma souffrance;
Mais je m'immole avec gaîté
Quand vous assurez la santé
Aux petits-fils des rois de France.

Votre absence, mon cher Esculape, ne me coûte que la perte d'une santé faible et inutile au monde. Les Français sont accoutumés à sacrifier de tout leur cœur quelque chose de plus à leurs princes.

Monseigneur le duc d'Orléans, et vous, vous serez tous deux bénis dans la postérité.

Il est des préjugés utiles,
Il en est de bien dangereux;
Il fallait, pour triompher d'eux,
Un père, un héros courageux,
Secondé de vos mains habiles.

Autrefois à ma nation
J'osai parler dans mon jeune âge
De cette *inoculation*
Dont, grâce à vous, on fait usage.
On la traita de vision;
On la reçut avec outrage,
Tout ainsi que l'*attraction*.
J'étais un trop faible interprète
De ce vrai qu'on prit pour erreur,
Et je n'ai jamais eu l'honneur
De passer chez moi pour prophète.

« Comment recevoir, disait-on,
Des vérités de l'Angleterre?
Peut-il se trouver rien de bon
Chez des gens qui nous font la guerre? »
Français, il fallait consulter
Ces Anglais qu'il vous faut combattre:
Rougit-on de les imiter,
Quand on a si bien su les battre?

Également à tous les yeux
Le dieu du jour doit sa carrière;
La vérité doit sa lumière
A tous les temps, à tous les lieux.
Recevons sa clarté chérie,
Et, sans songer quelle est la main
Qui la présente au genre humain,
Que l'univers soit sa patrie.

Une vieille duchesse anglaise aima mieux autrefois mourir de la fièvre que guérir avec le quinquina, parce qu'on appelait alors ce remède *la poudre des jésuites*. Beaucoup de dames jansénistes seraient très-fâchées d'avoir un médecin moliniste. Mais, Dieu merci, messieurs vos confrères n'entrent guère dans ces querelles. Ils guérissent et tuent indifféremment les gens de toute secte.

On dit que vous prendrez votre chemin par Lunéville. Faites vivre cent ans le bienfaiteur de ce pays-là, et revenez ensuite dans le vôtre. Imitez Hippocrate, qui préféra sa patrie à la cour des rois.

Vos deux enfants me sont venus voir aujourd'hui, je les ai reçus comme les fils d'un grand homme. Mille compliments à M. de Labat, si vous avez le temps de lui parler.

Je vous embrasse tendrement.

MMCCCLIV. — A M. BORDES.

Aux Délices, avril.

Soyez bien sûr, monsieur, que votre lettre me fait plus de plaisir que tout ce que vous auriez pu m'envoyer d'Italie, soit opéra, soit *agnus Dei*. Nous sommes très-fâchés, Mme Denis et moi, que vous n'ayez pas pu prendre votre route par Genève. Après avoir vu des palais et des cascades, et après avoir entendu des *Miserere* à quatre chœurs, vous auriez vu, dans une retraite paisible, deux espèces de philosophes pénétrés de votre mérite. J'ai eu longtemps un extrême désir de faire le voyage dont vous revenez; mais à présent je n'ai plus d'autre passion que celle de rester tranquille chez moi, et d'y pouvoir recevoir des hommes comme vous. Je fais bien plus de cas d'un être pensant que de Saint-Pierre de Rome; et ce n'est pas trop la peine, à mon âge, d'aller dans un pays où il faut demander la permission de penser à un dominicain.

M. l'abbé Pernetti m'a mandé qu'il fallait deux vers pour l'inscription de votre salle de spectacle, et qu'il ne fallait que deux vers. La langue française, qui par malheur est très-ingrate pour le style lapidaire, rend cette besogne assez malaisée. Quatre vers en ce genre sont plus aisés à faire que deux. Cependant je vous prie de dire à M. l'abbé Pernetti que j'essayerai de lui obéir et de lui plaire. J'ai encore heureusement du temps devant moi; on dit que votre salle ne sera prête que pour l'automne. Je me flatte qu'avant ce temps-là il faudra faire des inscriptions pour la statue de M. le maréchal de Richelieu, à Minorque.

Adieu, monsieur; conservez-moi une amitié dont je sens vivement tout le prix.

MMCCGLV. — A M. PARIS-DUVERNEY.

Aux Délices, le 26 avril.

Il y a un mois, monsieur, que je devais vous renouveler mes remercîments; car il y a un mois que je jouis du plaisir de voir s'épanouir sous mes fenêtres les belles fleurs que vous eûtes la bonté de m'envoyer l'an passé. Je fais d'autant plus de cas des plaisirs de cette espèce, que malheureusement je n'en ai plus guère d'autres. Pour vous, monsieur, vous jouissez d'un bonheur plus précieux, de la santé, de la considération, et de la gloire que vous avez acquise. Ce sont là de belles fleurs qui valent mieux que des jacinthes, des renoncules, et des tulipes.

Je crois que ni vous ni moi ne serons fâchés d'apprendre la prise de Minorque par M. le maréchal de Richelieu. Vous vous êtes toujours intéressé à sa gloire, comme je l'ai vu prendre à cœur tout ce qui vous regardait. S'il venge la France des pirateries anglaises, il lui faudra une nouvelle statue à Port-Mahon; et si les Anglais ont été assez mal avisés pour ne pas prendre de justes mesures, ils auront la réputation d'avoir été de bons pirates et de très-mauvais politiques.

Adieu, monsieur; conservez-moi un souvenir qui me sera toujours infiniment précieux. Vous voulez bien que je présente ici mes très-humbles obéissances à monsieur votre frère. Je le crois à présent à Brunoi, comme vous à Plaisance, n'ayant plus l'un et l'autre que des occupations douces qui exercent l'esprit sans le fatiguer. Vivez l'un et l'autre plus que le cardinal de Fleuri, avec le plaisir et la gloire d'avoir fait plus de bien à vos amis que jamais ce ministre n'en a fait aux siens, supposé qu'il en ait eu.

ANNÉE 1756.

MMCCCLVI. — DE STANISLAS, ROI DE POLOGNE.

A Lunéville, le 27 avril.

J'ai reçu, monsieur, avec un plaisir sensible votre lettre, que M. le comte de Tressan m'a rendue. Je suis charmé de voir que dans votre retraite, qui pourrait faire croire que vous avez renoncé aux amorces du monde, vous vous souveniez de ceux qui ne vous oublieront jamais. Je ne saurais répondre à ce que vous me dites de plus flatteur que par vos propres idées. On peut envier en effet aux cantons que vous habitez la douceur dont ils jouissent par votre présence, et plaindre ceux qui en sont privés. Si vous m'attribuez le désir de rendre mes sujets heureux, soyez persuadé qu'en vous déclarant celui de cœur, un des plus vifs plaisirs que je ressens est de vous savoir, partout où vous êtes, aussi parfaitement content que vous le méritez, et aussi constamment que je suis, avec toute estime et considération, votre très-affectionné, STANISLAS, roi.

MMCCCLVII. — A M. LE MARÉCHAL DUC DE RICHELIEU.

Aux Délices, près de Genève, avril.

Prenez Port-Mahon, mon *héros;* c'est mon affaire. Vous savez qu'un fou d'Anglais parie vingt contre un, à bureau ouvert dans Londres, qu'on vous mènera prisonnier en Angleterre avant quatre mois. J'envoie commission à Londres de déposer vingt guinées contre cet extravagant, et j'espère bien gagner quatre cents livres sterling, avec quoi je donnerai un beau feu de joie le jour que j'apprendrai que vous avez fait la garnison de Saint-Philippe prisonnière de guerre. Je ne suis pas le seul qui parie pour vous. Vous vengerez la France, et vous enrichirez plus d'un Français. Je me flatte que, malgré la fatigue et les chaleurs, la gloire vous donne de la santé à vous et à M. le duc de Fronsac. Vous avez auprès de vous toute votre famille. Permettez-moi de souhaiter que vous buviez tous à la glace dans ce maudit fort de Saint-Philippe, couronnés de lauriers, comme des Romains triomphant des Carthaginois.

Je n'ose pas vous supplier d'ordonner à un de vos secrétaires de m'envoyer les bulletins; mais si vous pouvez me faire cette faveur, vous ne pouvez assurément en honorer personne plus intéressé à vos succès.

Permettez que les deux Suisses vous présentent leur tendre respect.

MMCCCLVIII. — A M. THIERIOT.

Aux Délices, 30 avril.

Je viens de lire la gazette, et, en conséquence, je vous prie, mon ancien ami, de faire corriger la *note* sur Bayle, s'il en est temps. Je ne veux point me brouiller avec gens qui traitent si durement Pierre Bayle. Le parlement de Toulouse honora un peu plus sa mémoire; mais *altri tempi, altre cure.*

L'auteur des *Notes* sur le *Sermon de Lisbonne* ne pouvait prévoir qu'on ferait une Saint-Barthélemy de Bayle, du pauvre jésuite Berruyer, de l'évêque de Troyes, et de je ne sais quelle *Christiade*. Il faut retrancher tout ce passage : « Je crois devoir adoucir ici, etc. » (page 20), et mettre tout simplement : « Tout sceptique qu'est le philosophe Bayle, il n'a jamais nié la Providence, etc. » et, à la fin de la note, il faut retrancher ces mots : « C'est que les hommes sont inconséquents, c'est qu'ils sont injustes. » Ces mots étaient une prophétie ; supprimons-la: Les prophètes n'ont jamais eu beau jeu dans ce monde, mettons à la place ; « C'est apparemment pour d'autres raisons qui n'intéressent point ces principes fondamentaux, mais qui regardent d'autres dogmes non moins respectables. » Je vous prie, mon ancien ami, de ne pas négliger cette besogne ; elle est nécessaire. Il se trouve, par un malheureux hasard, que la note, telle qu'elle est, deviendrait la satire du discours d'un avocat général et d'un arrêt du parlement ; on pourrait inquiéter le libraire, et savoir mauvais gré à l'éditeur ; le pauvre P. Berruyer sera de mon avis. Tâchez donc, mon ancien ami, de raccommoder par votre prudence la sottise du hasard.

Je crois actuellement M. de Richelieu dans Port-Mahon ; il n'est pas allé là par la *cheminée*[1].

Je vous embrasse de tout mon cœur.

MMCCCLIX. — A M. LE COMTE D'ARGENTAL.

Aux Délices, 3 mai.

Thieriot me mande, mon divin ange, que vous avez été content de l'édition de mes *Sermons*, que ma morale vous a plu, que les *Notes* ont eu votre approbation ; mais vous saviez l'affront qu'on venait de faire au Père de l'Église des sages, à Bayle. On venait de le traiter comme le P. Berruyer et comme la *Christiade ;* on l'associait à l'évêque de Troyes. On brûlait tout, et *Ancien* et *Nouveau Testament*, et mandements, et philosophie. Cette capilotade est assez singulière, et le discours de M. Joly peu courtois pour le philosophe de Rotterdam. Mon mauvais ange voulut que, précisément dans ce temps-là, il se soit glissé au bout de mon *Petit-Carême* une note sur Bayle qui devient tout juste la satire d'un jugement que j'ignorais et du discours éloquent de M. Joly de Fleury, que je n'avais pu deviner. Je n'ai été informé que par les gazettes de l'arrêt contre l'Écriture sainte et contre Bayle. J'ai écrit aussitôt à Thieriot, l'éditeur ; je l'ai prié de réformer ma scandaleuse *note* faite si innocemment. Je ne veux pas être brûlé avec la *Bible*; à moi n'appartient tant d'honneur. Il est certain qu'il y a deux ou trois petits mots qui doivent déplaire beaucoup à M. Joly de Fleury : « Que ceux qui se déchaînent contre Bayle apprennent de lui à raisonner et à être modérés ; » et, à la fin de la note : « C'est qu'ils sont injustes. » Encore une fois, je ne pouvais deviner que des hommes qui raisonnent, qui sont modérés et justes, traitassent Bayle

---

1. Richelieu s'introduisait chez Mme de La Popelinière par une cheminée tournante. (ÉD.)

comme ils l'ont fait; mais je ne dois pas le leur dire. Vous venez toujours à mon secours, mon ange; mais en est-il temps? et Thieriot n'a-t-il pas déjà fait imprimer ma bévue? Je vous supplie aussi de ne pas permettre qu'on gâte ce vers :

L'empereur ne peut rien sans ses chers électeur

Le mot de *cher* est celui dont il se sert en leur écrivant. Ce sont ces mots propres et caractéristiques qui font le mérite d'un vers. *Qu'avec ses électeurs* est dur et faible. Je voudrais bien n'être ni brûlé ni mutilé.

Je mérite ces grâces de vous, puisque je vous fais faire deux tragédies à la fois sous mes yeux. La première est ce *Botoniate*, ce *Nicéphore*, que le conseiller génevois raccommode ; la seconde est *Alceste*, à laquelle votre très-humble servante, ma nièce, travaille tout doucement. Il ne reste plus que moi; mais je vous ai déjà dit qu'il me fallait du temps, de la santé, et *flatus divinus*. J'attends le moment de la grâce. Si mon état continue, je serai un juste à qui la grâce aura manqué. Je ne peux d'ailleurs songer à présent qu'à Port-Mahon. Je me flatte que vous apprendrez bientôt la réduction de toute l'île. Ce sera là un beau coup de théâtre, un beau dénoûment; mais, en vérité, il est plus aisé de prendre Minorque que de faire une bonne tragédie à mon âge. Je ne connais plus les acteurs ; je suis loin de vous, Les sujets sont épuisés, et moi aussi. Il n'y a que le cœur qui soit inépuisable. Je voudrais bien que les talents fussent comme l'amitié, qu'ils augmentassent avec les années. Adieu ; mille tendres respects à tous les anges.

MMCCCLX. — A M. LE MARÉCHAL DUC DE RICHELIEU.

Aux Délices, 3 mai.

Mon *héros*, recevez mon petit compliment; il aura du moins le mérite d'être le premier. Je n'attends pas que les courriers soient arrivés. Il n'y aurait pas grand mérite à vous envoyer de mauvais vers quand tout le monde vous chantera. Je m'y prends à l'avance ; c'est mon devoir de vous deviner. Je vous crois à présent dans Port-Mahon; je crois la garnison prisonnière de guerre ; et si la chose n'est pas faite quand j'ai l'honneur de vous écrire, elle sera à la réception de mon petit compliment. Une flotte anglaise peut arriver. Eh bien ! elle sera le témoin de votre triomphe. Enfin pardonnez-moi si je me presse. Vous vous pressez encore plus d'achever votre expédition. Il y a longtemps que je vous ai entendu dire que vous étiez *prime-sautier*.

Depuis plus de quarante années
Vous avez été mon héros;
J'ai présagé vos destinées.
Ainsi quand Achille à Scyros
Paraissait se livrer en proie
Aux jeux, aux amours, au repos,
Il devait un jour sur les flots
Porter la flamme devant Troie :

Ainsi quand Phryné dans ses bras
Tenait le jeune Alcibiade,
Phryné ne le possédait pas,
Et son nom fut dans les combats
Égal au nom de Miltiade.
Jadis les amants, les époux,
Tremblaient en vous voyant paraître :
Près des belles et près du maître
Vous avez fait plus d'un jaloux ;
Enfin c'est aux héros à l'être.
C'est rarement que dans Paris,
Parmi les festins et les ris,
On démêle un grand caractère ;
Le préjugé ne conçoit pas
Que celui qui sait l'art de plaire
Sache aussi sauver les États :
Le grand homme échappe au vulgaire.
Mais lorsqu'aux champs de Fontenoi
Il sert sa patrie et son roi ;
Quand sa main des peuples de Gênes
Défend les jours et rompt les chaînes ;
Lorsque, aussi prompt que les éclairs,
Il chasse les tyrans des mers,
Des murs de Minorque opprimée,
Alors ceux qui l'ont méconnu
En parlent comme son armée.
Chacun dit : « Je l'avais prévu. »
Le succès fait la renommée.
Homme aimable, illustre guerrier,
En tout temps l'honneur de la France,
Triomphez de l'Anglais altier,
De l'envie, et de l'ignorance.
Je ne sais si dans Port-Mahon
Vous trouverez un statuaire ;
Mais vous n'en avez plus affaire :
Vous allez graver votre nom
Sur les débris de l'Angleterre ;
Il sera béni chez l'Ibère,
Et chéri dans ma nation.
Des deux Richelieu sur la terre
Les exploits seront admirés ;
Déjà tous deux sont comparés,
Et l'on ne sait qui l'on préfère.

Le cardinal affermissait
Et partageait le rang suprême
D'un maître qui le haïssait ;
Vous vengez un roi qui vous aime.

Le cardinal fut plus puissant,
Et même un peu trop redoutable :
Vous me paraissez bien plus grand,
Puisque vous êtes plus aimable.

Pardon, monseigneur, d'un si énorme bavardage; vous avez bien autre chose à faire.

MMCCCLXI. — A Mme LA MARQUISE DU DEFFAND.

Aux Délices, 5 mai.

Madame, je suis rempli d'étonnement et de reconnaissance à la lecture de votre lettre, et j'ai, de plus, bien des remords. Comment ai-je pu être si longtemps sans vous écrire, moi qui ai encore des yeux? et comment avez-vous fait, vous qui n'en avez plus?

Vous avez donc de petites parallèles que vous appliquez sur le papier, et qui conduisent votre main? Vous n'avez plus besoin de secrétaire avec ce secours; il ne vous faut plus qu'un lecteur. Je ne lui ai donné guère d'occupation depuis longtemps; mais je n'en ai pas été moins occupé de vous, moins touché de votre état. Je m'étais interdit presque tout commerce, n'écrivant que de loin en loin des réponses indispensables. Accablé une année entière, sans relâche, de travaux sous lesquels ma santé succombait, et ayant de plus l'occupation d'une maison et d'un jardin, et même de l'agriculture; enseveli dans les Alpes, dans les livres, et dans les ouvrages de la campagne, je me sentais incapable de vous amuser, et encore plus de vous consoler; car, après avoir dit autrefois assez de bien des plaisirs de ce monde, je me suis mis à chanter ses peines. J'ai fait comme Salomon, sans être sage; j'ai vu que tout était à peu près vanité et affliction, et qu'il y a certainement du mal sur la terre.

Vous devez être de mon avis, madame, dans l'état où vous êtes; et je crois qu'il n'y a personne qui n'ait senti quelquefois que j'ai raison. Des deux tonneaux de Jupiter, le plus gros est celui du mal; or, pourquoi Jupiter a-t-il fait ce tonneau aussi énorme que celui de Cîteaux? ou comment ce tonneau s'est-il fait tout seul? cela vaut bien la peine d'être examiné. J'ai eu cette charité pour le genre humain; car pour moi, si j'osais, je serais assez content de mon partage.

Le plus grand bien auquel on puisse prétendre est de mener une vie conforme à son état et à son goût. Quand on en est venu là, on n'a point à se plaindre; et il faut souffrir ses coliques patiemment.

Je présume, madame, que vous tirez un bien meilleur parti encore de votre situation que moi de la mienne. Vous êtes faite pour la société; la vôtre doit être recherchée par tous ceux qui sont dignes de vivre avec vous. La privation de la vue vous rend le commerce de vos amis plus nécessaire, et par conséquent plus agréable; car les plaisirs ne naissent que des besoins. Il vous fallait absolument Paris, vous auriez péri de chagrin à la campagne; et moi je ne peux plus vivre que dans la retraite où je suis. Nos maux sont différents, et il nous faut de différents remèdes.

Il est vrai qu'il est triste d'achever sa vie loin de vous, et c'est une des choses qui me font conclure que *tout n'est pas bien*. Tout doit être bien pour M. le président Hénault. S'il y a quelqu'un pour qui le bon tonneau soit ouvert, c'est lui. M. le maréchal de Richelieu en boira sa bonne part, s'il prend les forts de Port-Mahon. Cette île de Minorque s'appelait autrefois l'île de Vénus ; il est juste que ce soit à M. de Richelieu qu'elle se rende.

Adieu, madame ; soyez sûre que le bord du lac Léman n'est pas l'endroit de la terre où vous êtes le moins chérie et respectée

MMCCCLXII. — DE CHARLES-THÉODORE, ÉLECTEUR PALATIN.

Dusseldorf, ce 8 mai.

Je vous suis bien obligé, monsieur, du nouvel ouvrage que vous m'avez envoyé, et que j'ai lu avec bien du plaisir et de la satisfaction. Ces deux morceaux de poésie peuvent être mis au nombre de vos autres ouvrages, desquels on peut dire, à bien juste titre, l'axiome de Pope : *Tout ce qui est est bien*. En effet, cela convient mieux à vos ouvrages, en particulier, qu'à l'espèce humaine, en général.

Je serais bien charmé, si la belle saison où nous allons entrer me procurait le plaisir de vous revoir à Schwetzingen cet été. Je compte y être au commencement de juin. Peut-être que le changement d'air fera du bien à votre santé. Sûrement je serai bien charmé de pouvoir passer bien des heures si utilement et si agréablement avec une personne de votre mérite. Soyez persuadé de l'estime avec laquelle je suis, etc. CHARLES-THÉODORE, *électeur*.

MMCCCLXIII. — A M. COLINI.

A Monrion, jeudi au soir, 13 mai.

Mon cher Colini, je vous suis obligé de toutes vos attentions. Mme Denis répondra sur l'article de *Palais*. Pour moi, j'ai à cœur que Loup fasse un marché avec le batelier, et qu'il vous en instruise avant de conclure.

Je crois qu'il faudra que vous changiez de chambre, pendant que l'on mettra en couleur le vestibule de l'escalier. Il faudra aussi que les filles, qui logent en haut, mettent leurs lits dans l'ancienne maison, ou ailleurs. Ce sera l'affaire de peu de jours. J'ai extrêmement à cœur ce petit ouvrage, qui rendra la maison plus propre. Je vous prie d'ordonner qu'on fasse travailler les chevaux, sans les trop fatiguer. Nous ne partons pour Berne que samedi matin.

Je ne puis trop vous remercier de l'attention que vous avez eue de faire observer à MM. Cramer qu'il faut donner un coup de ciseau à tous les cartons. Ayez, je vous prie, le soin de les engager à n'y pas manquer.

Je vous embrasse ; j'ai grande envie de vous revoir.

MMCCCLXIV. — AU MÊME.

A Monrion, 15 mai.

La bise nous a retenus; nous ne partons pour Berne que demain dimanche, au matin. Je suis très-sensible à tous vos soins. Je recommande à votre grande industrie la porte grillée qui ne ferme point. Si vous en venez à bout, je vous croirai un grand architecte. Pourriez-vous vous amuser à faire un nouveau plan du jardin des Délices, où il n'y eût que des points en crayon? Nous le remplirions ensemble à mon retour.

Je compte sur les coups de ciseaux des *fratelli* Cramer; je voudrais aussi qu'ils allassent lentement avec Louis XIV, à qui j'ai encore quelques coups de pinceau à donner.

Mme Denis vous a demandé un manteau fourré qui deviendra inutile; il ne le sera pas d'avoir nos lettres. Je crois qu'on pourrait les adresser à Berne, où nous resterons quatre ou cinq jours au moins.

Allez un peu aux nouvelles chez le résident. Il faut savoir *se i Francesi abbiano battuto, o lo siano stati.*

Mme Denis, notre surintendante, approuve beaucoup le marché de la paille.

Addio, caro. V.

MMCCCLXV. — AU MÊME.

A Berne, 18 mai.

Si vous nous envoyez quelques lettres adressées aux Délices, ne nous en envoyez à Berne qu'une fois, et gardez les suivantes jusqu'à nouvel ordre, mon cher Colini; car nous sommes un peu en l'air. Nous irons à Soleure, de là nous retournons à Monrion, et nous regagnons ensuite notre lac de Genève.

Je vous prie d'ordonner qu'on refasse le talus que les eaux avaient emporté vers la Brandie, qu'on le sème de fenasse, et qu'on laisse deux petites rigoles pour l'écoulement des eaux à travers les haies; c'est Loup qui doit prendre ce soin. Il faut que les charpentiers fassent en diligence le berceau qui doit être posé vis-à-vis la Brandie, et que l'on prépare des couleurs pour le peindre. Je vous prie d'ordonner aux jardiniers d'arroser les fleurs et les gazons de la terrasse. Je compte retrouver tout très-propre. Il faut que Boësse presse les travailleurs. Voilà de bien menus détails.

Je vous embrasse de tout mon cœur.

MMCCCLXVI. — AU MÊME.

A Berne, 23 mai.

Il faut que Loup fasse venir de gros gravier, qu'on en répande, et qu'on l'affermisse depuis le pavé de la cour jusqu'à la grille qui mène aux allées des vignes. Ce gravier ne doit être répandu que dans un espace de la largeur de la grille. Les jardiniers devraient déjà avoir fait deux boulingrins carrés, à droite et à gauche de cette allée de sable, en laissant trois pieds à sabler aux deux extrémités de ce gazon, comme je l'avais ordonné.

Je prie M. Colini de recommander cet ouvrage, qui est très-aisé à faire. Je recommande à Loup d'avoir soin de fermer la grille d'entrée de ma maison les dimanches. Il condamnera la petite porte jaune qui va de la cour au jardin, et il empêchera d'entrer dans le jardin, et de e détruire, comme on a déjà fait. Les allées de gazon qu'on a semées lans le jardin seraient absolument gâtées, et c'est une raison à opposer à l'indiscrétion des inconnus qui veulent entrer malgré les domestiques.

Je prie M. Colini de renvoyer les maçons, au reçu de ma lettre; ils n'ont plus rien à faire; mais je voudrais que les charpentiers pussent se mettre tout de suite après le berceau, du côté de la Brandie.

Il faut que les domestiques aient grand soin de remuer les marronniers, d'en faire tomber les hannetons, et de les donner à manger aux poules.

Voilà à peu près, mon cher Colini, toutes mes grandes affaires. Ne m'envoyez point mes lettres à Berne, mais à Monrion.

Je vous embrasse. V.

MMCCCLXVII. — A M. THIERIOT.

A Monrion, le 27 mai.

Je crois, mon ancien ami, que le braiement[1] de l'âne *de Montmartre* est aux Délices. Je verrai ce que c'est, à mon retour dans cet ermitage. Ma nièce de Fontaine y arrive incessamment. J'aurais bien voulu qu'elle vous eût amené, et que vous aimassiez la campagne comme moi. Il y en a de plus belles que la mienne, mais il n'y en a guère d'aussi agréables. Je suis redevenu sybarite, et je me suis fait un séjour délicieux; mais je vivrais aussi aisément comme Diogène que comme Aristippe. Je préfère un ami à des rois; mais, en préférant une très-jolie maison à une chaumière, je serais très-bien dans la chaumière. Ce n'est que pour les autres que je vis avec opulence; ainsi je défie la fortune, et je jouis d'un état très-doux et très-libre que je ne dois qu'à moi.

Quand j'ai parlé en vers des malheurs des humains, mes confrères, c'est par pure générosité; car, à la faiblesse de ma santé près, je suis si heureux que j'en ai honte. Je vous aimerais bien mieux encore compagnon de ma retraite qu'éditeur de mes rêveries.

Les faquins qui poursuivent la mémoire de Bayle méritent le mépris et le silence. Je vous remercie de supprimer la petite remarque qui leur donne sur les oreilles. Tout le reste aura son passe-port chez les honnêtes gens. Il est vrai que cette seconde édition paraît bien tard, et qu'on a donné trop de temps aux sots pour répandre leurs préjugés sur la première. Celle-ci est aussi forte; mais elle est mesurée et ac-

1. Le jésuite Sonnemaud venait de publier contre les philosophes un pamphlet intitulé : *Pensées philosophiques d'un citoyen de Montmartre*. (ÉD.)

compagnée de correctifs qui ferment la bouche à la superstition, tandis qu'ils laissent triompher la philosophie.

Je vous ai déjà mandé que je ne suis pas partisan de ce vers :

   Tandis que de la grâce..................

mais que j'aime mieux un vers hasardé qu'un vers plat.

Je ne sais pas ce qu'on veut dire par les prétendues dissensions des Cramer ; il n'y en a jamais eu l'ombre. Ce sont des gens d'une très-bonne famille de Genève, qui ont de l'éducation et beaucoup d'esprit ; ils sont pénétrés de mes bienfaits, tout minces qu'ils sont, et ont fait un magnifique présent à mon secrétaire. Ce secrétaire, par parenthèse, est un Florentin très-aimable, très-bien né, et qui mérite mieux que moi d'être de l'Académie *della Crusca*.

Vous voilà donc moine de Saint-Victor ; je l'ai été de Senones. J'ai travaillé avec dom Calmet pendant un mois. Je travaille actuellement avec des calvinistes, et je m'en trouve bien, excommunication à part.

Mandez-moi où il faut vous écrire. *Interea vale, et me ama.*

MMCCCLXVIII. — A M. LE COMTE D'ARGENTAL.

Aux Délices, 4 juin.

Je vous ai envoyé, mon cher ange, mes *sermons* sous l'enveloppe de M. Bouret ; mais, comme je me suis avisé de voyager un mois dans la Suisse, il se peut faire qu'il y ait eu quelque retardement dans l'envoi.

Vous voyez que la famille des Tronchin est dévouée aux arts ; mais l'auteur aura des succès moins brillants que l'inoculateur. Il vaut mieux suivre Esculape qu'Apollon. On a corrigé le *Nicéphore* et l'*Alexis* selon vos vues, mais non selon vos désirs. L'*Alceste* est très-bien entre les mains de Mme Denis, puisque cela l'amuse, et que de plus c'est le triomphe des femmes. Pour moi, je vous avoue que je n'aurais jamais osé traiter un pareil sujet. Je doute fort que Racine en ait eu l'idée. *Alceste* peut faire à l'Opéra le plus grand effet. Il eût été à souhaiter que Quinault eût fait *Alceste* après *Armide*, dans le temps de la force de son génie, et qu'il eût eu Rameau pour musicien.

Je ne protesterai point votre lettre de change pour une tragédie, mais je demanderai du temps pour vous payer. Les éditions de mes anciennes rêveries prennent le peu de temps que ma misérable santé me laisse. Il faut joindre le *Siècle de Louis XIV* à un tableau du monde entier *depuis Charlemagne*. Vous m'avouerez qu'il est difficile qu'un malade puisse d'une main arranger le monde, et de l'autre faire une tragédie. Au reste, quand j'en ferai une, je sens bien que je travaillerai pour des ingrats ; mais je travaillerai pour vous, mon cher ange, et vous me tiendrez lieu du public. Je suis assez animé quand c'est à vous que je veux plaire ; mais quand vous aurez une pièce du pays des Allobroges, songez que l'on fait souvent des pièces allobroges à Paris ; alors vous me jugerez avec indulgence.

Auriez-vous lu ce recueil de *Lettres de Mme de Maintenon*, de

Louis XIV, etc.? y a-t-il quelque chose dont un historien puisse faire usage? Je ne vous parle que d'histoire; je vous en demande pardon. Mme Denis vous dit les choses les plus tendres. Elles seront bien reçues, puisqu'elle fait une tragédie. Mme de Fontaine, qui n'en fait point, arrivera dans quelques jours dans mon ermitage; il est bien joli. J'en suis fâché, car je m'y attache, et il est trop loin de vous, mon cher ange. Mille tendres respects à Mme d'Argental et à tous vos amis.

MMCCCLXIX. — A M. THIERIOT.

Aux Délices, 4 juin.

Je reviens dans mon ermitage vers Genève, mon ancien ami, sans savoir si mes petits *sermons* ont été imprimés à Paris comme je les ai faits et comme je vous les ai envoyés; mais je reçois une lettre de M. d'Argental, qui met presque en colère ma dévotion. Il me fait part d'un scrupule que vous avez eu, quand je vous ai mandé que la condamnation un peu dure des ennemis de Bayle ferait tort à l'édition et à l'éditeur. Vous avez fait comme tous les commentateurs; vous n'avez pas pris le sens de l'auteur. Quel galimatias, ne vous en déplaise, de regarder ce danger de l'éditeur autrement que comme le danger d'imprimer un reproche fait à un corps respectable! Comment avez-vous pu imaginer que je pusse avoir un autre sentiment? Vous avez la bonté de faire imprimer un ouvrage qui vous plaît, et je ne veux point qu'il y ait dans cet ouvrage la moindre chose qui puisse vous compromettre. Il faut que vous ayez le diable au corps, le diable des Bentley, des Burmann, des *variorum*, pour expliquer ce passage comme vous avez fait. J'attends des exemplaires reliés de mon recueil de rêveries pour vous en envoyer. Je ne sais pas quel parti prend Lambert; je voudrais bien ne pas désobliger Lambert. Je voudrais aussi que les Cramer pussent profiter de mes dons. Il est difficile de contenter tout le monde. Je viens de parcourir une partie du *citoyen de Montmartre*; c'est un âne qui affiche sa patrie. J'apprends, par une voie très-sûre, que Fréron et La Beaumelle ont composé cet infâme et ridicule libelle. On me mande qu'il n'a excité que l'horreur et le mépris.

Cela n'empêche pas que La Beaumelle ne puisse avoir imprimé des *Lettres* originales de Louis XIV et de Mme de Maintenon, dont on pourra faire quelque usage dans la nouvelle édition du *Siècle de Louis XIV*. Un scélérat et un sot peut avoir eu par hasard de bons manuscrits. Je vous prie de me mander s'il y a quelque chose d'utile dans ce recueil. Êtes-vous à présent moine de Saint-Victor? Que n'êtes-vous venu faire vos vœux dans l'abbaye des Délices avec Mme de Fontaine! Croyez que mon abbaye en vaut bien une autre; c'est celle de Thélème. On m'en a voulu tirer en dernier lieu pour aller dans des palais, mais je n'ai garde. Je vous embrasse tendrement.

P. S. Je vous envoie une nouvelle édition de mes *sermons*, et vous prie de vouloir bien en distribuer à MM. Dalembert, Diderot et Rousseau. Ils m'entendront assez; ils verront que je n'ai pu m'exprimer au-

icement, et ils seront édifiés de quelques notes; ils ne dénonceront point ces *sermons*.

MMCCCLXX. — A M. DE BRENLES.

Aux Délices, 9 juin.

Je m'intéresse plus à vous, mon cher ami, et à l'augmentation de votre famille, qu'à toutes les nouvelles des Iroquois et de Port-Mahon. Je vous prie de me mander où vous en êtes; avez-vous une fille ou un garçon? Comment se porte Mme de Brenles? Instruisez un peu vos amis de tout ce qui vous regarde.

Quand vous verrez M. le bailli de Lausanne, je vous prie de lui présenter mes obéissances et celles de Mme Denis. Nous avons été bien fâchés de partir sans avoir l'honneur de le voir. Avez-vous reçu un petit paquet que le courrier se chargea, il y a quelques jours, de vous remettre?

Si, par vos bontés ou par celles de M. Polier de Bottens, je pouvais avoir un domestique intelligent, et qui même sût un peu écrire, je vous serais infiniment obligé. Mme Denis et moi nous vous sommes attachés pour jamais.

V.

MMCCCLXXI. — A LOUIS-EUGÈNE, PRINCE DE WURTEMBERG.

Aux Délices, 14 juin.

Un Suisse, un solitaire, un de vos serviteurs les plus tendrement attachés, qui ne lit point les gazettes, qui ne sait rien de ce qui se passe dans ce monde, sait pourtant que Votre Altesse Sérénissime est au milieu des coups de canon, dans une île de la Méditerranée[1] qui appartenait autrefois à Vénus, ensuite aux Carthaginois; qui n'est pas faite pour des Anglais, et qui sera bientôt tout entière à M. le maréchal de Richelieu. Si vous êtes là, monseigneur, comme je n'en doute pas, vous avez très-bien fait d'y venir en si bonne compagnie. On ne peut pas toujours être à l'affût d'un canon ou au bivac : on ne peut pas toujours exposer sa vie, quelque agréable que cela soit. Il y a toujours du temps de reste avec la gloire, et c'est ce qui m'encourage à écrire à Votre Altesse Sérénissime. Je me donne rarement cet honneur, parce que les plaisirs ne sont pas faits pour moi. Un vieux malade retiré sur les bords d'un lac n'est plus fait pour entretenir un jeune prince guerrier, quelque philosophe que soit ce prince.

Si, dans les moments de relâche que vous donne le siége, vous vous occupez à lire, il paraît depuis peu des *Mémoires* du feu marquis de *Torci*, dignes d'être lus de Votre Altesse. Elle y verra un détail vrai et instructif des humiliations que Louis XIV eut à essuyer pendant qu'il demandait grâce aux Hollandais. Vous contribuez actuellement, monseigneur, à une gloire aussi grande que ces abaissements furent tristes.

La Beaumelle, après avoir déterré, je ne sais comment, les *Lettres*

---

[1] Minorque. (ÉD.)

de *Mme de Maintenon*, en a inondé le public. Vous verrez dans ces lettres peu de faits, et encore moins de philosophie.

Le même La Beaumelle a compilé sur des manuscrits six volumes de *Mémoires* pour servir à l'histoire de Louis XIV et de sa cour; mais il a mêlé au peu de vérités que ces mémoires contenaient toutes les faussetés que l'envie de vendre son livre lui a suggérées, et toutes les indécences de son caractère. Peu d'écrivains ont menti plus impudemment.

Je vous dirai la vérité, monseigneur, quand je vous dirai qu'il ne tient qu'à moi d'aller dans un pays où j'ai fait autrefois ma cour à Votre Altesse, et que ce n'est pas dans ce pays-là que je voudrais lui renouveler mes hommages.

Je crois que M. le prince de Beauvau a souvent le bonheur de vous voir. C'est après vous, monseigneur, celui dont je suis le plus fâché d'être éloigné. Votre Altesse Sérénissime sait à quel point et avec quel tendre respect je lui serai toujours dévoué.

MMCCCLXXII. — A M. LE MARÉCHAL DUC DE RICHELIEU.

Aux Délices, près de Genève, 14 juin.

J'ai quelque orgueil, mon *héros*, de voir une partie de ma destinée unie à la vôtre. Il est plaisant que je sois, après vous, l'homme le plus intéressé à la prise de Port-Mahon. Je me suis avisé de faire le prophète. Vous accomplirez sans doute ma prophétie; elle est très-claire, il y en a ou jusqu'ici peu dans ce goût-là. Votre panégyriste est devenu votre astrologue. Par quel hasard faut-il que ma prédiction coure Paris avant que le maudit rocher de M. Blakeney se soit rendu? Le même jour que j'ai reçu la lettre dont vous honorez votre petit prophète, j'ai appris que mon *petit compliment* était répandu dans Paris. C'est Thieriot *la Trompette* qui me dit l'avoir vu et tenu, et même l'avoir désapprouvé. Il y a longtemps que je vous avertis que vous aviez probablement quelque secrétaire bel esprit qui rendait publiques les galanteries que je vous écrivais quelquefois. Je suis bien sûr que ce n'est pas moi qui ai divulgué ma prophétie. Je ne l'ai certainement envoyée à personne qu'à mon *héros*; c'était un secret entre le ciel et lui. Thieriot fait quelquefois sa cour à Mme la duchesse d'Aiguillon; si c'est chez elle qu'il a vu ma lettre, peut-être Mme d'Aiguillon n'en aura pas laissé prendre de copie; et, en ce cas, il n'y a que quelques lambeaux de publiés.

Voyez, monseigneur, comment notre secret a pu transpirer. Je vous envoyai cette saillie par M. le duc de Villars, et je ne lui en fis pas confidence. Nul autre que vous au monde n'a vu la prédiction. Si vous l'avez fait lire à quelque profanateur de ces mystères, il n'y a pas grand mal. Vous me justifierez bientôt; vous confondrez les incrédules comme les envieux; on verra bien que vous êtes un *héros*, et que je ne suis pas un prophète de Baal.

Au milieu des coups de canon, vous soucieriez-vous de savoir que La Beaumelle, qui s'est fait, je ne sais comment, l'héritier des papiers de Mme de Maintenon, a fait imprimer quinze volumes, soit de *Lettres*, soit de *Mémoires?* Ce ramas d'inutilités est relevé par un tas d'impudences et de mensonges qui est fait tout juste pour l'avide curiosité du public. Il y a quatre-vingts ou cent familles outragées; voilà ce qu'il faut au gros des hommes. Il y a parmi les lettres de Mme de Maintenon une lettre de M. le duc de Richelieu votre père qui certainement n'était pas faite pour être publique. Les termes qui vous regardent sont bien peu mesurés, et il est désagréable que M. votre fils soit à portée de les voir. Il me paraît bien indécent de révéler ainsi des secrets de famille du vivant des intéressés.

Mais, après tout, qu'importe qu'on attaque la conduite de M. le duc de Fronsac en 1715, pourvu qu'on rende justice à M. le maréchal de Richelieu en 1756?

Prenez votre Mahon, triomphez des Anglais et des mauvais discours. Je lève les mains au ciel sur mes montagnes, et je chanterai le *Te Deum* en terre hérétique.

Mme Denis et moi nous sommes les deux Suisses qui aiment le plus votre gloire et votre personne.

MMCCCLXXIII. — A M. DE BRENLES.

Aux Délices, 15 juin.

On dit le colonel Constant mort[1]. Si cela est, j'en suis très-affligé, et je suis étonné de vivre. Voilà donc, mon cher ami, ce que c'est que ce fantôme de la vie. On s'en plaint, on la maudit, on l'aime, on l'aime, et elle s'évanouit comme une ombre. Puisse Mme votre femme avoir fait un heureux! je suis bien sûr au moins qu'elle aura fait un honnête homme et un homme d'esprit.

Toutes vos nouvelles sont aussi fausses que le beau conte qu'on faisait des catholiques qui ne voulaient point d'un catholique à Echallens. Je voudrais bien que la nouvelle touchant le colonel Constant fût aussi fausse. Mille tendres respects à l'accouchée et à tous nos amis.

MMCCCLXXIV. — A M. LE COMTE D'ARGENTAL.

Aux Délices, 15 juin.

Mon cher ange, nos amours sont furieusement traversées. Je ne pourrai, de plus de trois mois, travailler à cette tragédie[2] que vous voulez avec tant d'obstination, et que j'ai déjà esquissée pour vous plaire. Vous savez que Villars ne peut être partout. On va imprimer une nouvelle édition du *Siècle de Louis XIV*, à la suite d'une espèce d'*Histoire universelle*. Je crois déjà vous l'avoir mandé. Je lis cette compilation des *Mémoires de Mme de Maintenon*, et j'admire comment un homme a l'audace de publier tant de sottises, tant de mensonges et de contradictions, d'insulter tant de familles, de parler si insolemment de tout ce qu'il ignore, et comment on a la bonté de le souffrir. Il est assez singulier que cet homme soit à Paris et que je n'y sois pas

1. Oncle de Benjamin Constant. (ÉD.) — 2. *Zulime*. (ÉD.)

Il a eu quelques bons mémoires, et il a noyé le peu de vérités inutiles que contiennent les *Mémoires de Dangeau*, de *Hébert*, de *Mlle d'Aumale*, dans un fatras d'impostures de sa façon. Il a trouvé le vrai secret d'être lu et d'être méprisé.

Il avance hardiment que le premier Dauphin épousa Mlle Choin. J'ai toujours entendu dire, à ceux qui ont vécu avec elle, et surtout à Mme de Villefranche et à Mme de Bolingbroke, que c'était un conte ridicule. Si vous avez pu, mon cher et respectable ami, déterrer un peu de vérité parmi les anecdotes d'erreur dont le monde est plein, daignez, à vos heures perdues, vous amuser à m'instruire, afin que je sorte au plus tôt du bourbier désagréable de l'histoire, pour me donner tout entier aux choses que vous aimez.

Vous n'aurez de moi que ce feuillet, une bouteille d'encre est tombée sur l'autre. Mme Denis et Mme de Fontaine vous embrassent. Cette Fontaine, la ressuscitée, est tout étonnée de ma maison et de mes jardins. Elle dit que cela serait bien beau auprès de Paris; mais je ne le crois pas.

MMCCCLXXV. — A M. THIERIOT.

Aux Délices, 16 juin.

Je ne suis pas étonné qu'on dévore ce ramas d'anecdotes où, parmi quelques vérités indifférentes, tirées des *Mémoires de Dangeau*, de *Huber*, etc., tout fourmille de faussetés, de contradictions, et d'impostures. Le mensonge n'a jamais parlé avec tant d'impudence. Cela est fait pour être lu par des ignorants oisifs, méprisé des sages, et pour indigner les gens en place. De quel front ce malheureux ose-t-il assurer que Monseigneur épousa Mlle Choin, et que Mme de Berri se maria au comte de Riom? Quand on avance de tels faits, il faut avoir ses garants. Il était réservé à ce siècle qu'un gredin parlât de la cour comme s'il y avait joué un rôle. Il prend la peine de combattre de temps en temps le *Siècle de Louis XIV*, et il porte la démence jusqu'à citer des passages qui n'y ont jamais été.

Je suis bien aise que ce soit un pareil coquin qui ait écrit contre vous. Il se dit *citoyen de Montmartre*, il mérite d'être citoyen d'une chiourme. Que comptez-vous faire, mon ancien ami, de l'édition de mes bagatelles? Vous devriez bien venir voir l'auteur, et joindre votre portefeuille au mien. Nous pourrions nous arranger ensemble. Les Cramer ne se repentent pas de leur édition, quoiqu'il y en ait tant d'autres. Ils l'ont presque toute débitée en trois semaines; je ne m'y attendais pas. L'*Histoire générale* mérite un peu plus d'attention; on y joint le *Siècle de Louis XIV*, avec des additions et des notes qui sont assez curieuses. Vous ne nuirez pas à cet ouvrage; nous le reverrions ensemble. Mes nièces auraient soin de vous rendre votre séjour aux Délices digne du nom que ma maison ose porter. J'y jouis de la paix, j'y travaille à loisir; ce sont là les vraies délices. Je serais trop heureux si j'avais de la santé et l'ami Thieriot. *Vale.*

P. S. La lettre à M. le maréchal de Richelieu n'était pas assurément pour le public. Je ne l'ai communiquée à personne. S'il a fait voir mes prophéties, il les accomplira.

MMCCCLXXVI. — A MLLE ***.

Aux Délices, près de Genève, 20 juin.

Je ne suis, mademoiselle, qu'un vieux malade, et il faut que mon état soit bien douloureux puisque je n'ai pu répondre plus tôt à la lettre dont vous m'honorez, et que je ne vous envoie que de la prose pour vos jolis vers. Vous me demandez des conseils, il ne vous en faut point d'autre que votre goût. L'étude que vous avez faite de la langue italienne doit encore fortifier ce goût avec lequel vous êtes née, et que personne ne peut donner. Le Tasse et l'Arioste vous rendront plus de services que moi ; et la lecture de nos meilleurs poëtes vaut mieux que toutes les leçons ; mais, puisque vous daignez de si loin me consulter, je vous invite à ne lire que les ouvrages qui sont depuis longtemps en possession des suffrages du public, et dont la réputation n'est point équivoque. Il y en a peu, mais on profite bien davantage en les lisant, qu'avec tous les mauvais petits livres dont nous sommes inondés. Les bons auteurs n'ont de l'esprit qu'autant qu'il en faut, ne le recherchent jamais, pensent avec bon sens, et s'expriment avec clarté. Il semble qu'on n'écrive plus qu'en énigmes. Rien n'est simple, tout est affecté ; on s'éloigne en tout de la nature, on a le malheur de vouloir mieux faire que nos maîtres.

Tenez-vous-en, mademoiselle, à tout ce qui plaît en eux. La moindre affectation est un vice. Les Italiens n'ont dégénéré, après le Tasse et l'Arioste, que parce qu'ils ont voulu avoir trop d'esprit ; et les Français sont dans le même cas. Voyez avec quel naturel Mme de Sévigné et d'autres dames écrivent ; comparez ce style avec les phrases entortillées de nos petits romans ; je vous cite les héroïnes de votre sexe, parce que vous me paraissez faite pour leur ressembler. Il y a des pièces de Mme Deshoulières qu'aucun auteur de nos jours ne pourrait égaler. Si vous voulez que je vous cite des hommes, voyez avec quelle clarté, quelle simplicité notre Racine s'exprime toujours. Chacun croit, en le lisant, qu'il dirait en prose tout ce que Racine a dit en vers. Croyez que tout ce qui ne sera pas aussi clair, aussi simple, aussi élégant, ne vaudra rien du tout.

Vos réflexions, mademoiselle, vous en apprendront cent fois plus que je ne pourrais vous en dire. Vous verrez que nos bons écrivains, Fénelon, Bossuet, Racine, Despréaux, employaient toujours le mot propre. On s'accoutume à bien parler, en lisant souvent ceux qui ont bien écrit ; on se fait une habitude d'exprimer simplement et noblement sa pensée sans effort. Ce n'est point une étude ; il n'en coûte aucune peine de lire ce qui est bon, et de ne lire que cela ; on n'a de maître que son plaisir et son goût.

Pardonnez, mademoiselle, à ces longues réflexions ; ne les attribuez qu'à mon obéissance à vos ordres.

J'ai l'honneur d'être avec respect, etc.

MDCCLXXVII. — A M. LE COMTE D'ARGENTAL.

Aux Délices, 28 juin.

Mon très-cher ange, j'ai fait venir les frères Cramer dans mon ermitage. Je leur ai demandé pourquoi vous n'aviez pas eu, le premier, ce recueil de mes folies en vers et en prose; ils m'ont répondu que le ballot ne pouvait encore être arrivé à Paris. Ils disent que les exemplaires qui sont entre les mains de quelques curieux y ont été portés par des voyageurs de Genève; ils en sont la dupe. Lambert a attrapé un de ces exemplaires, et travaille jour et nuit à faire une nouvelle édition. Comment avez-vous pu soupçonner, mon cher ange, que j'aie négligé le premier de mes devoirs? Votre exemplaire devait vous être rendu par un nommé M. Dubuisson. Le Dubuisson et les Cramer disent qu'ils n'ont point tort; et moi je dis qu'ils ont très-grand tort, puisque vous êtes mal servi.

Je n'ai point vu les feuilles de Fréron; je savais seulement que *Catilina*[1] était l'ouvrage d'un fou, versifié par Pradon; et Fréron n'en dira pas davantage. C'est cependant à ce détestable ouvrage qu'on m'immola pendant trois mois; c'est cette pièce absurde et gothique à laquelle on donna la plus haute faveur.

L'ouvrage de La Beaumelle est bien plus mauvais et bien plus coupable qu'on ne croit; car qui veut se donner la peine de lire avec examen? c'est un tissu d'impostures et d'outrages faits à toute la maison royale et à cent familles. Il est juste que ce malheureux soit accueilli à Paris, et que je sois au pied des Alpes.

Dieu me préserve de répondre à ses personnalités! mais c'est un devoir de relever dans les *notes* du *Siècle de Louis XIV* les mensonges qui déshonoreraient ce beau siècle.

J'ai reçu une grande et éloquente lettre de la Dumesnil; elle n'était pas tout à fait ivre quand elle me l'a écrite. Je vois que Clairon lui donne de l'émulation; mais, si elle veut conserver son talent, il faut qu'elle cesse de boire. Mlle Clairon a des inclinations plus convenables à son sexe et à son état.

Je vous avoue une de mes faiblesses: Je suis persuadé, et je le serai jusqu'à ce que l'événement me détrompe, qu'*Oreste* réussirait beaucoup à présent; chaque chose a son temps, et je crois le temps venu. Je ne vous dirai pas que ce succès me serait agréable, je vous dirai qu'il me serait avantageux; il ouvrirait des yeux qu'on a toujours voulu fermer sur le peu que je vaux.

Si vous pouviez, mon cher ange, faire jouer *Oreste* quelque temps après *Sémiramis*, vous me rendriez un plus grand service que vous ne pensez. Vous pourriez faire dire aux acteurs qu'ils n'auront jamais rien de moi avant d'avoir joué cette pièce.

Je vous remercie de vos anecdotes. Le discours de Louis XIV, qu'on prétend tenu au maréchal de Boufflers, passe pour avoir été débité aux maréchaux de Villars et d'Harcourt. La plaine de Saint-Denis est

1. Tragédie de Crébillon. (ÉD.)

bien loin du Quesnoi. Il eût été bien triste de dire qu'on se ferait tuer aux portes de Paris, quand les anciennes frontières n'étaient pas encore entamées.

Quoique je sois plongé dans le siècle passé, je voudrais pourtant savoir si, dans le temps présent, l'abbé de Bernis est déclaré contre moi. Je ne le crois pas; je l'ai toujours aimé et estimé, et j'applaudis à sa fortune. Instruisez-moi. Je vous embrasse tendrement.

MMCCCLXXVIII. — A MADAME LA COMTESSE DE LUTZELBOURG.

Aux Délices, 2 juillet.

Vos lettres, madame, sont bien aimables; mais ce n'est pas sans peine qu'on jouit du plaisir de les lire. Il n'y a point de chat qui n'avoue que vous le surpassez beaucoup. Nous avons enfin au gîte ce célèbre Tronchin, qui vous était, je crois, très-inutile. Votre régime vaut encore mieux que lui. Ce sera à vous seule que vous devrez une longue vie. Jouissez-en dans le sein de l'amitié avec Mme de Broumath. Si je n'étais pas retenu dans mes Délices par ma famille, j'aurais pu avoir encore la consolation de vous voir à Strasbourg. L'électeur palatin avait bien voulu m'inviter à venir lui faire ma cour à Manheim: je sens que j'aurais donné volontiers la préférence à l'île Jard. Vous savez d'ailleurs que j'ai renoncé aux cours.

Je ne sais pourquoi les parents du maréchal de Richelieu, qui sont avec lui devant Port-Mahon, ont fait courir le fragment d'une lettre que je lui écrivis il y a plus de six semaines. Ils comptaient apparemment prendre le fort Saint-Philippe plus tôt qu'ils ne le prendront. M. le duc de Villars me mande qu'il vient d'envoyer encore un renfort de six cents hommes et de deux cent cinquante artilleurs. On ne dit point qu'on ait pris un seul ouvrage avancé. Cependant il me paraît qu'on ne doute pas qu'on ne vienne enfin à bout de cette difficile entreprise. Elle deviendra glorieuse par les obstacles.

Vous ne vous attendiez pas, madame, qu'un jour la France et l'Autriche seraient amies. Il ne faut que vivre pour voir des choses nouvelles. Tout solitaire, tout mort au monde que je suis, j'ai l'impertinence d'être bien aise de ce traité. J'ai quelquefois des lettres de Vienne; la reine de Hongrie est adorée. Il était juste que le *Bien-Aimé* et la *bien-aimée* fussent bons amis. Le roi de Prusse prétend à une autre gloire; il a fait un opéra de ma tragédie de *Mérope*; mais il a toujours cent cinquante mille hommes et la Silésie.

Adieu, madame; recevez mes respects pour vous, pour toute votre famille, et pour Mme de Broumath.

MMCCCLXXIX. — A M LE COMTE D'ARGENTAL.

Aux Délices, 2 juillet.

Avez-vous reçu enfin, mon cher ange, cette édition qui est en chemin depuis plus d'un mois?

C'est une pièce complexe, à ce que je vois, que celle de Port-Mahon.

Nous ne touchons pas encore au dénoûment, et bien des gens commencent à siffler. Ma petite lettre, non trop tôt écrite, mais trop tôt envoyée par M. d'Egmont à Mme d'Egmont, donne assez beau jeu aux rieurs. On en a supprimé la prose, et on n'a fait courir que les vers, qui ont un peu l'air de vendre la peau de l'ours avant qu'on l'ait mis par terre. Si M. de Richelieu ne prend pas ce maudit rocher, il retrouvera à Versailles et à Paris beaucoup plus d'ennemis qu'il n'y en a dans le fort Saint-Philippe. Il faut pour mon honneur, et pour le sien surtout, qu'il prenne incessamment la ville. Il se trouverait, en cas de malheur, que mes compliments n'auraient été qu'un ridicule. Je vous prie de bien dire, mon cher ange, que je n'ai pas eu celui de répandre des éloges si prématurés. Si M. d'Egmont avait été un grand politique, il ne les aurait fait courir qu'à la veille de prendre la garnison prisonnière.

La Beaumelle m'embarrasse un peu davantage; il est triste d'être obligé de lui répondre; cependant il le faut. Son livre a trop de cours pour que je laisse subsister tant d'erreurs et tant d'impostures. Il attaque cent familles, il prodigue le scandale et d'injure sans la moindre preuve; il parle de tout au hasard, et plus il est audacieux dans le mensonge, plus il est lu avec avidité. Je peux vous répondre qu'il y a peu de pages où l'on ne trouve des mensonges très-aisés à confondre. Il faut les relever, la preuve en main, dans des notes au bas des pages du *Siècle de Louis XIV*, sans aucune affectation, et par le seul intérêt de la vérité. Si vous et vos amis vous aviez remarqué quelque chose d'important, je vous serais bien obligé d'avoir la bonté de m'en avertir; peut-être même les yeux du public commencent-ils à s'ouvrir sur cette insolente rapsodie. On me mande que les gens un peu instruits en pensent comme moi; à la longue ils dirigent le sentiment du public. Nous voilà bien loin de la tragédie, mon cher ange; j'ai besoin pour ce travail de n'en avoir aucun autre sur les bras, de quelque nature que ce soit. Tronchin est revenu; je lui donne ma santé à gouverner, et mon âme à vous. Mille tendres respects à tous les anges.

MMCCCLXXX. — A M. LE MARÉCHAL DUC DE RICHELIEU. (A VOUS SEUL.)

Aux Délices, 5 juillet.

Pardonnez à mes importunités, mon *héros*. Je me flatte que vous prendrez, ce mois-ci, le rocher et les Anglais. Tant mieux que la besogne soit difficile, vous en aurez plus de gloire. Vous connaissez Paris et Versailles; vous savez comme on a murmuré que la ville de l'Europe la plus forte, après Gibraltar, n'ait pas été prise en quatre jours; et, si vous aviez pu l'emporter d'emblée, on aurait dit : « Cela était bien aisé. » Vous triompherez des difficultés, des Anglais, des sots et des jaloux.

Tronchin est revenu de Paris; il en a été l'idole, et jamais idole n'a reçu plus d'offrandes. Il a tout vu, tout entendu; il connaît tous ceux qui osent vous porter envie. Une certaine personne lui a parlé avec une confiance étonnante. » Je n'ai qu'un reproche à me faire, lui s-t-elle dit, c'est d'avoir fait du mal à M. de M...[1]; mais j'ai été trompée, etc., etc., etc. »

On a parodié la petite lettre que j'avais eu l'honneur de vous écrire; tant mieux encore. Je vais préparer des fusées, et je compte donner un feu le jour que j'apprendrai que vous êtes entré dans la place. En vérité, vous devriez bien me faire savoir par un de vos secrétaires dans quel temps à peu près vous souperez dans le fort Saint-Philippe; vous feriez là une bonne œuvre. Élève du maréchal de Villars et son successeur, battez les ennemis de la France et les vôtres.

Il y a dans le monde un petit coin de terre où vous êtes adoré. Le lac de Genève retentit de votre nom. Recevez mes vœux, mon encens, mon attachement, mon tendre respect.

MMCCCLXXXI. — A M. DUPONT, AVOCAT.

Aux Délices, 6 juillet.

Mon cher ami, il est vrai que l'homme en question s'est conduit avec ingratitude envers ma nièce et moi, qui l'avions accablé d'amitiés et de présents. J'ai été obligé de le renvoyer. Je ne me suis jamais trompé sur son caractère, et je sais combien il est difficile de trouver des hommes.

Je vous avoue que j'en prendrais bien volontiers un de votre main; mais j'ai toute ma famille auprès de moi, et un très-grand nombre de domestiques; de sorte qu'il ne me reste pas un logement à donner. Mme Denis vous fait les plus tendres compliments. Je vous prie, mon cher ami, de ne nous pas oublier auprès de M. et de Mme de Klinglin.

Vous plains toujours d'être à Colmar, et, en vous regrettant, je me sais bon gré d'être aux Délices. Je ne connais en vérité d'autre chagrin que celui d'être séparé de vous. Vous avez une femme aimable, de jolis enfants. Soyez heureux, s'il est possible de l'être. Je vous embrasse tendrement. VOLTAIRE.

MMCCCLXXXII. — A M. LE COMTE ALGAROTTI.

Aux Délices, 7 juillet.

Ho ricevuto colla più viva gratitudine, caro signor mio, ciò che ho letto col più gran piacere. Siete giudice d'ogni arte, e maestro d'ogni stile, *et doctus sermonis cujuscumque linguæ*[2]. On m'assure que vous êtes parti de Venise après l'avoir instruite; que vous allez à Rome et à Naples. On me fait espérer que vous pourrez faire encore un voyage en France, et repasser par Genève; je le désire plus que je ne l'espère. Vous trouveriez les environs de Genève bien changés; ils sont dignes des regards d'un homme qui a tout vu. Je n'habite que la moindre maison de ce pays-là; mais la situation en est si agréable, que peut-être, en voyant de votre fenêtre le lac de Genève, la ville, deux rivières, et cent jardins, vous ne regretteriez pas absolu-

1. Il s'agit de Mme de Pompadour et de Maurepas. (ÉD.)
2. Horace, livre III, ode VIII, vers 5-6. (ÉD.)

ment Potsdam. Ma destinée a été de vous voir à la campagne, ne pourrais-je vous y revoir oncore?

Ella troverà difficilmente un pittore tal quale lo vuole, e più difficilmente ancora un impresario, o un Sweris, che possa far rappresentare un opera conforme alle vostre belle regole; ma troverà nel mio ritiro des Délices, un dilettante appassionato di tutto ciò che scrivete, e non meno innamorato della vostra gentilissima conversazione. Je suis trop vieux, trop malade, et trop bien posté pour aller ailleurs. Si je voyageais, ce serait pour venir vous voir à Venise; mais si vous êtes en train de courir, per Dio venite a Ginevra. Farewell, farewell; I love you sincerely, and for ever.

MMCCCLXXXIII. — A M. LE COMTE D'ARGENTAL.

Aux Délices, 16 juillet.

Mon cher ange, on voit bien que vous ne m'écrivez pas les secrets de l'État, car vous m'envoyez vos lettres sans les cacheter. M. Tronchin, le conseiller de Genève, voit que vous attendez toujours avec impatience une tragédie; il y a grande apparence que la sienne sera la première que vous aurez. Je vous servirai un peu plus tard. Il est permis d'être lent à mon âge. Vous me pardonnerez bien de préférer quelque temps Louis XIV aux héros de l'antiquité. Je ne pourrai être absolument à leurs ordres et aux vôtres que quand j'aurai mis le *Siècle de Louis XIV* dans son nouveau cadre.

Souffrez que je me défie un peu de toutes les anecdotes; celle des campements du prince Eugène, depuis le Quesnoi jusqu'à Montmartre, est plus que suspecte. Comment veut-on qu'on ait pris à Denain ce projet de campagne? Le prince Eugène n'avait pas son portefeuille dans les retranchements de Denain, où il n'était pas. Je ne veux pas ressembler à ce La Beaumelle, qui répète tous les bruits de ville à tort et à travers, qui paraît avoir été le confident de Monseigneur et de Mlle Choin, et qui parle du duc d'Orléans comme s'il avait souvent soupé avec lui.

Si jamais on imprime les *Mémoires* du marquis de Dangeau, on verra que j'ai eu raison de dire qu'il faisait écrire les *nouvelles* par son valet de chambre. Le pauvre homme était si ivre de la cour, qu'il croyait qu'il était digne de la postérité de marquer à quelle heure un ministre était entré dans la chambre du roi. Quatorze volumes sont remplis de ces détails. Un huissier y trouverait beaucoup à apprendre, un historien n'y aurait pas grand profit à faire. Je ne veux que des vérités utiles. J'ai cherché à en dire depuis le temps de Charlemagne jusqu'à nos jours. C'est peut-être l'emploi d'un homme qui n'est plus historiographe, car ceux qui l'ont été ont rarement dit la vérité. Il y en a à présent de bien agréables à dire à M. le maréchal de Richelieu. J'étais fâché que ma prophétie courût, parce qu'on pouvait me soupçonner d'en avoir fait les honneurs; mais j'étais fort aise d'être le premier à lui rendre justice. Il eut la bonté de me mander, le 29 du mois passé, l'accomplissement de ma prophétie. Nous autres voisins du Rhône nous savons toujours les nouvelles quelques jours avant vous autres Parisiens.

M. le duc de Villars avait encore Mlle Clairon il y a trois jours. Je lui ai écrit, à cette Idamé; et si ma santé le permettait, j'irais l'entendre à Lyon; mais je sens que je ne me transplanterais que pour venir vous voir, mon cher ange. Je pourrais bien faire cette partie l'année prochaine, avec quelques héros à cothurne et quelques héroïnes. Il n'est pas mal de se tenir quelque temps à l'écart; c'est presque le seul préservatif contre l'envie et contre la calomnie, encore n'est-il pas toujours bien sûr.

Je ne sais pas comment *Sémiramis* aura réussi sans Mlle Clairon. Si la demoiselle Dumesnil continue à boire, adieu le tragique. Il n'y a jamais eu de talents durables avec l'ivrognerie. Il faut être sobre pour faire des tragédies et pour les jouer.

On me paraît de tous côtés très-indigné contre La Beaumelle. Plusieurs personnes même trouvent assez étrange que cet homme soit tranquille à Paris, et que je n'y sois pas; mais ces gens-là ne voient pas que tout cela est dans l'ordre. Adieu, mon divin ange; mes nièces vous embrassent. Mme de Fontaine est un miracle de Tronchin; si cela continue, vous la reverrez avec des tetons. Il fait bien chaud pour jouer *Sémiramis*; mais Crébillon ne fera-t-il pas jouer la sienne? c'est un de ses ouvrages qu'il estime le plus. Adieu; mille respects à tous les anges.

MMCCCLXXXIV. — A M. LE MARÉCHAL DUC DE RICHELIEU.

Aux Délices, 16 juillet.

Mon *héros* et celui de la France, en vertu du petit billet dont vous daignâtes m'honorer après votre bel assaut, j'eus l'honneur de vous dire tout ce que j'en pense, et de vous écrire à Compiègne. Vous allez être assassiné de poëmes et d'odes. Un jésuite de Mâcon, un abbé de Dijon, un bel esprit de Toulouse, m'en ont déjà envoyé. Je suis le bureau d'adresses de vos triomphes. On s'adresse à moi comme au vieux secrétaire de votre gloire.

Ce qui me fait le plus de plaisir, c'est une histoire de la révolution de Gênes, très-sagement écrite et très-exacte, qui paraît depuis peu en italien. On m'en a apporté la traduction en français; on vous y rend toute la justice qui vous est due. Je vais incessamment la faire imprimer. J'avoue qu'il y a un peu d'amour-propre à moi de voir que l'Europe vous regarde des mêmes yeux que je vous ai vu depuis plus de vingt ans; mais, en vérité, il y a cent fois plus d'attachement que de vanité dans mon fait.

On dit que M. le duc de Fronsac était fait comme un homme qui vient d'un assaut, quand il a porté la nouvelle. Il était, avec les grâces qu'il tient de vous, orné de toutes celles d'un brûleur de maisons. Il tient cela de vous encore. Demandez à votre écuyer si vous n'aviez pas votre chapeau en clabaud, et si vous n'étiez pas noir comme un diable, et poudreux comme un courrier, à la bataille de Fontenoi.

Je vous importune; pardonnez au bavard.

MMCCCLXXXV. — A M. THIERIOT.

Aux Délices, 21 juillet.

Le succès fait la renommée[1].

Vous le voyez bien, mon ancien ami; une lettre anonyme que je reçois, selon ma coutume, m'apprend qu'on imprime une critique dévote contre mes ouvrages; mais ces gens-là seront forcés d'avouer que je suis prophète. M. le maréchal de Richelieu a bien voulu témoigner à son Habacuc le gré qu'il lui savait de ses prédictions, en daignant me mander ses succès le jour de la capitulation. J'ai su sa gloire aux Délices avant qu'on la sût à Compiègne. Vous n'imagineriez pas ce que c'était que ce fort Saint-Philippe; c'était la place de l'Europe la plus forte. Je suis encore à comprendre comment on en est venu à bout. Dieu merci, vous autres Parisiens, vous ne regretterez plus M. de Lowendahl. Votre damné vous a-t-il dit tout ce qui se passe en Allemagne? Je regarde les affaires publiques à peu près du même œil dont je lis Tite Live et Polybe.

> Non me agitant populi fasces, aut purpura regum,
> Aut conjurato descendens Dacus ab Histro.
> Virg., Georg., lib. II, v. 495-97.

J'attends, avec quelque impatience, le brillant philosophe Dalembert; peut-être va-t-il plus loin que Genève, mais il y a apparence qu'il prendrait mal son temps. A l'égard du philosophe[2] un peu plus dur, dont vous me parlez, je crois qu'il ne sera heureux ni sur les bords de la Sprée, ni sur les bords de la Seine. On dit que ce n'est pas chose aisée d'être heureux:

> ....Hic est,
> Est Ulubris, etc....................
> Hor., lib. I, ep. xi, v. 29.

Je ne reçois que des lettres remplies d'indignation et de mépris pour ces insolents *Mémoires de Mme de Maintenon*. Je vous avoue que c'est une espèce de livre toute neuve. Le faquin parle de tous les grands hommes, de tous les princes, comme s'il avait vécu familièrement avec eux, et débite ses impostures avec un air de confiance, de hauteur, de familiarité, de plaisanterie, qui en imposera aux barons allemands et aux lecteurs du Nord. On me conseille de le confondre dans quelques notes, au bas des pages du *Siècle de Louis XIV*, qu'on réimprime avec l'*Histoire générale*.

Si les *Mémoires* de ce Cosnac[3] sont imprimés, je vous prie de me les envoyer. Vous avez la voie sûre de M. Bouret. Puis-je m'adresser à vous, mon ancien ami, pour les livres que vous jugerez dignes d'être lus? Vous m'aviez promis les deux *sermons* de Lambert.

---

1. Trente-sixième vers de la lettre du 3 mai 1756 à Richelieu. (Éd.)
2. Maupertuis. (Éd.)
3. Évêque de Valence, puis archevêque d'Aix. (Éd.)

Je ne vous ai point envoyé l'énorme édition des Cramer, parce que j'ai jugé que vous auriez presque en même temps celle de Paris; cependant, si vous en êtes curieux, je vous la ferai tenir. Il y a bien des fautes; je suis aussi mauvais correcteur d'imprimerie que mauvais auteur. *Interea vale et scribe, amice, amico veteri.*

MMCCCLXXXVI. — A M. L'ABBÉ DE VOISENON.

Aux Délices, 24 juillet.

Vraiment, notre grand aumônier, c'est bien à un vieux Suisse de faire des épithalames!

Vous êtes prêtre de Cythère;
Consacrez, bénissez, chantez
Tous les nœuds, toutes les beautés
De la maison de La Vallière.
Mais, tapi dans vos voluptés,
Vous ne songez qu'à votre affaire.
Vous passez les nuits et les jours
Avec votre grosse bergère;
Et les légitimes amours
Ne sont pas votre ministère.

Mme Denis l'helvétique se souvient toujours de vous avec grand plaisir, comme elle le doit. J'ai ici une paire de nièces fort aimables, qui égayent ma retraite. Mon lac n'a point de vapeurs, quoi que vous en disiez. J'en ai quelquefois, mon cher abbé; mais si vous étiez jamais capable de venir consulter M. Tronchin, quand vous serez bien épuisé, ce ne serait pas à lui, ce serait à vous que je devrais ma santé; car gaieté vaut mieux que médecine. Il est doux d'être retiré du monde, mais encore plus doux de vous voir.

Vous avez fait, mon cher abbé, une action de bon citoyen, de recommander au prône d'un avocat général les infamies de La Beaumelle. Mais ce parlement a tant grêlé sur le persil, qu'il ne faut plus qu'il grêle. Une censure de ces messieurs fait seulement acheter un livre. Les libraires devraient les payer pour faire brûler tout ce qu'on imprime. Le public a plus besoin de gens éclairés, qui fassent voir les grossières impostures dont le livre de La Beaumelle est plein; mais il est bien honteux qu'un tel homme ait trouvé de la protection.

Adieu, très-aimable et très-indigne prêtre. Ayez toujours assez de vertu pour aimer de pauvres Suisses qui vous aiment de tout leur cœur.

MMCCCLXXXVII. — A M. DESMAHIS.

Aux Délices, 24 juillet.

Mon cher élève, qui valez mieux que moi, le grand Tronchin vous a donc tiré d'affaire. Il a fait revenir de plus loin une de mes nièces qui est actuellement dans mon ermitage, où je voudrais bien vous tenir; mais les vieux oncles sont un peu plus difficiles à traiter.

S'il ne m'a pas encore donné la santé, il m'a donné un grand plaisir en m'apportant votre jolie Épître; et voici ma triste réponse:

Vous ne comptez pas trente hivers,
Les grâces sont votre partage,
Elles ont dicté vos beaux vers.
Mais je ne sais par quel travers
Vous vous proposez d'être sage.
C'est un mal qui prend à mon âge,
Quand le ressort des passions,
Quand de l'Amour la main divine,
Quand les belles tentations
Ne soutiennent plus la machine.
Trop tôt vous vous désespérez;
Croyez-moi, la raison sévère
Qui trompe vos sens égarés
N'est qu'une attaque passagère.
Vous êtes jeune et fait pour plaire;
Soyez sûr que vous guérirez.
Je vous en dirais davantage
Contre ce mal de la raison,
Que je hais d'un si bon courage,
Mais je médite un gros ouvrage
Pour le vainqueur de Port-Mahon.
Je veux peindre à ma nation
Ce jour d'éternelle mémoire.
Je dirai, moi qui sais l'histoire,
Qu'un géant, nommé Géryon,
Fut pris autrefois par Alcide
Dans la même île, au même lieu
Où notre brillant Richelieu
A vaincu l'Anglais intrépide.
Je dirai qu'ainsi que Paphos
Minorque à Vénus fut soumise;
Vous voyez bien que mon *héros*
Avait double droit à la prise.
Je suis prophète quelquefois;
Malgré l'envie et la critique,
J'ai prédit ses heureux exploits;
Et l'on prétend que je lui dois
Encore une ode pindarique.
Mais les odes ont peu d'appas
Pour les guerriers et pour moi-même,
Et je conçois qu'il ne faut pas
Ennuyer les héros qu'on aime.

Je conçois aussi qu'il ne faut pas ennuyer ses amis. Je finis au plus vite, en vous assurant que je vous aime de tout mon cœur. VOLT.

MMCCCLXXXVIII. — A M. PARIS-DUVERNEY.

Aux Délices, le 26 juillet.

Votre lettre, monsieur, augmente la joie que les succès de M. le maréchal de Richelieu m'ont causée. Votre amitié pour lui, qui ne s'est jamais démentie, justifie bien mon attachement. Une si belle action fait sur vous d'autant plus d'effet, que vous formez au roi des sujets qui apprendront à l'imiter. Vous vous êtes fait une carrière nouvelle de gloire par cette belle institution[1] qu'on doit à vos soins, et qui sera une grande époque dans l'histoire du siècle présent. Le nom de M. le maréchal de Richelieu ira à la postérité, et le vôtre ne sera jamais oublié.

Les événements présents fourniront probablement une ample matière aux historiens. L'union des maisons de France et d'Autriche, après deux cent cinquante ans d'inimitiés; l'Angleterre, qui croyait tenir la balance de l'Europe, abaissée en six mois de temps; une marine formidable créée avec rapidité; la plus grande fermeté déployée avec la plus grande modération; tout cela forme un bien magnifique tableau. Les étrangers voient avec admiration une vigueur et un esprit de suite dans le ministère que leurs préjugés ne voulaient pas croire. Si cela continue, je regretterai bien de n'être plus historiographe de France. Mais la France, qui ne manquera jamais ni d'hommes d'État ni d'hommes de guerre, aura toujours aussi de bons écrivains, dignes de célébrer leur patrie.

Je ne suis plus bon à rien; ma santé m'a rendu la retraite nécessaire. Il eût été plus doux pour moi de cultiver des fleurs auprès de Plaisance qu'auprès de Genève; mais j'ai pris ce que j'ai trouvé. J'aurais eu bien difficilement un séjour plus agréable et plus convenable. Le fameux docteur Tronchin vient souvent chez moi. J'ai presque toute ma famille dans ma maison. La meilleure compagnie, composée de gens sages et éclairés, s'y rend presque tous les jours, sans jamais me gêner. Il y vient beaucoup d'Anglais, et je peux vous dire qu'ils font plus de cas de votre gouvernement que du leur.

Vous souffrez sans doute, monsieur, avec plaisir ce compte que je vous rends de ma situation. Je vous dois, en grande partie, la douceur de ma fortune; je ne l'oublierai point. Je vous serai attaché jusqu'au dernier moment de ma vie.

Je vous prie, quand vous verrez monsieur votre frère, de vouloir bien l'assurer de mes sentiments, et de compter sur ceux avec lesquels j'ai l'honneur d'être si véritablement, etc.

MMCCCLXXXIX. — A M. LE MARÉCHAL DUC DE RICHELIEU.

27 juillet.

Mon *héros*, je vais aussi brûler de la poudre; mais je tirerai moins de fusées que vous n'avez tiré de coups de canon. Ma prophétie a été

1. L'École royale militaire. (ÉD.)

accomplie encore plus tôt que je ne croyais, en dépit des malins qui niaient que je connusse l'avenir et que vous en disposassiez si bien. Je vous vois d'ici tout rayonnant de gloire.

    Ce n'est plus aux Anacréons
De chanter avec vous à table;
La mollesse de leurs chansons
N'aurait plus rien de convenable
A vos illustres actions.
Il n'appartient plus qu'aux Pindares
De suivre vos fiers compagnons,
Aux assauts de cent bastions,
Devers les Iles Baléares.
J'attends leurs sublimes écrits;
Et s'il est vrai, comme il peut l'être,
Qu'il soit parmi vos beaux esprits
Peu de Pindares dans Paris,
Vos succès en feront renaître.

Ils diront qu'un roi modéré
Vit longtemps avec patience
L'attentat inconsidéré
D'un peuple un peu trop enivré
De sa maritime puissance,
Qu'on a sagement préparé
La plus légitime vengeance;
Et qu'enfin l'honneur de la France
Par vos exploits est assuré.
Mais pour moi, dans ma décadence,
Faible et sans voix, je me tairai;
Jamais je ne me mêlerai
De ces querelles passagères.
Je sais qu'aux marins d'Albion
Vous reprochez, avec raison,
Quelques procédés de corsaires;
Ce ne sont pas là mes affaires.
Milton, Pope, Swift, Addison,
Ce sage Lock[1], ce grand Newton,
Sont toujours mes dieux tutélaires.
Deux peuples en valeur égaux
Dans tous les temps seront rivaux,
Mais les philosophes sont frères.

    Vos ministres, par leurs traités,
Ont assujetti la fortune;
Vos vaisseaux, de héros montés,
Ont battu les fils de Neptune;

[1] Locke. (Éd.)

Une prudence peu commune
A conduit vos prospérités ;
Mais la politique et les armes
Ne font pas mes félicités.
Croyez qu'il est encor des charmes
Sous les berceaux que j'ai plantés.
Je vis en paix, peut-être en sage,
Entre ma vigne et mes figuiers;
Pour embellir mon ermitage,
Envoyez-moi de vos lauriers;
Je dormirai sous leur ombrage.

MMCCCXC. — DE M. D'ALEMBERT.

A Lyon, ce 28 juillet.

Puisque la montagne ne veut pas venir à *Mahomet*, il faudra donc, mon cher et illustre confrère, que *Mahomet* aille trouver la montagne. Oui, j'aurai dans quinze jours le plaisir de vous embrasser et de vous renouveler l'assurance de tous les sentiments d'admiration que vous m'inspirez. Je compte être à Genève au plus tard le 10 du mois prochain, et y passer le reste du mois. Je vous y porterai les vœux de tous vos compatriotes, et leur regret de vous voir si éloigné d'eux. Je m'arrête ici quelques jours pour y voir un très-petit nombre d'amis qui veulent bien me montrer ce qu'il y a de remarquable dans la ville, et surtout ce qu'il peut être utile de connaître pour le bien de notre *Encyclopédie*. Je me refuse à toute autre société, parce que je pense avec Montaigne « que d'aller de maison en maison faire montre de son caquet, est un métier très-messéant à un homme d'honneur. » Nous avons ici une comédie détestable et d'excellente musique italienne médiocrement exécutée. Le bruit a couru ici que vous deviez venir entendre Mlle Clairon, dans la nouvelle salle, et voir jouer ce rôle d'Idamé qui a fait tourner la tête à tout Paris. Je craignais fort que vous ne vinssiez à Lyon pendant que j'irais à Genève, et que nous ne jouassions aux barres; mais on me rassure, en m'apprenant que vous restez à Genève. La nouvelle salle est très-belle et digne de Soufflot, qui l'a fait construire. C'est la première que nous ayons en France, et je serais d'avis d'y mettre pour inscription :

.... *longo post tempore venit.*
Virg., ecl. 1, v. 30.

Adieu, mon cher et illustre confrère; rien n'est égal au désir que j'ai de vous embrasser, de vous remercier de toutes vos bontés pour nous, et de vous en demander de nouvelles. Permettez-moi d'assurer mesdames vos nièces de mes sentiments. *Vale, vale.*

MMCCCXCI. — A M. D'ALEMBERT.

Aux Délices, 2 août.

Si j'avais quelque vingt ou trente ans de moins, il se pourrait à toute force, mon cher et illustre ami, que je me partageasse entre vous et Mlle Clairon; mais, en vérité, je suis trop raisonnable pour ne vous pas donner la préférence. J'avais promis, il est vrai, de venir voir à Lyon *l'Orphelin chinois*; et, comme il n'y avait à ce voyage que de l'amour-propre, le sacrifice me paraît bien plus aisé. Mme Denis devait être de la partie de *l'Orphelin*; elle pense comme moi, elle aime mieux vous attendre. Ceci est du temps de l'ancienne Grèce, où l'on préférait, à ce qu'on dit, les philosophes.

Le bruit court que vous venez avec un autre philosophe. Il faudrait que vous le fussiez terriblement l'un et l'autre, pour accepter les bouges indignes qui me restent dans mon petit ermitage: ils ne sont bons, tout au plus, que pour un sauvage comme Jean-Jacques, et je crois que vous n'en êtes pas à ce point de sagesse iroquoise. Si pourtant vous pouviez pousser la vertu jusque-là, vous honoreriez infiniment mes antres des Alpes en daignant y coucher. Vous me trouveriez bien malade; ce n'est pas la faute du grand Tronchin; il y a certains miracles qu'on fait, et d'autres qu'on ne peut faire. Mon miracle est d'exister, et ma consolation sera de vous embrasser. Ma champêtre famille vous fait les plus sincères compliments.

MMCCCXCII. — A M. LE COMTE D'ARGENTAL.

Aux Délices, 4 août.

Mon cher ange, je suis bien malingre; mais, puisqu'on a ressuscité *Sémiramis*, il faut bien que je ressuscite aussi. On dit que Lekain s'est avisé de paraître, au sortir du tombeau de sa mère, avec des bras qui avaient l'air d'être ensanglantés; cela est un tant soit peu anglais, et il ne faudrait pas prodiguer de pareils ornements. Voilà de ces occasions où l'on se trouve tout juste entre le sublime et le ridicule, entre le terrible et le dégoûtant. Mon absence n'a pas nui au succès; de mon temps les choses n'auraient pas été si bien. J'ai gagné quelque chose à être mort, car c'est l'être que de vivre sans digérer au pied des Alpes. Je sens que les Tronchin n'y font rien. Le miracle de Mme de Fontaine subsiste, mais je ne suis pas homme à miracles. Il faut être jeune pour faire honneur à son médecin; mais, mon ange consolateur, aurai-je encore la force de faire quelque chose qui vous plaise? J'ai bien peur que le talent des tragédies ne passe plus vite que le goût de les voir jouer. Vous n'êtes pas épuisé; mais, par malheur, ne le serais-je pas? Il se présente en Suède un sujet de tragédie [1]; s'il y avait quelque épisode de Prusse, on pourrait trouver de quoi faire cinq actes. On aura dorénavant à Paris de l'indulgence pour moi, depuis qu'on me tient pour trépassé.

Je ne conseillerais pas à La Beaumelle de donner une pièce; il en a pourtant fait une; mais il est si protégé et si heureux qu'on pourrait la siffler. Il faut qu'il soit disgracié de quelques rois, et alors le par-

1. Le baron de Horn et quelques autres seigneurs décapités à Stockholm, le 15 juillet, pour avoir essayé de rétablir l'autorité arbitraire. (ÉD.)

terre le prendra en amitié. Mme de Graffigni a une comédie toute prête; son succès me paraît sûr. Elle est femme, le sujet sera un roman; il y aura de l'intérêt, et on aimera toujours l'auteur de *Cénie*. Pour Mme du Boccage, elle s'est livrée au poëme épique. On m'a envoyé trois tragédies de Paris et de province. Il en pleut de tous côtés; sans compter l'opéra de *Mérope* du roi de Prusse. Vous voyez que les arts sont toujours en honneur. Bonsoir, mon cher et respectable ami; mille respects à tous les anges.

MMCCCXCIII. — A M. LE MARÉCHAL DUC DE RICHELIEU.

Aux Délices, 4 août.

Il me semble, monseigneur, que toutes les lettres adressées à mon *héros* doivent lui être rendues, et que messieurs de la poste de Compiègne auraient pu vous renvoyer à Marseille la lettre que je vous adressai à la cour quand vous eûtes donné ce bel assaut; mais apparemment que l'on n'aime pas les mauvais vers dans ce pays-là. Il se peut aussi que les directeurs de la poste vous aient attendu à Compiègne, de jour en jour, et vous attendent encore. Je ne ressemble point au général Blakeney, je ne peux sortir de ma place. La raison en est que je suis assiégé par une file de médecines dont le docteur Tronchin m'a circonvenu. Que n'ai-je un moment de force et de santé! je partirais sur-le-champ, je viendrais vous voir dans votre gloire; je laisserais là toute ma famille, qui se passerait bien de moi dans mon ermitage.

Vous croyez bien que j'ai un peu interrogé le voyageur dont vous me parlez, et vous devez vous en être aperçu quand je vous mandais que ce n'était pas des seuls Anglais que vous triomphiez. Vous avez, comme tous les généraux, essuyé les propos de l'envie et de l'ignorance. Souvenez-vous comme on traitait le maréchal de Villars avant la journée de Denain. Vous avez fait comme lui, et on se tait, et on admire, l'enthousiasme que vous inspirez est général. On a mal attaqué, disait-on; il fallait absolument envoyer M. de Vallière pour tirer juste. Au milieu de tous ces beaux raisonnements arrive la nouvelle de la prise; voilà jusqu'à présent le plus beau moment de votre vie. Qu'est-il arrivé de là? qu'on ne vous conteste plus le service que vous avez rendu à Fontenoi. Port-Mahon confirme tout, et met le sceau à votre gloire. Il se pourra bien faire que vous ne soyez pas le premier dans le cœur de la belle personne que vous savez; mais vous serez toujours considéré, honoré, et je vous regarde comme le premier homme du royaume. C'est une place que vous vous êtes donnée, et que rien ne vous ôtera. Il me pleut de tous côtés de mauvais vers pour vous; vous devez en être excédé. Pour vous achever, il faut que je prenne aussi la liberté de vous envoyer ce que j'écrivais ces jours-ci à mon petit Desmahis. Ce Desmahis est fort aimable; vous ne vous en soucierez guère, vous avez bien autre chose à faire.

Nous sommes tous ici aux pieds de notre *héros*.

MMCCCXCIV. — A M. LE COMTE D'ARGENTAL.

7 août.

Mon divin ange, voici le *Botoniate* achevé et réparé, à peu près comme vous l'avez voulu. L'auteur[1] est un homme très-aimable, et porte un nom qui doit réussir à Paris. Je ne doute pas que les comédiens n'acceptent une pièce qui vaut beaucoup mieux que tant d'autres qu'ils ont jouées, et je doute encore moins du succès quand elle sera bien mise au théâtre. Je vous demande vos bontés, et nous sommes deux qui serons pénétrés de reconnaissance.

Mon cher ange, les bras ensanglantés[2] sont bien anglais; mais, si on les souffre, je les souffre aussi.

Si cet honnête La Beaumelle est enfermé, je n'en suis pas surpris; il avait dit dans ses *Mémoires*, en parlant de la maison royale : « On s'allie plaisamment dans cette maison-là. »

On dit qu'il avait fait imprimer une *Pucelle* en dix-huit chants, pleine d'horreurs.

Je ne savais pas que ce fût M. de Sainte-Palaie qui m'eût honoré du *Glossaire*; voulez-vous bien lui donner le chiffon ci-joint?

La poste part; je n'ai que le temps de vous dire que vous êtes le plus aimable et le plus regretté des hommes.

MMCCCXCV. — A M. THIERIOT.

Aux Délices, 9 août.

Mon cher et ancien ami, je ne sais ce que c'est que cette *critique dévote* dont vous me parlez. Est-ce une critique imprimée? est-ce seulement un cri des âmes tendres et timorées? vous me feriez plaisir de me mettre au fait. Je m'unis, à tout hasard, aux sentiments des saints, sans savoir ni ce qu'ils disent ni ce qu'ils pensent.

On me mande qu'on a défendu à l'évêque de Troyes d'imprimer des mandements; c'est défendre à la comtesse de Pimbesche de plaider.

Est-il vrai qu'on joue *Sémiramis*? que l'ombre n'est pas ridicule? et que les bras de Le Kain ne sont pas mal ensanglantés? Vous ne savez rien de ces bagatelles; vous négligez le théâtre; vous n'aimez que les anecdotes, et vous ne m'en dites point.

Je ne sais guère de nouvelles de Suède. J'ai peur que ma divine Ulrique ne soit traitée par son sénat avec moins de respect et de sentiment qu'on t'en doit à son rang, à son esprit, et à ses grâces.

Vous saurez que l'impératrice-reine m'a fait dire des choses très-obligeantes. Je suis pénétré d'une respectueuse reconnaissance. J'adore de loin; je n'irai point à Vienne; je me trouve trop bien de ma retraite des Délices. Heureux qui vit chez soi avec ses nièces, ses livres, ses jardins, ses vignes, ses chevaux, ses vaches, son aigle, son renard, et ses lapins, qui se passent la patte sur le nez! J'ai de tout cela, et les Alpes par-dessus, qui font un effet admirable. J'aime mieux gronder mes jardiniers que de faire ma cour aux rois.

1. Fr. Tronchin, conseiller d'État de Genève.
2. Allusion à Lekain jouant le rôle de Ninias dans *Sémiramis*. (ÉD.)

J'attends l'encyclopède Dalembert, avec son imagination et sa philosophie. Je voudrais bien que vous en fissiez autant, mais vous en êtes incapable.

Est-il vrai que *Plutus-Apollon*-Populinière a doublé la pension de madame son épouse? Tronchin prétend qu'elle a toujours quelque chose au sein; je crois aussi qu'elle a quelque chose sur le cœur. Je vous prie de lui présenter mes hommages, si elle est femme à les recevoir.

C'est grand dommage qu'on n'imprime pas les mémoires de ce fou d'évêque Cosnac!

Pour Dieu! envoyez-moi, signé Jannel, ou Bouret, tout ce qu'on aura écrit pour ou contre les *Mémoires* de Scarron-Maintenon.

Interim vale et scribe. Æger sum, sed tuus.

MMCCCXCVI. — A Mme LA COMTESSE DE LUTZELBOURG.

Aux Délices, 13 août.

Priez bien Dieu, madame, avec votre chère amie Mme de Broumath, pour notre Marie-Thérèse; et, si vous avez des nouvelles d'Allemagne, daignez m'en faire part. Notre *Salomon du Nord* vient de faire un tour[1] de maître Gonin; nous verrons quelles en seront les suites.

On dit que la France envoie vingt-quatre mille hommes à cette belle Thérèse, sous le commandement du comte d'Estrées, et que cette noble impératrice confie trois de ses places en Flandre à la bonne foi du roi. Les Hollandais n'auront plus pour barrière que leurs canaux et leurs fromages. Ne seriez-vous pas bien aise de voir *Salomon* à Vienne, à la cour de la reine de Saba? Je suis bien étonné qu'on m'attribue le compliment à *la Chèvre*; c'est une pièce[2] faite du temps du cardinal de Richelieu. Je ne suis point au fond de mon *village*, comme le dit le compliment; et il s'en faut beaucoup que j'aie à me plaindre de cette *Chèvre*.

Je n'ai à me plaindre que de *Salomon*; mais j'oublie tous les rois dans ma retraite, où je me souviens toujours de vous.

J'ai chez moi une de mes nièces qui se meurt. Je me meurs toujours aussi; mais je vous aime de tout mon cœur.

MMCCCXCVII. — A M. LE COMTE DE TRESSAN.

Aux Délices, 18 août.

Vous êtes donc comme messieurs vos parents, que j'ai eu l'honneur de connaître très-gourmands; vous en avez été malade. Je suis pénétré, monsieur, de votre souvenir; je m'intéresse à votre santé, à vos plaisirs, à votre gloire, à tout ce qui vous touche. Je prends la liberté de vous ennuyer de tout mon cœur.

Vous avez vraiment fait une œuvre pie de continuer les aventures

[1]. Frédéric venait d'entrer en Saxe sans déclaration de guerre. (ÉD.)
[2]. Elle est de Maynard. (ÉD.)

de *Jeanne*, et je serais charmé de voir un si saint ouvrage de votre façon. Pour moi, qui suis dans un état à ne plus toucher aux *pucelles*, je serai enchanté qu'un homme aussi fait pour elles que vous l'êtes daigne faire ce que je ne veux plus tenter.

Tâchez de me faire tenir, comme vous pourrez, cette honnête besogne, qui adoucira ma cacochyme vieillesse. Je n'ai pas eu la force d'aller à Plombières; cela n'est bon que pour les gens qui se portent bien, ou pour les demi-malades.

J'ai actuellement chez moi M. Dalembert, votre ami et très-digne de l'être. Je voudrais bien que vous fissiez quelque jour le même honneur à mes petites Délices. Vous êtes assez philosophe pour ne pas dédaigner mon ermitage.

Je vous crois plus que jamais sur les Anglais; mais je ne peux comprendre comment ces dogues-là, qui, dites-vous, se battirent si bien à Ettingen [1], vinrent pourtant à bout de vous battre. Il est vrai que depuis ce temps-là vous le leur avez bien rendu. Il faut que chacun ait son tour dans ce monde.

Pour l'Académie françoise ou française, et les autres académies, je ne sais quand ce sera leur tour. Vous ferez toujours bien de l'honneur à celles dont vous serez. Quelle est la société qui ne cherchera pas à posséder celui qui fait le charme de la société? Dieu donne longue vie au roi de Pologne! Dieu vous le conserve, ce bon prince qui passe sa journée à faire du bien, et qui, Dieu merci, n'a que cela à faire! Je vous supplie de me mettre à ses pieds. Je veux faire mon petit bâtiment chinois à son honneur, dans un petit jardin; je ferai un bois, un petit *Chaudeu* grand comme la main, et je le lui dédierai.

Mlle Clairon est à Lyon; elle joue comme un ange des Idamé, des Mérope, des Zaïre, des Alzire. Cependant je ne vais point la voir. Si je faisais des voyages, ce serait pour vous, pour avoir encore la consolation de rendre mes respects à Mme de Boufflers, et à ceux qui daignent se souvenir de moi. Vous jugez bien que si je renonce à la Lorraine, je renonce aussi à Paris, où je pourrais aller comme à Genève, mais qui n'est pas fait pour un vieux malade planteur de choux.

Comptez toujours sur les regrets et le très-tendre attachement de V.

MMCCCXCVIII. — DE M. J. J. ROUSSEAU.

Le 18 août 1756.

Vos deux derniers poëmes, monsieur, me sont parvenus dans ma solitude, et quoique tous mes amis connaissent l'amour que j'ai pour vos écrits, je ne sais de quelle part ceux-ci me pourraient venir, à moins que de ce ne soit de la vôtre. J'y ai trouvé le plaisir avec l'instruction, et reconnu la main du maître; ainsi je crois vous devoir remercier à la fois de l'exemplaire et de l'ouvrage. Je ne vous dirai pas que tout m'en paraisse également bon; mais les choses qui m'y déplaisent ne font que m'inspirer plus de confiance pour celles qui me

1. Dellingen, le 27 juin 1743. (ÉD.)

transportent : ce n'est pas sans peine que je défends quelquefois ma raison contre les charmes de votre poésie; mais c'est pour rendre mon admiration plus digne de vos ouvrages que je m'efforce de n'y pas tout admirer.

Je ferai plus, monsieur; je vous dirai sans détour, non les beautés que j'ai cru sentir dans ces deux poëmes, la tâche effrayerait ma paresse; ni même les défauts qu'y remarqueront peut-être de plus habiles gens que moi; mais les déplaisirs qui troublent en cet instant le goût que je prenais à vos leçons; et je vous les dirai encore attendri d'une première lecture où mon cœur écoutait avidement le vôtre, vous aimant comme mon frère, vous honorant comme mon maître, me flattant enfin que vous reconnaîtrez dans mes intentions la franchise d'une âme droite, et dans mes discours le ton d'un ami de la vérité qui parle à un philosophe. D'ailleurs, plus votre second poëme m'enchante, plus je prends librement parti contre le premier. Car, si vous n'avez pas craint de vous opposer à vous-même, pourquoi craindrais-je d'être de votre avis? Je dois croire que vous ne tenez pas beaucoup à des sentiments que vous réfutez si bien.

Tous mes griefs sont donc contre votre *Poëme sur le désastre de Lisbonne*, parce que j'en attendais des effets plus dignes de l'humanité qui paraît vous l'avoir inspiré. Vous reprochez à Pope et à Leibnitz d'insulter à nos maux, en soutenant que tout est bien, et vous amplifiez tellement le tableau de nos misères que vous en aggravez le sentiment. Au lieu des consolations que j'espérais, vous ne faites que m'affliger; on dirait que vous craignez que je ne voie pas assez combien je suis malheureux, et vous croiriez, ce me semble, me tranquilliser beaucoup en me prouvant que tout est mal.

Ne vous y trompez pas, monsieur, il arrive tout le contraire de ce que vous vous proposez. Cet optimisme que vous trouvez si cruel, me console pourtant dans les mêmes douleurs que vous me peignez comme insupportables. Le poëme de Pope adoucit mes maux, et me porte à la patience; le vôtre aigrit mes peines, m'excite au murmure, et m'ôtant tout, hors une espérance ébranlée, il me réduit au désespoir. Dans cette étrange opposition qui règne entre ce que vous établissez et ce que j'éprouve, calmez la perplexité qui m'agite, et dites-moi qui s'abuse du sentiment ou de la raison.

« Homme, prends patience, me disent Pope et Leibnitz, les maux sont un effet nécessaire de la nature et de la constitution de cet univers. L'Être éternel et bienfaisant qui le gouverne eût voulu t'en garantir : de toutes les économies possibles il a choisi celle qui réunissait le moins de mal et le plus de bien; ou, pour dire la même chose encore plus crûment s'il le faut, s'il n'a pas mieux fait, c'est qu'il ne pouvait mieux faire. »

Que me dit maintenant votre poëme? « Souffre à jamais, malheureux! S'il est un Dieu qui t'ait créé, sans doute qu'il est tout-puissant, il pouvait prévenir tous tes maux; n'espère donc jamais qu'ils finissent, car on ne saurait pourquoi tu existes; si ce n'est pour souffrir et mourir. » Je ne sais ce qu'une pareille doctrine peut avoir de plus consolant que l'optimisme et que la fatalité même : pour moi, j'avoue qu'elle me paraît plus cruelle encore que le manichéisme. Si l'embarras de l'origine du mal vous forçait d'altérer quelqu'une des perfections de Dieu, pourquoi vouloir justifier sa puissance aux dépens de sa bonté? S'il faut choisir entre deux erreurs, j'aime encore mieux la première.

Vous ne voulez pas, monsieur, qu'on regarde votre ouvrage comme un poëme contre la Providence, et je me garderai bien de lui donner ce nom, quoique vous ayez qualifié de livre contre le genre humain, un écrit où je plaidais la cause du genre humain contre lui-même. Je sais la distinction qu'il faut faire entre les intentions d'un auteur et les conséquences qui peuvent se tirer de sa doctrine. La juste défense de moi-même m'oblige seulement à vous faire observer qu'en peignant les misères humaines mon but était excusable, et même louable, à ce que je crois; car je montrais aux hommes comment ils faisaient leurs malheurs eux-mêmes, et par conséquent comment ils les pouvaient éviter.

Je ne vois pas qu'on puisse chercher la source du mal moral ailleurs que dans l'homme libre, perfectionné, partant corrompu; et quant aux maux physiques, si la matière sensible et impassible est une contradiction, comme il me le semble, ils sont inévitables dans tout système dont l'homme fait partie, et alors la question n'est point pourquoi l'homme n'est pas parfaitement heureux, mais pourquoi il existe. De plus, je crois avoir montré qu'excepté la mort, qui n'est presque un mal que par les préparatifs dont on la fait précéder, la plupart de nos maux physiques sont encore notre ouvrage. Sans quitter votre sujet de Lisbonne, convenez, par exemple, que la nature n'avait point rassemblé là vingt mille maisons de six à sept étages, et que si les habitants de cette grande ville eussent été dispersés plus également, et plus légèrement logés, le dégât eût été beaucoup moindre, et peut-être nul. Tout eût fui au premier ébranlement, et on les eût vus le lendemain, à vingt lieues de là, tout aussi gais que s'il n'était rien arrivé. Mais il faut rester, s'opiniâtrer autour des masures, s'exposer à de nouvelles secousses, parce que ce qu'on laisse vaut mieux que ce qu'on peut emporter. Combien de malheureux ont péri dans ce désastre pour vouloir prendre, l'un ses habits, l'autre ses papiers, l'autre son argent? Ne sait-on pas que la personne de chaque homme est devenue la moindre partie de lui-même, et que ce n'est presque pas la peine de la sauver quand on a perdu tout le reste?

Vous auriez voulu, et qui ne l'eût pas voulu de même, que le tremblement se fût fait au fond d'un désert plutôt qu'à Lisbonne. Peut-on douter qu'il ne s'en forme aussi dans les déserts? mais nous n'en parlons point, parce qu'ils ne font aucun mal aux messieurs des villes, les seuls hommes dont nous tenions compte. Ils en font peu même aux animaux et aux sauvages qui habitent épars ces lieux retirés, et qui ne craignent ni la chute des toits ni l'embrasement des maisons. Mais que signifierait un pareil privilége? Serait-ce donc à dire que l'ordre du monde doit changer selon nos caprices, que la nature doit être soumise à nos lois, et que, pour lui interdire un tremblement de terre en quelque lieu, nous n'avons qu'à y bâtir une ville?

Il y a des événements qui nous frappent souvent plus ou moins selon les faces sous lesquelles on les considère, et qui perdent beaucoup de l'horreur qu'ils inspirent au premier aspect, quand on veut les examiner de près. J'ai appris dans *Zadig*, et la nature me confirme de jour en jour qu'une mort accélérée n'est pas toujours un mal réel, et qu'elle peut quelquefois passer pour un bien relatif. De tant d'hommes écrasés sous les ruines de Lisbonne, plusieurs sans doute ont évité de plus grands malheurs; et malgré ce qu'une pareille description a de touchant et fournit à la poésie, il n'est pas sûr qu'un seul de ces infortunés ait plus souffert que si, selon le cours ordinaire des choses, il eût attendu dans de longues angoisses la mort qui l'est venu surprendre. Est-il une fin plus triste que celle d'un mourant qu'on accable de soins inutiles, qu'un notaire et des héritiers ne laissent pas respirer, que les médecins assassinent dans son lit à leur aise, et à qui des prêtres barbares font avec art savourer la mort! Pour moi, je vois partout que les maux auxquels nous assujettit la nature, sont beaucoup moins cruels que ceux que nous y ajoutons.

Mais quelque ingénieux que nous puissions être à fomenter nos misères à force de belles institutions, nous n'avons pu jusqu'à présent nous perfectionner au point de nous rendre généralement la vie à charge, et de préférer le néant à notre existence; sans quoi le découragement et le désespoir se seraient bientôt emparés du plus grand nombre, et le genre humain n'eût pu subsister longtemps. Or, s'il est mieux pour nous d'être que de n'être pas, c'en serait assez pour justifier notre existence, quand même nous n'aurions aucun dédommagement à attendre des maux que nous avons à souffrir, et que ces maux seraient aussi grands que vous les dépeignez. Mais il est difficile de trouver sur ce sujet de la bonne foi chez les hommes et de bons calculs chez les philosophes, parce que ceux-ci, dans la comparaison des biens et des maux, oublient toujours le doux sentiment de l'existence, indépendant de toute autre sensation, et que la vanité de mépriser la mort engage les autres à calomnier la vie, à peu près comme ces femmes qui, avec une robe tachée et des ciseaux, prétendent aimer mieux des trous que des taches.

Vous pensez avec Érasme que peu de gens voudraient renaître aux mêmes conditions qu'ils ont vécu : mais tel tient sa marchandise fort haute, qui en rabattrait beaucoup s'il avait quelque espoir de conclure le marché. D'ailleurs, monsieur, qui dois-je croire que vous avez consulté sur cela? des riches peut-être, rassasiés de faux plaisirs, mais ignorant les véritables; toujours ennuyés de la vie et toujours tremblant de la perdre? peut-être des gens de lettres, de tous les ordres d'hommes le plus sédentaire, le plus malsain, le plus réfléchissant, et par conséquent le plus malheureux? Voulez-vous trouver des hommes de meilleure composition; ou, du moins, communément plus sincères, et qui, formant le plus grand nombre, doivent, au moins pour cela, être écoutés par préférence? Consultez un honnête bourgeois qui aura passé une vie obscure et tranquille, sans projets et sans ambition; un bon artisan qui vit commodément de son métier; un paysan même, non de France où l'on prétend qu'il faut les faire mourir de misère afin qu'ils nous fassent vivre, mais du pays, par exemple, où vous êtes, et généralement de tout pays libre; j'ose poser en fait qu'il n'y a peut-être pas dans le Haut-Valais un seul montagnard mécontent de sa vie presque automate, et qui n'acceptât volontiers, au lieu même du paradis, le marché de renaître sans cesse pour végéter ainsi perpétuellement. Ces différences me font croire que c'est souvent l'abus que nous faisons de la vie qui nous la rend à charge; et j'ai bien moins bonne opinion de ceux qui sont fâchés d'avoir vécu que de celui qui peut dire avec Caton : *Nec me vixisse pœnitet, quoniam ita vixi ut frustra me natum non existimem.* Cela n'empêche pas que le sage ne puisse quelquefois déloger volontairement, sans murmure et sans désespoir, quand la nature ou la fortune lui portent bien distinctement l'ordre du départ. Mais, selon le cours ordinaire des choses, de quelques maux que soit semée la vie humaine, elle n'est pas, à tout prendre, un mauvais présent; et si ce n'est pas toujours un mal de mourir, c'en est fort rarement un de vivre.

Nos différentes manières de penser sur tous ces articles m'apprennent pourquoi plusieurs de vos preuves sont peu concluantes pour moi; car je n'ignore pas combien la raison humaine prend plus facilement le moule de nos opinions que celui de la vérité, et qu'entre deux hommes d'avis contraire, ce que l'un croit démontré n'est souvent qu'un sophisme pour l'autre.

Quand vous attaquez, par exemple, la chaîne des êtres si bien décrite par Pope, vous dites qu'il n'est pas vrai que si l'on ôtait un atome du monde, le monde ne pourrait subsister. Vous citez là-dessus M. de Crousaz; puis vous ajoutez que la nature n'est asservie à aucune mesure précise ni à aucune forme précise; que nulle planète ne se meut dans une courbe absolument régulière; que nul être connu n'est d'une figure précisément mathématique; que nulle quantité précise n'est requise pour nulle opération; que la nature n'agit jamais rigoureusement; qu'ainsi on n'a aucune raison d'assurer qu'un atome de moins sur la terre serait la cause de la destruction de la terre. Je vous avoue que, sur tout cela, monsieur, je suis plus frappé de la force de l'assertion que de celle du raisonnement, et qu'en cette occasion je céderais avec plus de confiance à votre autorité qu'à vos preuves.

A l'égard de M. de Crousaz, je n'ai point lu son écrit contre Pope, et ne suis peut-être pas en état de l'entendre; mais ce qu'il y a de très-certain, c'est que je ne lui céderai pas ce que je vous aurai disputé, et que j'ai tout aussi peu de foi à ses preuves qu'à son autorité. Loin de penser que la nature ne soit point asservie à la précision des quantités et des figures, je croirais tout au contraire qu'elle seule suit à la rigueur cette précision, parce qu'elle seule sait comparer exactement les fins et les moyens, et mesurer la force à la résistance. Quant à ses irrégularités prétendues, peut-on douter qu'elles n'aient toutes leur cause physique? et suffit-il de ne la pas apercevoir pour nier qu'elle existe? Ces apparentes irrégularités viennent sans doute de quelques lois que nous ignorons, et que la nature suit tout aussi fidèlement que celles qui nous sont connues; de quelque agent que nous n'apercevons pas, et dont l'obstacle ou le concours a des mesures fixes dans toutes ses opérations; autrement il faudrait dire nettement qu'il y a des actions sans principe et des effets sans cause, ce qui répugne à toute philosophie.

Supposons deux poids en équilibre, et pourtant inégaux; qu'on ajoute au plus petit la quantité dont ils diffèrent : ou les deux poids resteront encore en équilibre, et l'on aura une cause sans effet, ou l'équilibre sera rompu, et l'on aura un effet sans cause. Mais si les poids étaient de fer, et qu'il y eût un grain d'aimant caché sous l'un des deux, la précision de la nature lui ôterait alors l'apparence de la précision, et à force d'exactitude elle paraîtrait en manquer. Il n'y a pas une figure, pas une opération, pas une loi, dans le monde physique, à laquelle on ne puisse appliquer quelque exemple semblable à celui que je viens de proposer sur la pesanteur.

Vous dites que nul être connu n'est d'une figure précisément mathématique : je vous demande, monsieur, s'il y a quelque figure possible qui ne le soit pas, et si la courbe la plus bizarre n'est pas aussi régulière aux yeux de la nature qu'un cercle parfait aux nôtres. J'imagine, au reste, que si quelque corps pouvait avoir cette apparente régularité, ce ne serait que l'univers même, en le supposant plein et borné; car les figures mathématiques n'étant que des abstractions, n'ont de rapport qu'à elles-mêmes, au lieu que toutes celles des corps naturels sont relatives à d'autres corps et à des mouvements qui les modifient. Ainsi cela ne prouverait encore rien contre la précision de la nature, quand même nous serions d'accord sur ce que vous entendez par ce mot de précision.

Vous distinguez les événements qui ont des effets, de ceux qui n'en ont point; je doute que cette distinction soit solide. Tout événement me semble avoir nécessairement quelque effet ou moral, ou physique, ou composé des deux, mais qu'on n'aperçoit pas toujours, parce que la filiation des événements est encore plus difficile à suivre que celle des hommes. Comme, en général, on ne doit pas chercher des effets plus considérables que les événements qui les produisent, la petitesse des causes rend souvent l'examen ridicule, quoique les effets soient certains; et souvent aussi plusieurs effets presque imperceptibles se réunissent pour produire un événement considérable. Ajoutez que tel effet ne laisse pas d'avoir lieu, quoiqu'il agisse hors du corps qui l'a produit. Ainsi, la poussière qu'élève un carrosse peut ne rien faire à la marche de la voiture, et influer sur celle du monde. Mais comme il n'y a rien d'étranger à l'univers, tout ce qui s'y fait, agit nécessairement sur l'univers même.

Ainsi, monsieur, vos exemples me paraissent plus ingénieux que convaincants. Je vois mille raisons plausibles pourquoi il n'était peut-être pas indifférent à l'Europe qu'un certain jour l'héritière de Bourgogne fût bien ou mal coiffée, ni au destin de Rome que César tournât les yeux à droite ou à gauche, et crachât de l'un ou de l'autre côté, en allant au sénat le jour qu'il y fut puni. En un mot, en me rappelant le grain de sable cité par Pascal, je suis à quelques égards de l'avis de votre Bramine; et de quelque manière qu'on envisage les choses, si tous les événements n'ont pas des effets sensibles, il me paraît incontestable que tous en ont de réels dont l'esprit humain perd aisément le fil, mais qui ne sont jamais confondus par la nature.

Vous dites qu'il est démontré que les corps célestes font leur révolution dans l'espace non résistant. C'était assurément une très-belle chose à démontrer; mais, selon la coutume des ignorants, j'ai très-peu de foi aux démonstrations qui passent ma portée. J'imaginerais que, pour bâtir celle-ci, l'on aurait à peu près raisonné de cette manière. Telle force agissant selon telle loi, doit donner aux astres tel mouvement dans un milieu non résistant; or les astres ont exactement le mouvement calculé, donc il n'y a point de résistance. Mais qui peut savoir s'il n'y a pas peut-être un million d'autres lois possibles, sans compter la véritable, selon lesquelles les mêmes mouvements s'expliqueraient mieux encore dans un fluide que dans le vide par celle-ci? L'horreur du vide n'a-t-elle pas longtemps expliqué la plupart des effets qu'on a depuis attribués à l'action de l'air ? D'autres expériences ayant ensuite détruit l'horreur du vide, tout ne s'est-il pas trouvé plein? N'a-t-on pas rétabli le vide sur de nouveaux calculs? Qui nous répondra qu'un système encore plus exact ne le détruira pas derechef? Laissons les difficultés sans nombre qu'un physicien ferait peut-être sur la nature de la lumière et des espaces éclairés : mais croyez-vous de bonne foi que Bayle, dont j'admire avec vous la sagesse et la retenue en matière d'opinions, eût trouvé la vôtre si démontrée? En général, il semble que les sceptiques s'oublient un peu sitôt qu'ils prennent le ton dogmatique, et qu'ils devraient user plus sobrement que personne du terme de démontrer. Le moyen d'être cru quand on se vante de ne rien savoir, en affirmant tant de choses?

Au reste, vous avez fait un correctif au système de Pope, en observant qu'il n'y a aucune gradation proportionnelle entre les créatures et le créateur, et que si la chaîne des êtres créés aboutit à Dieu, c'est parce qu'il la tient, et non parce qu'il la termine. Sur le bien du tout préférable à celui de sa partie, vous faites dire à l'homme : « Je dois être aussi cher à mon maître, moi être pensant et sentant, que les planètes qui probablement ne sentent point. » Sans doute cet univers matériel ne doit pas être plus cher à son auteur qu'un seul être pensant et sentant; mais le système de cet univers qui produit, conserve et perpétue tous les êtres pensants et sentants, doit lui être plus cher qu'un seul de ces êtres; il peut donc, malgré sa bonté, ou plutôt par sa bonté même, sacrifier quelque chose du bonheur des individus à la conservation du tout. Je crois, j'espère valoir mieux aux yeux de Dieu que la terre d'une planète; mais si les planètes sont habitées, comme il est probable, pourquoi vaudrais-je mieux à ses yeux que tous les habitants de Saturne? On a beau tourner ces idées en ridicule, il est certain que toutes les analogies sont pour cette population, et qu'il n'y à que l'orgueil humain qui soit contre. Or, cette population supposée, la conservation de l'univers semble avoir pour Dieu même une moralité qui se multiplie par le nombre des mondes habités.

Que le cadavre d'un homme nourrisse des vers, des loups ou des plantes, ce n'est pas, je l'avoue, un dédommagement de la mort de cet homme; mais si, dans le système de cet univers, il est nécessaire à la conservation du genre humain qu'il y ait une circulation de substance entre les hommes, les animaux et les végétaux, alors le mal particulier d'un individu contribue au bien général. Je meurs, je suis mangé des vers; mais mes enfants, mes frères vivront comme j'ai vécu; et je fais par l'ordre de la nature, et pour tous les hommes, ce que firent volontairement Codrus, Curtius, les Décies, les Philènes, et mille autres pour une petite partie des hommes.

Pour revenir, monsieur, au système que vous attaquez, je crois qu'on ne peut l'examiner convenablement sans distinguer avec soin le mal particulier, dont aucun philosophe n'a jamais nié l'existence, du mal général que nie l'optimiste. Il n'est pas question de savoir si chacun de nous souffre ou non; mais s'il était bon que l'univers fût, et si nos maux étaient inévitables dans la constitution de l'univers. Ainsi l'addition d'un article rendrait, ce semble, la proposition plus exacte; et au lieu de : *Tout est bien*, il vaudrait peut-être mieux dire : *Le tout est bien*, ou : *Tout est bien pour le tout ;* alors il est très-évident qu'aucun homme ne saurait donner de preuves directes ni pour ni contre; car ces preuves dépendent d'une connaissance parfaite de la constitution du monde et du but de son auteur, et cette connaissance est incontestablement au-dessus de l'intelligence humaine : les vrais principes de l'optimisme ne peuvent se tirer ni des propriétés de la matière, ni de la mécanique de l'univers, mais seulement par induction des perfections de Dieu qui préside à tout : de sorte qu'on ne prouve pas l'existence de Dieu par le système de Pope, mais le système de Pope par l'existence de Dieu ; et c'est, sans contredit, de la question de la Providence qu'est dérivée celle de l'origine du mal. Que si ces deux questions n'ont pas été mieux traitées l'une que l'autre, c'est qu'on a toujours si mal raisonné sur la Providence, que ce qu'on en a dit d'absurde a fort embrouillé tous les corollaires qu'on pouvait tirer de ce grand et consolant dogme.

Les premiers qui ont gâté la cause de Dieu, sont les prêtres et les dévots, qui ne souffrent pas que rien se fasse selon l'ordre établi, mais font toujours intervenir la justice divine à des événements purement naturels, et, pour être sûrs de leur fait, punissent et châtient les méchants, éprouvent ou récompensent les bons indifféremment avec des biens ou des maux, selon l'événement. Je ne sais, pour moi, si c'est une bonne théologie; mais je trouve que c'est une mauvaise manière de raisonner, de fonder indifféremment sur le pour et le contre les preuves de la Providence, et de lui attribuer sans choix tout ce qui se ferait également sans elle.

Les philosophes, à leur tour, ne me paraissent guère plus raisonnables quand je les vois s'en prendre au ciel de ce qu'ils ne sont pas impassibles, crier que tout est perdu quand ils ont mal aux dents, ou qu'ils sont pauvres, ou qu'on les vole, et charger Dieu, comme dit Sénèque, de la garde de leur valise. Si quelque accident tragique eût fait périr Cartouche ou César dans leur enfance, on aurait dit : « Quel crime avaient-ils commis? » Ces deux brigands ont vécu, et nous disons : « Pourquoi les avoir laissé vivre? » Au contraire, un dévot dira dans le premier cas : « Dieu voulait punir le père en lui ôtant son enfant; » et dans le second : « Dieu conservait l'enfant pour le châtiment du peuple. Ainsi, quelque parti qu'ait pris la nature, la Providence a toujours raison chez les dévots, et toujours tort chez les philosophes. Peut-être, dans l'ordre des choses humaines, n'a-t-elle ni tort ni raison, parce que tout tient à la loi commune, et qu'il n'y a d'exception pour personne. Il est à croire que les événements particuliers ne sont rien ici-bas aux yeux du maître de l'univers; que sa Providence est seulement universelle; qu'il se contente de conserver les genres et les espèces, et de présider au tout sans s'inquiéter de la manière dont chaque individu passe cette courte vie. Un roi sage, qui veut que chacun vive heureux dans ses États, a-t-il besoin de s'informer si les cabarets y sont bons? Le passant murmure une nuit quand ils sont mauvais, et rit tout le reste de ses jours d'une impatience aussi déplacée, *commorandi enim natura diversorium nobis, non habitandi dedit.*

Pour penser juste à cet égard, il semble que les choses devraient être considérées relativement, dans l'ordre physique, et absolument dans l'ordre moral; de sorte que la plus grande idée que je puis me faire de la Providence, est que chaque être matériel soit disposé le mieux qu'il est possible par rapport au tout, et chaque être intelligent et sensible, le mieux qu'il est possible par rapport à lui-même; ce qui signifie en d'autres termes que, pour qui sent son existence, il vaut mieux exister que ne pas exister. Mais il faut appliquer cette règle à la durée totale de chaque être sensible, et non à quelque instant particulier de la durée, tel que la vie humaine : ce qui montre combien la question de la Providence tient à celle de l'immortalité de l'âme, que j'ai le bonheur de croire, sans ignorer que la raison peut en douter, et à celle de l'éternité des peines que ni vous, ni moi, ni jamais homme pensant bien de Dieu, ne croirons jamais.

Si je ramène ces questions diverses à leur principe commun, il me semble qu'elles se rapportent toutes à celle de l'existence de Dieu. Si Dieu existe, il est parfait; s'il est parfait, il est sage, puissant et juste; s'il est sage et puissant, tout est bien; s'il est juste et puissant, mon âme est immortelle; si mon âme est immortelle, trente ans de vie ne sont rien pour moi, et sont peut-être nécessaires au maintien de l'univers : si l'on m'accorde la première proposition, jamais on n'ébranlera les suivantes; si on la nie, il ne faut point disputer sur ses conséquences.

Nous ne sommes ni l'un ni l'autre dans ce dernier cas : bien loin du moins que je puisse rien présumer de semblable de votre part, en lisant le recueil de vos Œuvres, la plupart m'offrent les idées les plus grandes, les plus douces, les plus consolantes de la Divinité; et j'aime bien mieux un chrétien de votre façon que de celle de la Sorbonne.

Quant à moi, je vous avouerai naïvement que ni le pour ni le contre ne me paraissent démontrés sur ce point par les lumières de la raison, et que si le théiste ne fonde son sentiment que sur des probabilités, l'athée, moins précis encore, ne me paraît fonder le sien que sur des possibilités contraires; de plus, les objections de part et d'autre sont toujours insolubles, parce qu'elles roulent sur des choses dont les hommes n'ont point de véritable idée. Je conviens de tout cela, et pourtant je crois en Dieu tout aussi fortement que je crois aucune autre vérité, parce que croire et ne croire pas sont les choses du monde qui dépendent le moins de moi; que l'état de doute est un état trop violent pour mon âme; que quand ma raison flotte, ma foi ne peut rester longtemps en suspens, et se détermine sans elle; qu'enfin mille sujets de préférence m'attirent du côté le plus consolant, et joignent le poids de l'espérance à l'équilibre de la raison.

Voilà donc une vérité dont nous partons tous deux, à l'appui de laquelle vous sentez combien l'optimisme est facile à défendre et la providence à justifier; et ce n'est pas à vous qu'il faut répéter les raisonnements rebattus, mais solides, qui ont été faits si souvent à ce sujet. A l'égard des philosophes qui ne conviennent pas du principe, il ne faut point disputer avec eux sur ces matières, parce que ce qui n'est qu'une preuve de sentiment pour nous, ne peut devenir pour eux une démonstration, et que ce n'est pas un discours raisonnable de dire à un homme : « Vous devez croire ceci parce que je le crois. » Eux, de leur côté, ne doivent point non plus disputer avec nous sur ces mêmes matières, parce qu'elles ne sont que des corollaires de la proposition principale qu'un adversaire honnête ose à peine leur opposer, et qu'à leur tour ils auraient tort d'exiger qu'on leur prouvât le corollaire indépendamment de la proposition qui lui sert de base. Je pense qu'ils ne le doivent pas encore par une autre raison : c'est qu'il y a de l'inhumanité à troubler les âmes paisibles et à désoler les hommes à pure perte, quand ce qu'on veut leur apprendre n'est ni certain ni utile. Je pense, en un mot, qu'à votre exemple, on ne saurait attaquer trop fortement la superstition qui trouble la société, ni trop respecter la religion qui la soutient.

Mais je suis indigné comme vous que la foi de chacun ne soit pas dans la plus parfaite liberté, et que l'homme ose contrôler l'intérieur des consciences où il ne saurait pénétrer, comme s'il dépendait de nous de croire ou de ne pas croire dans des matières où la démonstration n'a point lieu, et qu'on pût jamais asservir la raison à l'autorité. Les rois de ce monde ont-ils donc quelque inspection dans l'autre, et sont-ils en droit de tourmenter leurs sujets ici-bas pour les forcer d'aller en paradis? Non. Tout gouvernement humain se borne par sa nature aux devoirs civils, et quoi qu'en ait pu dire le sophiste Hobbes, quand un homme sert bien l'État, il ne doit compte à personne de la manière dont il sert Dieu.

J'ignore si cet être juste ne punira point un jour toute tyrannie exercée en son nom; je suis bien sûr, au moins, qu'il ne la partagera pas, et ne refusera le bonheur éternel à nul incrédule vertueux et de bonne foi. Puis-je, sans offenser sa bonté et même sa justice, douter qu'un cœur droit ne rachète une erreur involontaire, et que des mœurs irréprochables ne vaillent bien mille cultes bizarres prescrits par les hommes et rejetés par la raison? Je dirai plus : si je pouvais, à mon choix, acheter les œuvres aux dépens de ma foi, et compenser à force de vertu mon incrédulité supposée, je ne balancerais pas un instant, et j'aimerais mieux pouvoir dire à Dieu : « J'ai fait, sans songer à toi, le bien qui t'est agréable, et mon cœur suivait ta volonté sans la connaître, » que de lui dire, comme il faudra que je fasse un jour : « Hélas! je t'aimais, et n'ai cessé de t'offenser; je t'ai connu, et n'ai rien fait pour te plaire. »

Il y a, je l'avoue, une sorte de profession de foi que les lois peuvent imposer; mais hors les principes de la morale et du droit naturel, elle doit être purement négative, parce qu'il peut exister des religions qui attaquent les fondements de la société, et qu'il faut commencer par exterminer ces religions pour assurer la paix de l'État : de ces dogmes à proscrire, l'intolérance est sans difficulté le plus odieux. Mais il faut la prendre à sa source; car les fanatiques les plus sanguinaires changent de langage selon la fortune, et ne prêchent que patience et douceur quand ils ne sont pas les plus forts. Ainsi, j'appelle intolérant par principe tout homme qui s'imagine qu'on ne peut être homme de bien sans croire tout ce qu'il croit, et damne impitoyablement ceux qui ne pensent pas comme lui. En effet, les fidèles sont rarement d'humeur à laisser les réprouvés en paix dans ce monde; et un saint qui croit vivre avec des damnés, anticipe volontiers sur le métier du diable : que s'il y avait des incrédules intolérants qui voulussent forcer le peuple à ne rien croire, je ne les bannirais pas moins sévèrement que ceux qui veulent forcer à croire tout ce qui leur plaît.

Je voudrais donc qu'on eût, dans chaque État, un code moral ou une espèce de profession de foi civile qui contînt positivement les maximes sociales que chacun serait tenu d'admettre, et négativement les maximes fanatiques qu'on serait tenu de rejeter; non comme impies, mais comme séditieuses. Ainsi, toute religion qui pourrait s'accorder avec le code serait admise; toute religion qui ne s'y accorderait pas serait proscrite; et chacun serait libre de n'en avoir point d'autre que le code même. Cet ouvrage fait avec soin serait, ce me semble, le livre le plus utile qui jamais ait été composé, et peut-être le seul nécessaire aux hommes. Voilà, monsieur, un sujet pour vous; je souhaiterais passionnément que vous voulussiez entreprendre cet ouvrage, et l'embellir de votre poésie, afin que chacun pouvant l'apprendre aisément, il portât dès l'enfance dans tous les cœurs ces sentiments de douceur et d'humanité qui brillent dans vos écrits, et qui manquèrent toujours aux dévots. Je vous exhorte à méditer ce projet qui doit plaire au moins à votre âme. Vous nous avez donné, dans votre poëme sur la *Religion naturelle*, le catéchisme de l'homme; donnez-nous maintenant dans celui que je vous propose, le catéchisme du citoyen.

C'est une matière à méditer longtemps, et peut-être à réserver pour le dernier de vos ouvrages, afin d'achever, par un bienfait au genre humain, la plus brillante carrière que jamais homme de lettres ait parcourue.

Je ne puis m'empêcher, monsieur, de remarquer à ce propos une opposition bien singulière entre vous et moi dans le sujet de cette lettre. Rassasié de gloire et désabusé des vaines grandeurs, vous vivez libre au sein de l'abondance : bien sûr de l'immortalité, vous philosophez paisiblement sur la nature de l'âme; et si le corps ou le cœur souffre, vous avez Tronchin pour médecin et pour ami; vous ne trouvez pourtant que mal sur la terre : et moi, homme obscur, pauvre et tourmenté d'un mal sans remède, je médite avec plaisir dans ma retraite, et trouve que tout est bien. D'où viennent ces contradictions apparentes? vous l'avez vous-même expliqué : vous jouissez; mais j'espère, et l'espérance embellit tout.

J'ai autant de peine à quitter cette ennuyeuse lettre que vous en aurez à l'achever; pardonnez-moi, grand homme, un zèle peut-être indiscret, mais qui ne s'épancherait pas avec vous, si je vous estimais moins. A Dieu ne plaise que je veuille offenser celui de mes contemporains dont j'honore le plus les talents, et dont les écrits parlent le mieux à mon cœur! mais il s'agit de la cause de la Providence dont j'attends tout. Après avoir si longtemps puisé dans vos leçons des consolations et du courage, il m'est dur que vous m'ôtiez maintenant tout cela pour ne m'offrir qu'une espérance incertaine et vague, plutôt comme un palliatif actuel que comme un dédommagement à venir. Non, j'ai trop souffert en cette vie pour n'en pas attendre une autre. Toutes les subtilités de la métaphysique ne me feront pas douter un moment de l'immortalité de l'âme et d'une Providence bienfaisante. Je la sens, je la crois, je la veux, je l'espère, je la défendrai jusqu'à mon dernier soupir; et ce sera de toutes les disputes que j'aurai soutenues la seule où mon intérêt ne sera pas oublié.

Je suis, avec respect, monsieur, etc.

MMCCCXCIX. — A M. DUPONT, AVOCAT.

Aux Délices, près de Genève, 20 août 1756.

Je vous avais envoyé, mon cher ami, deux petits ouvrages assez tristes et assez conformes à l'état où doit être votre âme après la perte d'un jeune homme de si grande espérance, à qui vous étiez tendrement attaché. Vous devez avoir reçu mes jérémiades, et vous devez sentir que le *Tout est bien* de Pope n'est qu'une plaisanterie qu'il n'est pas bon de faire aux malheureux. Or, sur cent hommes, il y en a quatre-vingt-dix qui sont à plaindre. Tout est bien n'est donc pas fait pour le genre humain. Je suis honteux de dater ma lettre des Délices en écrivant à M. de Klinglin. Mais enfin il faut bien que j'aie un port après avoir essuyé tant d'orages. Je suis très-aise d'être loin des jésuites et des médecins de Colmar. Ces charlatans-là nuisent au corps et à l'âme. Nous avons à présent un vrai médecin, qui est allé de Genève à Paris apprendre aux Français à préserver leurs enfants de la petite vérole en la leur donnant. Ce ne sont pas là des exemples à remettre devant les yeux de M. le premier président. Ils redoubleraient trop sa douleur.

Si le Port-Mahon n'est pas pris quand vous recevrez ma lettre, il ne le sera jamais. Mme Denis et moi nous vous assurons, vous et Mme Dupont, de la plus tendre amitié.

MMCD. — A Mme LA COMTESSE DE LUTZELSOURG.

A Délices, 23 août.

Dites-moi donc, madame, vous qui êtes sur les bords du Rhin, si notre chère Marie-Thérèse, impératrice-reine, dont la tête me tourne, prépare des efforts réels pour reprendre sa Silésie. Voilà un beau moment; et si elle le manque, elle n'y reviendra plus. Ne seriez-vous pas bien aise de voir deux femmes, deux impératrices, peloter un peu notre grand roi de Prusse, notre *Salomon du Nord?* Pour moi, dans ma douce retraite, au bord de mon lac, je ne sais aucune nouvelle; je n'apprends rien que par les gazettes. Elles me disent qu'on coupe des têtes en Suède; mais elles ne me disent rien de cette reine Ulrique que j'ai vue si belle, pour qui j'ai fait autrefois des vers, et qui, sans vanité, en a fait aussi pour moi. Je suis très-fâché qu'elle se soit brouillée si sérieusement avec son *parlement.* Le nôtre fait, dit-on, des remontrances pour une taxe sur les cartes, et brûle des mandements d'évêque. On vous envoie dans votre Alsace un confesseur, un martyr[1] de la *constitution*, que j'ai vu quelque temps fort amoureux, et dont sa maîtresse était aussi mécontente que ses créanciers. Les saints sont d'étranges gens.

Portez-vous bien, madame; faites du feu dès le mois de septembre. Traitez le climat du Rhin comme je traite celui du lac. Vivez avec une amie charmante. Souvenez-vous quelquefois de moi. Mme Denis et moi nous vous présentons nos respects. Il est triste pour nous que ce soit de si loin.

MMCDI. — A M. PALISSOT.

Aux Délices, 27 août 1756.

Tout malade que je suis, monsieur, il faut que je me donne la consolation de vous remercier de votre lettre; elle est très-judicieuse, et je suis fort sensible à la confiance que vous me témoignez. J'ai d'ailleurs un intérêt véritable à voir tous ces petits nuages dissipés. Je me regarde comme votre ami après votre pèlerinage. Je suis l'ami des personnes dont vous me parlez, et vous êtes tous dignes de vous aimer les uns les autres. J'ai eu dans ma vie quelques petites querelles littéraires, et j'ai toujours vu qu'elles m'avaient fait du mal. Quand il n'y aurait que la perte du temps, c'est beaucoup. On dit que vous employez votre loisir à faire des ouvrages qui me donnent une grande

1. Poncet de La Rivière, évêque de Troyes. (ÉD.)

espérance et beaucoup d'impatience. Je parle souvent de vous avec M. Vernes. Pardonnez une si courte lettre à un malade.

MMCDII. — A M. LE COMTE D'ARGENTAL.

Aux Délices, 6 septembre.

Mon divin ange, vous n'avez point encore répondu au *Botaniste*; je vous crois un peu embarrassé avec la cour de Constantinople et avec l'auteur. Il s'est senti animé par les réflexions que vous aviez eu la bonté de faire sur son ouvrage; il a corrigé sa pièce plus facilement que je n'en puis faire une; il vous l'a envoyée, tirez-vous de là comme vous pourrez. Mon cher ange, j'aime à voir des conseillers faire des tragédies. Je ne peux pas vous faire la même galanterie que ce bon M. Tronchin; je vous écris au chevet du lit de Mme de Fontaine, qui est très-malade, et que l'autre Tronchin aura bien de la peine à tirer d'affaire. Je ne me porte guère mieux qu'elle. Ç'aurait été un beau coup d'aller à Lyon voir le maréchal de Richelieu, et entendre Mlle Clairon; mais nous donnons la préférence à Tronchin sur les autres grands personnages du siècle. C'est bien dommage d'être malade dans une si belle saison et dans un aussi beau séjour; la seule situation de mon petit ermitage devrait rendre la santé.

Je ne peux guère, mon cher ange, vous parler de mes amusements de théâtre, au milieu des inquiétudes que Mme de Fontaine me donne, et des continuelles souffrances qui me persécutent; *altri tempi, altre cure*. Je m'intéresse encore moins à tout ce qui se passe sur ce pauvre globe, depuis Stockholm, où l'on coupe des têtes, jusqu'à Paris, où l'on fait des remontrances et de très-mauvais vers. Je ne m'intéresse qu'à vous et à vos anges. Mme Denis vous fait les plus tendres compliments. Adieu, mon cher et respectable ami; je serais bien affligé de mourir sans vous embrasser. Vous êtes tout ce que je regrette.

MMCDIII. — A M. LE MARÉCHAL DUC DE RICHELIEU.

Aux Délices, 6 septembre.

Je ne conçois pas trop comment mon *héros*, environné, tout du long de la route, d'affaires, de feux de joie, de fusées, de bals, de comédies, de cris de joie, de battements de mains, de femmes, de filles, daigne encore trouver le temps de donner une lettre à Florian pour moi. Je vous remercie tendrement, monseigneur. Soyez bien persuadé que je serais venu vous faire ma cour à Lyon; mais je crains pour la vie d'une de mes nièces. Tronchin sera un grand médecin, s'il la tire d'affaire.

Quand vous pourrez m'envoyer quelque petit détail de votre belle expédition de Mahon, je vous serai vraiment très-obligé; mais à présent je ne fais qu'un tableau général des grands événements, et je ne peins qu'à coups de brosse. Puisque j'avais commencé une *Histoire générale*, il a fallu la finir; et, dans cette histoire, ce qui fait le plus d'honneur à la nation y est marqué en peu de mots. Je dis que vous avez sauvé Gênes, que vous avez contribué plus que personne au gain de la bataille de Fontenoi. Je parle de l'assaut de Berg-op-Zoom, pour mettre au-dessus de cette entreprise l'assaut général que vous avez donné à des ouvrages bien moins entamés que ceux de Berg-op-Zoom; tout cela sans affectation, sans avoir l'air de vouloir parler de vous, et comme conduit par la force des événements. J'aurai eu du moins le plaisir de finir une *Histoire générale* par vous.

Il est venu, dans mon trou des Délices, un petit garçon haut comme Ragotin, nommé Dufour, qui a fait un petit divertissement à Lyon en votre honneur et gloire. Il dit que c'est vous qui me l'avez adressé, qu'il va à Paris, qu'il veut être votre secrétaire, qu'il faut que je lui donne une lettre pour vous. Je lui donnerai donc cette lettre, qui contiendra que le porteur est le petit Dufour, et vous ferez du petit Dufour tout ce qu'il vous plaira; mais je serai fort surpris si le petit Dufour peut vous aborder. On dit qu'un abbé[1] va à Vienne. J'espère qu'il bénira l'aigle à deux têtes, et qu'il maudira celui qui n'en a qu'une.

Les ermites suisses vous présentent leurs tendres respects.

MMCDIV. — A M. THIERIOT.

Aux Délices, 10 septembre.

Mon ancien ami, je vous assure que Tronchin est un grand homme; il vient encore de ressusciter Mme de Fontaine. Esculape ne ressuscitait les gens qu'une fois; et ceux qui se sont mêlés de rendre la vie aux morts ne se sont jamais avisés de donner une seconde représentation sur le même sujet. Tronchin en sait plus qu'eux; je voudrais qu'il pût un peu gouverner Mme de La Popelinière, car je sais qu'elle a besoin de lui, et plus qu'elle ne pense; mais je ne voudrais pas qu'elle nous enlevât notre Esculape; je voudrais qu'elle le vînt trouver. Vous seriez du voyage; comptez que c'est une chose à faire.

Vous devez savoir à présent, vous autres Parisiens, que le *Salomon du Nord* s'est emparé de Leipsick. Je ne sais si c'est là un chapitre de *Machiavel* ou de l'*Anti-Machiavel*, si c'est d'accord avec la cour de Dresde, ou malgré elle;

.... *ea cura quietum*
Non me *sollicitat*.......
Virg., Æn., lib. IV, v. 379.

Je songe à faire mûrir des muscats et des pêches; je me promène dans des allées de fleurs de mon invention, et je prends peu d'intérêt aux affaires des Vandales et des Misniens.

Je vous suis très-obligé des rogatons du Pont-Neuf, et des petites pièces suédoises. Il y a un mois que j'avais ce monument suédois de liberté et de fermeté.

Ce n'est pas là une brochure ordinaire. Seriez-vous homme à procurer à ma très-petite bibliothèque quelques livres dont je vous enverrai la note? vous seriez bien aimable. Je crois que Lambert se mordra les pouces de m'avoir réimprimé; dix volumes sont durs à la

---

[1] Bernis. (ÉD.)

vente. Dieu le bénisse, et ceux qui liront mes sottises! pour moi, je voudrais les oublier.

Farewell, my old friend; I am sick.

MMCDV. — A M. J. J. ROUSSEAU.

Aux Délices, 12 septembre.

Mon cher philosophe, nous pouvons, vous et moi, dans les intervalles de nos maux, raisonner en vers et en prose; mais, dans le moment présent, vous me pardonnerez de laisser là toutes ces discussions philosophiques, qui ne sont que des amusements. Votre lettre est très-belle; mais j'ai chez moi une de mes nièces qui, depuis trois semaines, est dans un assez grand danger; je suis garde-malade, et très-malade moi-même. J'attendrai que je me porte mieux, et que ma nièce soit guérie, pour oser penser avec vous. M. Tronchin m'a dit que vous viendriez enfin dans votre patrie. M. Dalembert vous dira quelle vie philosophique on mène dans ma petite retraite. Elle mériterait le nom qu'elle porte, si elle pouvait vous posséder quelquefois. On dit que vous haïssez le séjour des villes; j'ai cela de commun avec vous. Je voudrais vous ressembler en tant de choses, que cette conformité pût vous déterminer à venir nous voir. L'état où je suis ne me permet pas de vous en dire davantage.

Comptez que, de tous ceux qui vous ont lu, personne ne vous estime plus que moi, malgré mes mauvaises plaisanteries; et que, de tous ceux qui vous verront, personne n'est plus disposé à vous aimer tendrement.

Je commence par supprimer toute cérémonie.

MMCDVI. — A M. LE COMTE D'ARGENTAL.

Aux Délices, 13 septembre.

Mon cher ange, vous vous êtes tiré d'affaire très-courageusement avec notre conseiller d'État. Cet *Apollon*-Tronchin n'aurait pas réussi à Paris comme l'*Esculape*-Tronchin. Notre Esculape nous gouverne à présent; il y a un mois que la pauvre Mme de Fontaine est entre ses mains. Je ne sais qui est le plus malade d'elle ou de moi; nous avons besoin l'un et l'autre de patience et de courage. Mme Denis espère que vingt-quatre mille Français passeront bientôt par Francfort; elle leur recommandera un certain M. Freitag, agent du *Salomon du Nord*, lequel s'avise quelquefois de faire mettre des soldats, avec la baïonnette au bout du fusil, dans la chambre des dames. Je voudrais que M. le maréchal de Richelieu commandât cette armée. Puisque les Français ont battu les Anglais, ils pourront bien déranger les rangs des Vandales. Avez-vous vu le vainqueur de Mahon dans sa gloire? s'est-il montré aux spectacles? a-t-il été claqué comme Mlle Clairon? On dit que Mme de Graffigni va donner une comédie grecque [1], où l'on pleurera beaucoup plus qu'à *Cénie*. Je m'intéresse de tout mon cœur à son succès; mais

1. *La Fille d'Aristide.* (ÉD.)

des tragédies bourgeoises, en prose, annoncent un peu le complément de la décadence.

On dit que Marie-Thérèse est actuellement l'idole de Paris, et que toute la jeunesse veut actuellement s'aller battre pour elle en Bohême. Il peut résulter de là quelque sujet de tragédie. Je ne me soucie pas que la scène soit bien ensanglantée, pourvu que le bon M. Freitag soit pendu. On attend, dans peu de jours, la décision de cette grande affaire. On ne sait encore s'il y aura paix ou guerre. Le *Salomon du Nord* a couru si vite, que la reine de Saba pourrait bien s'arrêter. La paix vaut encore mieux que la vengeance. Adieu, mon cher et respectable ami; portez-vous mieux que moi, et aimez-moi.

MMCDVII. — A M. PICTET, PROFESSEUR.

J'ai lu ce morceau du jésuite Castel, descendant de Garasse en droite ligne; disant des injures d'un ton assez comique. Il est le cynique des jésuites, comme ce pauvre *citoyen* est le cynique des philosophes. Mais Rousseau n'a jamais dit d'injures à personne, et il écrit beaucoup mieux que Castel; voilà deux grands avantages.

MMCDVIII. — A M. LE COMTE D'ARGENTAL.

Aux Délices, 20 septembre.

Mon divin ange, après des Chinoises vous voulez des Africaines; mais il y aurait beaucoup à travailler pour rendre les côtes de Tunis et d'Alger dignes du pays de Confucius. Vous vous imaginez peut-être que, dans mes Délices, je jouis de tout le loisir nécessaire pour recueillir ma pauvre âme; je n'ai pas un moment à moi. La longue maladie de Mme de Fontaine et mes souffrances prennent au moins la moitié de la journée; le reste du jour est nécessairement donné aux processions de curieux qui viennent de Lyon, de Genève, de Savoie, de Suisse, et même de Paris. Il vient presque tous les jours sept ou huit personnes dîner chez moi; voyez le temps qui me reste pour des tragédies. Cependant si vous voulez avoir l'*Africaine* telle qu'elle est à peu près, en changeant les noms, je pourrais bien vous l'envoyer, et vous jugeriez si elle est plus présentable que le *Botoniate*. Il faudrait, je crois, changer les noms, pour ne pas révolter les Dumesnil et les Gaussin; mais il faudrait encore plus changer les choses.

Le roi de Prusse est plus expéditif que moi. Il se propose de tout finir au mois d'octobre, de forcer l'auguste Marie-Thérèse de retirer ses troupes, de faire signe à l'autocratrice de toutes les Russies de ne pas faire avancer ses Russes, et de retourner faire jouer à Berlin un opéra qu'il a déjà commencé. Ses soldats, en ce cas, reviendront gras et gras de la Saxe, où ils ont bu et mangé comme des affamés.

Mon cher ange, quelle est donc votre idée avec le vainqueur de Mahon? Il faut d'abord que ces frères Cramer impriment les sottises de l'univers en sept volumes; et ces sottises pourront encore scandaliser bien des sots. Il faut, en attendant, que je reste dans ma très-jolie, très-paisible et très-libre retraite. M. le comte de Gramont, qui est ici à la suite de Tronchin, disait hier, en voyant ma terrasse, mes jardins, mes entours, qu'il ne concevait pas comment on en pouvait sortir. Je n'en sortirais, mon divin ange, que pour venir passer quelques mois d'hiver auprès de vous. Je n'ai pas un pouce de terre en France; j'ai fait des dépenses immenses à mes ermitages sur les bords de mon lac; je suis dans un âge et d'une santé à ne me plus transplanter. Je vous répète que je ne regrette que vous, mon cher et respectable ami. Les deux nièces vous font les plus tendres compliments.

MMCDIX. — AU MÊME.

Aux Délices, 1er octobre.

Mon très-aimable ange, tout mon temps se partage entre les douleurs de Mme de Fontaine et les miennes. Je n'en ai pas pour rendre notre *Africaine* digne de vos bontés. Songez que,

Pour ce *changement*
Vous ne donnez qu'un jour, qu'une heure, qu'un moment!
Racine, *Andromaque*, acte IV, scène III.

Il me faut une année. Vous briseriez le roseau fêlé, si vous donniez actuellement un ouvrage si imparfait. Le succès des *magots de la Chine* est encore une raison pour ne rien hasarder de médiocre. Promettez à Mlle Clairon pour l'année prochaine, et soyez sûr, mon cher ange, que je tiendrai votre parole. Je ne sais si je me trompe, mais je crois que le vainqueur de Mahon gouvernera les comédiens en 1757; alors vous aurez beau jeu. Attendez, je vous en conjure, ce temps favorable. J'espère que notre *Zulime* paraîtra alors *avec tous ses appas*, et n'en parlera point. Il y a des choses essentielles à faire. C'est une maison dans laquelle il n'y a encore qu'un assez bel appartement. J'avoue que Mlle Clairon serait honnêtement logée, mais le reste serait au galetas. Laissez-moi, je vous en supplie, travailler à rendre la maison supportable. Je serai bientôt débarrassé de cette *Histoire générale* à laquelle je ne peux suffire. Un fardeau de plus me tuerait, dans le triste état où je suis. Enfin je vous conjure, par l'amitié que vous avez pour moi, et qui fait la consolation de ma vie, de ne rien précipiter. Je vous aurai autant d'obligation de cette précaution nécessaire, que je vous en ai de vos démarches auprès de mon *héros*. Je reconnais bien la bonté de votre cœur à tout ce que vous faites; mais vous pouvez compter beaucoup plus sur *Zulime* que je ne dois me flatter sur les choses dont vous me parlez à la fin de votre lettre. Il n'y a pas d'apparence, mon cher et respectable ami, que les rancuniers perdent leur rancune. Je ne prévois pas d'ailleurs que je puisse, à mon âge, quitter une retraite dont je ne peux me défaire, et qui est devenue nécessaire à ma situation et à ma santé; mais je ne veux avoir d'autre idée que celle de pouvoir encore vous embrasser, avant de finir ma vie douloureuse.

Mme de Fontaine est mieux aujourd'hui. Les deux sœurs et l'oncle se disputent à qui vous aimera davantage; mais il faut qu'on me cède.

Il court un nouveau manifeste du *Salomon du Nord*; il est fort long : vous en jugerez. Il paraît qu'on ne peut guère se conduire plus hardiment dans des circonstances plus délicates.

On me mande que votre archevêque[1] fait un tour dans le pays d'Astrée et de Céladon; il en reviendra avec les mœurs douces du grand druide Adamas[2].

Adieu; on ne peut être plus pénétré que je le suis de la constance généreuse de votre amitié. Vous sentez qu'il est nécessaire à mon être de vous revoir encore; mais je le souhaite bien plus que je ne l'espère.

MMCDX. — A M. LE MARÉCHAL DUC DE RICHELIEU.

Aux Délices, 6 octobre.

Je ne vous écris pas si souvent, monseigneur, que quand vous preniez Minorque. J'imagine toujours qu'on a encore plus d'affaires à la cour qu'à l'armée. Les riens prennent quelquefois plus de temps que des assauts; et d'ailleurs il ne faut pas vexer d'ennui les *héros qu'on aime*.

Un Anglais me mande qu'on veut dresser dans Londres une statue à Blakeney. J'ai répondu qu'apparemment on mettrait cette statue dans votre temple.

Vous avez vu sans doute le dernier manifeste du *Salomon du Nord*. Ce *Salomon* est prolixe; mais on peut se donner carrière à la tête de cent mille hommes.

La reine de Saba ne répond point, mais elle agit. Je voudrais que vous commandassiez une armée dans ces circonstances, et que *Salomon* apprît par vous à connaître une nation qu'il ne connaît point du tout.

Voici les nouvelles que je reçus hier; si elles sont vraies, mon *Salomon* sera un peu embarrassé. Il m'a proposé, il y a quatre mois, de le venir voir; il m'a offert biens et dignités; je sais qu'elles sont transitoires; je les ai refusées. Le roi ne s'en soucie guère; mais je voudrais qu'il pût en être informé. Le Suisse Voltaire et la Suissesse Denis sont toujours pénétrés pour vous d'amour et de respect.

MMCDXI. — A MME LA COMTESSE DE LUTZELBOURG.

Aux Délices, 6 octobre.

Si je ne me mourais pas d'un vilain rhumatisme, madame, je crois que je mourrais de joie des nouvelles que vous avez eu la bonté de m'envoyer. Mais sont-elles bien vraies? Si vous en avez la confirmation, achevez mes plaisirs.

Vous avez bien raison de détester le style d'un polisson[3] qui veut faire le plaisant, et parler en homme de cour des princes et des femmes dont il n'a jamais vu l'antichambre. Il y a encore une raison de mé-

---

1. Christophe de Beaumont, exilé à Conflans. (ÉD.) — 2. Personnage de l'*Astrée*. (ÉD.)
3. La Beaumelle. (ÉD.)

priser son livre; c'est que, d'un bout à l'autre, il contient un tissu de mensonges, ou de contes traînés dans les rues. Il est très-bien à la Bastille, pour quelques impostures punissables; notre chère Marie-Thérèse y est pour quelque chose. Si Marie-Thérèse est victorieuse, comme je l'espère, et si je suis en vie, ce que je n'espère guère, vous pourriez bien encore revoir à l'île Jard votre ancien courtisan, qui vous sera attaché jusqu'au dernier soupir de sa vie. Mille respects à votre digne amie.

MMCDXII. — A M. D'ALEMBERT.

Aux Délices, 9 octobre.

Nous avons été sur le point, mon cher philosophe universel, de savoir, Mme de Fontaine et moi, ce que devient l'âme quand son confrère est passé. Nous espérons rester encore quelque temps dans notre ignorance. Toutes nos petites Délices vous font les plus tendres compliments. Les ridicules de Conflans et l'aventure de Pirna[1] feront une assez bonne figure un jour dans l'histoire; mais ce n'est pas là mon affaire. Dieu m'en préserve! je suis assez embarrassé du passé, sans me mêler encore du présent. Si vous avez quelques articles de l'*Encyclopédie* à me donner, ayez la bonté de vous y prendre un peu à l'avance. Un malade n'est pas toujours le maître de ses moments. Je tâcherai de vous servir mieux que je n'ai fait. Je suis bien mécontent de l'article *Histoire*. J'avais envie de faire voir quel est le style convenable à une histoire générale; celui que demande une histoire particulière; celui que des mémoires exigent. J'aurais voulu faire voir combien Thoiras l'emporte sur Daniel, et Clarendon sur le cardinal de Retz. Il eût été utile de montrer qu'il n'est pas permis à un compilateur des mémoires des autres de s'exprimer comme un contemporain; que celui qui ne donne les faits que de la seconde main n'a pas le droit de s'exprimer comme celui qui rapporte ce qu'il a vu et ce qu'il a fait; que c'est un ridicule, et non une beauté, de vouloir peindre avec toutes leurs nuances les portraits des gens qu'on n'a point connus; enfin il y avait cent choses utiles à dire, qu'on n'a point dites encore; mais j'étais pressé et j'étais malade, j'étais accablé de cette maudite *Histoire générale* que vous connaissez. Je vous demande pardon de vous avoir si mal servi. S'il était temps, je pourrais vous donner quelque chose de mieux; mais ne pouvant répondre d'un jour de santé, je ne peux répondre d'un jour de travail. Je ne connais point le *Dictionnaire*[2]; je n'ai point souscrit. Je courais le monde quand vous avez commencé; je l'achèterai quand il sera fini. Mais je fais réflexion qu'alors je serai mort; ainsi je vous prie de proposer à Briasson de m'envoyer les volumes imprimés; je lui donnerai une lettre de change sur mon notaire.

Ce qu'on m'a dit des articles de la théologie et de la métaphysique me serre le cœur. Il est bien cruel d'imprimer le contraire de ce qu'on pense.

1. Pirna, longtemps bloquée par les Prussiens, se rendit à discrétion à la fin de la campagne de 1756. (ÉD.)
2. Le *Dictionnaire encyclopédique*. (ÉD.)

Je suis encore fâché qu'on fasse des dissertations, qu'on donne des opinions particulières pour des vérités reconnues. Je voudrais partout la définition et l'origine du mot avec des exemples.

Pardon, je suis un bavard qui dit ce qu'il aurait dû faire, et qui n'a rien fait qui vaille. Si on met votre nom dans un dictionnaire, il faudra vous définir le plus aimable des hommes. C'est ainsi que pense le *Suisse*. V.

MMCDXIII. — A M. LE MARÉCHAL DUC DE RICHELIEU.

Aux Délices, 10 octobre.

Souvenez-vous, mon *héros*[1], que, dans votre ambassade à Vienne, vous fûtes le premier qui assurâtes que l'union des maisons de France et d'Autriche était nécessaire, et que c'était un moyen infaillible de renfermer les Anglais dans leur île, les Hollandais dans leurs canaux, le duc de Savoie dans ses montagnes, et de tenir enfin la balance de l'Europe.

L'événement doit enfin vous justifier. C'est une belle époque pour un historien que cette union, si elle est durable.

Voici ce que m'écrit une grande princesse, plus intéressée qu'une autre aux affaires présentes, par son nom et par ses États :

« La manière dont le roi de Prusse en use avec ses voisins excite l'indignation générale. Il n'y aura plus de sûreté depuis le Weser jusqu'à la mer Baltique. Le corps germanique a intérêt que cette puissance soit très-réprimée. Un empereur serait moins à craindre, car nous espérons que la France maintiendra toujours les droits des princes. »

On me mande de Vienne qu'on y est très-embarrassé ; apparemment qu'on ne compte pas trop sur la promptitude et l'affection des Russes. Il ne m'appartient pas de fourrer mon nez dans toutes ces grandes affaires ; mais je pourrais bien vous certifier que l'homme[2] dont on se plaint n'a jamais été attaché à la France, et vous pourriez assurer Mme de Pompadour qu'en son particulier il n'a pas sujet de se louer de lui. Je sais que l'impératrice a parlé, il y a un mois, avec beaucoup d'éloge de Mme de Pompadour ; elle ne serait peut-être pas fâchée d'en être instruite par vous, et, comme vous aimez à dire des choses agréables, vous ne manquerez peut-être pas cette occasion.

Si j'osais un moment parler de moi, je vous dirais que je n'ai jamais conçu comment on * avait de l'humeur contre moi de mes coquetteries avec le roi de Prusse. Si on savait qu'il m'a baisé un jour la main, toute maigre qu'elle est, pour me faire rester chez lui, on me pardonnerait de m'être laissé faire ; et si on savait que, cette année, on m'a offert carte blanche, on avouerait que je suis un philosophe guéri de ma passion.

J'ai, je vous l'avoue, la petite vanité de désirer que deux personnes le sachent ; et ce n'est pas une vanité, mais une délicatesse de mon

---

1. Frédéric. (ÉD.) — 2. Louis XV et la Pompadour. (ÉD.)

cœur, de désirer que ces deux personnes le sachent par vous. Qui connaît mieux que vous le temps et la manière de placer les choses? Mais j'abuse de vos bontés et de votre patience. Agréez le tendre respect du Suisse.

Je vous demande pardon du mauvais bulletin de Cologne que je vous envoyai dernièrement; on forge des nouvelles dans ce pays-là.

MMCDXIV. — A M. THIERIOT.

Aux Délices, 14 octobre.

Si Mme de La Popelinière n'est pas guérie cet hiver, il faut que son mari lui donne un beau viatique pour aller trouver *Esculape*-Tronchin au printemps. Dieu lit dans les cœurs, et Tronchin dans les corps. Il a ressuscité deux fois ma nièce de Fontaine; il a guéri une gangrène de vieillard. Mme de Muy, qui est arrivée mourante à Genève, il y a trois mois, a des joues, et vient chez moi coiffée en pyramide. Il me fait vivre. *Venite ad me, omnes qui laboratis*[1]. Ce sont là de vrais miracles, mais ils sont aussi rares que les faux ont été communs. Je me flatte que Mme de La Popelinière sera du petit nombre des élus. Pendant que Tronchin conserve la vie à trois ou quatre personnes, on en tue vingt mille en Bohême. Je ne sais pas encore le détail de la grande bataille[2]. Les relations sont différentes. Il paraît que notre *Salomon* est vainqueur. Heureux qui vit tranquille sur le bord de son lac, loin du trône et loin de l'envie!

Mettez-moi à part, je vous prie, un Derham et les *Mémoires* de Philippe V. Je vous demanderai d'autres livres à mesure que les besoins viendront, et vous enverrez la cargaison par la diligence, afin de n'en pas faire à deux fois. Je suis très-sensible au soin que vous avez la bonté de prendre.

Vous me parlez de vers qu'on m'attribuait; n'est-ce pas une petite pièce qui finit ainsi :

Votre bonheur serait égal au mien?

Ils ont plus de cent ans, et ils ont été faits pour le cardinal de Richelieu.

Je ne suis pas fâché d'être loin du centre des faux bruits et des tracasseries. J'ose encore espérer qu'il y a des hommes plus puissants que moi qui seront moins heureux que moi.

En vous remerciant, mon ancien ami, de m'avoir procuré le plaisir de pouvoir être auprès de notre docteur le commissionnaire d'une personne[3] dont je voudrais rendre la vie longue et heureuse.

Si vous avez des nouvelles,

Candidus imperti..................
Hor., lib. I, ep. VI, v. 68.
Vale, amice.

1. Matthieu, XI, 28. (Éd.)
2. Gagnée à Lowositz, le 1ᵉʳ octobre, par Frédéric II. (Éd.)
3. Mme de La Popelinière. (Éd.)

MMCDXV. — A MADAME LA COMTESSE DE LUTZELBOURG.

Aux Délices, 25 octobre.

J'ai toujours mon rhumatisme, madame, et, de plus, j'ai été mordu par mon singe le jour de la nouvelle, vraie ou fausse, de la défaite de votre armée. Je suis au lit comme un des blessés. Pardonnez-moi de ne vous pas écrire de ma main. Je me porterai certainement mieux quand vous m'apprendrez que vos amis les serviteurs de Marie ont fait un petit tour vers Berlin. Nous nous flattons au moins que le roi de Pologne est hors de danger et hors de chez lui. Il est bien triste que ce qui pût lui arriver de mieux fût de sortir de ses États. Il y a des gens qui prétendent qu'il va en Pologne armer la Pospolite[1] en sa faveur; mais la Pospolite fait rarement des efforts pour ses souverains, et leur fournit aussi peu de troupes que d'argent. Si vous avez quelques nouvelles, madame, daignez en faire part aux solitaires des Délices. Vous savez que les bords du Rhin sont plus près du théâtre des événements que les paisibles bords de notre lac; nous ne sommes encore bien informés d'aucun détail. Cela est triste pour ceux qui s'intéressent à Marie, et assurément, personne ne lui est plus attaché que moi depuis trois ans. Mais je vous le suis bien davantage, madame, et depuis plus longtemps. Mille tendres respects aux deux dignes amies.

MMCDXVI. — A M. LE MARÉCHAL DUC DE RICHELIEU.

Aux Délices, 1ᵉʳ novembre.

Je n'ai point ou de cesse, mon *héros*, que je n'aie fait venir dans mon ermitage M. le duc de Villars, de son trône de Provence, pour le faire guérir par Tronchin d'un léger rhumatisme; et moi j'en ai un goutteux, horrible, universel, que Tronchin ne guérit point, et qui m'a empêché de vous écrire. Quel plaisir m'a fait ce gouverneur des oliviers, quand il m'a parlé de vos lauriers et de l'idolâtrie qu'on a pour vous sur toutes les côtes !

Je vous avais envoyé de très-fausses nouvelles que je venais de recevoir de Strasbourg. J'en reçois de Vienne qui ne sont que trop vraies. On y est dans un chagrin de dépit et de consternation extrême. Il est certain que l'impératrice hasardait tout pour délivrer le roi de Pologne. M. de Brown avait fait passer douze mille hommes par des chemins qui n'ont jamais été pratiqués que par des chèvres; il avait envoyé son fils au roi de Pologne. Ce prince n'avait qu'un pont à jeter sur l'Elbe, et venir à lui. Il promit pour le 9, puis pour le 10, le 12, le 13, et enfin il a fait son malheureux traité[2] des Fourches Caudines. Les Anglais et les guinées ont persuadé, dit-on, ses ministres.

On mande de Fontainebleau qu'on a prié le ministre du roi de Prusse de s'en retourner. Je n'ose le croire; je ne crois rien, et j'es-

1. Réunion générale de la noblesse polonaise pour aller à la guerre; mais son service n'était pas obligatoire plus de six semaines, ni à plus de quatre lieues hors des frontières. (ÉD.)
2. La capitulation de l'armée saxonne, du 15 octobre 1756. (ÉD.)

père, peu. On prétend que le roi de Prusse mêle actuellement les piques de la phalange macédonienne à sa cavalerie. Ce sont les mêmes piques dont mes compatriotes les Suisses se sont servis longtemps. Je ne suis pas du métier, mais je crois qu'il y a une arme, une machine bien plus sûre, bien plus redoutable ; elle faisait autrefois gagner sûrement des batailles. J'ai dit mon secret à un officier [1], ne croyant pas lui dire une chose importante, et n'imaginant pas qu'il pût sortir de ma tête un avis dont on pût faire usage dans ce beau métier de détruire l'espèce humaine. Il a pris la chose sérieusement. Il m'a demandé un modèle ; il l'a porté à M. d'Argenson. On l'exécute à présent en petit; ce sera un fort joli engin. On le montrera au roi. Si cela réussit, il y aura de quoi étouffer de rire que ce soit moi qui soit l'auteur de cette machine destructive. Je voudrais que vous commandassiez l'armée, et que vous tuassiez force Prussiens avec mon petit secret.

J'ai eu la vanité de souhaiter qu'on sût mes nobles refus à votre cour. J'aurais celle d'aller à Vienne, si j'étais jeune et ingambe, et si je n'étais pas dans mes Délices avec votre servante, mais je suis un rêveur paralytique, et je mourrai de douleur de ne pouvoir vous faire ma cour avant de mourir. Je n'ai de libre que la main droite ; je m'en sers comme je peux pour renouveler mon très-tendre respect à mon héros, qui daignera me conserver son souvenir.

MMCDXVII. — A M. LE COMTE D'ARGENTAL.

Aux Délices, 1ᵉʳ novembre.

Mon très-cher ange, il y a longtemps que je ne vous ai parlé du tripot [2]. M. le duc de Villars est venu de Provence dans mon ermitage, et il a insisté sur *Zulime* comme vous-même. Je l'avais engagé à venir se faire guérir, par le grand Tronchin, d'un petit rhumatisme que le soleil de Marseille et d'Aix n'avait pu fondre. A peine est-il arrivé que j'ai été pris d'un rhumatisme général sur tout mon pauvre corps, et notre Tronchin n'y peut rien. Il me reste une main pour vous écrire ; mais il n'y a pas chez moi une goutte de sang poétique qui ne soit figée. Heureusement nous avons du temps devant nous. Vous savez comment s'est terminée la pièce de Pirna, par des sifflets. Il a rendu enfin le livre de *Poésie* ; le voilà libre, sans armée, et sans argent. On est désespéré à Vienne. Le diable de *Salomon* l'emporte et l'emportera. S'il est toujours heureux et plein de gloire, je serai justifié de mon ancien goût pour lui ; s'il est battu, je serai vengé.

J'espère que vous verrez bientôt Mme de Fontaine, qui a été sur le point de mourir aux Délices pour avoir abusé de la santé que Tronchin lui avait rendue, et pour avoir été gourmande. M. le maréchal de Richelieu me mande que ce qui paraît faisable à votre amitié et à la bonté de votre cœur ne l'est guère à la prévention. Je m'en suis toujours douté, et je crois connaître le terrain. Il faut que votre archevêque reste à Conflans, et moi aux Délices ; chacun doit remplir sa

---

1. Florian. (ÉD.) — 2. La Comédie-Française. (ÉD.)

vocation. La mienne sera de vous aimer et de vous regretter jusqu'à mon dernier moment.

On me mande qu'il y a une édition infâme de *la Pucelle* que cet honnête homme de La Beaumelle avait fait imprimer, et qu'on débite dans Paris; mais heureusement les *mandements* font plus de bruit que les *Pucelles*.

Vous ne m'avez jamais parlé de l'état de M. de La Marche. Je voulais qu'il vînt se mettre entre les mains de Tronchin, mais on dit qu'il est dans un état à ne se mettre entre les mains de personne. O pauvre nature humaine! à quoi tiennent nos cervelles, notre vie, notre bonheur! Portez-vous bien, vous, Mme d'Argental, et tous les anges; et conservez-moi une amitié qui embellit mes Délices, qui me console de tout, et qui seule peut me rendre quelque génie.

MMCDXVIII. — A Mme la comtesse de Lutzelbourg.

Aux Délices, 9 novembre.

Eh bien! madame, est-il vrai que ces Russes, ces Tartares marchent? Pourquoi donc les Francs, les Gaulois, ne marchent-ils pas? Est-il vrai que le primat de Pologne a dit à la diète que son roi était *empêché*, et que la diète s'est séparée sur-le-champ? Il faut avoir la tête tournée pour vouloir régner sur ces gens-là. On bafoue leur roi, on pille sa maison, on le fait prisonnier, on lui donne à manger par une chatière, et les Polonais vont boire chacun chez soi. M. le comte d'Estrées vous a-t-il donné quelques espérances de redresser tant de torts? Mon Dieu! que je m'intéresse à cette bagarre! Votre cœur et le mien ont pris parti. Je suis fâché d'être si loin du théâtre où cette grande tragédie se joue. On sèche en attendant des nouvelles. M. de Broglie et M. de Valori reviennent-ils? Le roi de Pologne est-il en sûreté?, a-t-il un lit? est-il à Kœnigstein? est-il à Varsovie? Le comte de Brühl¹, s'est-il sauvé? M. de Brown a-t-il livré un nouveau combat? Tâchez donc, madame, d'avoir des nouvelles d'Allemagne. Daignez m'en faire part. Il me paraît que *Salomon*-MANDRIN est le maître en Saxe comme à Berlin. L'Angleterre fera des efforts pour lui. Le nord de l'Allemagne lui fournira des soldats. Il y aura deux cent mille hommes de part et d'autre. Cette belle affaire n'est pas prête à finir.

Que dites-vous de *Salomon*, qui, étant à Dresde, dans le palais du roi de Pologne, se montrait à la fenêtre, ayant à ses côtés deux gros ministres luthériens? Le peuple criait : *Vivat!* Ah! le saint roi!

On m'a promis une singulière pièce; mais oserai-je vous l'envoyer? On craint son ombre en pareil cas.

Il fait un vent du nord qui me tue. Calfeutrons-nous bien, madame; point de vent coulis. Mille tendres respects à vous, madame, et à votre amie.

1. Ministre et favori du roi Auguste. (ÉD.)

ANNÉE 1756.

MMCDXIX. — A M. THIERIOT.

Aux Délices, 10 novembre.

La vie est un songe, mon ancien ami; Mme de La Popelinière vient donc de finir le sien; je rêve encore un peu, mais je suis bientôt à bout. Notre grand Tronchin aurait guéri votre amie : il a rendu la santé à Mme de Fontaine, mais il n'en a pas fait autant à son oncle; je suis perclus, pour le présent, de la moitié du corps. J'ai engagé M. le duc de Villars à venir se faire guérir ici d'un rhumatisme; nous l'avons crevé de truites et de gelinottes; il s'en est retourné dans sa province avec la santé d'un athlète : il n'en est pas de même de votre ancien ami; je ne suis plus qu'une ombre paralytique. Il est triste de s'en aller pour jamais chacun de son côté, sans se revoir.

Si l'envie vous prend de faire un pèlerinage pour votre santé, et de venir prendre des lettres de vie signées *Tronchin*, je vous hébergerai dans mon château de Gaillardin[1], aux Délices, ou à Monrion; je vous voiturerai, je vous crèverai. Qu'allez-vous devenir à présent? logerez-vous chez la fille du comte de Rochester, ou chez M. de La Popelinière, ou chez les moines de Saint-Victor?

Envoyez-moi toujours *Philippe V* et le bonhomme *Derham*; joignez-y ce qu'il vous plaira de curieux. Je ne sais actuellement quels livres vous demander. Je suis si malade que je ne peux plus guère lire, et je fais plus de cas d'une prise de rhubarbe que de *l'Énéide*. Je ne crois pas même avoir la force de lire les excommunications de votre archevêque, ni les solécismes de la Sorbonne; on dit qu'elle a mis *supplicaturi* pour *supplicaturos*; mais qu'ils soient *ridiculi* ou *ridiculos*, cela ne m'importe guère.

Mandez-moi quels beaux legs Mme de La Popelinière vous a laissés, et quelle belle nouvelle action son mari a faite.

Si vous m'envoyez une cargaison de livres, adressez-la par la diligence à M. *Robert Tronchin*, banquier à Lyon. Adieu, bonsoir, je n'en peux plus. En vérité, il faudrait revoir ses vieux amis. N'avez-vous pas par hasard soixante ans, et moi soixante-deux? Allons, allons.

MMCDXX. — A M. DALEMBERT.

Aux Délices, où nous voudrions bien vous tenir, 13 novembre.

Mon cher maître, je serai bientôt hors d'état de mettre des points et des virgules à votre grand trésor des connaissances humaines. Je tâcherai pourtant, avant de rejoindre *l'archimage Yebor*[2] et ses confrères, de remplir la tâche que vous vouliez me donner.

Voici *Froid* et une petite queue à *Français* pour un *a*, *Galant* et *Garant*; le reste viendra si je suis en vie.

Je suis bien loin de penser qu'il faille s'en tenir aux définitions et

---

1. Gaillardin (supposé en Brie) est le lieu de la scène des *Vacances*, comédie de Dancourt. (*Note de M. Beuchot.*)
2. Boyer. (Éd.)

aux exemples ; mais je maintiens qu'il en faut partout, et que c'est l'essence de tout dictionnaire utile. J'ai vu par hasard quelques articles de ceux qui se font, comme moi, les garçons de cette grande boutique; ce sont pour la plupart des dissertations sans méthode. On vient d'imprimer dans un journal l'article *Femme*, qu'on tourne horriblement en ridicule. Je ne peux croire que vous ayez souffert un tel article dans un ouvrage si sérieux : *Chloé presse du genou un petit-maître, et chiffonne les dentelles d'un autre*. Il semble que cet article soit fait par le laquais de Gil Blas.

J'ai vu *Enthousiasme*, qui est meilleur ; mais on n'a que faire d'un si long discours pour savoir que l'enthousiasme doit être gouverné par la raison. Le lecteur veut savoir d'où vient ce mot, pourquoi les anciens le consacrèrent à la divination, à la poésie, à l'éloquence, au zèle de la superstition ; le lecteur veut des exemples de ce transport secret de l'âme appelé enthousiasme ; ensuite il est permis de dire que la raison, qui préside à tout, doit aussi conduire ce transport. Enfin je ne voudrais dans votre *Dictionnaire* que vérité et méthode. Je ne me soucie pas qu'on me donne son avis particulier sur la comédie, je veux qu'on m'en apprenne la naissance et les progrès chez chaque nation ; voilà ce qui plaît, voilà ce qui instruit. On ne lit point ces petites déclamations dans lesquelles un auteur ne donne que ses propres idées, qui ne sont qu'un sujet de dispute. C'est le malheur de presque tous les littérateurs d'aujourd'hui. Pour moi, je tremble toutes les fois que je vous présente un article. Il n'y en a point qui ne demande le précis d'une grande érudition. Je suis sans livres, je suis malade ; je vous sers comme je peux. Jetez au feu ce qui vous déplaira.

Pendant la guerre des parlements et des évêques, les gens raisonnables ont beau jeu, et vous aurez le loisir de farcir l'*Encyclopédie* de vérités qu'on n'eût pas osé dire il y a vingt ans. Quand les pédants se battent, les philosophes triomphent.

S'il est temps encore de souscrire, j'enverrai à Briasson l'argent qu'il faut ; je ne veux pas de son livre autrement. Mme Denis vous fait les plus tendres compliments ; je vous en accable. Je suis fâché que le philosophe Duclos ait imaginé que j'ai autrefois donné une préférence à un prêtre sur lui ; j'en étais bien loin, et il s'est bien trompé. Adieu ; achevez le plus grand ouvrage du monde.

MMCDXXI. — A M. LEKAIN.

Aux Délices, 20 novembre 1756.

Votre souvenir m'est bien agréable, mon cher monsieur ; un malade n'est pas trop exact à répondre ; mais je n'en suis pas moins sensible à vos succès, et à ce qui vous regarde. On a dû porter chez vous, depuis longtemps, l'exemplaire dont vous parlez. Il n'y a pas d'apparence que je puisse hasarder encore de nouveaux ouvrages pour votre théâtre : il vient un temps où l'on doit songer qu'à la retraite. Nous serions charmés, Mme Denis et moi, de vous voir encore dans mon ermitage, que vous trouveriez assez embelli. Il faudrait que Mgr de Villars vous engageât à faire un voyage à Marseille; la troupe aurait grand besoin de vos leçons; et il serait fort utile que les bons acteurs de Paris allassent tous les ans inspirer le bon goût en province. Nous vous faisons mille compliments, Mme Denis et moi. V.

MMCDXXII. — A Mme LA COMTESSE DE LUTZELBOURG.

Aux Délices, 23 novembre.

Ah! madame, je ne compte pas sur les Russes; qui les payerait? Mais s'ils veulent se payer par leurs mains, ce seront de chers barbares. Dieu aide et bénisse Marie-Thérèse! mais je vois contre elle, au printemps, cent cinquante mille court-vêtus de Prussiens, traînant après eux les Saxons pour leur faire la cuisine; je vois les Hanovriens, les Hessois, et des guinées. Il fallait avoir mieux pris ses mesures; toutefois j'espère encore en la Providence. Le dernier mémoire de *Salomon*, avec pièces justificatives, en impose beaucoup; il faut lui opposer des succès; les raisons ne donnent pas un pouce de terrain. On m'a envoyé bien des papiers; tous sont inutiles. Vivons doucement. Prions Dieu pour Marie, vous, votre amie, et moi. Si vous savez quelque chose, souvenez-vous de l'ermite qui vous est attaché jusqu'au tombeau.

MMCDXXIII. — A M. THIERIOT.

Aux Délices, 28 novembre.

Je suis persuadé, mon ancien ami, que vous ne serez pas privé du petit legs que vous a fait Mme de La Popelinière. Son mari, qui en avait usé si généreusement avec elle, en usera de même avec vous. Il aime à faire des choses nobles. Je compterais autant sur son caractère que sur son billet. Je n'ose vous prier d'ajouter au petit paquet de livres que vous m'envoyez cette infâme édition de *la Pucelle* qu'on dit faite par La Beaumelle et par d'Arnaud. Je ne devrais pas infecter mon cabinet de ces horreurs; mais il faut tout voir. Je me flatte que les honnêtes gens ne m'imputeront pas de telles indignités. En vérité il faudrait faire un exemple de ceux qui en imposent ainsi au public, et qui répandent le scandale sous le nom d'autrui.

On me parle encore de je ne sais quels vers qui courent contre le roi de Prusse. Ceux qui me soupçonnent me connaissent bien mal. C'est le comble de la lâcheté d'écrire contre un prince à qui on a appartenu.

Je vous fais mon compliment de quitter vos moines. Il n'y a que leur bibliothèque de bonne; et vous avez à deux pas celle du roi, qui est meilleure.

Mes respects à Mme de Sandwich; je crois qu'elle n'est pas fâchée des humiliations que les whigs essuient. La France joue à présent un beau rôle dans l'Europe. On sent encore mieux cette gloire dans les pays étrangers qu'à Paris. On entend la voix libre des nations; elles parlent toutes avec respect, jusqu'aux Anglais mêmes; il leur manquait d'être humbles.

Adieu; la goutte et la calomnie me tracassent. Je vous embrasse.

MMCDXXIV. — A M. LE COMTE D'ARGENTAL.

Aux Délices, 28 novembre.

Comment voulez-vous, mon cher ange, que je fasse des *Zulime* et des chevaleries, quand les calomnies de Paris viennent me glacer dans mes Alpes? Cette infâme édition que La Beaumelle et d'Arnaud avaient, dit-on, faite de concert, n'a que trop de cours. Je vois les personnes à qui je suis le plus attaché, attaquées indignement sous mon nom. Mme de Pompadour y est outragée d'une manière infâme : et comment encore se justifier de ces horreurs? comment écrire à Mme de Pompadour une lettre qui ferait rougir et celui qui l'écrirait et celle qui la recevrait? On parle aussi de vers sanglants contre le roi de Prusse, que la même malignité m'impute. Je vous avoue que je succombe sous tant de coups redoublés. Le corps ne s'en porte pas mieux, et l'esprit se flétrit par la douleur. S'il me restait quelque génie, pourrais-je mettre à travailler un temps qu'il faut employer continuellement à détruire l'imposture? Je n'ai plus ni santé, ni consolation, ni espérance; et je n'éprouve, au bout de ma carrière, que le repentir d'avoir consacré aux belles-lettres une vie qu'elles ont rendue malheureuse. Si je m'étais contenté de les aimer en secret, si j'avais toujours vécu avec vous, j'aurais été heureux; mais je me suis livré au public, et je suis loin de vous; cela est horrible.

MMCDXXV. — A M. P. ROUSSEAU[1], A LIÉGE.

Aux Délices, 28 novembre.

J'ai vu, dans votre journal de novembre, monsieur, des vers qu'on m'attribue; ils commencent ainsi :

C'est par ces vers, enfants de mon loisir,
Que j'égayais les soucis du vieil âge;
O don du ciel, etc.

Sans examiner si ces vers sont bons ou mauvais, je peux vous jurer, monsieur, que non-seulement je n'en suis pas l'auteur, mais que je regarderais comme une démence bien condamnable à mon âge des plaisanteries qui ont pu m'amuser il y a trente ans. Ceux qui achèvent ainsi sous mon nom des ouvrages si peu décents, sont assurément plus coupables que je ne le serais d'en faire mon occupation. Je ne me reconnais dans aucune des éditions qui ont paru du petit poëme dont vous me parlez. J'ai encore vu dans vos précédents journaux une prétendue lettre de moi à M. le maréchal de Richelieu, où il est dit qu'on a perdu le Pinde : je n'ai jamais écrit cette lettre. Plus j'estime votre journal, qui ne me paraît fait que pour la vérité, et plus je crois de mon devoir de vous la faire connaître.

[1]. Pierre Rousseau, fondateur du *Journal encyclopédique*. (ÉD.)

Je reçois dans ce moment une lettre de M. de Caussade, datée de Liége. Il me parle d'un projet d'abréger et de rectifier les *Mémoires de Mme de Maintenon.* Tout ce que je peux répondre, c'est qu'il n'y a dans ces mémoires que des choses triviales, entièrement défigurées, où des anecdotes entièrement fausses. On peut s'en convaincre par les dates seules des événements. Ces sortes d'ouvrages excitent d'abord la curiosité et tombent ensuite dans un éternel oubli.

Je fais mes compliments à M. de Caussade, et j'ai l'honneur d'être, etc.

MMCDXXVI. — A M. DALEMBERT.

29 novembre.

J'envoie, mon cher maître, au bureau qui instruit le genre humain, *Gazette, Généreux, Genre de style, Gens de lettres, Gloire* et *Glorieux, Grand et Grandeur, Goût, Grâce* et *Grave.*

Je m'aperçois toujours combien il est difficile d'être court et plein, de discerner les nuances, de ne rien dire de trop et de ne rien omettre. Permettez-moi de ne traiter ni *Généalogie* ni *Guerre littéraire;* j'ai de l'aversion pour la vanité des généalogies; je n'en crois pas quatre d'avérées, avant la fin du XIII⁰ siècle, et je ne suis pas assez savant pour concilier les deux généalogies absolument différentes de notre divin Sauveur.

A l'égard des *Guerres littéraires,* je crois que cet article, consacré au ridicule, ferait peut-être un mauvais effet à côté de l'horreur des véritables guerres. Il conviendrait mieux au mot *Littéraire,* sous le nom de *Disputes littéraires;* car, en ce cas, le mot guerre est impropre et n'est qu'une plaisanterie.

Je me suis pressé de vous envoyer les autres articles, afin que vous eussiez le temps de commander *Généalogie* à quelqu'un de vos ouvriers. On a encore mis ce maudit article *Femme* dans la *Gazette littéraire* de Genève, et on l'a tourné en ridicule tant qu'on a pu. Au nom de Dieu, empêchez vos garçons de faire ainsi les mauvais plaisants; croyez que cela fait grand tort à l'ouvrage. On se plaint généralement de la longueur des dissertations; on veut de la méthode, des vérités, des définitions, des exemples. On souhaiterait que chaque article fût traité comme ceux qui ont été maniés par vous et par M. Diderot.

Ce qui regarde les belles-lettres et la morale est d'autant plus difficile à faire, que tout le monde en est juge, et que les matières paraissent plus aisées; c'est là surtout que la prolixité dégoûte le lecteur.

Voudra-t-on lire dans un dictionnaire ce qu'on ne lirait pas dans une brochure détachée? J'ai fait ce que j'ai pu pour n'être point long; mais je vous répète que je crains toujours de faire mal, quand je songe que c'est pour vous que je travaille. J'ai tâché d'être vrai; c'est là le point principal.

Je vous prie de me renvoyer l'article *Histoire,* dont je ne suis point content, et que je veux refondre puisque j'en ai le temps. Vous pourriez me faire tenir ce paquet, contre-signé *chancelier,* à la première occasion.

Vous ou M. Diderot, vous ferez sans doute *Idée* et *Imagination*; si vous n'y travaillez pas, et que la place soit vacante, je suis à vos ordres. Je ne pourrai guère travailler à beaucoup d'articles d'ici à six ou sept mois; j'ai une tâche un peu différente à remplir; mais je voudrais employer le reste de ma vie à être votre garçon encyclopédiste. La calomnie vient de Paris par la poste me persécuter au pied des Alpes. J'apprends qu'on a fait des vers sanglants contre le roi de Prusse, qu'on a la charité de m'imputer. Je n'ai pas sujet de me louer du ro' de Prusse; mais, indépendamment du respect que j'ai pour lui, je me respecte assez moi-même pour ne pas écrire contre un prince à qui j'ai appartenu. On dit que La Beaumelle et d'Arnaud ont fait imprimer une *Pucelle* de leur façon, où tous ceux qui m'honorent de leur amitié sont outragés; cela est digne du siècle. Il y aura un bel article de *Siècle* à faire, mais je ne vivrai pas jusque-là. Je me meurs; je vous aime de tout mon cœur et autant que je vous estime. Mme Denis vous en dit autant.

MMCDXXVII. — A M. PALISSOT.

30 novembre.

Votre lettre, monsieur, est venue très à propos pour me consoler du départ de M. Dalembert et de M. Patu. Ils ont passé quelques jours dans mon ermitage, qui est un peu plus agréable que vous ne l'avez vu. Il mériterait le nom qu'il porte, si j'y jouissais d'un peu de santé. Pardonnez à l'état où je suis, si je ne vous écris pas de ma main. Je dois sans doute à votre amitié les bontés dont M. le duc d'Alen et Mme la comtesse de La Marck veulent bien m'honorer; je me flatte que vous voudrez bien leur présenter mes très humbles remerciments. Je suis si sensible à leur souvenir, que je prendrais la liberté de leur écrire, si je n'étais pas tenu au lit par mes souffrances, qui ont beaucoup redoublé. Mon dessein était d'accompagner M. Patu jusqu'à Lyon, et d'y entendre Mlle Clairon sur le plus beau théâtre de France. Il est triste pour la capitale qu'elle n'ait pas assez d'émulation pour imiter au moins la province. Adieu, monsieur; conservez-moi les sentiments d'amitié que vous me témoignez. Je vous assure qu'ils me sont bien chers.

M. Vernes, qui vient de m'envoyer votre adresse, que vous ne m'aviez pas donnée, vous fait ses compliments.

MMCDXXVIII. — A M. LE MARÉCHAL DUC DE RICHELIEU.

Aux Délices, 8 décembre.

Je vous souhaite de bonnes et de belles années, c'est-à-dire celles auxquelles vous êtes accoutumé, monseigneur; et je m'y prends tout exprès un peu à l'avance, car vous allez être accablé de lettres dans ce temps-là. Je me trompe encore, ou vous entrez en exercice de premier gentilhomme de la chambre, ou vous installerez M. le duc de Fronsac, ce qui ne vous occupera pas moins. Et qui sait si, au printemps, vous n'irez pas encore commander quelque armée? qui sait si vous ne ferez pas gagner des batailles à l'impératrice? Vous n'aviez pas déplu à sa mère, vous seriez le vengeur de la fille. Les grenadiers français ne seraient pas fâchés de vous suivre, et d'opposer leur impétuosité aux pas mesurés des Prussiens. Milord Maréchal, qui m'est venu voir dans mon trou ces jours passés, dit des choses bien étonnantes. Il prétend qu'à la dernière bataille ce sont huit bataillons seulement qui ont soutenu tout l'effort de l'armée autrichienne. Je m'imagine que contre vous il en aurait fallu un peu davantage. Je voudrais vous y voir, tout paralytique que je suis. Il me semble que vous êtes fait pour notre nation, et elle pour vous.

Nous avons ici le frère d'un nouveau secrétaire d'État d'Angleterre; il chante vos louanges, et non pas celles de son pays. Il vient chez moi beaucoup d'Anglais; jamais je ne les ai vus si polis; je pense qu'ils vous en ont l'obligation.

Commandez des armées ou donnez des fêtes; quelque chose que vous fassiez, vous serez toujours le premier des Français à mes yeux, et le plus cher à mon cœur, qui vous appartient avec le plus profond respect. Ma nièce partage mes sentiments. J'écris rarement; mais que voulez-vous que dise un solitaire, un Suisse, un malingre?

MMCDXXIX. — A M. DE CHENEVIÈRES.

Grand merci, mon cher confrère, de votre petite pastorale[1].

Vous possédez la langue de Cythère;
Si vos beaux faits égalent votre voix,
Vous êtes maître en l'art divin de plaire.
En fait d'amour, il faut parler et faire;
Ce dieu fripon ressemble assez aux rois;
Le bien servir n'est pas petite affaire.
Hélas! il est plus aisé mille fois
De les chanter que de les satisfaire.

Il se peut pourtant que vous ayez autant de talents pour le service de Mysis[2] que vous en avez pour faire de jolis vers; en ce cas, je vous fais réparation d'honneur.

Si vous avez quelque nouvelle intéressante, je vous prie de m'en faire part, quoique en prose. Je vais faire lire *Mysis* à Mme Denis la paresseuse, qui n'écrit point, mais qui vous aime véritablement.

MMCDXXX. — DE M. D'ALEMBERT.

A Paris, ce 13 décembre.

Vous avez, mon cher et illustre maître, très-grande raison sur l'article *Femme* et autres; mais ces articles ne sont pas de mon bail; ils n'entrent point dans la partie mathématique, dont je suis chargé, et je dois d'ailleurs à mon collègue la justice de dire qu'il n'est pas tou-

---

1. Il avait envoyé son ballet de *Mysis et Glaucé* à M. de Voltaire. (*Éd. de Kehl.*)
2. Dans ce ballet, l'Amour est déguisé sous le nom de *Mysis*. (ÉD.)

jours le maître ni de rejeter ni d'élaguer les articles qu'on lui présente. Cependant le cri public nous autorise à nous rendre sévères, et à passer dorénavant par-dessus toute autre considération; et je crois pouvoir vous promettre que le septième volume n'aura pas de pareils reproches à essuyer.

J'ai reçu les articles que vous m'avez envoyés, dont je vous remercie de tout mon cœur. Je vous ferai parvenir incessamment l'article *Histoire* contre-signé. Nos libraires vous prient de vouloir bien leur adresser dorénavant vos paquets sous l'enveloppe de M. de Malesherbes, afin de leur en épargner le port, qui est assez considérable. Quelqu'un s'est chargé du mot *Idée*. Nous vous demandons l'article *Imagination*; qui peut mieux s'en acquitter que vous? Vous pouvez dire comme M. Guillaume : *Je le prouve par mon drap*.

Le roi tient actuellement son lit de justice pour cette belle affaire du parlement et du clergé;

Et l'Eglise triomphe ou fuit en ce moment[1];

Tout Paris est dans l'attente de ce grand événement, qui me paraît à moi bien petit en comparaison des grandes affaires de l'Europe. Les prêtres et les robins aux prises pour les sacrements *vis-à-vis* des grands intérêts qui vont se traiter au parlement d'Angleterre, *vis-à-vis* la guerre de Bohême et de Saxe, tout cela me paraît des coqs qui se battent *vis-à-vis* des armées en présence.

Personne ne croit ici que les vers contre le roi de Prusse soient votre ouvrage, excepté les gens qui ont absolument résolu de croire que ces vers sont de vous, quand même ils seraient d'eux. J'ai vu aussi cette petite édition de *la Pucelle*; on prétend qu'elle est de l'auteur du *Testament politique* d'Albéroni; mais, comme on sait que cet auteur est votre ennemi, il me paraît que cela ne fait pas grand effet. D'ailleurs les exemplaires en sont fort rares ici, et cela mourra, selon toutes les apparences, en naissant. Je vous exhorte cependant là-dessus au désaveu le plus authentique, et je crois que le meilleur est de donner enfin vous-même une édition de *la Pucelle* que vous puissiez avouer. Adieu, mon cher et illustre maître; nous vous demandons toujours pour notre ouvrage vos secours et votre indulgence.

Mon collègue vous fait un million de compliments. Permettez que Mme Denis trouve ici les assurances de mon respect. Vous recevrez, au commencement de l'année prochaine l'*Encyclopédie*. Quelques circonstances, qui ont obligé à réimprimer une partie du troisième volume, sont cause que vous ne l'avez pas dès à présent. *Iterum vale, et nos ama.*

MMCDXXXI. — A M. THIERIOT.

Le 19 décembre.

On m'a enfin envoyé de Paris une de ces abominables éditions de la *Pucelle*. Ceux qui m'avaient mandé, mon ancien ami, que La Beaumelle et d'Arnaud avaient fabriqué cette œuvre d'iniquité, se sont

---

1. *Bajazet*, acte I, scène II. (ÉD.)

trompés, du moins à l'égard de d'Arnaud. Il n'est pas possible qu'un homme qui sait faire des vers ait pu en griffonner de si plats et de si ridicules. Je ne parle point des horreurs dont cette rapsodie est farcie; elles font frémir l'honnêteté comme le bon sens; je ne sais rien de si scandaleux ni de si punissable. On dit qu'on a découvert que La Beaumelle en était l'auteur, et qu'on l'a transféré de la Bastille pour le mettre à Vincennes dans un cachot; mais c'est un bruit populaire qui me paraît sans fondement. Tout ce que je sais, c'est qu'un tel éditeur mérite mieux. Voilà assurément une manœuvre bien criminelle. Les hommes sont trop méchants. Heureusement il y a toujours d'honnêtes gens parmi les monstres, et des gens de goût parmi les sots. Quiconque aura de l'honneur et de l'esprit me plaindra qu'on se soit servi de mon nom pour débiter ces détestables misères. Si vous savez quelque chose sur ce sujet aussi triste qu'impertinent, faites-moi l'amitié de m'en instruire.

Mandez-moi surtout si vous avez votre diamant. Je m'intéresse beaucoup plus à vos avantages qu'à ces ordures, dont je vous parle avec autant de dégoût que d'indignation.

Je vous embrasse du meilleur de mon cœur.

MMCDXXXII. — A M. LE MARÉCHAL DUC DE RICHELIEU.

Aux Délices, près de Genève, 20 décembre.

Je suis honteux, monseigneur, d'importuner mon *héros*, qui a bien autre chose à faire qu'à lire mes lettres; mais je ne demande qu'un mot de réponse pour le fatras ci-dessous.

1° Un Anglais vint chez moi, ces jours passés, se lamenter du sort de l'amiral Byng, dont il est ami. Je lui dis que vous m'aviez fait l'honneur de me mander que ce marin n'était point dans son tort, et qu'il avait fait ce qu'il avait pu. Il me répondit que ce seul mot de vous pourrait le justifier; que vous aviez fait la fortune de Blakeney par l'estime dont vous l'avez publiquement honoré: et que, si je voulais transcrire les paroles favorables que vous m'avez écrites pour Byng, il les enverrait en Angleterre. Je vous en demande la permission; je ne veux et je ne dois rien faire sans votre aveu. Voilà pour le vainqueur de Mahon.

2° Voici une autre requête pour le premier gentilhomme de la chambre; c'est qu'il ait la bonté d'ordonner qu'on joue *Rome sauvée* à la cour cet hiver, sous sa dictature. La Noue quitte à Pâques, et M. d'Argental prétend que cette faveur de votre part est de la dernière importance.

Ce tendre d'Argental me mande qu'il a poussé bien plus loin ses sollicitations; mais ce serait étrangement abuser de vos bontés, qu'il ne faut certainement pas hasarder en ce temps-ci.

J'apprends que La Beaumelle, avant de faire pénitence, avait apporté une édition de la *Pucelle*, où il a fourré un millier de vers de sa façon; qu'on la vend publiquement; qu'elle est remplie d'atrocités contre les personnes les plus respectables, et que c'est l'ouvrage le plus criminel qu'on ait jamais fait en aucune langue. On donne cette horreur sous mon nom. Elle est si maladroite qu'il y a dans l'ouvrage deux endroits assez piquants contre moi-même. Il y a bien des choses dignes des halles, mais il suffira d'un dévot pour m'attribuer cette infamie. Je crois que c'est un torrent qu'il faut laisser passer. La vérité perce à la longue, mais il faut du temps et de la patience. Vous en avez beaucoup de lire mes lettres au milieu de vos occupations. Votre nouvel hôtel, la Guienne, l'année d'exercice! vous ne devez pas avoir du temps de reste. J'en abuse; je vous en demande pardon. J'ose attendre deux petits mots. Je vous renouvelle mon tendre respect et Mme Denis se joint à moi.

MMCDXXXIII. — A M. LE COMTE D'ARGENTAL.

Aux Délices, 20 décembre.

Mon cher ange, j'ai vu cette infamie que l'on impute à La Beaumelle, et que je n'impute qu'à un diable et à un sot diable. Il y a deux endroits assez piquants contre moi dans cette rapsodie digne des halles, qu'on a osé imprimer sous mon nom. Je n'ai jamais vu d'ailleurs d'ouvrage plus digne à la fois de mépris et de châtiment; mais je crois à présent le parlement et le public occupés de soins plus pressants que celui de juger un petit libelle. Je me console par la juste espérance que les honnêtes gens et les gens de goût me rendront justice. Vous y contribuez plus que personne, vos amis vous secondent; il serait bien étrange que la vérité ne triomphât pas, quand c'est vous qui l'annoncez.

Si cette affreuse calomnie a des suites, je suis très-sûr que vous serez le premier à m'en instruire. Je crois qu'à présent je n'ai rien à faire qu'à déplorer tranquillement la méchanceté des hommes. M. le duc de La Vallière m'a mandé les mêmes choses que vous; il veut bien se charger d'assurer Mme de Pompadour de mon attachement et de ma reconnaissance pour ses bontés, et il répond qu'elle ne prêtera point l'oreille à la calomnie.

Ce n'est pas assurément le temps que M. le maréchal de Richelieu entame ce que votre amitié généreuse lui a suggéré, et je suis bien loin de lui laisser seulement envisager que je veuille mettre ses bontés à l'épreuve. Pour *Rome sauvée* et les autres pièces, ce sont là des choses qu'on peut demander hardiment. Je n'y ai pas manqué, et j'espère que vous vous joindrez à moi.

Zulime ne sera plus *Zulime*, elle changera de nom sans changer de caractère. Le lieu de la scène ne sera plus le même. Il y aura quelques scènes nouvelles; et, comme les deux derniers actes sont absolument différents de ceux qui furent joués, la pièce sera en effet toute neuve. Le reste viendra quand il pourra, quand j'aurai de la santé, de la force, de la tranquillité; quand la calomnie ne viendra plus assiéger mon ermitage, désoler mon cœur, et éteindre mon pauvre génie. Je vous embrasse avec larmes, mon respectable ami.

Il n'est pas douteux que La Beaumelle n'ait été l'auteur et l'éditeur, avec ses associés, de cet abominable ouvrage; je le reconnais à cent traits. Voilà pour la seconde fois qu'il fait imprimer mes propres ouvrages farcis de tout ce que sa rage pouvait lui dicter. Il y a des horreurs contre le roi même. Leur platitude ne les rend pas moins criminelles. Ce libelle est un crime de lèse-majesté, et il se vend impunément dans Paris.

MMCDXXXIV. — A M. D'ALEMBERT.

Aux Délices, où l'on vous regrette, 22 décembre.

Mon cher maître, mon aimable philosophe, vous me rassurez sur l'article *Femme*; vous m'encouragez à vous représenter en général qu'on se plaint de la longueur des dissertations vagues et sans méthode que plusieurs personnes vous fournissent pour se faire valoir; il faut songer à l'ouvrage et non à soi. Pourquoi n'avez-vous pas recommandé une espèce de protocole à ceux qui vous servent, étymologies, définitions, exemples, raison, clarté, et brièveté ? Je n'ai vu qu'une douzaine d'articles, mais je n'y ai rien trouvé de tout cela. On vous seconde mal; il y a de mauvais soldats dans l'armée d'un grand général. Je suis du nombre; mais j'aime le général de tout mon cœur.

Si j'étais à Paris, je passerais ma vie dans la bibliothèque du roi, pour mettre quelques pierres à votre grand et immortel édifice. Je m'y intéresse pour l'honneur de ma patrie, pour le vôtre, pour l'utilité du genre humain. Si j'avais eu l'honneur de voir M. Duclos quand il vous donna l'article *Étiquette*, je l'aurais détrompé de l'idée vague où l'on est que Charles-Quint établit dans ses autres États l'étiquette de la maison de Bourgogne. Celles de Vienne et de Madrid n'y ont aucun rapport. Mais surtout, si je travaillais à Paris, je ferais bien mieux que je ne fais; je n'ai ici aucun livre nécessaire.

Les tracasseries civiles de France sont tristes, mais les guerres civiles d'Allemagne sont affreuses. La campagne prochaine sera probablement bien sanglante. Continuez à instruire ce monde que tant de gens désolent.

L'édition infâme de la *Pucelle* m'afflige; mais la justice que vous me rendez, ainsi que tous les gens d'honneur et de goût, me console.

Mme Denis et moi, nous vous embrassons de tout notre cœur.

MMCDXXXV. — A M. P. ROUSSEAU.

Parmi les nouvelles affligeantes pour les bons citoyens, dans plusieurs parties de l'Europe, il y en a de bien désagréables dans la littérature. On se contentait autrefois de critiquer les auteurs, on a fait succéder à cette critique permise un brigandage inouï; on fait imprimer leurs ouvrages falsifiés et infectés de tout ce qu'on croit pouvoir nourrir la malignité, pour favoriser le débit. Voici comme s'explique, sur ce criminel abus, M. l'abbé Trublet, dans sa préface des *Lettres de feu M. de La Motte* :

« On donne de nouvelles éditions des ouvrages des gens célèbres, pour avoir occasion d'y répandre les notes les plus scandaleuses et les traits les plus satiriques contre leurs auteurs. Il était réservé à notre siècle de voir pratiquer dans les lettres ce brigandage. »

Le sage auteur de cette remarque parlait ainsi en 1754, à l'occasion du *Siècle de Louis XIV*, dont M. La Beaumelle s'avisa de faire et de vendre une édition chargée de tout ce que l'ignorance a de plus hardi, et de ce que l'imposture a de plus odieux. La même aventure se renouvelle depuis cinq ou six mois. Le même éditeur a falsifié plusieurs lettres de Mme de Maintenon, et en a supposé quelques-unes de M. le maréchal de Villars, de M. le duc de Richelieu, qu'ils n'ont jamais écrites; et c'est encore là le moindre abus dont on doit se plaindre dans la publication scandaleuse des prétendus *Mémoires* de Mme de Maintenon.

Le comble de ces manœuvres infâmes est une édition d'un poëme intitulé *la Pucelle d'Orléans*. L'éditeur a le front d'attribuer cet ouvrage à l'auteur de *la Henriade*, de *Zaïre*, de *Mérope*, d'*Alzire*, du *Siècle de Louis XIV*; et, tandis que nous attendons de lui une *Histoire générale*, et qu'il travaille encore au *Dictionnaire encyclopédique*, on ose mettre sur son compte le poëme le plus plat, le plus bas et le plus grossier qui puisse sortir de la presse. En voici quelques vers pris au hasard :

Louis s'en vint du fond des Pays-Bas
Pour cogner Charle et heurter le trépas....
  La Pucelle, Variantes du ch. II.

Là, les lépreux, les femmes bien apprises,
Devaient changer de robe et de chemises....

L'heureux Villars, bon Français, plein de cœur,
Gagna le quitte ou double avec Eugène....

Pour les idiots ce fut une *trompette*;
Le drôle avait étudié sa bête.
Il dit que Dieu, roulé dans un buisson,
A lui chétif avait donné leçon....
  Var. du ch. III.

Il les pria, de la part de madame,
A manger caille, oie, et bœuf au gros lard....
  Var. du ch. IV.

Sous le foyer d'un grand feu de charbon,
La tête hors d'un énorme chaudron....

Pendez, pendez, le vilain semblait dire :
Baiser soubrette est péché dont la loi, etc....
  Var. du ch. V.

Agnès baisait, Agnès était saillie....

A ses baisers il veut que l'on riposte,
Et qu'on l'invite à courir chaque poste....
Var. du ch. x.

Chandos, suant et soufflant comme un bœuf,
Tâte du doigt si l'autre est une fille ;
Au diable soit, dit-il, ma sotte aiguille...
Var. du ch. xiii.

Lecteur, ma Jeanne aura son pucelage
Jusqu'à ce que les vierges du Seigneur,
Malgré leurs vœux, sachent garder le leur.
Var. du ch. xxi.

La plume se refuse à transcrire le tissu des sottes et abominables obscénités de cet ouvrage de ténèbres. Tout ce qu'on respecte le plus y est outragé autant que la rime, la raison, la poésie, et la langue. On n'a jamais vu d'écrit ni si plat, ni si criminel ; et c'est ce langage des halles qu'on a le front d'attribuer à l'auteur de *la Henriade*, contre lequel même on trouve dans le poëme deux ou trois traits parmi tant d'autres qui attaquent grossièrement les plus honnêtes gens du monde. Ceux qui, trompés par le titre, ont acheté cette misérable rapsodie, ont conçu l'indignation qu'elle mérite. Si une telle horreur parvient jusqu'à vous, monsieur, elle excitera en vous les mêmes sentiments, et vous n'aurez pas de peine à les inspirer au public.

MMCDXXX^{VI}. — DU MARÉCHAL DUC DE RICHELIEU.

Je suis très-touché, monsieur, de l'affaire de l'amiral Byng : je puis vous assurer que tout ce que j'ai vu et entendu de lui est entièrement à son honneur. Après avoir fait tout ce qu'on pouvait raisonnablement attendre de lui, il ne doit pas être blâmé pour avoir souffert une défaite. Lorsque deux généraux disputent pour la victoire, quoiqu'ils soient également gens d'honneur, il faut nécessairement que l'un des deux soit battu ; et il n'y a contre M. Byng que de l'avoir été. Toute sa conduite est celle d'un habile marin, et digne d'être admirée avec justice. La force des deux flottes était au moins la même : les Anglais avaient treize vaisseaux, et nous douze, mais beaucoup mieux équipés et plus nets. La fortune, qui préside à toutes les batailles, particulièrement à celles qu'on livre sur mer, nous a été plus favorable qu'à nos adversaires, en faisant faire un plus grand effet à nos boulets dans leurs vaisseaux. Je suis convaincu, et c'est le sentiment général, que si les Anglais avaient opiniâtrément continué le combat, toute leur flotte aurait été détruite. Il ne peut y avoir d'acte plus insigne d'injustice que ce qu'on entreprend actuellement contre l'amiral Byng. Tout homme d'honneur, tout officier des armées doit prendre un intérêt particulier à cet événement.
RICHELIEU.

MMCDXXXVII. — A Mme LA COMTESSE DE LUTZELBOURG.

Aux Délices, 27 décembre.

Je ne conçois rien, madame, à l'aventure de la lettre du 3 novembre dont vous me faites l'honneur de me parler; mais aussi je n'entends pas davantage toutes les aventures de ce bas monde. Évêques, parlements, Saxons, Prussiens, Autrichiens, Russes, tout cela me confond. Il y a douze mille ouvriers à Lyon qui mendient leur pain, parce que le roi de Prusse a dérangé le commerce de Leipsick; et ce monarque prétend que Leipsick lui a beaucoup d'obligation. La famine menace la Saxe et la Bohême. Laissons les hommes faire leur commun malheur, et jouissons de notre heureuse tranquillité, vous à l'île Jard, et moi aux Délices. Je ne me plains que d'être trop loin de vous. Ne croyons rien de tout ce qu'on nous dit. Il est vrai qu'un misérable s'est avisé de faire une édition infâme d'une *Pucelle*; mais il n'est pas vrai que je dusse retourner en France. Dieu me préserve de quitter la retraite charmante que je me suis faite, et qui mérite son nom de *Délices!* Quand on s'est fait, à notre âge, madame, une retraite agréable, il faut en jouir; c'est le parti sage que vous avez pris, et dans lequel il faut persister.

Permettez-moi de présenter mes respects à M. le premier président d'Alsace et à Mme de Klinglin, et surtout à monsieur votre fils. Attendons patiemment l'issue des troubles d'Allemagne. Laissons les gens oisifs écrire au nom du cardinal de Richelieu. Ce monde est un orage; sauve qui peut.

Mme Denis vous souhaite des années de santé et de tranquillité en nombre; nous en faisons autant pour Mme de Broumath. Nous n'oublions pas Marie[1]; mais nous craignons que les Prussiens ne troublent la maison archiducale. Adieu, madame; conservez vos bontés au bon Suisse.

V.

MMCDXXXVIII. — A M. DALEMBERT.

28 décembre.

Je vous renvoie *Histoire*, mon cher grand homme; j'ai bien peur que cela ne soit trop long; c'est un sujet sur lequel on a de la peine à s'empêcher de faire un livre. Vous aurez incessamment *Imagination*, qui sera plus court, plus philosophique, et par conséquent moins mauvais. Avez-vous *Idole* et *Idolâtrie?* c'est un sujet qui n'a pas encore été traité depuis qu'on en parle. Jamais on n'a adoré les idoles; jamais culte public n'a été institué pour du bois et de la pierre; le peuple les a traitées comme il traite nos saints. Le sujet est délicat, mais il comporte de bien bonnes vérités qu'on peut dire.

Comment pouvez-vous avoir du temps de reste, avec le *Dictionnaire* de l'univers sur les bras?

---

1. L'impératrice Marie-Thérèse. (ÉD.)

ANNÉE 1756. 411

Mme Denis et moi nous vous souhaitons la bonne année tout simplement.

MMCDXXXIX. — A Mme DU BOCCAGE.

Aux Délices, route de Genève, 30 décembre.

Comment faites-vous, madame, pour nous donner à la fois tant de plaisir et tant de jalousie? Nous avons reçu, Mme Denis et moi, votre présent[1] avec transport; nous le lisons avec le même sentiment. C'est après la lecture du second chant que nous interrompons notre plaisir pour avoir celui de vous remercier. Ce second chant surtout nous paraît un effort et un chef-d'œuvre de l'art. Nous ne pouvons différer un moment à nous joindre avec tous ceux qui vous diront combien vous faites d'honneur à un art si difficile, à notre siècle, que vous enrichissez, et à votre sexe, dont vous étiez déjà l'ornement. Que vous êtes heureuse, madame! Tout le monde, sans doute, vous rend la même justice que nous. On ne falsifie point, on ne corrompt point les beaux ouvrages dont vous gratifiez le public, tandis que moi, chétif, je suis en proie à des misérables qui, sous le nom d'une certaine *Pucelle*, impriment tout ce que la grossièreté a de plus bas, et ce que la méchanceté a de plus atroce. Je me console en vous lisant, madame; et, permettez-moi de le dire, en comptant sur votre justice et votre amitié. Vous la devez, madame, à un homme qui sent aussi vivement que moi tout ce que vous valez, qui s'intéresse à votre gloire, et qui vous sera toujours attaché malgré l'éloignement.

Mme Denis vous dit les mêmes choses que moi; nous vous remercions mille fois.

Nous allons reprendre notre lecture; nous vous aimons, nous vous admirons. Comment vous dire que je suis comme un autre, madame, avec respect, etc.

MMCDXL. — A L'AMIRAL BYNG[2].

1757.

Monsieur, quoique je vous sois presque inconnu, je pense qu'il est de mon devoir de vous envoyer une copie de la lettre que je viens de recevoir de M. le maréchal de Richelieu; l'honneur, l'humanité, l'équité, m'ordonnent de la faire passer entre vos mains

Ce témoignage si noble et si inattendu de l'un des plus sincères et des plus généreux de mes compatriotes, me fait présumer que vos j ges vous rendront la même justice. Je suis avec respect,

VOLTAIRE.

1. De la *Colombiade, ou la Foi portée au nouveau monde*, poëme épique en dix chants. (Éd.)
2. Cette lettre est probablement du même jour que celle qui suit. Voltaire envoyait à l'amiral Byng copie de la lettre du maréchal de Richelieu qui précède. (Beuchot.)

MMCDXLI. — A M. LE MARÉCHAL DUC DE RICHELIEU.

Aux Délices, près de Genève, 3 janvier 1757.

L'humanité et moi, nous vous remercions de votre lettre. J'en ai donné copie selon vos ordres, monseigneur. Si elle ne fait pas beaucoup de bien à l'amiral Byng, elle vous fera au moins beaucoup d'honneur; mais je ne doute pas qu'un témoignage comme le vôtre ne soit d'un très-grand poids. Vous avez contribué à faire Blakeney pair d'Angleterre; vous sauverez l'honneur et la vie à l'amiral Byng.

Le mémoire de l'envoyé de Saxe, présenté aux États-Généraux, et qui est une réponse au mémoire justificatif du roi de Prusse, fait partout la plus vive impression.

Je n'ai guère vu de pièce plus forte et mieux écrite. Si les raisons décidaient du sort des États, le roi de Pologne serait vengé; mais ce sont les fusils et la marche redoublée qui jugent les causes des souverains et des nations.

Les Prussiens ont quitté Leipsick; ils sont en Lusace, où l'on se bat au milieu des neiges.

On me mande de Vienne qu'on y a une crainte de ces Prussiens, très-indécente. Je voudrais vous voir conduire contre eux gaiement des Français de bonne volonté, et voir ce que peut sous vos ordres *la furia francese*, contre le pas de mesure et la grave discipline; mais je craindrais que quelque balle vandale n'allât déranger l'estomac du plus aimable homme de l'Europe.

Je vous écris, monseigneur, dès que j'ai quelque chose à vous mander. Alors mon cœur et ma plume vont vite. Mais, quand je ne vois que mes arbres et mes paperasses, que voulez-vous que le Suisse vous mande? Mes paroles oiseuses auraient-elles beau jeu au milieu de toutes vos occupations, de tous vos devoirs, des tracasseries parlementaires et épiscopales, et de la crise de l'Europe? Vous voilà-t-il pas bien amusé, quand je vous souhaiterai cinquante années heureuses, quand je vous dirai que la Suissesse Denis et le Suisse Voltaire vous adorent? Vous avez bien affaire de nos sornettes! Conservez-moi vos bontés, et agréez mon très-tendre respect.

MMCDXLII. — DE CHARLES-THÉODORE, ÉLECTEUR PALATIN.

Manheim, ce 12 janvier.

Je vous suis très-obligé, monsieur, de l'*Essai sur l'histoire générale* que vous m'avez envoyé. Je le lirai avec toute l'attention que vos ouvrages méritent à si juste titre. On ne peut s'instruire plus solidement et plus agréablement que par des faits historiques choisis et traités par un génie tel que le vôtre.

Vous avez bien raison de dire que les siècles passés n'ont pas produit d'événements plus singuliers que ceux que nous voyons sous nos yeux.

Ce siècle poli, qui devait même passer pour un siècle d'or, à peine est-il au delà de sa moitié, qu'il est souillé par l'assassinat d'un grand roi.

Il me paraît que notre siècle ressemble assez à ces sirènes dont une moitié était une belle nymphe, et l'autre une affreuse queue de poisson.

Ce serait pour moi une vraie satisfaction de pouvoir m'entretenir avec vous sur de pareilles matières, et j'espère même que, votre santé vous le permettant, les sentiments que vous voulez bien avoir pour moi me procureront bientôt ce plaisir.

Si en tous cas vous en êtes empêché, faites-moi le plaisir de me confier vos idées sur la situation présente de l'Europe.

Vous pouvez m'écrire en toute liberté ; vous êtes dans un pays libre, et je suis aussi discret et aussi honnête homme qu'aucun de vos républicains.

Je vous prie d'être persuadé de l'estime toute particulière avec laquelle je suis, etc.

CHARLES-THÉODORE, *électeur.*

MMCDXLIII. — A M. THIERIOT.

A Monrion, 13 janvier.

Eh bien ! vous courez donc de belle en belle, et vous prétendez qu'on ne meurt que de chagrin ; ajoutez-y, je vous prie, les indigestions.

Il n'a pas tenu à Robert-François Damiens que le descendant de Henri IV ne mourût comme ce héros.

J'apprends dans le moment, et assez tard, cette abominable nouvelle. Je ne pouvais la croire ; on me la confirme ; elle glace le sang ; on ne sait où l'on en est.

Quoi, dans ce siècle ! quoi, dans ce temps éclairé ! quoi, au milieu d'une nation si polie, si douce, si légère, un Ravaillac nouveau ! Voilà donc ce que produiront toujours des querelles de prêtres ! les temps éclairés n'influeront que sur un petit nombre d'honnêtes gens : le vulgaire sera toujours fanatique.

Ce sont donc là les abominables effets de la bulle *Unigenitus*, et des graves impertinences de Quesnel, et de l'insolence de Le Tellier !

Je n'avais cru les jansénistes et les molinistes que ridicules, et les voilà sanguinaires, les voilà parricides !

Je vous supplie, mon ancien ami, de me mander ce que vous saurez de cet incroyable attentat, si votre main ne tremble pas. Écrivez-moi par Pontarlier : les lettres arrivent deux jours plus tôt par cette voie. A Monrion, par Pontarlier, s'il vous plaît. C'est là que je passe mon hiver dans des souffrances assez grandes, en attendant que votre conversation les adoucisse dans ma petite retraite des Délices, auprès de Genève.

J'ai cette indigne édition de la Pucelle. Je me flatte qu'on n'en parle plus. Nous sommes dans le temps de tous les crimes.

Je vous embrasse de tout mon cœur.

MMCDXLIV. — A M. VERNES, A GENÈVE.

A Monrion, 13 janvier.

C'est une chose bien honorable pour Genève, mon cher et aimable ministre, qu'on imprime dans cette ville que Servet était un sot, et Calvin un barbare ; vous n'êtes point calvinistes, vous êtes hommes. En France, on est fou ; et vous voyez qu'il y a des fous furieux [1]. Ravaillac a laissé des bâtards : j'ai bien peur que celui-ci ne soit un prêtre janséniste. Les jésuites ont à se plaindre qu'il ait été sur leur marché.

Je ne sais encore aucun détail de cette horrible aventure. Si vous apprenez quelque chose dans votre ville où l'on apprend tout, faites-en part aux solitaires de Monrion. Je suis bien fâché que vous ne soyez venu dans cet ermitage que quand je n'y étais pas. Mme Denis et moi, nous vous faisons les plus sincères et les plus tendres compliments.

MMCDXLV. — A M. DE CIDEVILLE.

A Monrion, le 16 janvier.

Nous vous sommes très-obligés, monsieur, de nous avoir rassurés sur l'état du roi, après nos justes alarmes. Toutes les nouvelles s'accordent à dire qu'il est très-bien, et que cette affreuse catastrophe ne peut avoir aucune suite fâcheuse. Il est fort à désirer qu'on puisse faire parler ce monstre. C'est certainement un fou fanatique ; mais, s'il a des complices, il est bien essentiel de les connaître. Mandez-moi tout ce que vous saurez. Nous sommes fort étonnés que vous n'ayez pas encore l'édition de mon oncle et l'*Histoire générale*. Il écrit positivement à M. Cramer pour qu'elle vous soit envoyée sur-le-champ. Nous sommes à Monrion depuis huit jours, et nous ne nous y portons pas trop bien l'un et l'autre. Écrivez-nous toujours aux Délices, car peut-être y retournerons-nous bientôt.

J'espère qu'après tant d'alarmes tout sera tranquille dans Paris avant quinze jours. Si l'on avait fait des Petites-Maisons pour le clergé et le

1. On venait d'apprendre l'attentat de Damiens. (ÉD.)

ANNÉE 1757.   415

parlement, et qu'on eût jeté sur leurs querelles tout le ridicule qu'elles méritent, il y aurait eu moins de têtes échauffées, et par conséquent moins de fanatiques. Le public a mis trop d'importance à ces misères; de bons ridicules et de grands seaux d'eau, c'est la seule façon d'apaiser tout.

Mon oncle a fait à notre siècle plus d'honneur qu'il ne mérite, quand il a dit que la philosophie avait assez gagné en France, et que nos mœurs étaient trop douces actuellement pour craindre que les Français pussent dorénavant assassiner leur roi. Il est désespéré de s'être trompé, car il aime véritablement et la France et son roi; mais un fou ne fait pas la nation. Le roi est aimé, et mérite de l'être, à tous égards.

Adieu, monsieur; songez quelquefois à vos amis des Délices, et soyez persuadé qu'ils ont pour vous la plus tendre et la plus inviolable amitié¹.

Il faut, mon cher et ancien ami, que la tête ait tourné à ce huguenot de Cramer, qui m'avait tant promis de vous apporter mes guenilles.

Les étrangers me reprochent d'avoir insinué, dans plus d'un endroit, que vous autres Français, vous êtes doux et philosophes. Ils disent qu'on assassine trop de rois en France pour des querelles de prêtres. Mais un chien enragé d'Arras, un malheureux convulsionnaire de Saint-Médard, qui croit tuer un roi de France avec un canif à tailler des plumes, un forcené idiot, un si sot monstre a-t-il quelque chose de commun avec la nation? Ce qu'il y a de déplorable, c'est que l'esprit convulsionnaire a pénétré dans l'âme de cet exécrable coquin. Les miracles de ce fou de Paris, l'imbécile Montgeron, ont commencé, et Robert-François Damiens a fini. Si Louis XIV n'avait pas donné trop de poids à un plat livre de Quesnel, et trop de confiance aux fureurs du fripon Le Tellier, son confesseur, jamais Louis XV n'eût reçu de coup de canif. Il me paraît impossible qu'il y ait eu un complot; en ce cas, je suis justifié des éloges de ma nation : s'il y a un complot, je n'ai rien à dire.

Je vous embrasse tendrement, vous et le grand abbé². N'oubliez jamais votre vieux et très-attaché camarade   V.

MMCDXLVI. — A M. DALEMBERT.

A Monrion, 16 janvier.

Je vous envoie, mon cher maître, l'article *Imagination*, comme un boiteux qui a perdu sa jambe la sent encore un peu. Je vous demande en grâce de me dire ce que c'est qu'un livre contre ces pauvres déistes, intitulé *la Religion vengée*, et dédié à Mgr le Dauphin, dont le premier tome paraît déjà, et dont les autres suivront de mois en mois, pour mieux frapper le public.

Savez-vous quel est ce mauvais citoyen qui veut faire accroire à Mgr le Dauphin que le royaume est plein d'ennemis de la religion?

1. Ce commencement est de la main de Mme Denis. (ÉD.)
2. L'abbé Du Resnel. (ÉD.)

Il ne dira pas au moins que Pierre [1] Damiens, François Ravaillac, et ses prédécesseurs, étaient des déistes, des philosophes. Pierre Damiens avait dans sa poche un très-joli petit *Testament* de Mons. Je crois l'auteur parent de Pierre Damiens.

Mandez-moi le nom du coquin, je vous prie, et le succès de son pieux libelle. Votre France est pleine de monstres de toute espèce. Pourquoi faut-il que les fanatiques s'épaulent tous les uns les autres, et que les philosophes soient désunis et dispersés ! Réunissez le petit troupeau; courage. J'ai bien peur que Pierre Damiens ne nuise beaucoup à la philosophie.

Mme Denis et le solitaire Voltaire vous embrassent tendrement.

MMCDXLVII. — A MADAME DE FONTAINE, A PARIS.

A Monrion, 16 janvier.

Ceci est pour ma nièce, ma compagne en maladies; pour mon neveu le juge et le prédicateur; pour mon petit-neveu, pour M. de Florian, que j'embrasse tous du meilleur de mon cœur. Nous sommes un peu malades, Mme Denis et moi, à Monrion.

Les bons Suisses me reprochent d'avoir trop loué une nation et un siècle qui produisent encore des Ravaillac. Je ne m'attendais pas que des querelles ridicules produiraient de tels monstres. Je crois bien que Robert-François Damiens n'a point de complices; mais c'est un chien qui a gagné la rage avec les *chiens de Saint-Médard*; c'est un reste des convulsions. On ne doit pas me reprocher du moins d'avoir tant écrit contre le fanatisme; je n'en ai pas encore assez dit. S'il y a quelque chose de nouveau, nous prions instamment M. de Florian, qui n'épargne pas ses peines, de se souvenir de nous.

Songez à votre santé, ma chère nièce; j'ai fait un fort beau présent au grand Tronchin le guérisseur : il en est très-content.

Voici ce Testament [2] que vous demandez, ma chère enfant; je vous prie d'en donner copie sur-le-champ à M. d'Argental et à Thieriot. Ce nouveau Testament est meilleur que l'ancien qui court sous mon nom.

MMCDXLVIII. — A M. PICTET, PROFESSEUR EN DROIT.

Monrion, 16 janvier.

Mon très-aimable voisin, les Délices ne sont plus *Délices* quand vous n'êtes plus dans le voisinage; il faut alors être à Monrion. Votre souvenir me console; et l'espérance de vous revoir, au printemps, me donne un peu de force.

Je suis bien honteux pour ma nation qu'il y ait encore des Ravaillac; mais Pierre Damiens n'est heureusement qu'un bâtard de la maison Ravaillac, qui a cru pouvoir tuer un roi avec un méchant petit canif à tailler des plumes. C'est un monstre, mais c'est un fou. Cet horrible accident ne servira qu'à rendre le roi plus cher à la nation, le parlement moins rétif, et les évêques plus sages.

---

1. Robert-François Damiens. (ÉD.) — 2. *La Religion naturelle.* (ÉD.)

Réjouissez-vous à Lyon, avec la meilleure des femmes et la plus aimable des filles, et comptez sur l'inviolable attachement des deux solitaires suisses.

MMCDXLIX. — A M. LE COMTE D'ARGENTAL.

A Monrion, 20 janvier.

Mon cher ange, je sens tout le prix de votre souvenir dans un temps où vous êtes si consterné de l'horrible aventure, et si occupé à remplir le vide immense laissé dans le parlement[1]. Votre assiduité à des devoirs nouveaux dont vous êtes dispensé, est un mérite dont le parlement, le public, et la cour, doivent vous tenir compte. Je me flatte, pour l'honneur de la nation et du siècle, et pour le mien, qui ai tant célébré cette nation et ce siècle, qu'on ne trouvera nulle ombre de complicité, nulle apparence de complot dans l'attentat aussi abominable qu'absurde de ce polisson d'assassin, de ce misérable bâtard de Ravaillac. J'espère qu'on n'y trouvera que l'excès de la démence : il est vrai que cette démence aura été inspirée par quelques discours fanatiques de la canaille : c'est un chien mordu par quelques chiens de la rue, qui sera devenu enragé. Il paraît que le monstre n'avait pas un dessein bien arrêté, puisque, après tout, on ne tue point des rois avec un canif à tailler des plumes. Mais pourquoi le scélérat avait-il trente louis dans sa poche? Ravaillac et Jacques Clément n'avaient pas un sou. Je n'ose importuner votre amitié sur les détails de cet exécrable attentat. Mais comment me justifierai-je d'avoir tant assuré que ces horreurs n'arriveraient plus, que le temps du fanatisme était passé, que la raison et la douceur des mœurs régnaient en France? Je voudrais que dans quelque temps on rejouât *Mahomet*. Je n'ose vous parler à présent de cette *Histoire générale*, ou plutôt de cette peinture des misères humaines, de ce tableau des horreurs de dix siècles ; mais, si vous avez le loisir de recueillir les opinions de ceux qui auront eu le courage d'en lire quelque chose, vous me rendrez un vrai service de m'apprendre ce qu'on en pense et ce que je dois corriger en général; car c'est toujours à me corriger que je m'étudie. Que fais-je autre chose avec l'ancienne *Zulime?* Le travail a fait toujours ma consolation : le rabot et la lime sont toujours mes instruments. Est-il vrai que M. de Sainte-Palaie succédera à Fontenelle dans l'Académie? Je lui souhaite sa place et sa longue vie. Adieu, mon cher et respectable ami. Mille tendres respects à tous les anges. Les deux Suisses vous embrassent.

MMCDL. — A MADAME LA COMTESSE DE LUTZELBOURG.

A Monrion, 20 janvier.

J'ai eu cinquante relations, madame, de cette abominable entreprise d'un monstre qui, heureusement, n'était qu'un insensé. Si l'excès de son crime ne lui avait pas ôté l'usage de la raison, il n'aurait pas imaginé qu'on pouvait tuer un roi avec un méchant petit canif à tailler des

1. Par l'exil de seize conseillers. (ÉD.)

plumes. Ce qu'il y a de plus frappant, c'est que ce bâtard de Ravaillac avait trente louis d'or en poche. Ravaillac n'était pas si riche. Vous savez qu'il avait été laquais chez je ne sais quel homme de robe nommé Maridor, et que son frère servait actuellement chez un conseiller des enquêtes. Ce conseiller a dénoncé ce frère de l'assassin, et ce frère est probablement très-innocent. Le monstre est un chien qui aura entendu aboyer quelques chiens des enquêtes, et qui aura pris la rage. C'est ainsi que le fanatisme est fait. A peine le roi a-t-il été blessé. Cette abominable aventure n'aura servi qu'à le rendre plus cher à la nation, et pourra apaiser toutes les querelles. C'est un grand bien qui sera produit par un grand crime.

Fontenelle est mort à cent ans. Je vous souhaite une vie encore plus longue.

Je passe mon hiver à Monrion près de Lausanne. Cela me fait retrouver mes Délices beaucoup plus *délices* au printemps. Où pourrais-je être mieux que dans le repos, la liberté, et l'abondance ?

MMCDLI. — DE M. D'ALEMBERT.

A Paris, 26 janvier.

La Religion vengée, mon cher et illustre philosophe, est l'ouvrage des anciens maîtres de François Damiens, des précepteurs de Châtel et de Ravaillac, des confrères du martyr Guignard, du martyr Oldecorne, du martyr Campian, etc. Je ne connais, comme vous, cette rapsodie que par le titre; elle ne fait ici aucune sensation, quoiqu'il en ait déjà paru plusieurs cahiers. Le jésuite Berthier, grand et célèbre directeur du *Journal de Trévoux*, est à la tête de cette belle entreprise, qui tend à décrier auprès du Dauphin les plus honnêtes gens et les plus éclairés de la nation. Ces gens-là sont le contraire d'Ajax, ils ne cherchent que la nuit pour se battre; mais laissons-les dire et faire, la raison finira par avoir raison. Malheureusement vous et moi nous n'y serons plus quand ce bonheur arrivera au genre humain. Quelqu'un qui lit le *Journal de Trévoux* (car pour moi je rends justice à tous ces libelles périodiques en ne les lisant jamais) me dit hier que, dans le dernier journal, vous étiez nommément et indécemment attaqué : « Ce poëte, dit-on, qui s'appelle l'ami des hommes, et qui est l'ennemi du Dieu que nous adorons. » Voilà comme ils vous habillent, et voilà ce que M. de Malesherbes, le protecteur déclaré de toute la canaille littéraire, laisse imprimer avec *approbation et privilège*.

Le malheureux assassin n'a point encore parlé; il persifle ses juges et ses gardes; il demande la question, et je crois qu'il ne sollicitera pas longtemps. C'est un mystère d'iniquité effroyable, dont peut-être on ne saura jamais les vrais auteurs.

Votre *Histoire* fait beau et grand bruit, comme elle le mérite; re chapitre ! d'*Henri IV*, surtout, a charmé tout le monde. J'ai reçu *Imagination*, et je vous en remercie. Adieu, mon cher et illustre confrère; vous devriez bien nous donner quelque ouvrage digne de vous sur

1. Aujourd'hui le chapitre CLXXIV de l'*Essai sur les mœurs*. (ÉD.)

l'attentat commis en la personne du roi. En attendant, je vous recommande, à vos moments perdus, les auteurs de *la Religion vengée*. *Vale, et nos ama.*

MMCDLII. — A M. LE DUC D'UZÈS.

A Monrion, près de Lausanne, 28 janvier.

J'ai reçu, monsieur le duc, une lettre à un évêque, qui vaut beaucoup mieux que le bref du pape. Elle est digne à la fois du premier pair de France et d'un philosophe. Il y a des pairs parmi les évêques, mais de philosophes, il y en a bien peu. Le plus détestable fanatisme lève hardiment la tête, tandis que la raison demeure à Uzès et dans quelques petits cantons. Les sages gémissent, et les insensés agissent. Il y a un certain grand arbre qui ne porte que des fruits d'amertume et de mort : il couvre encore de ses branches pourries une partie de l'Europe. Les pays où l'on a coupé ces rameaux empoisonnés, sont les moins malheureux. Je vous remercie du fond de mon cœur, monsieur le duc, de l'antidote excellent que vous avez eu la bonté de m'envoyer. Qu'on parcoure l'histoire des assassins chrétiens, et elle est bien longue, on verra qu'ils ont eu tous la *Bible* dans leur poche avec leur poignard, et jamais *Cicéron*, *Platon* ni *Virgile*.

Plus j'entrevois ce qui se passe dans ce vilain monde, plus j'aime mes retraites allobroges et helvétiques.

MMCDLIII. — A M. LE MARÉCHAL DUC DE RICHELIEU.

A Monrion, 4 février.

Je ne sais si mon *héros* aura déjà reçu un fatras d'histoire qui commence à Charlemagne, et même plus haut, et qui finit par le vainqueur de Mahon. Vous n'aurez guère, monseigneur, le temps de lire dans votre année d'exercice : cet exercice a été violent dans ces dernières horreurs. Vous voyez des choses bien extraordinaires, mais vous en verrez des exemples dans le fatras que j'ai l'honneur de vous envoyer. Il est en feuilles. Je n'ai point de relieur à Monrion, et je crois que vos livres ont une reliure particulière.

Le roi de Prusse vient de m'écrire une lettre tendre; il faut que ses affaires aillent mal. L'autocratrice de toutes les Russies veut que j'aille à Pétersbourg. Si j'avais vingt-cinq ans, je ferais le voyage.

Lekain veut en faire un; et il se flatte que vous lui donnerez permission d'aller prêcher à Marseille à Pâques. Je n'ose vous en supplier. Il n'appartient point à un Suisse de parler des acteurs de Paris. Ce n'est pas assurément le temps de parler de comédie; il y a des tragédies bien abominables en France, qui prennent toute l'attention. Ce pauvre marquis d'Argenson, que vous appeliez le *secrétaire d'État de la république de Platon*, est donc mort? Il était mon contemporain : il faut que je fasse mon paquet. Jouissez, mon *héros*, de votre gloire et d'une vie heureuse et longue. Les héros vivent plus longtemps que les philosophes; j'en excepte Fontenelle, dont je vous souhaite l'estomac et les cent années. Vous voilà doyen de l'Académie : c'est une bien belle place, mais il la faut conserver. Conservez-moi aussi vos bontés. Les deux Suisses vous adorent.

MMCDLIV. — A M. D'ALEMBERT.

A Monrion, 4 février.

Je vous envoie *Idole*, *Idolâtre*, *Idolâtrie*, mon cher maître; vous pourriez, vous ou votre illustre confrère, corriger ce que vous trouverez de mal, de trop, ou de trop peu.

Un prêtre hérétique de mes amis, savant et philosophe, vous destine *Liturgie*. Si vous agréez sa bonne volonté, mandez-le-moi, et il vous servira bien.

Il s'élève, à ce que je vois, bien des partis fanatiques contre la raison; mais elle triomphera, comme vous le dites, au moins chez les honnêtes gens; la canaille n'est pas faite pour elle.

Je ne sais quel prêtre de Calvin s'est avisé d'écrire, depuis peu, un livre contre le déisme, c'est-à-dire contre l'adoration pure d'un Être suprême, dégagée de toute superstition. Il avoue franchement que, depuis soixante ans, cette religion a fait plus de progrès que le christianisme n'en fit en deux cents années; mais il devait aussi avouer que ce progrès ne s'étend pas encore chez le peuple, et chez les excréments de collége. Je pense comme vous, mon cher et grand philosophe, qu'il ne serait pas mal de détruire les calomnies que *Garasse*-Berthier ose dédier à Mgr le Dauphin contre la partie la plus sage de la nation.

Ce n'est pas aux *précepteurs* de Jean Châtel, ce n'est pas à des conspirateurs et à des assassins à s'élever contre les plus pacifiques de tous les hommes, contre les seuls qui travaillent au bonheur du genre humain.

Je vous dois des remercîments, mon cher maître, sur l'inattention que vous m'avez fait apercevoir touchant l'expérience de Molyneux et de Bradley [1].

Ils appelaient leur instrument *parallactique*, et ils nommaient *parallaxe* de la terre la distance où elle se trouve d'un tropique à l'autre, etc. J'ai transporté, de ma grâce, aux étoiles fixes ce qui appartient à notre coureuse de terre.

Vous me feriez grand plaisir de me mander ce qu'on reprend dans cette *Histoire générale*. Je voudrais ne point laisser d'erreurs dans un livre qui peut être de quelque utilité, et qui met tout doucement sous les yeux les abominations des Campian, des Oldecorne, des Guignard et consorts, dans l'espace de dix siècles. Je me flatte que vous favorisez cet ouvrage, qui peut faire plus de bien que des controverses. Unissez, tant que vous pourrez, tous les philosophes contre les fanatiques.

MMCDLV. — A M. LE COMTE D'ARGENTAL.

A Monrion, 6 février.

Mot, aller à Pétersbourg, mon cher ange ! savez-vous bien que ma petite retraite des Délices est plus agréable que le palais d'été de l'au-

---

[1]. *Éléments de la philosophie de Newton*, seconde partie, chap. 1. (Éd.)

tocratrice? Si Dosmont joue la comédie, je la joue aussi; et je fais le bonhomme Lusignan dans huit jours. Cela me convient fort;

*Car à revoir Paris je ne dois plus prétendre;
Vous voyez qu'au tombeau je suis prêt à descendre.*
Zaïre, acte II, scène III.

Nous avons un bel Orosmane, un fils du général Constant, qui a soupé avec vous à Argenteuil avec Mlle du Bouchet. Votre tragédie de Robert-François Damiens, et de tant de fous, n'est donc pas encore finie! Je ne sais pas pourquoi les comédiens ne hasardent pas *Mahomet* dans ces circonstances.

Vous avez une belle âme d'aimer toujours le tripot au milieu de toutes les atrocités qui vous entourent. Les plus sages sont assurément ceux qui cultivent les arts et qui aiment le plaisir, tandis que les autres se tourmentent.

Le roi de Prusse m'a écrit de Dresde une lettre très-touchante. Je ne crois pourtant pas que j'aille à Berlin plus qu'à Pétersbourg : je m'accommode fort de mes Suisses et de mes Génevois. On me traite mieux que je ne mérite. Je suis bien logé dans mes deux retraites. On vient chez moi; on trouve bon qu'en qualité de malade je n'aille chez personne. Je leur donne à dîner et à souper, et quelquefois à coucher. Mme Denis gouverne ma maison. J'ai tout mon temps à moi : je griffonne des histoires, je songe à des tragédies; et, quand je ne souffre point, je suis heureux. Vous m'avouerez que ce Dosmont a tort de vouloir que je quitte tout cela pour l'aller entendre à Pétersbourg. S'il avait vu mes plates-bandes de tulipes au mois de février, il ne me proposerait pas ses glaces.

On dit que Mlle Dumesnil et Lekain se sont en effet surpassés dans *Sémiramis*. L'abbé coadjuteur de Retz n'aurait-il pas mieux fait d'aller là qu'à son abbaye?

Adieu, mon cher et respectable ami. Il n'y a que vous de sage, j'y compte aussi les anges.
Le Suisse VOLTAIRE.

MMCDLVI. — A M. VERNES, A GENÈVE.
Ce dimanche, à Monrion, février.

Je crois qu'on ne jouera *l'Enfant prodigue* que samedi, 12 du mois. Vous pourriez, mon cher monsieur, en qualité de ministre du saint Évangile, assister à une pièce tirée de l'Évangile même, et entendre la parole de Dieu dans la bouche de Mme la marquise de Gentil, de Mme d'Aubonne et de Mme d'Hermenches, qui valent mieux que les trois Madelènes, et qui sont plus respectables. Vous devriez, vous et M. Claparède, quitter votre habit de prêtre et venir à Monrion en habit d'homme. Nous vous garderons le secret; on ne scandalise point à Lausanne; on y respire les plaisirs honnêtes et les douceurs de la société.

Bonsoir; vous avez en moi un ami pour la vie. Je suis bien en peine de mon petit Patu. Je l'aime de tout mon cœur.

MMCDLVII. — A MADAME LA MARGRAVE DE BAREUTH.

A Monrion, près de Lausanne, pays de Vaud, 2 février.

Madame, je crois que la suite des nouvelles que j'ai eu l'honneur d'envoyer à Votre Altesse royale lui paraîtra aussi curieuse qu'atroce, et que le roi son frère en sera surpris.

Il a eu la bonté de m'écrire une lettre où il daigne m'assurer de ses bonnes grâces. Mon cœur l'a toujours aimé; mon esprit l'a toujours admiré; et je crois que je l'admirerai encore davantage.

L'impératrice de Russie me demande à Pétersbourg, pour écrire l'histoire de Pierre Ier; mais Pierre Ier n'est pas le plus grand homme de ce siècle, et je n'irai point dans un pays dont le roi votre frère battra l'armée.

Je ne sais si la nouvelle du changement de ministère en France est parvenue déjà à Votre Altesse royale. On croit que l'abbé de Bernis aura le premier crédit. Voilà ce que c'est que d'avoir fait de jolis vers.

Madame, madame, le roi de Prusse est un grand homme!

Que Votre Altesse royale conserve sa santé; qu'elle daigne, ainsi que monseigneur, honorer de sa protection et de ses bontés ce vieux Suisse qui lui a été tendrement attaché avec le plus profond respect, dès qu'il a eu l'honneur d'être admis à sa cour! Qu'elle n'oublie pas frère V...!

Paris, 30 janvier [1].

Pierre Damiens est interrogé fréquemment et longuement. Il n'est plus permis de douter qu'il n'ait des complices. La lettre adressée à M. le Dauphin est très-vraie. Vous pouvez compter là-dessus.

L'on lui marque dans cette lettre que sa vie est en danger; qu'il ne lui sera pas difficile de se garantir du fer, mais qu'il n'a d'autre moyen d'éviter le poison qu'en se servant de la poudre enfermée dans la lettre. L'on a fait essai de cette poudre. C'était le poison le plus subtil. Des consuls de la ville ont reçu aussi une lettre dans ce goût-là, datée de Strasbourg. Je ne puis revenir de pareilles abominations. Notre siècle ne vaut pas mieux que les autres.

Il est vrai que l'assassin n'a pas paru proprement un fanatique; mais ce qui explique cela, c'est qu'il n'est point décidé qu'il n'ait pas espéré de se sauver; il y a même apparence du contraire.

L'on débite cent choses nouvelles tous les jours. Tout devient intéressant. Il semble que tout a rapport à l'affaire principale, qui occupe tous les honnêtes gens. La Bastille est pleine. L'on y a renfermé encore une dame de Meckelbourg, mais elle doit sortir aujourd'hui. Il s'agissait d'une lettre au sujet du roi de Prusse et d'un Autrichien. L'affaire est manquée et elle n'a aucun rapport aux affaires d'ici, etc.

MMCDLVIII. — A M. DE CIDEVILLE.

A Monrion, 9 février.

Mon cher et ancien ami, je souhaite que le fatras dont je vous ai surchargé vous amuse. J'ai vu un temps où vous n'aimiez guère l'his-

1. Ce bulletin n'est point écrit de la main de Voltaire. (ÉD.)

toire. Ce n'est, après tout, qu'un ramas de tracasseries qu'on fait aux morts.

Mais, à propos de Pierre Damiens, lisez le chapitre *de Henri IV*. On peut prendre et laisser le livre quand on veut; les titres courants sont au haut des pages; cela soulage le lecteur; il lit ce qui l'intéresse, et laisse le reste. Notre ami le grand abbé a-t-il reçu son exemplaire? Mais a-t-on le temps de lire au milieu des belles choses dont Paris retentit chaque jour? Pierre Damiens, bâtard de Ravaillac, et ses consorts, et les lettres au Dauphin, et les poisons, et les exilés, et le remue-ménage, et la guerre, et les vaisseaux de la compagnie des Indes qu'on nous gobe: tout cela absorbe l'attention. Les horreurs présentes ne donnent pas le temps de lire les horreurs passées.

J'ai tendrement regretté le marquis d'Argenson, notre vieux camarade. Il était philosophe, et on l'appelait à Versailles *d'Argenson la bête*. Je plains davantage *la chèvre*, s'il est vrai qu'on l'envoie brouter en Poitou. Les fleurs et les fruits de la cour étaient faits pour elle. Qui m'aurait dit, mon ami, que je serais dans une retraite plus agréable que ce ministre? Ma situation des Délices est fort au-dessus de celle des Ormes. Je passe l'hiver dans une autre retraite, auprès d'une ville où il y a de l'esprit et du plaisir. Nous jouons *Zaïre* : Mme Denis fait Zaïre, et mieux que Gaussin. Je fais Lusignan; le rôle me convient, et l'on pleure. Ensuite on soupe chez moi; nous avons un excellent cuisinier. Personne n'exige que je fasse des visites; on a pitié de ma mauvaise santé; j'ai tout mon temps à moi; je suis aussi heureux qu'on peut l'être quand on digère mal. En vérité, cela vaut bien le sort d'un secrétaire d'État qu'on renvoie.

Beatus ille qui procul negotiis..........
Hor., *Epod.*, od. II, v. 1.

La liberté, la tranquillité, l'abondance de tout et Mme Denis, voilà de quoi ne regretter que vous.

Le roi de Prusse m'a écrit une lettre très-tendre; l'impératrice de Russie veut que j'aille à Pétersbourg écrire l'histoire de Pierre, son père; mais je resterai aux Délices et à Monrion : je ne veux ni roi ni autocratrice; j'en ai tâté; cela suffit. Les amis et la philosophie valent mieux; mais il est triste d'être si loin de vous.

Voilà Fontenelle mort; c'est une place vacante dans votre cœur; il me la faut. *Vale, et me ama.*
Le Suisse V.

MMCDLIX. — A MADAME LA COMTESSE DE LUTZELBOURG.
A Monrion, 9 février.

Est-il vrai ce qu'on m'écrit, que le garde des sceaux et M. d'Argenson sont exilés? que l'abbé de Bernis a les affaires étrangères? Si cela est, celui qui a fait le traité de Vienne mettra sa gloire à le soutenir.

Le roi de Prusse m'a écrit une lettre assez tendre, de Dresde, le 19 janvier. La czarine veut que j'aille à Pétersbourg. Je me tiendrai dans la Suisse. J'ai tâté des cours.

Portez-vous bien, madame, vous et votre aimable amie.

MMCDLX. — A M. LE MARÉCHAL DUC DE RICHELIEU.

13 février.

Le fragment de votre lettre sur l'amiral Byng, monseigneur, fut rendu à cet infortuné par le secrétaire d'État, afin qu'elle pût servir à sa justification. Le conseil de guerre l'a déclaré brave homme et fidèle. Mais en même temps, par une de ces contradictions qui entrent dans tous les événements, il l'a condamné à la mort, en vertu de je ne sais quelle vieille loi, en le recommandant au pouvoir de pardonner, qui est dans la main du souverain. Le parti acharné contre Byng crie à présent que c'est un traître qui a fait valoir votre lettre, comme celle d'un homme par qui il avait été gagné. Voilà comme raisonne la haine; mais les clameurs des dogues n'empêchent pas les honnêtes gens de regarder cette lettre comme celle d'un vainqueur généreux et juste, qui n'écoute que la magnanimité de son cœur.

Je crois que vous avez été un peu occupé, depuis un mois, de la foule des événements, ou horribles, ou embarrassants, ou désagréables, qui se sont succédé si rapidement. Les gens qui vivent philosophiquement dans la retraite ne sont pas les plus à plaindre. Je crains d'abuser de vos moments et de vos bontés par une plus longue lettre : il faut un peu de laconisme avec un premier gentilhomme de la chambre, qui a le roi et le Dauphin à servir, et avec celui qui est fait pour être dans les conseils et à la tête des armées.

Mme Denis vous idolâtre toujours, et il n'y a point de Suisse qui vous soit attaché avec un plus tendre respect que *le Suisse* VOLTAIRE.

MMCDLXI. — A M. LÉVESQUE DE BURIGNY.

A Monrion, 14 février.

L'esprit dans lequel j'ai écrit, monsieur, ce faible *Essai sur l'histoire générale*, a pu trouver grâce devant vous et devant quelques philosophes de vos amis. Non-seulement vous pardonnez aux fautes de cet ouvrage, mais vous avez la bonté de m'avertir de celles qui vous ont frappé. Je reconnais à ce bon office les sentiments de votre cœur, et le frère de ceux qui m'ont toujours honoré de leur amitié. Recevez, monsieur, mes sincères et tendres remerciments. Je passe l'hiver auprès de Lausanne, où je n'ai point mes livres : le peu que j'en ai pu conserver est à mon petit ermitage des Délices; ainsi je n'ai aucun secours pour vérifier les dates.

Il se peut que l'impératrice Constance fût fille du roi de Sicile Roger; mais il me semble que ce Roger vivait en 1101, et Henri VI, mari de Constance, en 1195. Il l'épousa, je crois, en 1186. Cette Constance avait des amants longtemps après cette époque. Il est bien difficile qu'elle soit fille de Roger; je crois me souvenir que plusieurs annalistes la font fille de Guillaume : je consulterai mes Capitulaires, et surtout Giannone[1], quoiqu'il ne soit pas toujours exact.

---

1. Pierre Giannone, historien napolitain, dont l'ouvrage fut brûlé à Rome en 1726. Il mourut en 1758, après vingt-deux ans de détention, âgé de soixante-douze ans. (ÉD.)

Le cardinal Polus pourrait bien avoir écrit la lettre à Léon X, longtemps avant d'être cardinal. C'est de milord Bolingbroke que je tiens l'anecdote de cette lettre; il en a parlé souvent à M. de Pouilli votre frère, et à moi.

Adrien IV, au lieu d'Alexandre III, est une inadvertance : dans le cours de l'ouvrage, je dis toujours que c'est Alexandre III qui imposa une pénitence à Henri II, roi d'Angleterre, pour le meurtre de Thomas Becket. Je ne manquerai pas de rectifier ces erreurs, et j'oublierai encore moins l'obligation que je vous ai. Il y en a quelques autres encore que je corrige dans la nouvelle édition que font actuellement les frères Cramer. Ils m'ont arraché cet ouvrage que j'aurais dû garder longtemps avant de le laisser exposer aux yeux du public; mais, puisqu'il a trouvé grâce devant les vôtres, je ne peux me repentir.

J'ai l'honneur d'être, avec toute l'estime et la reconnaissance que je vous dois, monsieur, votre, etc.

MMCDLXII. — A M. PALISSOT.

A Monrion, 16 février.

Ce que vous me mandez, monsieur, du grand acteur Lekain, m'afflige et ne me surprend pas. C'est le sort de bien des talents, de ne recueillir que des traverses au lieu de récompenses. Si vous le voyez, je vous prie de lui dire que j'ai écrit à M. le maréchal de Richelieu, pour lui faire obtenir un congé à Pâques. Mais on m'a répondu qu'il n'était pas possible de lui donner ce congé cette année, puisqu'il en avait pris un de lui-même l'année passée. J'aimerais bien mieux qu'on augmentât sa part que de lui donner un congé. J'écrirai, j'insisterai; mais la recommandation d'un Suisse n'a pas grand pouvoir à Versailles.

Je ne sais où est actuellement votre ami M. Patu, que je possédai huit jours dans mon ermitage, avant qu'il allât en Italie. J'avais chez moi alors une de mes nièces qui commençait à être bien malade, et qui peut-être n'eut pas pour lui toutes les attentions qu'elle aurait eues si elle avait moins souffert. J'ai peur que ce petit contre-temps ne lui ait déplu. J'en serais très-fâché; je l'aime beaucoup, et je sens tout son mérite. Si vous lui écrivez, je vous prie de l'assurer de tous mes sentiments.

Vous me feriez beaucoup de plaisir, monsieur, de présenter mes respects à M. le duc d'Alen et à Mme la comtesse de La Mark. Ce sont leurs suffrages qui font ma consolation dans les maux qui m'affligent. Je ne vis plus pour les sensations agréables, mais le plaisir de leur plaire me tiendra lieu de tous les autres. Comptez, monsieur, sur le sentiment d'une amitié véritable de ma part.

MMCDLXIII. — A MADAME DE FONTAINE, A PARIS.

A Monrion, 19 février.

Qu'est-ce que c'est donc, ma chère nièce, qu'une petite secte de la canaille, nommée la secte des *margouillistes*, nom qu'on devrait donner à toutes les sectes? On dit que ces misérables fanatiques, nés des convulsionnaires et petits-fils des jansénistes, sont ceux qui ont mis, non pas le couteau, mais le canif à la main de ce monstre insensé de Damiens ; que ce sont eux qui envoient du poison au Dauphin dans une lettre et qui affichent des placards ; le tout pour la plus grande gloire de Dieu. Les honnêtes gens, par parenthèse, devraient me remercier d'avoir tant crié toute ma vie contre le fanatisme ; mais les cours sont quelquefois ingrates.

Vous savez les coquetteries que me fait le roi de Prusse, et que la czarine m'appelle à Pétersbourg. Vous savez aussi qu'aucune cour ne me tente plus, et que je dois préférer la solidité de mon bonheur dans ma retraite, à toutes les illusions. Si j'en voulais sortir, ce ne serait que pour vous ; ma santé exige de la solitude ; je m'affaiblis tous les jours.

J'ai fait un effort pour jouer Lusignan ; votre sœur a été admirable dans Zaïre ; nous avions un très-beau et très-bon Orosmane, un Nérestan excellent, un joli théâtre, une assemblée qui fondait en larmes ; et c'est en Suisse que tout cela se trouve, tandis que vous avez à Paris des *margouillistes*. Je vous ai bien regrettée ; mais c'est ce qui m'arrive tous les jours.

Ayez grand soin de votre malheureuse santé ; conservez-vous, aimez-moi. Mille tendres compliments à fils, à frère, à secrétaire[1]. Adieu, ma très-chère nièce ; votre sœur ne vous écrit point aujourd'hui ; elle apprend un rôle. Nous ne vous parlons que de plaisir : instruisez-nous des sottises de Paris.

MMCDLXIV. — A M. LE MARÉCHAL DUC DE RICHELIEU.

19 février.

Oui, sans doute, mon *héros*, le *secrétaire d'État de la république de Platon*[2] aurait ri et dit quelques bons mots, car il en disait ; mais tâchez de n'en pas dire.

Votre lettre sur ce pauvre amiral Byng lui a valu du moins quatre voix favorables, quoique la pluralité l'ait condamné à la mort. Il se passe dans tous les États des scènes singulières, et aucune ne vous surprend.

Je vous attends toujours, ou dans le conseil, ou à la tête d'une armée. Si les services et la capacité donnent les places sous un monarque éclairé, vous avez assurément plus de droits que personne. Mais quelque place que vous ajoutiez à celles que vous occupez, il y en a une que les rois ne peuvent ni donner ni ôter, c'est celle de la gloire. Jouissez de ce beau poste, il est à l'abri de la fortune.

Je vous assure, monseigneur, que vous prêchez à un converti, quand vous me conseillez de ne me rendre ni aux coquetteries du roi de Prusse, ni aux bontés de l'impératrice de Russie. Je préfère ma retraite à tout ; et cette retraite est d'ailleurs absolument nécessaire à un malade qui tient à peine à la vie.

Permettez que je vous envoie ce qu'on m'écrit sur Lekain. S'il a

---

[1] Florian. (ÉD.) — [2] Le marquis d'Argenson. (ÉD.)

tant de talents, s'il sert bien, est-il juste qu'il n'ait pas de quoi vivre, quand les plus mauvais acteurs ont une part entière? c'est là l'image de ce monde. Puisque vous daignez descendre à ces petits objets, mettez-y la justice de votre cœur et protégez les talents.

Mme Denis et le Suisse Voltaire vous présentent leurs plus tendres respects.

MMCDLXV. — A M. PICTET, PROFESSEUR EN DROIT.

Monrion, 22 février.

Mon très-cher voisin, la volonté de Dieu soit faite! Puissiez-vous bâtir, dans mon voisinage, une maison digne de la belle situation que vous avez, et puisse Mlle Pictet avoir un mari digne d'elle! Je présente mes respects à Mme Pictet, et je souhaite à toute votre famille les prospérités qu'elle mérite. Mme Denis joint ses sentiments aux miens. Vous n'aurez jamais de voisins qui vous soient plus sincèrement attachés.

V.

MMCDLXVI. — A M. P. ROUSSEAU, A LIÉGE.

A Monrion, près de Lausanne, 24 février.

C'est pour la quatrième fois que j'écris aux frères Cramer, libraires, pour leur recommander de vous envoyer l'*Essai sur l'histoire générale depuis Charlemagne jusqu'à* 1756. Je suis en droit d'attendre cette attention de ceux à qui j'ai fait présent de mon ouvrage. L'aîné Cramer est à présent en Hollande, et doit sans doute vous faire parvenir cette histoire. Ce sont ces frères Cramer qui m'ont déterminé à m'établir où je suis. Ils voulaient imprimer mes ouvrages, il fallait que je veillasse à l'impression; la besogne a duré près de deux ans. J'ai des amis dans ce pays-ci. J'y ai trouvé des situations plus agréables que Meudon et Saint-Cloud, des maisons commodes; je me suis établi, pour l'hiver, auprès de Lausanne, et, pour les autres saisons, auprès de Genève. Mais ce que j'ai trouvé de plus commode parmi ces calvinistes, très-différents de leurs ancêtres, c'est que j'ait fait imprimer à Genève, avec l'approbation universelle, que Calvin était un très-méchant homme, altier, dur, vindicatif et sanguinaire. C'est ce que vous verrez dans cette *Histoire générale*. Genève est peut-être à présent la ville de l'Europe où il y a le plus de philosophes. Je suis très-fâché que cette *Histoire générale* ne soit pas encore parvenue jusqu'à vous.

A l'égard de ce *Portefeuille trouvé*, c'est une rapsodie qu'un libraire affamé, nommé Duchesne, vend à Paris sous mon nom; c'est un nouveau brigandage de la librairie. On me mande que les trois quarts de ce recueil sont composés de pièces auxquelles je n'ai nulle part, et que le reste est pillé des éditions de mes ouvrages, et entièrement défiguré.

Il n'y a pas grand mal à tout cela, et je pardonne aux misérables à qui mon nom vaut quelque argent.

MMCDLXVII. — A M. D'ALEMBERT.

Février.

Voici une paperasse qu'un savant Suisse me donne pour l'article *Isis*[1]. Si l'article n'est pas fait à Paris, si celui-ci est passable, faites-en usage; sinon, au rebut. Voici encore le mot *Liturgie*[2], qu'un savant prêtre m'a apporté, et que je vous dépêche, à vous, illustre et ingénieux fléau des prêtres. J'ai eu toutes les peines du monde à rendre cet article chrétien. Il a fallu corriger, adoucir presque tout; et enfin, quand l'ouvrage a été transcrit, j'ai été obligé de faire des ratures. Vous voyez, mon cher et sublime philosophe, quel progrès a fait la raison. C'est moi qui suis forcé de modérer la noble liberté d'un théologien qui, étant prêtre par état, est incrédule par sens commun.

On dit, mon très-cher philosophe, qu'il y a dans la canaille de Paris une secte de *margouillistes*; ce devrait être le nom de toutes les sectes. Ces margouillistes, dérivés des jansénistes, lesquels sont engendrés des augustinistes, ont-ils produit Pierre Damiens? Portez-vous bien; éclairez et méprisez le genre humain. N'oubliez pas de faire mes compliments à votre immortel confrère. Sans vous deux, et quelques-uns de vos amis, que resterait-il en France?

MMCDLXVIII. — A M. LE COMTE DE BESTUCHEFF.

A Monrion, février.

Monsieur, j'ai reçu une lettre que j'ai crue d'abord écrite à Versailles ou dans notre Académie, et c'est vous, monsieur, qui me faites l'honneur de me l'adresser. Vous me proposez ce que je désirais depuis trente ans; je ne me pouvais mieux finir ma carrière qu'en consacrant mes derniers travaux et mes derniers jours à un tel ouvrage.

Je ferais le voyage de Pétersbourg, si ma santé pouvait le permettre; mais, dans l'état où je suis, je vois que je serai réduit à attendre dans ma retraite les matériaux que vous voulez bien me promettre.

Voici quel serait mon plan. Je commencerais par une description de l'état florissant où est aujourd'hui l'empire de Russie, de ce qui rend Pétersbourg recommandable aux étrangers, des changements faits à Moscou, des armées de l'empire, du commerce, des arts, et de tout ce qui a rendu le gouvernement respectable.

Ensuite je dirais que tout cela est d'une création nouvelle, et j'entrerais en matière par faire connaître le créateur de tous ces prodiges. Mon dessein serait de donner ensuite une idée précise de tout ce que l'empereur Pierre-le-Grand a fait depuis son avénement à l'empire, année par année.

Si M. le comte de Schowalow a la bonté, monsieur, comme vous m'en flattez, de me faire parvenir des mémoires sur ces deux objets, c'est-à-dire sur l'état présent de l'empire, et sur tout ce qu'a fait Pierre le Grand, avec une carte géographique de Pétersbourg, une de

1. L'*Encyclopédie* contient deux articles Isis : l'un, anonyme, est de Diderot; l'autre, de M. de Jaucourt. (ÉD.)
2. L'article LITURGIE, dans l'*Encyclopédie*, est aussi de Diderot. (ÉD.)

ANNÉE 1757.

l'empire, l'histoire de la découverte du Kamtschatka, et enfin des renseignements sur tout ce qui peut contribuer à la gloire de votre pays, je ne perdrai pas un instant, et je regarderai ce travail comme la consolation et la gloire de ma vieillesse.

La suite des médailles est inutile; elles se trouvent dans plusieurs recueils, et la matière de ces médailles est d'un prix que je ne puis accepter. Je souhaiterais seulement que M. le comte de Schowalow voulût bien m'assurer que Sa Majesté l'impératrice désire que ce monument soit élevé à la gloire de l'empereur son père, et qu'elle agrée mes soins.

Voilà, monsieur, quelles sont mes dispositions. Je me tiendrai très-honoré et très-heureux si elles s'accordent avec les vôtres : j'attendrai vos ordres et ceux de M. le comte de Schowalow, à qui vous me permettrez de présenter ici mes respects en recevant les miens.

J'ai l'honneur d'être, monsieur, avec tous les sentiments que je vous dois, etc.

MMCDLXIX. — A M. THIERIOT.

A Monrion, 3 mars.

Je n'entends point parler de vous, mon ancien ami, depuis que vous lisez l'histoire des sottises humaines *depuis Charlemagne*. Je voudrais bien savoir aussi ce que c'est qu'un *Portefeuille trouvé*. On me met en pièces, on se divise mes vêtements, et on jette le sort sur ma robe [1]. Je voudrais que vous eussiez passé l'hiver avec moi à Lausanne. Si vous n'aviez été enchaîné, selon votre louable coutume, au char des jeunes et belles dames, vous auriez vu jouer *Zaïre* en Suisse mieux qu'on ne la joue à Paris; vous auriez entendu la *Serva padrona* sur un joli théâtre; vous y verriez des pièces nouvelles exécutées par des acteurs excellents; les étrangers accourir de trente lieues à la ronde, et mon pays Roman, mes beaux rivages du lac Léman, devenus l'asile des arts, des plaisirs, et du goût; tandis qu'à Paris la secte des margouillistes occupe les esprits, que le parlement et l'archevêque be lent pour une place à l'hôpital et pour des billets de con ne rend point la justice, et qu'enfin on assassine un tant de charmes et de tant de gloire, messieurs les plaudissez encore au *Catilina* de Crébillon.

MMCDLXX. — A M. LE COMTE D'ARGENTAL.

A Monrion, 3 mars.

Mon cher ange, on ut mal servir Mlle Clairon sans la rater absolument. On peut être *de communi martyrum*, sans être *de frigidis et maleficiatis*. Ce sera à peu près le rôle que je jouerai avec elle. Je lui donnerai, quand vous voudrez, cette *Zulime* bien changée et sous un autre nom. Vous déciderez du temps le plus favorable quand vous serez quitte de la mauvaise tragédie de Robert-François Damiens, quand les *querelles* qui anéantissent le goût des arts seront apaisées, quand Paris respirera.

1. Comme sur celle de Jésus-Christ. Saint Matthieu, chap. XXVII, v. 35. (ÉD.)

Pour l'autre pièce, ce n'est pas une affaire prête; il ne faut pas d'ailleurs être toujours ce Voltaire qui

Volume sur volume incessamment desserre.

Si on ne souhaite pas ma personne, je veux au moins qu'on souhaite mes ouvrages.

Béni soit Dieu qui vous donne la persévérance dans le goût des beaux-arts, et surtout du *tripot* de la Comédie, tandis qu'on n'entend parler que des querelles des parlements et des prêtres, qu'on ne rend point la justice, que la secte des margouillistes fait de petits progrès, et qu'on assassine des rois! Vous m'approuverez de passer mes hivers dans un petit pays où on ne vit que pour son plaisir, et où *Zaïre* a été mieux jouée, à tout prendre, qu'à Paris. J'ai fait couler des larmes de tous les yeux suisses. Mme Denis n'a pas les beaux yeux de Gaussin, mais elle joue infiniment mieux qu'elle. On vient de trente lieues pour nous entendre. Nous mangeons des gelinottes, des coqs de bruyère, des truites de vingt livres; et, dès que les arbres auront remis leur livrée verte, nous allons à cet ermitage des Délices, qui mérite son nom.

Ne sommes-nous pas fort à plaindre? Oui, mon cher et respectable ami, nous le sommes, puisque nous vivons loin de vous.

J'ai une extrême curiosité de savoir si on envoie cent mille hommes en Allemagne; mais vous ne vous en souciez guère, et vous ne m'en direz rien. J'aimerais encore mieux que votre parlement se mît à rendre enfin la justice, et me fît payer de cinquante mille francs dont ce fat de Bernard, fils de Samuel Bernard, et fat de dix millions, m'a fait banqueroute en mourant. Adieu, mon divin ange; jugez Damiens, et portez-vous bien.

MMCDLXXI. — A M. DE BRENLES.

Ce dimanche.

On prétend que monsieur votre beau-frère, le prêtre, voudrait voir une pièce tirée du *Nouveau-Testament*. Nous prêchons peut-être l'*Enfant prodigue* jeudi, après quoi on a pour le dessert un opéra buffa [1]. Prenez vos mesures là-dessus, mon cher philosophe; si ce n'est pas jeudi qu'on prêche, ce sera assurément cette semaine. Bonsoir; je vous serai attaché, à vous et à la philosophe votre compagne, toutes les semaines de ma vie.

MMCDLXXII. — A MADAME DE FONTAINE, A PARIS.

A Monrion, 6 mars.

Le bonhomme Lusignan dit les choses les plus tendres à Mme de Fontaine et consorts : il est devenu à présent le bonhomme Euphémon dans l'*Enfant prodigue* ; c'est un vieillard qui aime toujours la bonne compagnie; jugez s'il vous chérit.

Je suis impatient de savoir si votre aimable secrétaire [2] est enfin venu à bout, avec M. de Paulmy, d'une affaire qui était si difficile

---

1. La Serva padrona. (ÉD.) — 2. Florian. (ÉD.)

avec M. d'Argenson. Il est arrivé souvent qu'on a été négligé par ceux à qui on était attaché, et qu'on réussit auprès de ceux dont on devait moins attendre. Je m'intéresse aussi aux petits chariots : c'est une chose qui certainement peut produire de grands avantages; mais comment faire de tels préparatifs secrètement? tout ce qui est nouveau rebute le ministère; et cette invention nouvelle devient inutile dès qu'elle est sue.

Est-il bien sûr enfin qu'on a fait partir cinquante mille hommes, qu'on va faire une guerre très-vive au dehors, et que les affaires s'accommodent au dedans? Pour nous, pauvres Suisses, nous ne songeons qu'à des plaisirs tranquilles. On croit chez les badauds de Paris que toute la Suisse est un pays sauvage : on serait bien étonné si on voyait jouer *Zaïre* à Lausanne, mieux qu'on ne la joue à Paris; on serait plus surpris encore de voir deux cents spectateurs aussi bons juges qu'il y en ait en Europe. Il y a dans mon petit pays Roman, car c'est son nom, beaucoup d'esprit, beaucoup de raison, point de cabales, point d'intrigues pour persécuter ceux qui rendent service aux belles-lettres. Nous sommes libres, et nous n'abusons point de notre liberté; les tribunaux ne cessent point de rendre justice; il n'y a ni margouillistes, ni convulsionnaires, ni de Robert-François Damiens. Notre climat vaut mieux que le vôtre; nous avons plus longtemps de beaux jours; il n'y a que de très-méchant vin autour de Paris, et nos coteaux en produisent d'excellent : nous avons mangé, l'automne et l'hiver, des gelinottes et des grianneaux¹ que vous ne connaissez guère. Cependant, ma chère nièce, je vous regrette de tout mon cœur; portez-vous bien, et aimez-moi.

MMCDLXXIII. — A MADAME LA COMTESSE DE LUTZELBOURG.

A Monrion, près de Lausanne, 8 mars.

J'ai été malade, madame, et j'ai perdu mon correspondant qui me mandait bien des nouvelles que j'avais l'honneur de vous envoyer. Je retombe dans mon néant. Je ne sais plus si les troupes marchent ou non; si mon pauvre amiral Byng a eu la tête cassée. Je sais seulement que les Anglais ont la tête bien dure, ou plutôt le cœur; que l'Allemagne va être bouleversée; que Paris est bien triste; que l'argent est bien rare, et que cette vie n'est pas semée de roses. *La chèvre* n'a remporté de Paris que le mauvais quolibet : *Attendez-moi sous l'orme*. Portez-vous bien, madame; vivez avec votre digne amie; méprisez ce malheureux monde comme il le mérite; conservez-moi vos bontés

MMCDLXXIV. — A M. DUPONT, AVOCAT.

A Monrion, près de Lausanne, 10 mars.

Mon cher ami, les Cramer ont dû vous envoyer cette esquisse des sottises et des atrocités humaines depuis l'illustre brigand Charlemagne, surnommé le *saint*, jusqu'à nos ridicules jours. Plus je lis et

1. Nom vulgaire du petit tétras ou coq de bruyère à queue fourchue. (ÉD.)

plus je vois les hommes, plus je regrette votre société. Je vis pourtant dans le pays le plus libre et le plus tranquille de la terre, et où il y a de l'esprit et des talents. Si je vous disais qu'à Lausanne nous avons joué *Zaïre* mieux qu'à la comédie de Paris; que nous jouons aujourd'hui l'*Enfant prodigue*; que, dans peu de jours, nous représentons une pièce nouvelle; que nous avons un très-joli théâtre; que notre société chante des opéra buffa après la grande pièce; qu'on donne des rafraîchissements à tous les spectateurs; qu'ensuite on fait des soupers excellents, me croiriez-vous? Cela n'est pas d'usage à Colmar; mais en récompense vous avez des jésuites et des capucins. Soyez bien sûr que je vous regrette au milieu de tous nos plaisirs; ils étaient faits pour vous. Voulez-vous bien avoir la bonté de demander pour moi au libraire Schœpflin deux exemplaires des *Annales de l'Empire?* je vous serai très-obligé. Il n'aurait qu'à les faire remettre au coche à mon adresse, à Lausanne. Je lui en payerai le prix, ou je lui enverrai l'*Essai sur l'histoire générale*, à son choix. Je vous serai très-obligé.

Mille respects, je vous en prie, à M. le premier président et à Mme la première. Mme Denis et moi nous vous regrettons également; nous vous aimerons toujours. Nous en disons autant à Mme Dupont.

MMCDLXXV. — A M. DE BRENLES.
Jeudi, 10 mars.

Sæpe, premente deo, fert deus alter opem.
Ovid., *Trist.*, lib. I, eleg. II, v. 4.

Mon cher philosophe, un prêtre nous manque pour l'orchestre profane; nous en avons un autre. M. d'Hermenches a autant de ressources que de zèle pour notre *trépot*. Mais Dieu se venge; Baires est enroué, Mme Denis ne peut pas parler. Cependant c'est pour demain; recommandez-nous à la miséricorde divine.

Je vous remercie au nom de la bande joyeuse. Je ne suis guère joyeux, mais je me livre aux plaisirs des autres.

Posthabui tamen illorum mea seria ludo.
Virg., ecl. VII, v. 17.

Bonsoir, couple de sages. V

MMCDLXXVI. — A M. LE MARQUIS DE THIBOUVILLE.
A Monrion, près de Lausanne, 20 mars.

Je ne sais, mon cher confrère, si je vous ai remercié de votre roman que je n'ai pu encore lire, parce que je ne l'ai point reçu; mais, au lieu de vous remercier, je vous félicite : on ne me parle que de son succès dans toutes les lettres de Paris. Mme Denis ne peut sitôt vous écrire; elle joue, elle apprend des rôles, elle est entourée de tailleurs, de coiffeuses, et d'acteurs. Il n'y a point de *Zulime*; je ne sais ce que c'est, et je veux que ni vous, ni Mlle Clairon, ni moi, ne le sachions; mais il y a une Fanime un peu différente; nous l'avons jouée à Lausanne dans notre pays roman; et tout ce que je souhaite, c'est qu'elle soit aussi bien jouée à Paris : je n'ai jamais vu verser tant de larmes. Nous avons ici environ deux cents personnes qui valent bien le parterre de Paris, qui n'écoutent que leur cœur, qui ont beaucoup d'esprit, qui ignorent les cabales, et qui auraient sifflé le *Catilina* de Crébillon. Je vous embrasse; je me meurs d'envie de lire le roman. Mme Denis vous en dira davantage quand elle pourra.

MMCDLXXVII. — A M. LÉVESQUE DE BURIGNY.

A Monrion, 20 mars.

On ne se douterait pas, monsieur, qu'un théâtre établi à Lausanne, des acteurs peut-être supérieurs aux comédiens de Paris, enfin une pièce nouvelle, des spectateurs pleins d'esprit, de connaissances, et de lumières, en un mot, tous les soins qu'entraînent de tels plaisirs, m'ont empêché de vous écrire plus tôt. Je fais trêve un moment aux charmes de la poésie et aux embellissements singuliers qui ornent notre petit pays Roman, et qui font naître des fleurs au milieu des neiges du mont Jura et des Alpes, pour vour réitérer mes sincères et tendres remercîments. Je vous en dois beaucoup pour la bonté que vous avez eue de remarquer quelques-unes des inadvertances de cette *Histoire générale*. Je vous en dois davantage pour la *Vie d'Érasme* et pour celle de Grotius, que vous voulez bien me promettre. Par qui pouvaient-ils être mieux célébrés que par un homme qui a toute leur science et tous leurs sentiments? J'ai vu un petit manuscrit de M. de Pouilly (que je regretterai toujours) sur Grotius ; mais c'était un ouvrage très-court, et qui entrait dans fort peu de détails.

J'attends avec impatience le présent dont vous avez la bonté de m'honorer. Je ne vous enverrai l'*Histoire générale* qu'avec les corrections dont je vous ai l'obligation. On en fait usage dans une seconde édition, mais il faut laisser écouler la première. Les libraires à qui j'en ai fait présent se sont avisés d'en tirer sept mille exemplaires pour une première édition que je ne regarde que comme un essai, et comme une occasion de recueillir les avis des hommes éclairés. La *Vie d'Érasme* et celle de Grotius serviront beaucoup à me remettre dans la bonne voie.

MMCDLXXVIII. — A M. PALISSOT.

A Monrion, près de Lausanne.

Votre dernière lettre, monsieur, est remplie de goût et de raison. Elle redouble l'estime et l'amitié que vous m'avez inspirées. Il est vrai qu'il y a bien des charlatans de physique et de littérature dans Paris ; mais vous m'avouerez que les charlatans de politique et de théologie sont plus dangereux et plus haïssables. L'homme[1] dont vous me parlez est du moins un philosophe ; il est très-savant, il a été persécuté : il est au nombre de ceux dont il faut prendre le parti contre les ennemis de la raison et de la liberté.

Les philosophes sont un petit troupeau qu'il ne faut pas laisser égorger. Ils ont leurs défauts comme les autres hommes ; ils ne font pas toujours d'excellents ouvrages; mais, s'ils pouvaient se réunir tous

1. Diderot, enfermé à Vincennes le 24 juillet 1749. (É.D.)

contre l'ennemi commun, ce serait une bonne affaire pour le genre humain. Les monstres, nommés jansénistes et molinistes, après s'être mordus, aboient ensemble contre les pauvres partisans de la raison et de l'humanité. Ceux-ci doivent au moins se défendre contre la gueule de ceux-là.

On m'avertit que le libraire Lambert achève d'imprimer un énorme fatras ; et dans ce chaos il y a quelque germe de philosophie. Je me flatte qu'il vous le présentera : il me fera un très-grand plaisir de vous donner cette faible marque des sentiments que je vous dois. Cette philosophie, dont je vous parle, exclut les formes visigothes de *votre très-humble*. Je vous embrasse.

MMCDLXXIX. — A M. SAURIN.

J'entre dans vos peines, monsieur, et je les partage d'autant plus que je les ai malheureusement renouvelées, en cherchant la vérité. Le doute par lequel je finis l'article de *La Motte* n'est point une accusation contre feu monsieur votre père ; au contraire, je dis expressément qu'il ne fut jamais soupçonné de la plus légère satire, pendant plus de trente années écoulées depuis ce funeste procès. J'aurais dû dire qu'il n'en fut jamais soupçonné dans le public, car je vous avouerai, avec cette franchise qui règne dans mon *Histoire*, et je vous confierai à vous seul, qu'il me récita des couplets contre La Motte. Voici la fin d'un de ces couplets dont je me souviens :

> De tous les vers du froid La Motte,
> Que le fade de Bousset note,
> Il n'en est qu'un seul de mon goût ;
> Quel ? *qui sait être heureux sait tout*

Je ne ferai jamais usage de cette anecdote, mais vous devez sentir que mon doute est sincère ; et il faut bien qu'il le soit, puisque je l'expose à vous-même. Vous devez sentir encore de quel poids est le testament de mort du malheureux Rousseau. Il faut vous ouvrir mon cœur ; je ne voudrais pas, moi, à ma mort, avoir à me reprocher d'avoir accusé un innocent ; et, soit que tout périsse avec nous, soit que notre âme se réunisse à l'Être des êtres, après cette malheureuse vie, je mourrais avec bien de l'amertume, si je m'étais joint, malgré ma conscience, aux cris de la calomnie.

Il y a ici une autre considération importante. On m'avait assuré votre mort, il y a quelques années, et je vous avais regretté bien sincèrement. J'ai peu de correspondance à Paris, que je n'ai jamais aimé, et où j'ai très-peu vécu. Je n'ai appris que par votre lettre que vous étiez encore en vie. Je me trouve dans la même ville où monsieur votre père habita longtemps ; car je passe mes étés dans une petite terre auprès de Genève, et mes hivers à Lausanne. Je vois de quelle conséquence il est pour vous que les accusations consignées contre la mémoire de monsieur votre père, dans le supplément au Bayle [1], dans le

---

1. Cette expression désigne ici le *Dictionnaire historique* de Chaufepié. (ED.)

supplément au Moréri, et dans les journaux, soient pleinement réfutées. Le temps est venu où je peux tâcher de rendre ce service, et peut-être n'y a-t-il point d'ouvrage plus propre à justifier sa mémoire qu'une histoire générale aussi impartiale que la mienne. On en fait actuellement une seconde édition ; et, quoique le septième volume soit imprimé, je me hâterai de faire réformer la feuille qui renferme l'article de M. *Joseph Saurin*. Il y a encore, à la vérité, quelques vieillards à Lausanne qui sont bien rétifs, mais j'espère les faire taire ; et le témoignage d'un historien qui est sur les lieux sera de quelque poids.

Il ne s'agit ici d'accuser personne ; il s'agit de justifier un homme dont la famille subsiste, et dont le fils mérite les plus grands égards ; mais je ne ferai rien sans savoir si vous le voulez, et si les mêmes considérations qui ont retenu votre plume ne vous portent pas à arrêter la mienne. Parlez-moi avec la même liberté que je vous parle. Si vous avez quelque chose de particulier à me faire connaître sur l'affaire des *couplets*, instruisez-moi, éclairez-moi, et mettez mon cœur à son aise.

Boindin était un fou atrabilaire. Le complot qu'il suppose entre un poète, un géomètre, et un joaillier, est absurde ; mais la déclaration de Rousseau, en mourant, est quelque chose. Je voudrais savoir si monsieur votre père n'en a pas fait une de son côté. En ce cas, il n'y aurait pas à balancer entre son testament soutenu d'une sentence juridique, et le testament d'un homme condamné par la même sentence. Enfin tous deux sont morts, et vous vivez ; c'est votre repos, c'est votre honneur qui m'intéresse.

On me mande que le libraire Lambert travaille à une édition de l'*Essai sur l'histoire générale ;* vous pourriez vous informer de ce qui en est. J'enverrais à Lambert un article sur monsieur votre père. Comptez que ce sera une très-grande satisfaction pour moi de pouvoir vous marquer les sentiments avec lesquels j'ai l'honneur d'être, etc.

MMCDLXXX. — A M. THIERIOT.

A Monrion, 26 mars.

Mon cher et ancien ami, de tous les éloges dont vous comblez ce faible *Essai sur l'histoire générale*, je n'adopte que celui de l'impartialité, de l'amour extrême pour la vérité, du zèle pour le bien public, qui ont dicté cet ouvrage.

J'ai fait tout ce que j'ai pu, toute ma vie, pour contribuer à étendre cet esprit de philosophie et de tolérance qui semble aujourd'hui caractériser le siècle. Cet esprit qui anime tous les honnêtes gens de l'Europe, a jeté d'heureuses racines dans ce pays où d'abord le soin de ma mauvaise santé m'avait conduit, et où la reconnaissance et la douceur d'une vie tranquille m'arrêtent.

Ce n'est pas un petit exemple du progrès de la raison humaine, qu'on ait imprimé à Genève, dans cet *Essai sur l'histoire*, avec l'approbation publique, que Calvin avait une âme atroce aussi bien qu'un esprit éclairé.

Le meurtre de Servet paraît aujourd'hui abominable ; les Hollandais rougissent de celui de Barneveldt.

Je ne sais encore si les Anglais auront à se reprocher celui de l'amiral Byng.

Mais savez-vous que vos querelles absurdes, et enfin l'attentat de ce monstre Damiens, m'attirent des reproches de toute l'Europe littéraire ? « Est-ce là, me dit-on, cette nation que vous avez peinte si aimable, et ce siècle que vous avez peint si sage ? » A cela je réponds, comme je peux, qu'il y a des hommes qui ne sont ni de leur siècle ni de leur pays. Je soutiens que le crime d'un scélérat et d'un insensé de la lie du peuple n'est point l'effet de l'esprit du temps. Châtel et Ravaillac furent enivrés des fureurs épidémiques qui régnaient en France : ce fut l'esprit du fanatisme public qui les inspira ; et cela est si vrai, que j'ai lu une *Apologie pour Jean Châtel*[1] et ses fauteurs, imprimée pendant le procès de ce malheureux. Il n'en est pas ainsi aujourd'hui : le dernier attentat a saisi d'étonnement et d'horreur la France et l'Europe.

Nous détournons les yeux de ces abominations dans notre petit pays Roman, appelé autrement le pays de Vaud, le long des bords du beau lac Léman ; nous y faisons ce qu'on devrait faire à Paris, nous y vivons tranquilles, nous y cultivons les lettres sans cabale.

Tavernier disait que la vue de Lausanne sur le lac de Genève ressemble à celle de Constantinople ; mais ce qui m'en plaît davantage, c'est l'amour des arts qui anime tous les honnêtes gens de Lausanne.

On ne vous a point trompé quand on vous a dit qu'on y avait joué *Zaïre*, *l'Enfant prodigue*, et d'autres pièces, aussi bien qu'on pourrait les représenter à Paris ; n'en soyez point surpris ; on ne parle, on ne connaît ici d'autre langue que la nôtre ; presque toutes les familles y sont françaises, et il y a ici autant d'esprit et de goût qu'en aucun lieu du monde.

On ne connaît ici ni cette plate et ridicule *Histoire de la guerre de 1741*, qu'on a imprimée à Paris sous mon nom, ni ce prétendu *Portefeuille trouvé*, où il n'y a pas trois morceaux de moi, ni cette infâme rapsodie, intitulée *la Pucelle d'Orléans*, remplie des vers les plus plats et les plus grossiers que l'ignorance et la stupidité aient jamais fabriqués, et des insolences les plus atroces que l'effronterie puisse mettre sur le papier.

Il faut avouer que depuis quelque temps on a fait à Paris des choses bien terribles avec la plume et le canif.

Je suis consolé d'être loin de mes amis, en me voyant loin de toutes ces énormités ; et je plains une nation aimable qui produit des monstres.

1. *Apologie pour Jean Châtel*, par *François de Vérone* (Jean Boucher), Paris, 1555, in-8°, réimprimée sans nom d'auteur l'année de la mort de Henri IV, 1610, in-8°. (*Note de M. Bouchot.*)

ANNÉE 1757.

MMCDLXXXI. — A M. PICTET, PROFESSEUR EN DROIT.

Monrion, 27 mars.

Vous voilà donc, mon très-cher voisin, dans votre charmante retraite. L'appellerons-nous *Carite*, *Favorita*, *Mon-Plaisir*, ou *Plaisance*? Il faudra bien la baptiser, et ne pas souffrir qu'un saint donne son nom à notre petit canton. Pour moi, je la nommerai *Lolotte*. Le nom de votre fille me plaît plus que tous les noms du calendrier.

Vous avez eu à Lyon un plus beau théâtre que le nôtre, mais certainement nous avons de meilleurs acteurs à Lausanne qu'à Lyon. Je ne m'attendais pas à la perfection avec laquelle plusieurs pièces ont été jouées dans notre pays Roman. Quand je parle de perfection, je parle de l'art de faire verser des larmes à des yeux qui pleurent difficilement. Une tragédie nouvelle jouée à Lausanne, et peut-être mieux jouée qu'elle ne le sera à Paris, est un phénomène assez singulier. Ce qui l'est encore davantage, c'est que nous avons eu douze ministres du saint Évangile, avec tous les petits proposants, à la première représentation. Il faut avouer que Lausanne donne d'assez bons exemples à Genève.

Je suppose que les frères Cramer vous ont fait tenir ce faible *Essai sur l'histoire générale* dont vous me faites l'honneur de me parler. Nous nous flattons de revoir incessamment les Délices, et de trouver votre maison bien avancée. *Vale, et me ama. Tuus semper.* V.

MMCDLXXXII. — A M. DE MONCRIF.

A Monrion, 27 mars.

Mon cher confrère, j'ai été enchanté de votre souvenir, et affligé de la bienséance qui empêche le maître du château d'écrire un petit mot; mais je conçois qu'il aura été excédé de la multitude des lettres inutiles et embarrassantes auxquelles on n'a que des choses vagues à répondre. Il est toujours bon qu'il sache qu'il y a deux espèces de Suisses qui l'aiment de tout leur cœur. Tavernier, qui avait acheté la terre d'Aubonne, à quelques lieues de mon ermitage, interrogé par Louis XIV pourquoi il avait choisi une terre en Suisse, répondit, comme vous savez : *Sire, j'ai été bien aise d'avoir quelque chose qui ne fût qu'à moi*. Je n'ai pas tant voyagé que Tavernier, mais je finis comme lui.

Vous avez donc soixante-neuf ans, mon cher confrère : qui est-ce qui ne les a pas à peu près? Voici le temps d'être à soi, et d'achever tranquillement sa carrière. C'est une belle chose que la tranquillité! Oui, mais l'ennui est de sa connaissance et de sa famille. Pour chasser ce vilain parent, j'ai établi un théâtre à Lausanne, où nous jouons *Zaïre*, *Alzire*, l'*Enfant prodigue*, et même des pièces nouvelles. N'allez pas croire que ce soient des pièces et des acteurs suisses : j'ai fait pleurer, moi bonhomme Lusignan, un parterre très-bien choisi; et je souhaite que les Clairon et les Gaussin jouent comme Mme Denis. Il n'y a dans Lausanne que des familles françaises, des mœurs françaises, du goût français, beaucoup de noblesse, de très-bonnes maisons dans une très-vilaine ville. Nous n'avons de suisse que la cordialité; c'est l'âge d'or avec les agréments du siècle de fer.

Je suis histrion les hivers à Lausanne, et je réussis dans les rôles de vieillard ; je suis jardinier au printemps, à mes Délices, près de Genève, dans un climat plus méridional que le vôtre. Je vois de mon lit le lac, le Rhône, et une autre rivière. Avez-vous, mon cher confrère, un plus bel aspect ? avez-vous des tulipes au mois de mars? Avec cela, on barbouille de la philosophie et de l'histoire ; on se moque des sottises du genre humain et de la charlatanerie de vos physiciens qui croient avoir mesuré la terre, et de ceux qui passent pour des hommes profonds, parce qu'ils ont dit qu'on fait des anguilles avec de la pâte aigre.

On plaint ce pauvre genre humain qui s'égorge dans notre continent à propos de quelques arpents de glace en Canada. On est libre comme l'air depuis le matin jusqu'au soir. Mes vergers, et mes vignes, et moi, nous ne devons rien à personne. C'est encore là ce que je voulais, mais je voudrais aussi être moins éloigné de vous; c'est dommage que é pays de Vaud ne touche pas à la Touraine.

Adieu, Tithon et l'Aurore. Avez-vous gagné vos soixante et neuf ans au métier de Tithon? Je vous embrasse tendrement. *Le Suisse* VOLTAIRE.

MMCDLXXXIII. — DE M. DALEMBERT.

Paris.

J'ai reçu et lu, mon cher et illustre philosophe, l'article *Liturgie*. Il faudra changer un mot dans les Psaumes, et dire : « *Ex ore sacerdotum perfecisti laudem*, Domine. » Nous aurons pourtant bien de la peine à faire passer cet article, d'autant plus qu'on vient de publier une déclaration qui inflige la *peine de mort*[1] à tous ceux qui auront publié des écrits *tendants* à attaquer la religion ; mais, avec quelques adoucissements, tout ira bien, personne ne sera pendu, et la vérité sera dite. J'ai fait vos compliments à mon camarade, qui vous remercie de tout son cœur, et qui compte vous faire lui-même les siens en vous écrivant incessamment. Je suis charmé que vous ayez quelque satisfaction de notre ouvrage. Vous y trouverez, je crois, presque en tout genre d'excellents articles. Il y en a dont nous ne sommes pas plus contents que vous ne le serez ; mais nous n'avons pas toujours été les maîtres de leur en substituer d'autres. A tout prendre, je crois que l'ouvrage gagne à la lecture ; et je compte que le volume septième, auquel nous travaillons, effacera tous les précédents. Je renverrai aujourd'hui à Briasson sa *Religion vengée*; et je n'aurai pas le même reproche à me faire que vous, car je ne l'ouvrirai pas. Je vous recommande *Garasse*-Berthier, qui, à ce qu'on m'a assuré, vous a encore harcelé dans son dernier journal. Voilà les ouvrages qui auraient besoin d'être réprimés par des *déclarations*. Je gage que le nouveau règlement contre les libelles n'empêchera pas la gazette janséniste de

1. Le parlement demandait une loi pour punir de mort les auteurs de brochures contre les jésuites. (ÉD.)

paraître à son jour. A propos de jansénistes, savez-vous que l'évêque de Soissons vient de faire un mandement où il prêche ouvertement la tolérance, et où vous lirez ces mots : « Que la religion ne doit influer en rien dans l'état civil, si ce n'est pour nous rendre meilleurs citoyens, meilleurs parents, etc.; que nous devons regarder tous les hommes comme nos frères, païens ou chrétiens, hérétiques ou orthodoxes, sans jamais persécuter pour la religion qui que ce soit, sous quelque prétexte que ce soit? » Je vous laisse à penser si ce mandement a réussi à Paris. Adieu, mon cher confrère; je vous embrasse de tout mon cœur.

FIN DU TRENTE-SIXIÈME VOLUME.

Coulommiers. — Typ. PAUL BRODARD.

RAPPORT

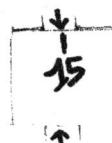

BIBLIOTHEQUE
NATIONALE

CHÂTEAU
de
SABLÉ
1981

www.ingramcontent.com/pod-product-compliance
Lightning Source LLC
Chambersburg PA
CBHW072215240426
43670CB00038B/1488